Claudemir Pedroso da Silva

CURSO TEOLÓGICO

PAE
EDITORA

Editor:
Cristian Muniz

Coordenação Pedagógica e Editorial:
Geovana Muniz

Projeto Gráfico:
Perfil Editorial

Capa:
Rafael Carvalho

Dados Internacionais de Catalogação na Publicação (CIP)
(Câmara Brasileira do Livro, SP, Brasil)

Silva, Claudemir Pedroso da
Curso Teológico / Claudemir Pedroso da Silva -- São Paulo: PAE Editora, 2020.

Bibliografia
ISBN: 978-85-98558-72-1

1. Teologia - Estudo e ensaio I. Título

12-02301 CDD-230.071

Índices para catálogo sistemático:

1. Teologia cristã: Estudo e ensaio 230.071

Impresso no Brasil

PAE Editora
Av. Rudge, 346
01134-000 - Bom Retiro - São Paulo - SP
Tel: 11 3222-9015 / 3222-7156
e-mail: contato@pae.com.br
www.pae.com.br

Apresentação

A Igreja Evangélica no Brasil é a que mais cresce no mundo, a cada dia novas igrejas são fundadas e novos conversos aumentam esses números, diante desse quadro necessitamos de estudos bíblicos e teológicos contextuais, relevantes, coerentes, práticos, diretos, concisos, objetivos e esclarecedores.

A PAE Editora em parceria com a Escola de Educação Teológica Logos (EETEL) elaboraram O Curso Prático de Teologia, com a finalidade de reciclar quem já teve a oportunidade de cursar Teologia e preparar quem procura ampliar a capacidade de entender, expor e praticar a Bíblia, desenvolvendo um espírito de serviço a Deus e ao próximo.

A proposta do Curso de Teologia é, sobretudo, levar o aluno ao acesso a uma Teologia mais popular sem contudo perder a essência teológica que o tema em estudo propõe.

A EETEL – Escola de Educação Teológica Logos e Editora PAE não aprovam a nociva índole atual que preconiza a graça barata, o êxito sem preço, a vitória sem batalha. Não há expansão significativa em área alguma da vida que se adquira imediata, rápida, fácil e instantaneamente.

Como dizia Dietrich Bonhoeffer: "A graça barata é a inimiga mortal de nossa Igreja". A graça barata é a pregação do perdão sem arrependimento, é o batismo sem a disciplina comunitária, é a Ceia do Senhor sem confissão dos pecados, é a absolvição sem confissão pessoal. A graça barata é a graça sem discipulado, a graça sem a cruz, a graça sem Jesus Cristo vivo, encarnado.

A graça preciosa é o tesouro oculto no campo, por amor do qual o ser humano sai e vende com alegria tudo quanto tem; a pérola preciosa, para cuja aquisição o comerciante se desfaz de todos os seus bens; o senhorio régio de Cristo, por amor do qual o ser humano arranca o olho que o faz tropeçar; o chamado de Jesus Cristo, pelo qual o discípulo larga suas redes e o segue.

A graça preciosa é o Evangelho que se deve procurar sempre de novo, o dom pelo qual se tem que orar, a porta à qual se tem que bater, da qual faz parte as leis do crescimento que são exigentes, árduas e muitas vezes ásperas. Não há como mudá-las, pois, para CRESCER na graça e no CONHECIMENTO (cf. II Tm 2:15), deve-se pagar o preço do esforço, da dedicação e da autodisciplina. Esta é a proposta deste curso.

OBJETIVO GERAL DO CURSO

O Objetivo fundamental do Curso é levá-lo(a) ao estudo adequado da Palavra de Deus. Há uma carência muito grande de líderes qualificados para conduzir vidas aos pés de Cristo. E nada melhor que você, vocacionado, aprimorar o seu conhecimento para estar apto e manejar bem a Palavra da Verdade.

O aluno será levado a uma maior preocupação com a valorização da cultura local, procurando conviver, auxiliar, compreender e a desenvolver valores étnicos; Levar a consciência crítica da realidade e a solução dos problemas, usando, prioritariamente, os conhecimentos específicos da comunidade no qual estará inserido(a) sem, contudo, interferir nos costumes, valores, tradições e religião.

O Curso tem como alvo, tornar o aluno(a) num cidadão crítico e consciente de sua responsabilidade na comunidade a qual pertence ou venha pertencer; Despertar o espírito missionário, de acordo com o IDE de Jesus; Utilizar recursos das tecnologias de informação e comunicação para melhoria do processo de ensino e aprendizagem, visando à educação teológica e disseminação do Evangelho. Formar docente para os ensinos da fé cristã e Escola Bíblica Dominical; Capacitar o obreiro(a) para o desempenho do ministério de cristão.

DURABILIDADE DO CURSO

A matriz curricular do Curso de Teologia objetiva auxiliar a comunidade de fé nas dimensões bíblica, teológica e prática, é composta de 15 (quinze) matérias, cada um com disciplina específica. O discente deverá estudar sistematicamente as disciplinas conforme a proposta pedagógica da Direção da EETEL, e terá até 12 (doze) meses após a aquisição do material para finalizar o curso e, se quiser solicitar o certificado.

METODOLOGIA

A metodologia empregada neste programa está fundamentada no modelo de ensino à distância, sendo assim, a Coordenação da EETEL recomenda o estudo de cada disciplina regular e sistematicamente, com zelo e dedicação, tendo em vista que a sua capacitação bíblico — teológico — prática dependerá única e exclusivamente do seu próprio esforço. Cabe, então, a cada aluno (a) comprometer-se rigorosamente com o próprio crescimento e esmerar-se nos estudos das disciplinas.

AVALIAÇÃO

O(a) aluno(a) deverá preencher a Ficha Cadastral e (enviá-la a EETEL — Escola de Educação Teológica Logos), estudar a matéria conforme exposto na Durabilidade do Curso, responder as questões teóricos e avaliativas, guardá-las em local seguro e, ao final do curso, se desejar receber o certificado, enviá-las a EETEL para correção, atribuição de notas e estando de acordo com as normas de entidade autorizar sua confecção e postagem. A secretaria da EETEL também solicita que cada aluno(a) providencie com urgência e-mail para contato; essa deve ser uma das primeiras ações do(a) aluno(a).

CONTEÚDO PROGRAMÁTICO

1) Doutrina de Deus ou Teontologia

O Ser de Deus, Sua existência, Seus nomes, Seus atributos e decretos.

2) Introdução à Teologia

Definição de Teologia, Doutrina, suas divisões, bases e Teologia Contemporânea.

3) Cristologia - A Doutrina de Cristo

Sua Preexistência, Encarnação, Humanidade, Divindade, Impecabilidade, Morte, Ressurreição e Ascensão.

4) Pneumatologia - A Doutrina do Espírito Santo

A Personalidade, Divindade, Tipos e Ilustrações, A Obra do E.S. no Antigo e Novo Testamento, os Dons, a Plenitude e doutrina da Trindade.

5) Antropologia - A Doutrina do Homem

A Origem (criação *x* evolução), A Constituição do Homem, a Queda, a origem da alma e aspectos da imagem de Deus no homem.

6) Introdução à História da Igreja

Atos dos Apóstolos, Os Pais da Igreja, Concílios, Reforma e contrarreforma, Avivamentos e perspectivas para os dias atuais.

7) Introdução ao Antigo Testamento

Visão Panorâmica: Pentateuco, Livros Poéticos, Históricos e Profetas.

8) Introdução ao Novo Testamento

Introdução aos Evangelhos, livro Histórico, Epístolas Paulinas, Epístolas Gerais e Apocalipse.

9) Homilética

A arte de falar em Público, História da Pregação e Requisitos para o Pregador.

10) Hermenêutica

Arte de Interpretar Textos, regras da Hermenêutica, Figuras de retórica e Símbolos de linguagens.

11) Teologia Pastoral

Vocação e Prioridade ministerial, Integridade Pessoal, Sustento, Autoridade e Liderança Pastoral.

12) Missões e Evangelismo

Definição de Evangelismo e Missão, Missões no Antigo e Novo Testamento, princípios teológicos para a ação missionária, o Espírito Santo em Missões.

13) Administração Eclesiástica

Administração e Organização, Cargos, Salários e receita na Igreja.

14) Teologia Econômica e Mordomia Cristã

Análise Bíblica e Teológica dos princípios de Contribuição e serviço cristão.

15) Liderança Cristã

Qualificação do líder: Espirituais, Morais e Pessoais; Administração do tempo; Compreensão Bíblica, Teológico e Psicológico da Vocação.

16) Escatologia

A doutrina das últimas coisas.

17) Educação Cristã

Bases sólidas da verdadeira educação.

18) Introdução à Filosofia

Professor Claudemir Pedroso da Silva

Professor de Teologia e pesquisador.
Bacharel em Teologia pelo IBES — Instituto Betel de Ensino Superior
Diretor da EETEL — Escola de Educação Teológica Logos

Contato com o autor

EETEL - Escola de Educação Teológica Logos

Email: teologiaeetel@gmail.com

Tel: (11) 2431-9611/ 98650-3529 / 95070-2887

Por meio desses contatos poderá receber informações de como proceder com provas, dúvidas ou outras informações relevantes sobre o curso.

SUMÁRIO

Capítulo I

Introdução à Teologia

1. Introdução

Por que devemos estudar teologia? Por que não podemos estudar "a Bíblia somente?". Estas perguntas podem ser feitas por algumas vezes, com sinceridade, mas revelam alguns equívocos bem profundos.

O primeiro deles é que não existe uma coisa como "Bíblia somente". Esta expressão já traz, em si, alguns pressupostos (ideias estabelecidas de antemão, antes de começar a conversa) teológicos. Por exemplo: ela presume que a Bíblia é um livro que deve ser estudado (e isso, obviamente, por ser um livro inspirado). Ela pressupõe que a Bíblia não deve ter nada nivelado a ela (ela é um livro singular). A forma de nos aproximarmos da Bíblia, a maneira como a estudamos, o valor que damos a ela, tudo isso é produto de uma atitude teológica.

Estas perguntas também são um pouco preconceituosas. Elas mostram que a pessoa que as faz pensa que teologia é uma coisa complicada, rebuscada, sem valor algum para a vida, e que até mesmo nega a Bíblia. No entanto, a teologia é a essência da nossa fé.

Em que cremos? A resposta a esta pergunta será sempre teológica. Ou seja, o que respondermos será teologia.

A teologia, dependendo da denominação, é vista como uma ferramenta importante que, também capacita a igreja de Cristo a realizar Sua missão. Há segmentos no qual a Teologia é exatamente o oposto, ou seja, é considerada um obstáculo à espiritualidade e ao crescimento da fé, pois segundo eles, o apego às letras sufoca a manifestação do Espírito Santo. Para este grupo, o saber anula o poder espiritual.

Não podemos ignorar que existe um disseminado sentimento negativo contra o estudo sistemático das Escrituras. Em alguns redutos evangélicos esta mentalidade é difundida e confundida com a verdadeira espiritualidade. Uma espiritualidade irracional, em que o Espírito Santo somente age onde a mente não atrapalha! Isto é um dos resultados pós-modernos do existencialismo, que é uma reação tardia ao racionalismo.

Este "sentir" e "experimentar" tem se tornado o critério da verdade, que passa a ser subjetiva e não verificável. Assim, a sociedade pós-moderna tem seu cenário preparado por esta sutil mentalidade. Este sentimentalismo rejeita qualquer elaboração doutrinária que dependa da lógica, como se esta fosse algo puramente carnal, e não uma dádiva de Deus, para o correto raciocínio das matérias sagradas. John R.W. Stott escreveu que "crer é também pensar".

O presbiteriano escocês James Orr, seguindo este mesmo raciocínio, há tempos observa que todos devem estar cientes de que há nos dias de hoje um grande preconceito contra doutrina — ou, como é muitas vezes chamada — "dogma" — na religião; uma grande desconfiança e aversão ao pensamento claro e sistemático a respeito de coisas divinas. Os homens preferem, não se pode deixar de notar, viver em uma região de nebulosidade e indefinição com relação a esses assuntos. Querem que seu pensamento seja fluído e indefinido - algo que possa ser mudado com os tempos, e com as novas luzes que eles acham estarem constantemente aparecendo para iluminá-los, continuamente adquirindo novas formas e deixando o que é velho para trás.

Disse um teólogo chamado Gasgue: "*a teologia é coisa importante demais para ser deixada nas mãos de profissionais*". Tem verdade. A teologia cristã é uma propriedade de toda a igreja de Jesus. Mas afinal, o que é Teologia? É o que veremos a seguir.

1.1. O QUE É TEOLOGIA?

O termo teologia, segundo seus aspectos etmológicos, é composto de duas palavras gregas: **Theós (Deus)** e **lógos (palavra, fala, expressão)**. Tanto Cristo, a **Palavra Viva**, como a Bíblia, a **Palavra Escrita**, são o **Lógos** de Deus. Eles são para Deus o que a expressão é para o pensamento e o que a fala é para a razão.

A teologia, é portanto uma **Theo-logia**, isto é, uma palavra, uma fala ou expressão sobre Deus; uma doutrina sobre Deus. É o estudo sobre a revelação de Deus que é a expressão dos Seus pensamentos e, logo é também, o estudo sobre Sua própria Pessoa. Portanto **teologia é o estudo sobre Deus, sua obra e sua revelação**. Embora não encontremos nas Escrituras a palavra teologia, ela é bíblica em seu caráter. Em Romanos 3:2 encontramos

ta logia tou Theou (os oráculos de Deus); em I Pedro 4:11 encontramos **logia Theou (oráculos de Deus)**, e em Lucas 8:21 temos **ton Logon tou Theou (a Palavra de Deus)**.

"Teologia" é, falando em termos de definição gramatical, um estudo sobre Deus. Qualquer estudo que expresse o que a Bíblia ensina sobre qualquer assunto, pode ser considerado teologia. É importante considerar a sistematização do estudo, daí a chamada *Teologia Sistemática*. É uma maneira de facilitar o entendimento do que a Bíblia ensina.

A Teologia Sistemática pode ser definida como "a disciplina que busca fazer uma exposição coerente das doutrinas cristãs, fundamentando-se nas Escrituras, em diálogo com a cultura e a época de sua formulação e em conexão com a vida do teólogo. Como diz Charles Hodge: *"As ideias obtidas por intuição, por observação ou por experiência são válidas na teologia somente se forem sustentadas pelo ensino das Escrituras"*. E nas palavras de Martinho Lutero: *"Qualquer ensinamento que não se enquadre nas Escrituras deve ser rejeitado, mesmo que faça chover milagres todos os dias"*.

A teologia é uma exigência inevitável para se exercer a inteligência cristã. A teologia tem o objetivo de fornecer a relação sistematizada de informações extraídas da Bíblia. A verdade deve sempre ser tratada com um raciocínio coordenado para produzirmos respostas claras e inteligíveis, porque crer é também pensar.

A teologia é o resultado confessional de nossa cosmovisão. Cada cristão deve ser capaz de expor com síntese, mas com conteúdo, o que crê. Como entendemos e interpretamos a realidade ao nosso derredor? Posso ter certeza do que conheço? De que modo aceitamos os acontecimentos que produzem o sofrimento? Que significado tem a minha existência?

Ao adotar uma posição o estudante de teologia não deve alimentar um sentimento de inimizade ao tratar as demais opiniões contrárias. O sumário de toda sistematização da Escritura foi concedida pelo Senhor Jesus quando disse:

> *"amarás ao Senhor, teu Deus... e o teu próximo como a ti mesmo"* (Mc 12:29-31). Qualquer teologia que se desvie deste princípio, errou o alvo!

Um aspecto de suma importância no estudo teológico é a sua aplicabilidade. Nenhum estudo bíblico tem um fim em si mesmo, isolado da vida prática. Embora a teologia se refira mais ao que Deus quer que creiamos e conheçamos, não podemos ignorar o aspecto ético que está ligado, mais ao que fazemos.

O estudo teológico aqui, concentra-se na compilação e na sintetização das passagens bíblicas sobre um determinado assunto, e para isso são usados termos que não se encontram na Bíblia, mas que resumem conceitos bíblicos, como, Pneumatologia, Cristologia, Eclesiologia, Antropologia, etc. (estes termos serão estudados mais à frente).

A verdadeira Teologia não produz enfermidade, mas saúde. Esta separação que se tenta fazer entre conhecimento teológico e espiritualidade é falsa. Por isso, com coração aberto e espírito reverente poderemos crescer teologicamente.

1.2. PARA QUE TEOLOGIA?

O estudo teológico é um desafio e requer dedicação, esforço, muita leitura da bíblia e oração (cf. II Tm 2:15; I pe 3:15; Mt 22:29; Os 4:6). Quando a Bíblia diz: "*Quem tem ouvidos ouça*", quer dizer: "*quem é capaz de entender, compreender; então preste atenção, perceba e aprenda*".

A teologia é necessária não somente para as atividades cristãs, mas também para tudo da vida e do pensamento. Visto que Deus é tanto último como Onipotente, Ele tem o direito e a capacidade de dirigir todos os aspectos das nossas vidas. A teologia procura entender e sistematizar.

Sua revelação verbal é autoritativa até onde ela reflete o ensino da Escritura. A necessidade de teologia é uma questão da necessidade de comunicação de Deus. Visto que este é o universo de Deus, a fonte última de informação e interpretação de tudo da vida e do pensamento é a revelação divina. E, visto que ela [a revelação divina] é necessária para se ouvir algo de Deus, a teologia é necessária.

Teologia não é filosofia, não é doutrina vã. Também não é pregação ou garantia de salvação. Não é um balde de água fria que apaga o fogo do Espírito e também não é religião.

Teologia é o estudo metódico e ordenado acerca de Deus e sua ocupação, é estudar sistematicamente cada tema contido na Bíblia e orientar as pesquisas, traduções e estudos dos textos originais (grego e hebraico).

A teologia aproxima o homem de sí mesmo, levando-o a refletir sobre seus questionamentos, compreender suas atitudes pela revelação sobrenatural de Deus através da Bíblia.

Embora o conhecimento de Deus deva afetar a conduta de alguém, é, contudo, um engano pensar que o empreendimento intelectual da teologia sirva um propósito que é maior do que ela mesma. Os cristãos devem afirmar que, visto que estudar teologia é conhecer a Deus, e conhecer a Deus é o maior propósito do homem, a teologia, portanto, possui um valor intrínseco.

> "*Assim diz o SENHOR: Não se glorie o sábio na sua sabedoria, nem se glorie o forte na sua força; não se glorie o rico nas suas riquezas; mas o que se gloriar, glorie-se nisto: em entender, e em me conhecer, que eu sou o SENHOR, que faço benevolência, juízo e justiça na terra; porque destas coisas me agrado, diz o SENHOR*". (Jr 9:23, 24).

1.3. EM QUE A TEOLOGIA AJUDA?

O mundo está em crise de verdade fundamental. A Teologia Cristã pode ajudar na resposta a indagações do ser humano. Como declarou o teólogo D. C. Hodge: "*Nenhum caminho para a perdição se encheu de tanta gente como o da falsa doutrina. O erro é uma capa da consciência, e uma venda para os olhos.*"

Uma das maiores razões para se estudar teologia é o valor intrínseco do conhecimento sobre Deus. Cada outra categoria de conhecimento é um meio para um fim, mas o conhecimento de Deus é um fim digno em si mesmo. E, visto que Deus Se revelou através da Escritura, conhecer a Escritura é conhecê-Lo, e isto significa estudar teologia.

Sucumbindo ao espírito anti-intelectual desta geração, alguns crentes distinguem entre *conhecer* a Deus e *conhecer sobre Deus*. Se "conhecer sobre Deus" se refere ao estudo formal da teologia, então, para eles, alguém pode saber muito sobre Deus sem conhecê-Lo, e alguém pode conhecer a Deus sem conhecer muito sobre Ele. Um conhecimento teológico de uma pessoa é desproporcional a quão bem ela conhece a Deus.

Mas, se é possível conhecer a Deus sem conhecer muito sobre Ele, o que significa conhecer a Deus? Se conhecer a Deus significar ter comunhão com Ele, então, isto envolve comunhão, que, consequentemente, requer a troca de pensamento e conteúdo intelectual, dessa forma, trazendo de volta o conceito de conhecimento sobre algo. Uma pessoa não pode se comunicar com outra sem trocar informação na forma de proposições, ou de uma maneira na qual a informação conduzida seja redutível à proposições.

Diante disso, a teologia ajuda na:

1) Na formação do caráter — O desenvolvimento da vida do cristão depende do conhecimento da verdade de Deus (II Pe 1:2-8).

2) Na defesa e pureza do Cristianismo — Uma teologia bem fundamentada serve para combater os ataques e contaminações que a Igreja sofre em sua caminhada preservando a pureza da verdade cristã (II Jo 9, 10; Hb 13:9).

3) Na propagação do Evangelho — Onde não há uma base doutrinária segura e firme, também não há capacidade militante. Para se propagar o evangelho em sua inteireza, é necessário ter alguma compreensão inteligível de seu conteúdo e dar também uma explicação inteligível da verdade a outrem (Ef 4:14).

1.4. É NECESSÁRIO ESTUDAR TEOLOGIA?

Será que não basta ler a Bíblia regularmente? Por que estudar teologia? Jesus falou da necessidade de ensinarmos os crentes a obedecer a tudo o que ele ordenou (Mt 28.20). Isso inclui interpretação e aplicação do Novo e Antigo Testamento. Cumprir esse mandamento de Jesus é ensinar o que a Bíblia toda nos ensina hoje. Para isso, é necessário compilar e resumir todas as passagens bíblicas sobre um assunto específico. Levaríamos muito tempo para reunir tudo o que a Bíblia diz sobre diversos assuntos.

Para isso temos o trabalho de estudiosos que têm feito essas pesquisas de modo aprofundado. Nosso estudo e ensino serão mais efetivos se conhecermos todos os textos bíblicos possíveis sobre os assuntos considerados e resumirmos todo esse conhecimento. É aqui que começamos a ver a importância da teologia sistemática. Essa, portanto, é a razão básica para estudarmos teologia.

Além disso, o estudo da teologia nos ajudar a superar os conceitos errados, dando--nos embasamento doutrinário sobre questões polêmicas. Estudar teologia é como montar um quebra-cabeça. Quanto mais peças conseguirmos encontrar e colocar nos devidos lugares, mais fácil ficará colocar outras. Um cristão que estuda teologia se torna mais maduro, pois o ensino está relacionado com a piedade (1 Tm 6.3).

Uma teologia que não pode ser orada é uma teologia impossível de ser praticada, e que não deve ser ensinada. Estudar a sistematização das doutrinas da Escritura Sagrada deve resultar em santificação. John L. Dagg observa que o estudo da verdade religiosa deveria ser empreendido e continuado com base no senso de dever, tendo como escopo o aprimoramento do coração.

Como podemos conhecer a Deus sem estudar a revelação que Ele faz de Si mesmo? Como saber quem Ele é e o que Ele tem feito e faz, quem somos nós em relação a Ele, o que Ele requer de nós,etc., se não investigarmos o que Ele deixou revelado para nosso conhecimento? Pois esse é o trabalho da Teologia.

Esse trabalho parte de três pressupostos: O primeiro é o de que Deus existe; o segundo, de que Ele pode ser conhecido, embora não de modo exaustivo e completo; e o terceiro, de que Ele tem Se revelado tanto por meio de Suas obras (criação e providência — Revelação Geral — Sl19:1,2; At 14:17), como, principalmente, nas Santas Escrituras (Revelação Especial — Hb1:1,2; 1 Pd 1:20,21).

É porque Deus Se revelou que podemos conhecê-lo. Nosso conhecimento de Deus não é intuitivo, nem natural, mas comunicado por Ele mesmo através dos meios que soberanamente escolheu. "Fazer teologia", portanto, não é inventar teorias a respeito de Deus e de Suas obras, nem mesmo "descobrir" a Deus, mas conhecer e compreender a revelação que Ele próprio deu de Si. Por isso, qualquer estudo de Deus que não tiver a Sua revelação como base, meio e princípio regulador não é "teologia", devidamente entendida.

Uma vez aprendida, essa verdade não deveria ser guardada em uma estante, como se fosse um objeto de pesquisa; mas deveria ser implantada profundamente no coração, onde o seu poder santificador pode ser sentido.

Estudar teologia com o propósito de satisfazer à curiosidade ou de preparar-se para uma profissão, seria um abuso, uma profanação daquilo que precisa ser considerado como extremamente santo.

Uma repudiação de teologia é também uma recusa de conhecer a Deus através do modo prescrito por Ele. O conhecimento da Escritura — conhecer sobre Deus ou estudar teologia — deve estar acima de tudo, da vida e pensamento humano. A teologia define e dá significado a tudo que alguém possa pensar ou fazer. Ela está cima de todas as outras necessidades (Lc 10:42); nenhuma outra tarefa ou disciplina se aproxima dela em significância. Portanto, o estudo da teologia é a atividade humana mais importante.

1.5. COMO DEVEMOS ESTUDAR TEOLOGIA?

1) Devemos estudar teologia com oração

A Palavra de Deus é discernida espiritualmente. Por isso, devemos orar pedindo a Deus que abra os nossos olhos para podermos ver as maravilhas de sua lei (I Co 2:14; Sl 119:18). Entender a Bíblia é uma virtude espiritual que somente Deus pode nos dar (Ef 1:17-19). A qualidade de nosso estudo teológico passa pela qualidade de nossa espiritualidade, que se manifesta numa vida de dependência de Deus pela oração.

2) Devemos estudar teologia com humildade

A Bíblia diz que "Deus se opõe aos orgulhosos, mas concede graça aos humildes" (I Pe 5:5). À medida que aprendemos das Escrituras, devemos ter o cuidado de não nos orgulharmos, assumindo assim uma atitude de superioridade em relação àqueles que não conhecem o que temos estudado. Para evitar o orgulho, devemos associar o conhecimento ao amor (I Co 8:1).

3) Devemos estudar teologia compilando passagens bíblicas

O uso de uma boa concordância bíblica nos ajudará a procurar palavras-chave sobre determinado assunto. Resumir versículos relevantes e estudar passagens difíceis também ajuda. É grande a alegria ao descobrir temas bíblicos. É a recompensa do próprio estudo.

4) Devemos estudar teologia com alegria

Não podemos estudar teologia de forma fria, pois ela trata do Deus vivo e de suas maravilhas. O estudo da Bíblia é uma maneira de amar a Deus de todo o coração (Dt 6.5), pois seus ensinamentos "dão alegria ao coração", são grandes riquezas (Sl 19.8; 119.14). No estudo da teologia somos levados a dizer: "Ó profundidade da riqueza da sabedoria e do conhecimento de Deus! Quão insondáveis são os seus juízos e inescrutáveis os seus caminhos! Quem conheceu a mente do Senhor? Ou quem foi seu conselheiro? Quem primeiro lhe deu, para que ele o recompense? Pois Dele, por Ele e para ele são todas as coisas. A ele seja a glória para sempre! Amém" (Rm 11.33-36).

5) Devemos estudar teologia com a ajuda de outros

Deus estabeleceu mestres na igreja (cf. I Co 12:28). Isso significa que devemos ler livros escritos por teólogos preparados. Conversar com outros cristãos sobre teologia é também uma excelente maneira de conhecer mais sobre Deus.

2. O QUE É DOUTRINA?

Uma pergunta que já me fizeram várias vezes é se minha igreja tem doutrina. É uma pergunta tendenciosa ou no mínimo ingênua, feita para um pastor. Geralmente quando alguém faz esse tipo de pergunta, está se referindo aos ensinos próprios de sua igreja e que são tidos como identidade daquele grupo. O que é doutrina? A palavra doutrina significa ensino. Vem de uma palavra grega que deu origem à nossa palavra *didática*. Na verdade toda igreja tem doutrina. Resta considerar se a doutrina é o que a Bíblia ensina sobre determinado assunto.

2.1. CONCEITO DE DOUTRINA

Doutrinar é ensinar as verdades fundamentais da Bíblia, organizadamente.

É o conjunto de princípios que servem de base ao cristianismo, compreendendo desde o ensinamento, pregação, opinião das lideranças religiosas, desde que embasadas em Textos de obras Bíblicas escritas, como Regra de fé, preceito de comportamento e norma de conduta social, referente a Deus, a Jesus, ao Espírito Santo e Salvação.

1) Doutrina no Antigo Testamento

Palavra proveniente de *laqach*, que significa tomar, pegar, buscar, segurar, apanhar, receber, adquirir, comprar, trazer, casar, tomar esposa, arrebatar, tirar, carregar embora, tomar em casamento.

A doutrina escorrerá suavemente em todos os lugares. Além disso, é uma boa lei que dá instrução ao sábio e ensina aos justos uma fonte de vida e como se desviar dos laços da morte (cf. Dt 32:2; Pv 4:2; 9:9; 13:14).

Esta palavra é também oriunda do hebraico *yarad* que significa lei, orientação, instrução, orientação (humana ou divina), conjunto de ensino profético na era messiânica de orientações ou instruções sacerdotais legais, referente aos costumes e hábitos (cf. Is 28:9; 29:24).

Com relação a *yarad*, é necessário tomar cuidado à aplicação dessa terminologia, pois muitos se apoderam dela para ensinamentos errados, de doutrinas humanas e imposições sobre a igreja de Cristo.

2) Doutrina no Novo Testamento

São vários os termos gregos usados no Novo Testamento para "Doutrina". Vamos nos ater a dois, que considero fundamentais:

a. Doutrina do grego "*didache*" — que significa ensino, doutrina, instrução nas assembleias religiosas dos cristãos, fazer uso do discurso como meio de ensinar, em distinção de outros modos de falar em público (cf. Mc 1:22; Lc 4:32; At2:42; Rm 6:17). Este termo, oriundo do grego '*didasko*', também significa: conversar com outros a fim de instruí-los; desempenhar o ofício de professor, explicar ou expor algo a alguém. Jesus, pela sua autoridade, refere-se a si mesmo como aquele que mostrou aos homens o caminho da salvação. Como os apóstolos e Paulo, que, nas assembleias religiosas dos cristãos, encarregavam-se de ensinar, assistidos pelo Santo Espírito contra os falsos mestres entre os cristãos (cf. I Tm 4:6; 16; 6:1; Tt 2:1; 10).

b. Doutrina do grego "*logov*" (logos) — Esta palavra expressa uma concepção ou ideia dos ditos de Deus, envolvendo seus decretos, mandatos ou ordens de seus preceitos morais, como as profecias do Antigo Testamento dadas pelos profetas, bem como narrativas de assuntos em discussão, com respeito à MENTE em si, razão, a faculdade mental do pensamento, meditação e raciocínio (cf. Hb 6:1). Era palavra apropriada para o objetivo de João 1:1.

Em João, denota a essencial Palavra de Deus, Jesus Cristo, a sabedoria e poder pessoais em união com Deus. Denota seu ministro na criação e governo do universo, a causa de toda a vida do mundo, tanto física quanto ética, que para a obtenção da salvação do ser humano, revestiu-se da natureza humana na pessoa de Jesus, o Messias, a 2ª pessoa na Trindade, anunciado visivelmente através suas palavras e obras.

Este termo era familiar para os judeus e na sua literatura muito antes que um filósofo grego chamado Heráclito fizesse uso do termo Logos, por volta de 600 a.C., para designar a razão ou plano divino que coordena um universo em constante mudança.

2.2. A NECESSIDADE DA DOUTRINA

Todas as pessoas têm uma teologia e os seus atos demonstram suas crenças, pois a vida humana é uma viagem e as pessoas precisam estar certas do que Deus lhes planejou. Pode-se ser teólogo sem ser religioso e ser religioso, sem o conhecimento teológico da doutrina.

Por isso, o ensino doutrinário é importante para:

a. Desenvolver o caráter cristão

Sem uma crença firme e bem definida, que é parte da religião, não haverá crescimento correto, pois podemos viver a vida dita cristã, sem conhecer a doutrina, ou seja, o verdadeiro ensinamento; mas não haverá experiências cristãs reais.

b. Combater a mentira e erros de interpretação

Deus é eterno; homens ignorantes criaram conceitos errôneos, originando males na consciência e as Doutrinas bíblicas, ensinos alicerçados em uma boa teologia, expulsam falsas ideias (sofismas) que conduzem os homens para a cegueira e perdição.

c. Ensinar a Palavra de Deus

A Bíblia tem muitas verdades espalhadas nos seus 66 livros, obedecendo ao tema: JESUS. A doutrina estuda a fé Cristã, sobre a verdade da realidade espiritual, única, envolvendo a existência de Deus, a possibilidade dos milagres, a confiabilidade das escrituras, a divindade de Cristo, a encarnação de Deus em Cristo e a verdade da Bíblia como a Palavra de Deus genuína.

d. Na propagação do Evangelho

Onde não há uma base doutrinária segura e firme, um lastro teológico bem fundamentado, a igreja perde sua capacidade militante. Para se propagar o evangelho na sua inteireza é necessário ter alguma compreensão inteligente do seu conteúdo e significado, e ser capaz de dar uma explicação inteligível da verdade a outrem.

A teologia é uma arma poderosa no ministério (cf. Tt 1:9). Uma das grandes necessidades da igreja, desde os seus primórdios, é o seu doutrinamento (cf. Ef 4:14). Os líderes são responsáveis por essa firmeza doutrinária.

A doutrina é uma crença racional, baseada na Palavra de Deus, onde fé e razão andam juntas. A fé usa a razão e a razão não pode ser bem sucedida sem a fé, na descoberta da verdade. A razão não pode produzir fé, mas a acompanha, pois a fé não vem de um questionamento, mas de Deus.

O presbiteriano escocês James Orr, seguindo este mesmo raciocínio, há tempos observa que todos devem estar cientes de que há nos dias de hoje um grande preconceito contra doutrina — ou, como é muitas vezes chamada — "dogma" — na religião; uma grande desconfiança e aversão ao pensamento claro e sistemático a respeito de coisas divinas. Os homens preferem, não se pode deixar de notar, viver em uma região de nebulosidade e indefinição com relação a esses assuntos. Querem que seu pensamento seja fluido e indefinido — algo que possa ser mudado com os tempos, e com as novas luzes que eles acham estarem constantemente aparecendo para iluminá-los, continuamente adquirindo novas formas e deixando o que é velho para trás.

Mas, qual é a resposta para a fatídica questão: quem precisa de teologia? Embora a resposta possa parecer um tanto que estranha, ela é simples: todos! Não somente cristãos, mas os incrédulos, ateus, agnósticos, e demais adeptos de qualquer religião não cristã! Todos precisam ouvir de forma inteligente e coordenada a clara e vigorosa pregação do Evangelho.

A teologia trabalha com a sistematização da revelação registrada: a Escritura Sagrada. Todos têm o dever e a necessidade de aprender do único e verdadeiro Deus. O Senhor se revela de modo geral a todos (cf. Sl 19:1-6). Mas, Ele também se revela de modo especial, através das Escrituras (Sl 19:7-14). Entretanto, este segundo modo de Deus se dar a conhecer não deve ser restrito aos que creem nEle.

A principal diferença destes dois modos de Deus se revelar, é que a revelação especial é proposicional, enquanto que a geral não o é, mas o conteúdo da revelação, independentemente do seu modo, tem o propósito de que todos conheçam o seu Ser, e tremam diante da Sua majestade.

Contudo, a pessoa pode tentar compreender aquilo em que acredita, envolvendo a vontade de descobrir, por exemplo, a lógica de que Deus existe, se relaciona com as pessoas e que através da teologia, poderemos defender racionalmente, a verdade das coisas de Deus pela investigação escriturística da doutrina.

Então, defendamos nossa fé (cf. I Pe 3:15; II Co 10:4-5), combatendo os sofismas e as heresias (cf.. Fp 1:7; Jd 3; 22; Tt 1:9; II Tm 2:24-25).

O apóstolo Pedro nos ordena *"santificai a Cristo, como Senhor, em vosso coração, estando sempre preparados para responder a todo aquele que vos pedir razão da esperança que há em vós"* (I Pe 3:15). Segundo este texto, a formulação teológica em seu dever moral deve indispensavelmente conter:

1) Santificação (santificai a Cristo);

2) Submissão (Cristo como Senhor);

3) Coerência no todo (em vosso coração);

4) Diligência (sempre preparados);

5) Raciocínio [coordenado] (para responder);

6) Experiência (há em vós).

Ao adotar uma posição o estudante de teologia não deve alimentar um sentimento de inimizade ao tratar as demais opiniões contrárias. O sumário de toda sistematização da Escritura foi concedida pelo Senhor Jesus quando disse: *"amarás ao Senhor, teu Deus... e o teu próximo como a ti mesmo"* (Mc 12:29-31).

Qualquer teologia que se desvie deste princípio, errou o alvo.

3. DISTINÇÃO ENTRE TEOLOGIA E OUTROS ESTUDOS

Para melhor compreensão da Natureza da Teologia, precisamos observar a distinção que há entre ela e algumas outras disciplinas semelhantes.

3.1. TEOLOGIA E RELIGIÃO

A palavra *religião*, para alguns, deriva de *religare* (ligar de novo), e significa religar o homem a Deus. outros, como Cícero, entendem que a palavra *relegere* (considerar, rever, tomar, retomar o caminho).

O termo religião tem sido usado para expressar ideias cristãs e não cristãs. Entre os cristãos, o conteúdo essencial da religião já foi expresso em termos de conhecimento intelectual (Hegel), sentimento de dependência (Schleiermacher), ética (Kant). Nenhum desses conceitos, entretanto, é adequado.

Num sentido mais amplo do termo, podemos dizer que religião é a vida do homem nas suas relações com o soberano e o sobrenatural do universo. Esse relacionamento baseia-se em conceitos diferentes da realidade sobrenatural, assume formas diferentes e materializam a religião na vida prática de cada povo.

A religião cristã está acima de qualquer outra religião do mundo, porque nela encontra-se a ideia mais esclarecida, desenvolvida e correta acerca de Deus e suas relações com o mundo e do o meio de se cultivar uma relação efetiva com o sobrenatural, dada a revelação especial que temos nas Escrituras (cf. At. 17:24 - 28). A. H. Strong conceitua a religião cristã, dizendo: "*Em sua ideia essencial, religião é uma vida em Deus, uma vida vivida em conhecimento de Deus, em comunhão com Deus, e sob o controle do Espírito de Deus habitando no crente*".

A Teologia se relaciona com a Religião, mas dela se distingue, tal como a Botânica está relacionada com a vida das plantas mas é distinta dela. A Teologia estuda as verdades que na religião o homem procura vivenciar e expressar atitudes e ações. Assim como a religião é um fenômeno natural na vida do ser humano, por isto também um fenômeno universal, também a teologia, que surge da necessidade de se explicar o que se crê na religião, é inevitável e imprescindível para a vida humana.

3.2. TEOLOGIA E APOLOGÉTICA

Apologética significa "*um discurso sistemático e argumentativo na defesa da origem e da autoridade da fé cristã*". A Apologética tem como propósito justificar a religião cristã diante das ideias contrárias e provar sua veracidade. O propósito da Teologia é outro: conhecer e expor o conteúdo e o significado da fé cristã, para fins práticos.

3.3. TEOLOGIA E FILOSOFIA DA RELIGIÃO

A Filosofia da Religião investiga a natureza e os fundamentos das crenças religiosas.

Trata de problemas tais como a origem, a natureza e a função da religião na vida do homem. Investiga a verdade e o valor da interpretação religiosa no mundo. Quanto à Teologia, a sua maior consideração é com os aspectos práticos da religião na vida, e busca interpretar o cristianismo mais em minúcias.

3.4. Teologia e Ética Cristã

A Ética Cristã investiga as obrigações morais do homem à luz da revelação bíblica. Ela expõe o significado do cristianismo para a vida moral do homem. Na Teologia muitas vezes observamos o efeito ético de uma doutrina, mas este não é o único objetivo, e nem sempre o principal interesse imediato ao considerar-se uma doutrina.

4. Divisões da Teologia

Para fins de estudo, a teologia pode ser dividida em:

4.1. Teologia Natural

Estuda fatos que se referem a Deus e Seu universo que se encontra revelado na natureza.

4.2. Teologia Exegética

Estuda o Texto Sagrado e assuntos relacionados, através do estudo das línguas originais, da arqueologia bíblica, da hermenêutica bíblica e da teologia bíblica.

4.3. Teologia Moral

Visa refletir sobre a resposta concreta que o cristão dá a Deus nos diversos âmbitos de sua existência seja pessoal, interpessoal, comunitária, social, familiar e política. Analisando as bases e os critérios de como o cristão deve agir e sobre temas globais como sexualidade, ética e ecologia, política, globalização, etc.

4.4. Teologia Bíblica

Investiga a verdade de Deus e o Seu universo no seu desenvolvimento divinamente ordenado e no seu ambiente histórico conforme apresentados nos diversos livros da Bíblia.

A teologia bíblica é a exposição do conteúdo doutrinário e ético da Bíblia, conforme originalmente revelada.

A teologia bíblica extrai o seu material exclusivamente da Bíblia. Estuda a introdução geral da Bíblia, com estudo dos livros do Antigo e Novo testamento, falando sobre a história do povo de Deus e reflete temas gerais, familiarizando os alunos com termos bíblicos e as línguas bíblicas, como hebraico e grego. Usa a "exegese" que analisa criticamente o texto, desde a seleção do texto, sua estrutura gramatical, sua mensagem e tema central para hoje "hermenêutica", aplicando a mensagem para os dias atuais.

4.5. Teologia Histórica

Considera o desenvolvimento histórico da doutrina, mas também investiga as variações sectárias e heréticas da verdade. Ela abrange história bíblica, história da igreja, história das missões, história da doutrina e história dos credos e confissões.

Visa conhecer uma visão panorâmica das grandes fases da história universal, as relações da igreja cristã com o mundo, os conflitos de mentalidades, ideias e movimentos sociais, as ideias e eventos do passado que repercutem hoje em dia. Compreende desde a história antiga, medieval, moderna, contemporânea e atual.

4.6. Teologia Prática

Trata da aplicação da verdade aos corações dos homens. Ela busca aplicar à vida prática os ensinamentos das outras teologias, para edificação, educação, e aprimoramento do serviço dos homens. Ela abrange os cursos de homiléticas, administração da igreja, liturgia, educação cristã e missões.

4.7. Teologia Sistemática

A teologia sistemática é estritamente falando, a sistematização e defesa das doutrinas expressas nos símbolos da igreja. O objetivo é apresentar uma visão clara e organizada dos principais temas da fé cristã. Tem por base principal o material fornecido pela Escritura, mas servido-se também de outros ramos do conhecimento, como a Filosofia, a Historia, a Psicologia, a Ciência, na medida em que estes ramos do saber humano podem ajudar no esclarecimento de verdades tratadas na revelação.

O primeiro grande manual da teologia ocidental em sentido sistemático foi organizado por Pedro Lombardo (1100-1160). Conhecido como os "Quatro livros de sentenças", Lombardo organizou essa obra quando então lecionava na Universidade de Paris por volta do século XII . A obra é formada por um conjunto de citações/sentenças dos Pais da Igreja

(Patrística) juntamente com textos das Sagradas Escrituras

Dividido por tópicos, o primeiro dos quatro livros tratava da Trindade; o segundo, da criação e do pecado; o terceiro, da encarnação e da vida cristã; e o quarto e último livro, sobre os sacramentos e os últimos dias. Com efeito, as sentenças de Pedro Lombardo tornaram-se logo um dos livros fundamentais da cultura filosófica medieval, servindo de guia para o surgimento de outros trabalhos teológicos e filosóficos até o século XVI.

Tamanha influência pode ser percebida na famosa obra de Tomás de Aquino, Suma Teológica, por exemplo. Tomás de Aquino resumiu toda a teologia cristã em três partes empregando princípios parecidos com aqueles que foram adotados por Pedro Lombardo. Embora pouco citado entre os teólogos protestantes, Pedro Lombardo teve uma grande importância no desenvolvimento da teologia no Ocidente.

Quanto à atual organização da teologia sistemática, podemos dizer que em seu sentido tradicional, a formação da teologia sistemática tem seguido geralmente uma sequência semelhante ao padrão do Credo Apostólico, ou seja, começa-se pela doutrina de Deus terminando pela doutrina das ultimas coisas.

Assim, de modo geral, estuda-se: a doutrina de Deus, a doutrina do homem com relação a Deus, a doutrina da pessoa e obra de Cristo, a doutrina da igreja, a escatologia, entre outros temas.

Contudo, essa ordem ou sequência de temas abordados na teologia sistemática podem variar de acordo com cada autor. Os temas centrais que aparecem Teologia Sistemática são fundamentalmente os seguintes:

1) Introdução a Teologia

2) Teontologia Doutrina de Deus.

3) Cristologia – Doutrina de Cristo.

4) Pneumatologia – Doutrina do Espírito Santo.

5) Hamartiologia – Doutrina do Pecado.

6) Soteriologia – Doutrina da Salvação.

7) Antropologia – Doutrina do Homem.

8) Escatologia – Doutrina das Últimas Coisas.

9) Eclesiologia – Doutrina da Igreja.

5. TEOLOGIAS CONTEMPORÂNEAS

Para efeito de aprendizado e conhecimento, faremos uma leitura das teologias contemporâneas muito conhecidas:

5.1. TEOLOGIA DA CRUZ

Por mais que divirjam as opiniões a respeito da chamada Teologia dialética, por mais que a considerem carente de contemplação e correção, por mais que alguém decididamente se distancie da mesma, em todo caso será preciso admitir que de modo geral é ela que dita à teologia de hoje o seu enfoque. Não houve teólogo na igreja cristã que tenha feito ressuscitar como Lutero, as ideias de Paulo.

Foi Lutero quem, em Heidelberg, na primavera de 1518, contrapôs expressamente seus "paradoxos" teológicos como "Teologia da Cruz", à "Teologia da Glória", isto é, à Teologia eclesial dominante. Evidentemente ele se serviu dessa formulação porque nela encontrou a caracterização mais sucinta e certeira da peculiaridade do evangelho, a contrastar com a Teologia oficial. É herança de Paulo que Lutero levanta com sua teologia da cruz contra uma igreja que se tornou segura e saciada.

São raras as definições claras do que seria propriamente "teologia da cruz". Geralmente essa formulação aparece como algo que dispensa maior discussão, mas, ao que parece, as ocasionais manifestações tacitamente pressupõem, na maioria dos casos, que a "teologia de cruz" representa o estágio pré-reformatório da teologia de Lutero.

Em contrapartida defendemos a seguinte tese: a teologia da cruz é o princípio de toda a teologia de Lutero; ela não pode ser limitada a um período particular de sua teologia. Pelo contrário, como também no caso de Paulo, essa fórmula apresenta uma característica de todo o seu pensar teológico. Ouvimos que, para a teologia da cruz, é na cruz de Cristo e do cristão que se mostra o sentido mais profundo da ação de Deus junto ao mundo.

A teologia da cruz é cristocêntrica. Para o cristão, Cristo é tudo, ele é o eixo central da reflexão teológica. A doutrina da cruz que determinou decisivamente o conceito de Deus e de Fé, só é compreendida numa vida sob a cruz, a cruz de Cristo e a cruz do cristão formam uma unidade. O sentido da cruz não se revela ao pensar contemplativo, mas apenas à experiência sofredora. O teólogo da cruz não está posicionado como espectador em relação à cruz de Cristo, mas ele próprio é envolvido neste acontecimento. Ele sabe que só Deus pode ser encontrado na cruz e no sofrimento. Por isso não foge do sofrimento, a exemplo do teólogo da glória, mas considera-o como as sagradas relíquias que devem ser abraçada devotadamente — pois o próprio Deus "está oculto nos sofrimentos" e quer ser venerado por nós como tal.

Na cruz se frustra toda concepção fictícia de Deus. "*A cruz põe tudo à prova*". A cruz é o juízo sobre todas as ideias e obras humanas de escolha própria. Face à situação real do ser humano, ela representa a inversão radical de todas as suposições humanas. O que é tolo é sábio; o que é fraco, forte; o que é vergonha, é glória; o que parece odioso ao ser humano, é desejável e digno de amor e em altíssimo grau.

Denominamos a teologia da cruz como a marca de toda a teologia de Lutero. Podemos constatar a marca da teologia na cristologia ou na doutrina da santa ceia. A teologia de Lutero, de fato, é apenas um mergulhão da árvore da mística medieval e de teologia monástica, ainda assim valeria a pena retraçá-la como um todo orgânico. O resultado deste estudo é para nós uma prova indireta de que a teologia da cruz não constitui o pré-estágio pré-reformatório da teologia de Lutero propriamente dita, mas que deve ser considerada, antes, como marca de todo o pensamento teológico de Lutero.

5.2. TEOLOGIA DA ESPERANÇA

O fundador desse tipo de teologia foi o alemão Jurgen Moltmann, que traçou suas linhas programáticas em seu famoso livro Theologie Der Hoffring (Teologia da Esperança). Ultimamente, o padre Schillebierckx tornou-se um zeloso seguidor da Teologia da Esperança, uma nova interpretação da mensagem Cristã, que adota como princípio hermenêutico exatamente a esperança.

O Escopo desta Teologia é expor que as implicações práticas da fé inflamada na chama da Ressurreição de Jesus, quer o novo e consequente êxodo da sociedade atual das grandes estreitas das estruturas vigentes. Este sentido teológico foge ao inconveniente de considerar a mensagem da Ressurreição como mero e inconsistente relato histórico ou como simples apelo a decisão, e nos leva a entender a Ressurreição como mensagem promissora que se abre para a história e nos obriga a nos empenharmos por nos transformar a nós próprios e ao mundo.

A liberdade, outorgada e vivida a partir de Cristo, e a mensagem do Reino de Deus não significam apenas liberdade e santidade interiores. Expressam sempre e por igual o "Shalon" dirigido a todo homem em suas relações sociais, a paz na Terra e a libertação de tudo o que é efêmero.

5.3. TEOLOGIA DA EVOLUÇÃO

Pierre Teilhard de Chardin nasceu em Sarcenar, França, em 1º de maio de 1881. Filho de um aristocrata rural interessado pela geologia, dedicou-se desde a juventude ao estudo dessa matéria, que não interrompeu nem mesmo quando suas inquietações espirituais o levaram a ingressar na Companhia de Jesus, em 1899.

Nos últimos anos, nenhum autor suscitou tanto interesse quanto Pierre Teilhard de Chardin. Suas obras conheceram um sucesso editorial sem precedentes em seu gênero: Chardin iniciou sua atividade científica no início do século, quando o mundo da ciência era decididamente adverso ao mundo da fé e da religião.

Segundo Chardin é preciso fazer ver aos cientistas que não há nenhuma incompatibilidade entre a religião cristã moderna e a ciência moderna, mas sim uma maravilhosa correspondência, porque o cristianismo vem de encontro às mais íntimas exigências da ciência. Lé phenomène humain foi a obra em que Chardin procurou realizar tal programa.

A obra termina com a seguinte afirmação do valor superior do cristianismo:

> *"De qualquer forma, a Evolução infunde sangue novo às perspectivas e aspirações cristãs. Mas a fé cristã, por seu turno, não é destinada e não se presta a salvar até mesmo a mudar a evolução?... No presente momento, o cristianismo representa a única corrente de pensamento suficientemente audaz e progressiva para abraçar prática e eficazmente o mundo, em um abraço completo e indefinidamente perfectível, no qual a fé e a esperança se consumam na caridade. Somente ele — absolutamente só ele sobre a Terra moderna — se mostra capaz de sintetizar em um só ato vital o todo e a pessoa. Somente o cristianismo pode-se inclinar, não apenas servir, mas também a amar o formidável movimento que nos arrasta. Isso não significa outra coisa senão que ele satisfaz a todas as condições que nós temos o direito de exigir de uma religião do futuro e que, portanto, é através dele que passa enfim, verdadeiramente, o eixo principal de evolução".*

A intenção declarada de Chardin, em toda a sua obra, é elaborar uma visão cósmica que abarque em um só olhar tanto o mundo da ciência quanto o da fé. Segundo Chardin, a evolução é a maior descoberta do século passado e de todos os tempos, na medida em que nos coloca em condições de entender a história, seja a passada, seja a futura. Ao juízo de Chardin a evolução não está absolutamente em conflito com o cristianismo; ao contrário, é um argumento muito forte a seu favor, porque a evolução deve passar através do cristianismo.

Os estudos científicos conduzira Teilhard de Chardin a uma profunda meditação sobre o problema da evolução, origem de sua obra mais importante, Lé Phénomène Humain (O fenômeno humano), concluída em 1940, mas só publicada postumamente, em 1955. Em seu pensamento, a evolução evidente do universo material, que parece esmagar o homem e sua consciência, visa, na realidade, a realizar a passagem da matéria ao espírito, do menos consciente ao mais consciente. O homem é o centro e a razão dessa evolução: sua alma o liga a esse universo, que ela domina, a seus semelhantes e a seu fim último, que é Deus. Ciência e religião, longe de se contradizerem, conduzem ambas à perfeição intelectual.

As implicações morais e religiosas desse sistema foram desenvolvidas numa série de obras como Le Milieu divin (1958; O meio divino) e L'Avenir de L'homme (1959; O futuro do homem).

Teilhard de Chardin regressou à França em 1946, mas ante a impossibilidade de publicar seus textos — que circularam em exemplares mimeografados e só foram editados após sua morte — transferiu-se para os Estados Unidos. Ingressou então na Fundação Wenner-Gren, de Nova York, que patrocinou, nos últimos anos de sua vida, duas expedições científicas ao continente africano. Teilhard de Chardin morreu em Nova York, em 10 de abril de 1055.

5.4. TEOLOGIA DA LIBERTAÇÃO

A experiência cotidiana das comunidades cristãs latino-americanas que combatem as injustiças econômicas, sociais, culturais e políticas, está na origem da chamada teologia da libertação.

A teologia da libertação constitui uma nova interpretação da mensagem evangélica, à luz da injustiça social. Apesar do nome, não é propriamente uma teologia, no sentido de política, surgido na Europa na década de 1970, depois que o Concílio Vaticano II (1962-1965), examinou o problema das relações entre a igreja e o mundo moderno. A característica mais inovadora do movimento foi encarar os problemas políticos como base para a interpretação dos textos bíblicos.

Reunida na cidade colombiana de Medellín, em 1968, a Conferência Episcopal Latino-Americana (Celam) foi o grande impulso da teologia da libertação. Analisando a situação social do continente, os bispos consideraram que a igreja tinha como missão continuar a obra de Cristo, enviado ao mundo para "libertar todos os homens de todo tipo de escravidão a que os tenha sujeitado o pecado, a ignorância, a fome, a miséria, a opressão e, numa palavra, a injustiça e o ódio, que têm sua origem no egoísmo humano".

A conferência pediu uma teologia e uma catequese que oferecessem "*a possibilidade de uma libertação plena e a riqueza de uma salvação integral em Cristo, o Senhor*". Entre os principais teólogos que a iniciaram e desenvolveram, citam-se Gustavo Gutiérrez, Hugo Assmann, Leonardo Boff, J. L. Segundo, Porfirio Miranda, José M. Bonino, J. B. Libânio, Segundo Galileia, Eduardo Pironio e A. López Trujillo.

O eixo da teologia da libertação é a figura do Cristo libertador, que veio libertar os homens não apenas do pecado, mas também de todas as suas consequências, inclusive as injustiças. Seu método hermenêutico deixa de lado as categorias idealistas tradicionais e emprega categorias históricas. A mensagem de salvação é interpretada à luz das opressões de que o homem precisa ser libertado.

Ao narrar a libertação dos hebreus do cativeiro no Egito e sua marcha para a Terra Prometida, o Êxodo é a imagem bíblica da mensagem da salvação, e a história sagrada não é algo distinto da história da humanidade ou superposto a ela, mas sim a intervenção de Deus. Um outro elemento importante da teologia da libertação é o método de análise marxista.

5.5. TEOLOGIA DA PROSPERIDADE

Algumas obras norte-americanas, escritas contra a teologia da prosperidade, tratam-na como se fosse uma heresia ou uma seita. A posição é, ela não é uma seita. Uma seita é composta por um grupo bem definido de pessoas, assim como os Testemunhas de Jeová ou os Mórmos, que se chamam cristãos, mas negam doutrinas básicas da Bíblia, tais como a trindade e a divindade de Cristo. Na teologia da prosperidade, seus adeptos não negam nenhuma doutrina básica nem buscam outro fundamento que não seja Cristo e os apóstolos. Antes, trata-se de uma forma de compreender a Bíblia.

A Teologia da Prosperidade é algo novo na história da igreja. Parece que nada assim já foi visto antes. Mas isso não quer dizer que ele tenha surgido de modo repentino ou aparecido totalmente formado. Como todo movimento, desenvolveu-se com o tempo, e isso significa que tem raízes ligadas a pessoas, épocas e lugares diversos.

Pesquisas feitas nos Estados Unidos sobre a teologia revelam que existem duas raízes históricas e filosóficas da teologia da prosperidade: O pentecostalismo (Barron, 1987; Horn, 1989) e várias seitas metafísicas do início do século XX, que floresceram na região de Boston (McConnell, 1988).

Dessas duas fontes, o pentecostalismo fornece a base ou o grupo, onde a teologia encontrou a maior parte de seus adeptos, enquanto os pressupostos filosóficos propriamente ditos foram fornecidos pelas seitas metafísicas.

Sua doutrina é radical com relação com relação ao homem físico e espiritual. Tendo em vista a Autoridade profética, como decretar a morte de alguém (até mesmo a de um pastor). Segundo Kenneth Hagin. Saúde e Prosperidade são algo vivido dentro da teologia; a teologia da prosperidade não se cansa de repetir que nem doenças nem problemas financeiros são da vontade de Deus, o cristão que está passando tal coisa ou coisas, ele não tem fé ou está em pecado.

A Confissão Positiva é outra corrente da doutrina da teologia da prosperidade, ela garante a realização com fé dos pedidos desejados pelo cristão, mesmo passando por cima da vontade divina, afirma que sempre positivamente, nunca: "Se Deus quiser!" Isso envolvendo saúde ou bem material.

5.6. TEOLOGIA DAS RELIGIÕES

É a globalização das religiões com o intuito da integração dos seus conteúdos comuns. Podíamos nos referir a "teologias", mas daria um sentido de independência. Quando no referimos à "teologia das religiões" queremos destacar um conjunto, um todo, ou seja, um ponto em comum. Dentre estes conteúdos comuns podemos citar a revelação do logos, bem como a interação de Cristo com os diversos credos; também destacam-se os conteúdos de caráter ético e moral, família e mandamentos de Deus.

De forma superficial parece que as religiões são muito diferentes umas das outras. Porém, se removermos as distinções da língua, condições de clima, costumes (ética) e muitos outros fatores, é surpreendente notar a similaridade entre todas. Nas religiões Crê-se em uma vida pós-morte, numa alma humana imortal, no tormento eterno para os maus e uma recompensa celestial para os bons, um Deus trino ou uma divindade superior, um redentor, um livro sagrado, etc.

No hinduísmo muitos se referem a sua fé como sanatana darma, quer dizer, lei ou ordem eternas. No que diz respeito à moral ou quebra de valores encontramos o seguinte texto: "Quando as leis da família são destruídas, Janardana, então o que certamente para os homens resulta é morar no inferno".

No siquismo um dos grandes mandamentos do guru Nanaque era: "Lembre-se sempre de Deus, repita Seu nome". No budismo, acredita-se em um inferno onde estão os ímpios, um lugar de fogo atormentado por demônios horrendos.

No islamismo, o árabe é a língua obrigatória para se ler o Qur'na (Alcorão), o livro sagrado dos muçulmanos. Eles acreditam que o árabe é a língua usada por Deus falar por meio de Gabriel, melhor dizendo "o árabe é a forma mais pura de revelação".

Enfim, são inúmeros os exemplos no que se refere ao estudo dos conteúdos comuns entre as religiões. Mas, surge um grande problema no que diz respeito à estruturação do diálogo do cristianismo para com as demais religiões; o Cristo deve relacionar-se neste diálogo só como a palavra "sem reivindicar a autoridade".

5.7. TEOLOGIA DO PROCESSO

Movimento teológico do séc. XX que se originou, em grande parte, do pensamento de Alfred North Whitehead, que considerava a realidade como tendo uma natureza progressiva ou evolutiva. Ademais Deus está tão intimamente ligado com o restante da realidade que Ele também é visto como estando crescendo e se desenvolvendo.

A teologia do processo adotou a metafísica elaborada pelos filósofos do processo para obter os recursos mais adequados para expressar aquilo que a Bíblia entende por Deus e por mundo dentro da moderna estrutura da cosmovisão evolutiva. O Deus da metafísica do processo e o Deus da revelação bíblica são, supostamente, o mesmo Deus.

Propõe a Teologia de Processo que um Deus criou a partir do nada seja autocrático, "imperial" e conceitualmente impossível. Esse tipo de Deus não consegue casar com a ideia de um Deus que interage na História e mantém uma relação de amor e ajuda às criaturas. Deus cria junto com o resto do mundo. Segundo pensam, Ele é o Pai da criatividade. O mundo para eles está em mudança e Deus também está nesse processo.

A grande contribuição da teologia de processo é a doutrina do relacionamento de Deus com o mundo. Um Deus que não pode agir ou ter interação com o mundo teria uma personalidade menos do que significante. A oração e o serviço possuem pouco significado a não ser que haja um relacionamento real e pessoal entre Deus e os homens.

Não há apelo existencial num Ser impessoal com quem não se pode ter relacionamento. A teologia de processo seguiu duas direções principais desde Whitehead: a empírica e a racional. A primeira destas ênfase é achada em Bernar Loomer, Bernard Meland, e Henry Weiman; o campeão da segunda delas Charles Hartshorne é talvez o mais relevante dos teólogos de processo desde Whitehead, dentro da corrente racional, seguido por John Cobb e Schubert Ogden.

5.8. TEOLOGIA EVANGÉLICA

Teologia representa um dos empreendimentos humanos costumeiramente qualificados de "científicos", que tem por finalidade perceber um objeto (respectivamente uma área definida) como fenômeno, compreendê-lo em seu sentido e interpretá-lo quanto ao alcance de sua existência — e isso, dentro do caminho indicado pelo próprio objeto em questão. O termo "teologia" parece indicar que em seu âmbito, por ser ciência específica (e muito específica), se trate de perceber, de compreender e de interpretar a "Deus".

Mas ao termo "Deus" poderão ser atribuídos os mais variados sentidos, de forma que necessariamente também deverá haver uma multiplicidade de teologias. Mas, há uma coisa comum entre as mais variadas teologias, e este fato lança uma luz bastante reveladora sobre os deuses em questão: é que cada uma delas se considera e se proclama a se mesma sendo a única correta ou ao menos como sendo a melhor, por ser a mais correta de todas. A melhor teologia, a única teologia correta do Deus sublime, único, verdadeiro e real é aquela que procura comprovar a se mesma pela "demonstração do espírito e do poder".

A teologia à qual queremos introduzir é a teologia evangélica. O adjetivo aponta para o novo testamento e simultaneamente para a Reforma do séc. XVI. A teologia da qual trataremos é a que, a partir de suas origens absconditas, latentes nos documentos da história de Israel, veio à luz, de forma clara e inequívoca, nos escritos dos evangelistas, dos apóstolos e profetas do novo testamento, para ser redescoberta e revivida na Reforma do séc. XVI.

Não queremos o termo evangélico de forma confessionalista — já que evidentemente aponta para a Bíblia — que de alguma maneira está sendo respeitada em todas as confissões. Teologia, por ser "protestante", ainda não é necessariamente evangélica. E existe teologia evangélica no catolicismo romano e oriental-ortodoxo, como também existe na área das inúmeras variações e mesmo das formas degeneradas, posteriores aos evento reformatório.

Teologia evangélica é aquela que intenciona perceber, compreender e tornar manifesto o Deus do evangelho — quer dizer, o Deus que se manifesta no evangelho, que por si mesmo fala aos homens, que age dentro deles e entre eles da maneira por Ele mesmo indicada. Onde se realizar o evento deste Deus se tornar objeto da ciência do homem e como tal, origem e norma da mesma — é aí que existe teologia evangélica.

A teologia evangélica raciocina com base em três premissas secundárias, que são:

a) dialética insolúvel do evento da existência humana, existência que vê confrontada com a autorrevelação de Deus no evangelho;

b) a fé de pessoas humanas que receberam o Dom e a vontade de reconhecerem e de confessarem a autorrevelação de Deus como tendo acontecido a favor deles;

c) na capacidade de percepção, de conceituação e de expressão de todos os homens, inclusive os crentes, fato este que os capacita tecnicamente a participarem, de forma ativa, do esforço teológico-cognitivo, realizado no confronto com Deus que se autorrevela no evangelho.

Teologia não ignora que o Deus do evangelho se acha voltado para a existência humana. A prioridade absoluta da teologia evangélica é Deus mesmo. Teologia evangélica sabe esperar, para verificar como a existência, a fé e a capacidade intelectual do homem, como seu ser e sua autocompreensão, em confronto com o Deus do evangelho, superior a existência humana, venha revelar-se. Ela em toda a sua modéstia é ciência livre, isto é, é ciência que deixa seu assunto agir livremente, de forma que vai sendo liberada continuamente por seu próprio objeto.

O assunto da teologia evangélica é Deus — Deus , na história de suas ações. Nela é que Ele se manifesta a si mesmo. Mas nesta história Ele também é o que é. Nela Ele tem e prova tanto sua existência como sua essência.

O Deus do evangelho não é nenhum Deus solitário, que bastasse a si mesmo e que fosse recluso em si mesmo: não é nenhum Deus absoluto, isto é, não é um Deus desvinculado de tudo que não seja Ele mesmo.

Teologia evangélica, através do seu labor, responde ao gracioso sim de Deus, a sua auto-revelação benigna e amiga ao homem. A teologia evangélica lida com o Deus do homem, mas precisamente lida com o homem, como sendo o homem de Deus. Portanto, o Deus do evangelho é o Deus que se relaciona com o homem, que tem uma palavra amiga, por ser palavra de graça.

5.9. CARACTERISTICAS DE UMA TEOLOGIA VERDADEIRAMENTE CRISTÃ

a. Revelada

Baseada na revelação de Deus, que revela a si mesmo, se Ele quiser. Note bem, não é um estudo de nossas ideias a respeito de Deus, mas um estudo daquilo que Deus revelou a respeito de si mesmo.

b. Sistemática

É mais natural para a mente humana, é mais fácil seguir algo feito duma maneira lógica e ordenada. Há porém, o perigo de ir ao extremo com a lógica e tal perigo tem causado mais divisões doutrinárias na igreja, do que qualquer outra coisa.

c. Analítica

Deve haver divisões naturais no estudo. Se o botânico disseca a flor, não é porque ela é bonita, mas porque quer aprender mais sobre a flor. Analisamos o que a Bíblia fala a respeito de Deus e Seu universo, porque queremos saber mais a respeito dessas coisas.

d. Integrada

Depois da análise, há necessidade de uma síntese. Um sistema orgânico tem uma unidade que é natural. Cristo é o poder integrador em nosso sistema, que liga todas as doutrinas da Bíblia e dá sentido aquilo que está escrito.

e. Convicta

Nos dias atuais, as pessoas estão procurando algo prático e autoritativo. O que podemos oferecer são as Escrituras. Existem certos pontos, onde não podemos dogmatizar, nestes casos, o que podemos fazer é orar e pedir orientação a Deus. Ao mesmo tempo, se não tivermos nenhuma convicção forte sobre as doutrinas da fé, não temos nada para transmitir aos outros, a não ser as nossas dúvidas.

f. Bíblica

Se usar a Bíblia, pode evitar o perigo de fazer um sistema doutrinário próprio para depois tentar colocar a Bíblia dentro de nosso sistema.

g. Cristocêntrica

Ligado com o anterior. No propósito de Deus — Pai, Jesus Cristo tem o primeiro lugar. Ele deve ter o primeiro lugar em nosso pensamento e na nossa teologia. Há o perigo de colocar o homem no centro de todas as coisas, e não Jesus.

h. Orientada pelo Espírito Santo

Em João 16:14, o Senhor Jesus prometeu que o Espírito Santo nos daria orientação a respeito das verdades reveladas por Ele. Depois de aceitar Cristo como Salvador e nascer de novo, a pessoa ainda precisa da iluminação do Espírito Santo para compreender as Escrituras.

BIBLIOGRAFIA

BERKHOF, Louis. Teologia Sistemática. São Paulo: Editora Cultura Cristã, 2002.

FERREIRA, Franklin; MYATT, Alan. Teologia Sistemática. São Paulo: Editora Vida Nova, 2008.

HODGE, Charles. Teologia Sistemática. São Paulo: Editora Hagnos, 2001.

CHEUNG, Vincent. Teologia Sistemática. Publicado por Reformation Ministries Internacional 2003. (Disponível no site monergismo.com).

TEIXEIRA, Alfredo Borges. Dogmática Evangélica. 1976.

SILVA, Claudemir Pedroso da. Dicionário e Estudos Bíblicos. São Paulo: Editora PAE, 2009.

SEVERA, Zacarias de Aguiar. Manual de Teologia Sistemática. Curitiba / PR: Editora A. D. Santos, 1999.

Revista Fides Reformata, 1998.

Apostila de Teologia organizada por Darlan Lima.

Texto de Antonio Francisco. Introdução a Teologia Sistemática.

Sites consultados:

www.monergismo.com.br

www.webartigos.com/articles/54930/1/Teologia-Sistematica-uma-pequena-introducao/pagina1.

Capítulo II

Teologia sistemática de Deus

1. A existência de Deus

"Como sabemos que Deus existe? A resposta pode ser dada em duas partes: primeira, todas as pessoas têm uma intuição íntima de Deus. Segunda, cremos nas provas encontradas nas Escrituras e na natureza".

Não obstante ser um livro que trata essencialmente de Deus e do seu relacionamento com o homem, a Bíblia não tem como objetivo maior, provar a existência de Deus. a existência de Deus é fato indiscutível, portanto pacífico, no decorrer de toda narrativa bíblica.

Assim como a Bíblia, a sã teologia não se propõe dissecar o Ser de Deus, mas apresentá-lo ao nível de compreensão do homem. Evidentemente Deus como um Ser eterno, Onisciente, Onipresente, Onipotente e Santo, não pode ser aniquilado em sua plenitude pelo homem cuja capacidade é limitadíssima em si mesma.

Aqueles que se dão ao estudo comparativo das religiões são unânimes em testemunhar que a crença na existência de Deus é de natureza praticamente universal. Essa crença acha-se arraigada até entre as nações e tribos menos civilizadas da terra. Contudo, isto não quer dizer que não exista aqui e ali indivíduos que negam completamente a existência de Deus como nos revela as escrituras: um Ser supremo e pessoal, existente por si, consciente e de infinita perfeição, que faz todas as coisas de acordo com um plano pré-determinado.

Outros creem na existência de Deus, porém não como a Bíblia ensina, o que se constitui noutra forma de negação da existência de Deus. A forma de negação da existência de Deus é muito variada através da história.

1.1. DEFINIÇÕES DE DEUS

Definição Filosófica de Platão

Deus é o começo, o meio e o fim de todas as coisas. Ele é a mente ou razão suprema; a causa eficiente de todas as coisas; Eterno, Imutável, Onisciente, Onipotente; tudo permeia e tudo controla; é justo, santo, sábio e bom; o absolutamente perfeito, o começo de toda a verdade, a fonte de toda a lei e justiça, a origem de toda a ordem e beleza e, especialmente, a causa de todo o bem.

Definição Cristã do Breve Catecismo

Deus é um Espírito, infinito, eterno e imutável em Seu Ser, sabedoria, poder, santidade, justiça, bondade e verdade.

Definição Combinada

Deus é um espírito infinito e perfeito em quem todas as coisas tem sua origem, sustentação e fim (cf. Jo.4:24; Ne.9:6; Ap.l:8; Is.48:12; Ap.1:17).

Definições Bíblicas

As expressões *"Deus é Espírito"* (Jo.4:24) e *"Deus é Luz"* (I Jo.1:5), são expressões da natureza essencial de Deus, enquanto que a expressão *"Deus é amor"* (I Jo.4:7) é expressão de Sua personalidade (I Tm.6:16).

1.2. ESSÊNCIA OU NATUREZA DE DEUS

Quando falamos em essência de Deus, queremos significar tudo o que é essencial ao Seu Ser como Deus, isto é, substância e atributos.

a. Substância de Deus

Há duas substâncias: matéria e espírito. A substância de Deus é puro espírito, sem mistura com a matéria: *"Deus é espírito; e importa que os seus adoradores o adorem em espírito e em verdade."* (Jo 4:24).

b. Atributos de Deus

Sua substância é Espírito e Seus atributos são as qualidades ou propriedades dessa substância. Atributos é a manifestação do Ser de Deus.

1.3. FORMAS DE NEGAÇÃO DA EXISTÊNCIA DE DEUS

1) Ateísmo

Os ateus estão divididos em duas classes:

a) o ateu prático: gente sem Deus que na vida prática não reconhecem a Deus e vivem como se Deus não existisse (Sl 10:4);

b) o ateu teórico: são geralmente de uma classe mais intelectual, e baseiam sua negação de Deus no desenvolvimento de um raciocínio, procuram provar por meio de argumentos razoáveis e conclusivos que não há Deus.

2) Agnosticismo

Vem da palavra grega que quer dizer "não saber", não creem na criação, nem nos conhecidos fatos que testemunham a existência de Deus. Todo adepto desta teoria, alega crer unicamente no que se pode ver e apalpar. Assim, a fé em Deus, é relativa, isto é, o homem não pode saber qualquer coisa sobre Deus, pois Deus está fora do domínio das coisas materiais (cf. Ex 33:20; Rm 11:33 e 34; I Co 13:9-12).

3) Deísmo

Admite que Deus existe, contudo rejeita por completa a sua revelação à humanidade. Para o Deísmo, Deus não possui atributos morais nem intelectuais, sendo até duvidoso que Ele tenha participado na criação do universo. O Deísmo é a religião natural baseada no raciocínio puramente humano, e segundo eles, após a criação, Deus entregou o mundo para ser governado por leis naturais (Ef 4:6).

4) Materialismo

Declara que a única realidade é a matéria, e que o homem é apenas um animal, e por isso não é responsável por suas atitudes e atos, que os diferentes comportamentos físicos e psíquicos humanos são simplesmente movimentos da matéria. Por conseguinte o homem não tem do que, nem a quem prestar contas de seus atos.

5) Panteísmo

Vem da palavra grega que quer dizer "tudo é Deus", confunde Deus com a natureza. Ensina que no universo, Deus é tudo e tudo é Deus. Deus não é só parte do universo mas é o próprio universo. O Hinduismo é adepto deste falso ensino. O erro filosófico e religioso do panteísmo é confundir o Criador com a criação.

1.4. ARGUMENTOS RACIONAIS SOBRE A EXISTENCIA DE DEUS

Se as escrituras não oferecem nenhuma demonstração racional da existência de Deus, por que vamos nós fazer esta tentativa? Pelas seguintes razões:

1º) **Para convencer os que genuinamente buscam a Deus**: isto é, pessoas cuja fé tem sido ofuscada, afinal a fé é questão oral e não intelectual. Se a pessoa não esta disposta a aceitar, ela porá de lado todas e quaisquer evidências. (Lc 6:31).

2º) **Para fortalecer a fé daqueles que já creem**: eles estudam as provas, não para crer, mas porque já creem.

3º) **Para enriquecer nosso conhecimento**: acerca da natureza de Deus. Que maior objeto de pensamento e estudo existe do que Ele? É na criação, na natureza e na história humana que acharemos evidencias da existência de Deus.

A partir dessas três esferas, mencionaremos alguns argumentos sobre a existência de Deus:

a. O argumento Ontológico

Do grego "On: existente, ser". O argumento Ontológico tem sido apresentado sob diversas formas, por diferentes pensadores. Em sua mais refinada forma, foi apresentado por Anselmo, teólogo e filósofo agostinista, de origem italiana. Seu argumento é que o homem tem imanente em si a ideia de um ser absolutamente perfeito e por conseguinte, deve existir um Ser absolutamente perfeito. Este argumento admite que existe na mente do próprio homem o conhecimento básico da existência de Deus, posto lá pelo próprio criador.

b. O argumento Cosmológico

Do grego "kosmos: Mundo". Em geral encerra a ideia de que tudo o que existe no mundo, deve ter uma causa primária ou razão de ser. Emanuel Kant, filósofo alemão, indicou que se tudo que existe tem uma razão de existir, isto deve ter um ponto de origem em Deus. Assim sendo, deve haver um Agente único que equilibra e harmoniza em si todas as coisas: *"Os céus proclamam a glória de Deus, e o firmamento anuncia as obras das suas mãos."* (Sl 19:1).

c. O argumento Teleológico

Do grego "telos: fim". Este argumento mostra que o mundo ao ser considerado sob qualquer aspecto revela inteligência, ordem e propósito, denotando assim a existência de um ser sumamente sábio. Por exemplo, o homem para viver, consome o ar, do qual retira todo o oxigênio, resultando disso o dióxido de carbono, que será utilizado na produção de oxigênio, que por sua vez será novamente consumido pelo homem. Em suma, o universo não apenas prova a existência de um Criador, mas indica um Arquiteto, um Planejador: *"A ira de Deus se revela do céu contra toda impiedade e perversão dos homens que detêm a verdade pela injustiça; porquanto o que de Deus se pode conhecer é manifesto entre eles, porque Deus lhes manifestou. Porque os atributos invisíveis de Deus, assim o seu eterno poder, como também a sua própria divindade, claramente se reconhecem, desde o princípio do mundo, sendo percebidos por meio das coisas que foram criadas. Tais homens são, por isso, indesculpáveis"* (Rm 1:18-20).

d. O argumento Antropológico ou Histórico

Do grego "antropos: homem". Entre todos os povos e tribos da terra, é comum a evidencia de que o homem é um ser religioso em potencial. Sendo universal este fenômeno, isso deve ser parte constituinte da natureza do homem. E se a natureza do homem tende à prática religiosa, isso só encontra explicação num Ser superior que originou uma tal natureza que sempre indica ao homem um ser superior. É aqui que milhões, por ignorarem o único e verdadeiro Deus, praticam as religiões mais estranhas e deturpadas. É o anseio da alma na busca do Criador que por ela ignora, por ter dEle se afastado: *"...porquanto, tendo conhecimento de Deus, não o glorificaram como Deus, nem lhe deram graças; antes, se tornaram nulos em seus próprios raciocínios, obscurecendo-se-lhes o coração insensato. Inculcando-se por sábios, tornaram-se loucos e mudaram a glória do Deus incorruptível em semelhança da imagem de homem corruptível, bem como de aves, quadrúpedes e répteis." (Rm 1:21-23); "Sendo, pois, geração de Deus, não devemos pensar que a divindade é semelhante ao ouro, à prata ou à pedra, trabalhados pela arte e imaginação do homem."* (At 17:29).

1.5. ARGUMENTOS BÍBLICOS DA EXISTENCIA DE DEUS

Os autores bíblicos tanto presumem quanto defendem a existência de Deus. A Bíblia não é nenhum diário de Deus, reunindo todas as indagações da mente humana sobre Ele. Há nela, sim, o suficiente à mente finita do homem limitado. A pessoa que para provar a existência de Deus, vai além do que a Bíblia diz, do que a criação testifica, do que o Espírito Santo e a Bíblia revelam, pode levar o inquiridor a resultados inúteis ou desnecessários.

O cristão temente a Deus aceita por fé a verdade da Sua existência segundo a revelação contida na Bíblia. Não se trata de fé cega, mas de fé que se baseia nas escrituras. *"De fato, sem fé é impossível agradar a Deus, porquanto é necessário que aquele que se aproxima de Deus creia que ele existe e que se torna galardoador dos que o buscam."* (Hb 11:6).

A Bíblia não só revela Deus como Criador de todas as coisas (Gn 1:1), mas também como sustentador de todas as coisas (cf. Mt 6:26; Lc 12:24; Hb 1:3), e como o dirigente dos destinos de indivíduos e nações (Sl 22:28). A Bíblia afirma que Deus fez todas as coisas segundo o conselho de Sua vontade (Ef 1:11), revelando assim a realização gradual de Seu grande e eterno propósito de redenção.

Quando pela fé aceitamos o conteúdo da Bíblia como inspirada por Deus, ela enfaticamente mostra que:

1) Deus se revela através da Sua doutrina: "*Se alguém quiser fazer a vontade dele, conhecerá a respeito da doutrina, se ela é de Deus ou se eu falo por mim mesmo.*" (Jo 7:17);

2) Deus se dá a conhecer àqueles que O buscam: "*Conheçamos e prossigamos em conhecer ao SENHOR; como a alva, a sua vinda é certa; e ele descerá sobre nós como a chuva, como chuva serôdia que rega a terra.*" (Os 6:3);

3) Deus se manifestou ao mundo na pessoa de Seu filho Jesus Cristo: "*a saber, que Deus estava em Cristo reconciliando consigo o mundo, não imputando aos homens as suas transgressões, e nos confiou a palavra da reconciliação.*" (II Co 5:19).

Embora não possamos conhecer exaustivamente a Deus, podemos conhecer coisas *verdadeiras* sobre ele. De fato, *tudo o que as Escrituras nos falam* sobre Deus é verdadeiro. É verdade dizer que:

- Deus é amor: "*Aquele que não ama não conhece a Deus, pois Deus é amor.*" (I Jo 4:8);
- Deus é luz: "*Ora, a mensagem que, da parte dele, temos ouvido e vos anunciamos é esta: que Deus é luz, e não há nele treva nenhuma.*" (I Jo 1:5);
- Deus é espírito: "*Deus é espírito; e importa que os seus adoradores o adorem em espírito e em verdade.*" (Jo 4:24);
- Deus é justo ou reto: "*tendo em vista a manifestação da sua justiça no tempo presente, para ele mesmo ser justo e o justificador daquele que tem fé em Jesus.*" (Rm 3:26) e assim por diante.

Podemos conhecer alguns pensamentos de Deus — até muitos deles — com base na Bíblia, e quando os conhecemos como Davi, os consideramos "preciosos" (Sl 139:17).

Ainda mais significativo é perceber que conhecemos o *próprio Deus*, e não meramente fatos sobre ele ou atos que ele executa. Aqui Deus diz que a fonte da nossa alegria e da nossa noção de importância deve vir não das nossas capacidades ou posses, mas do fato de conhecê-lo.

O fato de conhecermos o próprio Deus é demonstrado ainda pela percepção de que a riqueza da vida cristã envolve um relacionamento pessoal com Deus. Falamos com Deus em oração, e ele fala conosco pela sua Palavra. Temos comunhão com ele na sua presença, entoamos seus louvores e temos consciência de que ele pessoalmente habita no meio de nós e dentro de nós para nos abençoar (Jo 14:23).

De fato, pode-se dizer que esse relacionamento pessoal com Deus Pai, com Deus Filho e com Deus Espírito Santo é a maior de todas as bênçãos da vida cristã.

2. REVELAÇÃO GERAL E ESPECIAL

O Deus da bíblia é o Deus que se revela, que se faz conhecer, que tira o véu. O ser humano, portanto, pode conhecê-lo, amá-lo e servi-lo prazerosamente. A história humana é o registro das ações de Deus no tempo (At 17:26), pois Deus domina sobre todos os homens (Dn.4:17), num plano e propósitos divinos para o Reino de Deus na terra (Dn.2:7).

Se Deus não se revelar, o homem não pode conhecê-lo. Ele é incompreensível; só o Espírito Santo conhece suas profundezas. Deus deseja que o homem o conheça,o adore e viva em sua comunhão.

2.1. REVELAÇÃO NATURAL OU GERAL

A criação pode nos revelar a existência de Deus: Deus é o Criador; é uma norma para a sociedade e meio de condenação (Insuficiente porque o pecado adulterou a fé humana: *"porquanto o que de Deus se pode conhecer é manifesto entre eles, porque Deus lhes manifestou. Porque os atributos invisíveis de Deus, assim o seu eterno poder, como também a sua própria divindade, claramente se reconhecem, desde o princípio do mundo, sendo percebidos por meio das coisas que foram criadas. Tais homens são, por isso, indesculpáveis"* (Rm1:19-20).

- **Nas Artes**: Deus se revela nas artes, pois Deus é belo e fez um belo mundo e criou seres para apreciarem essa beleza. O homem é apenas um "subcriador", dotados de dons criativos que revelam algo de sua natureza maravilhosa.
- **Na Música**: Deus se revela na música, pois os anjos o louvam (Jó 38:7; Is 6:3; Ap 4:8; 5:12). A voz humana é um instrumento musical criado por Deus e também os anjos, foram criados para louvar a Deus (Sl 150:3-5; Ap 8:2; 14:2). A música manifesta a glória de Deus, bem como a criação.
- **Na Natureza**: A revelação geral revela Deus como criador, mas não revela o redentor, narrando apenas a grandeza de Deus (Sl.8:1; Is.40:12-17). Ela é ampla, revelando as verdades da ciência, história e matemática, pelas leis da natureza e também é essencial para a razão humana pelo questionamento dos fatos da vida.
- **Nos governos**: Ademais, a revelação geral de Deus (Criação) é essencial ao governo humano, pois apesar de nem todas as sociedades estarem debaixo da lei judaica, estão embaixo das leis universais que regem a natureza.

2.2. REVELAÇÃO ESPECIAL OU SOBRENATURAL

A revelação especial nos revela a teologia cristã: Deus é o redentor; é uma norma para a igreja e meio para salvação. A Bíblia é a norma para todo o ensinamento cristão, revelando a graça redentora de Deus e a mensagem da salvação, explicando o acesso do homem a Deus. Tanto as revelações gerais como especiais são necessárias, pois Deus se revelou em sua Palavra e no mundo.

A verdade é encontrada tanto na Bíblia quanto na ciência, mas temos que distinguir a interpretação bíblica e a do leitor. As revelações de Deus na Palavra e no mundo nunca se contradizem, pois a Bíblia é inerrante.

Definição de Deus na Teologia

Deus é o Ser Supremo Espírito Infinito, Eterno, Imutável em seu Ser, Sabedoria, Poder, Santidade, Justiça, Bondade, Verdade e Amor, Único, Perfeito, Criador e Sustentador do universo, Pessoal e subsiste em três Pessoas ou Distinções: Pai, Filho e Espírito Santo.

Sua relação no mundo

Visão correta: TEÍSTA / MONOTEÍSTA:Há um Deus e somente um único Deus, que é Ele mesmo, em sentido absoluto: Há 3 religiões monoteístas: Judaísmo, Cristianismo e Islamismo.

Criação e Providência

1) Deus por seu poder e bondade infinitos, criou o mundo do nada, sem perda de sua substância, deu existência ao mundo;

2) que não abandonou, depois de criá-lo;continua a influir em todo momento sobre ele, com sabedoria e amor,conservando e dirigindo no sentido dos fins dados na ordem da criação.

Imanência e Transcendência

a. Deus está unido ao mundo que criou;

b. Dele se distingue em real independência de Deus, ser infinito, pessoal, autônomo, inteligente e livre, distinto do universo que criou, o conserva e o dirige.

Maneiras de se revelar

a. Teofanias (manifestações) — Deus próximo, entre anjos, fogo, nuvem, fumaça, zéfiro suave (voz mansa) e Anjo do Senhor (2ª pessoa da trindade);

b. Comunicações diretas (autorrevelação): Voz audível, Urim e Tumim (peças da roupa do Sumo Sacerdote), sonho, revelação, visão e pelo Espírito Santo.

c. Milagres (experiência mística): poder de Deus em situações especiais: Maná, sarça ardente, abertura do Jordão;

d. Escrituras: revelando aspectos de Deus e sua obra;

e. Abordagens: racionais (reflexão); intuitivas (ideias) ou filosóficas (ver a natureza).

3. O CARÁTER DE DEUS

Se há uma fonte autorizada e gabaritada para dizer-nos que tipo de pessoa é Deus, esta fonte é, sem dúvida a bíblia. Em suas páginas encontramo-lo descrito como criador, mantenedor, legislador, rei, pai, juíz, senhor, etc. Todos estes termos nos ensinam determinadas verdades sobre ele. São termos que não se demoram em descrições filosóficas sobre sua natureza, mas que singelamente nos mostram quem ele é, revelando-nos o que ele faz. Um ser capaz de criar, comunicar-se e amar.

Quando falamos sobre o caráter de Deus, percebemos que não podemos dizer ao mesmo tempo tudo o que a Bíblia nos ensina sobre o caráter dele. Os atributos chamados "incomunicáveis" têm sua melhor definição quando dizemos que são os atributos divinos de que *menos participamos*. Nenhum dos atributos incomunicáveis de Deus deixa de ter alguma semelhança no caráter dos seres humanos.

Na Bíblia o nome de uma pessoa é uma descrição do seu caráter. Da mesma forma, os nomes bíblicos de Deus são diversas descrições do seu caráter. Em certo sentido, todas essas expressões do caráter de Deus em termos de coisas encontráveis no universo são "nomes" de Deus, pois nos dizem algo verdadeiro sobre ele.

Usando um termo mais técnico, podemos dizer que *em tudo o que as Escrituras dizem a respeito de Deus usa-se linguagem antropomórfica — ou seja, linguagem que fala de Deus em termos humanos*. Cada descrição de cada um dos atributos divinos deve ser compreendida à luz de tudo o mais que as Escrituras nos dizem sobre Deus. Se não nos lembrarmos disso, inevitavelmente compreenderemos erradamente o caráter de Deus.

Existe ainda uma terceira razão para destacar a grande diversidade de descrições de Deus tiradas da experiência humana e do mundo natural. Essa linguagem deve-nos lembrar de que *Deus criou o universo para que este revelasse a excelência do caráter divino*, ou seja, para que revelasse a glória divina.

A compreensão do caráter divino segundo as Escrituras deve abrir nossos olhos e nos permitir interpretar corretamente a criação. É preciso lembrar que, embora tudo o que as Escrituras nos dizem sobre Deus seja verdadeiro, não é exaustivo. Deus tem muitos nomes porque conhecemos muitas descrições verdadeiras do seu caráter com base nas Escrituras; mas Deus não tem nome nenhum, pois jamais poderemos descrever ou compreender a plenitude do seu caráter.

Vamos usar então as duas categorias de atributos, "incomunicáveis" e "comunicáveis", com plena consciência, porém de que não são classificações absolutamente precisas e de que existe na realidade muita sobreposição entre elas.

3.1. Atributos Incomunicáveis (Exclusivos de Deus)

Os atributos incomunicáveis de Deus, também conhecidos como atributos absolutos e naturais, são talvez os mais fáceis de compreender equivocadamente, talvez porque representam aspectos do caráter divino menos familiares à nossa experiência. Dizem respeito à natureza íntima de Deus, independente de qualquer outra coisa. São eles:

a. Onipresença

Assim como Deus é ilimitado ou infinito com respeito ao tempo, também é ilimitado com respeito ao espaço. Essa característica da natureza de Deus é chamada Onipresença divina (o prefixo latino *o[m]ni-* significa "tudo").

A Onipresença de Deus pode ser assim definida: *Deus não tem tamanho nem dimensões espaciais e está presente em cada ponto do espaço com todo o seu ser; Ele, porém, age de modos diversos em lugares diferentes.*

Deus está presente em todo lugar: Há, porém, determinadas passagens que falam da presença de Deus em toda parte do espaço. Lemos em Jeremias: "*Acaso, sou Deus apenas de perto, diz o SENHOR, e não também de longe? Ocultar-se-ia alguém em esconderijos, de modo que eu não o veja? — diz o SENHOR; porventura, não encho eu os céus e a terra? — diz o SENHOR*" (Jr 23:23-24). Deus aqui repreende os profetas que pensam que suas palavras ou pensamentos ficam ocultos de Deus. Ele está em todo lugar e enche o céu e a terra (cf. Sl 139:7-12; Ec 5:2; Is 57:15; 29:15; Jr 23:23,24).

b. Onisciência

Deus é Onisciente, porque conhece todas as coisas (cf. Gn 18:18,19; II Rs 8:10,13; I Cr 28:9; Sl 94:9; 139:1-16; 147:4-5; Pv 15:3; Is 29:15,16; 40:28; Jr 1:4-5; Ez 11:5; Dn 2:22,28; Am 4:13; Lc 16:15; At 15:8, 18; Rm 8:27, 29; I Co 3:20; II Tm 2:19; Hb 4:13; I Pe 1:2; I Jo 3:20).

O conhecimento de Deus é perfeito, ele não precisa arrazoar, ou pesquisar as coisas, nem aprender gradualmente — seu conhecimento do passado, do presente e do futuro é instantâneo. Há grande conforto na consideração deste atributo. Em todas as provas da vida o crente tem a certeza de que "vosso Pai celestial sabe" (Mat. 6:8).

A seguinte dificuldade se apresenta a alguns: sendo Deus conhecedor de todas as coisas, ele sabe quem se perderá; portanto, como pode essa pessoa evitar o perder-se? Mas a presciência de Deus sobre o uso que a pessoa fará do livre arbítrio não obriga a escolher este ou aquele destino. Deus prevê sem intervir;

c. Onipotência

Ele é Todo Poderoso, Ele tem autoridade total sobre todas as coisas (Gn18:4), em sua mão há toda força e poder para realizar o que lhe apraz. Por isso recebe muitas vezes, nas escrituras, o título de Todo-poderoso (cf. Sl 62:11; 147:13-18: Jr 32:17; Mt 19:26: Lc 1:37; Ef 3:20-21; Ap 1:8).

Seu controle e sabedoria sobre tudo que existe ou que pode existir. Mas sendo assim, por que se pratica o mal neste mundo? É porque Deus dotou o homem de livre arbítrio, cujo arbítrio Deus não violará; portanto, ele permite os atos maus, mas com um sábio propósito de, finalmente, dominar todo o mal. Somente Deus é Todo-poderoso e até mesmo Satanás nada pode fazer sem a sua permissão (cf. Jó cap. 1 e 2.) Toda a vida é sustentada por Deus (cf. Heb. 1:3; Atos 17:25, 28; Dan. 5:23);

d. Eternidade

A eternidade de Deus pode ser definida assim: *Deus não tem princípio nem fim nem sucessão de momentos no seu próprio ser, e percebe todo o tempo com igual realismo; Ele, porém, percebe os acontecimentos no tempo e age no tempo.*

Às vezes essa doutrina é chamada doutrina da infinitude de Deus com respeito ao tempo. Ser "infinito" é ser "ilimitado", e a doutrina ensina que o tempo não impõe limites a Deus.

Deus percebe os acontecimentos no tempo e age no tempo. Todavia, dito isso, para evitar uma compreensão equivocada é preciso completar a definição da eternidade de Deus: "*...Ele, porém, percebe os acontecimentos no tempo e age no tempo". Paulo escreve: "... vindo, porém, a plenitude do tempo, Deus enviou seu Filho, nascido de mulher, nascido sob a lei, para resgatar os que estavam sob a lei*" (Gl 4.4-5). Outros textos: (Sl 90:1, 2; 102:12; Is 57:12);

e. Imutabilidade

Deus é imutável no seu ser, nas suas perfeições, nos seus propósitos e nas suas promessas; porém, Deus age e sente emoções, e age e sente de modos diversos diante de situações diferentes. Esse atributo de Deus é também chamado *inalterabilidade.*

Evidências nas Escrituras: no salmo 102, encontramos um contraste entre coisas que podemos julgar permanentes, como a terra ou os céus, de um lado, e Deus, do outro. Deus existia antes da criação dos céus e da terra e existirá muito depois da destruição dessas coisas. Deus faz mudar o universo, mas, contrastando com essa mudança, ele é "o mesmo".

Será que Deus às vezes muda de ideia? Se, porém, falamos que Deus é imutável nos seus propósitos, surpreendemo-nos intrigados diante de passagens bíblicas em que Deus diz que julgaria o seu povo, mas depois, por causa de orações ou do arrependimento do povo (ou ambas as coisas), acaba-se apiedando e não condena como dissera que o faria.

Deus não muda, em Seus atributos, Sua perfeição e Seus propósitos (cf. Nm 23:19; Sl 102:26-28; Is 41:4; Ml 3:6; Hb 1:11, 12; Tg 1:17);

f. Independência

Deus não precisa de nós nem do restante da criação para nada; porém, tanto nós quanto o restante da criação podemos glorificá-lo e dar-lhe alegria. Esse atributo de Deus é às vezes chamado existência autônoma ou *aseidade* (das palavras latinas *a se*, que significam "de si mesmo"). Deus é absolutamente independente e autossuficiente.

g. Soberania

Deus é soberano, isto é, ele tem o direito absoluto de governar suas criaturas e delas dispor como lhe apraz (Dn 4:35; Mt 20:15; Rm 9:21.) Ele possui esse direito em virtude de sua infinita superioridade, de sua posse absoluta de todas as coisas, e da absoluta dependência delas perante ele para que continuem a existir. Desta maneira, tanto é insensatez, como transgressão, censurar os seus caminhos.

A doutrina da soberania de Deus é uma doutrina muito útil e animadora. Se fosse para escolher, qual seria preferível — ser governado pelo fatalismo cego, pela sorte caprichosa, pela lei natural irrevogável, pelo "eu" pervertido e de curta visão, ou ser governado por um Deus sábio, santo, amoroso e poderoso? Quem rejeita a soberania de Deus, pode escolher ser governado dentre o que sobra;

h. Triunidade

Deus é triuno. Ele é um só Deus (Dt 6:4; Is 45:21; I Co 8:5, 6; Ef 4:6; I Tm 2:5) e manifesta-se em 3 pessoas: Pai, Filho e Espírito Santo (Mt 28:19; II Co 13:13; I Pd 1:2).

3.2. – ATRIBUTOS COMUNICÁVEIS (DEUS E AS CRIATURAS MORAIS)

A lista de atributos dada aqui na categoria "comunicáveis", também conhecidos como atributos morais nada tem de incomum, mas compreender a definição de cada atributo é mais importante do que ser capaz de classificá-los. Passando em revista o registro das obras de Deus para com os homens, aprendemos que:

a. Bondade

Deus é bom. A bondade de Deus é o atributo em razão do qual ele concede vida e outras bênçãos às suas criaturas (Sl 25:8; 31:19; 68:10; 85:5; 145:9; Na 1:7; Rm 2:4; Mt 5:45; At 14:17);

b. Amor

Deus é amor. O amor é o atributo de Deus em razão do qual ele deseja relação pessoal com aqueles que possuem a sua imagem e, mui especialmente, com aqueles que foram santificados em caráter, feitos semelhantes a ele.

Notemos a descrição do amor de Deus (cf. Dt 7:8; Ef 2:4; Sf 3:17; Is 49:15, 16; Rm 8:39; Os 11:4; Jr 31:3); notamos a quem é manifestado (Jo 3:16; 16:27; 17:23; Dt 10:18); notamos como foi demonstrado (Jo 3:16; I Jo 3:1; 4:8, 9, 10; Rm 9:11-13; Is 38:17; 43:3, 4; 63:9; Tt 3:4-7; Ef 2:4, 5; Os 11:4; Dt 7:13; Rm 5:5);

c. Misericórdia, graça, paciência

A misericórdia, a paciência e a graça divinas podem ser tidas como três atributos separados ou como aspectos particulares da bondade de Deus. As definições dadas aqui apresentam esses atributos como casos especiais da bondade de Deus quando empregada em benefício de categorias específicas de pessoas.

A *misericórdia* de Deus é a bondade divina para com os angustiados e aflitos.

A *graça* de Deus é a bondade divina para com os que só merecem castigo.

A *paciência* de Deus é a bondade divina no sustar a punição daqueles que persistem no pecado por determinado tempo (cf. Êx 34:6; Dt 4:31; Sl 103:8; 145:8);

d. Compassivo

Sente tristeza com o sofrimento alheio (cf. II Rs 13:23; Sl 86:15; 111:4);

e. Longanimo

Paciente (Êx 34:6; Nm 14:18; Rm 2:4; I Tm 1:16);

f. Liberdade

A liberdade de Deus é o atributo por meio do qual ele faz o que lhe apraz. Essa definição implica que nada em toda a criação pode impedir que Deus execute a sua vontade. Esse atributo de Deus está portanto intimamente associado à sua vontade e ao seu poder. Mas esse aspecto da liberdade concentra-se no fato de Deus não se ver cerceado por nada que lhe seja exterior e de ser ele livre para fazer o que desejar. Não há pessoa ou força que possa ditar a Deus o que fazer. Ele não está debaixo de nenhuma autoridade nem de nenhuma limitação exterior (Is 40:13, 14);

g. Glória

Num dos seus sentidos a palavra *glória* significa simplesmente "honra" ou "reputação excelente". Esse é o significado do termo em Isaías 43.7, em que Deus fala dos seus filhos, "que criei para minha glória", ou em Romanos 3.23, que diz que "todos pecaram e carecem da glória de Deus". Noutro sentido, a "glória" de Deus significa a clara luz que circunda a presença de Deus. Como Deus é espírito, e não energia nem matéria, essa luz visível não faz parte do ser divino, mas é algo criado. Podemos defini-la assim: *a glória de Deus é o brilho criado que circunda a revelação do próprio Deus*;

h. Verdade

Concordância e coerência com tudo que é representado pelo próprio Deus (Jo 14:6);

i. Justiça

Deus é justo. Qual a diferença entre a santidade e a justiça? "A justiça é santidade em ação", esta é uma das respostas. A justiça é a santidade de Deus manifesta no tratar retamente com suas criaturas. "não fará justiça o Juiz de toda a terra?" (Gên. 18:25). A justiça é obediência a uma norma reta; é conduta reta em relação a outrem. Quando é que Deus manifesta este atributo?

1) Quando livra o inocente, condena o ímpio e exige que se faça justiça (Isa 11:3);

2) Quando perdoa o penitente (Sl 51:14; I Jo 1:9; Hb 6:10);

3) Quando castiga e julga seu povo (Is 8:17; Am 3:2);

4) Quando dá vitória à causa de seus servos fiéis (Is 50:4-9).

j. Santidade

Dizer que Deus tem como atributo a santidade é dizer que ele é separado do pecado e dedica-se a buscar a sua própria honra. Essa definição contém ao mesmo tempo uma qualidade relacional (separação de) e uma qualidade moral (a separação é do pecado ou do mal, e a dedicação é em prol da própria honra ou glória de Deus). A ideia de santidade, abarcando tanto a separação do mal quanto a dedicação de Deus à sua própria glória, encontra-se em várias passagens do Antigo Testamento (cf. Êx 15:11; Lv 11:44, 45; 20:26; Js 24:19; Lc 1:49; Tg 1:13; I Pd 1:15, 16);

k. Fidelidade

Deus é fiel e absolutamente digno de confiança, as Suas palavras não falharão (Êx 34:6; Nm 23:19; Dt 4:31; Rm 3:4; 15:8; Ico 1:9; Hb 6:18; Ap 15:3).

4. OS NOMES DE DEUS

O "nome" de Deus, nas escrituras, significa mais do que uma combinação de sons, representa Seu caráter revelado. Deus revela-se a Si mesmo fazendo-se conhecer ou proclamando o Seu nome (Ex 6:3; 33:19; 34:5,6). Adorar a Deus é invocar o seu nome (Gn 12:8); guardá-lo (Dt 28:58); celebrá-lo (II Sm 22:50); glorifica-lo (Sl 86:9). Reverenciar a Deus é santificar ou bendizer seu nome (Mt6:9). O nome do Senhor defende o seu povo (Sl 20:1), e por amor do Seu nome não os abandonará (I Sm 12:22).

O nome de Deus é a própria pessoa dEle, pois mostra o que Ele é. Classificação:

1) Elohim > (plural) ocorre mais de 2.000 vezes e sugere o Deus da Criação, da Providencia e também Supremo Governador. Traz consigo a noção da trindade do Deus Uno (Gn 1:26; 3:22), ou então seria o plural de majestade;

2) Elohim Chay > Deus Vivo. Nele encontramos vida. Não há como viver sem ter relacionamento com Deus e Sua ação em nós. (Sl 42: 1,2; 84:1,2; Dn 6:10-28; Mt 16:16; Rm 9:26);

3) El > (singular) ocorre cerca de 250 vezes. O conceito básico que encerra é a Força. Traz ainda a ideia de Primeira Causa, como em Gn 14:18-22. Pode-se traduzir por Deus altís-

simo. É ligado geralmente, a um dos atributos divinos, como Deus misericordioso (Dt 4:31), Deus zeloso (Ex 20:5);

4) El Elion > Altíssimo (o mais forte dos fortes, acima de tudo e todos). Gn 14:18,19; Dt 32:8; Sl 47:2; 57:2; Is 14:13,14; Dn 4:32; At 7:38; Ap 22:5;

5) El shadday > Deus Todo Poderoso. Aquele que possui o governo sobre todas as coisas (Gn 17:1-20; 49:25);

6) El Roi > O forte que vê (Gn 16:13);

7) El Olam > O eterno Deus (Is 40:28);

8) Javé (Yahweh) > A forma Jeová resulta do emprego pelos judeus na antiguidade das vogais de Adonai (Senhor) com a palavra YHVH do hebraico antigo, em que não se escreviam vogais. A forma mais provavelmente correta é Jahveh (Javé ou Yavé), mas nem assim há certeza de que represente a pronúncia primitiva, pois o israelita por medo de incorrer na condenação de Ex 20:7, evitava tão sistematicamente proferir o sacratíssimo Nome que a pronúncia se perdeu. Ocorre cerca de 7.000 vezes no AT. e significa: Aquele que existe por si só, Autoexistente, cf. Ex 3:14 "Eu Sou o Que Sou", (Ap 1:8);

9) Jeová Jireh > O senhor proverá, Deus provedor, Ele vê e provê. (Gn 22:13,14; Ex 2:25; 3:7; Sl 9:13; 31:7; 33:13). Ele contempla todas as nossas ansiedades e dificuldades. Ele nos acompanha e cuida de nós;

10) Jeová Nissí > O Senhor é a minha bandeira (Ex 17:8-16; Is 35:3,4;

11) Jeová Shammá > O Senhor está ali, o Senhor que está presente (lit. lá) Ez 48:35; Zc 2:10; Is 12:6; Sl 68:18; 132:14; Hb 12:18,22; Ap 21:22, 22:3;

12) Jeová Raphá > O Senhor que te sara. (Ex 15:16; Sl 4:14; 103:3; 147:3; Lc 9:11);

13) Jeová Shalom > O Senhor é Paz. (Jz 6:22-24; Is 9:6; Jo 14:27; 20:19; Ef 2:13,14);

14) Jeová Tsidkenu > O Senhor é nossa justiça. (Jr 23:5,6; 33:16; Nm 12:1-14; Hb 12:14,15; I Pe 2:19-22);

15) Jeová Maccadeshkem > O Senhor nossa Santificação ou o Senhor que nos Santifica. (Ex 31:13; Lv 20:7,8; I Ts 5:21-23);

16) Jeová Hohi ou Raah > O senhor é meu Pastor. (Sl 23:1; Jo 10:11; Hb 13:20; I Pe 5:4);

17) Jeová Rossenu > O Senhor que nos criou. (Sl 95:6);

18) Jeová Eloheha > O Senhor teu Deus (Ex 20:2);

19) Jeová Eloheenu > O Senhor nosso Deus (Sl 99:5);

20) Jeová Elohay > O Senhor meu Deus (Zc 14:5);

21) Jeová El Gmolah > O Senhor Deus da recompensa (Jr 51:56);

22) Jeová Nakeh > O Senhor que fere (Ez 7:9);

23) Jeová Sabbaoth > O Senhor dos Exércitos (I Sm 1:3);

24) Adonai > Senhor gr. "Kurios – mais usada no N.T., (plural – cerca de 280 vezes). Traduzida melhor por Soberano Senhor ou Possuidor (p.ex. Gn 15:2,8; Ex 22:17).

5 - A TRINDADE SANTA

A doutrina da trindade é um dos grandes mistérios da fé cristã. Em suas "Confissões", indaga Santo Agostinho: "*Quem compreende a Trindade Onipotente? E quem fala dela ainda que não a compreenda? É rara a pessoa que ao falar da Santíssima Trindade saiba o que diz. Contendem e discutem. E contudo ninguém contempla esta visão sem ter paz interior.*"

As escrituras ensinam que Deus é um, e que além dEle não existe outro Deus. contudo a unidade Divina é uma unidade composta de três pessoas distintas e divinas que são: Deus Pai, Deus Filho e Deus Espírito Santo. Não se trata de três deuses, mas de três pessoas num só Deus. os três cooperam unidos e num mesmo propósito, de maneira que no pleno sentido da palavra, são um. O Pai cria, o Filho redime e o Espírito Santo santifica, e, no entanto, em cada uma dessas operações os três estão presentes. Há apenas um Deus, mas na unidade da divindade, há 3 pessoas eternas e iguais entre si, idênticas em substância mas distintas em existência.

Vamos, portanto, na discussão da doutrina da Trindade, designar por termos a ideia da tríplice manifestação de Deus (Trindade) e a do seu modo triúno de existir (Triunidade).

5.1. DEFINIÇÃO DOS TERMOS TRINDADE E TRIUNIDADE

Trindade significa a tríplice manifestação de Deus ou a sua manifestação no Pai, no Filho e no Espírito Santo; e o termo Triunidade o tríplice modo da existência de Deus, que é a existência de três em um.

Tertuliano (155-220) foi o primeiro a empregar o termo "Trindade" e formulou a doutrina, mas sua formulação foi deficiente, desde que envolvia uma infundada subordinação do Filho ao Pai.

Temos a doutrina da Trindade pelo fato de Deus se haver revelado como Pai, como Filho e como Espírito Santo. Há uma tríplice revelação porque há um modo tríplice de existir. Ainda mais, a teologia afirma que a Triunidade foi conhecida por causa da Trindade.

Há em Deus três personalidades distintas e divinas, sendo cada uma igual à outra quanto a natureza. No entanto, não há três deuses: Deus é um só.

5.2. A DOUTRINA DA TRINDADE NA REVELAÇÃO

1. A Trindade do Antigo Testamento

Não encontramos claramente definidas as distinções do Pai, do Filho e do Espírito Santo, pois esta é uma doutrina característica do Novo Testamento. No entanto, há texto que sugerem a sua existência (cf. Gn 1:1,2; 6:3; 11:7; Is 6:8; 9:6; Mq 5:2; Jó 33:4; Sl 51:11; Is 61:1; 63:10). Existem ainda outros textos. Concluímos que ainda que estes textos citados não nos tragam luz suficiente sobre a doutrina da Trindade, neles encontramos pelo menos, o germe; é no Novo Testamento que a encontramos plenamente desenvolvida.

2. A Trindade no Novo Testamento

É só aqui que o germe da doutrina chega a seu completo desenvolvimento. Segundo o Novo Testamento, há três Pessoas reconhecidas como Deus:

a. O Pai reconhecido como Deus (cf. Jo 6:27; 8:41; II Co 1:2; Ef 4:6; I Pe 1:2);

b. Jesus reconhecido como Deus (cf. Jo 1:1; 1:18; 20:28; Tt 2:13; Hb 1:1; I Jo 5:20);

c. O Espírito Santo reconhecido como Deus (cf. At 5:3,4; I Co 3:16; 6:19; 12:4-6).

3. As três pessoas são distintas

Cada pessoa é uma e tem características próprias:

a. O Pai é o Filho são pessoas distintas (cf. Jo 5:32,37; 1:14; 3:16; Gl 4:4);

b. O Pai e o Filho distinguem-se do Espírito Santo (cf. Jo 14:16,17; 15:26; 14:26; Gl 4:6);

c. O Espírito distingue-se do Pai e do Filho (cf. Mt 3:16,17; e textos acima citados).

4. As Distinções Pessoais são Eternas

Deus tem sempre existido em três Pessoas distintas. A Bíblia não afirma que a Trindade consta de três manifestações, isto é, manifestações em épocas diferentes, da mesma Pessoa, porque a Trindade não é devida à sua manifestação tríplice, e sim, ao tríplice modo de existência. As três manifestações (no Pai, no Filho e no Espírito Santo) baseiam-se no modo da existência de Deus. Por isso as distinções são eternas.

5. Provas bíblicas da Trindade

a. Há um só Deus, poderoso e perfeito, distinto em sua Trindade: Pai / Filho / Espírito Santo (cf. Êx 15:11; II Sm 7:22: I Rs 8:23; I Co 8:6; Jo 17:3; Mc 12:29; Mt 28:19; I Co 13:13);

b. Jesus Cristo gerado por um ato criativo, direto do Espírito Santo e nascido da virgem Maria. É verdadeiro Deus e verdadeiro homem, é o único mediador entre Deus e o homem, somente Ele foi perfeito em natureza, obediência e santidade (cf. Jo 1:14; 10:30; 14:6; 17:11; 17:22; I Tm 2:5; Gl 4:4; Is 53:3; Mc 6:3; Mt 1:18-21);

c. O Espírito que procede do Pai e do Filho é de uma mesma substância, majestade e glória com o Pai e com o Filho, verdadeiro e eterno Deus, e o regenerador e santificador dos remidos, doador dos dons e frutos espirituais, o Consolador permanente e mestre da Igreja (cf. Jo 14:16; 16:8-14: 15:26; Gl 5:22, 23; At 1:8; 2:4-38; 5:3, 4; I Co 12:1-11);

d. As Três Pessoas são igualmente associadas e apresentadas com um só Ser (cf. Mt 28:19 "nome" - II Co 13:13).

5.3. A TRIUNIDADE DE DEUS NA REVELAÇÃO

Entende-se por Triunidade o modo de Deus existir em três Pessoas. A trindade refere-se à revelação de Deus, ao passo que a Triunidade refere-se à existência de Deus. Mas, não temos a Triunidade de Deus tão claramente revelada na Bíblia como temos a Trindade. Podemos encontrar na Bíblia o suficiente para justificar-nos em dizer alguma coisa sobre a Triunidade na revelação. A Bíblia não é um livro de filosofia, e sim, um livro religioso e prático.

1) A Triunidade no Antigo Testamento

Da mesma forma que a Trindade não se encontra completamente definida no Antigo Testamento, para a Triunidade não se encontra ensinos claros. Contudo algumas passagens nos fornecem algumas sugestões (cf. Gn 1:26; 11:7; Is 6:8; etc). A ideia principal do Antigo Testamento é a unidade de Deus.

2) A Triunidade de Deus no Novo Testamento

Aqui os ensinos são mais claros. Podemos agrupar as passagens que se referem a este assunto em três classes:

a. As que ensinam que Jesus e o Pai são um: "*A fim de que todos sejam um; e como és tu, ó Pai, em mim e eu em ti, também sejam eles em nós; para que o mundo creia que tu me enviaste. Eu lhes tenho transmitido a glória que me tens dado, para que sejam um, como nós o somos; eu neles, e tu em mim, a fim de que sejam aperfeiçoados na unidade, para que o mundo conheça que tu me enviaste e os amaste, como também amaste a mim.*" (Jo 17:21-23);

b. As que apresentam a bênção apostólica: "*A graça do Senhor Jesus Cristo, e o amor de Deus, e a comunhão do Espírito Santo sejam com todos vós.*" (II Co 13:13);

c. A fórmula do batismo: "*Ide, portanto, fazei discípulos de todas as nações, batizando-os em nome do Pai, e do Filho, e do Espírito Santo*" (Mt 28:19).

Quando reunimos o que temos no Antigo Testamento ao que achamos no Novo Testamento sobre a Triunidade, essa doutrina fica claramente estabelecida. Sem dúvida não tão clara como a da Trindade. Mas, das considerações sobre o assunto, conclui-se que as Escrituras ensinam a Triunidade de Deus, isto é, que Deus é três em um.

5.4. DISTINÇÕES ENTRE O PAI, O FILHO E O ESPÍRITO SANTO

1) As pessoas da Trindade têm funções primordiais diferentes em relação ao mundo

Quando as Escrituras abordam o modo como Deus se relaciona com o mundo, tanto na criação quanto na redenção, afirmam que as pessoas da Trindade têm funções ou atividades primordiais diferentes. Isso já foi chamado de "economia da Trindade", sendo o termo *economia* usado no sentido obsoleto de "ordenamento de atividades".

2) As pessoas da Trindade existem eternamente como o Pai, o Filho e o Espírito Santo.

Não, não parece possível que essas coisas pudessem ocorrer, pois o papel de comandar, dirigir e enviar é apropriado à posição do Pai, segundo a qual se molda toda paternidade humana (cf. Ef 3:14-15). E o papel de obedecer, partindo quando o Pai o envia e revelando Deus a nós, é apropriado ao papel do Filho, que é chamado Verbo de Deus (cf. Jo 1:1-5, 14, 18; 17:4; Fp 2:5-11).

Esses papéis não poderiam ter sido trocados, senão o Pai deixaria de ser o Pai, e o Filho deixaria de ser o Filho. E, por analogia com essa relação, podemos concluir que o papel do Espírito Santo é igualmente apropriado à relação que ele já tinha com o Pai e o Filho antes que o mundo fosse criado. Essas relações são eternas, e não algo que ocorreu somente no tempo. Podemos deduzir isso primeiramente da imutabilidade de Deus: se Deus existe hoje como Pai, Filho e Espírito Santo, então ele sempre existiu como Pai, Filho e Espírito Santo.

3) Qual a relação entre as três pessoas e o ser de Deus?

Primeiro, é importante afirmar que cada pessoa é completa e plenamente Deus; ou seja, que cada pessoa tem em si a absoluta plenitude do ser divino. Por outro lado, precisamos dizer que as pessoas são reais, que não são apenas modos diferentes de enxergar o ser único de Deus.

4) Será que podemos compreender a doutrina da Trindade?

Os erros cometidos no passado devem-nos servir de alerta. Todos eles surgiram de tentativas de simplificar a doutrina da Trindade para torná-la completamente inteligível, removendo dela todo o mistério. Isso jamais podemos fazer. Porém, não é correto dizer que não podemos compreender nada da doutrina da Trindade. Certamente podemos compreender e saber que Deus é três pessoas, e que cada pessoa é plenamente Deus, e que só há um Deus.

Podemos saber essas coisas porque a Bíblia as ensina. Além disso, podemos saber algumas coisas acerca do modo como as pessoas se relacionam umas com as outras. Mas o que não podemos compreender plenamente é como encaixar esses diferentes ensinamentos bíblicos. Perguntamo-nos como pode haver três pessoas distintas, como cada pessoa pode conter em si a totalidade do ser divino, e como, apesar disso, Deus é um ser único e indiviso. Isso não somos capazes de compreender.

De fato, nos é espiritualmente saudável reconhecer abertamente que o ser divino em si é tão imenso que jamais poderemos vir a compreendê-lo. Isso nos humilha diante de Deus e leva-nos a adorá-lo sem reservas.

Mas também é preciso dizer que as Escrituras não nos pedem que creiamos numa contradição. Contradição seria dizer: "só existe um único Deus e não existe um único Deus" ou "Deus é três pessoas e Deus não é três pessoas" ou mesmo (semelhante à afirmação precedente) "Deus é três pessoas e Deus é uma pessoa".

Como Deus em si mesmo contém tanto a unidade quanto a diversidade, não é de admirar que unidade e diversidade também se reflitam nas relações humanas que ele firmou. Percebemos isso inicialmente no casamento. Quando Deus criou o homem à sua própria imagem, não criou meros indivíduos isolados, mas diz-nos a Bíblia: "homem e mulher os criou" (Gn 1:27). E na unidade do casamento (ver Gn 2:24) percebemos não uma triunidade como em Deus, mas pelo menos uma notável unidade de duas pessoas, pessoas que permanecem indivíduos distintos, porém se tornam um só em corpo, mente e espírito (cf. I Co 6:16-20; Ef 5:31).

Quando chegarmos ao céu, esses mistérios serão totalmente desvendados: "*Porque, agora, vemos como em espelho, obscuramente; então, veremos face a face. Agora, conheço em parte; então, conhecerei como também sou conhecido.*" (I Co 13:12).

6. OS DECRETOS DE DEUS

O termo, "decretos de Deus", significa o propósito ou determinação em relação a acontecimentos futuros. Isto diz que as coisas acontecem de acordo com o propósito divino e não pelas leis fixas da natureza, ou destino ou por acaso. Negar os decretos ou a pré-ordenação de Deus é quase destroná-lO. Tal ato O colocaria na reserva como um espectador interessado no que acontece, mas sem poder agir.

"Um universo sem decretos seria tão irracional e espantoso quanto um trem na escuridão sem luz e sem condutor, e sem certeza de que no momento seguinte ele não cairia no abismo". (A. J. Gordon).

Planos e propósitos nossos, tornar-se-ão somente ao fim predeterminado por Deus. (Henry Halley).

"Nós damos graças pelas bênçãos que vêm a nós pelas livres ações dos outros, mas se Deus não houvesse proposto estas bênçãos, então estas graças deveriam ser dados a outros e não a Deus". (A. H. Strong).

"Deus no exercício de Sua infinita sabedoria, dirige pessoalmente e controla as livres ações dos homens de maneira a determinar todas as coisas de acordo com Seu eterno propósito". (Emery H. Bancroft).

A.W. Pink, em seu livro "Deus é Soberano", diz: "As Escrituras mencionam os decretos de Deus em várias passagens sob diversos termos. A palavra "decreto" é encontrada no Salmo 2:7. Em Efésios 3:11 lemos de Seu "eterno propósito"; em Atos 2:23 de Seu "determinado conselho e paciência"; em Efésios 1:9 de Sua "vontade segundo o seu bom prazer". Os decretos de Deus são chamados Seu "conselho" para significar que são perfeitamente prudentes. São chamados de Sua "vontade" para mostrar que Ele não estava sob outros controles mas agiu de acordo com Seu prazer. Quando a vontade de um homem é sua regra de conduta, geralmente é caprichosa e irracional; mas a sabedoria encontra-se sempre associada à "vontade" nos procedimentos divinos, e assim, os decretos de Deus são chamados para sempre como o conselho de Sua própria vontade".

6.1. Nomes bíblicos para os decretos de Deus

Decretum (latim): Decisão manifestada oficial e publicamente. O maior artigo bíblico sobre o decreto de Deus está em Jo 3:16: *"Porque Deus amou ao mundo de tal maneira que deu o seu Filho unigênito, para que todo o que nele crê não pereça, mas tenha a vida eterna"*.

1) No Antigo Testamento (palavras em Hebraico)

a. etsah / `ya'ats : aconselhar, dar aviso (cf. Jó 38:2; Is 14:26; 41:11);

b. sod / de yasad : sentar-se junto para deliberar (cf. Jr 23:18, 22);

c. mezimmah / de zamam : meditar, ter em mente, se propor a (cf. Jr 4:28; 51:12; Pv 30:32);

d. chaphets : inclinação, vontade, beneplácito (Is 53:10).

2) No Novo Testamento (palavras em Grego)

a. boule : decreto geral, conselho (cf. At 2:23; 4:28; Hb 6:17);

b. thelema : determinação de vontade (cf. Ef 1:11);

c. eudokia : prazer em decretar (cf. Mt 11:26; Lc 2:14; Ef 1:5, 9).

6.2. Termos relacionados ao decreto de Deus

a. Onisciência: Conhecimento de todas as coisas, reais ou possíveis.

b. Presciência: Conhecimento prévio de todas as coisas incluídas no curso real dos eventos

c. Predestinação: A determinação prévia do destino dos eleitos.

d. Retribuição: Punição merecida dos ímpios.

e. Eleição: A escolha de um povo por Deus para Si mesmo.

f. Preterição: A omissão dos não eleitos.

6.3. A natureza do decreto

Há apenas um decreto, que envolve tudo, embora no desenrolar dos acontecimentos haja sequência constante.

Decreto permissivo: Permissão de Deus. Ex.: Fé.

Decreto diretivo: Determinação de Deus (Jo 3:16; Ef 2:8).

Nem todas as coisas foram decretadas da mesma maneira. Os atos pecaminosos dos homens não foram decretados no mesmo sentido que foram os atos retos. Deus é a causa eficiente de todo bem, enquanto que o mal é somente permitido, dirigido e controlado para Sua glória.

Os atos pecaminosos dos homens que Deus decretou permissivamente serão por certo efetuados, mas ao praticá-los os homens expressam sua própria depravação: "*Porque a cólera do homem redundará em teu louvor, e o restante da cólera, tu o restringirás.*" (Sl 76:10).

As boas obras dos homens são decretadas com eficácia, o que significa que Deus opera neles "*tanto o querer como o efetuar segundo a Sua boa vontade*" (Fp 2:13).

6.4. Sua vontade Revelada

Os decretos de Deus pertencem à Sua vontade secreta; os mandados de Deus pertencem à Sua vontade revelada. "*As coisas encobertas pertencem ao Senhor nosso Deus, porém as reveladas são para nós e para nossos filhos para sempre, para cumprirmos todas as palavras desta lei*" (Dt 29:29).

A vontade secreta do Senhor é Deus cumprindo a Sua vontade no mundo; Sua vontade revelada é a regra (Bíblia) de vida para nossas vidas. O segredo de Deus inclui todas as coisas e Sua revelação inclui tudo o que devemos fazer. Sua vontade encoberta é Seu programa, de acordo com o qual todas as coisas acontecem; Sua vontade revelada nos dará nosso programa de acordo com o qual devemos trabalhar.

Os decretos de Deus não são dirigidos aos homens, mas não diminuem a responsabilidade humana. Talvez Deus tenha decretado uma pequena colheita, mas esta não é razão de não se plantar e cultivar. Talvez Deus decrete uma fome, mas isto não justifica a preguiça. Deus talvez tenha decretado a morte do autor este ano, mas isto não o impede de cuidar de sua saúde e proteção. Deus decretou a morte de Seu Filho, mas isto não deu aos homens motivo para O crucificarem.

6.5. Decretos de Deus e o Livre Arbítrio

Os decretos de Deus determinam as livres ações dos homens, isto é, o decreto faz com que estas ações sejam certas, mas não necessárias. Os decretos de Deus não são executados pelo apelo a vontade humana, portanto, não sendo, inconsistentes com o livre agir da liberdade do homem.

"Herodes, Pilatos, os gentios, e o povo de Israel se ajuntaram para fazerem tudo o que a tua mão e o teu conselho tinham anteriormente determinado que se havia de fazer" (At 4:27, 28). O decreto de Deus fez com Cristo morresse, com certeza, mas isto não impunha a necessidade a homem nenhum. Os homens não foram constrangidos a executarem tão horrível obra.

Na crucificação do Senhor da glória, eles estavam dando expressão a seus pensamentos e sentimentos para com Ele. Eles estavam cumprindo as Escrituras, e executando o eterno propósito de Deus, sem saberem, "*pois, se a conhecessem nunca crucificariam ao Senhor da glória*" (I Co 2:8).

6.6. VALOR PRÁTICO DA DOUTRINA

Ela magnifica a Deus em toda Sua sabedoria, poder e soberania. Ela O coloca sobre o trono onde deve estar e sempre estará. Não existem crises com Deus, nem problemas perplexos O incomodam, nem forças além de Seu controle. Ele Se move com passos majestosos até a consumação de Seu eterno propósito em Cristo para o louvor de Sua glória. O crente deve se sentir humilde ao ver tão grandioso Deus, e sua alma se encurva em admiração e adoração. A doutrina guardará o crente de uma familiaridade desnecessária para com Deus em oração e em outros atos de devoção.

Alguns homens oram como se Deus estivesse no seu nível; para tais Ele não é este ser Augusto de quem falam as escrituras. Muitas poesias e outros tipos de literatura que saem desta batalha são desapropriados e meras representações de Deus, como um camarada de armas. Mas as Escrituras dizem que "*Deus é sobremodo tremendo na assembleia dos santos e temível sobre todos os que o rodeiam*." (Sl 89:7).

Esta doutrina é um daqueles ensinos avançados das Escrituras que exigem uma mente madura e uma experiência profunda. O principiante na vida cristã talvez não veja o valor nem mesmo a verdade desta doutrina, mas com o passar dos anos ela tornar-se-á num cajado de apoio.

Em tempos de aflições, reprovações, e perseguição, a igreja tem encontrado nos decretos de Deus, e nas profecias onde se encontram estas doutrinas, uma forte consolação. É somente sobre este fundamento dos decretos que podemos acreditar que "*todas as coisas são para o bem*" (Rm 8:28) e orar "*seja feita a tua vontade*" (Mt 6:10).

7. CALVINISMO E ARMINIANISMO

7.1. Calvinismo

Sistema teológico protestante exposto por João Calvino (1509-1564). Tendo por base a supremacia das Sagradas Escrituras (Latim : "Sola Scriptura" – Somente a Escritura), o Calvinismo caracteriza-se pelos seguintes princípios:

1) Enfatiza a depravação total da raça humana;

2) Eleição divina é incondicional;

3) A expiação limitada aos eleitos;

4) A graça irresistível;

5) A perseverança dos santos.

João Calvino, frequentemente considerado o "sistematizador da Reforma", foi um reformador protestante do séc. XVI que reuniu de modo sistemático a doutrina bíblica como nenhum outro antes dele tinha feito.

Nasceu em Noyon, Picardia, na França no dia 10 de julho de 1509 e faleceu em Genebra, na Suíça, no dia 27 de maio de 1564. Aos 14 anos de idade, Calvino entrou para a Universidade de Paris. Formou-se em Direito na Universidade de Orleans aos 20 anos e idade. Converteu-se a Cristo em 1533.

Calvino foi o mais culto e o mais inteligente entre todos os reformadores. Escreveu comentários sobre todos os livros da Bíblia, com exceção do Apocalipse. Escreveu sermões e cartas e também tratados. Sua obra mais importante foi a Instituição da Religião Cristã, mais conhecida como As Institutas. Nesta obra ele apresenta um sistema de doutrinas absolutamente bíblicas. Este sistema de doutrinas é conhecida como Calvinismo.

Principais bases bíblicas:

"Eu lhes dou a vida eterna; jamais perecerão, e ninguém as arrebatará da minha mão. Aquilo que meu Pai me deu é maior do que tudo; e da mão do Pai ninguém pode arrebatar." (Jo 10: 28 e 29).

"Quem nos separará do amor de Cristo? Será tribulação, ou angústia, ou perseguição, ou fome, ou nudez, ou perigo, ou espada?" (Rm 8:35).

"Porque os dons e a vocação de Deus são irrevogáveis." (Rm 11:29).

"Estou plenamente certo de que aquele que começou boa obra em vós há de completá-la até ao Dia de Cristo Jesus." (Fp 1:6).

"Que sois guardados pelo poder de Deus, mediante a fé, para a salvação preparada para revelar-se no último tempo." (I Pe 1:5).

7.2. Arminianismo

Os ensinos de Jacobus Arminius podem ser resumidos em 5 pontos básicos:

1) A predestinação depende da forma que o pecador corresponder ao chamado da salvação. Logo acha-se fundamentada na presciência divina; não é um ato arbitrário de Deus (Predestinação condicional – Rm 9);

2) Cristo morreu, indistintamente, por toda a humanidade, mas só serão salvos os que crerem;

3) Como o ser humano não tem capacidade para crer, precisa da assistência divina;

4) Apesar da Sua infinitude, a graça pode ser resistida;

5) Nem todos os que aceitarem a Cristo perseverarão.

A doutrina de Jacobus Arminius é semelhante a dos pais pré-agostinianos e bastante próxima da Teologia de John Wesley, fundador da Igreja Metodista. Todo segmento pentecostal e neo-pentecostal é arminiano.

Jacobus Arminius (1560-1609) nascido em Oudewater foi educado na Universidade de Marburl (1575), em Leidem (1576-81), na Academia em Genebra (1582-84) e em Basileia (1582-83). Foi pastor de uma congregação em Amsterdã (1588-1603) e professor da Universidade de Leidem desde 1603 até a sua morte.

Arminius foi expositor mais capacitado naquilo que vários outros já estavam ensinando, que a predestinação divina dos indivíduos baseia-se na presciência de Deus, do modo pelo qual eles, espontaneamente, aceitarão ou rejeitarão Cristo.

Principais bases bíblicas:

"O qual deseja que todos os homens sejam salvos e cheguem ao pleno conhecimento da verdade. Porquanto há um só Deus e um só Mediador entre Deus e os homens, Cristo Jesus, homem, o qual a si mesmo se deu em resgate por todos: testemunho que se deve prestar em tempos oportunos" (I Tm 2:4-6).

"Vemos, todavia, aquele que, por um pouco, tendo sido feito menor que os anjos, Jesus, por causa do sofrimento da morte, foi coroado de glória e de honra, para que, pela graça de Deus, provasse a morte por todo homem" (Hb 2:9).

"Pois o amor de Cristo nos constrange, julgando nós isto: um morreu por todos; logo, todos morreram" (II Co 5:14).

"Porquanto a graça de Deus se manifestou salvadora a todos os homens, educando-nos para que, renegadas a impiedade e as paixões mundanas, vivamos, no presente século, sensata, justa e piedosamente...," (Tt 2:11 e 12).

BIBLIOGRAFIA

RIBEIRO, Jonas Celestino. "Doutrinas básicas". Rio de Janeiro: Edições Vida Plena, 2.002.

Apostila: "Doutrinas Bíblicas: uma introdução à Teologia". EETAD. São Paulo, 1.991.

BERKHOF, Louis. "Teologia Sistemática". São Paulo: Editora Cultura Cristã, 2001.

GRUDEM, Wayne. "Teologia Sistemática". São Paulo: Editora Vida Nova, 2000.

BANCROFT, Emery H. Teologia Elementar. São Paulo: Editora Batista Regular, 2006.

PEARLAMAN, Myer. "Conhecendo as doutrinas da Bíblia". Ed. Vida. São Paulo, 2001.

SEVERA, Zacarias de Aguiar. Manual de Teologia Sistemática. Curitiba – PR: Editora A. D. Santos, 1999.

Bíblia de Estudo de Genebra. Sociedade Bíblica do Brasil e Editora Cultura Cristã. São Paulo, 2.001.

Bíblia Anotada. Editora Mundo Cristão. São Paulo, 1.991 (1a. Edição).

Capítulo III

Cristologia - A doutrina de Cristo

1. A pessoa de Cristo

1.1. Conceito de cristologia

É a ciência que estuda Cristo homem-Deus, isto é, verdadeiro-homem e verdadeiro Deus. A cristologia nos põe a par da obra objetiva de Deus em Cristo construindo uma ponto sobre o abismo e eliminando a distância. A doutrina nos mostra Deus vindo ao homem para afastar as barreiras entre Deus e o homem pela satisfação das condições da lei em Cristo, e para restabelecer o homem em Sua bendita comunhão.

O que diferencia o cristianismo de qualquer outra religião é a pessoa de Jesus Cristo. Se perguntarmos o que é um cristão, a resposta mais óbvia será: "alguém que crê em Jesus Cristo". Isto porque o cristianismo não é um conjunto de regras nem de valores morais, mas é, basicamente, uma pessoa.

Tire-se a pessoa de Jesus do cristianismo e não resta nada mais dele como religião. Um conjunto de bons princípios encontrados em quaisquer religiões e uma relação de pessoas interessantes que viveram vidas inspiradoras. Mas nada mais que isso.

Sentido originário / originante

É o conhecimento que Deus tem de Cristo e o que Cristo tem de si mesmo: "*Jesus respondeu-lhes: embora eu dê testemunho de mim mesmo, meu testemunho é válido, porque sei de onde venho e para onde vou vós, porém, não sabeis de onde venho e nem para onde vou.. Eu dou testemunho de mim mesmo e também o Pai, que me enviou, dá testemunho de mim."* (Jo 8:14 e18).

No batismo de Jesus, Deus, o Pai dá testemunho de Cristo: *"E eis uma voz dos céus, que dizia: Este é o meu Filho amado, em quem me comprazo"* (Mt 3:17).

O Espírito Santo, o Consolador (Paracleto), dá testemunho de Jesus: *"Quando, porém, vier o Consolador, que eu vos enviarei da parte do Pai, o Espírito da verdade, que dele procede, esse dará testemunho de mim"* (Jo 15:26).

Sentido Originado / comunicado

É o testemunho de Cristo comunicado aos Apóstolos e a Igreja: *"O que era desde o princípio, o que temos ouvido, o que temos visto com os nossos próprios olhos, o que contemplamos, e as nossas mãos apalparam, com respeito ao Verbo da vida (e a vida se manifestou, e nós a temos visto, e dela damos testemunho, e vo-la anunciamos, a vida eterna, a qual estava com o Pai e nos foi manifestada), o que temos visto e ouvido anunciamos também a vós outros, para que vós, igualmente, mantenhais comunhão conosco. Ora, a nossa comunhão é com o Pai e com seu Filho, Jesus Cristo."* (I Jo 1: 1-3).

Quem pode ter essa teologia originada e comunicada? Todo ser com capacidade intelectual. Em suma, a Cristologia é a disciplina teológica cujo objeto é Cristo, enquanto Verbo encarnado e Salvador.

É necessário, portanto, ter-se uma Cristologia correta para se entender bem a fé cristã. É possível errar em muitas doutrinas e permanecer como cristão, mas não se pode errar na Cristologia e permanecer, ainda, como cristão. Na realidade, muitos dos problemas da igreja contemporânea têm surgido exatamente por equívocos na área da Cristologia.

Em certo tipo de pregação, Jesus é reduzido a um taumaturgo, seu nome passa a ser um talismã, e ele é um xamã (curandeiro ou possuidor de poder mágicos, numa tribo). É preciso compreendê-lo bem, portanto, tanto em sua humanidade como em sua perfeita divindade. Podemos cair em um erro de dois lados: enfatizando sua divindade em detrimento de sua humanidade ou enfatizar sua humanidade em detrimento de sua divindade. A ênfase adequada nas duas naturezas nos ajudará no entendimento de nossa fé.

Devemos sempre lembrar disto: ele é perfeitamente Deus e é, simultaneamente, perfeitamente homem. Se errarmos em algum desses aspectos, erraremos em nossa teologia.

1.2. A IMPORTÂNCIA DA CRISTOLOGIA

Se Jesus Cristo Surge, ao olhar da fé, como o centro da História e nele recapitulamos a mesma, sob o signo do retorno para a reconquista da verdade do homem, que é a de imagem de Deus. Logo podemos afirmar que a Cristologia como ciência de Cristo, é o eixo de toda a Teologia, pois todo o conhecimento nos é revelado por Cristo. Ele é o centro da Revelação de Deus para o homem, visto que ele é o Filho de Deus encarnado (cf. Cl l:l5-20).

A pessoa de Cristo é absolutamente singular. Nenhum outro homem pode ser comparado a Ele. É até covardia fazer isso. Jesus é o maior vulto da história. Nasceu num país obscuro, numa época subdesenvolvida, numa aldeia desconhecida, de pais absolutamente irrelevante do ponto de vista social. Nunca frequentou grandes escolas, não teve grandes mestres (na realidade, entrou em choques constantes com os mestres de sua época), não fez uma viagem que fosse maior que 300 km, não deixou uma linha sequer escrita.

Escolheu doze homens sem nenhuma expressão social. Um o traiu, dez fugiram e um seguiu de longe para ver o que aconteceria. Terminou rejeitado pelo seu povo, que pediu sua morte. Morto, tudo parecia acabado. Mais um fracassado na história. De repente, começa a se alastrar a notícia de que este homem estava vivo. Seus seguidores foram hostilizados e depois perseguidos e alguns até mesmo foram mortos por causa da declaração absurda que faziam.

Mas este homem dividiu a história em antes e depois dele e se tornou o vulto mais importante da humanidade em todos os tempos. Nunca empunhou uma arma, mas conquistou mais vidas que qualquer guerreiro. Nunca escreveu um livro, existem mais livros se têm escritos sobre Ele do que sobre qualquer outra pessoa. Milhões de pessoas, ao longo da história, morreram por Ele e milhões, ainda hoje, em pleno século 21, morreriam alegremente por Ele.

Isto o torna absolutamente distinto de qualquer outro vulto da história e torna também o cristianismo uma religião sem rival no cenário religioso mundial. Este cidadão do terceiro mundo de sua época é adorado em todos os mundos e tido como o maior vulto que o primeiro mundo conhece.

1.3. A HUMANIDADE DE CRISTO

A teologia Cristã afirma que Jesus é completamente humano e completamente divino. Não é parte homem e parte Deus. Jesus é plenamente humano como qualquer um de nós, mas é plenamente divino como o Pai. Não é um híbrido; não é um homem um pouquinho de tempo, e Deus durante algum tempo; não há em Jesus instabilidade, ou qualquer desequilíbrio. Mas é completo e perfeitamente homem, pleno e integralmente Deus, e sendo verdadeiramente humano é igual a nós em tudo, menos no pecado. Plenamente como nós.

No entanto, o que a Bíblia diz sobre Ele são palavras extremamente claras: "*Pelo que convinha que em tudo fosse feito semelhante a seus irmãos, para se tornar um sumo sacerdote misericordioso e fiel nas coisas concernentes a Deus, a fim de fazer propiciação pelos pecados do povo*" (Hb 2:17).

A Escritura fala que Seu nascimento foi humano. À parte a estrela, o coro celeste e a visita dos magos, houve fecundação, nove meses de gravidez, dores de parto e nascimento. Jesus teve uma vida plenamente humana: "*O Verbo [a Palavra de Deus] se fez carne e habitou no nosso meio, cheio de graça e de verdade, e vimos a sua glória, como a glória do unigênito do Pai*" (Jo 1:14). Jesus foi criança, os dentes de leite caíram, nasceram dentes permanentes, foi adolescente (cf. Lc 2:42), tornou-se jovem (Lc 4:22b), e adulto, foi à escola, à sinagoga, cresceu física e emocionalmente em sabedoria, em estatura e em graça diante de Deus e dos homens.

Teve emoções (cf. Mc 14:34), limitações, tentações, e venceu todas as batalhas. Teve uma morte humana, e um sofrimento físico real na cruz; e a angústia mental quando os discípulos fugiram e o negaram (cf Mt 26:56,69-74); e angústia espiritual por ter sido abandonado na cruz: "*Deus meu, Deus meu, porque me desamparaste!*" (cf. Mt 27:46).

Mas Ele foi completamente divino. Sua concepção foi divina (Lc 1:34,35); Sua vida foi divina; é ver o registro de Sua atividade, e observar que não há problema com o sobrenatural nos Evangelhos. Sua ressurreição foi divina, o apóstolo Paulo a esse propósito registrou: "*Porque primeiramente vos entreguei o que também recebi: que Cristo morreu por nossos pecados, segundo as Escrituras; que foi sepultado; que foi ressuscitado ao terceiro dia, segundo as Escrituras*" (I Co 15:3,4).

O Verbo de Deus, a Palavra de Deus era Espírito e na concepção de Jesus Se fez ser humano. E isso fala de pré-existência, ou seja, existência anterior a qualquer realidade (cf. Jo 1:1). Existia Jesus antes de qualquer ato criador, antes de todos os astros, estrelas, asteroides, antes do espaço, antes do tempo, antes da contagem dos minutos, das horas, dos dias, dos séculos; antes de qualquer medida porque a Palavra de Deus, o Verbo, é infinita, eterna e pré-existente.

Isso fala de divindade! Porque aqui está: "*e o Verbo estava com Deus, e o Verbo era Deus*" (Jo 1:1b). Jesus não é um Deus menor, não! A filosofia platônica fala no demiurgo, um ser intermediário entre Deus e a criação. Jesus não é um demiurgo, um Deus menor, é da mesma substância do Pai, igual em poder e em glória porque é ser divino, como nós somos iguais uns aos outros em limitações e destino, porque somos seres humanos.

Isso fala, então, de encarnação. Quando a Palavra de Deus Se fez carne, não parou de ser Deus. Sendo da mesma substância e igual ao Deus Pai e ao Espírito Santo, Ele (Jesus) Se formou da mesma substância de homem como um de nós. Daí duas naturezas com Jesus: a natureza divina e a natureza humana completa, o varão perfeito.

Principais Textos sobre a preexistência em Deus

Em Filipenses 2,:5-11, temos uma clara afirmação da preexistência de Cristo, mas também se inclui neste hino a dimensão da exaltação e de sua situação humana. É um hino no qual se unem todas as dimensões da cristologia (preexistência, vida obediente, exaltação).

O sujeito é o mesmo através de todo o hino: refere-se a Jesus Cristo. Afirma que Cristo *"sendo de condição divina... fez-se semelhante aos homens... pelo qual Deus o exaltou"*. A expressão "sendo de condição divina" significa ser igual a Deus.

A ação de despojar-se provém do mesmo Cristo, que a faz, naturalmente, tendo presente à vontade do Pai. Tenha-se em conta que o que se faz semelhante aos homens, se humilha, obedece e morre é o mesmo que "igual a Deus". O mesmo sujeito permanece nas três situações. Cristo, que é de condição divina, ao encarnar-se, permanece na condição divina, ainda que não retenha a força e o poder devido a seu ser divino. Por isto é exaltado, se lhe outorga o Nome e se lhe confessa como Senhor.

Em Gálatas 4:4-6, manifesta-se que Deus, Senhor dos tempos, tem decidido realizar um novo começo. Para isto envia a seu Filho. Este envio constitui a plenitude dos tempos. O Filho de Deus não começa a existir com o envio, mas que tinha uma existência real como Filho de Deus, antes da criação. No entanto, este Filho nasce de mulher abaixo da lei.

Em João 1:1, encontramos o prólogo que nos apresenta a teologia do Verbo de Deus, que subsiste eternamente no seio do Pai. João apresenta o Verbo ou Palavra de Deus em três frases: *"No princípio era o Verbo / e o Verbo estava com Deus / e o Verbo era Deus"*.

O chamado "Prólogo do Evangelho de João" representa um resumo poético de toda a teologia e de toda a narração evangélica. Mostra um grande ciclo, ou seja, o Filho de Deus, Jesus Cristo, desce do céu até o nível do ser humano, e sobe de volta ao céu levando o homem consigo até o nível divino. E, assim, com a vinda de Cristo, inaugura-se a longamente esperada nova criação tanto do universo (Rm 8:19-21) quanto da humanidade (II Co 5:17). Diz o texto escolhido que "*No princípio era o Verbo, e o Verbo estava com Deus, e o Verbo era Deus*. Ele estava no princípio com Deus. Estes versículos, que relembram o início do Livro do Gênesis, mostram que a Palavra (o Verbo), no momento da criação, já existia, por não ser criada: era Deus.

Como a Igreja Primitiva soube colocar tão bem esse artigo de fé em forma de hino. Aqui temos um antigo hino dos nossos irmãos da Igreja Apostólica (como também Fp 2:6-11; Cl 1:15-20 e I Tm 3:16). Pois, como em Israel antigo os atos salvadores de Deus eram cantados, e exemplos são os Salmos 78, 105, 106, também o Novo Israel resume a história sagrada, a história da salvação, em um hino.

Isso quer dizer que temos não apenas uma reflexão e afirmação teológicas, mas uma adoração, um ato de celebração em termos de ação de graças. E, deste modo, esse hino de louvor a Deus que ressalta Sua benignidade e salvação, retrocede ao passado, reflete o presente e aponta para a eternidade.

O Verbo de Deus... a Palavra de Deus... Jesus Cristo, a Comunicação de Deus. Sua vinda e Sua vida são interpretadas como o modo de Deus Se comunicar conosco.

Para os gregos, a palavra (logos) é um princípio filosófico, e não uma força pessoal. É mais pensamento que palavra. Heráclito, filósofo, disse ser o logos o alicerce da ordem e da continuidade num mundo de fluxo e refluxo como a maré alta e a maré baixa. Os estoicos disseram que a mente de Deus dá ao universo a sua estabilidade, e Filo de Alexandria (judeu, por sinal) interpretou como a chave para o sentido e a razão da vida.

A Igreja apostólica, por sua vez, fazia da pregação um "ministério do Logos", um ministério do Verbo, um ministério da Palavra, e o conteúdo dessa mensagem era o próprio Cristo (Lc 1:2; At 1:21,22). Por esse motivo, Jesus é o Verbo da Vida (Ap 19:23), é a Palavra da Vida (I Jo 1:1,2).

O "Logos" aplicado a Cristo

No Evangelho de João o título "Logos" só é atribuído a Jesus no prólogo; nos demais escritos joaninos, unicamente em mais duas passagens. Não aparece, ademais, em nenhuma outra parte do Novo Testamento; e no tocante a outros escritos do cristianismo primitivo, Inácio de Antioquia é o único a empregá-lo, muito provavelmente sem direta influência do Evangelho de João. Não parece, pois, tratar-se de uma concepção cristológica central para o Novo Testamento, como no caso de outros títulos, tais como o de "Filho do Homem" ou *Kyrios* (Senhor). No entanto o título *Logos* destaca especialmente, um aspecto importante da cristologia dos primeiros cristãos: a unidade, para a história da revelação, do encarnado e do preexistente. Assim ele situa Cristo em relação a Deus.

A palavra de Jesus, ou seja, a palavra anunciada por Ele desempenha em todo o Evangelho de João um papel tão importante que quase não pode admitir-se que o evangelista deixe de pensar nesta "Palavra" quando no prólogo identifica o "Logos" com Jesus. Esta suposição se impõe ainda mais se tivermos em conta este pensamento fundamental do Evangelho joanino. Jesus não somente traz a revelação, mas, Ele é a revelação. Traz a luz e é, ao mesmo tempo, a luz; dispensa a vida, é a vida; anuncia a verdade, é a verdade, é por ser Ele a luz, a vida e a verdade. O mesmo cabe dizer no tocante ao "Logos": Ele traz a Palavra, porque Ele é a Palavra.

Quando o assunto é "permanecer na Palavra"(Jo 8:31). "guardar a Palavra"(Jo 8:51), a Palavra que dispensa vida a quem a escuta com fé (Jo 5:24), é deste sentido da palavra "Logos" que se trata. A palavra anunciada por Jesus aqui é idêntica ao *Kerygma*, que constitui uma das noções preferidas da teologia contemporânea.

João nos apresenta três características principais de Jesus Cristo como o "Verbo" (Logos):

1) O relacionamento entre o "Verbo" e o Pai

a. Cristo preexistia com Deus antes da criação do mundo (cf. Cl 1:15 e 19). Ele era uma pessoa existente desde a eternidade, distinto de Deus Pai, mas em eterna comunhão com Ele.

b. Cristo era divino ("O Verbo era Deus"), e tinha a mesma natureza do Pai (cf. Cl 2:9; Mc 1:11).

2) O relacionamento entre o "Verbo" e o mundo

Foi por intermédio de Cristo que Deus Pai criou o mundo e o sustenta (cf. Jo 1:3; Cl 1:17; Hb 1:2; I Co 8:6).

3) O relacionamento entre o "Verbo" e a humanidade

"*E o Verbo se fez carne*" (v.14). Em Jesus, Deus tornou-se um ser humano com a mesma natureza do homem, mas sem pecado. Este é o postulado básico da encarnação: Cristo deixou o céu e experimentou a condição da vida e do ambiente humano ao entrar no mundo pela porta do nascimento humano (Mt 1:23).

No Evangelho joanino, a ideia teológica anunciada acerca do *Logos* conduz diretamente ao *Logos* que se encarnou em Jesus. Efetivamente, o objetivo do Evangelho é exatamente mostrar que toda vida humana vivida por Jesus é o centro da revelação da verdade divina.

A Palavra de Deus, idêntica ao logoz (logos) pregado por Jesus, é a "verdade"(Jo 17:17); agora, o próprio Jesus é a verdade em pessoa (Jo 14:6). A designação de Jesus como *Logos* decorre, portanto, necessariamente do emprego ordinário da palavra logoz no quarto Evangelho. Certamente esta explicação não basta; porém indica uma orientação do pensamento da qual não se deve, de nenhum modo, descuidar.

Se é sobretudo no Evangelho de João que a palavra logoz assume o sentido absoluto de "revelação", este uso da palavra é, no entanto, considerável na literatura do cristianismo primitivo. No Novo Testamento a expressão o logoz tou Qeou não designa somente a "Palavra de Deus" particular que no Antigo Testamento (*debar Iahweh*) é a palavra que corresponde a uma situação dada e que é dirigida aos profetas sempre. Porém, na maioria das vezes, esta expressão visa de um modo geral, o anúncio da salvação. É assim que frequentemente recorre-se "à Palavra" – o genitivo tou Qeou já não aparece como necessário – para designar a pregação do Evangelho.

Podemos encontrar esta acepção de logoz em todos os livros do Novo Testamento. Às vezes, o termo está associado a um genitivo que define o conteúdo da palavra pregada: a "Palavra da cruz" (I Co 1:18) ou a "palavra da reconciliação"(II Co 5:19). Porém, aí também o termo *Logos* denota a revelação definitiva.

Se o primeiro capítulo de João estabelece esta identificação é por tratar-se de um prólogo a uma vida de Jesus, vida que é, ela mesma, o ponto de partida de toda reflexão cristológica anterior. Nesta vida, a revelação de Deus se manifesta não só nas palavras que Jesus pronuncia, mas também nos atos que realiza. O que Jesus faz é o que ele mesmo é. O uso hebraico segundo o qual "palavras" (debarim) pode também significar "história", deveria necessariamente, ao considerar-se primeiramente a vida, a "história" de Jesus, favorecer a identificação de Jesus com "a Palavra".

Em resumo, pode-se dizer que para o Novo Testamento a cristologia do *Logos* é constituída pelos dois elementos seguintes: o primordial é a certeza de ser a vida de Jesus o centro de toda a revelação de Deus, portanto, a certeza de que Jesus é, em sua própria pessoa, aquilo que ele prega e ensina; com o auxílio do relato do Gênesis, que narra a criação pela "Palavra", uma reflexão teológica acerca da origem de toda a revelação se apóia sobre esta certeza. O elemento secundário é a utilização de especulações contemporâneas sobre as hipóstases divinas. No entanto, esta utilização não chega a um universalismo sincretista, mas a um universalismo propriamente cristão

Em resumo, o verbo, a Palavra de Deus, é um poder divino, um princípio racional e uma proclamação salvadora. O judeu entende, o grego entende e o cristão entende e proclama. A Versão Inglesa de Hoje (*Today's English Version*) assim traduz: "*Desde o princípio, quando Deus era, o Verbo também era; onde deus Deus estava, o Verbo estava com ele; o que Deus era, o Verbo era também*".

Desde o prólogo até o último capítulo, João não deixa de repetir que Cristo - Palavra de Deus, existia e era Deus (1:1); que saiu de Deus e que a Deus voltaria (13:3); que está no Pai e o Pai está nele (10:38).

1.4. A IMPORTÂNCIA DA HUMANIDADE DE CRISTO

Teologicamente existe menos controvérsia em relação à humanidade de Jesus que em relação a sua divindade, mas este tópico é igualmente importante pelos seguintes motivos:

a. Se Jesus não era um de nós não poderia haver salvação; a validade e a aplicabilidade da obra realizada na cruz depende da realidade da sua humanidade, assim como a sua eficácia depende da genuinidade da sua divindade;

b. Se Jesus não era um de nós não poderia realizar o tipo de intercessão que o sacerdote deve fazer em favor dos que representa: *"Por isso mesmo, convinha que, em todas as coisas, se tornasse semelhante aos irmãos, para ser misericordioso e fiel sumo sacerdote nas coisas referentes a Deus e para fazer propiciação pelos pecados do povo"* (Hb 2:17);

c. Se Jesus era um de nós e foi tentado como nós, então pode nos compreender e nos ajudar em nossas lutas como homem: *"Porque não temos sumo sacerdote que não possa compadecer-se das nossas fraquezas; antes, foi ele tentado em todas as coisas, à nossa semelhança, mas sem pecado"* (Hb 4:15-16).

1) A natureza física humana de Jesus

A Bíblia dá várias indicações de que Jesus era uma pessoa completamente humana (corpo, mente e espírito). No aspecto físico:

a. Ele teve nascimento humano

Lemos em Gálatas 4:4: "*Mas, vindo a plenitude dos tempos, Deus enviou seu Filho, nascido de mulher, nascido debaixo de lei*". Ele não é produto de geração espontânea nem também um ser angelical descido entre nós, mas é um homem, nascido de mulher.

Ele não apenas teve nascimento humano, mas evidenciou plenamente a sua humanidade. Ele teve fome (Mt 4:2-4), teve sede, como evidenciou na cruz e na conversa com a mulher samaritana (Jo 4), chorou por Lázaro, por Jerusalém e por ele mesmo, como lemos em Hebreus 5:7: "*O qual nos dias da sua carne, tendo oferecido, com grande clamor e lágrimas, orações e súplicas ao que podia livrar da morte*". *Segundo Paulo, ele "esvaziou-se a si mesmo, tomando a forma de servo, tornando-se semelhante aos homens"* (Fp 2:7).

Sua divindade foi, portanto, muito bem contrabalançada por sua humanidade. Tentar usar sua divindade para facilitar a sua vida como humano é ignorar esta declaração paulina. Por ser homem, ele deixou alguns atributos divinos incompatíveis com a humanidade. Ele não era onipresente, mas limitado no tempo e no espaço, como todos nós, humanos. Ele não era onisciente, pois não sabia o dia e a hora de sua segunda vinda (Mc 13.32). E experimentou emoções que a Divindade não experimenta, como medo e angústia, comuns ao homem: "E levou consigo a Pedro, a Tiago e a João, e começou a ter pavor e a angustiar-se" (Mc 14.33).

b. Ele teve desenvolvimento humano

Sua vida foi normal como a dos demais seres humanos. Em Lucas 2:40 se fala de seu crescimento físico. Também em Lucas 2:52 se diz a mesma coisa. Seu crescimento físico não foi por causa de sua divindade, mas, obviamente por causa de sua humanidade. Deuses não crescem, mas seres humanos sim. No entanto, seu crescimento não era apenas físico, mas também mental, como os dois textos citados nos mostram. Perguntará alguém: "como pode Deus crescer mentalmente?". Estamos tratando de sua humanidade e devemos lembrar que este é exatamente um traço de sua natureza física. O menino Jesus não nasceu como um produto acabado, humanamente falando. Ele cresceu fisicamente. E também cresceu mentalmente. Ele não nasceu com a mentalidade um homem de 30 anos.

c. Ele teve os elementos próprios da natureza humana

Tinha um corpo, como lemos em Hebreus 10:25: "Corpo me formaste". Os evangelhos dão testemunhos abundantes de seu corpo físico. O ensino do docetismo foi de que os sofrimentos de Jesus bem como seus aspectos humanos eram aparentes, imaginários, e não reais. Sendo a matéria uma coisa má, Deus não poderia ter assumido forma física. Mas os testemunhos dos evangelhos e dos apóstolos são pela absoluta corporeidade de Jesus. Lemos na primeira epístola de João 1:1: "*O que era desde o princípio, o que temos ouvido, o que temos visto com os nossos próprios olhos, o que contemplamos, e as nossas mãos apalparam, com respeito ao Verbo da vida*".

Esta corporeidade de Jesus permaneceu até mesmo após sua ressurreição: "*Apalpai-me e vede, porque um espírito não tem carne nem ossos, como vedes que eu tenho*" (Lc 24:39).

d. Ascendência humana

Os textos de Mateus 1:1; Atos 13:22-23 e Romanos 1:3, mostram que Jesus possuía uma genealogia humana e teria herdado as características genéticas de seus antecessores. Tanto José como Maria eram da linhagem de Daví; a genealogia de Mateus é baseada em José (1:1-17) e a de Lucas possivelmente em Maria (3:23-38 / ver textos Mt 1:1; At 13:22-23; Rm 1:3).

e. Sua vida religiosa

Jesus Cristo participou da adoração pública (Lc 4:16); estudou, meditou e explicou as escrituras (Mt 4:4; 19:4; Lc 2:45; 24:27). Orava publicamente (Lc 3:210 e individualmente, e às vezes orava durante toda a noite (Lc 6:12). Ele foi submisso ao Pai e totalmente dependente do Pai que o enviara (Jo 6:38; 12:49). A vida religiosa de Cristo mostra sua condição humana.

f. Suas tentações

Cristo foi tentado como nós em todas as coisas, mas nunca pecou (Hb 4:15). Neste ponto podem surgir duas objeções:

1) As tentações de Cristo não foram reais, porque ele não tinha natureza pecaminosa como nós. A resposta a esta objeção é que os puros também sofrem tentações, assim como Adão e os anjos.

2) Cristo não podia pecar, dada a sua natureza sem pecado. Respondemos dizendo que é preciso considerar a intensidade das tentações. Em nosso caso, Deus filtra as tentações antes que elas cheguem até nós: "*Não vos sobreveio tentação que não fosse humana; mas Deus é fiel e não permitirá que sejais tentados além das vossas forças; pelo contrário, juntamente com a tentação, vos proverá livramento, de sorte que a possais suportar.*" (I Co 10:13). Qual teria sido a medida da intensidade da tentação que Deus permitiu para Seu Filho? (Mt 4:4ss; Lc 22:44). O fato de Ele ser tentado como nós revela que Cristo tinha a nossa natureza.

2) Necessidade de Sua humanidade

Desde que o homem pecou, era necessário que o homem sofresse a penalidade. Além disso, o pagamento da pena envolvia sofrimento de corpo e alma, sofrimento somente cabível ao homem (cf. Jo 12:27; At 3:18; Hb 2:14; 9:22). Era necessário que Cristo assumisse a natureza humana, não somente com todas as suas propriedades essenciais, mas também com todas as debilidades a que está sujeita, depois da Queda, e, assim, devia descer às profundezas da degradação em que o homem tinha caído (Hb 2:17, 18).

Ao mesmo tempo, era preciso que fosse um homem sem pecado, pois um homem que fosse, ele próprio, pecador e que estivesse privado da sua própria vida, certamente não poderia fazer uma expiação por outros (Hb 7:26). Unicamente um Mediador verdadeiramente humano assim, que estivesse conhecimento experimental das misérias da humanidade e se mantivesse acima de todas as tentações, poderia entrar empaticamente em todas as experiências, provações e tentações do homem (Hb 2:17, 18; 4:15-5:2), e ser um perfeito exemplo humano para os Seus seguidores (Mt 11:29; Mc 10:39; Jo 13:13-15; Fp 2:5-8; Hb 12:2-4; I Pe 2:21).

2. A DIVINDADE DE CRISTO

A singularidade deste homem se torna mais aguda aqui. Tendo visto sua humanidade é necessário afirmar sua Divindade. Vale a pena começar estas considerações com esta observação de Langston: "*Jesus não é homem como Paulo, não é Deus como o Pai, mas é Deus-homem. Nunca o hífen (-) teve tanta significação como aqui, entre estas duas palavras. Ele liga-as e divide-as ao mesmo tempo*"

Esta reivindicação cristã sobre a divindade de Jesus Cristo é fundamental para o futuro e até mesmo a sobrevivência do cristianismo. Isto porque um dos pontos em que a teologia mais se envolverá, nos próximos anos, será a situação dos que não são cristãos, mas que pertencem a alguma das grandes religiões universais. Como podemos dizer que um judeu, que um muçulmano, que um budista não está salvo? Não é isto uma atitude arrogante? Não será Cristo apenas um caminho entre os muitos outros caminhos existentes, em vez de ser o único caminho, como gostamos de apregoar? Esta questão, que tem sido ampliada devido à tolerância cultural do nosso mundo, produto de um processo de globalização que aproxima pessoas de pontos de vistas diferentes, tende a crescer nos próximos anos.

No ítem anterior listamos alguns motivos pelos quais era necessário que Jesus fosse plenamente humano para obter nossa redenção. Aqui cabe reconhecer que é também crucialmente importante insistir na plena divindade de Cristo, não só porque ela é ensinada de maneira clara nas Escrituras, mas também porque:

1) Só alguém que fosse Deus infinito poderia arcar com toda a pena de todos os pecados de todos os que cressem nele — qualquer criatura finita não seria capaz de arcar com tal pena;

2) A salvação vem do Senhor (Jn 2:9), e toda a mensagem das Escrituras é moldada para mostrar que nenhum ser humano, nenhuma criatura, jamais conseguiria salvar o homem — só Deus mesmo poderia;

3) Só alguém que fosse verdadeira e plenamente Deus poderia ser o mediador entre Deus e homem (I Tm 2:5), tanto para nos levar de volta a Deus como também para revelar Deus de maneira mais completa a nós (Jo 14:9).

2.1. PRINCIPAIS TEXTOS SOBRE A DIVINDADE DE CRISTO

1) No evangelho de João

João identifica Jesus como o Verbo pré-encarnado, a Palavra em ação. Em Jo 1, lemos "*No princípio era o Verbo, e o Verbo estava com Deus, e o Verbo era Deus*" (vs.1). João deixa claro que Jesus é um com Deus, e ao mesmo tempo o distingue de Deus (v. 2). Afirma que todas as coisa foram feitas por meio dEle, e sem Ele nada do que foi feito se fez (v. 3). A Bíblia também afirma que no princípio todas as coisas foram criadas por Deus (Gn 1:1), e assim João estabelece uma identificação entre Jesus e o Deus Criador. Afirma também que esse Verbo divino se fez carne (v. 14), e que somente Ele revela plenamente a Deus (v. 18). É um grande testemunho a respeito da divindade do Filho.

2) Nos escritos de Paulo

Paulo mostra claramente sua crença na divindade de Jesus. Em Colossenses 1:15-20, Paulo afirma que Jesus é a imagem do Deus invisível, no qual todas as coisa subsistem, e que nEle reside toda a plenitude (veja também Cl 2:9).Paulo se refere ao julgamento de Deus (Rm 2:3) e ao julgamento de Cristo (II Tm 4:1; II Co 5:10), de maneira intercambiável.

Em Filipenses 2:5-11, Paulo ensina que Jesus, sendo Deus, se autolimitou, esvaziando-se a si mesmo de seus privilégios divinos e sendo reconhecido em figura humana. Quando Paulo diz que Jesus tem a forma (*morphé* no original) de Deus, a ideia é que Cristo tem a mesma essência de Deus. Em outras palavras, o verso 5 quer dizer que, embora Jesus tivesse a mesma essência de Deus, não utilizou isso em vantagem própria. E logo em seguida deixa claro que virá um dia em que todos haverão de prestar honras e louvores a Ele, numa linguagem só permitida a alguém que crê que Jesus seja realmente Deus.

3) Nas outras epístolas

Das epístolas não-paulinas, a de Hebreus, é a que mais contrasta a divindade de Jesus com relação aos anjos e aos homens. Em Hebreus 1:3, afirma que Jesus é o resplendor da glória e a expressão exata de Deus. Não somente isso, mas também afirma que Jesus foi o meio pelo qual todas as coisas foram feitas (v. 2), as quais são sustentadas pela palavra do seu poder (v. 3). Uma afirmação clara é encontrada no vs.8, no qual Jesus é tratado por Deus: "*mas acerca do Filho: O teu trono, ó Deus, é para todo o sempre, e: Cetro de equidade é o cetro do seu reino*".

A epístola continua argumentando que Jesus é muito superior aos anjos (Hb 1:4 - 2:9), a Moisés (3:1-6) e aos sumos sacerdotes (4:14 - 5:10). Mas o autor deixa claro que sua superioridade não reside apenas em termos de posição hierárquica, mas sim de natureza intrínseca, pois todos os outros são criaturas, mas o Filho é Deus. Vejamos mais alguns argumentos da Bíblia:

- Em I João 1:1-3, Jesus é o Verbo da vida eterna, já pré-existente no princípio de todas as coisas, juntamente com o Pai. No capítulo 5:20, Jesus é chamado de Filho de Deus e explicitamente identificado como verdadeiro Deus e a vida eterna: "*Também sabemos que o Filho de Deus é vindo, e nos tem dado entendimento para reconhecermos o verdadeiro; e estamos no verdadeiro,em seu Filho Jesus Cristo. Este é o verdadeiro Deus e a vida eterna.*"

- Em II Pedro 1:1, Pedro também chama a Jesus de Deus e Salvador:

  "Simão Pedro, servo e apóstolo de Jesus Cristo, aos que conosco obtiveram fé igualmente preciosa na justiça do nosso Deus e Salvador Jesus Cristo."

- Em Apocalipse 1:8, o Senhor Deus Todo-Poderoso é apresentado como o Alfa e o Ômega, que representado o princípio e o fim de todas as coisas. Mas em 1:17-18, Jesus se apresenta com os mesmos títulos outorgados ao Deus Todo-Poderoso:

  "*Quando o vi, caí a seus pés como morto. Porém ele pôs sobre mim a sua mão direita, dizendo: Não temas; eu sou o primeiro e o último, e aquele que vive; estive morto, mas eis que estou vivo pelos séculos dos séculos, e tenho as chaves da morte e do inferno.*"

- Também em Apocalipse 19:16, Jesus recebe o título de Rei dos reis e Senhor dos senhores, uma clara alusão a sua soberania e majestade divina: "*Tem no seu manto e na sua coxa um nome inscrito: REI DOS REIS E SENHOR DOS SENHORES.*"

4) A autoconsciência de Jesus

A divindade de Cristo é um dos tópicos doutrinários mais cruciais da nossa fé. Jesus se considerava igual ao Pai e possuidor de fazer coisas que apenas Deus tem o direito de fazer. Embora a maioria das referências que Jesus fez sobre sua divindade não fosse explícita e aberta, tanto seus discípulos como seus opositores a interpretaram corretamente. Jesus nunca disse literalmente "Sou Deus", mas suas alegações seriam impróprias se feitas por alguém menos do que Deus. Vejamos os textos:

a. A menção sobre os anjos e o reino (Mt 13:41, Jo 18:36);

b. A prerrogativa de perdoar pecados (Mc 2:5-7);

c. A prerrogativa de julgar a terra (Mt 25:31-32);

d. A prerrogativa de redefinir o valor do Sábado (Mc 2:27-28). Além de combater uma interpretação legalista da lei, Jesus aponta para o verdadeiro significado do Sábado.

e. A prerrogativa de estabelecer um ensino com a mesma autoridade das Escrituras (Mt 5:21-22, 27-28);

f. Sua declaração e demonstração de poder sobre a morte (Jo 5:21, 11:25);

g. Sua declaração de pré-existência (Jo 8:58-59). O uso da fórmula "Eu sou" (Êx 3:14), verbo que exprime a ideia de passado, presente e futuro ao mesmo tempo, indicando a natureza eterna e imutável de Deus;

h. Sua identificação com o Pai (Jo 10:30, 14:7-9);

i. Sua autodenominação de Filho de Deus (Mt 16:15-16, 26:63-65; Jo 5:18, 19:7). Este nome é dado a Jesus 40 vezes na Bíblia, além de outras referências indiretas como "meu filho" e "seu filho".

5) Uso de figuras de linguagem que atestam sua divindade: "Eu sou ..."

a) O pão da vida (Jo 6:35);

b) A luz do mundo (Jo 8:12);

c) A porta das ovelhas (Jo 10:7);

d) O bom pastor (Jo 10:11);

e) A videira verdadeira (Jo 15:1);

f) A ressurreição e a vida (Jo 11:25);

g) O caminho, a verdade e a vida (Jo 14:6).

O discurso de Simeão, ao tomar o menino Jesus, quando este tinha apenas oito dias de vida, traz alguns elementos muito precisos em conceitos messiânicos: "*luz para revelação aos gentios, e para glória do teu povo Israel*" (Lc 2:32). Da mesma maneira, a palavra de profetisa Ana, que falou "*a respeito do menino a todos os que esperavam a redenção de Israel*" (Lc 2:38). São declarações ainda obscuras e enigmáticas, mas já trazendo em si um conceito de ser alguém especial, acima dos demais.

A declaração de João Batista sobre Jesus é muito clara: "*No dia seguinte João viu a Jesus, que vinha para ele, e disse: Eis o Cordeiro de Deus, que tira o pecado do mundo, este é aquele de quem eu disse: Depois de mim vem um varão que passou adiante de mim, porque antes de mim ele já existia*" (Jo 1:29-30).

Muitas outras passagens poderiam ser listadas aqui, mas poderiam tornar este material uma colcha de citações bíblicas. Estas bastam para nosso propósito. Mas estas são escolhidas dentre as passagens que narram eventos antes da ressurreição (embora escritas após a ressurreição). Se as consideramos como fidedignas, temos que entender que refletiam uma opinião sobre Jesus antes dos eventos que levaram a Igreja a declarar que "*esse mesmo Jesus, a quem vós crucificastes, Deus o fez Senhor e Cristo*" (At 2:36).

2.2. A NECESSIDADE DE SUA DIVINDADE

Todo o sistema sacrificial do Antigo Testamento aponta numa direção: o sacrifício maior que sucederia no futuro, o da obra de Jesus Cristo. O derramamento do sangue de animais era necessário porque "sem derramamento de sangue não há remissão" (Hb 9:22). Mas o autor de Hebreus reconheceu, com muita propriedade, que os sacrifícios do Antigo Testamento eram incapazes de purificar os pecados.

Lembremos, neste contexto, as palavras de Hebreus 10:11-14: "*Ora, todo sacerdote se apresenta dia após dia, ministrando e oferecendo muitas vezes os mesmos sacrifícios, que nunca podem tirar pecados; mas este, havendo oferecido um único sacrifício pelos pecados, assentou-se para sempre à direita de Deus, daí por diante esperando, até que os seus inimigos sejam postos por escabelo de seus pés. Pois com uma só oferta tem aperfeiçoado para sempre os que estão sendo santificados*".

A encarnação permitiu que o problema do pecado fosse resolvido de uma vez por todas porque agora temos um sacrifício (que é também o sacerdote) perfeito. Este sacrifício não foi oferecido pelo homem, mas pelo próprio Deus, como nos diz João 1:29, relatando as palavras do Batista: "*Eis o cordeiro de Deus que tira o pecado do mundo*". A Divindade ofereceu uma das pessoas da trindade para resolver o problema do pecado. Isto foi a razão da encarnação. No plano divino de salvação era absolutamente essencial que o Mediador fosse verdadeiramente Deus. Era necessário que:

1) Ele pudesse apresentar um sacrifício de valor infinito e prestar perfeita obediência à lei de Deus;

2) Ele pudesse sofrer a ira de Deus redentoramente, isto é, para livrar outros da maldição da lei;

3) Ele pudesse aplicar os frutos da Sua obra consumada aos que O aceitassem pela fé. O homem, com a sua vida arruinada, não pode nem cumprir a pena do pecado, nem prestar perfeita obediência a Deus. Ele pode sofrer a ira de Deus e, exceto pela graça redentora de Deus, terá que sofrê-la eternamente, mas não pode sofrê-la de molde a abrir um caminho de livramento (cf. Sl 49:7-10; 130:3).

2.3. Seitas que procuram negar a divindade de Cristo

Do segundo século até o Concílio de Calcedônia, em 451 d.C., surgiram diversas correntes de pensamentos em torno da natureza de Cristo, gerando grandes controvérsias, que só foram decididas em concílios.

Discutia-se se Jesus era só divino ou só humano, ou se ambos, quanto de divindade ou de humanidade tinha ele, e como as duas naturezas se relacionavam na pessoa de Cristo. As principais correntes foram:

1) Ebionismo (séc. II a V)

Jesus era um homem comum que possuía dons incomuns, mas não era divino. Rejeição do nascimento virginal. O Cristo encarnou-se em Jesus somente por ocasião do batismo e afastou-se dele no final de sua vida. Esta doutrina pretendia resolver a questão da divindade de Jesus e a concepção monoteísta de Deus. Esta corrente sugiu sob a influencia do judaísmo dentro das igrejas. Hoje, o unitarianismo, alguns liberais e teólogos da libertação defendem ideias semelhantes.

2) Arianismo (séc. III e IV)

Jesus era um ser criado, apesar de ser o mais elevado dos seres, portanto não era divino e não tinha existência própria. Somente Deus o Pai é eterno e a origem de todas as coisas. Baseavam-se em textos bíblicos que sugeriam inferioridade ou imperfeição de Jesus em relação ao Pai (João 14:28, Marcos 13:32). Ário (256-336), bispo de Alexandria, foi o autor desta heresia que causou muita polêmica nos primeiros séculos da era cristã. O arianismo foi condenado no concílio de Niceia (325) e Ário foi exilado, mas sua doutrina não morreu, continuando a gerar polêmica e causando divisão entre as igrejas cristãs. Finalmente foi banido pelo imperador Teodósio I (379). Uma variedade do arianismo subsiste até hoje através das Testemunhas de Jeová.

3) Docetismo

Essa doutrina não tem um fundador específico ou uma época precisa para o seu surgimento. Surgiu muito cedo no meio religioso. Adotada como um "estilo de vida" religioso acabou por ser incorporado por várias outras doutrinas, em que tomou forma de expressão.

Esta doutrina, dentro do cristianismo, ensina que o Filho de Deus não se tornou humano, sua humanidade era aparente: o divino, essencialmente puro e santo, não poderia habitar em um corpo carnal, essencialmente mau. Palavra grega significando "parecer", afirmava também que Jesus não sofreu na cruz, afirmando que isso também foi aparente. É impressionante o desenrolar dessa doutrina. Algo contra o que Jesus mais advertiu "tomar cuidado com a aparência das coisas" é exatamente o que esse ensinamento prega. As coisas de Deus não aparentam ser, ou elas são, ou elas não são. E, Jesus era! Não aparentemente, mas em verdade: o Verbo se fez carne e habitou entre nós, diz João.

Também nós devemos ter extremo cuidado com o "parecer", parecer ser cristão, parecer estar bem, parecer amar, parecer adorar, parecer ser bom... Esta é a forma docética da religião dos dias de hoje. "A aparência do mal é pior do que o próprio mal", diz Paulo. Isso se aplica a todas as áreas da nossa vida. Devemos ser "sim" ou "não". Devemos ser autênticos e viver um cristianismo autêntico, em sua essência.

4) Nestorianismo

Um dos maiores erros que se vieram a partir do Arianismo foi justamente essa heresia sobre a pessoa de Cristo que teve início com Nestório, bispo de Constantinopla Criou uma teoria visualmente herética, já que o Arianismo do século anterior já tentava modificar a essência de Cristo e agora o Nestorianismo ia além pois ensinava que Cristo passou a ser Deus em um determinado momento, ou seja, não o foi sempre.

Segundo o Nestorianismo, Jesus Cristo tinha duas naturezas distintas, uma humana e outra divina, completas e afeiçoadas de tal forma que formam um Jesus homem, a exemplo de gêmeos siameses: possuidor de natureza divina e humana estando conjuntas em uma união mecânica, muito mais do que orgânica (juntos, porém diferenciados). Fica claro que Nestório confundia os termos "natureza" e "pessoas" misturando-os de uma forma aterradora. As duas naturezas de Cristo (humana e divina) para Nestório era a mesma coisa de dizer que eram duas pessoas. Na verdade ele sinonimizou natureza e pessoa. Esta teoria foi condenada e Nestório foi expulso do patriarcado de Constantinopla em 431 d.C.

5) Apolinarianismo

Devido a Apolinário (310-390 d.C.), que fora Bispo de Laodiceia no fim do século 4, defender uma cristologia heterodoxa, esta recebeu seu nome. Enquanto o Arianismo defendia que Cristo não era Deus, o Apolinarianismo ia contra o ensino que Cristo possui a natureza humana, alegando que Cristo era apenas Deus, indo contra a doutrina da encarnação, onde o Verbo se fez carne e habitou entre nós, que está muito evidente no capítulo 1 do Evangelho de João.

O ponto crítico desta corrente girava em torno do conceito da mente de Cristo. Segundo Apolinário, Cristo possuía mente (ou espírito) divino, o que o impossibilitaria de passar por tentações genuínas. Segundo Hebreus 2:14-17, Jesus participou de humanidade como a nossa, para que houvesse o completo efeito da expiação. Os ensinos do apolinarianismo também foram declarados heréticos, através do Concílio de Constantinopla (381), onde os teólogos Basílio "O Grande", Gregório, Bispo de Constantinopla, e Gregório Bispo de Nissa, também conhecidos como Pais Capadócios, o rejeitaram de forma veemente. Apesar de Apolinário ter levantado certo grupo de discípulos, seus ensinos não permaneceram e seu movimento se desfez.

6) Eutiquianismo

Também conhecida por Monofisismo. Esta concepção de Cristo foi formulada por Eutiques (ou Êutico, 378-454 d.C.), que fora líder de um mosteiro em Constantinopla. O Eutiquianismo ensinava que a natureza divina de Jesus havia absorvido a natureza humana, gerando consequentemente um ser com uma terceira natureza. Esta doutrina é preocupante, pois anula Cristo como verdadeiro Deus e como verdadeiro homem, o único que pode nos trazer salvação. Este falso ensino foi refutado em 451 no Concílio de Calcedônia.

7) Cristologia funcional

Doutrina moderna (séc. XX) que dá ênfase ao que Jesus fez e não no que Ele é, alegando ser este o destaque do Novo Testamento. Esta doutrina, entretanto, despreza uma porção significativa de conceitos ontológicos (essência, natureza) sobre Jesus que são apresentados de modo explícito no Novo Testamento.

3. CRISTOLOGIA NA HISTÓRIA

3.1. CONCÍLIO DE CALCEDÔNIA

Embora o Concilio de Niceia tenha proclamado que Jesus era plenamente Deus, a igreja ainda precisava compreender sua natureza humana. De que maneira o humano e o divino se interrelacionavam no Filho?

A resposta viria por meio de um dos mais exaltados jogos de poder da igreja.

Conforme a igreja crescia, as principais cidades do império recebiam influência teológica (e, por causa disso, seus arcebispos foram chamados patriarcas). Alexandria e Roma geralmente ficavam no mesmo lado das questões, opondo-se a Antioquia e Constantinopla. A combinação de política e teologia era algo especialmente poderoso.

A influência grega permeava os pensamentos da Escola Alexandrina. Muitas pessoas de Alexandria tinham um histórico filosófico de origem grega. Teologicamente, acreditavam que Jesus fora plenamente humano, mas eles tinham a tendência de enfatizar mais o Cristo como Palavra divina (Logos) que o Jesus humano. Quando essa questão era levada ao extremo, existia a tendência de obscurecer a humanidade de Jesus a favor de sua divindade. Apolinário, um dos principais defensores de Alexandria, lutara bravamente contra heresias como o arianismo e o maniqueísmo. Contudo, cometeu um deslize, equivocando ao afirmar que, na encarnação, o Logos divino substituíra a alma humana, de modo que a humanidade de Cristo fora apenas corpórea. Em 381, o Segundo Concilio Ecumênico condenou esse ensinamento.

A Escola de Antioquia apresentava a tendência de se concentrar na humanidade de Jesus. Embora Jesus fosse divino, eles diziam que sua humanidade fora completa e normal. Ao envolver-se em uma disputa sobre a veneração de Maria, Nestório, patriarca de Constantinopla, atacou a oposição de Apolinário. Para ele, a ideia de que Maria fora a "Portadora de Deus" era muito parecida com a ideia de Apolinário. Cirilo, patriarca de Alexandria, ansioso por abalar o poder de Constantinopla, acusou o patriarca de dizer que Jesus tinha duas naturezas distintas em seu corpo.

Em 431, no Terceiro Concilio Ecumênico em Éfeso, o maquinador Cirilo conseguiu que Nestório fosse deposto antes que ele e seus amigos pudessem chegar ao local das reuniões. Quando os clérigos ausentes chegaram, condenaram Cirilo e seus seguidores sob a liderança de João, o patriarca de Antioquia. O imperador Teodósio, que convocara o concílio, foi pressionado e terminou por exilar Nestório.

Adicione a essa situação volátil um clérigo que levava a ênfase alexandrina às últimas consequências. Eutíquio, chefe de um mosteiro próximo a Constantinopla, ensinava uma ideia que passou a ser chamada monofisismo (de mono, "um", e physis, "natureza"). Esse ponto de vista sustentava que a natureza de Cristo estava perdida na divindade, "assim como uma gota d'água que cai no mar é absorvida por ele".

O patriarca Flaviano de Constantinopla condenou Eutíquio por heresia, mas o patriarca Dióscoro, de Alexandria, o apoiou. A pedido de Dióscoro, Teodósio convocou outro concílio, que se reuniu em Éfeso, em 449. Esse concílio proclamou que Eutíquio não era herége, mas muitas igrejas consideraram esse concílio inválido. O papa Leão I rotulou aquele encontro de "Sínodo de Ladrões" e, atualmente, ele não é considerado um concílio ecumênico válido.

Leão pediu ao imperador que convocasse outro concílio de modo que a igreja, como um todo, fosse representada. Esse concílio aconteceu na cidade de Calcedônia, próxima de Constantinopla, no ano de 451, atraindo cerca de quatrocentos bispos, frequência superior à de qualquer outro concílio já realizado até aqueles dias. Dióscoro sempre foi uma figura um tanto sinistra. Agora, nesse concílio, ele foi excomungado da igreja com resultado de suas ações no "Sínodo de Ladrões".

Durante o Concílio de Calcedônia foi lida uma afirmação sobre a natureza de Cristo, chamada tomo [carta dogmática], de autoria do papa Leão I. Os bispos incorporaram seu ensinamento à declaração de fé que foi chamada de Definição de fé de Calcedônia. Nessa Definição de fé, Cristo "reconhecidamente tem duas naturezas, sem confusão, sem mudança, sem divisão, sem separação a propriedade característica de cada natureza é preservada e se reúne para formar uma pessoa". Essa concepção condenava as ideias de Apolinário e Eutíquio, além das posições atribuídas a Nestório.

Calcedônia foi o primeiro concílio no qual o papa exerceu papel importante. Cada vez mais o foco da batalha seria entre Roma e Constantinopla. Calcedônia foi o último concílio que tanto o Ocidente quanto o Oriente consideraram oficial, com relação à definição dos ensinamentos corretos. Esse também foi o último em que todas as regiões foram representadas e conseguiram concordar em questões fundamentais.

Embora Calcedônia não tenha resolvido o problema de como Jesus era tanto Deus quanto homem, esse concílio estabeleceu limites ao definir como incorretas certas interpretações. O concílio, ao referir-se à posição adotada por Apolinário e Eutíquio, disse: "Qualquer que tenha sido a maneira como isso ocorreu, sabemos que não aconteceu dessa maneira".

3.2. AFIRMAÇÕSE DOS CONCÍLIOS E CREDOS

a. Concílio de Niceia I (325 d.C.)

Liderado por Atanásio, Aranianimo Condenado.

Afirmada a Deidade de Cristo – declarado o Filho *homoousios* com o Pai (da mesma essência, mesmo ser).

b. Concílio de Constantinopla I (381 d.C.)

Reafirmado o de Niceia I e mais a Pneumatologia.

Apolinarianismo condenado.

Concluída a controvérsia Ariana.

c. Concílio de Éfeso (431 d.C.)

Nestorianismo condenado.

Afirmada a união hipostática.

d. Concílio de Calcedônia (451 d.C.)

Eutiquianismo condenado.

Aprovado o Credo Niceno.

Discussão completada e confirmação da união hipostática.

Afirmada a doutrina da Trindade.

e. O Credo Atanasiano (final do 5º século)

Direcionado contra o Modalismo e o Arianismo.

Afirmada a procedência filioque do Espírito, "a partir do Filho".

f. Concílio de Constantinopla II (553 d.C.)

Monofisismo forçosamente suprimido.

g. Concílio de Constantinopla III (680-681)

Monotelitísmo (doutrina que Cristo tinha uma vontade, mas duas naturezas) condenado. Afirmado que Cristo tinha tanto uma vontade humana como uma vontade divina.

4. OS OFÍCIOS DE CRISTO

Na época do Antigo Testamento havia três classes de mediadores entre Deus e seu povo: o profeta, o sacerdote, e o rei. Como perfeito Mediador (1 Tim. 2:5), Cristo reúne em si mesmo os três ofícios. Jesus é o Cristo-Profeta que ilumina as nações; o Cristo-Sacerdote que se ofereceu como sacrifício pelas nações; o Cristo-Rei que reinará sobre as nações.

4.1. CRISTO COMO PROFETA

O profeta do Antigo Testamento era o representante ou agente de Deus na terra, que revelava sua vontade com relação ao presente e ao futuro. O testemunho dos profetas dizia que o Messias seria um profeta para iluminar Israel e as nações (Isa. 42:1; vide Rom. 15:8). Os Evangelhos também apresentam Jesus da mesma forma, como profeta (Mar. 6:15; João 4:19; 6:14; 9:17; Mar. 6:4; 1:27.).

1) Como profeta Jesus pregou a salvação

Os profetas de Israel exerciam seu ministério mais importante em tempos de crises, quando os governadores e demais estadistas e sacerdotes estavam confusos e impotentes para atuar. Era essa a hora em que o profeta entrava em ação e, com autoridade divina, mostrava o caminho para sair das dificuldades, dizendo: "*Este é o caminho, andai nele.*" O Senhor Jesus apareceu em um tempo quando a nação judaica se encontrava em um estado de inquietação causado pelo anelo de libertação nacional.

A pregação de Cristo obrigou a nação a escolher, quanto à espécie de libertação — ou guerra com Roma ou paz com Deus. Eles escolheram mal e sofreram a desastrosa consequência, a destruição nacional. (Lc 19:41-44; Mt 26:52). Tal qual seus desobedientes e rebeldes antepassados que certa vez tentaram em vão forçar seu caminho para Canaã (Nm 14:40-45), assim também os judeus, em 68 A. D., tentaram pela força conquistar sua libertação de Roma. Sua rebelião foi apagada com sangue; Jerusalém e o Templo foram destruídos, e o judeu errante começou sua dolorosa viagem através dos séculos. O Senhor Jesus mostrou o caminho de escape do poder e da culpa do pecado, não somente à nação, mas também ao indivíduo. Aqueles que vieram com a pergunta: Que farei para ser salvo?, receberam instruções precisas, e essas sempre incluíam uma ordem de segui-lo. Ele não somente mostrou, mas também abriu o caminho da salvação por sua morte na cruz.

2) Como profeta Jesus anunciou o reino

Todos os profetas falaram de um tempo quando toda a humanidade estaria sob o domínio da lei de Deus — uma condição descrita como "o reino de Deus". Esse era um dos temas principais da pregação de nosso Senhor: "Arrependei-vos, porque é chegado o reino dos céus (ou de Deus)" (Mt 4:17). E ele ampliou esse tema descrevendo a natureza do reino, o estado e a qualidade de seus membros, as condições de ingresso nele, a sua história espiritual apos a sua ascensão (Mt 13), e a maneira de seu estabelecimento na terra.

3) Como profeta Jesus predisse o futuro

A profecia baseia-se no princípio de que a história não prossegue descontroladamente, porém é controlada por Deus, que conhece o fim desde o princípio. Ele revelou o curso da história a seus profetas, capacitando-os, dessa maneira, a predizerem o futuro. Como Profeta, Cristo previu o triunfo de sua causa e de seu reino mediante as mudanças da história humana. (Mat. cap. 24 e 25.) O Cristo glorificado continua o seu ministério profético por meio de seu corpo, a igreja, à qual prometeu inspiração (João 14:26; 16:13), e concedeu o dom de profecia (1 Cor. 12:10). Isso não significa que os cristãos devam acrescentar algo às Escrituras, que são urna revelação "de uma vez para sempre" (Jud. 3); mas, pela inspiração do Espírito, trarão mensagens de edificação, exortação e consolação (1 Cor. 14:3), baseadas na Palavra.

4.2. CRISTO COMO SACERDOTE

Sacerdote, no sentido bíblico, é uma pessoa divinamente consagrada para representar o homem diante de Deus e para oferecer sacrifícios que assegurarão o favor divino. "*Porque todo o sumo sacerdote é constituído para oferecer dons e sacrifícios; pelo qual era necessário que este também tivesse alguma coisa que oferecer*" (Hb 8:3). No Calvário, Cristo, o Sacerdote, ofereceu-se a si mesmo em sacrifício, para assegurar o perdão do homem e sua aceitação diante de Deus. Sua vida anterior a este acontecimento foi uma preparação para sua obra sacerdotal.

O Filho Eterno participou de nossa natureza (Hb 2:14-16) e de nossas experiências, porque de outra maneira não podia representar o homem diante de Deus nem oferecer sacrifícios. Não podia socorrer a humanidade tentada sem saber por experiência o que era a tentação. O sumo sacerdote de Israel era consagrado para representar o homem diante de Deus e para oferecer sacrifícios que assegurariam o perdão e a aceitação de Israel. Uma vez por ano, o sumo sacerdote fazia expiação por Israel; em um sentido típico, ele era o salvador deles, aquele que aparecia ante a presença de Deus para obter o perdão. As vitimas dos sacrifícios daquele dia eram imoladas no pátio exterior; da mesma maneira Cristo foi crucificado aqui na terra. Depois o sangue era levado ao lugar santíssimo e aspergido na presença de Deus; da mesma maneira. Jesus ascendeu ao céu "para apresentar-se em nosso lugar na presença de Deus".

A aceitação por Deus, de seu sangue, nos dá a certeza da aceitação de todos os que confiam no seu sacrifício. Apesar de Cristo haver oferecido um sacrifício perfeito uma vez por todas, sua obra sacerdotal ainda continua. Ele vive sempre para aplicar os méritos e o poder de sua obra expiatória perante Deus, a favor dos pecadores. O mesmo que morreu pelos homens agora vive para eles, para salvá-los e para interceder por eles. E quando oramos: "Em nome de Jesus", estamos pleiteando a obra expiatória de Cristo como a base da nossa aceitação, porque somente por ela temos a certeza de sermos "aceitos no Amado" (Ef 1:6).

4.3. CRISTO COMO REI

O Cristo-Sacerdote é também o Cristo-Rei. O plano de Deus para o Governante perfeito foi o de que ambos os ofícios fossem investidos na mesma pessoa. Por isso, Melquisedeque, por ser tanto rei de Salém como sacerdote do Deus Altíssimo, veio a ser um tipo do Rei perfeito de Deus, o Messias (cf. Gn 14:18,19; Hb 7:1-3). Houve um período na história do povo hebreu quando esse ideal quase se realizou. Mais ou menos um século e meio antes do nascimento de Cristo, o pais foi governado por uma sucessão de sumo sacerdotes que também eram governantes civis; o governante do pais era tanto sacerdote como rei. Também, durante a Idade Média, o Papa reivindicou e tentou exercer um poder, tanto espiritual como temporal sobre a Europa. Ele pretendia governar como representante de Cristo, segundo afirmava, tanto sobre a igreja como sobre as nações.

Tal é o Cristo glorificado. (cf. Sl 110:1; Hb 10:13.) De acordo com as profecias do Antigo Testamento, o Messias seria um grande Rei da casa de Davi que governaria Israel e as nações, por meio do seu reino áureo de justiça, paz e prosperidade (Is 11:1-9; Sl 72). Jesus afirmou ser ele esse Rei. Na presença de Pilatos ele testificou que nasceu para ser Rei; explicou que o seu reino não era deste mundo, isto é, não seria um reino fundado por força humana, nem seria governado de acordo com os ideais humanos (Jo 18:36). Antes de sua morte, Jesus predisse sua vinda com poder e majestade para julgar as nações (Mt 25:31). Mesmo pendurado na cruz ele parecia Rei e como Rei falava, de modo que o ladrão moribundo percebeu esse fato e exclamou: "Senhor, lembra-te de mim, quando entrares no teu reino" (Lc 23:42). Compreendeu que a morte introduziria Jesus no seu reino celestial. Depois de sua ressurreição, Jesus declarou: "*é-me dado todo o poder no céu e na terra*" (Mt 28:18).

Depois de sua ascensão foi coroado e entronizado com o Pai (Ap 3:21; Ef. 1:20-22.), isso significa que, diante de Deus, Jesus é Rei; ele não é somente Cabeça da Igreja, mas também Senhor de todo o mundo e Mestre dos homens. Somente dele são o poder e a glória desses resplandecentes reinos que Satanás, o tentador, há muito tempo, mostrou-lhe do cume da montanha. Ele é Cristo o Rei, Senhor do mundo, Possuidor de suas riquezas, e Mestre dos homens.

Do ponto de vista divino, tudo isso é fato consumado; mas nem todos os homens reconhecem o governo de Cristo. Apesar de Cristo ter sido ungido Rei de Israel (At 2:30), "os seus" (Jo 1:11) recusaram-lhe a soberania (Jo 19:15) e as nações seguem seu próprio caminho sem tomarem conhecimento de seu governo. Essa situação foi prevista e predita por Cristo na parábola das minas (Lc 19:12-25). Assim Cristo compara a si mesmo a um certo nobre que foi a um pais longínquo a receber para si um reino e depois regressou. Jesus veio do céu à terra, ganhou exaltação e soberania por sua morte expiatória pelos homens, e depois ascendeu ao trono do Pai para receber a coroa e o seu governo.

Da mesma forma, Cristo regressará ao mundo e recompensará a seus servos, afirmará a sua soberania sobre o mundo e punirá os ímpios. Esse é o tema central do livro de Apocalipse. (Ap11:15; 12:10;19:16.) Nessa ocasião, sentar-se-á ele sobre o trono de Davi, e ali continuará o Reino do Filho de Davi, um período de mil anos quando a terra toda desfrutará de um reino áureo de paz e abundância. Toda esfera de atividade humana estará sob o domínio de Cristo; a impiedade será suprimida com vara de ferro; Satanás será preso, e a terra ficará cheia do conhecimento e da gloria de Deus, "como as águas cobrem o mar".

5. A OBRA DE CRISTO NA CRUZ

Cristo realizou muitas obras, porém a obra suprema que ele consumou foi a de morrer pelos pecados do mundo (Mt 1:21; Jo 1:29). Incluídas nessa obra expiatória figuram a sua morte, ressurreição, e ascensão. Não somente devia ele morrer por nós, mas também viver por nós. Não somente devia ressuscitar por nós, mas também ascender para interceder por nós diante de Deus (Rm 8:34; 4:25; 5:10).

5.1. A MORTE DE CRISTO

A importancia da morte de Cristo é demonstrada:

a. Pela relação vital que a mesma tem com a Sua pessoa;

b. Por sua conexão vital com a encarnação (Hb 2:14);

c. Pelo lugar de destaque que lhe é dado nas Escrituras (Lc 24:27; 44).

d. Por ter sido alvo de investigação fervorosa por parte dos profetas do Antigo Testamento (I Pe 1:110;

e. Por ser elemento de interesse dos anjos (I Pe 1:12);

f. Como assunto único da conversa por ocasião da sua transfiguração (Lc 9:30, 31).

Como o Cristianismo é uma religião nitidamente redentora, ele dá à morte de Cristo o primeiro lugar em sua mensagem evangélica. Dessa forma, o cristianismo assume uma posição singular entre todas as religiões do mundo.

A necessidade da morte de Cristo pode ser assimilada diante do seguinte:

a. A santidade de Deus tornou-a necessária (Hc 1:13);

b. O amor de Deus tornou-a necessária (Jo 3:16);

c. O pecado do homem tornou-a necessária (I Pe 2:25).

d. O cumprimento das Escrituras tornou-a necessária (Lc 24:25-27);

e. O propósito de Deus tornou-a necessária (At 2:23).

Jesus Cristo não morreu acidentalmente, nem como mártir; tambem não morreu meramente para exercer influencia moral sobre os homens, nem para manifestar o desprazer de Deus contra o pecado; nem meramente para expressar o amor de Deus pelos homens.

A morte de Cristo foi o único recurso da economia divina à redenção do homem caído. Positivamente, a morte de Cristo foi:

a. Predeterminada (At 2:23);

b. Voluntária (Jo 10:17, 18);

c. Vicária – a favor de outros (I Pe 3:18);

d. Sacrificial – como holocausto pelo pecado (I Co 5:7);

e. Expiatória – (Gl 3:13;

f. Propiciatória – cobrindo ou tornando favorável (I Jo 4:10);

g. Redentora – resgatando por meio de pagamento (Gl 4:4, 5);

h. Substitutiva – em lugar de outros (I Pe 2:24).

O mundo inteiro foi incluído na providencia da morte de Cristo, e até certo ponto campartilha de seus beneficios, mas essa provisão só se torna plenamente eficaz e redentora no caso daqueles que creem. Isto é, a morte de Cristo é universal em sua suficiencia, mas restrita em sua eficácia por causa da dureza do coração do homem.

5.2. RESULTADOS DA MORTE DE CRISTO

Em relação aos que creem:

a. Anulação potencial do poder do pecado (Hb 9:26; Rm 6:6-7);

b. Libertação do domínio espiritual das trevas (Cl 1:13);

c. Libertação da maldição da lei (G. 3:10-13; Cl 2:14); todo obstáculo legal para a salvação do homem é removido; toda a *acusação* que a lei proferir contra o pecador fica totalmente satisfeita, libertando da maldição todos quantos confiam na lei e nas sua obras para sua justificação;

d. Remoção da condenação (Rm 8:33-34; Jo 5:24);

e. Remoção das diversas barreiras existentes entre os homens (Gl 3:28; Ef 2:11-16);

f. Oportunidade de filiação a Deus (Gl 4:4-5; Jo 1:12);

g. Oportunidade de reconciliação com Deus (Rm 5:10-11);

h. Perdão dos pecados (Ef 1:7; I Jo 1:7);

i. Base da justificação (Rm 5:1,9).

Em relação ao domínio exercido por Satanás:

a. Foi retirado o seu poder sobre o mundo (Jo 12:31-33; I Jo 3:8);

b. Foi retirado o seu poder sobre a morte (Hb 2:14);

c. Principados e potestades são derrotados (Ef 6:12; Cl 2:14-15).

Em relação ao universo físico:

a. Libertação do cativeiro da corrupção, seja ele qual for (Rm 8: 20-23);

b. Há um efeito cósmico, de difícil entendimento, na obra redentora de Cristo.

5.3. SIGNIFICADOS TEOLÓGICOS PARA A MORTE DE CRISTO

1) O contexto e a necessidade da expiação

a. A expiação é o ponto crucial da fé cristã, no qual se baseiam outras doutrinas importantes, tais como a salvação, o pecado, igreja, a escatologia;

b. A natureza de Deus é perfeita e completamente santa. Sendo contrário à natureza de Deus, o pecado é repulsivo a Ele (Mt 5:48; I Pe 1:15-16; Is 1:13). Deus é compelido a se afastar do pecado. É alérgico a ele;

c. A lei é a expressão da própria pessoa e vontade de Deus (Rm 7:12). Sua própria natureza resulta na exigência de certas coisas e proibição de outras. Desobedecer a lei é atacar a própria natureza de Deus;

d. A violação da lei quer por transgressão ou por omissão, é passível de punição (Gn 2:15-17; Rm 5:12, 6:23). Existe uma relação de causa e efeito entre o pecado e a punição. A punição é uma inevitabilidade e não uma possibilidade;

e. A condição humana é incapaz de fazer qualquer coisa para salvar a si mesma ou para livrar-se da pecaminosidade (Rm 7:18-23);

f. A morte de Jesus tem valor suficiente para fazer expiação por toda a humanidade (I João 2:2);

g. A expiação é a expressão simultânea do amor e da ira de Deus (Rom. 5:8, 1:18; Num. 14:18). Amor e ira são partes da natureza divina, não havendo contradição ou incoerência nestes atributos. Deus em seu amor deseja a salvação do homem, mas também precisa manter-se fiel à sua própria natureza, sem negar a sua justiça. A ira é a reação de um Deus santo ao pecado. A expiação é necessária porque o homem sem Cristo está debaixo da ira e do juízo de Deus.

5.4. A RESSURREIÇÃO DE CRISTO

1) Evidências do Antigo e Novo Testamentos

A ressurreição era uma esperança dos judeus (Jó 19:25-27; Jo 11:23-24; At 24:14-15). Profecias gerais sobre a ressurreição do corpo no Antigo Testamento (cf. Sl 49:15; Is 26:19; Dn 12:2; Os 13:14). Poucas referências específicas sobre a ressurreição de Cristo no Antigo Testamento (Sl 16:8-11 e 110:1; At 2:24-32; 13:35-37).

Os evangelhos contêm testemunho abundante da ressurreição de Cristo (cf. Mt 28:1-20; Mc 16:1-8; Lc 24:1-53; Jo 20:1-21.25). Além dessas narrativas detalhadas nos quatro evangelhos, o livro de Atos é um relato histórico da proclamação que os apóstolos fizeram da ressurreição de Cristo, da contínua oração a ele dirigida e da confiança nele como aquele que está vivo e reinando no céu.

2) A natureza da ressurreição de Cristo

A ressurreição de Cristo não foi simplesmente um retorno da morte, à semelhança daquela experimentada por outros antes dele, como Lázaro (Jo 11:1-44), porque senão Jesus teria se submetido à fraqueza e ao envelhecimento, e por fim teria morrido outra vez, exatamente como todos os outros seres humanos morrem.

3) O Pai e o Filho participaram na ressurreição

Alguns textos afirmam especificamente que Deus Pai ressuscitou Cristo dentre os mortos (At 2:24; Rm 6:4; I Co 6:14; Gl 1:1; Ef 1:20), mas outros textos falam de Jesus participando na sua própria ressurreição. Jesus diz: "*Por isso é que meu Pai me ama, porque eu dou a minha vida para retomá-la. Ninguém a tira de mim, mas eu a dou por minha espontânea vontade. Tenho autoridade para dá-la e para retomá-la*".

4) O significado doutrinário da ressurreição

a. A ressurreição de Cristo assegura nossa regeneração. Pedro diz que Deus "*nos regenerou para uma viva esperança, mediante a ressurreição de Jesus Cristo dentre os mortos*" (I Pe 1:3). Aqui ele associa explicitamente a ressurreição de Jesus com a nossa própria regeneração ou novo nascimento;

b. A ressurreição de Cristo assegura nossa justificação. Em apenas uma passagem Paulo associa explicitamente a ressurreição de Cristo com a nossa justificação (ou o nosso recebimento da declaração de que não somos culpados, mas retos diante de Deus). Paulo diz que Jesus "*foi entregue por causa das nossas transgressões e ressuscitou por causa da nossa justificação*" (Rm 4:25);

c. A ressurreição de Cristo assegura-nos de que iremos receber igualmente corpos ressurretos perfeitos. O Novo Testamento associa várias vezes a ressurreição de Jesus com nossa ressurreição corpórea final. "*Deus ressuscitou o Senhor e também nos ressuscitará a nós pelo seu poder*" (I Co 6:14). Semelhantemente, "*aquele que ressuscitou o Senhor Jesus também nos ressuscitará com Jesus e nos apresentará convosco*" (II Co 4:14). Mas a discussão mais completa da associação entre a ressurreição de Cristo e a nossa própria acha-se em I Coríntios 15:12-58. Ali Paulo afirma que Cristo é "as primícias" dos que dormem (I Co 15:20).

5) O sentido ético da ressurreição

Paulo também observa que a ressurreição tem uma aplicação relacionada à obediência a Deus nesta vida. Após uma longa discussão a respeito da ressurreição, Paulo conclui encorajando seus leitores: "*Portanto, meus amados irmãos, sede firmes, inabaláveis e sempre abundantes na obra do Senhor, sabendo que, no Senhor, o vosso trabalho não é vão*" (I Co 15:58).

5.5. A ASCENSÃO DE CRISTO

Após a ressurreição de Cristo, ele esteve na terra por quarenta dias (At 1:3) e depois conduziu os discípulos para Betânia, fora de Jerusalém, e "*erguendo as mãos, os abençoou. Aconteceu que, enquanto os abençoava, ia-se retirando deles, sendo elevado para o céu*" (Lc 24:50).

1) Cristo recebeu mais glória e honra como Deus-Homem

Quando Jesus subiu ao céu recebeu glória, honra e autoridade que não tinha antes, enquanto era Deus e homem. Antes de sua morte, Jesus orou: "*...glorifica-me, ó Pai, contigo mesmo, com a glória que eu tive junto de ti, antes que houvesse mundo*" (Jo 17:5). Em seu sermão em Pentecostes Pedro disse que Jesus fora exaltado à destra de Deus (At 2:33). Paulo declarou que Deus o exaltou grandemente (Fp 2:9), e que fora recebido em glória (I Tm 3:16; cf. Hb 1:4).

Cristo está agora no céu, e coros angelicais cantam-lhe louvor com as palavras: "*Digno é o cordeiro que foi morto de receber o poder, e riqueza, e sabedoria, e força, e honra, e glória, e louvor*" (Ap 5:12).

2) Cristo assentou-se à destra de Deus

Um aspecto específico de Cristo ter subido para o céu e recebido honra é o fato de que ele *assentou-se* à destra de Deus. Isso é às vezes chamado sua sessão à destra de Deus. O Antigo Testamento predisse que o Messias sentar-se-ia à direita de Deus: "*Disse o SENHOR ao meu senhor: Assenta-te à minha direita, até que eu ponha os teus inimigos debaixo dos teus pés*" (Sl 110:1).

Quando Cristo ascendeu de volta ao céu ele recebeu o cumprimento daquela promessa: "*...depois de ter feito a purificação dos pecados, assentou-se à direita da Majestade, nas alturas*" (Hb 1:3).

3) A ascensão de Cristo tem importância doutrinária para nossa vida

Assim como a ressurreição tem implicações profundas para a nossa vida, do mesmo modo a ascensão de Cristo tem implicações significativas. Em primeiro lugar, visto que estamos unidos a Cristo em cada aspecto da obra de redenção, a ascensão de Cristo ao céu prefigura nossa ascensão futura com ele. "*Nós, os vivos, os que ficarmos, seremos arrebatados juntamente com eles, entre nuvens, para o encontro do Senhor nos ares, e, assim, estaremos para sempre com o Senhor*" (1Ts 4.17).

Em segundo lugar, a ascensão de Jesus nos garante que nosso lar definitivo será no céu com ele (Jo 14:1, 2). O fato de que Jesus já ascendei aos céus e atingiu o alvo que lhe havia sido estabelecido pelo Pai, nos dá grande segurança de que um dia também iremos para lá.

Em terceiro lugar, por causa da nossa união com Cristo em sua ascensão, podemos agora compartilhar parte da autoridade de Cristo sobre o Universo, e no futuro a compartilharemos ainda mais plenamente (Ef 2:6). Jesus promete: "*Ao vencedor, que guardar até ao fim as minhas obras, eu lhe darei autoridade sobre as nações, e com cetro de ferro as regerá e as reduzirá a pedaços como se fossem objetos de barro; assim como também eu recebi de meu Pai, dar-lhe-ei ainda a estrela da manhã.*" (Ap 2:26-28).

Ele também promete: "*Ao vencedor, dar-lhe-ei sentar-se comigo no meu trono, assim como também eu venci e me sentei com meu Pai no seu trono.*" (Ap 3:21). Essa são promessas surpreendentes de que iremos estar sentados com Cristo à destra de Deus, promessas que poderemos compreender plenamente apenas quando chegar o mundo vindouro.

BIBLIOGRAFIA

BERKHOF, Louis. Teologia Sistemática. São Paulo: Editora Cultura Cristã, 2001.

SEVERA, Zacarias de Aguiar. Manual de Teologia Sistemática. Curitiba / PR: Editora A.D. Santos, 1999.

GRUDEM, Wayne. Teologia Sistemática. São Paulo: Ed. Vida Nova, 1999.

PEARLMAN, Myer. Conhecendo as Doutrinas da Bíblia. São Paulo: Ed. Vida, 2001.

MILNE, Bruce. Estudando as Doutrinas da Bíblia. São Paulo: Editora ABU, 1995. FILHO, Isaltino Gomes Coelho. Apostila de Teologia Sistemática II. 2001.

HORTON, Stanley M. Teologia Sistemática. Rio de Janeiro: Ed. CPAD, 2002.

HOUSE, H. Wayne. Teologia Cristã em Quadros. São Paulo: Editora Vida, 2000.

PETERSEN, Randy; LANG, J. Stephen; CURTIS, A. Kenneth. Os 100 Acontecimentos mais importantes da História do Cristianismo. São Paulo: Editora Vida, 2003.

LEWIS, C.S. Mero cristianismo. São Paulo: Editora Quadrante, 1997.

Sites consultados:

www.webartigos.com/articles/9196/1/A-Heresia-Do-Nestorianismo

www.pastoralis.com.br/pastoralis/html

Capítulo IV

ANTROPOLOGIA - A DOUTRINA DO HOMEM

1. A ORIGEM DO HOMEM E SUA NATUREZA

A Palavra Antropologia significa "Estudo do Homem" é uma composição Grega formada de: ANTROPOS = HOMEM / LOGOS = ESTUDO. A Antropologia estuda a história natural do homem, é a ciência que estudo o homem. Há várias ciências que se preocupam em estudar o homem, dentre elas a:

1) A Antropologia científica, que tem como objetivo estudar o homem por suas características físicas.

2) A Antropologia Religiosa entende que o homem não é apenas um ser vivo (animal, vegetal, Biologia), mas que o homem é um ser Espiritual, é assim deve ser estudado de forma física-espiritual, o que chamamos de Antropologia Religiosa.

A transição da teologia para a antropologia, isto é, do estudo de Deus para o estudo do homem, é natural. O homem não é somente a coroa da criação, mas também é objeto de um especial cuidado de Deus. E a revelação de Deus na Escritura é uma revelação dada não somente ao homem, mas na qual o homem é de interesse vital. Não é uma revelação de Deus no abstrato, mas uma revelação de Deus em relação às Suas criaturas, e particularmente em relação ao homem.

"Que é o homem?" Esta tem sido a pergunta que tantos, cientistas, pensadores, filósofos e até os menos informados no assunto tem feito soar aos ouvidos da humanidade durante milênios. Mais glória a Deus que as Escrituras Sagradas respondem a esta pergunta, embora muitas vezes contrariando a voz da filosofia, mostrando que o homem é muito mais que um amontoado de peles, carnes e ossos. O homem é a coroa da criação universal.

Somente Deus pode verdadeiramente revelar Deus. Esta revelação de si mesmo, tão necessária à salvação, encontra-se nas Escrituras. Da mesma fonte deriva a opinião de Deus sobre o homem, que é a opinião verdadeira, pois quem melhor pode conhecer o homem do que o seu Criador? Nestes dias, quando as falsas filosofias representam de modo errado a natureza humana, é de grande importância que conheçamos a verdade. Assim melhor poderemos compreender também as doutrinas sobre o pecado, o juízo e a salvação, as quais se baseiam no ponto de vista bíblico da natureza do homem.

1.1. RELATO BÍBLICO DA ORIGEM DO HOMEM

A Bíblia ensina claramente a doutrina de uma criação especial, que significa que Deus fez cada criatura "segundo a sua espécie". Ele criou varias espécies e então as deixou para que se desenvolvessem e progredissem segundo as leis do seu ser.

A distinção entre o homem e as criaturas inferiores implica na declaração de que "Deus criou o homem a sua imagem". O homem desde a Antiguidade vem se preocupando com suas origens, por exemplo:

1) Como nasceu o primeiro homem;

2) O homem seria uma evolução do macaco;

3) O homem teria vindo de um outro planeta;

Outra coisa que a ciência procura descobrir são as características diferentes do homem:

1) A altura;

2) A cor da pele;

3) O cabelo;

4) As diversidades de línguas.

A Escritura nos oferece um duplo relato da criação do homem, um em Gênesis 1:26, 27, e outro em 2:7, 21-23. A primeira narrativa contém o relato da criação de todas as coisas na ordem em que ocorreu, enquanto que a segunda agrupa as coisas em sua relação com o homem, sem nada implicar com respeito à ordem cronológica do aparecimento do homem na obra criadora de Deus, e indica claramente que tudo que o precedeu serviu para preparar uma adequada habitação para o homem como o rei da criação. Ela nos mostra como o homem foi colocado na criação, rodeado pelo mundo vegetal e animal, e como ele iniciou a sua história.

O primeiro homem Adão que no Hebraico *Âdam*, significa avermelhado, ou aquele que foi feito de *adamah* (terra) e que tem a pele da cor de *edom* (Vermelho), por causa do *dam* (Sangue).

Não podemos entender que o homem seja apenas uma criação de Deus, o homem é mais que uma criatura, pois existe entre o homem e Deus uma relação mais profunda, mais significativa, o homem foi criado para viver numa situação familiar com Deus, numa íntima comunhão.

Há certas particularidades nas quais a criação do homem sobressai, em distinção da dos outros seres vivos:

1) A criação do Homem foi precedida por um conselho divino

Antes de registrar a criação do homem, o escritor inspirado nos leva de volta, por assim dizer, ao conselho de Deus, pondo-nos em conhecimento do decreto divino com as palavras: "*Façamos o homem à nossa imagem, conforme a nossa semelhança*", (Gn 1:26).

Geralmente a igreja tem interpretado o plural com base na existência trinitária de Deus. Entretanto, alguns eruditos o consideram como plural de majestade; outros, como plural de comunicação, no qual Deus inclui os anjos juntamente com Ele; e ainda outros, como plural de autoexortação. Destas três sugestões, a primeira é muito improvável, visto que o plural de majestade originou-se em data muito posterior; a segunda é impossível, porque implicaria que os anjos foram cocriadores com Deus, e que o homem foi criado à imagem dos anjos também, o que é uma ideia antibíblica; e a terceira é uma pressuposição inteiramente gratuita, à qual não se pode atribuir nenhuma razão. Por que uma autoexortação como essa haveria de ser plural, senão porque há uma pluralidade em Deus?

Quando Deus criou o homem de acordo com Gn 1:26-27, aconteceu uma reunião celeste, um conselho no céu, para determinar a criação do ser humano, talvez para cuidar de detalhes da criação, como seria o homem física e espiritualmente, a bíblia descreve a palavra FAÇAMOS, o que comprova a realização deste conselho celeste, e podemos chegar a algumas conclusões do que esta reunião definiu:

a. A criação do ser humano;

b. A estrutura física do homem;

c. A estrutura espiritual do homem;

d. Os objetivos de Deus para com o homem.

2) A criação do Homem foi um ato imediato de Deus

Algumas das expressões utilizadas na narrativa anterior à da criação do homem, indicam criação mediata, em algum sentido da palavra. Notem-se as seguintes expressões: "*E disse: Produza a terra relva, ervas que deem semente, e árvores frutíferas que deem fruto segundo a sua espécie"; "Povoem-se as águas de enxames de seres viventes" ; "Produza a terra seres viventes, conforme a sua espécie"*, e comparem-se com a simples declaração: "*Criou Deus, pois o homem*" (Gn 1:3, 7, 14).

Em Gênesis 2:7 faz-se clara distinção entre a origem do corpo e a da alma. O corpo foi formado do pó da terra; na sua produção Deus fez uso de material preexistente. Na criação da alma, porém, não houve modelagem de materiais preexistentes, mas a produção de uma nova substância.

A alma do homem foi uma nova produção de Deus, no sentido estrito da palavra, Deus "*lhe soprou nas narinas o fôlego de vida, e o homem passou a ser alma vivente*". Com estas simples palavras afirma-se a dupla natureza do homem, e o que elas nos ensinam é corroborado por outras passagens das Escrituras (cf. Ec 12:7; Mt 10:28; Lc 8:55; II Co 5:1-8; Fp 1:22-24; Hb 12:9).

Os dois elementos são o corpo e o sopro ou espírito de vida nele soprado por Deus, e com a combinação dos dois o homem se tornou "alma vivente", o que neste contexto significa simplesmente "ser vivo".

3) O Homem foi criado conforme um tipo divino

No que diz respeito aos peixes, às aves e aos animais, lemos que Deus os criou *segundo a sua espécie*, numa forma típica da deles próprios. O homem, porém, não foi criado assim, e muito menos segundo o tipo de uma criatura inferior.

Quanto a ele, disse Deus: "*Façamos o homem à nossa imagem, conforme a nossa semelhança*". Deus fez o homem superior a tudo o que existia até então, e os deu ao homem, e disse dominai sobre os peixes do mar, sobre todas as aves do céu, e sobre todos os animais que se arrastam sobre a terra (cf. Gn 1:28).

O homem desde a sua criação já era superior a tudo na terra, entre o homem e as demais criaturas existiam uma grande diferença, o homem possuía um nível muito elevado intelectual, moral e religioso (cf. Gn 1:31; 2:19-20; Sl 8: 4-8), é descrito como alguém que está no ápice de todas as ordens criadas.

Foi coroado como rei da criação inferior e recebeu domínio sobre todas as criaturas inferiores. Como tal, foi seu dever e privilégio tornar toda natureza e todos os seres criados, que foram colocados sob seu governo, subservientes à sua vontade a o seu propósito, para que ele e todos os seus gloriosos domínios magnificassem o Onipotente Criador e Senhor do universo (cf. Gn 1:28; Sl 8:4-9).

Podemos ver, no entanto, oito considerações clássicas sobre o significado da expressão "*imagem e semelhança*":

1) O homem se assemelha a Deus no fato de possuir uma natureza racional. A inteligência e a razão do homem são expressões da inteligência e razão de Deus;

2) O homem se assemelha a Deus no fato de possuir uma natureza moral. Sabe o que é certo e errado. Ele é o único, de toda a criação, que se pergunta: "devo?". A lei moral, os ideais e a ética estão baseados na natureza moral de Deus;

3) O homem se assemelha a Deus no fato de possuir uma natureza emocional. É capaz de sentimentos, inclusive de sentimentos santos. Isso deriva da mesma qualidade encontrada em Deus;

4) O homem se assemelha a Deus no fato de possuir vontade. Ele quer, toma decisões, racionaliza seus instintos. Pode subordinar seus instintos a princípios, o que não acontece com um animal. Daí nasce a vontade domada ou direcionada;

5) O homem se assemelha a Deus na sua capacidade de ser livre. Liberdade significa determinação própria. O homem não é um ente cujas ações estão pré-determinadas em código genético, como o dos animais. Ele não está debaixo de compulsão e pode decidir sua vida;

6) O homem se assemelha a Deus na sua liberdade original do pecado e sua inclinação à santidade. O primeiro Adão foi feito sem pecado. O segundo Adão é a expressão exata de Deus;

7) O homem se assemelha a Deus na capacidade de exercer domínio sobre ordens inferiores. O progresso humano nada mais é que esta capacidade exercida e ampliada, de domínio sobre as ordens inferiores, inclusive domínio sobre a natureza;

8) O homem se assemelha a Deus na imortalidade. Ele não é eterno, porque teve início, mas é imortal, no sentido de que sua alma vive para sempre.

4) A Pessoa de Adão

Quem foi Adão? Quando e como foi criado? Estas são algumas das perguntas que são levantadas em relação à origem do homem. Para estas perguntas não temos respostas finais, mas podemos fazer considerações.

Adão deve ser visto como uma pessoa real, que viveu na histórica ou apenas uma figura simbólica? A pergunta pode ser difícil, pela dificuldade que temos de determinar o genêro da literatura nestes primeiros capítulos de Gênesis. Para Emil Brunner, os capítulos 2 e 3 de Gênesis devem ser estendidos como uma parábola, como a do filho pródigo, uma ilustração que acontece com cada pessoa. Neste caso, Gênesis 2 e 3 não é história, é uma espécie de biografia de cada pessoa.

Entretanto a interpretação de Emil Brunner não parece se harmonizar que o uso que Paulo faz de Adão em Romanos 5: 12s e I Coríntios 15: 21 – 22. Nestas passagens o apóstolo contrasta Adão com Jesus Cristo, referindo-se a Adão como "um só homem" pelo qual o pecado e a morte entraram no mundo, e a Jesus Cristo como "um só" pelo qual veio a graça e a vida eterna. Assim, Adão é tratado como sendo uma pessoa tão real quanto foi Jesus Cristo. Não teria muito sentido se Jesus fosse visto como o "segundo Adão" se o primeiro não fosse pessoa histórica. Portanto, embora o nome Adão, que significa *homem*, possa ter um significado simbólico, o mais provável é que Adão existiu como pessoa histórica.

5) O Tempo da Criação

Qual é a idade do homem? A ciência se debate com esta questão. Os geólogos e antropólogos acharam os ossos do homem de Neandertal de 100 mil anos atrás, e falam do *homo sapiens* que teria dado origem ao homem moderno há cerca de 30 mil anos. Outros ossos são muito mais antigos como os do *homo faber* e do *homo erectus* (estes de 250 mil anos). Mas Gênesis 4 descreve um civilização de cerca de 10 mil anos atrás. Quando Adão foi criado? E em qual sentido Adão foi o primeiro homem?

Uma possibilidade é que a descrição de Gênesis 4 tenha omitido algumas gerações, e assim aquela civilização é mais antiga do que a soma daqueles anos. Muito tempo pode ter se passado, com muitas gerações, Adão e Caim. O mesmo pode ter acontecido com Adão no Jardim do Éden, talvez o tempo de Adão possa ser estendido até 30 mil anos atrás, e, Caim e Abel dentro de 10 mil anos. Mas isto se for necessário interpretar o relato bíblico à luz de qualquer verdade cientificamente provada quando à idade mais antiga do homem sobre a terra.

Outra posição defendida por Derek Kidner, é que Adão poder ter sido criado a cerca de 10 mil anos atrás, e representa um tipo de homem diferente daquele mais primitivo conhecido pela ciência. Os ossos que os antropólogos acharam teriam pertencido a criaturas que não eram homens com as características como nós conhecemos e como a Bíblia nos apresenta.

Os antropólogos definem o homem em termos de habilidade de fazer instrumentos (*homo faber*) ou alguma outra marca na sua civilização. A Bíblia define o homem em termos de criatura diferente, feita à imagem e semelhança de Deus, pelo recebimento do "sopro divino" (Gn 2:7). Este tipo de homem feito à imagem e semelhança de Deus, segundo esta teoria, teria começado com Adão, e os vestígios descobertos pela ciência não pertencem a esta categoria de homem.

A narrativa Bíblica não impossibilita que o homem tivesse uma origem num tempo mais remoto do que aquele de sua cronologia histórica. Também é certo que o personagem Adão representa o tronco de onde o tipo de humanidade que conhecemos procede.

6) A criação da Mulher

Deus criou homem e mulher. Qual é o propósito divino para nossa sexualidade? Certamente reprodução é uma finalidade (Gn 1: 28). Mas há outros propósitos também, como o companheirismo, a ajuda mútua, o relacionamento. O tipo de relacionamento do casal reflete um pouco do relacionamento de Deus com os homens. A figura do matrimônio é usada na Bíblia para ilustrar o relacionamento de Deus com o Seu povo e de Cristo com a Sua Igreja (Ef 5: 24 – 33).

O homem e a mulher são iguais em valor e posição diante de Deus. Eva é para Adão, "*o osso dos meus ossos e carne da minha carne*" (Gn 2: 23). É uma "auxiliadora idônea" (Gn 2: 28), que quer dizer "igual e adequada".

Essa igualdade fica mais clara no Novo Testamento, com o ministério de Jesus, e na declaração de Gálatas 3: 28 onde se afirma que "*...não há homem nem mulher, porque todos vós sois um em Cristo Jesus*". E também na declaração do apóstolo Pedro, onde afirma que as mulheres são "*herdeiras convosco da graça da vida*" (I Pe 3: 7).

As diferenças entre homens e mulheres são complementares. Para alguns, as únicas diferenças complementares são de ordem biológica, para o propósito da reprodução (Gn 1: 27 – 28). As diferenças emocionais e mentais ou de papéis diferentes são produtos da nossa cultura, não da criação. Mas outros entendem que as diferenças não são apenas biológicas, mas também diferenças criadas por Deus na natureza do homem e da mulher, para refletir a Sua glória e criar esta interdependência entre o homem e a mulher. Creio que esta posição está mais de acordo com o ensino da Escritura e com a experiência prática.

Precisamos das capacidades diferentes dos homens e das mulheres, os pontos de vista diferentes, porque as diferenças são complementares. O homem e a mulher são iguais em sua natureza essencial, criados ambos à imagem e semelhança de Deus, mas não são idênticos. Eles se complementam na vida para o propósito de Deus. (Cf. I Co 11: 3; 14:34; I Tm 2: 11 – 15; Ef 5: 22 – 33; I Pe 3: 1 – 7).

1.2. TEORIAS SOBRE A ORIGEM DO HOMEM

1) Teoria da Geração Espontânea

Segundo esta teoria, a matéria tem poder de, em condições favoráveis, desenvolver novas formas de vida. Esta teoria não é moderna, ela já vem desde os antigos; mas ainda é sustentada por alguns. A história e a experiência deixam esta teoria sem prova. Ao contrário dela, muitos cientistas admitem o axioma "*Toda vida sai de vida*" (Omne vivum ex vivo).

2) Teoria do Evolucionismo

De acordo com o evolucionismo, o homem descende de animais inferiores, por um processo completamente natural, dirigido inteiramente por forças inerentes. Este é o evolucionista ateísta, que afasta qualquer referência ao Criador. Esta tem objeções:

a. Ela é contrária aos ensinos das Escrituras – A Bíblia ensina que o homem é produto de um ato criativo específico de Deus, e não de um processo de desenvolvimento de um tronco comum de animais (cf. Gn 3: 19 – 20; I Co 15: 39). Segundo a Escritura, o homem foi, de imediato, elevado acima dos animais inferiores, intelectual, moral e religiosamente, e sobre eles exerce poder e domínio (cf. Gn 1: 26 – 27; 2: 19 – 20; Sl 8: 5 – 8).

b. A teoria não tem adequada base em fatos bem estabelecidos – A doutrina evolucionista, até o presente, não passa de uma hipótese ainda não comprovada. Até cientistas rejeitam a teoria. "Cientistas como Fleming, Dawson, Kelly e Price não hesitam em rejeitar a teoria evolucionista em aceitar a teoria da criação". Louis Berkhof cita alguns cientistas que não aceitam afirmações da teoria evolucionista. Sir William Dawson declara a respeito da origem do homem: *"Nada sei da origem do homem, exceto o que me diz a Escritura... que Deus o criou. Nada sei além disso, e não conheço alguém que o saiba"*. Fleming afirma: *"Tudo que no presente a ciência pode dizer à luz do conhecimento humano limitado, e definitivamente firmado, é que não sabe como, onde e como foi originado o homem. Se nos há de chegar algum conhecimento disso, haverá de vir alguma outra fonte quer não a antropologia moderna."* Não obstante o progresso da ciência depois que estas declarações foram feitas, ela ainda não avançou muito para desvendar os mistérios.

3) Criacionismo e evolução Teísta

Fora as teorias acima que negam a doutrina bíblica da criação, temos estas duas abordagens que são compatíveis com a ideia da criação.

a. Criacionismo

O criacionismo pode ser *direto* ou *progressivo*. O criacionismo direto acredita que o homem foi criado por Deus exatamente assim como está descrito em Gênesis 2:7: Adão foi feito do pó da terra, e Eva, da costela de Adão, mediante atos especiais de Deus.

O *criacionismo progressivo* afirma que Gênesis cap. 1 registra, em linhas gerais, os atos criadores sucessivos de Deus. Esses atos vão desde o ato inicial *ex nihilo* (Gn 1: 1) até o surgimento do homem (Gn 1: 27), passando por vários estágios, e cada estágio é visto como uma nova etapa da criação divina. O criacionismo progressivo reconhece certos desenvolvimentos evolutivos dentro de cada espécie principal.

b. Evolução Teísta

De acordo com esta posição, a evolução é uma explicação de como Deus operou na criação do mundo. Quanto ao surgimento do homem, pressupõe-se que um antropoide particular foi separado e elevado a um novo nível de percepção e a um relacionamento com Deus.

Ao avaliar essas teorias, Bruce Milne declara que qualquer que seja a abordagem, "*nada deve colocar em dúvida a criação 'do nada'* (*ex nihilo*)". É preciso pensar em termos de um ato criativo inicial, do nada, mesmo que se esteja inclinado a aceitar o criacionismo progressivo ou a evolução teísta.

1.3 - A NATUREZA DO HOMEM SEGUNDO A BÍBLIA

De acordo com as sagradas escrituras o homem possui dupla natureza, ele é corpo físico, e este corpo físico possui um Espírito (cf. Gn 2:7; I Co 2:11; Tg 2:26). O homem foi formado do pó da terra, e assim o corpo humano é formado por material inorgânico, que recebeu um tratamento plástico de Deus, o criador da terra, a palavra hebraica para formou *é yêtser* que significa, *Deu forma, modelou*, ou seja, recebeu a ação de um artista plástico que dá ao barro a forma que deseja.

No momento em que Deus criava o homem, o criador já o preparava fisicamente para obedecer à vontade divina, tais como: Multiplicar-se, Povoar a terra, Dominar os peixes, aves e animais e temer a Deus.

E assim o criador já colocou no corpo humano, tudo que seria necessário para cumprir os ideais divinos, pois o homem para se multiplicar, necessita primeiro possuir desejo sexual, e depois prazer sexual, e depois o esperma para fecundar o óvulo da mulher, para que enfim possa Ter o filho, e assim acontece com tudo o que o homem possui, e tudo isto foi previsto, em nada o criador falhou, não houve testes, não houve cobaia, o primeiro homem já era dotado de tudo aquilo que Deus planejou para sua existência.

a) Deus assumia forma humana na antiguidade

No velho testamento por muitas vezes Deus para se comunicar com o Homem assumiu a forma humana, isto é muito compreensível se entendermos que Deus é um ser espiritual e o homem um ser material, dois mundos diferentes e opostos um do outro, e por isso quando houve a necessidade de Deus se revelar aos homens no Antigo Testamento, Deus assumiu a forma humana, e com isto conseguiu revelar-se ao homem (cf. Gn 18:1-32; 32:24-29).

b) Deus assumia forma humana na Teofania

Por muitas vezes Deus para se revelar aos homens usava de diversos métodos:

1) Visão subjetiva - É Quando Deus se revela ao homem e este não esta consciente, é, por exemplo, o caso da visão de Jacó (Gn 28:10-17), ou o sonho de José (Mt 1:18-25).

2) Visão objetiva - É quando Deus se revelava ou se comunicava com o profeta, e o mesmo estava consciente, neste caso dava o que os Teólogos chamam de *Teofania*, que significa aparições divinas.

c) Deus assumiu a forma humana em Cristo

É significativo o fato de que Deus, dispondo de muitas maneiras para se revelar, tenha escolhido a encarnação humana como expressão máxima de sua revelação (Hb 1:1-4).

Se Deus tinha em vista a encarnação de seu filho para a salvação do mundo (I Pe 1:19-20), as formas de revelação em sonhos, visões subjetivas e objetivas facilitaram a identificação de Deus em Jesus Cristo, assim o homem feito a imagem de Deus podia entender um Deus que se fazia a imagem do homem.

d) Natureza Espiritual

Habitando a carne humana existe o espírito dado por Deus em forma individual (Nm 16:22, 27). O espírito foi formado pelo Criador na parte interna da natureza do homem, o qual é capaz de renovação e desenvolvimento (Sl 51:10). Esse espírito é o centro e a fonte da vida humana; a alma possui e usa essa vida e lhe da expressão por meio do corpo. No principio Deus soprou o espírito de vida no corpo inanimada e o homem "*foi feito alma vivente*".

Assim é que a alma é um espírito encarnado, ou um espírito humano recebendo expressão através do corpo. A combinação desses dois elementos constitui o homem em "alma". A alma sobrevive à morte porque o espírito adota de energia. No entanto, a alma e o espírito são inseparáveis porque o espírito está entrosado e confunde-se com a substancia da alma.

1.4 – IMPLICAÇÕES TEOLÓGICAS, FILOSÓFICAS E SOCIOLÓGICAS DA CRIAÇÃO DO HOMEM

Alguns aspectos teológicos já foram mostrados, mas creio ser necessário observar alguns pontos a mais para esgotarmos nosso assunto. Vejamos alguns deles, portanto, notando que eles trazem consigo aspectos filosóficos e sociológicos, também.

1) O homem não é independente

Ele é criatura, posto na terra com um propósito. Não surge aleatoriamente e não é o centro do universo. Numa época antropocêntrica, isto se torna necessário de afirmar. O homem não tem valor infinito, pois houve um tempo em que ele não existia. Somente Deus, o Criador, é de valor infinito. O homem depende dele e do seu espaço físico para viver.

2) O homem tem um valor especial

A Bioética Cristã, novo ramo da Ética, deve trabalhar a partir daqui: a singularidade e a excelência do homem. Ele vale mais que animais e outros seres, mais que árvores e bichos. É a coroa da criação. Em termos de nossa cultura contemporânea, seria bom lembrar que ele não pode vir a reboque de sistemas, de ideologias e de conceitos, mesmo que religiosos. Nem escravizados por eles. Lembremos das palavras de Jesus ao homem da mão atrofiada: "*Vem para o meio*" (Mc 3:3). Sem apelar para a antropolatria do existencialismo, o evangelho põe o homem no centro. Todo regime e toda ideologia que oprimem o homem estão errados. Precisamos ter até mesmo cautela com ensinos religiosos que oprimem e esmagam o ser humano.

3) A igualdade entre homem e mulher

Evidentemente não se trata de igualdade anatômica, fisiológica ou mesmo emocional. Felizmente! Trata-se de igualdade de direitos, de responsabilidades e de possibilidades. São parceiros, administradores. Ela é ajudadora, em nível com ele e não em nível sob ele. A opressão feminina não tem base bíblica e deveria ser combatida pelos amantes da teologia sadia.

Infelizmente, muitas vezes a Bíblia foi usada como instrumento de dominação de uma raça sobre outra e também de um sexo sobre o outro. Homem e mulher não apenas são interdependentes, mas tem valor igual.

4) A necessidade de uma ecologia sadia

O homem veio da matéria da natureza. Nasceu dela e depende dela para viver. O fim dela será o seu fim. Deve-se ter cuidado com a ecolatria, que é um eco do neo-paganismo que o movimento da "nova era" infiltra em nossa sociedade. O homem, a natureza e o Criador não são a mesma coisa. Mas deve-se lembrar que o homem é guardião e não destruidor da natureza. O guardião zela e não destrói. Uma teologia bíblica produzirá uma visão ecológica equilibrada.

5) A necessidade de um projeto de evangelização

A evangelização bíblica é mais que pedir às pessoas para aceitarem a Jesus. É chamar as pessoas a se enquadrarem no projeto original de Deus, é apregoar a segunda criação que ele está fazendo em Jesus, é lutar para restaurar o plano original de Deus para o homem. Ao proclamar o evangelho, a Igreja chama o mundo a se reajustar ao projeto original de Deus: toda a humanidade vivendo com ele. Porque fomos criados por Deus e para vivermos com Deus.

6) A luta pela justiça social

De acordo com o monogenismo, somos todos irmãos porque todos viemos de um mesmo originador. Toda a raça humana remonta a um pai comum, Adão. Neste sentido, todos os homens são irmãos porque todos têm um mesmo pai, na origem remota. Enquanto houver um só homem explorado ou injustiçado, por qualquer motivo, aí estará um parente nosso sofrendo.

Lutar por justiça social não é ser um agitador político, mas simplesmente reconhecer que somos todos irmãos. Cada homem é uma parte do outro. As distinções raciais não são apenas pecado. São estupidez. São uma arrogante manifestação de ignorância. Ninguém deve ser oprimido ou depreciado por causa de sua raça. Nem deve se exaltar sobre outro por causa de sua raça.

1.5 – A ORIGEM DO HOMEM E A UNIDADE DA RAÇA

"A Escritura ensina que a humanidade toda descente de um único par. Este é o sentido óbvio dos capítulos iniciais de Gênesis. Deus criou Adão e Eva como os iniciantes da espécie humana, e lhes ordenou que fossem fecundos e se multiplicassem e enchessem a terra. Além disso, a narrativa subsequente em Gênesis mostra claramente que as gerações seguintes, até ao tempo do dilúvio, estiveram em ininterrupta relação genética com o primeiro casal, de sorte que a raça humana constitui, não somente uma unidade especifica, uma unidade no sentido de que todos os homens compartem a mesma natureza humana, mas também uma unidade genética ou genealógica.

Isso é ensinado também por Paulo em Atos 17:26, "*de um só fez toda raça humana para habitar sobre a face da terra*". A mesma verdade é básica para a unidade orgânica da raça humana na primeira transgressão, e da provisão para a salvação da raça em Cristo (cf. Rm 5:12, 19; I Co 15:21, 22).

a. Testemunho da Ciência em favor da Unidade da raça

De varias maneiras a ciência confirma o testemunho da Escritura em prol da unidade da raça humana. Nem sempre os homens de mentalidade científica acreditam nisto. Os antigos gregos tinham a sua teoria do autoctonismo, segundo a qual os homens brotaram da terra por uma espécie de geração espontânea, uma teoria que não tem nenhum suporte sólido, visto que a espécie de geração espontânea jamais foi comprovada, mas, antes, desacreditada.

Agassiz propôs a teoria dos coadamitas, que presume que houve diferentes centros de criação. Já em 1655 Peyrerius desenvolve teoria dos pré-adamitas, que parte do pressuposto de que havia homens antes de Adão ser criado. Essa teoria foi revivida por Winchell, que não negava a unidade da raça, mas considerava Adão como o primeiro antepassado dos judeus, e não chefe da raça humana.

Em anos recentes, Fleming, sem ser dogmático na matéria, disse haver razões para supor-se que existiam raças de homens inferiores antes de Adão aparecer em cena por volta de 5500 a.C. Embora inferiores aos adamitas, já tinham capacidades diferentes das dos animais. O homem adâmico posterior foi dotado de capacidades maiores e mais nobres, e provavelmente foi destinado a levar toda a outra humanidade existente à obediência ao Criador. Ele fracassou, não preservando a sua própria fidelidade a Deus e, portanto, Deus providenciou a vinda de um descendente humano e, contudo, muito mais que humano, para que pudesse realizar o que Adão não conseguiu.

O conceito que Fleming foi levado a defender é "que o ramo inquestionavelmente caucasiano é tão somente a derivação, pela geração normal, da raça adâmica, a saber, dos membros da raça adâmica que serviam a Deus e que sobreviveram ao dilúvio – Noé e seus filhos e filhas".

Mas essas teorias, todas e cada uma delas, não acham apoio nas Escrituras, e são contrárias a Atos 17:26 e a tudo quanto a Bíblia ensina com referência a apostasia e à libertação do homem. Além disso, a ciência apresenta diversos argumentos em favor da unidade da raça humana, como os seguintes:

1) O argumento da história

As tradições da raça dos homens apontam decisivamente para uma origem e uma linhagem comuns na Ásia Central. A historia das migrações do homem tende a mostrar que houve uma distribuição partindo de um único centro;

2) O argumento da filosofia

O estudo das línguas da humanidade indica uma origem comum. As línguas indo-germânicas têm em suas raízes um idioma primitivo comum, um velho remanescente do qual ainda existe no sânscrito. Além disso, há prova que mostra que o antigo idioma egípcio é o elo de ligação entre a língua indo-europeia e a semítica;

3) O argumento da psicologia

A alma é a parte mais importante da natureza constitucional do homem, e a psicologia revela claramente o fato de que as almas dos homens, quaisquer que sejam as tribos ou nações a que pertençam, são essencialmente idênticas. Têm em comum os mesmos apetites, instintos e paixões animais, as mesmas tendências e capacidade, e, acima de tudo, as mesmas qualidades superiores, as características morais e mentais que pertencem exclusivamente ao homem;

4) O argumento das ciências naturais ou da fisiologia

É agora opinião comum dos especialistas em fisiologia comparada, que a raça humana constitui tão somente uma única espécie. As diferenças que existem entre as varias famílias da humanidade são consideradas simplesmente como variedades dessa espécie única. A ciência não assevera positivamente que a raça humana descende de um único par, mas, não obstante, demonstra que pode muito bem ter sido este o caso, e que provavelmente é.

2. A CONSTITUIÇÃO DO HOMEM

2.1. DEFINIÇÃO

Proveniente do latim *humanu*, humano significa pertencente ou relativo ao homem. De quantas partes compõe-se o homem? Todos concordam que temos um corpo físico. A maioria das pessoas (tanto cristãos como não cristãos) sente que também tem uma parte imaterial – uma "alma" que sobreviverá à morte do corpo. Mas aqui termina a concordância. Algumas pessoas creem que, além do "corpo" e da "alma", temos uma terceira parte, um "espírito" que se relaciona mais diretamente com Deus. A concepção de que o homem é constituído de três partes (corpo, alma e espírito) chama-se *tricotomia*.

De acordo com o relato de Wayne Gruden:

"Segundo muitos tricotomistas, a "alma" do homem abarca o seu intelecto, as suas emoções e a sua vontade. Eles sustentam que todas as pessoas têm alma, e que os diferentes elementos da alma podem servir a Deus ou ceder ao pecado. Outros dizem que o "espírito" não é uma parte distinta do homem, mas simplesmente outra palavra que exprime "alma", e que ambos os termos são usados indistintamente nas escrituras para falar da parte imaterial do homem, a parte que sobrevive após a morte do corpo. A ideia de que o homem é composto de duas partes (corpo e alma/espírito) chama-se dicotomia."

Fora da esfera do pensamento cristão, encontramos outra visão, a ideia de que o homem não pode existir de modo nenhum separado de um corpo físico, e que portanto não pode haver a existência isolada de nenhuma "alma" depois da morte do corpo. A concepção de que o homem é composto de um único elemento, e de que seu corpo é a própria pessoa, chama-se *monismo*. Essa concepção em geral não é adotada pelos teólogos evangélicos porque muitos textos bíblicos parecem claramente afirmar que a alma ou espírito sobrevive à morte do corpo (cf. Gn 35:18; Sl 31:5; Lc 23:43,46; At 7:59; Fp 1: 23, 24; II Co 5:8; Hb 12:23; Ap 6:9, 20:4). Mas as outras duas concepções têm defensores no mundo cristão de hoje.

Independente de posições teológicas (somente para efeito didático), passemos ao estudo individual dos termos: corpo, alma e espírito.

2.2. O CORPO

Corpo, do latim *corpus, corporis*. A substância física, ou a estrutura de cada homem ou animal. É o conjunto de órgãos vivos.

Em seu livro "Biologia dos organismos", Jose Mariano Amabis e Gilberto Rodrigues Martho, ambos licenciados pelo Instituto de Biociências da USP, discorreram que o cérebro, também chamado de sistema nervoso é responsável pelo ajustamento do organismo animal ao meio ambiente. Sua função é perceber e identificar as condições ambientais externas, bem como as condições restantes dentro do próprio corpo, e elaborar respostas que adaptem o animal a essas condições.

Os escritores sagrados tinham uma ampla variedade de termos relativos ao "corpo". Para os hebreus, "carne" (*basar, she'er*) e "alma" (*nephesh*) podiam significar corpo (cf. Lv 21:11; Nm 5:2, onde o significado parece ser "cadáver"). "Força" (*me'od*) dizia respeito ao poder físico do corpo (cf.. Dt 6:5). Os escritores do Novo Testamento mencionam a "carne" (*sarx*, que às vezes significava o corpo físico), a "força" (*ischus*) do corpo (Mc 12:30) ou, mais frequentemente, o "corpo" (*soma*), que ocorre 137 vezes.

2.3. A ALMA

Alma, do latim *anima*. Princípio de vida. Entidade a que se atribuem, por necessidade de um principio de unificação, as características essenciais à vida e ao pensamento.

Quanto à alma, o termo primário dos hebreus era *nephesh*, que ocorre 755 vezes no Antigo Testamento. Mais frequentemente, esse termo abrangente significa meramente "vida", "próprio-eu", "pessoa" (cf. Js 2:13; I Rs 19:3; Jr 52:28). Quando usado nesse sentido amplo, nephesh descreve o que somos: almas, pessoas. Às vezes nephesh podia significar a "vontade" – ou "desejo" – de uma pessoa (cf. Gn 23:8; Dt 21:14). Ocasionalmente, porém, destaca aquele elemento nos seres humanos que possui vários apetites: a fome física (Dt 12:20), o impulso sexual (Jr 2:24) e o desejo moral (Is 26:8, 9). Em Isaías 19:18, *nephesh* ocorre juntamente com "carne" (basar), aparentemente para denotar a pessoa inteira.

Os escritores do Novo Testamento usaram *Psichê* 101 vezes para descrever a alma humana. No pensamento grego, a "alma" pode ser:

1) A sede da vida, ou a própria vida (Mc 8:35);

2) A parte interna do ser humano, equivalente ao ego, à pessoa ou à personalidade (a Septuaginta traduz o hebraico *lev* – "coração" – por *psichê* 25 vezes);

3) A alma por contraste com o corpo.

Do ponto de vista psicológico, a alma significa mente, que é o conjunto das funções psíquicas e dos estados de consciência do ser humano, embora não tenha realidade física ou material, todavia é a sede dos processos mentais que determinam o comportamento, que é manifesto diante do meio social através das ações, atitudes, gestos, expressões e linguagem.

É dentro do cérebro que se encontra a mente, a fonte da vida, e esta, está ligada ao mundo espiritual e material. No tocante ao espiritual, a mente pode ligar-se ao espírito de Deus ou não; no que concerne ao material, a mente pode desencadear o nervosismo. Entretanto próximo da primeira década do século XX, o psicólogo, psiquiatra e psicanalista Carl Gustav Jung (1875 - 1961) demonstrou que a evolução e a hereditariedade dão as linhas de ação para a mente, por intermédio de seu correspondente físico, o cérebro, exatamente como fazem para o corpo.

Em suas investigações cientificas em torno da mente, Jung deparou-se constantemente com os fenômenos religiosos. A mente humana, disse Jung, já nasce com potencialidade, que a impulsiona a procurar Deus.

2.4. O ESPÍRITO

"A palavra Espírito está representada pela palavra médio-oriental e hebraica - Ruah; grega - Pneuma e latina - Spiritus. Entre as diversas definições de espírito, temos: parte imaterial do ser humano; a alma; e entidade sobrenatural ou imaginaria, como os anjos".

No Novo Testamento, o termo *pneuma*, basicamente significa "vento" ou "hálito", referindo-se ao "espírito" de um homem ou de uma mulher. É o poder que as pessoas experimentam e que as relacionam com o âmbito espiritual, a dimensão da realidade que jaz além da observação comum e do controle humano. O espírito, portanto, vincula os seres humanos ao mundo espiritual e os ajuda a interagir nessa dimensão.

O teólogo Leonardo Boff discorre que a categoria Espírito remete-nos a uma experiência originaria que está presente em todas as tradições culturais, espirituais e filosóficas. A experiência da respiração, do sopro, porque o espírito é sopro. Tudo aquilo que tem sopro e respira, vive. Deus em primeiro lugar, os seres humanos, os animais, as plantas e a própria terra. A terra vive. Portanto tudo aquilo que respira vive, e é portador do espírito.

Segundo ele, o ser humano é a terra que pensa, é a terra que ama, e discorre, que é por isso que a escritura judaico cristã chama o primeiro homem de Adão que significa "filho da terra". A palavra Adão vem de *adama* - terra, *Adam* - filho da terra. Por sua vez, *homo* - homem vem de húmus, terra fecunda.

Como vimos anteriormente, o homem de acordo com a bíblia foi criada por Deus de forma especial, diferente da demais criação divina, não se assemelha a nenhum animal, o homem fisicamente é dotado de inteligência, autoridade, domínio, poder de decisão, entre outros, mas existe algo que o faz muito acima de qualquer outra criação divina, o homem possui uma natureza espiritual, o seu corpo físico foi feito do pó da terra, e Deus soprou em suas narinas o fôlego de vida, e então o homem se tornou alma vivente, e isto mostra a natureza espiritual do homem, ele não possui apenas corpo como os animais, mas possui também espírito, e de acordo com os grandes estudiosos de Antropologia Bíblica, o homem possui Corpo e Alma, o que chamamos de *Dicotomia*, mas muitos outros estudiosos do assunto entendem que o homem possui Corpo, alma e Espírito, o que chamados de *Tricotomia*.

Geralmente quando se fala em Antropologia Bíblia a primeira pergunta a se fazer é: O homem é Dicotômico ou Tricotômico? , é esta grande discussão é feita com base na mesma fonte de respostas para as duas correntes de pensamentos, a Bíblia, uns interpretam de uma forma, e outros de maneira bem diferente, o mesmo texto bíblico que para uns serve como resposta, para outros serve como polêmica.

2.5. DICOTOMIA E TRICOTOMIA

É costume,especialmente nos círculos cristãos, entender que o homem consiste de duas partes distintas, e de duas somente, a saber, corpo e alma. Esta concepção é tecnicamente denominada *dicotomia*. Ao lado dela, porém, apareceu outra, segundo a qual a natureza humana consiste de três partes, corpo, alma e espírito. É designada pelo termo *tricotomia*. Os adeptos das duas posições esgrimem textos bíblicos em defesa de sua postura. Vamos evitar gastar tempo neste ponto que não é essencial, mas veremos os aspectos historicos importantes.

O conceito do homem tripartido originou-se na filosofia grega, que entendia a relação mútua entre o corpo e o espírito do homem segundo a analogia da mútua relação entre o universo material de Deus. Pensava-se que, justamente como estes só podiam ter comunhão um com o outro por meio de uma terceira substância ou de um ser intermediário, assim aqueles só podiam entrar em relações mútuas vitais por meio de um terceiro elemento, ou de um elemento intermediário, a saber, a alma. Por um lado, a alma era considerada como imaterial e, por outro, como adaptada ao corpo. Na medida em que se adapta ao *nous* ou ao *pneuma*, era tida como imortal, mas na medida em que se relaciona com o corpo, como carnal e mortal.

A mais conhecida, e também a mais crua forma de tricotomia, é a que toma o corpo como a parte material da natureza humana, a alma como o princípio da vida animal, e o espírito como o elemento humano racional, imortal e relacionado com Deus. A concepção tricotômica do homem recebeu considerável apoio dos "pais" da igreja grega ou Alexandrina dos primeiros séculos da era cristã. Encontra-se, embora nem sempre exatamente da mesma forma, em Clemente de Alexandria, Orígenes e Gregório de Nissa. Mas, depois que Apolinário a empregou de maneira ofensiva à perfeita humanidade de Jesus, foi ficando gradativamente desacreditada.

Alguns dos "pais" gregos ainda aderiam a ela, apesar de explicitamente repudiada pro Atanásio e Teodoreto. Na igreja latina, os principais teólogos apoiavam, diversamente, a dupla divisão da natureza humana. Foi especificamente a psicologia de Agostinho que deu proeminência a este modo de ver. Durante a Idade Média, tornou-se objeto de crença comum. A Reforma não trouxe mudança alguma, quanto a isso, conquanto uns poucos luminares menores defendessem a teoria tricotômica. A Igreja Católica Romana aderiu ao veredicto do escolasticismo, mas nos círculos do protestantismo ouviram-se outras vozes.

Além dessas duas concepções teológicas, houve também, principalmente no último século e meio, os conceitos filosóficos do materialismo absoluto e do idealismo absoluto, aquele sacrificando a alma em favor do corpo, e este, o corpo em favor da alma.

2.6. IMPLICAÇÕES PRÁTICAS

O entendimento do homem como uma pessoa total, como foi desenvolvido neste capítulo, tem importantes implicações práticas.

Primeiro, a *igreja* deve estar preocupada com a pessoa total. Em sua pregação e em seu ensino a igreja deve dirigir-se não somente às mentes daqueles a quem ela serve, mas também às suas emoções e suas vontades. A pregação que meramente comunica informação intelectual a respeito de Deus ou da Bíblia está seriamente inadequada; os ouvintes devem ser despertados em seus corações e movidos a louvar a Deus.

Os professores na escola dominical devem fazer mais do que simplesmente dar aos alunos uma rota de "conhecimento" versos da Bíblia ou das afirmações doutrinárias; seu ensino deve exigir uma resposta que envolva todos os aspectos da pessoa. Os programas da igreja para a juventude não deveria negligenciar o corpo; os esportes e as atividades externas deveriam ser encorajadas como um aspecto da vida cristã globalizada.

Em sua tarefa evangelistica e missionária, a igreja deveria lembrar-se também que ela está tratando com pessoas completas. Embora o propósito principal de missões seja confrontar as pessoas com o evangelho, de forma que elas possam se arrepender de seus pecados e serem salvas através da fé em Cristo, todavia a igreja nunca deve se esquecer que os objetos de sua empreitada missionária têm necessidades tanto físicas quanto espirituais.

O desenvolvimento da fé individual e interior deve ser acompanhado por uma obediência solidária e exterior ao mandato cultural extensamente detalhado na Santa Escritura. O mundo deve ser servido, não evitado. A justiça social deve ser promovida, e as questões de guerra, racismo, pobreza e desequilíbrio econômico devem se tornar uma preocupação ativa e participativa daqueles que professam crer em Jesus Cristo. Não é suficiente que a missão cristã seja redentora; ela também deve ser profética.

O conceito da pessoa total tem também implicações para a *vida de família*. Os pais cristãos ficarão preocupados em ensinar a seus filhos a respeito de Deus, em treiná-los na vida cristã, e a disciplina-los em amor quando carecem disto. Mas os pais devem também estar preocupados a respeito de assuntos, como uma dieta saudável e própria para o cuidado do corpo. Está sendo cada vez mais reconhecido hoje que um programa regular de exercício físico é essencial para uma boa saúde; os pais, portanto, deveriam tentar ensinar a seus filhos o cuidado do corpo, não somente por preceito mas também pelo exemplo.

Além disso, o conceito da pessoa total tem implicações para a *medicina*. Em reconhecimento do fato de que o homem é uma unidade psicossomática, a ciência médica desenvolveu recentemente uma abordagem chamada *medicina holística*. A medicina holística tem sido definida como "um sistema de saúde que enfatiza a responsabilidade pessoal para a própria saúde e empenha-se por um relacionamento cooperativo entre todos os envolvidos em proporcionar cuidados de saúde." Os praticantes da saúde holística "enfatizam a necessidade da busca pela pessoa total, incluindo condição física, nutrição, maquiagem emocional, estado espiritual, valores de estilo de vida e ambiente."

No livro de Norman Cousins, intitulado *Anatomia de uma Doença*, ele faz um comentário de que um dos aspectos mais importantes na recuperação de uma doença está na "vontade de viver": "A vontade de viver não é uma abstração teórica, mas uma realidade fisiológica com características terapêuticas". Cousins relata que centenas de médicos lhe têm dito que "*nenhum remédio que eles podem dar aos pacientes foi tão potente como o estado de alma que um paciente traz para sua própria doença*." . A Conclusão é clara: A cura e a manutenção da saúde física envolve a pessoa total. Médicos, enfermeiras, pastores e pacientes devem sempre ter isto em mente.

Finalmente, o conceito da pessoa total tem implicações importantes para a *psicologia* e para o *aconselhamento*. Estudos recentes de psicologia têm levado a uma nova ênfase na totalidade do homem, uma ênfase que é chamada algumas vezes de "teoria organísmica".

Os conselheiros devem lembrar-se também do fato de que o homem é uma pessoa total. Eles deveriam ser treinados a reconhecer os problemas que requerem a especialidade de outros além de si mesmos, e deveriam encaminhar seus aconselhados, quando necessário, a médicos e psicólogos. Os problemas mentais não deveriam ser tidos como totalmente distintos dos problemas físicos, porque nenhum tipo de problema está sempre separado do outro.

O conselheiro não deveria pensar de uma saúde mental e espiritual como coisas totalmente separadas. Visto que o homem é uma pessoa total, o espiritual e o mental são aspectos de uma totalidade, de forma que cada aspecto influencia e é influenciado pelo outro. Algumas vezes o conselheiro pastoral pode pensar que a mera citação dos versos da Bíblia pode ser tudo o de que necessita para ajudar o membro da igreja a resolver um difícil problema espiritual. Mas um entendimento do homem como uma pessoa total conduz-nos a perceber que tal abordagem pode ser totalmente inadequada.

David G. Benner, num artigo no qual ele desafia a opinião comum de que a personalidade humana pode ser dividida em duas partes, uma "parte" espiritual e uma psicológica, ilustra seu ponto da seguinte maneira:

"A tentação, portanto, de rotular a dificuldade de uma pessoa em aceitar o perdão de Deus de seus pecados como um problema espiritual deve ser resistido a fim de deixar o conselheiro muitíssimo aberto para tratar com ambos os aspectos, psicológico e espiritual, daquele problema. Assumir natureza espiritual essencial e proceder por meio de uma apresentação explícita de certas verdades bíblicas é esquecer que o perdão, esteja ele sendo dado ou recebido, é mediado por processos psicoespirituais da personalidade e, portanto, esses outros fatores psicológicos podem também estar envolvidos e outras técnicas sejam apropriadas.

O conselheiro cristão, portanto, deveria ver os problemas de seus aconselhados como problemas da pessoa total. Ele deveria não somente tratar com o aconselhando como uma pessoa total, mas deveria também tentar restaurá-lo à sua totalidade, que é a marca de uma vida saudável e piedosa.

3. ASPECTOS DA IMAGEM DE DEUS NO HOMEM

"*Façamos o homem... nossa imagem, conforme a nossa semelhança.*" (cf. Gn 5:1; 9:6; Ec 7:29; At 17:26,28,29; I Co 11:7; II Co 3:18; 4:4; Ef 2:10; 4:24; Cl 1:15; 3:10; Tg 3:9; Is 43:7). O homem foi criado à semelhança de Deus, foi feito como Deus em caráter e personalidade. E em todas as Escrituras o ideal e alvo exposto diante do homem é o de ser semelhante a Deus (cf. Lv 19:2; Mt 5:45-48; Ef 5:1.)

As palavras "imagem" e "semelhança" são empregadas como sinônimos e uma pela outra e, portanto, não se referem a duas coisas diferentes. Em Genesis 1:26 são empregadas as duas palavras, mas no versículo 27, somente a primeira delas. É evidente que esta é considerada suficiente para expressar a ideia completa. Em Genesis 5:1 só ocorre a palavra "semelhança", mas no versículo 3 desse capitulo acham-se de novo ambos os termos.

Genesis 9:6 contem somente a palavra "imagem" como uma expressão completa da idéia. Volvendo ao Novo Testamento, vemos as palavras "imagem" e "glória" empregadas em 1 Co 11:7, somente "imagem" em Cl 3:10, e só "semelhança" em Tg 3:9. Evidentemente, os dois termos são empregados um pelo outro na Escritura. Naturalmente, isto implica que o homem foi deveras *criado* também à semelhança de Deus, e que esta semelhança não é algo de que ele foi revestido mais tarde.

A opinião geral é que a palavra "semelhança" foi acrescentada à palavra "imagem" para expressar a ideia de que a imagem era uma imagem muito semelhante, perfeita. A ideia é que, pela criação, aquilo que é arquetípico em Deus tornou-se ectípico no homem. Deus é o original do qual o homem foi feito uma cópia. Isto significa, é claro, que o homem não *só leva* a imagem de Deus, mas *é* Sua própria imagem. Isso é dito com clareza em I Co 11:7, mas não significa que não se pode dizer também que ele leva a imagem de Deus (cf. I Co 15:49).

E ser como Deus significa ser como Cristo, que é a imagem do Deus invisível. Consideremos alguns dos elementos que constituem a imagem divina no homem:

1) Justiça original

Diz-nos a Bíblia que Deus fez o homem muito bem, Gn 1:31 ("muito bom") e "reto" (Ec 7:29). O Novo Testamento indica muito especificamente a natureza da condição original do homem onde fala do homem sendo refeito em Cristo, isto é, como sendo levado de volta a uma condição anterior. É evidente que a condição à qual ele é restaurado em Cristo não é de neutralidade, nem boa nem má, na qual a vontade esta num estado de perfeito equilíbrio, mas, sim, um estado de verdadeiro conhecimento (Cl 3:10), justiça e santidade (Ef 4:24). Estes três elementos constituem a justiça original perdida por causa do pecado, mas reconquista em Cristo. Pode-se-lhe chamar imagem moral de Deus, ou imagem de Deus no sentido mais restrito da palavra. A criação do homem segundo esta imagem moral implica que a condição original do homem era de santidade positiva, e não um estado de inocência ou de neutralidade moral.

2) Espiritualidade

Deus é espírito, e é simplesmente natural esperar que este elemento de espiritualidade também ache expressão no homem como imagem de Deus. E que é assim, já vem indicado na narrativa da criação do homem. Deus *"lhe soprou nas narinas o fôlego de vida, e o homem passou a ser alma vivente"* (Gn 2:7). O "fôlego de vida" (ou "sopro de vida") é o princípio da sua vida, e a "alma vivente" é a própria existência do homem, o seu ser.

A alma está unida e adaptada a um corpo, mas também pode, se necessário, existir sem o corpo. Em vista disso, podemos falar do homem como ser espiritual e também, nesse sentido, como imagem de Deus. Neste contexto, pode-se levantar a questão se o corpo do homem também constitui uma parte da imagem. E, ao que parece, está questão deve ser respondida afirmativamente. Diz a Bíblia que o homem – não apenas a alma do homem – foi criado à imagem de Deus, e o homem, a "alma vivente", não é completo sem o corpo. Alem disso, a Bíblia apresenta o assassínio como destruição do corpo (Mt 10:28) e também como destruição da imagem de Deus no homem (Gn 9:6).

Não precisamos procurar a imagem na substância material do corpo; acha-se ela, antes, no corpo visto como o instrumento próprio para autoexpressão da alma. Mesmo o corpo está destinado a tornar-se no fim um corpo espiritual, isto é, um corpo totalmente dominado pelo espírito, um instrumento perfeito da alma.

3) Responsabilidade

Deus nos deu um dever a cumprir. Os seres humanos não foram colocados na terra simplesmente para existir ou gozar do seu ambiente agradável. Deus deu a terra para o homem 'sujeitar e dominar'. O homem tem uma tríplice responsabilidade:

a. Com Deus;

b. Consigo mesmo;

c. Com o mundo.

Assim, em cada indivíduo há uma necessidade inerente em ser algo e fazer algo. O ser humano sente que é responsável diante de Deus. Há um sentido de obrigação diante de um Ser superior. Ele é abençoado e dominado por este senso de responsabilidade.

Alguns teólogos entendem que em Gênesis 1:28 temos o "imperativo cultural". O imperativo evangelístico é por causa da queda, mas o imperativo cultural é por causa da criação. Isto significa que qualquer profissão ou vocação que usa as coisas do mundo para glorificar a Deus, abençoar e melhorar a vida humana, pode ser vista como um chamado de Deus.

O alvo do homem não é escapar do mundo, nem aceitar o mundo passivamente, nem buscar a harmonia com a natureza, mas sujeitar, dominar e usar o mundo para seu benefício. A harmonia com o mundo, até certo ponto, é preciso, mas a nossa atitude deve ser mais ativa do que passiva.

Precisamos transformar o mundo, não somente existir em harmonia com ele. O animal depende de um lugar já apropriado para viver, o homem transforma e o torna adequado para viver.

4) Imortalidade ou Perpetuidade

Diz a Bíblia que só Deus tem imortalidade (I Tm 6:16), e isto pareceria excluir a ideia da imoralidade humana. Mas é mais que evidente, pela Escritura, que o homem também é imortal, em algum sentido da palavra. O sentido é que somente Deus tem imortalidade como uma qualidade essencial, tem-na em Si e de Si próprio, ao passo que a imortalidade do homem é uma dádiva, é derivada de Deus.

O homem foi criado imortal não apenas no sentido de que sua alma foi dotada de uma existência interminável, mas também no sentido de que ele não levava dentro de si as sementes da morte física, e em sua condição não estava sujeito à lei da morte. Foi feita a ameaça da morte como punição do pecado (cf. Gn 2:17), e que isso incluía a morte corporal ou física, está patente em Gênesis 3:9. Paulo nos fala que o pecado trouxe a morte ao mundo (cf. Rm 5:12; I Co 15:20, 21) e que morte deve ser considerada como o salário do pecado (Rm 6:23).

5) Moralidade

Moralidade significa que o homem tem a capacidade de fazer julgameno moral. Em relação a Deus, o homem sente que tem o dever de obedecer, e que qualquer desobediencia traz sobre si mudanças no seu relacionamento com a divindade (Gn 3:8).

Emannuel Kant, resumiu seus grandes pensamentos na seguinte frase: *"Duas coisas me causam admiração e assombro crescente, na medida em que reflito honestamente sobre elas: o céu cheio de estrelas, e a lei moral dentro de mim".*

O homem não só fora criado com uma natureza moral, mas moralmente bom, sem pecado (Gn 1:31; Ec 7:29). Criado em santidade, justiça e amor, o homem se relacionava com Deus. Mesmo com a entrada do pecado no mundo, o homem não perdeu totalmente a sua imagem moral de Deus, pois ele continua com a imagem desfigurada, para ser restaurada na redenção em Cristo.

A consciencia é a parte intelectiva do ser moral. Ela é, num sentido, a voz de Deus no homem. Funciona como o juízo do homem aplicado ao seu próprio procedimento, quer aprovando as suas ações, quer reprovando-as. Mas a consciencia é também falha. Ela é influenciada pelas instruções recebidas e por fatores culturais. Estas instruções formam uma lei moral para a vida, segundo a qual a consciencia pode julgar.

Portanto, com a penetração do pecado no mundo, afetando todas as culturas e todos os sistemas humanos, a consciencia também passou a receber instruções moralmente erradas, e a lei moral para a vida, formada na consciencia, é imperfeita (cf. Rm 2:15; 9:1; 13:5; I Tm 3:9; 4:2; Hb 9:14; 10:22; I Pe 3:16).

4. O HOMEM NO ESTADO DE PECADO

De onde veio o pecado? Como ele penetrou no universo? Primeiro, precisamos afirmar claramente que Deus não pecou e não deve ser culpado pelo pecado. Foi o homem quem pecou, os anjos quem pecaram, e nos dois casos o fizeram por escolha intencional e voluntária. Culpar a Deus pelo pecado seria blasfemar contra o caráter de Deus. *"Suas obras são perfeitas, porque todos os seus caminhos são juízo; Deus é fidelidade, e não há nele injustiça; é justo e reto"* (Dt 32:4).

Abraão pergunta com verdade e força nas palavras: *"Não fará justiça o Juiz de toda a terra?"* (Gn 18:25). E Eliú diz com justiça: *"Longe de Deus o praticar ele a perversidade, e do Todo-*

-Poderoso o cometer injustiça" (Jó 34:10). De fato, para Deus é impossível sequer desejar a injustiça: *"Deus não pode ser tentado pelo mal e ele mesmo a ninguém tenta"* (Tg 1.13).

O problema do mal que há no mundo sempre foi considerado um dos mais profundos problemas da filosofia e da teologia. É um problema que se impõe naturalmente à atenção do homem, visto que o poder do mal é forte e universal, é uma doença sempre presente na vida em todas as manifestações desta, e é matéria da experiência diária na vida de todos os homens.

Os filósofos foram constrangidos a encarar o problema e a procurar uma resposta quanto à origem de todo mal, e particularmente do mal moral, que há no mundo. A alguns, pareceu uma parte de tal modo integrante da vida, que buscaram a solução na constituição natural das coisas. Outros, porém, estão convictos que o mal teve uma origem voluntária, isto é, que se originou na livre escolha do homem, quer na existência atual quer numa existência anterior. Estes acham-se bem mais perto da verdade revelada na Palavra de Deus.

4.1. ALMA E CORPO

A relação da alma com o corpo pode ser descrita e ilustrada na seguinte maneira:

1) A alma é o depositário da vida; ela figura em tudo que pertence ao sustento, ao risco, e a perda da vida. É por isso que em muitos casos a palavra "alma" tem sido trazida "vida" (cf. Gn 9:5; Pv 7:23; Ex 21:23,30; 30:12; At 15:26). A vida é o entrosamento do corpo com a alma. Quando a alma e o corpo se separarem, o corpo não existe mais, o que resta é apenas um grupo de partículas materiais num estado de rápida decomposição;

2) A alma penetra e habita em toda a parte do corpo e afeta mais ou menos diretamente todos os seu membros. Este fato explica porque as Escrituras atribuem sentimentos ao coração e aos rins (cf. Sl 73:21; Jó 16:13; 38:36; Pv 23:16);

3) Por meio do corpo a alma recebe suas impressões do mundo exterior. Essas impressões percebem-se por estes sentidos: visão, audição, paladar, olfato, e tato, e são transmitidas ao cérebro por meio do sistema nervoso. Por meio do cérebro a alma elabora essas impressões pelos processos do intelecto, da razão, sentimentos e da vontade. A alma age sobre essas impressões enviando ordens as varias partes do corpo através do cérebro e do sistema nervoso;

4) A alma estabelece contato com o mundo por meio do corpo o qual é o instrumento da alma. O sentir, o pensar, o exercer vontade e outros atos, são todos eles atividades da alma ou do "eu". É o "eu" que vê e não somente os olhos; é o "eu" que pensa e não meramente o intelecto; é o "eu" que pede e não simplesmente a língua ou os membros. Quando um membro é ferido, a alma não pode funcionar bem por meio do mesmo; em caso de lesão cerebral pode resultar em demência. A alma então passa a ser como um mestre de musica com um instrumento danificado ou quebrado.

4.2. A ALMA E O PECADO

A alma vive a sua vida natural através dos instintos, esses instintos são forças motrizes da personalidade, com as quais o Criador dotou o homem para faze-lo apto para uma existência terrena (assim como o dotou de faculdades espirituais para faze-lo capaz de uma existência celestial). É chamado de instintos ou dotes porque são impulsos congenitais implantados dentro criatura a fim de capacitá-la para fazer instintivamente o que é necessário para originar e preservar a vida natural. São cinco os instintos ou dotes, como segue:

1) Autopreservação – Instinto que nos avisa de perigo e nos capacita a cuidar de nós mesmos;

2) Instinto aquisitivo (a possuir) – que nos conduz a adquirir as provisões para sustento próprio;

3) Instinto de alimentar-se – impulso que leva a satisfazer a fome natural;

4) Instinto reprodutivo – que conduz á perpetuação da espécie;

5) Instinto de domínio – que conduz a exercer certa iniciativa própria necessária para o desempenho da vocação e das responsabilidades.

O registro desses dotes ou instintos do homem concedidos pelo Criador acha-se nos primeiros capítulos do livro de Gênesis:

1) O instinto de outopreservação implica na proibição e no aviso: "*Mas da árvore do conhecimento do bem e do mal, dela não comeras porque no dia em que dela comeres certamente morrerás*";

2) O instinto aquisitivo aparece no fato de ter Adão recebido de Deus o lindo jardim do Éden;

3) O instinto de alimentar se percebe nas palavras: "*Eis que vos tenho dado todas as ervas que dão sementes, as quais se acham sobre a face de toda a terra, e todas as arvores em que há fruto que de semente; ser-vos-ão para alimento*";

4) Ao instinto de reprodução referem-se estas declarações: "*Homem e mulher os criou*". "*Deus os abençoou e lhes disse: frutificai, multiplicai-vos*";

5) Ao quinto instinto, domínio refere-se o mandamento: "*Enchei a terra, e sujeitai-a; dominai.*"

Deus ordenou que as criaturas inferiores fossem governadas primeiramente pelos instintos, mas o homem foi elevado a dignidade de possuir o dom de livre arbítrio e razão, com os quais poderia disciplinar-se a si mesmo e tornar-se arbitro do seu próprio destino.

Como guia para o regulamento das faculdades do homem, Deus impôs uma lei. O entendimento do homem quanto a essa lei, produziu uma consciência que significa literalmente "com conhecimento". Quando o homem deu ouvido a lei, teve a consciência esclarecida; quando desobedeceu a Deus, sofreu, pois a consciência o acusava. No relato da tentação (Gn 3) lemos como o homem cedeu à concupiscência dos olhos, à cobiça da carne, e à vaidade da vida (I Jo 2:16), e usou os seus poderes de moda contrario a vontade de Deus. A alma consciente e voluntariamente usou o corpo para pecar contra Deus. Essa combinação de alma pecaminosa e corpo humano constituem o que se conhece como "o corpo do pecado" (Rm 6:6), ou "a carne".

A "carne" define-se como a soma total dos instintos do homem, não como vieram das mãos do Criador, mas sim como são na realidade pervertidos e feitos anormais pelo pecado. É a natureza na sua condição caída, enfraquecida e desorganizada pela herança racial derivada de Adão e pervertida por atos voluntários pecaminosos.

O abuso ou aberração desses instintos e faculdades dados por Deus que formam a base do pecado. Por exemplo: o egoísmo, a sensibilidade, a inveja, e a ira são aberrações do instinto da autopreservação. O roubo e a cobiça são perversões do instinto de aquisição. "Não roubaras" e "não cobiçaras" querem dizer: "não pervertereis o instinto de aquisição. A glutonaria é a perversão do instinto de alimentar-se, portanto, é pecado. A impureza adultério, prostituição, fornicação é perversão do instinto de reprodução. A tirania, arrogância, a injustiça e a implicância representam abusos do instinto do domínio.

Assim notemos que o pecado, fundamentalmente é o abuso ou aberração das forças com que Deus nos dotou. Os impulsos pecaminosos da alma devem ser extirpados; é essa a obra do Espírito Santo (cf. Cl 3:5; Rm 8:13).

4.3. PROVAÇÃO E QUEDA DO HOMEM

A liberdade do homem incluía necessariamente o poder de escolher ou recusar o bem e o mal. Tem havido dúvidas quanto o ter o homem escolhido o mal, sabendo que era mal. Mas não pode haver dúvida que o homem pudesse tomar o mal por bem. Ele não era infalível, e, portanto estava sujeito ao pecado.

A provação através da qual Deus provou os nossos pais, não tinha como propósito tentá-los e induzí-los inevitavelmente à queda. Ela tinha uma finalidade didática que, em suma, visava conduzir o homem a uma maior perfeição, tornando-o apto para se tornar co-participante das realizações de Deus na terra.

A admoestação de Deus no sentido de que o homem não comesse do fruto da árvore do conhecimento do bem e do mal (Gn 2:17), não tinha propósito simplesmente proibitivo, visava sobretudo testar a capacidade de obediência do homem, e promover o seu crescimento espiritual e moral.

Nenhuma autoridade de bom senso estabeleceria leis tendo em mente que elas seriam quebradas, mas sim, obedecidas; contribuindo desta forma para o progresso comum da sociedade que governa.

Não obstante imperfeito, quando comparado com a absoluta perfeição de Deus, o homem não estava predestinado à queda e à destruição. Ele caiu como resultado da escolha que fez, em desobediência à orientação divina. A queda não era a única saída. Ele poderia ter obedecido a Deus e assim ser confirmado em obediência, mas não o fez, de sorte que, quando de livre e espontânea vontade, comeu do fruto proibido, descobriu que Deus não é cúmplice do pecado do homem.

4.4. AS ALIANÇAS ENTRE DEUS E O HOMEM

Como Deus se relaciona com o homem? Desde a criação do mundo, o relacionamento entre Deus e o homem tem sido definido por promessas e requisitos específicos. Deus revela às pessoas como ele deseja que ajam e também faz promessas de como agirá com eles em várias circunstâncias. A Bíblia contém vários tratados a respeito das provisões que definem as diferentes formas de relacionamento entre Deus e o homem que ocorrem nas Escrituras, e frequentemente chama esses tratados de "alianças".

Podemos apresentar a seguinte definição das alianças entre Deus e o homem nas Escrituras: *"Uma aliança é um acordo imutável e divinamente imposto entre Deus e o homem, que estipula as condições do relacionamento entre as partes".*

Apesar de esta definição incluir a palavra acordo para indicar que há duas partes, Deus e o homem, que precisam ingressar nas provisões do relacionamento, a frase "divinamente imposto" também é incluída para mostrar que o homem jamais pode negociar com Deus ou alterar os termos desse acordo: ele apenas pode aceitar as obrigações da aliança ou rejeitá-las.

1) A Aliança das Obras

Alguns têm questionado se é apropriado falar de uma aliança de obras entre Deus e Adão e Eva no jardim do Éden. A própria palavra *aliança* não é utilizada no relato de Gênesis. Todavia, as partes essenciais da aliança estão todas lá — uma definição clara das partes envolvidas, um conjunto de provisões que compromete legalmente e estabelece as condições do relacionamento, a promessa de bênçãos pela obediência e a condição para obter aquelas bênçãos.

2) A Aliança da Redenção

Teólogos falam de outro tipo de aliança, uma aliança que não é entre Deus e o homem, mas entre os membros da Trindade. A essa aliança chamam "a aliança da redenção". É um acordo entre Pai, Filho e Espírito Santo, no qual o Filho concordou em tornar-se homem, ser nosso representante, obedecer às exigências da aliança das obras em nosso favor e pagar o preço do pecado, que merecemos. As Escrituras ensinam de fato sua existência? Sim, pois falam de um plano específico e do propósito de Deus como um acordo entre Pai, Filho e Espírito Santo para obter nossa redenção.

3. A Aliança da Graça

a. Elementos essenciais

Quando o homem falhou e não conseguiu obter as bênçãos oferecidas pela aliança das obras, foi necessário que Deus criasse um novo caminho, caminho este pelo qual o homem pudesse ser salvo. O restante das Escrituras após o relato da queda em Gênesis 3 narra como Deus operou na história um surpreendente plano de redenção por meio do qual pessoas pecaminosas poderiam chegar a ter um relacionamento consigo.

b. Várias formas de aliança

Apesar de os elementos essenciais da aliança da graça permanecerem os mesmos por toda a história do povo de Deus, os termos específicos da aliança variam conforme a ocasião. Na época de Adão e Eva havia apenas uma singela sugestão da possibilidade de um relacionamento com Deus na promessa da semente da mulher em Gênesis 3:15 e na provisão graciosa, da parte de Deus, de vestir Adão e Eva (cf. Gn 3:21).

BIBLIOGRAFIA

BERKHOF, Louis. Teologia Sistemática. São Paulo: Editora Cultura Cristã, 2001.

SEVERA, Zacarias de Aguiar. Manual de Teologia Sistemática. Curitiba / PR: Editora A.D. Santos, 1999.

GRUDEM, Wayne. Teologia Sistemática. São Paulo: Ed. Vida Nova, 1999.

PEARLMAN, Myer. Conhecendo as Doutrinas da Bíblia. São Paulo: Ed. Vida, 2001.

MILNE, Bruce. Estudando as Doutrinas da Bíblia. São Paulo: Editora ABU, 1995.

SHEDD, Russel. A Solidariedade da Raça. São Paulo: Vida Nova, 1995.

CHOURAQUI, André. No Princípio – Gênesis. Rio de Janeiro: Imago Editora, 1995.

FILHO, Isaltino Gomes Coelho. Apostila de Teologia Sistemática II. 2001.

COSTA, Samuel. Psicologia Pastoral . Rio de Janeiro: Ed. Silva Costa, 2005 .

HORTON, Stanley M. Teologia Sistemática. Rio de Janeiro: Ed. CPAD, 2002.

KIDNER, Derek. Gênesis, introdução e comentário. São Paulo: Editora Mundo Cristão, 1985.

Sites consultados:

www.monergismo.com/textos/antropologia_biblica

Capítulo V

Pneumatologia - A doutrina do Espírito Santo

1. A NATUREZA DO ESPÍRITO SANTO

1.1. INTRODUÇÃO

Muito erro e confusão existem em nossos dias no tocante à personalidade, às operações e às manifestações do Espírito Santo. Eruditos conscientes, mas equivocados têm sustentado pontos de vista errôneos a respeito dessa doutrina. É vital para a fé de todo crente cristão, que o ensino Bíblico a respeito do Espírito santo seja visto em sua verdadeira luz e mantido em suas corretas proporções.

a. Pré-pentecostal

O Espírito Santo preexistia como a terceira pessoa da divindade, e nessa qualidade esteve sempre ativo, mas o período que antecedeu ao dia de Pentecoste não foi a época de sua atividade especial. O período do Antigo Testamento foi de preparação e espera.

Encontramos uma notável diferença existente em Suas ministrações no Antigo e no Novo testamento. Ele é referido por 88 vezes no Antigo Testamento, e mais de metade desse número de vezes somente no livro de Atos, enquanto que em todo o N.T. ele é mencionado mais de 03 vezes para cada referência que lhe é feita no Antigo.

Durante esse período pré-Pentecostal, o Espírito descia sobre os homens apenas temporariamente, a fim de inspirá-los para algum serviço especial, e deixava-os quando essa tarefa ficava terminada.

b) Pós-pentecostal

Este período que se estende do dia de Pentecoste até os nossos dias pode legitimamente ser chamado de dispensação do Espírito. Após o dia de Pentecoste, por meio do Espírito Santo, Deus veio para habitar nos homens. Ele vem para permanecer. O dia de Pentecoste marcou o raiar de um novo dia nas relações entre o Espírito Santo e a humanidade. Ele veio para habitar na Igreja. A Igreja, o verdadeiro corpo de Cristo, habitado pelo Espírito Santo de Deus, é tão indestrutível como o Trono de Deus.

O estudo do Espírito Santo de Deus é importante devido a quem Ele é, o que Ele fez, faz e ainda fará na história da humanidade. Ou seja, o Espírito Santo é Deus, e aquilo que se conhece verdadeiramente do Senhor, só é possível por sua pessoa. Ele é o alicerce da vida e também da religião; Enquanto o mundo associa-o ao fanatismo, ele no entanto se mantém ativo em todas as áreas da vida, sendo dela o criador. Também trabalha na providência, na política, nos talentos humanos, na salvação e no crescimento espiritual. Inspirou a Bíblia e agora ilumina as nossas mentes para que possamos entende-la.

Sua vinda ao mundo era tão necessária a nossa salvação quanto a vinda de Cristo. Sem o Espírito Santo nossa religião é vazia e não temos provas de nossa salvação (Rm 8:9,16). É ele quem nos dá a vida física (Jó 33:4), espiritual e ressurreta (João 3:5; Rm 8:11), sendo ele o autor de tudo que é bom e agradável em nossa existência (Gl 5:19-22).

1.2. DEFINIÇÃO DE PNEUMATOLOGIA

Doutrina conhecida também como "Paracletologia", é o estudo da doutrina do Espírito Santo. Paracletologia é uma palavra formada por duas palavras gregas: paracletos (que significa Ajudador, Consolador, advogado) e Logia (que significa estudo, doutrina).

Pneumatologia ou Paracletologia estuda de uma forma sistemática tudo o que se refere ao Espírito Santo (chamado por Jesus de Consolador). O vocábulo é tomado, às vezes, como o estudo da pessoa, da obra e do ministério do Espírito Santo.

A Pneumatologia divide-se, na Bíblia em dois períodos: o do Antigo e do Novo Testamento. No Antigo Testamento, as atividades e as manifestações do Espírito Santo eram esporádicas, específicas e em tempos distintos. No Novo Testamento, começa no dia de Pentecostes, quando suas atividades se concretizam de maneira direta e contínua através da Igreja. No Antigo Testamento, Ele se manifestava em circunstâncias especiais. No Novo Testamento, veio para morar nos corações dos crentes e enche-los do seu poder.

1.3. O QUE DIZ A BÍBLIA SOBRE O ESPÍRITO SANTO

A Bíblia ensina que o Espírito Santo é uma pessoa, Jesus nunca chamou o Espírito Santo de "isto" quando falava d'Ele. Em João 14:15 e 16, por exemplo, Jesus falou do Espírito Santo como "Ele", porque Ele não é uma força ou uma coisa, mas uma pessoa. Falta instrução ou mesmo discernimento a alguém que trata o Espírito Santo como "isto".

Na Bíblia vemos que o Espírito Santo tem intelecto, emoções e vontade. Além disto, a Bíblia diz que Ele faz coisas que uma força não faria somente uma pessoa real.

1) Ele fala: *"Quem tem ouvidos, ouça o que o Espírito diz às Igrejas. Ao vencedor dar-lhe-ei que se alimente da árvore da vida que se encontra no paraíso de Deus"* (Ap 2:7). *"E servindo eles ao Senhor, e jejuando disse o Espírito Santo: "Separai-me agora Barnabé e a Saulo para a obra a que os tenho chamado"* (Atos 13:2).

2) Ele intercede: *"Do mesmo modo também o Espírito nos ajuda na fraqueza; porque não sabemos o que havemos de pedir como convém, mas o Espírito mesmo intercede por nós com gemidos inexprimíveis"* (Rm 8:26).

3) Ele testifica: *"Quando porém, vier o Consolador, que eu vos enviarei da parte do Pai, o Espírito da Verdade, que dele procede, esse dará testemunho de mim"* (Jo 15:26).

4) Ele guia: *"Então disse o Espírito a Felipe: Aproxima-te desse carro, e acompanha-o"* (At 8:29)., "Pois todos os que são guiados pelo Espírito de Deus são filhos de Deus" (Rm 8:14).

5) Ele ordena: *"E percorrendo a região frígio-gálata, tendo sido impedidos pelo Espírito Santo de pregar a palavra na Asia, defrontando Mísia, tentavam ir para Bitínia, mas o Espírito de Jesus não o permitiu"* (At 16:6,7).

6) Ele conduz: *"Quando vier o Espírito da Verdade, Ele vos guiará a toda verdade porque não falará por si mesmo, mas dirá tudo o que tiver ouvido, e vos anunciará as coisas que hão de vir"* (Jo 16:13).

7) Ele nomeia: *"Cuidem de vocês mesmos e de todo rebanho. Pois o Espírito Santo o pôs como guardiões do rebanho, para pastorear a Igreja de Deus que ele comprou por meio do seu próprio filho"* (At 20:28).

8) Pode-se mentir para Ele: *"Então disse Pedro: Ananias, por que encheu Satanás o teu coração para que mentisses ao Espírito Santo, reservando parte do valor do campo? Conservando- o, porventura, não seria teu? E, vendido não estaria em teu poder? Como, pois, assentaste no coração este desígnio? Não mentiste aos homens, mas a Deus"* (At 5:3,4).

9) Pode-se blasfemar contra ele: *"Por isso vos declaro: Todo Pecado e blasfêmia serão perdoados aos homens; mas a blasfêmia contra o Espírito Santo não será perdoada. Se alguém proferir alguma coisa contra o Filho do Homem ser-lhe- á isto perdoado; mas se alguém falar contra o Espírito Santo não será isto perdoado, nem neste mundo, nem no porvir"* (Mt 12:31,32).

10) Pode-se entristecê-lo: *"E não entristeçais o Espírito de Deus, no qual fostes selados para o dia da redenção"* (Ef 4:30).

Cada uma das emoções e atitudes que alistamos são características de uma pessoa. O Espírito Santo não é uma força impessoal, como a gravidade e o magnetismo. Ele é uma pessoa com todos os atributos de uma personalidade. Mas não é só pessoa. Também é divino.

1.4. A PERSONALIDADE DO ESPÍRITO SANTO

Um dos atributos da deidade é a personalidade que cada uma das três pessoas divinas possui. Às vezes atribuímos à personalidade uma forma corpórea. Entretanto, Deus é Espírito, sem necessidade de corpo material. Identifica-se como pessoa alguém que manifeste qualidades, como o falar, o sentir e o fazer alguma coisa racional.

Contém em Si mesmo os elementos de existência pessoal. É difícil definir Personalidade quando é atributo de Deus. Deus não pode ser aquilatado pelos padrões humanos. Pode-se dizer que a Personalidade existe quando se encontram, em uma única combinação, inteligência, emoção e volição, ou ainda, autoconsciência e autodeterminação. O Espírito Santo possui os atributos, propriedades e qualidades de personalidade, então se pode atribuir a esse ser, inquestionavelmente, personalidade.

Uma forma corpórea não se faz necessário para que haja personalidade. Entretanto, encontramos os três seguintes atributos numa personalidade:

1) Intelecto – habilidade para pensar;

2) Sensibilidade – habilidade para sentir;

3) Volição – habilidade para escolher.

Encontramos esses três fatores no Espírito Santo:

1) Intelecto – Rm 8 27; I Co 2:10,11 13; 12:8;

2) Sensibilidade – Is. 63.10, Rm 15.30; Ef. 4.30;

3) Volição – At 16:6-11; I Co 12:11.

Encontramos outras provas da personalidade do Espírito Santo em Suas ações. Notamos que:

a. Ele ensina (cf. Jo 2:27; 14:26; Ne 9:20);

b. Ele ora (cf. Rm 8:26);

c. Ele ordena (cf. At 16-6-7);

d. Ele testifica (cf. Jo 15:26);

e. Ele fala (cf. At 13:2; 21:11);

f. Ele guia (cf. At 16:6-7; Rm 8:14);

g. Ele faz milagres (cf. At 10:38);

h. Ele revela (cf. Lc 2:26);

i. Ele faz seu prazer (cf. At 15:28; I Co 12:11).

1.5. A DIVINDADE DO ESPÍRITO SANTO

As escrituras ensinam enfaticamente a Divindade do Espírito Santo. Não obstante, tem existido aqueles que negaram essa verdade. Ário, um Presbítero de Alexandria, do quarto séc. de nossa era, introduziu o ensino, sustentando que Deus é Uma Eterna Pessoa, que Ele criou Cristo, O qual por Sua vez criou o Espírito Santo, negando assim Sua Divindade. Esse ensino obteve grande aceitação nas igrejas, mas foi corrigido pelo credo Niceno, de 325 d.C.

Depois sendo formulado no credo de Constantinopla em 381. Em 589, o Sínodo de Toledo acrescentou a famosa cláusula Latina "FILIOQUE", que afirmava que o Espírito Santo procedia do Pai e do Filho (cf. Jo 15 :26; Gl 4 : 6; Rm 8 : 9; Jo 16 :7).

Por Divindade do Espírito Santo se entende que Ele é Um com Deus, fazendo parte da Divindade, Coigual, Coeterno e consubstancial com o Pai e com o Filho (cf. Mt 28:19; Jr 31:31-34; Hb 10:15-17).

As Escrituras ainda deixam mais clara a verdade da Divindade do Espírito Santo do que a Sua Personalidade. São abundantes as provas Bíblicas.

a. Provada pelos Seus Nomes:

1) Nomes que relacionam o Espírito em igualdade às demais Pessoas da Trindade (cf. At 5:3, 4; Mt 28:19; II Co 13:13 , I Co 6:11).

2) Nomes que O apresentam realizando obras que somente Deus pode fazer (cf. Rm 8:15; Jo 14:16).

b. Provada por Suas Características

O Espírito possui atributos divinos:

1) Onisciência - Conhece todas as coisas (I Co 2:10,11);

2) Onipresença - Está em todos os lugares (Sl 139:7);

3) Onipotência - Tem poder sem limites (Gn 1:2);

4) Verdade (I Jo 5:6);

5) Santidade (Lc 11:13);

6) Vida (Rm 8:2);

7) Sabedoria (Is 40:13).

c. Provada por Suas Obras

Ao Espírito são atribuídas obras que somente Deus pode realizar.

1) Criação (Gn 1:2);

2) Inspiração (II Pe 1:21);

3) Gerar a Cristo em Sua encarnação (Lc 1:35);

4) Convencer o homem (Jo 16:8);

5) Regenerar o homem (Jo 3:5, 6);

6) Consolar (Jo 14:16);

7) Interceder (Rm 8:26, 27);

8) Santificar (II Ts 2:13).

1.6. OS NOMES DO ESPÍRITO SANTO

Os nomes e títulos do Espírito Santo são muito significativos, pois revelam Sua natureza e obra.

Os nomes do Espírito Santo em relação com o Pai significa que Ele tem relação íntima com o Pai, no que se refere ao nosso bem-estar espiritual e segurança:

1) O Espírito de Deus (Gn 1:2; Mt3:16);

2) O Espírito de nosso Deus (I Co 6:11);

3) O Espírito do Senhor Jeová (Is 61:1);

4) O Espírito do Seu Pai (Mt 10:20);

5) O Espírito do Deus vivo (II Co 3:3);

6) O Espírito do Senhor (Lc 4:18).

Os nomes do Espírito Santo em relação com o Filho, estes nomes dados a Terceira Pessoa da Trindade não significa que sejam dois espíritos distintos, como alguns pensam, mas sim que o Espírito é dado em nome de Cristo, pois é enviado por Cristo. O Seu trabalho especial é glorificar o Filho de Deus:

1) O espírito de Cristo (Rm 8:9; I Pe 1:22);

2) O espírito de Jesus Cristo (Fp 1:19);

3) O Espírito de Jesus (At 16:7).

Os nomes do Espírito Santo que indicam atributos divinos:

1) O espírito eterno (Hb 9:l4);

2) O espírito da vida (Rm 8:2);

3) O Espírito de santidade (Rm 8:2);

4) O espírito de sabedoria (Ex 28:3; Is 11:2);

5) O espírito da verdade (Jo 14:7);

6) O Espírito da graça (Hb 10:29).

Os nomes do Espírito Santo que indicam Sua obra:

1) O Espírito de adoração (Rm 8:15);

2) O espírito de fé (II Co 4:13);

3) O espírito de Oração (Rm 8:26-27).

Os nomes do Espírito Santo em relação com os homens:

1) Espírito purificador (Is 4:4; Mt 3:11);

2) Espírito Santo da promessa (Ef 1:13; At 1:4, 5; 2:33);

3) Espírito da verdade (Jo 15:26; 14:17; 16:13; I Jo 4: 6; 5:6);

4) Espírito da Glória (I Pd 4:13, 14; Ef 3:16-19; Rm 8:16-17);

5) Espírito Consolador (Jo 14:26; Jo 15: 26; 16:7; I Jo 2:2).

1.7. Os Símbolos do Espírito Santo

Os símbolos são empregados para descrever as operações do Espírito. Você perceberá que eles representam a ação do Espírito através dos vários ministérios que exerce em favor do povo de Deus.

Os símbolos do Espírito Santo também são arquétipos. Em literatura arquétipo é uma personagem, tema ou símbolo comum a várias épocas e culturas. Em todos os lugares, o vento representa forças poderosas, porém invisíveis; a água límpida que flui representa o poder e o refrigério sustentador da vida a todos que têm sede, física e espiritual; o fogo representa uma força purificadora (como a purificação de minérios) ou destruidora (frequentemente citada no juízo). Tais símbolos representam qualidades intangíveis, porém genuínas.

1) Vento

A palavra hebraica ruach pode significar "sopro", "espírito" "ou vento". É empregada paralela com nephesh. O significado básico de nephesh é "ser vivente", ou seja, tudo que têm fôlego. A partir daí seu alcance semântico desenvolveu-se a tal ponto de referir-se a quase todos os aspectos emocionais e espirituais do ser humano vivente. A palavra grega pneuma tem um alcance semântico quase idêntico ao de ruach.

O vento, como símbolo, fala da natureza invisível do Espírito Santo, conforme revela João 3:8: *"O vento sopra onde quer, ouves a sua voz, mas não sabes donde vem, nem para onde vai; assim é todo o que é nascido do Espírito"*. Podemos ver e sentir os efeitos do vento, mas ele próprio não é visto.

2) Água

A água, assim como o fôlego, é necessária ao sustento da vida. O fôlego e a água, tão vitais nas necessidades físicas humanas, são igualmente vitais no âmbito do espírito. Sem o fôlego vivificante e as águas vivas do Espírito Santo, nossa vida espiritual não demoraria murchar e ficar sufocada.

O Espírito Santo flui da palavra como águas vivas que sustentam e refrigeram o crente: *"Quem crer em mim, como diz a Escritura, do seu interior fluirão rios de água viva. Isto ele disse com respeito ao Espírito que haviam de receber os que nele cressem; pois o Espírito até aquele momento não fora dado, porque Jesus não havia sido ainda glorificado"* (Jo 7:38, 39).

3) Fogo

O aspecto purificador do fogo é refletido claramente em Atos 2. No dia de Pentecostes são "*línguas de fogo*" que marcam a vinda do Espírito (At 2:3). Esse símbolo é empregado uma só vez para retratar o batismo no Espírito Santo. O aspecto mais amplo do fogo como elemento purificador encontra-se no pronunciamento de João Batista: *"Ele vos batizará com o Espírito Santo e com fogo..."* (Mt 3:11, 12; Lc 3:16,17).

As palavras de João Batista referiam-se mais diretamente a separação entre o povo de Deus e os que têm rejeitado o Messias. Por outro lado, o fogo ardente e purificador do Espírito da Santidade também opera no crente: *"Não apagueis o Espírito"* (I Ts 5:19).

4) Óleo

O óleo é considerado símbolo do Espírito Santo porque era utilizado nos cerimoniais de unção e consagração de profetas, sacerdotes e reis no Antigo Testamento (cf. Ex 30:30; Lv 8:12; I Sm 10:1, 16:13).

Aplicação simbólica do óleo (azeite)

a. Azeite na orelha, na mão e no pé (Lv 14:17). Habilitação para ouvir a voz do Deus, para trabalhar, para andar no caminho do Senhor.

b. Azeite no rosto para brilhar de alegria (Sl 104:15; Hb 1:9).

c. Azeite nas feridas para restauração pelo Espírito Santo (Lc 10:34).

A unção com óleo representa a finalidade da Unção do Espírito

a. Consagração do sacerdote para ministrar as coisas sagradas (Lv 8:10-12; Rm 15:16).

b. Para servir eficientemente (Ap 3:18; Hb 1:9; II Co 4:18).

c. Para enxergar perfeitamente (Ap 3:18).

d. Para comunicar conhecimento espiritual (I Jo 2:20; I Co 2:9-10).

e. Para confirmar em Cristo (II Co l:21; Hb3:14).

O óleo era usado para alimentar, iluminar, lubrificar, curar enfermidades, suavizar a pelo, etc. É também o símbolo da consagração divina do crente para o serviço no Reino de Deus.

5) Pomba

O Espírito Santo desceu sobre Jesus na forma de uma pomba. A pomba é o arquétipo de mansidão e de paz. Ele é manso nas tempestades da nossa vida produzindo paz: *"Batizado Jesus, saiu logo da água, e eis que se lhe abriram os céus, e viu o Espírito de Deus descendo como pomba, vindo sobre ele. E eis uma voz dos céus, que dizia: Este é o meu Filho amado, em quem me comprazo".* (Mt 3:16,17).

6) Selo

Nos dias bíblicos usava-se um selo de cera como sinal de promessa e acordo. Atualmente a nossa assinatura na compra e venda pode ser comparada a isto. Na ocasião do novo nascimento o Espírito Santo põe sobre nós o seu selo de direito de propriedade. Isto é, ao mesmo tempo, uma promessa, que o selado tem parte na consumada obra da salvação.

O Espírito Santo garante assim a partir desse momento, o seu apoio e ajuda. "*em quem também vós, depois que ouvistes a palavra da verdade, o evangelho da vossa salvação, tendo nele também crido, fostes selados com o Santo Espírito da promessa*" (Ef 1:13).

2. A OBRA DO ESPÍRITO SANTO

Ao considerarmos a obra do Espírito Santo, precisamos lembrar a verdade que todas as pessoas da Divindade são ativas na obra de cada Pessoa individual. Alguns os dizem que Deus Pai operou na Criação, que Deus Filho operou na Redenção e que Deus Espírito Santo opera na Salvação.

Mas isso não é verdade, pois em cada manifestação das obras de Deus, a Trindade total se mostra ativa; o Pai é o Autor, o Filho é o Executor e o Espírito é o Ativador de cada ato. Por conseguinte, o Espírito Santo é Aquele que ativa e leva a término os atos iniciados.

2.1. O ESPÍRITO SANTO NO ANTIGO TESTAMENTO

Segundo T. L. Holdcroft em seu livro "O espírito Santo", Ele é mencionado oitenta e oito vezes no AT. Isso significa a terça parte das vezes que Ele é mencionado no N. T. Vinte e três, dos 39 livros do Antigo Testamento fazem referência ao espírito Santo, e o livro de Isaías menciona o Espírito Santo quatorze vezes mais que os outros.

a. O Espírito Santo no reino da natureza (Criador e Sustentador)

1) Move-se, aquece, expande (Gn 1:2).

2) Ornamenta os céus, formando as constelações (Jó 26:13).

3) Cria e renova (Sl 104:30).

4) Mede as águas, toma a medida dos céus (Is 40:12,13).

b. O Espírito Santo Antes do Dilúvio

No livro de Gênesis 6:1-7, está registrado a corrupção dos homens antidiluvianos, dias em que seus pensamentos e ações eram más continuamente. Em consequência disso Deus entristeceu-se e decidiu destruir a raça humana, com exceção da família de Noé, através da qual o mundo se propagaria. No meio de tão intenso juízo, Deus se lembrou da misericórdia, dando a Noé um meio de escape através da arca que salvou a sua vida: "*e não poupou o mundo antigo, mas preservou a Noé, pregador da justiça, e mais sete pessoas, quando fez vir o dilúvio sobre o mundo de ímpios*" (II Pe 2:5).

Durante 120 anos, enquanto construía a arca, o Espírito de Deus contendeu e persistiu com os incrédulos. O ministério do Espírito é trabalhar com o pecador, avisando-o do perigo que ameaça acontecer se ele recusar a Palavra de Deus. O ímpio não deve presumir que de qualquer jeito e em qualquer época Deus usará a misericórdia. Os antidiluvianos abusaram desta misericórdia e foram destruídos. Podemos notar duas coisas aqui: a resistência do povo ao Espírito Santo e a persistência do Espírito pelejando com o pecador.

c. O Espírito Santo no reino humano

Muitos homens no AT. receberam poder especial do Espírito Santo, outorgando-lhes capacidade especial no exercício de seus ministérios.

1) José do Egito — Um homem "em que estava o Espírito de Deus." (Gn 41.38).

2) Os artesãos, cheios do Espírito e de sabedoria (Ex 28.3); o Espírito Santo capacitou a Bezaleel para realizar a construção do tabernáculo no deserto e para ensinar outras pessoas (cf. Ex 31:1-5; 35:30-35).

3) E o Espírito que habitava em Moisés foi transmitido aos setenta anciãos, demonstrando assim que Moisés era um homem cheio do Espírito Santo (Nm 11:17, 25-29).

4) Balaão — "Veio sobre ele o Espírito de Deus" (Nm 24:2).

5) Josué, filho de Num, recebeu do Espírito Santo autoridade divina para comandar e liderar os israelitas a conquistar a terra prometida (cf. Js. 6-10; Nm 27:18; Dt 34:9).

6) Os juizes: Otniel (Jz 3:10); Gideão (Jz 6:34); Jefté (Jz 11:29); Sansão (Jz 13:25; 14:6,19; 15:14). Concedendo-lhes habilidade administrativa para liderar o povo de Israel e obter grandes vitórias sobre os seus inimigos.

7) Saul, o rei, foi cheio do Espírito (I Sm 10:6; 11:6; 19:23).

8) Davi, o salmista, foi cheio do Espírito (cf. I Sm 16:13; II Sm 23:1, 2; Sl 51:10-12).

9) Os profetas Elias e Eliseu (cf. I Rs 18:12; II Rs 2:9-15; II Cr 18:18-24). Outros profetas: Amasai (I Cr 12:18); Micaías (I Rs 22:24); Azarias (II Cr 15:1); Jaaziel (II Cr 20:14); Zacarias (II Cr 24:20); Os Israelitas (Ne 9:20,30); Isaías (Is 48:16); Ezequiel (Ez 2:2; 3:12; 8:3; 11:1,5,24). Os profetas falaram e pregaram a mensagem de Deus sob a unção do Espírito para sua geração e sua época.

A palavra escrita por eles foi produzida pela inspiração divina do espírito e preservada para a posteridade. Pedro disse que "*esses homens falaram inspirados pelo Espírito Santo*" (I Pe 1:10-12).

11) Outras referências de atividades do Espírito (cf. Is 34:16; 40:7; 63:9-14; Mq 2:7; Ag 2:5; Zc 4:6; Gn 6:3).

Podemos perceber que as grandes vitórias alcançadas por esses homens de Deus no A.T., era o resultado do poder do Espírito Santo operando sobre eles.

d. Profecias concernentes à obra futura do Espírito Santo

1) Promessa a Abraão (cf. Gn 12:1-3; 22:15-18; comp. Gl 3:1-9; 14-18; At 1:4, 5).

2) Promessa do Espírito, Sua unção (Pv 1:23; comp. Jo 14:26; I Jo 2:20,27; I Co 2:12-16).

3) Capacitando a falar novas línguas (Is 28:9-12; comp. At 2:4; 10:46; I Co 14:21).

4) Derramamento do Espírito sobre toda a terra (Is 32:15; 44:3).

5) Derramamento do Espírito sobre toda a carne (Jo 2:28,29; At 2:16-21; Lc 24:44-49).

6) Derramamento do Espírito de graça e de súplicas (Zc 12:10).

7) Promessa sobre a posteridade (Is 59:19-21).

8) Em relação a Jesus Cristo: O Espírito estaria sobre Ele: a) A promessa feita (Is 11:2; 42:1; 61:1); b) A promessa gloriosamente cumprida (Lc 4:18-21).

2.2. O ESPÍRITO SANTO NO NOVO TESTAMENTO

Observaremos que o ministério do Espírito Santo no Novo Testamento é bem mais amplo do que no Antigo Testamento, quando consideramos a Sua manifestação na vida e ministério de Jesus Cristo; assim como na igreja estabelecida por Ele e também no milênio com sua atividade e presença maravilhosa.

O Espírito Santo ficou em silêncio, sem falar com os homens, durante quatrocentos anos aproximadamente, antes do nascimento de Jesus Cristo. Durante esse período, nenhuma mensagem de Deus foi profetizada ao Seu povo. Então repentinamente, começa um período de intensa atividade espiritual fora do comum.

Nos Evangelhos vemos a ação do Espírito Santo em relação à vida de Nosso Senhor Jesus Cristo. Em Mateus, Marcos e Lucas há 35 referências. Só no Livro de Lucas, nos primeiros dois capítulos, encontramos oito referências ao Espírito Santo, ou seja, de pessoas falando e profetizando sob o poder do Espírito (cf. Lc 1:15, 35, 41, 46-55, 67-69; 2:25-27, 30-35, 36-38).

a. Do nascimento de Cristo ao seu batismo

1) Jesus foi concebido por obra e graça do Espírito Santo (Mt 1:20; Lc 1:35).

2) João Batista, o precursor, foi cheio desde o ventre de sua mãe (Lc 1:15).

3) Izabel foi cheia do Espírito Santo (Lc 1:41).

4) Zacarias profetizou, cheio do Espírito Santo (Lc 1:67).

5) Simeão recebeu uma revelação acerca do nascimento do Messias (Lc 2:25-27).

6) João Batista profetizou que Jesus batizaria no Espírito Santo (Mt 3:11; Mc 1:8; Lc 3:16).

7) O Espírito Santo desceu em forma de pomba no ato do batismo de Jesus (Mt 3:16; Lc 3:22; Jo 1:32, 33).

8) O Espírito mesmo conduziu o Filho Amado ao deserto (Mt 4:1; Lc 4:1; Mc 1:12).

9) Jesus Cristo não recebeu o Espírito por medida (Jo 3:34).

b. O Ministério de Jesus e o Espírito Santo

O Espírito Santo operou na vida do Filho de Deus, de uma maneira especial. Essa atividade será mais bem compreendida, ao entendermos como Jesus despojou-se da Sua glória. Esta experiência está relatada em Filipenses 2:7, onde diz que Cristo era co-igual com Deus e era o próprio Deus fazendo parte da divindade. Mesmo desfrutando dessa elevada posição, ele a renunciou voluntariamente, tornando-se homem para sofrer a morte.

Jesus Cristo ao vir ao mundo em forma humana, voluntariamente, assumiu a forma de servo sobre Si. Através do ministério do Espírito, no qual, Jesus tornou-se dependente de Deus; limitando-se a operar através do Espírito Santo e Seu poder.

O Espírito Santo conduziu Jesus ao deserto para ser provado pelo diabo (Mt 4:1-10), e Ele, cheio do Espírito Santo (Lc 1:4), obteve vitória sobre toda tentação, usando a espada do Espírito, a Palavra de Deus (Hb 4:12). Só depois da tentação foi que Jesus começou Seu ministério propriamente dito (Mt 4:17, 23-25).

Os cristãos também, depois de receberem o batismo no Espírito Santo, são aprovados para terem sua fé mais arraigada e então desempenharem melhor seu ministério. Depois disto, Jesus iniciou um ministério de três anos e meio, repleto do poder de Deus, enfrentando e vencendo os inimigos da humanidade. O poder que estava nEle fazia com que dominasse sobre:

1. A natureza, que não pode continuar em sua fúria ao ouvir a voz de Jesus ordenando: "*Aquieta-te*" (cf. Mc 4:39; Mt 8:23-27), ou quando o mar ofereceu firmeza aos pés de Jesus ao andar sobre ele (Mt 14:22:23).

2. As circunstâncias, que foram transformadas mesmo quando pareciam impossíveis, como acontecem quando ele alimentou milhares de pessoas, com apenas alguns pães e peixes (Mt 14:17-21).

3. As doenças. Onde quer que Ele passasse, os cegos viam, os coxos andavam, os leprosos eram limpos, os surdos ouviam e toda classe de doentes era trazida para que ele curasse. Esse ministério não tinha precedentes na hist6ria da humanidade (Mt 11:5; 8:1-4, 14-17).

4. Os demônios, fazendo com que estes fugissem ante a Sua presença, libertando dessa forma a humanidade da aflição que eles causavam (cf. Lc 11:20; Mt 12.28, Mc 5:7; At 10:38).

5. A morte, que perdeu seu poder diante da poderosa palavra que Jesus lhe dirigiu ao libertar algumas pessoas de suas garras, trazendo-as novamente a vida; como poderemos observar nos exemplos seguintes: "*Moço, a ti te digo: Levanta-te*" (Lc 7:14-17). A Lázaro, disse em grande voz. "*Vem para fora*" (Jo 11:43). Aqueles que o ouviram disseram: "Nunca homem algum falou como este homem".

A pregação de Jesus era diferente dos demais homens (Jo 7:43). Não era somente a essência de Sua mensagem, mas também a maneira de expressá-la, que causava admiração. Seu falar demonstrava força e autoridade, que transformava a vida dos seus ouvintes.

Cristo exerceu Seu ministério não apenas como Deus, mas como homem perfeito, ungido pelo Espírito Santo. Esse ministério maravilhoso que operava em Cristo era o resultado do poder do Espírito que nEle estava. Da mesma forma, os cristãos devem depender de Deus, para que assim, o Espírito que operava em Cristo tenha lugar, realizando obras sobrenaturais no seu ministério; pois ainda hoje podemos receber o mesmo poder que estava em Cristo.

Em suma, podemos afirmar que, Jesus foi concebido pelo Espírito, andou no Espírito, ressuscitou pelo Espírito. Agora, como o Senhor glorificado, Ele dá o Espírito ao Seu povo, a fim de que possa andar como Ele andou, servir como Ele serviu, viver como Ele viveu e ser erguido dentre os mortos como Ele foi erguido. Urge notar que *Ele só começou o seu ministério depois de ser ungido pelo Espírito Santo*, de um modo visível, no ato do batismo nas águas.

c. Jesus ensina acerca do Espírito

1) O Espírito ensinará aos discípulos como hão de falar (Mt 10:19, 20; Mc 13:11; Lc 12:11, 12).

2) A blasfêmia contra o Espírito Santo não será perdoada (Mt 12:31; Mc 3:29; Lc 12:10).

3) O Espírito será dado em resposta à oração (Lc 11:13).

4) O batismo nas águas é em nome do Pai, do Filho e do Espírito Santo (Mt 28:19).

5) Todos devemos ser batizados nas águas e no Espírito Santo (Lc 3:16; Mc 16:16; Lc 24:48, 49).

6) O Espírito é o que dá vida (Jo 6:63).

7) O Espírito Santo é como Água Viva para o crente em Jesus Cristo (Jo 4:14; 7:38, 39).

8) "Eu rogarei ao Pai e Ele vos dará" (Jo 14:16, 17,26).

9) O Consolador virá da parte do Pai (Jo 15:26).

10) "Eu vos enviarei o Espírito" (Jo 16:7, 13).

11) "Recebei o Espírito" (Jo 20:22).

12) "Ficai em Jerusalém até que do alto sejais revestidos de Poder" (Lc 24:49).

2.3. O ESPÍRITO SANTO NA VIDA DO HOMEM

1) O Espírito Santo é o agente da salvação

Nisto Ele convence-nos do pecado conforme João 16:7,8: "*Mas eu vos digo a verdade: convém-vos que eu vá, porque, se eu não for, o Consolador não virá para vós outros; se, porém, eu for, eu vo-lo enviarei. Quando ele vier, convencerá o mundo do pecado, da justiça e do juízo.*

Este texto nos revela a verdade a respeito de Jesus (Jo 14:26), realiza o novo nascimento (Jo 3:3-6), e faz-nos membros do corpo de Cristo (I Co 12:13). Na conversão, nós, crendo em Cristo, recebemos o Espírito Santo (Jo 3:3-6; 20:22) e nos tornamos coparticipantes da natureza divina (II Pe 1:4).

2) O Espírito Santo é o agente da nossa santificação

Na conversão, o Espírito passa a habitar no crente, que começa a viver sob sua influência santificadora (cf. Rm 8.9; I Co 6:19). Note algumas das coisas que o Espírito Santo faz, ao habitar em nós. Ele nos santifica, isto é, purifica, dirige e leva-nos a uma vida santa, libertando-nos da escravidão ao pecado.

Ele testifica que somos filhos de Deus (Rm 8:16), ajuda-nos na adoração a Deus e na nossa vida de oração, e intercede por nós quando clamamos a Deus (Rm 8:26,27). Ele produz em nós as qualidades do caráter de Cristo, que O glorificam (Gl 5:22, 23).

3) O Espírito Santo é o agente divino para o serviço do Senhor

Revestindo os crentes de poder para realizar a obra do Senhor e dar testemunho dEle. Esta obra do Espírito Santo relaciona-se com o batismo ou com a plenitude do Espírito. Quando somos batizados no Espírito, recebemos poder para testemunhar de Cristo e trabalhar de modo eficaz na igreja e diante do mundo (At 1:8).

Recebemos a mesma unção divina que desceu sobre Cristo (Jo 1:32,33) e sobre os discípulos (At 2:4), e que nos capacita a proclamar a Palavra de Deus (At 1:8; 4:31) e a operar milagres (At 2:43; 3:2-8; 5:15; 6:8; 10:38).

Para realizar o trabalho do Senhor, o Espírito Santo outorga dons espirituais aos fiéis da igreja para edificação e fortalecimento do corpo de Cristo (cf. I Co 12-14). Estes dons são uma manifestação do Espírito através dos santos, visando ao bem de todos (I Co 12:7-11). Esboçando, o Espírito Santo:

a. Habita no crente (cf. I Co 6:15-19; 3:16; Rm 8:9).

b. Proporciona segurança (Rm 8:14,16; I Co 1:22).

c. Fortalece (Ef 3:16).

d. Liberta, guia e orienta (At 8:27-29).

e. Equipa para o trabalho (I Co 2:12-14; Sl 36:9; Jo 16:13-14; I Co 12:11; I Tm 1:5).

f. Produz fruto (Gl 5:22-23; Rm 14:17; 15:13; 5:5; Gl 2:20).

g. Possibilita todas as formas de comunhão com Deus (Oração, Adoração e louvor) Jd v. 20; Ef 6:18; Rm 8:26-27; Fl 3:3; At 2:11; Ef 5:18-20).

h. Vivifica o corpo do crente (Rm 8:11,13).

3. O ESPÍRITO SANTO NA IGREJA

3.1. O ESPÍRITO SANTO DE BELÉM ATÉ PENTECOSTES

Durante o período de tempo abrangido pelos quatro evangelhos a atuação do Espírito Santo estava centralizada na pessoa de Jesus Cristo. O homem-Deus foi concebido pelo Espírito (Lc 1:35), batizado pelo Espírito (Jo 1:32,33), guiado com poder pelo Espírito (Mt 12:27,28). Ofereceu a Si mesmo como expiação pelo pecado, pelo Espírito (Hb 9:14), foi ressuscitado pelo Espírito (Rm 8:11) e deu mandamentos por intermédio do Espírito (At 1:2).

Sem sombra de dúvida uma das passagens bíblicas que inspiram mais admiração é a que relata o que o anjo disse a Maria: "*Descerá sobre ti o Espírito Santo e o poder do Altíssimo te envolverá com a sua sombra: por isso também o santo que de ti há de nascer, será chamado Filho de Deus*" (Lc 1:35). Pessoas excessivamente céticas e outras com uma visão muito limitada da ciência zombarão em total descrença, mas o anjo desfez qualquer dúvida quando disse: "*Porque para Deus nada será impossível*" (Lc 1:37).

Para os não cristãos qualquer sugestão de que Deus-Espírito Santo seria capaz de concretizar o nascimento virginal é absurda. Se dissermos que Deus é Deus e que Ele governa Seu universo, não há nada difícil demais para o Seu poder ilimitado. E Deus sempre faz o que quer. Quando planejou o nascimento do Messias fez um milagre. Pulou um degrau na sequência biológica normal da concepção: Nenhum ser masculino participou.

A vida formada no ventre da virgem não era outra que a vida de Deus-Filho encarnada em um corpo humano. O nascimento virginal foi um milagre tão extraordinário, era óbvio que Deus estava operando a encarnação e não o homem. Há hoje em dia alguns assim chamados teólogos que negam a encarnação, rejeitando a divindade de Jesus Cristo. Com isto estão muito perto de blasfemarem contra o Espírito Santo.

3.2. O ESPÍRITO SANTO EM ATOS DOS APÓSTOLOS

No livro de Atos há 56 referências sobre o Espírito Santo. O realce mais excelente no livro de Atos é a atividade do Espírito Santo. Seu Poder e Sua Liderança são a base fundamental da Igreja do primeiro século. Ele foi derramado no Pentecoste para capacitar os seguidores de Jesus Cristo a cumprirem tudo quanto o Senhor lhes mandou fazer.

O livro de Atos poderia ser chamado de "*Os atos do Espírito Santo através dos discípulos*". *Notemos*: Apesar de os discípulos de Jesus serem salvos (Lc 10:20), limpos (Jo 13:10), tendo deixado tudo para segui-LO (Mt 19:27), tendo recebido um sopro do Espírito (Jo 20:22), tendo ouvido os ensinos do Mestre, testemunhado os Seus milagres por mais de três anos e terem sido testemunhas oculares de Sua morte, sepultamento e ressurreição, *só lhes foi permitido pregar após serem batizados no Espírito Santo* (Lc 24:49; At 1:4,8).

No livro de Atos observamos a Obra Poderosa do Espírito Santo (At 1:8). Os termos *batismo, cheio, dom e fruto* são todos usados no livro de Atos com referência à Obra Poderosa do Espírito nas vidas de Seus servos. O *batismo* significa o envolvimento ou posse do indivíduo pelo Espírito. O *enchimento* significa a entrada na vida da pessoa, em poder e graça - habitação do Espírito Santo (I Co 3:16). E *dom* se refere ao fato de que Ele é dado por Deus e não adquirido por esforços próprios, nem comprado por bom preço, nem merecido por dignidade.

Observe-se as expressões seguintes:

1) "Sereis *batizados*" (At 1:5).

2) "... e todos ficaram *cheios*" (At 2:1-4).

3) "... *derramou* isto que vedes e ouvis" (At 2:33).

4) "... e recebereis o *dom*" (At 2:38,39).

5) "... então Pedro *cheio* do Espírito Santo"(At 4:8).

6) "... e todos ficaram *cheios* do Espírito Santo" (At 4:31).

7) "... homens *cheios* do Espírito Santo" (At 6:3,5).

8) Estevão morrendo, "*cheio do Espírito*" (At 7:55).

9) "Oraram para que *recebessem* o Espírito Santo" (At 8:15-17).

10) A oração de Ananias: "... para que sejas *cheio*" (At 9:17).

11) "...*caiu* o Espírito Santo sobre todos" (At 10:44-47).

12) "...*caiu* sobre eles o Espírito" (At 11:15-17).

13) "...*cheios* de fé e do Espírito Santo" (At 6:5).

14) "Paulo, *cheio* do Espírito Santo" (At 13:9).

15) "e os discípulos *transbordavam* de alegria e do Espírito Santo" (At 13:52).

16) "...*concedendo-lhes* o Espírito Santo" (At 15:8).

17) "*Recebestes*, porventura, o Espírito Santo quando crestes?" (At 19:2-6).

3.3. A ATUAÇÃO DO ESPÍRITO DE PENTECOSTES ATÉ HOJE

Em Atos, Lucas relata a ascensão de Jesus ao céu (At 1:9-11). No capitulo 2 ele destaca a descida do Espírito Santo a terra (At 2:1-4). Jesus tinha dito: "*Se eu não for, o Consolador (o Espírito Santo) não virá para vós outros; se, porém eu for, eu vô-lo enviarei*" (Jo 16:7). Foi em cumprimento desta promessa que Pedro disse a respeito do Cristo glorificado: "*Exaltado, pois, à destra de Deus, tendo recebido do Pai a promessa do Espírito Santo, derramou isto que vedes e ouvis*" (At 2:33).

O calendário judaico estava orientado em diversas festas durante o ano. As três mais importantes eram as em que todos do sexo masculino deveriam comparecer perante o Senhor (cf. Dt 16:16). Estas três festas eram a Páscoa, a Festa dos Tabernáculos e Pentecostes.

a. A Festa da Páscoa

Comemorava o dia em que os israelitas foram libertados milagrosamente de um longo período de escravidão no Egito. Depois de matarem um cordeiro "sem defeito" (Ecl.2:4) os israelitas passaram o sangue nas portas de todas as suas casas, e assaram e comeram os cordeiros. O sangue do cordeiro livrou-os do julgamento de Deus.

A Páscoa do Antigo Testamento teve seu cumprimento final na morte de Cristo no Calvário, "pois Cristo, nosso cordeiro pascal foi imolado" (I Co 5:7). O livro dos Hebreus nos ensina que devido a isto não há mais necessidade de sacrificar o sangue de novilhos e bodes. Jesus Cristo, de uma vez por todas, ofereceu a Si mesmo pela salvação de todos os homens, derramando Seu sangue.

b. A Festa dos Tabernáculos

Uma outra palavra usada hoje também, para esta festa é "cabana" ou "tenda". Esta festa lembrava Israel dos dias do êxodo do Egito, quando as pessoas não viviam em casa, mas em cabanas feitas de ramos de árvores. A festa era celebrada depois da colheita, por isso é chamada "Festa da Colheita" em Êxodo 23:16.

Talvez a comemoração da libertação do Egito tenha sido cumprida na libertação e bênção muito mais ampla que veio com a redenção em Cristo. João 7:38 sugere que a vinda do Espírito Santo mata mais a sede que a água no deserto e a chuva necessária para a colheita.

c. A Festa de Pentecostes

Conhecida também como "A Festa das Semanas", porque era comemorada no dia seguinte ao sétimo sábado depois da Páscoa - uma semana de semanas. Como isto perfaz 50 dias, o nome passou a ser "Pentecostes", a palavra grega para "quinquagésimo". A festa de Pentecostes celebra o inicio da colheita: em Números 28:26 é chamada de "dia das primícias (primeiros frutos)". E é verdade que o dia de Pentecostes, quando veio o Espírito Santo, no Novo Testamento, foi um dia de "primeiros frutos"- o início da colheita neste mundo, que será completado quando Cristo vier de novo.

Pentecostes no Novo Testamento marcou o início da presente era do Espírito Santo. Os crentes estão sob a Sua direção assim como os discípulos eram guiados por Jesus. Jesus ainda exerce Seu senhorio sobre nós do céu, mas como Ele não pode estar conosco fisicamente, Ele transmite Suas instruções através do Espírito Santo, que faz Cristo ser uma realidade em nós.

3.4. O ESPÍRITO SANTO NA ORIGEM DA IGREJA

A Igreja consiste no povo de Deus (I Pe 2:9), nascido do Espírito (II Co 5:17), e salvo pela fé no Messias. (Rm 10:9) Nos tempos do Antigo Testamento assim como no Novo Testamento, o Espírito aplica a redenção comprada por Cristo às pessoas. O ministério público de Jesus foi inaugurado com o Seu batismo. Da mesma forma os seus discípulos têm de esperar até que recebam o batismo do Espírito, que os fará uma Igreja poderosa, pronta para ministrar para Deus no mundo. No dia de pentecostes, o Espírito veio como um som de um vento impetuoso, línguas como fogo pairavam sobre os fiéis (At 2:1-2).

Podemos assim dizer que a Igreja nasceu no dia de Pentecostes, havendo unidade, comunhão, perseverança (At 2:42-47).Jesus disse "*e fará obras ainda maiores que estas*" (Jo 14:12). A parábola do grão de mostarda se torna uma realidade quando um pequeno grupo de seguidores se torna uma grande Igreja (Mt 13:31,32). O ingrediente vital neste desenvolvimento espetacular é o derramar do Espírito. Apesar de Ele ter trabalhado na "Igreja" do Velho Testamento (At 7:38), de uma forma muito mais limitada e restrita, agora, no entanto, Cristo havia morrido, a redenção foi consumada, o dom do Espírito havia sido dado e a Igreja do NT começa, equipada para grandes tarefas.

a. O Espírito Santo Equipa a Igreja

A Igreja toda é comparada a um corpo e as pessoas são membros ou partes diferentes deste corpo (Rm 12:4,5). Onde cada um recebe conforme a vontade de Deus, "*A um é dada pelo Espírito a Palavra de sabedoria; a outro, a palavra de conhecimento pelo mesmo Espírito...*", (I Co 12:8-13). O Espírito (I Co 12:11) assegura que a Igreja está plenamente equipada para sua tarefa.

Paulo nos diz que Cristo, tendo ascendido aos céus, "deu uns para apóstolos; e outros para profetas; e outros, como evangelistas; e outros, como pastores e mestres; para o aperfeiçoamento dos santos, para o trabalho do ministério, para a edificação do corpo de Cristo" (Ef 4:11-12). Ele o faz dando o Seu Espírito no dia de pentecostes. O Espírito dá as pessoas os dons necessários, que eles precisam para cumprir o papel vital dentro do corpo.

b. O Espírito Santo e a Igreja

1) O Espírito Santo ensina a Igreja

As Escrituras são o produto do Espírito por meio do qual Ele ensina a Igreja. (1 Tm 3:16, II Pe 1:21). No entanto, o Espírito Santo abre mentes e corações às suas verdades. Deus dá à Sua Igreja o "espírito de sabedoria e revelação no seu conhecimento..." (Ef 1:11-18), e também guia na verdade (Jo 16:13-15), e faz lembrar de todos os ensinamentos (Jo 14:26). Tudo o que é necessário saber está na Bíblia, e o Espírito Santo ajuda a Igreja a entendê-la.

2) O Espírito Santo governa e dirige a Igreja

Cristo é o cabeça da Igreja (Ef 5:23). E é através do Seu Espírito que Ele governa a Igreja. Quando os profetas e mestres de Antioquia ministraram e jejuaram ao Senhor, "*o Espírito Santo disse: Separai-me agora a Barnabé e a Saulo para a obra a que os tenho chamado*" (At 13:2). Dirigindo-se aos presbíteros de Éfeso, Paulo disse: "*Atendei por vós e por todo o rebanho sobre o qual o Espírito Santo vos constituiu bispos, para pastoreardes a igreja de Deus*" (At 20:28). Foi da vontade do Espírito que o Evangelho fosse pregado na Europa (At 16:6-7).

3) O Espírito Santo unifica a Igreja

A unidade da igreja de Cristo é feita pelo Espírito Santo, verdadeiramente une todos os cristãos em uma só Igreja. A entrada é através de Cristo, a porta (Jo 10:7). O Espírito trabalha do lado de fora desta união trazendo as pessoas para dentro de maneira irresistível. Estando todos unidos a Cristo, assim estamos também unidos uns aos outros (I Cor 12:13). Esta unidade que o Espírito produz, é uma unidade real. É uma unidade espiritual tal como a da Trindade. Jesus ora por esta unidade dentro da Sua Igreja (Jo

17:11). Unidade verdadeira unifica a Igreja invisível e os cristãos têm o dever de dar expressão visível dessa unidade.

4) O Espírito Santo capacita a Igreja a congregar e a cultuar

O culto (a reunião) é parte vital da vida da Igreja. Como cristãos devemos congregar uns com os outros (Hb 10:25). Nesta reunião Cristo está presente através do Seu Espírito (Mt 18:20). O louvor é parte fundamental do culto (Sl 22:25, 107:32, Ef 5.19). A oração também é essencial ao culto (Cl 4:2, I Tm 4:5). De modo semelhante a pregação deve ser em poder, e no Espírito Santo e em plena convicção (I Ts 1:5). O Espírito Santo é quem nos capacita a louvarmos a Deus de maneira aceitável como congregação do seu povo.

5) O Espírito Santo na Evangelização

Antes de subir aos céus Cristo deixou a grande comissão com a Sua Igreja (Mt 28:19-20). Cristo prometeu estar sempre com a Sua Igreja. A grande missão de evangelizar o mundo só poderia ser assumida com o poder do Espírito Santo. Quando Ele veio no dia de pentecostes, três mil almas foram convertidas. O Espírito Santo convence os homens do pecado, da justiça e do juízo vindouro (Jo 16:8). "*O vento sopra onde quer*" e quando ele toca nas pessoas, levanta-as dos mortos (Jo 3:8). Os Tessalonicenses se voltaram para servir o Deus vivo e verdadeiro (I Ts 1.5). Cristo disse: "*E sobre esta pedra edificarei a minha igreja, e as portas do inferno não prevalecerão contra ela*" (Mt 16:18). Ele faz isso por meio do Espírito Santo, que é vital para a evangelização da Igreja.

6) O Espírito Santo Reaviva a Igreja

Muitas vezes algumas igrejas se "apagam", ou seja, a busca pelas maravilhas e adoração a Deus ficam ao longe. Num reavivamento, uma Igreja seca e sem vida é despertada. O Espírito Santo traz novo arrependimento, oração e zelo. Deste modo ele reanima os membros que esmorecem. O Espírito é entristecido pelo pecado. Ele não se retira, mas, no entanto é abandonado pelos próprios membros por causa dos ídolos (eu), materialismo, mundanismo, falta de oração e santidade na igreja. Ele permanece fora até que o povo de Deus se arrependa. A Igreja de fato quando se ar repende, experimenta "a vida após ter estado morta" que é a essência do verdadeiro reavivamento (Rm 11:15). Os cristãos estão no mundo, mas, contudo são separados do mundo. A evangelização se torna efetiva. O temor de Deus desce sobre comunidades inteiras.

3.5. OS DONS ESPIRITUAIS

Uma das maneiras do Espírito Santo manifestar-se é através de uma variedade de dons espirituais concedidos aos crentes (I Co 12:7-11). Essas manifestações do Espírito visam à edificação e à santificação da igreja. Esses dons e ministérios não são os mesmos de Romanos 12:6-8 e Efésios 4:11, mediante os quais o crente recebe poder e capacidade para servir na igreja de modo mais permanente.

A lista em I Coríntios 12:8-10 não é completa. Os dons aí tratados podem operar em conjunto, de diferentes maneiras. As manifestações do Espírito dão-se de acordo com a vontade do Espírito (I Co 12:11), ao surgir a necessidade, e também conforme o anelo do crente na busca dos dons (I Co 12:31; 14:1).

Certos dons podem operar num crente de modo regular, e um crente pode receber mais de um dom para atendimento de necessidades específicas. O crente deve desejar "dons", e não apenas um dom (I Co 12:31; 14:1).

É antibíblico e insensato se pensar que quem tem um dom de operação exteriorizada (mais visível) é mais espiritual do que quem tem dons de operação mais interiorizada, ou seja, menos visível. Também, quando uma pessoa possui um dom espiritual, isso não significa que Deus aprova tudo quanto ela faz ou ensina. Não se deve confundir dons do Espírito, com o fruto do Espírito, o qual se relaciona mais diretamente com o caráter e a santificação do crente (Gl 5:22,23).

Satanás pode imitar a manifestação dos dons do Espírito, ou falsos crentes disfarçados como servos de Cristo podem fazer o mesmo (cf. Mt 7:21-23; 24:11, 24; II Co 11:13-15; II Ts 2:8-10). O crente não deve dar crédito a qualquer manifestação espiritual, mas deve "*provar se os espíritos são de Deus, porque já muitos falsos profetas se têm levantado no mundo*" (1Jo 4:1; cf. I Ts 5:20,21).

a. Relação dos dons espirituais

"Porque a um, pelo Espírito, é dada a palavra da sabedoria; e a outro, pelo mesmo Espírito, a palavra da ciência; e a outro, pelo mesmo Espírito, a fé; e a outro, pelo mesmo Espírito, os dons de curar; e a outro, a operação de maravilhas; e a outro, a profecia; e a outro, o *dom* de discernir os espíritos; e a outro, a variedade de línguas; e a outro, a interpretação das línguas". (I Co 12:8-10).

Nesta passagem, o apóstolo Paulo apresenta uma diversidade de dons que o Espírito Santo concede aos crentes. Ele não descreve as características desses dons, mas noutros trechos das Escrituras temos ensino sobre os mesmos.

1) DONS DE REVELAÇÃO

a. Palavra da Sabedoria

Trata-se de uma mensagem vocal sábia, enunciada mediante a operação sobrenatural do Espírito Santo. Tal mensagem aplica a revelação da Palavra de Deus ou a sabedoria do Espírito Santo a uma situação ou problema específico Ex.: At 6:10 Não podiam resistir a sabedoria com que Estevão falava. Não se trata aqui da sabedoria comum de Deus, para o viver diário, que se obtém pelo diligente estudo e meditação nas coisas de Deus e na sua Palavra, e pela oração (cf. Tg 1:5,6).

b. Palavra do Conhecimento

Trata-se de uma mensagem vocal, inspirada pelo Espírito Santo, revelando conhecimento a respeito de pessoas, de circunstâncias, ou de verdades bíblicas. Frequentemente, este dom tem estreito relacionamento com o de profecia. Ex.: Atos 5;1-10, quando Pedro obteve o conhecimento do que Ananias e Safira haviam feito

c. Discernimento de Espíritos

Trata-se de uma dotação especial dada pelo Espírito, para o portador do dom discernir e julgar corretamente as profecias e distinguir se uma mensagem provém do Espírito Santo ou não. Ex. I Jo 4:1 "*Amados, não deis crédito a qualquer espírito; antes, provai os espíritos se procedem de Deus, porque muitos falsos profetas têm saído pelo mundo fora...*"

2) DONS DE PODER

a. Dom da Fé

Não se trata da fé para salvação, mas de uma fé sobrenatural especial, comunicada pelo Espírito Santo, capacitando o crente a crer em Deus para a realização de coisas extraordinárias e milagrosas. É a fé que remove montanhas (cf. Mc 11:22-24) e que frequentemente opera em conjunto com outras manifestações do Espírito, tais como as curas e os milagres.

b. Dons de Curas

Esses dons são concedidos à igreja para a restauração da saúde física, por meios divinos e sobrenaturais. Ex.: Atos 3:6-8 A cura de um coxo na porta do templo. O plural ("dons") indica curas de diferentes enfermidades e sugere que cada ato de cura vem de um dom especial de Deus. Os dons de curas não são concedidos a todos os membros do corpo de Cristo (cf. I Co 12:11 e 30), todavia, todos eles podem orar pelos enfermos. Havendo fé, os enfermos serão curados.

c. Dom de Operação de Milagres

Trata-se de atos sobrenaturais de poder, que intervêm nas leis da natureza. Incluem atos divinos em que se manifesta o reino de Deus contra Satanás e os espíritos malignos.

Ex.: Mt 8:26,27 "*E ele disse-lhes: Por que temeis, homens de pequena fé? Então, levantando-se, repreendeu os ventos e o mar, e seguiu-se uma grande bonança. E aqueles homens se maravilharam, dizendo: Que homem é este, que até os ventos e o mar lhe obedecem?*"

3) DONS DE INSPIRAÇÃO

a. Dom de Profecia

É preciso distinguir a profecia aqui mencionada, como manifestação momentânea do Espírito da profecia como dom ministerial na igreja, mencionado em Efésios 4:11. Como dom de ministério, a profecia é concedida a apenas alguns crentes, os quais servem na igreja como ministros profetas. Como manifestação do Espírito, a profecia está potencialmente disponível a todo cristão cheio dEle (At 2:16-18).

Tanto no Antigo como no Novo Testamento, profetizar não é primariamente predizer o futuro, mas proclamar a vontade de Deus e exortar e levar o seu povo à retidão, à fidelidade e à paciência. A mensagem profética pode desmascarar a condição do coração de uma pessoa: "*tornam-se-lhe manifestos os segredos do coração, e, assim, prostrando-se com a face em terra, adorará a Deus, testemunhando que Deus está, de fato, no meio de vós*" (I Co 14:25), ou prover edificação, exortação, consolo, advertência e julgamento (I Co 14:3 — "*Mas o que profetiza fala aos homens, edificando, exortando e consolando*").

A igreja não deve ter como infalível toda profecia deste tipo, porque muitos falsos profetas estarão na igreja (I Jo 4:1). Daí, toda profecia deve ser julgada quanto à sua autenticidade e conteúdo (I Ts 5:20, 21 — "*Não desprezeis as profecias; julgai todas as coisas, retende o que é bom*"). Ela deverá enquadrar-se na Palavra de Deus (I Jo 4:1), contribuir para a santidade de vida dos ouvintes e ser transmitida por alguém que de fato vive submisso e obediente a Cristo (I Co 12:3).

O dom de profecia manifesta-se segundo a vontade de Deus e não a do homem. Não há no Novo Testamento um só texto mostrando que a igreja de então buscava revelação ou orientação através dos profetas. A mensagem profética ocorria na igreja somente quando Deus tomava o profeta para isso.

b. Dom de Variedades de Línguas

No tocante às "línguas" (gr. glossa, que significa língua) como manifestação sobrenatural do Espírito, notemos os seguintes fatos:

1) Essas línguas podem ser humanas como as que os discípulos falaram no dia de Pentecostes (cf. At 2:4-6), ou uma língua desconhecida na terra, entendida somente por Deus: "*Pois quem fala em outra língua não fala a homens, senão a Deus, visto que ninguém o entende, e em espírito fala mistérios*" (I Co 14:2).

2) A língua falada através deste dom não é aprendida, e quase sempre não é entendida, tanto por quem fala como pelos ouvintes: "*Porque, se eu orar em outra língua, o meu espírito ora de fato, mas a minha mente fica infrutífera. 16 E, se tu bendisseres apenas em espírito, como dirá o indouto o amém depois da tua ação de graças? Visto que não entende o que dizes*" (1 Co 14.14,1).

3) O falar noutras línguas como dom abrange o espírito do homem e o Espírito de Deus, que entrando em mútua comunhão, faculta ao crente a comunicação direta com Deus (i.e., na oração, no louvor, no bendizer, na ação de graças e na oração).

4) Línguas estranhas faladas no culto devem ser seguidas de sua interpretação, também pelo Espírito, para que a congregação conheça o conteúdo e o significado da mensagem. Como nos exorta Paulo: *"No caso de alguém falar em outra língua, que não sejam mais do que dois ou quando muito três, e isto sucessivamente, e haja quem interprete. Mas, não havendo intérprete, fique calado na igreja, falando consigo mesmo e com Deus."* (I Co 14:27,28).

Deve haver ordem quanto ao falar em línguas em voz alta durante o culto. Quem fala em línguas pelo Espírito, nunca fica em "êxtase" ou "fora de controle".

c. Dom de Interpretação de Línguas

Trata-se da capacidade concedida pelo Espírito Santo, para o portador deste dom compreender e transmitir o significado de uma mensagem dada em línguas. Tal mensagem interpretada para a igreja reunida, pode conter ensino sobre a adoração e a oração, ou pode ser uma profecia. Toda a congregação pode assim desfrutar dessa revelação vinda do Espírito Santo.

A interpretação de uma mensagem em línguas pode ser um meio de edificação da congregação inteira, pois toda ela recebe a mensagem. A interpretação pode vir através de quem deu a mensagem em línguas, ou de outra pessoa. Quem fala em línguas deve orar para que possa interpretá-las: *"Pelo que, o que fala em outra língua deve orar para que a possa interpretar".* (I Co 14:13).

d. Todos os Dons são Necessários

No decorrer da História eclesiástica tem havido dependência em demasia dos recursos humanos. Enquanto houver meios financeiros, equipamentos, mão de obra, materiais e perícias técnicas à disposição, os empreendimentos são promovidos com todas as expectativas do sucesso. Mas, frequentemente fracassam, a despeito de tudo. Por outro lado, alguns têm começado com quase nada, mas com muita confiança em Deus e uma dependência dos dons e da ajuda do Espírito Santo, e o impossível tem sido realizado.

E algo maravilhoso aprender a usar os recursos humanos disponíveis, mas na dependência total do Espírito Santo. Os dons do Espírito são o meio primário de Deus edificar a Igreja tanto espiritual como numericamente. Nada mais consegue fazer isso.

Imagine um Rolls Royce, um Cadillac, ou um outro automóvel de luxo, com toda a parte externa, os estofamentos, as almofadas, a pintura, e talvez algumas joias ou ouro como enfeite. Suponha, porém, que ao invés de ter motor, possuísse pedais para os ocupantes fazê-lo andar pelas próprias forças deles. E ridículo? Mas assim também é, aos olhos de Deus, a igreja que tem tanto potencial humano, belos prédios e equipamentos, organização e planejamento perfeitos, mas sem os dons do Espírito!

Assim como é para nós o dom do Espírito, o batismo com o Espírito Santo, também todos os dons nos são designados. Porque não reivindicá-los, exercê-los, depender deles? São os meios que Deus providenciou, a fim de que avancemos de acordo com o que nos foi dado por Cristo Jesus nosso Senhor. O Espírito Santo, que gosta de honrar e revelar a Jesus, ministrará o seu poder a nós e por nosso intermédio. Ele não nos decepcionará. Todos os dons, pois, glorificarão a Jesus e nos prepararão para sua vinda. Então, já não serão necessários. Mas até então, eles o são.

3.6. FRUTO DO ESPÍRITO

Analisando os versos antes de Paulo falar sobre o fruto do Espírito, temos uma lista das obras da carne (natureza pecaminosa do homem cf. Gl 5:19-21). Para que tenhamos o fruto do Espírito, Paulo nos ensina a deixar as obras da carne.

O fruto do Espírito é o que resulta da vida de plena comunhão com Cristo (cf. Jo 15:5). Em João 15, o texto fala de uma árvore, dos seus ramos e do seu fruto. Jesus disse que Ele á "Videira Verdadeira", nós somos os ramos, e ramos produzem frutos, e fruto que permanece. Pelo Espírito Santo recebemos a seiva (poder) da árvore e produzimos o fruto.

Em Gálatas 5:22 e 23 há uma lista do fruto do Espírito, imaginemos esse fruto como uma laranja onde há vários gomos. Assim é o "Fruto do Espírito", um fruto com 9 caracteres de Cristo e podemos entender também que esse fruto (no singular) seja o AMOR, onde os outros 8 termos derivam da manifestação do amor.Vejamos cada um deles:

1) Amor

Deus criou o homem á sua imagem e semelhança. Uma das semelhanças do homem com Deus, é que o homem tem capacidade para amar. Paulo diz que o amor de Deus é derramado em nossos corações pelo Espírito Santo (cf. Gl 5:22; I Co 13; Mt 5:46, 47. Comp. Lc 23:34; At 7:60, Rm 5: 5-8; I Ts 2:8; Cl 3:14).

2) Alegria

Não é a alegria natural, quando tudo está bem, mas sobrenatural, do Espírito. Na presença de Deus há plenitude de alegria (Sl 16:11). Ela é eterna (Is 35:10). Alegria na sabedoria de Deus (Lc 10:20). Em achar "ovelhas perdidas" (Lc 15:5). Pode ser completa (Jo 16:24); pode transbordar (At 13:52); existe no meio da tribulação (II Co 8:2); existe mesmo na perda dos bens terrenos (Hb 10:34); existe no meio do sofrimento (Cl 1:24); deve ser contínua (I Ts 5:16). Outros textos — Mt 13:46; At 8:39; 16:34; Fp 4:4.

3) Paz

Paz é o estado tranquilo da alma que tem certeza de sua salvação por Cristo, e assim nada teme da parte de Deus, vivendo contente com sua condição neste mundo, seja ela boa ou não. A paz envolve ordem, segurança, felicidade, isenção de ódios ou estragos no interior da pessoa. Não depende da estabilidade econômica, conjugal, profissional ou social. As perturbações externas não podem abalá-la.

O Deus de paz (Rm 16:20; II Co 13:11). A paz de Deus (Fp 4:7). Cristo nos deixou a paz (Jo 14:27). O Senhor conserva em paz aquele cujo propósito é firme, porque confia nele (Is 26:3). Justificados, mediante a fé, temos paz com Deus (Rm 5:1). Paz da parte de Deus (Ef 1:2).

4) Longanimidade

Longanimidade é ter grande ânimo, no latim, longanimidade significa ter um longo ânimo. É ser paciente. O amor é longânimo (I Co 13:4). Prega a Palavra com toda a longanimidade (II Tm 4:2). No idioma em que o apóstolo Paulo escreveu esta carta aos gálatas (grego koiné),"longanimidade" vem da palavra makrothumia, em que "makros" é "grande", "longo" e "thumos" quer dizer "paixão", "sentimento", ou seja, significa ser equilibrado, ser demorado em irritar-se, ter boa vontade para com quem fere, sofrer por um longo tempo sem se abalar.

5) Benignidade e bondade

Estes aspectos do Fruto do Espírito são gêmeos, um é o resultado do outro. A Bondade é o estado interior de ser bom, a Benignidade é a prática de se bom. São responsáveis pelas boas obras. É o antídoto contra o egoísmo, avareza, comodismo e solidão. A grande influência de um crente bom (cf. Mt 5:13; I Pe 2:12).

A bondade não é somente passiva, mas também, é ativa; "*O homem bom tira do tesouro boas coisas*" (Mt 12:35; 5:16; Cl 1:10; Tt 3:8). Possuídos de bondade (Rm 15:14). Barnabé era "homem bom, cheio do Espírito Santo" (At 11:24).

6) Fidelidade

Fidelidade é franqueza, sinceridade, honestidade, dignidade na confiança. É uma qualidade moral que implica em ser respeitado, e ter autoridade moral, em ser acatado, merecimento de confiança. O fiel é aquele que faz jus à confiança que depositam nele, cumpridor dos seus deveres e daquilo que trata. O servo bom e fiel (Mt 25:21); o escravo Onésimo (Cl 4:9); Cristo (Hb 2:17); Moisés (Hb 3:2). Quem é fiel no pouco, também é fiel no muito (Lc 16:10); Se fiel até a morte (Ap 2:10). O crente produz fidelidade a Deus, através da obediência à sua palavra, a bíblia, e a voz do Espírito Santo.

7) Mansidão

Mansidão é brandura de gênio, serenidade de ânimo. Quando uma pessoa aceita a Cristo, ela vem do mundo, corrompido, vem cheia de vícios, de coisas erradas, condicionada ao sistema da vida do mundo sem Cristo.

Depois que aceita Cristo, começa o processo de santificação, de controle do Espírito Santo, de abandono de tudo aquilo que era ruim em sua vida, até alcançar a posição e situação de manso. A mansidão é remédio contra a ira instantânea, contra o ódio resguardado, contra o nervosismo costumeiro, contra muitas doenças psicológica e física, contra inimizades, contra prejuízos financeiros e desastres.

A mansidão de Deus (Is 40:11). De Moisés (Nm 12:3). Os mansos herdarão a terra (Mt 5:5). Com amor e espírito de mansidão (I Co 4:21; Gl 6:1). Disciplinando com mansidão (II Tm 2:25). Acolhei com mansidão a Palavra (Tg 1:21). Mostre em mansidão de sabedoria (Tg 3:13). De grande valor diante de Deus (I Pe 3:4).

8) Domínio próprio (temperança)

Domínio próprio é capacidade para dominar os próprios desejos, paixões e sentimentos. Exemplificado em Daniel (Dn 1:8). Paulo perante Félix disserta do domínio próprio (At 24:25). Todo o atleta se domina (I Co 9:25). Uma das graças cristãs (II Pe 1:6).

Podemos entender melhor o que é domínio próprio pensando no seu oposto. Quem tem domínio próprio se autodomina. Quem não tem é dominado por algo ou por alguém. Quem tem domínio não permite que sentimentos e desejos o controlem; antes, controla-os, não se permitindo dominar por atitudes, costumes e paixões. Domínio próprio, portanto, é a capacidade efetiva que o cristão deve ter de controlar seu corpo e sua mente.

4. A DOUTRINA DA TRINDADE

4.1. APRESENTAÇÃO DA DOUTRINA DA TRINDADE

O Deus da Bíblia revela-se como a Santíssima trindade. As Sagradas Escrituras apresentam três pessoas divinas, designadas com os nomes de Pai, Filho e Espírito Santo, distintas no que diz respeito a ministérios, mas de um caráter e harmonia tão perfeitos, que constituem um só Deus e não três.

As Escrituras ensinam que Deus é Um, e que além dele não existe outro Deus. A unidade divina é composta de três pessoas distintas, e cada uma destas pessoas é Divina. Não é o caso de haver três Deuses independentes e de existência própria. Os três cooperam unidos e num mesmo propósito, de maneira que, no pleno sentido da palavra, são um.

O Pai cria, o Filho redime e o Espírito Santo santifica, e, no entanto, em cada uma dessas operações divinas, os três estão presentes. O Pai é preeminentemente o criador, o Filho e o Espírito Santo são tidos como cooperadores na mesma obra, O Filho e preeminentemente o Redentor, mas Deus Pai e o Espírito são considerados como pessoas que enviam o Filho a redimir. O Espírito Santo é o santificador, mas o Pai e o Filho cooperam nesta obra.

4.2. A DEFINIÇÃO DA DOUTRINA DA TRINDADE

O estudo da TRIUNIDADE de Deus é um desafio à nossa compreensão e, provavelmente é o maior mistério divino. Para a mente humana com toda a sua limitação, a UNIDADE de Deus e a TRINDADE DIVINA são contraditórias, porém ambas são claramente ensinadas na Bíblia. Não é de surpreender que na história da Igreja, a doutrina da trindade tenha sido mal interpretada. Vamos apresentar duas interpretações errôneas:

1. Triteismo

Acentua a realidade da divindade de Jesus e da personalidade do Espírito Santo, além da divindade do Pai. O erro está na ênfase tão acentuada, que diviniza cada pessoa separadamente, tornando-a três Deuses.

2. Sabelianismo

Acentua excessivamente a unidade de Deus que não faz distinção entre as pessoas, este erro é conhecido como Sabelianismo, doutrina do Bispo Sabélio que ensina que o Pai, o Filho e o Espírito Santo, são simplesmente três manifestações de Deus.

3. A Interpretação correta da doutrina

Não temos nenhuma pretensão de terminar com o mistério que envolve o estudo da trindade. Porem, já sabemos que não é correto "separar" as três pessoas de modo a parecer que há três Deuses, Por outro lado não podemos nos deter só na "unidade" que anula, ou não identifica as pessoas da Trindade.

O que precisamos fazer para não entrar em nenhuma confusão é ficar com as Escrituras. E o que dizem as Escrituras? Elas mencionam claramente acerca das três pessoas, sem nenhum esforço em explicar como Deus pode ser ao mesmo tempo UM e TRÊS.

O povo de Israel chegava a tremer quando ouvia a leitura da Lei: "***Ouve Israel, o Senhor nosso Deus é o ÚNICO Senhor***", mas Paulo, homem temente a Deus dizia: "***Atendei por vós e por todo o rebanho sobre o qual o ESPÍRITO SANTO vos constitui bispos, para pastoreardes a igreja de DEUS, a qual ELE (JESUS) comprou com seu próprio sangue***" (Atos 20:28).

Neste versículo, Paulo faz menção das três pessoas da Trindade, porém, não teve o menor cuidado em explicar. As Escrituras tão somente apresenta o Deus TRIUNO. Biblicamente podemos notar que há distinção entre o Pai, o Filho e o Espírito Santo. O Pai ama e envia o Filho, o Filho veio do Pai e voltou para o pai. O Pai e o Filho enviaram o Espírito. O Espírito intercede junto ao Pai.

4.3. A DOUTRINA DA TRINDADE PROVADA

A palavra TRINDADE não aparece na Bíblia; é uma expressão teológica que surgiu no segundo século para descrever a Divindade. O nome "***ELOHIM***" hebraico, traduzido Deus, é empregado sempre que sejam descritos ou implícitos o poder criativo e a onipotência de Deus. Elohim é o Deus-Criador. "***ELOHIM***" é uma palavra que está no plural, que significada a plenitude de poder e representa a Trindade.

Na realidade, quando um hebreu pronuncia a palavra Elohim, ele está dizendo "Deuses". Obviamente que um hebreu esclarecido e devoto, ao pronunciar este nome, sabe que não se refere a vários "Deuses" e sim à pluralidade de pessoas dentro de um Deus. Sabe-se que os hebreus reconhecem e cultuam ao Único Deus verdadeiro (Deuteronômio 6:4). Os Cristãos primitivos mantinham como um dos fundamentos da fé o fato da unidade de Deus. Tanto ao judeu, quanto ao pagão, podiam testificar: "***Cremos em um só Deus***" (cf. I Tm 2:5).

Notemos algumas passagens bíblicas que conferem atributos divinos às três pessoas:

1) Cada uma das três pessoas é criadora, embora se declare que há um só criador (Is 44:24; 45:18; Jó 33:4; Jo 1:1-3);

2) Cada uma é chamada Jeová SENHOR (Dt 6:4; Jr 23:6; E 8:1,3);

3) Cada uma é chamada onipresente (Jr 23:24; Mt 28:20; Sl 138:7,8);

4) Cada uma é apresentada como Fonte da Vida (Dt 30:20; Cl 3:4; João 6:63).

A Trindade é uma comunhão eterna. Em Gênesis 1:26, a expressão "***façamos o homem à nossa imagem conforme a nossa semelhança***" revela a operação, conjunta da trindade. Jesus menciona as três pessoas lado a lado na formula batismal (Mt 28:19). O Apóstolo Paulo também menciona a Trindade na benção apostólica (II Co 13:13).

4.4. SIGNIFICADOS E IMPORTANCIA DA DOUTRINA DA TRINDADE

1) Confere a compreensão acerca da natureza de Deus — porque somos formados por uma alma, um corpo e um espírito, onde o homem foi criado à imagem e semelhança de Deus;

2) Deus é trino, com cada pessoa divina com função e propósito; o homem combina os 3 aspectos (material, espiritual e sentimental);

3) Deus opera em sua Criação - Deus Pai planeja, o Filho é o agente e o Espírito Santo realiza;

4) Tira a ideia de Estagnação - Deus é dinâmico e Ele é a própria plenitude da vida;

5) Conceito nega o deísmo (Sistema dos que creem! creem em Deus e na religião natural, mas rejeitam a revelação.) - Afinal, Deus age na criação, Ele quer conduzir homens ao seu seio familiar (Rm.8:29);

6) Sub-entende unidade na adversidade — Cristo é o centro de tudo, mas os homens não perdem identidade;

7) Limita rivais ao seu poder – falsos, supostos deuses.

4.5. A ASCENSÃO DO ESPÍRITO E O ARREBATAMENTO DA IGREJA

A obra específica do Espírito Santo na dispensação atual é preparar uma esposa para Cristo (cf. At 15:14; I Co 3:16; I Jo 4:2). Quando isto for realizado e houver "entrado a plenitude dos gentios" (Rm 11:25), ocorrerá o arrebatamento da igreja, e o Espírito passará Sua administração para o Filho. Depois que a Igreja for levada, a missão dispensacional do Espírito Santo, como o "Espírito de Cristo" será concluída, no entanto, Ele permanecerá no mundo com um ministério diferente.

a. O Espírito Santo no futuro

Na dispensação atual, o Espírito Santo tem sido o poder divino executor na Igreja. Quando a Igreja lhe oferece Seu devido lugar, ela experimenta estrondosos avivamentos; quando a Igreja O ignora e negligencia, deixando-O à parte, sofre derrotas em sua missão, no que diz respeito à salvação de almas e ao crescimento espiritual dos seus membros. Com a ascensão da Igreja atual, terá início um novo período que dará ocasião a operação do Espírito de uma forma diferente. Este período terá pelo menos três pontos culminantes e distintos, como seguem:

1) A Tribulação

O presente ministério do Espírito Santo em permanecer sobre a terra e restringir as investidas de Satanás, será interrompido no período da Tribulação: "*Porque já o ministério da injustiça opera... há um que agora resiste até que do meio seja tirado*" (II Ts 2:7). Quando a Igreja for transladada o Espírito interromperá Seu ministério, ou seja, o de estar permanentemente sobre a terra, como Ele faz agora, na época da Igreja.

Os convertidos da Tribulação não terão o privilégio de ter o Espírito Santo habitando neles, para torná-los novas criaturas em Cristo Jesus, como acontece com os cristãos atuais. Os que se arrependerem e vierem a Deus durante a Tribulação desfrutarão de uma posição semelhante a dos crentes do Antigo Testamento: "*Creu Abraão em Deus, e isto lhe foi imputado como justiça*" (Rm 4:3). Como Abraão, os santos da Tribulação, conhecerão a justificação de Deus, mas não a regeneração feita pelo Espírito, nem Sua presença interna.

Entretanto, o Espírito Santo certamente continuará Seu ministério no campo da humanidade, durante o período da Tribulação. Sob o símbolo dos "sete espíritos", os quais aparentemente denotam plenitude. O Espírito é simbolizado durante o período da Tribulação como sendo "*enviados a toda a terra*" (Ap 5:6). Aparentemente, o Espírito terá parte no desenvolvimento do julgamento das forças do Anticristo.

Como um outro ministério, o Espírito ungirá, capacitará e sustentará os judeus e os gentios restantes, e deste modo, lançará o fundamento para a conversão da nação judaica e a perseverança dos crentes, até o ponto de martírio. Seria evidente afirmar que estes que selam seu testemunho com seu próprio sangue serão vitalmente dependentes do Espírito Santo, no que se refere às suas conquistas, espiritualmente. Mesmo que o Espírito não opere a regeneração, ele providenciará o ímpeto espiritual necessário para levá-los a crer em Deus, para que isso possa ser contado para eles por justiça. João enumerou os santos da Tribulação em duas classes: "*... vi debaixo do altar as almas dos que foram mortos por amor da Pa/aura de Deus e por amor do testemunho que deram... E foram dados a cada um compridas roupas brancas*" (Ap 6:9-11).

"*Depois destas coisas olhei; e eis aqui uma multidão, a qual ninguém podia contar, de todas as nações, e tribos, e povos, e línguas, que estavam diante do trono e perante o Cordeiro. trajando vestidos brancos e com palmas nas mãos*" (Ap 7:9).

BIBLIOGRAFIA

SEVERA, Zacarias de Aguiar. Manual de Teologia Sistemática. Curitiba / PR: Editora A.D. Santos, 1999.

PEARLMAN, Myer. Conhecendo as Doutrinas da Bíblia. São Paulo: Ed. Vida, 2001.

MILNE, Bruce. Estudando as Doutrinas da Bíblia. São Paulo: Editora ABU, 1995.

HORTON, Stanley M. Teologia Sistemática. Rio de Janeiro: Editora CPAD, 2002.

O que a Bíblia diz sobre o Espírito Santo. Rio de Janeiro: Editora CPAD, 1993.

TOGNINI, Enéias. Batismo no Espírito Santo. São Paulo, Editora Bom Pastor, 2000.

GEE, Donald. Acerca dos dons espirituais. Rio de Janeiro: Ed. CPAD, 1961.

HOUSE, H. Wayne. Teologia Cristã em Quadros. São Paulo: Editora Vida, 2000.

Bíblia de Estudo Pentecostal. Rio de Janeiro: Editora CPAD, 1996.

Sites consultados:

www.solascriptura-tt.org/Pneumatologia

www.odiscipuloeomestre.sites.uol.com.br/doutrinaespiritosanto

Capítulo VI

Introdução à História da Igreja

1. O que é Igreja (Eclesiologia)

1.1. Definição de Igreja

Jesus assevera, em Mateus 16:18 *"Edificarei a minha Igreja"*. Esta é a primeira entre mais de cem referencias no Novo Testamento que empregam a palavra grega primária para "igreja": *ekklêsia*, composta com a preposição *ek* ("fora de") e o verbo *kaleõ* ("chamar"). Logo, *ekklêsia* denotava originalmente um grupo de cidadãos chamados e reunidos, visando um propósito específico.

O termo é conhecido desde o século V a.C., nos escritos de Heródoto, Xenofontes, Platão e Eurípedes. Este conceito de *ekklêsia* prevalecia especialmente na capital, Atenas, onde os líderes políticos eram convocados como assembleia constituinte até quarenta vezes por ano. O uso secular do termo também aparece no Novo Testamento.

Em Atos 19:32,41, por exemplo, *ekklêsia* refere-se à turba enfurecida de cidadãos que reuniu em Éfeso para protestar contra os efeitos do ministério de Paulo. Na maioria das vezes, porém, o termo tem uma aplicação mais sagrada e refere-se àqueles que Deus tem chamado para fora do pecado e para dentro da comunhão do Seu filho, Jesus Cristo, e que se tornaram "concidadãos dos santos, e da família de Deus" (cf. Ef 2:19). *Ekklêsia* é sempre empregada às pessoas e também identifica as reuniões destas para adorar e servir ao Senhor.

A Septuaginta, tradução grega do Antigo Testamento também emprega *ekklêsia* quase cem vezes, usualmente como tradução do termo hebraico *qahal* ("assembléia", "convocação", "congregação"). No Antigo Testamento, assim como no Novo Testamento, o termo ás vezes se refere a uma assembleia religiosa (p.ex., Nm16:3; Dt 9:10) e em outras ocasiões a uma reunião visando propósitos seculares, até mesmo malignos (cf. Gn 49:6; Jz 20:2; I Rs 12:3; etc).

Uma palavra hebraica com significado semelhante a *qahal* é *'edah* ("congregação", "assembleia", "agrupamento", "reunião"). É de relevância notar que ekklêsia é frequentemente usada na Septuaginta para traduzir qahal, mas nunca 'edah. Pelo contrário, esta ultima palavra é mais frequentemente traduzida por sunagõgê ("sinagoga"). Por exemplo: a frase "comunidade de Israel" (Ex 12:3) podia ser traduzida por "sinagoga de Israel" se seguíssemos a versão da Septuaginta (cf. Ex 16:1ss; Nm 14:1ss; 20:1ss).

A palavra grega sunagõgê, assim como seu equivalente hebraico, 'edah, tem o significado essencial de pessoas reunidas. Hoje, quando escutamos a palavra "sinagoga", usualmente temos o retrato mental de uma assembleia de judeus reunidos para orar e escutar a leitura e exposição do Antigo Testamento. Significado semelhante também se acha no Novo Testamento (cf. Lc 12:11; At 13:42; etc.). E, embora os cristãos primitivos costumassem evitar a palavra para descrever eles mesmos, Tiago (Tg 2:2) não a evita ao referir-se aos crentes que se reuniam para adorar, talvez por serem os seus leitores convertidos judaicos, na sua maioria.

Como consequência, quer nos refiramos aos termos hebraicos comuns *qahal* e *édah*, quer as palavras gregas *sunagõgê* e *ekklêsia*, o significado essencial continua sendo o mesmo: a "igreja" consiste naqueles que foram chamados para fora do mundo, do pecado e da vida alienada de Deus, os quais, mediante a obra de Cristo na sua redenção, foram reunidos como uma comunidade de fé que compartilha das bênçãos e responsabilidades de servir ao Senhor.

A palavra grega *kuriakos* ("pertencentes ao Senhor"), que aparece apenas duas vezes no Novo Testamento (cf. I Co 11:20; Ap 1:10), deu origem à palavra *Church* – Igreja, em inglês (também *kirche*, em alemão e *kirk* na escócia). No Cristianismo primitivo, tinha o significado de lugar onde se reunia a *ekklêsia*, a igreja. O local da assembleia, independente do seu uso ou ambiente, era considerado "santo" ou pertencente ao Senhor, porque o povo de Deus se reunia ali para adorá-lo e servi-lo.

Hoje, "igreja" comporta vários significados. Refere-se frequentemente ao prédio onde os crentes se reúnem (p.ex.: "Estamos indo à igreja."). Pode indicar a nossa comunhão local ou denominação ("Minha igreja ensina o batismo por imersão.") ou um grupo religioso regional ou nacional ("A igreja da Inglaterra"). A palavra é empregada frequentemente com referência a todos os crentes nascidos de novo, independentemente de suas diferenças geográficas e culturais ("a igreja do Senhor Jesus Cristo").

Mas seja como for, o significado bíblico de "igreja" refere-se primariamente não às instituições e culturas, mas sai às pessoas reconciliadas com Deus mediante a obra salvífica de Cristo que agora pertencem a Ele.

1.2. A FUNDAÇÃO DA IGREJA

Nos círculos teológicos, a questão da origem exata da Igreja do Novo Testamento tem sido alvo de muitos debates. Alguns têm adotado uma abordagem bastante ampla, e sugerem que a Igreja existe desde o inicio da raça humana, incluindo todas as pessoas que já exerceram fé nas promessas de Deus, a partir de Adão e Eva (Gn 3:15). Outros apóiam um início veterotestamentário para a Igreja, especificamente nos relacionamentos pactuais entre Deus e seu povo, a partir dos patriarcas e continuando durante o período mosaico.

Alguns, por exemplo, acreditam que a Igreja foi fundada quando Cristo começou publicamente se ministério e chamou os doze discípulos. Sobejam os pontos de vista, inclusive o de alguns ultradispensionalistas, que acreditam não ter a Igreja começado realmente antes do ministério e viagens missionárias do apóstolo Paulo.

Várias são as razões para crermos que a Igreja teve sua origem ou pelo menos foi publicamente reconhecida pela primeira vez no dia de Pentecostes. Embora na pré-cristã Deus certamente se associasse a uma comunidade pactual de fiéis, não há evidências claras de que o conceito de Igreja existisse no período do Antigo Testamento. Ao citar expressamente *ekklêsia* pela primeira vez (Mt 16:18), Jesus falava de algo que iniciaria no futuro ("edificarei" gr. *Oikodomêsõ*, é um verbo no futuro simples, não uma expressão de disposição ou determinação).

Na condição de corpo de Cristo, é natural que a Igreja dependa integralmente da obra concluída por Ele na Terra (Sua morte, ressurreição e ascensão) e da vinda do Espírito Santo (cf. Jo 16:7; At 20:28; ICo 12:13).

Millard J. Erickson observa que Lucas não emprega *ekklêsia* no seu evangelho, mas a palavra aparece 24 vezes em Atos dos Apóstolos. Este fato sugere que Lucas, não tinha nenhum conceito da presença da Igreja antes do período abrangido em Atos. Imediatamente após aquele grande dia em que o Espírito Santo foi derramado sobre os crentes reunidos, a Igreja começou a propagar poderosamente o Evangelho, conforme fora predito pelo Senhor ressurreto em Atos 1:8. A partir daquele dia, a Igreja continuou propagar-se e a aumentar no Mundo inteiro, mediante o poder e orientação daquele mesmo Espírito Santo.

2. A ORIGEM DA IGREJA

A história da igreja é vital para a nossa compreensão da instituição da igreja Cristã. Muito pode ser aprendido a partir dos acontecimentos entre o tempo dos apóstolos e o presente. A igreja de Cristo sempre existiu na mente e coração do Pai, desde antes da fundação do universo, tem sido sempre, desde a era apostólica até o presente, a história da graça divina no meio dos erros dos homens. Muitas vezes se tem dito isso, e qualquer pessoa que examine essa história com atenção não pode deixar de se convencer que assim é.

Lendo as Epístolas do Novo Testamento vemos que mesmo nos tempos apostólicos o erro se manifestou, e que a inimizade, as contendas, as iras, as brigas e as discórdias, com outros males, tinham apagado o amor no coração de muitos crentes verdadeiros. Deixaram as suas primeiras obras e o seu primeiro amor e alguns que tinham principiado pelo espírito, procuravam depois ser aperfeiçoados pela carne.

Mas havia muito mais do que isso. Não somente existiam alguns verdadeiros crentes em cujas vidas se viam muitas irregularidades, e que procuravam, pelas suas palavras, atrair discípulos a si, como também havia outros que não eram de modo algum cristãos, mas que entraram despercebidamente entre os irmãos, semeando ali a discórdia. Isto descreve o estado de coisas a que se referem os primeiros versículos do capítulo dois de Apocalipse, na carta escrita ao anjo da igreja em Éfeso.

Em 1 Coríntios 10:1-13, o apóstolo Paulo exorta a igreja de Corinto a aprender com os exemplos do passado de Israel para que não cometessem os mesmos erros. Assim como a história do Israel Primitivo, a história da igreja Cristã é para ser lembrada e usada como lição.

Hoje, a nossa cultura é muitas vezes confrontada com novas e bizarras filosofias religiosas, algumas das quais apresentam-se sob a bandeira do Cristianismo. Isso não é novidade. A história está repleta de heresias que tentam se infiltrar na igreja, incluindo as ideias falsas do Arianismo, Gnosticismo, Montanismo e Marcionismo. Compreender a doutrina Cristã à luz da história da igreja nos ajuda a separar a ficção e modismos dos fatos e da doutrina da verdadeira fé Cristã.

2.1. O NASCIMENTO DA IGREJA

A Igreja que antes era um mistério "oculto em Deus" (cf. Ef 3:9), fora revelada em Cristo, tornando-se o "segredo de Deus" conhecido aos homens. A expressão "oculta em Deus" indica que a igreja esteve sempre na mente de Deus, e vindo a ser conhecida pelo ministério terreno de Jesus Cristo e o Espírito Santo. A Igreja de Deus começou a formar-se e revelar-se no tempo, quando João Batista disse: "*Eis o Cordeiro de Deus*" (cf. Jo 1:36).

A Igreja de Cristo iniciou sua história com um movimento de âmbito mundial, no dia de Pentecostes, cinquenta dias após a ressurreição, e dez dias depois da ascensão do Senhor Jesus Cristo.

A igreja de Cristo iniciou sua história com um movimento de caráter mundial, no Dia de Pentecoste, no fim da primavera do ano 30, cinquenta dias após a ressurreição do Senhor Jesus, e dez dias depois de sua ascensão ao céu.

Na manhã do Dia de Pentecoste, enquanto os seguidores de Jesus, cento e vinte ao todo, estavam reunidos, orando, o Espírito Santo veio sobre eles de forma maravilhosa. Tão real foi aquela manifestação, que foram vistas descer do alto, como que línguas de fogo, as quais pousaram sobre a cabeça de cada um. O efeito desse acontecimento foi tríplice:

a. Iluminou as mentes dos discípulos, dando-lhes um novo conceito do reino de Deus;

b. Compreenderam que esse reino não era um império político mas um reino espiritual, na pessoa de Jesus ressuscitado, que governava de modo invisível a todos aqueles que o aceitavam pela fé;

c. Aquela manifestação revigorou a todos, repartindo com eles o fervor do Espírito, e o poder de expressão que fazia de cada testemunho um motivo de convicção naqueles que os ouviam.

O Espírito Santo, desde então, ficou morando permanentemente na igreja, não em sua organização ou mecanismo, mas como possessão individual e pessoal do verdadeiro cristão. Desde o derramamento do Espírito Santo, naquele dia, a comunidade daqueles primeiros anos foi chamada com muita propriedade, "Igreja Pentecostal".

A igreja teve seu início na cidade de Jerusalém.

Evidentemente, nos primeiros anos de sua história, as atividades da igreja limitaram-se àquela cidade e arredores. Em todo o país, especialmente na província setentrional da Galileia, havia grupos de pessoas que criam em Jesus como o Rei-Messias, porém não chegaram até nós dados ou informações de nenhuma natureza que indiquem a organização, nem o reconhecimento de tais grupos como igreja. As sedes gerais da igreja daquela época eram o Cenáculo, no Monte de Sião, e o Pórtico de Salomão, no Templo.

Todos os membros da Igreja Pentecostal eram judeus. Tanto quanto podemos perceber, nenhum dos seus membros, bem como nenhum dos integrantes da companhia apostólica, a princípio, podia crer que os gentios fossem admitidos como membros da igreja. Quando muito admitiam que o mundo gentio se tornaria judeu, para depois aceitar a Cristo.

Os judeus da época dividiam-se em três classes, e as três estavam representadas na igreja de Jerusalém. Os hebreus eram aqueles cujos antepassados haviam habitado a Palestina durante várias gerações; eram eles a verdadeira raça israelita. Seu idioma era chamado "língua hebraica", a qual, no decorrer dos séculos, havia mudado de hebraico clássico do Antigo Testamento para o dialeto que se chamava aramaico ou siro-caldaico.

As Escrituras eram lidas nas sinagogas em hebreu antigo, porém eram traduzidas por um intérprete, frase por frase, em linguagem popular. Os judeus gregos ou helenistas eram descendentes dos judeus da dispersão, isto é, judeus cujo lar ou cujos antepassados estavam em terras estrangeiras. Muitos desses judeus haviam-se estabelecido em Jerusalém ou na Judeia e haviam formado sinagogas para atender a suas várias nacionalidades.

A leitura dos primeiros seis capítulos do livro dos Atos dos Apóstolos dá a entender que durante esse período o apóstolo Simão Pedro era o dirigente da igreja. Em todas as ocasiões era Pedro quem tomava a iniciativa de pregar, de operar milagres e de defender a igreja que então nascia. Isso não significa que Pedro fosse papa ou dirigente oficial nomeado por Deus. Tudo acontecia como resultado da prontidão de Pedro em decidir, de sua facilidade de expressão e de seu espírito diretivo. Ao lado de Pedro, o homem prático, encontramos João, o homem contemplativo e espiritual, que raramente falava, porém tido em grande estima pelos crentes.

Em uma igreja comparativamente pequena em número, todos da mesma raça, todos obedientes à vontade do Senhor, todos na comunhão do Espírito de Deus, pouco governo humano era necessário. Esse governo era administrado pelos doze, os quais atuavam como um só corpo, sendo Pedro apenas o porta-voz. Uma frase que se lê em Atos 5:13 indica o alto conceito em que eram tidos os apóstolos, tanto pelos crentes como pelo povo.

A arma usada pela igreja, através da qual havia de levar o mundo aos pés de Cristo, era o testemunho de seus membros. Dado que temos registrados vários discursos ou pregações de Pedro, e nenhum dos outros discípulos, nesse período, pode-se pensar que Pedro era o único pregador. Contudo, a leitura cuidadosa da História demonstra que todos os apóstolos e toda a igreja davam testemunho do Evangelho.

2.2. O PENTECOSTES

Quando a igreja possuía cento e vinte membros, o Espírito desceu sobre eles e todos se transformaram em pregadores da Palavra. Enquanto o número de membros aumentava, aumentavam as testemunhas, pois cada membro era um mensageiro de Cristo, sem que houvesse distinção entre clérigos e leigos. No fim desse período, encontramos Estêvão elevando-se a tal eminência como pregador, que os próprios apóstolos ficam ofuscados. Esse testemunho universal foi uma influência poderosa no crescimento rápido da igreja.

Inicialmente, o grandioso esforço desse punhado de homens de visão necessitava de auxílio sobrenatural, uma vez que se propunha, sem armas materiais nem prestígio social, transformar uma nação, tendo de enfrentar também os poderes da igreja nacional e do Estado. Esse auxílio sobrenatural manifestou-se na forma de operação de maravilhas. Os milagres apostólicos foram considerados como "os sinos que chamam o povo à adoração".

Lemos no livro dos Atos dos Apóstolos sobre a cura do coxo que estava à porta Formosa. Esse milagre atraiu a multidão para ouvir a Pedro e aceitar a Cristo. Logo depois está descrita a morte de Ananias e Safira, ao serem repreendidos por Pedro por causa do egoísmo e da falsidade. Esse julgamento da parte de Deus foi uma advertência a quantos tiveram conhecimento dos fatos. A esses milagres seguiram-se outros que incluíam cura de enfermidades.

Contudo, esse poder não estava limitado a Pedro nem aos apóstolos. Está escrito que "prodígios e milagres" eram realizados por Estêvão. Essas obras poderosas atraíam a atenção "do povo, motivavam investigação e abriam os corações das multidões, para receberam a fé em Cristo.

O amor de Cristo ardia no coração daqueles homens e os constrangia a mostrarem esse amor para com seus condiscípulos, a viver em unidade de espírito, em gozo e comunhão, e, especialmente, a demonstrar interesse e abnegação pelos membros da igreja que necessitavam de socorros materiais. Lemos no livro dos Atos dos Apóstolos que os mais ricos davam suas propriedades, de forma tão liberal, que leva a sugerir o socialismo radical na comunhão de bens.

No entanto, é bom notar, que quanto a esse aspecto da Igreja oriunda do Pentecostes, tudo era feito voluntariamente, ninguém era compelido pela lei ou pela exigência dos pobres em tomar as propriedades dos ricos. Os ricos davam voluntariamente. Deve considerar-se ainda que: foi uma experiência em uma pequena comunidade onde todos estavam juntos; naquela comunidade selecionada todos estavam cheios do Espírito Santo, aspirando, todos eles, em seu caráter, a executar os princípios do Sermão do Monte; a experiência surgiu com a expectativa da iminente volta de Jesus, quando então os bens terrenos não mais seriam necessários; como experiência financeira foi um fracasso, e logo abandonada, pois a igreja em Jerusalém ficou tão pobre, que durante uma geração se recolhiam ofertas nas outras igrejas para ajudá-la; o sistema provocou seus próprios males morais, pois despertou o egoísmo de Ananias e Safira.

Na verdade, enquanto estamos sobre a terra somos influenciados pelo interesse próprio e pela necessidade. O espírito dessa dádiva liberal é digno de elogios, porém o plano, ao que tudo indica, não foi muito acertado.

De modo geral, a Igreja em seu inicio não tinha faltas. Era poderosa na fé e no testemunho, pura em seu caráter, e abundante no amor. Entretanto, o seu singular defeito era a falta de zelo missionário. Permaneceu em seu território, quando devia ter saído para outras terras e outros povos. Foi necessário o surgimento da severa perseguição, para que se decidisse a ir a outras nações a desempenhar sua missão mundial. E assim aconteceu mais tarde.

2.3. A PLENITUDE DO TEMPO

A Palestina onde o cristianismo deu seus primeiros passos ocupava uma posição geográfica privilegiada, pois ocupava uma área onde era a encruzilhada das grandes rotas comerciais que uniam o Egito à Mesopotâmia, e a Arábia com a Ásia Menor. Por isso vemos na história descrita no Antigo Testamento, esta área tão cobiçada sendo invadida por vários impérios.

A língua predominante na época era o grego. Uma língua universal, apesar do império dominante ser o império Romana, que unia em um só governo boa parte do mundo conhecido. Era um governo pacífico e próspero e suas cidades estavam em progresso e viajar não era mais difícil pois muitas estradas foram construídas.

Apesar de haver muitas religiões e filosofias, o mundo estava vazio espiritualmente,

Assim o mundo estava pronto para a recepção de uma nova religião.

Jesus nasceu dentro deste contexto e que biblicamente se conhece como "plenitude dos tempos" (Gl:4:4, 5). A igreja, respondendo às ansiedades da época com a revelação de Deus em Jesus, conseguiu rapidamente conquistar o Império. A "*plenitude do tempo*" não quer dizer que o mundo estivesse pronto a se tornar cristão, mas quer dizer que, nos desígnios de Deus, havia chegado o momento de enviar o seu filho ao mundo.

2.4. CRESCIMENTO E EXPANSÃO DA IGREJA

Entramos agora em uma época da história da igreja cristã, que, apesar de curta — apenas quinze anos — é de alta significação. A arma usada pela igreja, através da qual a igreja crescia demasiadamente, era o testemunho de seus membros. Enquanto aumentava o número de membros aumenta o número de testemunhas, pois cada membro era um mensageiro de Cristo.

Os motivos desse crescimento foram;

a. Perseveravam na doutrina dos apóstolos;

b. Perseveravam na comunhão e partir do pão;

c. Perseveravam na oração;

d. Possuíam temor;

e. Muitos sinais e maravilhas se faziam;

f. Muita alegria e sinceridade.

Na igreja de Jerusalém surgiu uma queixa contra o critério adotado na distribuição de auxílios aos pobres, pois as famílias dos judeus-gregos ou helenistas eram prejudicadas. Os apóstolos convocaram a igreja e propuseram a escolha de uma comissão de sete homens para cuidarem dos assuntos de ordem material. Esse plano foi adotado, e os sete foram escolhidos, figurando em primeiro lugar o nome de Estevão, "homem cheio de fé e do Espírito Santo". Estevão foi o primeiro membro da igreja a ter a visão do evangelho para o mundo inteiro, e esse ideal levou-o ao martírio.

O primeiro incidente mais notável dessa perseguição foi a condenação de Estevão à morte, por apedrejamento, estabelecida pelo sumo sacerdote em Jerusalém. Assim como os demais cristãos, Estevão ensinava que Jesus é o Messias, crucificado e ressuscitado dentre os mortos pelo poder de Deus, para dar testemunho de Javé e para salvar os crentes.

Na lista dos sete nomes escolhidos para administrarem os bens da igreja, além de Estevão, encontramos também Filipe, um dos doze apóstolos. Depois da morte de Estevão, Filipe refugiou-se entre os samaritanos, um povo misto, que não era judeu nem gentio, e por isso mesmo desprezado pelos judeus.

Na perseguição iniciada com a morte de Estevão, a igreja em Jerusalém dispersou-se por toda a terra. Alguns chegaram até Damasco e outros até a Antioquia. Por qual motivo sobreveio então as perseguições? A partir desta perseguição, os cristãos fugiam, porém pregavam o evangelho e testemunhavam das maravilhas que Jesus operava.

O Pentecoste foi muito importante, porque cumpriu uma importante profecia para a igreja de Cristo (Atos 1:8,9). Os crentes em Jesus receberam o poder e a virtude do Espírito Santo para testemunharem do Evangelho de Jesus até os confins da Terra. Apesar disso, infelizmente Atos nos informa que inicialmente eles ficaram em Jerusalém até que o desencadear de uma onda de perseguição os obrigou a fugir (Atos 8:1).

Passados os anos, a diferença entre os que acreditavam que Jesus era o Messias e os demais judeus em Jerusalém se tornou nítida. A separação absoluta entre a religião judaica e os crentes em Cristo como o Messias tornou-se inevitável. Por isso, deram início a uma perseguição dos seus seguidores com vistas a impedir a propagação do seu evangelho.

Essa perseguição foi, até certo ponto, benéfica para a igreja. Deus aproveitou a oposição dos judeus ao crescimento da Igreja para espalhar os discípulos de Jesus pelo mundo fora de Jerusalém.

2.5. TEMPOS DE PERSEGUIÇÃO

"Por que razão permite Deus que o seu povo amado sofra assim?" Muitas vezes se tem feito esta pergunta, e a resposta é simples: é porque Ele ama esse povo. Podia haver, e sem dúvida há, outras razões, porém a principal é esta — Ele o ama. "*Porque o Senhor corrige o que ama*" e se o coração se desviar, tornar-se-á necessária a disciplina.

Com que facilidade o mal se liga, mesmo ao melhor dos homens! Mas, na fornalha da aflição, a escória separa-se do metal precioso, sendo aquela consumida. Ainda mais, quando suportamos a correção de Deus, Ele nos trata como filhos; e se sofremos com paciência, cada provocação pela qual Ele nos faz passar dará em resultado mais uma bênção para a nossa alma. Tal experiência não nos é agradável, nem seria uma provocação se o fosse, porém, à noite de tristeza sucede a manhã de alegria, e dizemos com o salmista Davi: "Foi bom para mim, ter sofrido aflição".

Ao longo dos primeiros três séculos do cristianismo havia tanto competição entre as religiões como o espírito de tolerância. Embora nunca tomaram recursos de armas para se defenderem, os cristãos foram o único elemento social perseguido por período prolongado.

A falta de participar em festas e ritos idólatras dos templos bem como sua hostilidade a outras religiões levou o mundo da época consideram os cristãos de ateus e inimigos dos deuses. Também os cristãos passaram a se reunir de noite e em segredo e começaram a mostrar afeição uns pelos outros. Ao mesmo tempo celebravam a ceia do Senhor (comer o sangue e o corpo de Jesus) deu margem às acusações de antropofagia ou canibalismo.

O cristianismo chocou as sensibilidades dos filósofos e mais educados justamente pelo entusiasmo de seus adeptos. Pior, entraram em conflito com os vendedores de ídolos e os comerciantes da idolatria. Trouxe assim contra eles a má vontade duma classe poderosa. O Paganismo em suas práticas aceitava as novas formas e objetos de adoração que iam surgindo, enquanto o Cristianismo rejeitava qualquer forma ou objeto de adoração.

A adoração aos ídolos estava entrelaçada com todos os aspectos da vida. As imagens eram encontradas em todos os lares, e até em cerimônias cívicas, para serem adoradas. Os cristãos, é claro, não participavam dessas formas de adoração. Por essa razão o povo considera os cristãos como "Antisocial" e ateus que não tinham deuses.

A adoração ao Imperador era considerada como prova de lealdade. Havia estátuas dos imperadores reinantes nos lugares mais visíveis para o povo adorar. Os cristãos recusavam-se a prestar tal adoração. As reuniões secretas dos cristãos despertaram suspeitas. De praticarem atos imorais e criminosos, durante a celebração da Santa Ceia, era vetada a entrada dos estranhos.

O Cristianismo considerava todos os homens iguais. Não havia distinção entre seus membros, nem em suas reuniões, por isso foram considerados como "niveladores da sociedade", portanto anarquistas, perturbadores da ordem social.

Com o tempo a influência dos judeus na igreja havia declinado completamente e o trabalho missionário das comunidades cristãs era intenso. Das centenas de missionários que alvoroçaram o mundo dessa época nos primeiros dois séculos da era cristã, poucos são conhecidos. O mais conhecido de todos é sem dúvida o apóstolo Paulo, o ex-rabino (mestre da Torá) que se dedicara a perseguir os cristãos fora de Jerusalém e se se converteu quando seguia missão de prender cristãos na cidade de Damasco. Paulo concentrava suas atividades nas principais cidades do leste do mar Mediterrâneo (Chipre e Ásia Menor), onde o cristianismo floresceu mais rapidamente, até ser preso e executado durante a perseguição do imperador Nero.

Portanto, apesar de o número de cristãos ser relativamente pequeno ao tempo do falecimento dos apóstolos , uma característica da igreja dessa época foi realmente à rápida expansão. A pregação na época enfatizava o retorno iminente de Cristo, mas quase um século havia passado e o Senhor não retornara. Por isso, a segunda característica será a estagnação seguida da consolidação.

1) O início da perseguição

O incêndio de Roma foi a causa que deu início real ao ciclo da perseguição romana. Em 64 mais de dois terços da cidade de Roma foram destruídos por um grande incêndio, com um número incalculável de vítimas e de danos materiais. Como ninguém assumisse a culpa e as investigações apontassem para direções sinistras, até mesmo o próprio imperador, trataram de achar um bode expiatório.

O primeiro que as autoridades acharam, com complacência do imperador, foram as mais suspeitadas pessoas que existiam na sociedade romana: os cristãos. Nero inflamou mais ainda o ânimo de revolta popular contra os cristãos jogando sobre eles a culpa pelo incêndio.

Esse imperador, um dos mais cruéis que Roma já teve, ordenou a perseguição e morte cruenta dos cristãos em Roma. Inicialmente era, portanto, uma perseguição apenas local. Às vezes havia perseguições também em Antioquia e outras vezes em Éfeso. Mas até o ano 250 eram perseguições apenas locais, esporádicas e desorganizadas.

Depois de Nero a maior onda da perseguição aconteceu no reinado do imperador Domiciano (81 a 96), que proibiu totalmente o culto cristão e renovou o decreto que obrigava todos os cidadãos ao culto do imperador. As igrejas da Ásia Menor sofreram muito nesta fase, e provavelmente esta é a perseguição referida no livro de Apocalipse.

A partir de 98, com o imperador Trajano (98-117) a perseguição diminuiu. Até 250 tolerava-se os cristãos, embora permanecessem as velhas acusações e certos focos de perseguição nalgumas províncias romanas. A perseguição violenta chegou a ser retomada na época do imperador Marco Aurélio (161-180), mas durou apenas cerca de 15 anos. Fez muitos mártires especialmente em Lion e Veneza, na Itália. Mesmo assim foi a terceira fase da perseguição em que a igreja sofreu bastante.

Imperador Décio (249-251). Em 250 assumiu o trono o imperador Décio, que pela primeira vez decretou que os cristãos fossem caçados e mortos em todo o império romano. É o início da perseguição universal. A seu mando, um certificado era emitido em favor dos habitantes do império que cumpriam o ato obrigatório anual de cultuar com sacrifício ao imperador. Naturalmente, os que não possuíssem o documento, caso dos cristãos, eram presos, julgados e condenados.

Diocleciano (284-251). 53 anos depois o imperador, por achar que os cristãos eram os culpados por todas as tragédias que continuavam assolando o império, renovou e reforçou as bases do decreto da perseguição universal. Se no período de Décio o número de mártires cristãos já era incalculável, Diocleciano superou todos os seus antecessores em violência. As escrituras sagradas foram queimadas, milhares de cristãos encarcerados e tantos outros martirizados.

Os cristãos eram mortos com toda a sorte de métodos e requintes de crueldade:

a. Decapitação com espada, se o condenado era cidadão romano nato;

b. Condenados a serem jogados aos animais ferozes famintos, no meio de arenas públicas;

c. Crucificação;

d. Queimados e sufocados com calor;

e. Açoites e torturas.

Milhares de cristãos convertidos aceitavam alegremente o martírio e consideravam uma honra morrer por Cristo. Um bispo da época, Clemente de Alexandria, escreveu uma obra comovente que intitulou "Em Louvor do Martírio" para confortar e encorajar a igreja a permanecer firme em Cristo. Contudo, alguns abriam mão da fé na hora de escolher morrer, ou sacrificavam ao imperador para adquirir o certificado de isenção.

Deus, no entanto, conservou firme a sua Igreja, as portas deste inferno não prevaleceram, e a igreja crescia.

2) O fim da perseguição

A perseguição da igreja antiga durou pouco mais de dois séculos e meio. Em 313 o imperador Constantino assinou (juntamente com Licínio, que governava no oriente) o famoso "Edito de Milão" que punha fim a toda a perseguição religiosa, proclamava o cristianismo como religio licita (religião legal), além de conceder plena liberdade religiosa para todos os habitantes no império.

Por causa de muitos fatores políticos e sociais, e também do que se considerava ira dos deuses, na época em que Constantino se tornou imperador o bem-estar do império romano se tornava cada vez mais precário. Dizia-se que os deuses estavam infelizes por causa da religião dos cristãos, que se recusavam a oferecer-lhes sacrifícios. Por esta razão, como vimos, a igreja sofreu as piores perseguições entre 250 e 311.

Mas o Espírito Santo de Deus amparou a Igreja. Alguns que abandonavam a igreja por causa da perseguição começaram a voltar. O evangelho começou a entrar nos círculos sociais importantes (na corte imperial, no exército e nas classes mais altas). Enquanto isso, a unidade do império parecia depender cada vez mais da existência de uma religião oficial fundada no tripé um Deus, um império e um imperador.

E no lugar de persegui-lo, parece que só restava ao império reconhecer o poder do Deus que agia no cristianismo.

3) Os Efeitos Produzidos pelas Perseguições

As perseguições produziram uma igreja pura pois conservava afastados todos aqueles que não eram sinceros em sua confissão de fé. Ninguém se unia à igreja para obter lucros ou popularidade. Somente aqueles que estavam dispostos a ser fiéis até a morte, se tornavam publicamente seguidores de Cristo.

A Igreja multiplicava-se. Apesar das perseguições ou talvez por causa delas, a igreja crescia com rapidez assombrosa. Ao findar-se o período de perseguição, a igreja era suficientemente numerosa para constituir a instituição mais poderosa do império.

Não entanto era suficiente para criar o problema dos lapsos (aqueles que caíram). Por outro lado, o fato de serem de curta duração criou as condições pelas quais "o sangue dos mártires foi a semente da Igreja". Muitos negaram a fé, outros tantos foram exilados do império.

Mesmo assim a lista daqueles que deram sua vida pela fé nas perseguições de Décio a Diocleciano foi muito grande. A Igreja conseguiu sobreviver e crescer ainda mais devido à relativa paz de 40 anos entra as duas perseguições e o Edito de Milão.

O problema dos "lapsos" (caídos) foi muito agudo nos séculos II e III. Hermas (O Pastor) e Cipriano (De Lapsis) escreveram tratados sobre a questão. O que se deve fazer com os que negaram a fé e queimaram incenso a efígie de César? A Igreja elaborou algumas respostas. A igreja de Roma em geral foi indulgente com os lapsos, recebendo-os de volta com a simples confissão de seu pecado. Existia um rigor contra os lapsos, eles não teriam mais direito de fazer parte da Igreja.

Hermas (que escreveu o livro O Pastor), representa uma posição mediadora que aceita uma única queda. Os lapsos seriam aceito de volta, mas não mais para o lugar de líderes. Os lapsos seriam membros de "segunda classe" na Igreja. Embora Cipriano é muito duro com os lapsos, ele os chama a um abundante arrependimento para demonstrar sua tristeza e aflição, sem desesperar da misericórdia de Deus. Apenas estes seriam recebidos de novo na Igreja.

Apesar de considerarmos as perseguições o fato mais importante da História da Igreja, no segundo e terceiro séculos, contudo, fatos interessantes aconteceram neste período que devem ser observados. Vejamos:

1) O Cânon Bíblico

Os escritos do Novo Testamento foram terminados, entretanto a formação do Novo Testamento com os livros que o compõem, como cânon, não foi imediata. Algumas Igreja aceitavam somente alguns livros como inspirados e outra igrejas livros diferentes. Gradualmente os livros do Novo Testamento, tal como usamos hoje, conquistaram a proeminência de escritura inspirada.

2) O Crescimento e a Expansão da Igreja

O crescimento e a expansão da Igreja foi a causa da organização e da disciplina. A perseguição aproximou as Igrejas e exerceu influência para que elas se unissem e se organizassem. O aparecimento da heresias impôs, também, a necessidade de se estabelecerem alguns artigos de fé, e, com eles, algumas autoridades para executá-las.

Outra característica que distingue esse período é sem dúvida, o desenvolvimento da doutrina. Na era apostólica a fé era do coração, uma entrega pessoal a vontade de Cristo. Entretanto no período que agora focalizamos a fé gradativamente passara a ser mental, era uma fé do intelecto, fé que acreditava em um sistema rigoroso e inflexível de doutrinas.

O credo Apostólico, a mais antiga e mais simples declaração da crença cristã, foi escrito durante esse período. Nesta época surgiram três escolas teológicas. Uma em Alexandria, outra na Ásia Menor e outra na África. Os maiores vultos da historia do Cristianismo passaram por essas escolas: Orígenes, Tertulianao e Cipriano.

2.6. SEITAS E HERESIAS

Juntamente com o desenvolvimento da doutrina teológica, desenvolviam-se também as seitas, ou como lhes chamavam as heresias na igreja cristã. Os cristãos não só lutavam contra as perseguições, mas contra as heresias e doutrinas corrompidas.

a. Os Gnósticos

Do grego "Gnósis = Sabedoria, Conhecimento" Acreditavam que Deus Supremo é espírito absoluto e causa de todo bem, enquanto a matéria é completamente má criada por um ser inferior que é Jeová. O propósito é então escapar deste corpo que aprisiona o espírito. Afim de chegar a libertação, é necessário que venha um mensageiro do reino espiritual. Cristo. Cristo portanto não era matéria, possuía somente a natureza divina.

b. Os Ebionitas

Do hebraico que significa "Pobre" eram judeus-cristãos que insistiam na observância da lei e dos costumes judaicos. Rejeitavam as cartas escritas por Paulo. Eram considerados como apostatas pelo Judeus não convertidos.

c. Os Maniqueus

De origem persa, foram chamados por esse nome, em razão de seu fundador Ter o nome de Mani. Acreditavam que o universo compõe-se do reino das trevas e da luz e ambos lutam pelo domínio do homem. Rejeitavam a Jesus, porém criam em um "Cristo celestial".

d. Marcionismo

Marcion, seu líder, foi nativo de Porto foi a Roma perto de 138 e se tornou membro da Igreja de Roma. Não conseguiu levar a igreja a aceitar seu ponto de vista, assim que organizou os seus seguidores numa igreja cismática e expandiu a obra até ter congregações em quase todas as províncias. Embora talvez não seja correto chamar Marcion de gnóstico, ele compartilhou vários de seus pontos de vista: judaísmo é mau. Jeová não é o mesmo Deus do Novo Testamento e baseou-se quase que exclusivamente em Paulo. Contrastou a imoralidade e crueldade do Antigo Testamento, com a espiritualidade, misericórdia, bondade e alta moral do Novo Testamento.

Embora conceba o nascimento, vida e morte de Jesus como apenas aparente, Marcion insiste na obra redentora de Cristo como necessária para a salvação dos homens. O marcionismo achou fácil aceitação na Mesopotâmia e na Pérsia e sobreviveu lá durante alguns séculos.

e. Montanismo

É uma reação às inovações que foram introduzidas nas igrejas pelo gnosticismo e paganismo em geral às custas da fé e da moral. Foi organizado na Frígia entre 135 e 160 por Montano com Priscila e Maximinia (profetizas do movimento) em resposta a uma iluminação do Paracletos, para proclamar o estabelecimento do reino de Cristo e pregar contra o mundanismo das igrejas.

Algumas das doutrinas desenvolvidas (e pelas quais foram rejeitados) tornaram-se ensino básico da Igreja católica dois séculos depois: exaltação da castidade e viuvez; divisão dos pecados em mortal e venial, exaltação do martírio.

Tornou-se o precursor do cristianismo ascético. Suas doutrinas em geral eram as mesmas do cristianismo católico. Reivindicaram ter recebido revelações divinas enquanto em estado de êxtase. O espírito lhes dava a interpretação ascética de certas passagens bíblicas.

O montanismo é uma explosão de profetismo, dando importância especial a visões e revelações. Tem caráter essencialmente escatológico. Para eles o período do Parácletos (Espírito Santo) se iniciou com Montano. A nova Jerusalém será inaugurada para o reino de 1.000 anos. Assim que é necessário viver em continência e preparar-se para tanto. Nenhum dos que escreveram contra o montanismo vê neles uma heresia. Ao contrário vê nele "tendências arcaicas".

f. O Novacionismo

Foi o montanismo reaparecendo numa outra época, sem as reivindicações proféticas que desapareceram. Novaciano foi condenado em 251 por um concílio romano que reunia 60 bispos. Após a perseguição de Décio, quando muitos negaram a fé, Novaciano liderou os que queriam muito rigor para os que cairam.

Este movimento cismático encontrou muita recepção na África e na Ásia Menor, onde absorveu o que restou dos montanistas. Sua doutrina era igual à das igrejas católicas. Foi apenas a questão de disciplina que questionavam: condições para ser membro da igreja e perdão de certos pecados específicos.

Enquanto Cipriano admitia a reconciliação dos caídos após uma penitência severa e prolongada, Novaciano considerava que reconciliação alguma lhe pode ser concedida. Para Novaciano a igreja se identificava com um pequeno grupo de espirituais que estava em conflito obrigatório com a cidade terrena. Crendo que as igrejas católicas eram apóstatas, os novacianos rejeitaram as ordenanças delas. A crença na regeneração batismal era quase universal nesta época.

Os novacianos deram tanta importância à necessidade do batismo ser ministrado por pessoa devidamente qualificada que rebatizavam os que vieram das igrejas católicas.

Os Donatistas

Como os montanistas e novacionistas, estavam preocupados principalmente com questões de disciplina. O movimento surgiu após a perseguição de Diocleciano e especificamente em relação ao que entregaram as Escrituras as autoridades. Os donatistas insistiram numa disciplina eclesiástica rigorosa e numa membresia pura.

Rejeitaram ministros indignos (os "lapsi" traidores). O donatismo não trata dos caídos em geral e sim apenas da sorte dos bispos que teriam consentido na entrega das Escrituras imposta pelo primeiro edito de Dioclesiano. O simples fato de estar em comunhão com um dos culpados bastava para contrair mancha e tornar-se traídos, apóstata.

Todos os sacramentos administrado ou recebido pelos "traditores" eram considerados nulos. Quanto a regeneração batismal, foram além dos católicos, crendo que a natureza humana de Cristo também precisava ser purificada pelo batismo. Naturalmente rebatizaram os católicos que vieram a eles como condição de comunhão.

3. A IGREJA IMPERIAL

3.1. DE CONSTANTINO ATÉ A QUEDA DE ROMA

No ano 305, quando Diocleciano abdicou o trono imperial, a religião cristã era terminantemente proibida, e aqueles que a professassem eram castigados com torturas e morte. Logo após a abdicação de Diocleciano, quatro aspirantes à coroa estavam em guerra. Os dois rivais mais poderosos eram Majêncio e Constantino. Constantino afirmou ter visto no céu uma cruz luminosa com os seguintes dizeres: "Por este sinal vencerás". Constantino ordenou que seus soldados empregassem para a batalha o símbolo que se conhece como " Labarum ", e que consistia na superposição de duas letras gregas, X e P.

Em batalha travada sobre a ponte Mílvio, Constantino venceu o exercito de Majêncio e este morreu afogado caindo nas águas do rio. Após este vitória Constantino fez aliança com Licínio e posteriormente com Maximínio os outros dois pretendentes a coroa.

Em 323 AD, Constantino alcançou o posto supremo de Imperador, e o Cristianismo foi então favorecido. Os templos das Igrejas foram restaurados e novamente abertos em toda parte. Em muitos lugares os templos pagãos foram dedicados ao culto cristão. Em todo o império os templos pagãos eram mantidos pelo Estado, mas, com, a conversão de Constantino, passaram a ser concedido às Igrejas e ao clero cristão.

A subida ao trono de Constantino, o Grande, marca uma nova era na história da igreja e por isso é conveniente examinar rapidamente a sua carreira pública. Nasceu na Grã-Bretanha, e dize-se que a sua mãe era uma princesa britânica. Depois da morte de seu pai que foi muito estimado pela sua justiça e moderação, as legiões romanas estacionadas em York saudaram-no como César e vestiram-no com a púrpura imperial. Apesar de Galeriano se ofender com esta aclamação, ele não estava preparado para se arriscar numa guerra civil, opondo-se a ela; e, portanto ratificou o título que o exército dera a seu general, e concedeu-lhe o quarto lugar entre os governadores do Império.

Durante os seis anos que se seguiram administrou Constantino a Prefeitura da Gália com uma perícia notável, e ao fim desse tempo tomou posse de todo o império romano, visto que Maximínio e Galério, no intervalo, tinham morrido. Apenas restava agora um competidor ao trono, Maxêncio, um forte defensor do paganismo, e logo que Constantino obteve conhecimento exato dos seus recursos, marchou contra ele com um grande exército, e venceu-o completamente.

A questão de Constantino ser ou não realmente cristão, sempre tem sido ponto de dúvida entre os escritores sagrados, e têm-se apresentado muitas e diferentes razões como prova de que adotou a religião cristã. Mas se efetivamente se converteu, podemos afirmar positivamente que não foi antes de marchar contra Maxêncio, tendo, segundo se diz, presenciado durante essa marcha, um fenômeno extraordinário no firmamento, e sido favorecido com uma visão notável. Até esse tempo estava ainda indeciso entre o paganismo e o cristianismo.

3.2. TEMPOS NOVOS PARA A IGREJA

Tinha agora chegado um tempo muito extraordinário para o povo de Deus... A religião de Cristo, saindo como do deserto e das prisões, tomou posse do mundo. Até nas estradas principais, nos íngremes cumes dos montes, nos fundos barrancos e nos vales distantes, nos tetos das casas, e nos mosaicos dos sobrados se via a cruz. A vitória era completa e decisiva.

Até nas moedas de Constantino se via o lábaro com o monograma de Cristo levantando-se acima do Dragão vencido. Do mesmo modo o culto e o nome de Jesus se exaltaram acima dos deuses vencidos do paganismo. De fato começava uma ordem de coisas inteiramente nova, e o imperador romano tornou-se o principal da igreja.

A administração do estado e dos negócios civis foi reunida com o governo da igreja e podia-se presenciar o espetáculo extraordinário de um imperador romano presidir os concílios da igreja e tomar parte nos debates.

O Domingo foi proclamado como dia de descanso e adoração. Como se vê, do reconhecimento do Cristianismo como religião preferida surgiram alguns bons resultados, tanto para o povo como para a igreja:

a. As perseguições acabaram;

b. A crucificação foi abolida;

c. Templos restaurados e muitos construídos;

d. O infanticídio foi reprimido;

e. As lutas de gladiadores foram proibidas.

Apesar de os triunfos do Cristianismo haverem proporcionado boas coisas ao povo, contudo a sua aliança com o Estado, inevitavelmente devia trazer, como de fato trouxe, maus resultados para a igreja:

a. As Igrejas eram mantidas pelo Estado e seus ministros privilegiados, não pagavam impostos, os julgamentos eram especiais.

b. Iniciou-se as perseguições aos pagãos, ocorrendo assim muitas conversões falsas.

c. Todos queriam ser membros da Igreja e quase todos eram aceitos. Homens mundanos, ambiciosos e sem escrúpulos, todos desejavam postos na Igreja, para, assim obterem influência social e política.

d. Os cultos de adoração aumentaram em esplendor, é certo, porém eram menos espirituais e menos sinceros do que no passado.

e. Aos poucos as festas pagãs tiveram seus lugares na Igreja, porém com outros nomes. A adoração a Vênus e Diana foi substituída pela adoração a virgem Maria. As imagens dos mártires começaram a aparecer nos templos, como objeto de reverência.

No ano 363 a.d todos os governadores professaram o Cristianismo e antes de findar o quarto século o Cristianismo, foi virtualmente estabelecido como religião do Império.

3.3. EFEITOS DA UNIÃO ENTRE A IGREJA E O ESTADO

O efeito desastrado desta primeira união da igreja com o estado fez-se sentir imediatamente. Levantaram-se contendas, e o imperador foi nomeado árbitro pelas partes contendoras. Mas logo que dava a sua decisão sobre a questão, esta continuava rejeitada com desprezo pela parte cujas razões eram desatendidas.

Repetiu-se a mesma coisa uma vez e outra, até que o imperador se indignou, e recorreu a meios violentos para reforçar o seu poder. Isso provava até a evidência e inutilidade e a inconveniência daquela proteção a que os cristãos de tão boa vontade, mas tão cegamente se submeteram.

Até então tinham os concílios da igreja sido compostos de bispos e presbíteros de uma província, mas durante o reinado de Constantino foram consagradas as assembleias, que o imperador podia reunir e dissolver à vontade. Chamavam-se concílios ecumênicos ou gerais, e tinham por fim a discussão das questões mais importantes da igreja.

3.4. O PRIMEIRO CONCÍLIO ECUMÊNICO

A primeira destas Assembleias reuniu-se em Niceia, na Bitínia, para o julgamento de um tal Ário, que tinha estado a ensinar que nosso Senhor fora criado por Deus como qualquer outro ser, sujeito ao pecado e ao erro, e que, por consequência, não seria eterno como o Pai. Foi a isso que Constantino chamou uma ninharia, quando o informaram da heresia; o concílio, porém, com poucas exceções, deu-lhe o nome de horrível blasfêmia.

Os bispos sentiram tanto a indignidade que Ário fizera pesar sobre o bendito Senhor, que tapavam os ouvidos enquanto ele explicava as suas doutrinas, e declararam que, quem expunha tais ensinamentos, era digno de anátema. Como repressão às heresias crescentes foi escrito a célebre confissão de fé, conhecida como o Credo de Niceia, no qual está clara e inteiramente anunciada a doutrina das Escrituras Sagradas com referência à divindade do Senhor. Ário e seus adeptos receberam ao mesmo tempo sentença de desterro, e possuir ou fazer circular os seus escritos era considerado como grande ofensa.

A conduta posterior do soberano mostrou que o seu modo de proceder naquela ocasião não obedecia a nenhuma convicção profunda nem determinada. A pedido de sua irmã Constância, cujas simpatias pelo partido ariano eram bastante fortes, ordenou que o heresiarca voltasse do exílio, e revogou a interdição dos seus ritos. Ário foi, portanto, plenamente restituído ao favor do imperador, e tratado na corte com todas as distinções.

1) As Controvérsias

a. Controvérsia de Ário

Ário, presbítero de Alexandria, mais ou menos no ano 318, defendeu a doutrina que considerava Jesus Cristo como superior à natureza humana, porém inferior a Deus; não admitia a existência eterna de Cristo; pregava que Cristo teve princípio. O principal opositor dessa doutrina foi Atanásio, também de Alexandria. Atanásio afirmava a unidade do Filho com o Pai, a divindade de Cristo e sua existência eterna. A contenda estendeu-se a toda a igreja. Depois de Constantino haver feito tudo para solucionar a questão, sem obter êxito, convocou, então, um concílio de bispos, o qual se reuniu em Niceia, Bitínia, no ano 325.

Atanásio, que então era apenas diácono, teve direito a falar, mas não a voto. Apesar dessa circunstância, conseguiu que a maioria do concílio condenasse as doutrinas de Ário, no credo de Niceia. Contudo, Ário estava politicamente bem amparado. Suas opiniões eram sustentadas por muitos membros influentes pertencentes às classes elevadas, inclusive pelo filho e sucessor de Constantino. Por essa razão foi Atanásio cinco vezes exilado, e o mesmo número de vezes trazido do desterro. Quando um amigo de Atanásio lhe disse: "Atanásio, o mundo está contra ti", ele respondeu: "Assim seja — Atanásio contra o mundo." Os últimos sete anos, Atanásio passou-os em Alexandria, onde morreu no ano 373. Suas ideias, muito depois de sua morte, foram vitoriosas e aceitas por toda a igreja, tanto no Oriente como no Ocidente. Foram consubstanciadas no Credo de Atanásio, que durante algum tempo se acreditava haver sido escrito por ele, porém mais tarde descobriu-se que outra pessoa o escreveu.

b. Controvérsia de Apolinário

Apolinário, bispo de Laodiceia (ano 360), declarou que a natureza divina tomou o lugar da natureza humana de Cristo. Que Jesus, na terra, não era homem, era Deus em forma humana. A maioria dos bispos e dos teólogos sustentavam que a Pessoa de Jesus Cristo era uma união de Deus e homem, divindade e humanidade em uma natureza. A heresia apolinária foi condenada pelo Concílio de Constantinopla, no ano 381, o que deu motivo a Apolinário afastar-se da igreja.

c. Controvérsia de Pelágio

A única controvérsia prolongada desse período, surgida na igreja ocidental, foi a que dizia respeito ao pecado e à salvação. Teve origem com Pelágio, monge que foi da Grã-Bretanha para Roma, cerca do ano 410. Sua doutrina declarava que nós não herdamos as tendências pecaminosas de Adão mas que a alma faz a sua própria escolha, seja para pecar, seja para viver retamente. Que a vontade humana é livre e cada um é responsável por suas decisões.

Contra essa ideia surgiu, então, o maior intelecto da história do Cristianismo, depois do apóstolo Paulo, o poderoso Agostinho, que sustentava que Adão representava toda a raça humana, que no pecado de Adão todos os homens pecaram e são pecadores e todo o gênero humano é considerado culpado. Que o homem não pode aceitar a salvação unicamente por sua própria escolha, mas somente pela vontade de Deus, o qual é quem escolhe aqueles que devem ser salvos.

A doutrina de Pelágio foi condenada pelo Concílio de Cartago, no ano 418, e a teologia de Agostinho tornou-se a regra ortodoxa da igreja.

3.5. HISTORIADORES E TEÓLOGOS DA IGREJA

a. Eusébio de Cesareia (260-340)

Escreveu sua História Eclesiástica onde apresenta a história da Igreja desde seu início até 324. A sua Crônica começa com Abraão e vai a 323. Deu estrutura cronológica para toda a história medieval. Escreveu a Vida de Constantino onde louva o imperador. Foi acusado de ser emiariano.

b. Atanásio (298-373)

Assistiu o Concílio de Niceia, mas aparentemente não foi um grande luminário lá. Após a morte de Cirilo, Atanásio foi eleito bispo de Alexandria em 328. Durante seu bispado foi exilado 5 vezes por Constantino e seus sucessores. Sua força se tornou tão grande, que os últimos dois mandatos do exílio não podiam ser cumpridos. Nesse período a ortodoxia nicena já havia triunfado sobre o arianismo. Sua vida pode ser dividida em 3 etapas: Antes de Niceia até 325; luta contra o arianismo 325-361 e período de vitória da ortodoxia, 361-373.

c. João Crisóstomo (345-407)

Conhecido como "Boca de Ouro", foi um grande expositor e orador. Ao princípio advogou segundo seu treino em direito. Após seu batismo em 368 se tornou monge. Com a morte da sua mãe em 374 seguiu uma vida extremamente ascética até 380. Foi ordenado em 386 e se tornou patriarca de Constantinopla em 398. Foi banido em 404 por ter denunciado as vestimentas extravagantes da imperatriz, bem como a colocação de uma estatueta dela em prata na Igreja ao lado de Santa Sofia. Morreu no exílio em 407. Ainda existem 604 dos seus sermões. A leitura destes sermões mostra a força da sua pregação sem o acréscimo da personalidade de seu autor. A grande maioria destes sermões versam sobre as epístolas de Paulo. Procurava levar em consideração o contexto e aplicar aos dias dele o sentido literal do texto.

d. Teodoro de Mopsuéstia (350-428)

Foi príncipe dos exegetas da antiguidade. em contraste com os alexandrinos, ele com Crisóstomo procuravam proclamar o sentido natural do texto. Foi defensor, pelo menos em parte, de Nestório. Defendeu insistentemente a integridade da humanidade de Cristo. É também conhecido como Teodoro de Antioquia, que foi o lugar de seu nascimento e presbiterato.

e. Basílio de Cesareia (329-379)

Foi instalado na sé de Cesareia em 370. Logo em seguida começou uma série de negociações teológicas, primeiro com Atanásio e depois com o papa Dâmaso para promover a reunião das igrejas cismadas pela controvérsia sobre a Trindade. Graças a sua obra de organizador e legislador criou uma nova concepção da instituição monástica. Colocou como ideal o quadro dos cristãos em Jerusalém (At:2-4) e destacou daí a obediência ao superior.

f. Gregório de Nissa (331-395)

Irmão mais novo de Basílio foi um estudante da Bíblia e de Orígenes. Foi eleito bispo em 371. Tornou-se o defensor mais avançado do credo de Niceia. Foi o primeiro a procurar estabelecer por considerações racionais a totalidade das doutrinas ortodoxas. A filosofia se tornou uma auxiliadora da teologia. Embora divergisse de Orígenes, especialmente em cosmologia, na maior parte aceitou o ensino deste no que podia acomodá-lo à fé explícita da Igreja.

g. Gregório de Nazianzo (330-390)

Foi eleito bispo em 372, junto com os dois anteriores, procurou reconciliar as duas proposições de Atanásio: a identidade de essência entre Pai e Filho com a distinção de pessoalidade entre Pai e Filho. Os dois Gregório também procuravam salvar a reputação de Orígenes para a ortodoxia. Assim adotaram a doutrina de Orígenes que rezava que o Logos uniu-se com a natureza sensível pela mediação de uma alma humana racional. Acrescentaram que o Logos tomou todas as partes da natureza humana em comunhão consigo e as permeava.

h. Jerônimo (347-419)

Foi o autor da Vulgata que ele insistiu traduzir do grego (NT) e hebraico (AT), salvo os Salmos que já foram traduzidos da Setuaginta (LXX). Jerônimo introduziu dois outros elementos à Igreja ocidental que tiveram grandes repercussões lá. Introduziu a vida ascética a Europa ocidental. A importância disto só pode ser avaliada à luz da forma que a Igreja toma na Europa medieval. Introduziu também Orígenes ao Oeste. Por causa de uma tradução tendenciosa por parte de Rufino, Jerônimo fez uma tradução ao pé da letra de Orígenes. Mais tarde ficou embaraçado de ter seu nome ligado a Orígenes. Condenou a doutrina deste, mas sempre admirou seu estilo de escritor. Além de suas traduções da Bíblia e de Orígenes, Jerônimo é famoso por seus comentários nas Escrituras. Seu primeiro (388) comentário foi sobre Eclesiastes, seguido no mesmo ano por Gálatas, Efésios e Tito. Três anos depois publicou um sobre 5 dos profetas menores. De 397 até 419 completou os profetas menores, bem como Jonas, Daniel, Isaias, Ezequiel e Jeremias. E do NT apenas Mateus.

i. Ambrósio de Milão (340-397)

Foi um grande administrador eclesiástico; pregador e teólogo. Foi a pregação de Ambrósio que trouxe Agostinho ao evangelho. Era governador imperial da área ao redor de Milão quando o bispo da cidade morreu em 374. O povo unanimemente queria que Ambrósio aceitasse ser bispo. Crendo ser isto a vontade de Deus, renunciou ao seu cargo político, distribuiu seus bens aos pobres e, após sua eleição, iniciou um estudo intensivo das Escrituras. Foi um grande pregador apesar de sua exposição ser desfigurada pela interpretação alegórica das Escrituras. Resistiu ao imperador Teodósio, não permitindo-o participar da Ceia até que humilde e publicamente se arrependesse do massacre dos tessalonicenses. Aparentemente foi Ambrósio que introduziu o cantar de hinos na Igreja Ocidental.

j. Agostinho (354-430)

O nome mais ilustre desse período, bispo em Hipona na África. Escritor de vários livros sobre o Cristianismo e sobre a própria vida. Porém a fama e a influência de Agostinho estão nos seus escritos sobre a teologia cristã, da qual ele foi o maior expositor, desde o tempo de Paulo.

4. A IGREJA MEDIEVAL

4.1. DE ROMA ATÉ A QUEDA DE CONSTANTINOPLA

O destaque maior será dado à igreja que estava em Roma. Mesmo com a queda política, Roma continuou sendo considerada como a capital do cristianismo. Os bárbaros já haviam dominado quase todo o mundo ocidental. Eles se organizavam em reinos, conhecidos como *"reinos bárbaros"*. Enquanto que fracassada politicamente, Roma manteve firme a ideia de dominar o cenário religioso de todo o mundo. Grandes campanhas de evangelização foram feitas pela igreja romana.

Façamos a seguinte pergunta: *"Qual seria o verdadeiro objetivo de que todos os povos fossem cristãos, seria por interesse de monopólio* ***político-religioso*** *ou simplesmente obediência à vontade de Jesus?"*. De uma forma ou de outra o evangelho chegou aos povos bárbaros.

Os acontecimentos estudados a seguir, serão abordados superficialmente. Minha sugestão ao querido leitor interessado, é a de que procure mais fontes de informações sobre a igreja neste período. O período medieval foi por demais importante para a história da humanidade, não somente no aspecto religioso, mas, entre outras coisas, também no aspecto cultural e, porque não dizer, intelectual. A igreja, em determinada época deste período, retardou a evolução econômica, social, cultural e de certa forma, moral dos adeptos ao cristianismo.

4.2. O PODER PAPAL

No período medieval o poder papal superou, em alguns casos, o poder dos reis e imperadores. Na realidade, o poder papal começou a crescer antes do início deste período como observamos nos tópicos anteriores. Porém, de forma mais estampada, o Papa começa a dominar de uma forma mais autoritária pelo Papa Gregório I, o Grande. O apogeu do domínio papal se deu mesmo quando Gregório VII, mais conhecido como Hildebrando, seu nome verdadeiro, pois, no decorrer de toda a história dos papas católicos, este foi o único que ficou conhecido não pelo "título", mas, sim, pelo nome de família. Todos os papas da história tiveram seus nomes trocados. Podemos citar como exemplo o atual Papa Bento XVI, que tem como nome verdadeiro Joseph Alois Ratzinger, um alemão que já é o 265º Papa da história católica.

Gregório I teve que enfrentar oposição do bispo de Constantinopla, que começou reclamar o direito de ser o "bispo universal". Gregório obteve êxito e conseguiu dominar até mesmo as cidades vizinhas de Roma, mantendo-se firme no domínio do cristianismo. Foi por intermédio deste Papa que a igreja começou, de uma forma oficial, a adorar imagens, crer na existência do purgatório e na substanciação.

As causas do crescimento papal foram variadas, porém, a de maior destaque foi a seguinte: ***O Papa representava a justiça***. A igreja se infiltrava exatamente no meio da questões sociais, ou seja, entre o Estado e a população ou, até mesmo, entre os príncipes e os súditos, estava a igreja representada pelo Papa. Para a maioria das pessoas, a igreja era responsável pela justiça social. Todo bom político da época, buscava alianças com o Papa para obter apoio da população. O papado era favorável a qualquer governo justo e honesto.

Durante os anos de 1073 e 1216 o poder papal predominou por toda a Europa, não somente sobre a igreja, mas, também sobre o estado. Gregório VII foi o maior destaque deste período, realizando uma grande reforma no clero da igreja, que estava totalmente corrompido. Hildebrando governou a igreja, e camufladamente o estado, durante 20 anos. Este Papa foi o responsável pelo costume tradicional, sem apoio bíblico, do celibato; que havia sido cogitado em outros tempos, mas, que, foi vigorado por ele. Gregório VII pregava a supremacia da igreja sobre qualquer outra coisa.

O imperador Henrique IV se opôs ao Papa Gregório VII, tentando induzir alguns bispos alemães a votarem pedindo o fim do mandato do Papa. Gregório VII, para vingar-se, excomunga o imperador e isenta todos os súditos de submissão ao Estado. Em janeiro de 1077, Henrique IV, buscando receber perdão, passa três dias e três noites de pé à porta do castelo do Papa, descalço e vestido de lã. O imperador, depois que já havia recuperado todo o seu poder, declarou guerra contra o Papa e retira-o de Roma.

Inocêncio III (1198-1216) foi outro Papa que exerceu grande autoridade sobre tudo e todos. No seu discurso de posse, Inocêncio pregou que ele seria o grande juiz de todos e por ninguém poderia ser julgado. Com estas palavras, o Papa estava afirmando que ele seria o intermediador entre o homem e Deus. Durante todo o período medieval, o Papa teve grandes influências sobre o Estado. É bem verdade que nem sempre absoluta, mas sempre marcante.

4.3. O declínio do poder papal

Do século treze em diante começa o suave declínio do poder papal para o que concorreram fatos e circunstâncias históricas diferentes. Os fatos:

a. Com o século XIII desapareceu completamente o gosto pelas cruzadas;

b. A corrupção constante na corte de Roma, o favoritismo e o mercantilismo que presidiam as decisões do Papa e da Cúria, igualmente estimulava a dissidência;

c. Á imoralidade dominava o clero;

d. A cadeira papal era objeto de ambição mais desenfreada;

e. A influência adquirida pelos franceses na Itália e Sicília após queda dos imperadores germânicos foi sobremodo prejudicial ao papado.

Bonifácio VII (1294-l303), subiu a cadeira pontifica no meio destas condições tão favoráveis ao papado, mas sem se adaptar a elas conservou aquele espírito de arrogância e mandonismo, muito característico de seus antecessores.

Em 1305, foi eleito um francês, Clemente V, como Papa. Este não foi a Roma, mas estabeleceu sua corte Papal em Avignon e tornou se subserviente de Felipe rei da França. Aqui, ele e seus sucessores todos franceses serviram durante setenta anos. Tão notório se tornaram as condições que os historiadores católicos estigmatizaram o período de cativeiro babilônico do papado.

Em virtude da presença da corte papal de Roma em Avignon, na França, a Europa conseguiu muitas inimizades. O catolicismo dividiu-se, ficando uma parte com a França e outra com a Itália. Aparecem então dois papas um lançando maldições sobre o outro e cada qual julgando-se legitimo chefe da cristandade.

Em 1408, houve uma conferência em Livorno, entre representantes dos dois papas e um ano depois reunia-se um concílio geral em Pisa. Discutida largamente a questão, ambos os papas foram declarados heréticos e excomungados. O concílio elegeu então a Papa, o cardeal de Milão que tomou o nome de Alexandre V.

A questão não ficou resolvida, pois, três papas levantaram-se disputando a cadeira pontifícia, cada um formando em torno de si um considerado número de admiradores.

O pontificado de Nicolau V (l448-1455) foi notável, tendo sido construído nesse tempo o Vaticano e a Basílica de São Pedro, considerados como duas magníficas obras de arte. Talvez nesta época tenha-se resolvido o problema dos três papas.

Inocêncio VIII (l484-l492). para melhorar a fortuna de seus filhos ilegítimos, pelejou contra Nápoles e recebia tributo anual de Sultão, por manter seu irmão e rival na prisão em vez de enviá-lo como cabeça de um exercito contra os inimigos da cristandade.

Isto se deu numa época de ignorância, senão no período do renascimento literário e quando a Europa tinha entrado numa era de invenções e descobrimentos destinados a transformar a civilização. O estado de desmoralização em que a Igreja Romana se achava na véspera da reforma era um fato geralmente reconhecido.

4.4. AS CRUZADAS

Um grande movimento da Idade Média, sob a inspiração e mandado da igreja, foram as Cruzadas, que se iniciaram no fim do século XI. A primeira cruzada foi anunciada pelo Papa Urbano II, era composta de 275000 dos melhores guerreiros, para combater os Sarracenos que tinham invadido Jerusalém. Após grande batalha Jerusalém foi reconquistada.

A Segunda Cruzada foi convocada em virtude das invasões dos Sarracenos às províncias adjacentes ao reino de Jerusalém. Sob a influência de Luiz VII da França e Conrado III da Alemanha, um grande exército foi conduzido em socorro dos lugares reconhecido como santos. Enfrentara grandes dificuldades, mas obtiveram vitória.

A terceira Cruzada foi dirigida por Ricardo I "Coração de Leão", da Inglaterra e outros como; Frederico Barbarroxa, Filipe Augusto. Barbarroxa morrera afogado e Filipe desentendeu-se com Ricardo I e voltou para França. A coragem de Ricardo I, sozinho, não foi suficiente para conduzir seu exército para Jerusalém. Contudo fez um acordo para que os cristãos tivessem direito a visitar o santo sepulcro.

A Quarta Cruzada foi um completo fracasso, porque causou grande prejuízo a igreja cristã. Os cruzados se afastaram do propósito de conquistar a Terra Santa e fizeram guerra à Constantinopla. Conquistaram-na e saquearam-na. Constantinopla ficou, posteriormente, a mercê dos inimigos.

Na Quinta Cruzada, Frederico II, conduziu um exército até a Palestina e conseguiu um tratado no qual as cidades de Jerusalém, Haifa, Belém e Nazaré, eram cedidas aos cristãos. Porém 16 anos depois a cidade de Jerusalém foi tomada pelos maometanos.

A Sexta Cruzada foi empreendida por São Luiz. Invadiu a Palestina através do Egito, mas não obteve êxito, foi derrotado pelos maometanos e libertado por uma grande soma.

A sétima Cruzada teve também a direção de São Luíz juntamente com Eduardo I. A rota escolhida foi novamente a África, porém São Luíz morreu e Eduardo I voltou para ocupar o trono na Inglaterra e a cruzada teve um fracasso total. Esta foi considerada a última Cruzada, porém houve outras de menor vulto.

5. A REFORMA PROTESTANTE

5.1. INICIO DA REFORMA RELIGIOSA

Cinco grandes movimentos de reformas surgiram na igreja; contudo, o mundo não estava preparado para recebê-los, de modo que foram reprimidos com sangrentas perseguições. São eles:

a. Os Albigenses (Puritanos)

Surgiram em 1170 no sul da França. Eles rejeitavam a autoridade da tradição, distribuíam o Novo Testamento e opunham-se às doutrinas romanas do purgatório, à adoração de imagens e às pretensões sacerdotais. O Papa Inocêncio III promoveu uma grande perseguição contra eles, e a seita foi dissolvida com o assassinato de quase toda a população da região.

b. Os Valdenses

Apareceram ao mesmo tempo, em 1170, com Pedro Valdo, que lia, explicava e distribuía as Escrituras, as quais contrariavam os costumes e as doutrinas dos católicos romanos. Foram cruelmente perseguidos e expulsos da França; apesar das perseguições, eles permaneceram firmes, e atualmente constituem uma parte do pequeno grupo de protestante na Itália.

c. João Wyclif

Nascido em 1324, Recusava-se a reconhecer a autoridade do Papa e opunha-se a ela. Era contra a doutrina da transubstanciação, considerando o pão e o vinho meros símbolos. Traduziu o Novo testamento para o Inglês e seus seguidores foram exterminados por Henrique V.

d. João Huss

Nascido em 1369 foi um dos leitores de Wyclif, pregou as mesmas doutrinas, e especialmente proclamou a necessidade de se libertarem da autoridade papal. Foi excomungado pelo Papa, e então retirou para algum esconderijo desconhecido. Ao fim de dois anos voltou a convite da igreja para participar de um concílio católico-romano de Constança, sob a proteção de um salvo-conduto. Entretanto, o acordo foi violado sob o pretexto de que "*Não se deve ser fiel a hereges*". Assim João Huss foi condenado e queimado.

e. Jerônimo Savonarola

Nascido em 1452 foi monge Dominicano, em Florença. A grande catedral enchia-se de multidões ansiosas, não só de ouvi-lo, mas também para obedecer aos seus ensinos. Pregava contra os male sociais, eclesiásticos e político de seu tempo. Foi preso, condenado e enforcado e seu corpo queimado na praça de Florença em 1498.

5.2. LUTERO E A REFORMA NA ALEMANHÃ

Neste período de duzentos anos que vamos comentar, o grande acontecimento que despertou a atenção geral foi a Reforma; iniciada na Alemanha, espalhou-se por todo o norte da Europa e teve como resultado o estabelecimento de igrejas nacionais que não prestavam obediência nem fidelidade a Roma. Anotemos algumas das forças que conduziram à Reforma e ajudaram de forma notável o seu progresso.

Uma dessas forças foi, sem dúvida, o notável movimento conhecido como Renascença, ou despertar da Europa para um novo interesse pela literatura, pelas artes e pela ciência, isto é, a transformação dos métodos e propósitos medievais em métodos modernos.

Durante a Idade Média o interesse dos estudiosos havia sido orientado para a verdade religiosa, com a filosofia relacionada com a religião. Os principais pensadores e escritores, conforme vimos, eram homens pertencentes à igreja. Porém, no período da Renascença, surgiu um novo interesse pela literatura clássica, pelo grego e pelo latim, pelas artes, de forma inteiramente separada da religião. Por via de tal interesse, apareceram os primeiros vislumbres da ciência moderna. Os dirigentes do movimento, de modo geral, não eram sacerdotes nem monges, e sim leigos, especialmente na Itália, onde teve início a Renascença, não como um movimento religioso, mas literário; não abertamente antirreligioso, porém cético e investigador.

A invenção da imprensa veio a ser um arauto e aliado da Reforma que se aproximava. A imprensa possibilitou o uso comum das Escrituras, e incentivou a tradução e a circulação da Bíblia em todos os idiomas da Europa. As pessoas que liam a Bíblia, prontamente se convenciam de que a igreja papal estava muito distanciada do ideal do Novo Testamento. Os novos ensinos dos Reformadores, logo que eram escritos, também eram logo publicados em livros e folhetos, e circulavam aos milhões em toda a Europa.

O patriotismo dos povos começou a manifestar-se, mostrando-se inconformados com a autoridade estrangeira sobre suas próprias igrejas nacionais; resistindo à nomeação de bispos, abades e dignitários da igreja feitas por um Papa que vivia em um pais distante.

Não se conformava, o povo, com a contribuição do "óbolo de S. Pedro", para sustentar o Papa e para a construção de majestosos templos em Roma. Havia uma determinação de reduzir o poder dos concílios eclesiásticos, colocando o clero sob o poder das mesmas leis e tribunais que serviam para os leigos.

Enquanto o espírito de reforma e de independência despertava a Europa, a chama desse movimento começou a arder primeiramente na Alemanha, no eleitorado da Saxônia, sob a direção de Martinho Lutero, monge e professor da Universidade de Wittenberg.

O Papa reinante, Leão X, em razão da necessidade de avultadas somas para terminar as obras do templo de S. Pedro em Roma, permitiu que um seu enviado, João Tetzel, percorresse a Alemanha vendendo bulas, assinadas pelo Papa, as quais, dizia, possuíam a virtude de conceder perdão de todos os pecados, não só aos possuidores da bula, mas também aos amigos, mortos ou vivos, em cujo nome fossem as bulas compradas, sem necessidade de confissão, nem absolvição pelo sacerdote. Tetzel fazia esta indagação ao povo: "*Tão depressa o vosso dinheiro caia no cofre, a alma de vossos amigos subirá do purgatório ao céu*."

Lutero, por sua vez, começou a pregar contra Tetzel e sua campanha de venda de indulgências, denunciando como falso esse ensino. A data exata fixada pelos historiadores como início da grande Reforma foi registrada como 31 de outubro de 1517. Na manhã desse dia, Martinho Lutero afixou na porta da Catedral de Wittenberg um pergaminho que continha noventa e cinco teses ou declarações, quase todas relacionadas com a venda de indulgências; porém em sua aplicação atacava a autoridade do papa e do sacerdócio. Os dirigentes da igreja procuravam em vão restringir e lisonjear Martinho Lutero. Ele, porém, permaneceu firme, e os ataques que lhe dirigiam, apenas serviram para tornar mais resoluta sua oposição às doutrinas não apoiadas nas Escrituras Sagradas.

Após longas e prolongadas controvérsias e a publicação de folhetos que tornaram conhecidas as opiniões de Lutero em toda a Alemanha, seus ensinos foram formalmente condenados. Lutero foi excomungado por uma bula do papa Leão X, no mês de junho de 1520. Pediram então ao eleitor Frederico da Saxônia que entregasse preso Lutero, a fim de ser julgado e castigado. Entretanto, em vez de entregar Lutero, Frederico deu-lhe ampla proteção, pois simpatizava com suas ideias.

Martinho Lutero recebeu a excomunhão como um desafio, classificando-a de "bula execrável do anticristo". No dia 10 de dezembro, Lutero queimou a bula, em reunião pública, à porta de Wittemberg, diante de uma assembleia de professores, estudantes e do povo. Juntamente com a bula, Lutero queimou também cópias dos cânones ou leis estabelecidas por autoridades romanas. Esse ato constituiu a renúncia definitiva de Lutero à igreja católica romana.

Em 1521 Lutero foi citado a comparecer ante a do Concílio Supremo do Reno. O novo imperador Carlos V concedeu um salvo-conduto a Lutero, para comparecer a Worms. Apesar de advertido por seus amigos de que poderia ter a mesma sorte de João Huss, que nas mesmas circunstâncias, no Concílio de Constança, em 1415, apesar de possuir um salvo-conduto, foi morto por seus inimigos, Lutero respondeu-lhes: "Irei a Worms ainda que me cerquem tantos demônios quantas são as telhas dos telhados."

Finalmente, no dia 17 de abril de 1521 Lutero compareceu ao Concílio. Em resposta a um pedido de que se retratasse, e renegasse o que havia escrito, após algumas considerações respondeu que não podia retratar-se, a não ser que fosse desaprovado pelas Escrituras e pela razão, e terminou com estas palavras: "Aqui estou. Não posso fazer outra coisa. Que Deus me ajude. Amém." Instaram com o imperador Carlos para que prendesse Lutero, apresentando como razão, que a fé não podia ser confiada a herêges. Contudo, Lutero pôde deixar Worms em paz.

Enquanto viajava de regresso à sua cidade, Lutero foi cercado e levado por soldados do eleitor Frederico para o castelo de Wartzburg. Ali permaneceu durante um ano, enquanto as tempestades de guerra e revoltas rugiam no império. Entretanto, durante esse tempo, Lutero não permaneceu ocioso; nesse período traduziu o Novo Testamento para a língua alemã, obra que por si só o teria imortalizado, pois essa versão é considerada como o fundamento do idioma alemão escrito. Isto aconteceu no ano de 1521. O Antigo Testamento só foi completado alguns anos mais tarde. Ao regressar do castelo de Wartzburg a Wittenberg, Lutero reassumiu a direção do movimento a favor da igreja Reformada, exatamente a tempo de salvá-la de excessos extravagantes.

Em 1529 a Dieta reuniu-se na cidade de Espira, com o objetivo de reconciliar as partes em luta. Nessa reunião da Dieta os governadores católicos, que tinham maioria, condenaram as doutrinas de Lutero. Os príncipes resolveram proibir qualquer ensino do luteranismo nos estados em que dominassem os católicos. Ao mesmo tempo determinaram que nos estados em que governassem luteranos, os católicos poderiam exercer livremente sua religião.

Os príncipes luteranos protestaram contra essa lei desequilibrada e odiosa. Desde esse tempo ficaram conhecidos como protestantes, e as doutrinas que defendiam também ficaram conhecidas como religião protestante.

5.3. ZUÍNGLIO E A REFORMA NA SUÍÇA

Ao mesmo tempo em que a Reforma seguia adiante na Alemanha, ela também se iniciava na Suíça, sob o comando de Ulrico Zuínglio. De modo diferente de Lutero, esse sacerdote nunca foi monge e tampouco experimentou uma conversão intrincada. Sua conversão foi um processo intelectual lento, no qual ele passou a entender as Escrituras e a perceber como a Igreja Católica estava distante delas.

Durante os dez anos de serviço como pároco em Glarus, na Suíça, Zuínglio atuou, em duas ocasiões, como capelão de alguns jovens mercenários suíços. O que viu fez com que fosse contra a prática dos rapazes, que vendiam seus serviços de guerreiros, e, portanto, posicionou-se publicamente contra essa prática. Para Zuínglio, esse pequeno incidente foi apenas o começo de uma carreira que abrangeria tanto a reforma política quanto religiosa.

Serviu como sacerdote em Einsiedeln de 1516 a 1518. Por ter sido muito influenciado por Erasmo, Zuínglio aprofundou-se no estudo do Novo Testamento grego daquele grande erudito. Sua pregação começou a ter cunho mais evangélico.

No primeiro dia do ano de 1519, Zuínglio se tornou pastor da principal igreja de Zurique. Ao chegar, anunciou que, em vez de seguir os textos prescritos no lecionário, pregaria sobre o evangelho de Mateus. Isso foi praticamente um ato de desafio à igreja, embora, naquele momento, ele não tivesse intenção alguma de se separar de Roma.

No mesmo ano, a peste chegou a Zurique, e quase um terço da população da cidade foi vitimada. Zuínglio fez de tudo para ministrar ao povo, até que ele mesmo contraiu a doença. Os três meses que levou para se recuperar lhe ensinaram lições sobre a dependência que devemos ter de Deus, algo que mudou sua vida completamente.

Zuínglio continuou a pregar que encontrava na Bíblia, mesmo quando o ensino era diferente dos rituais e das doutrinas da igreja. Essa situação chegou a seu ápice em 1522, quando alguns de seus paroquianos desafiaram as regras da igreja sobre comer carne durante a Quaresma. Zuínglio os apoiou pregando um sermão sobre a liberdade.

O governo civil de Zurique aceitou a paz, mas, ao fazê-lo, terminou por tomar a igreja nas próprias mãos. Logo no começo do ano seguinte, eles promoveram um debate público sobre assuntos de fé e de doutrina, em que a ideia de Zuínglio prevaleceu. Em 29 de janeiro de 1523, o conselho da cidade decretou: "Que o sr. Ulrico Zuínglio continue e prossiga, como antes, com a proclamação do santo evangelho e da pura e santa Escritura de acordo com sua capacidade".

No *decorrer de dois anos*, os debates continuaram e as reformas se expandiram: sacerdotes e freiras poderiam se casar, imagens foram removidas das igrejas e, para firmar a ruptura final com a Igreja Católica, a missa foi substituída por um culto simples no qual a maior ênfase era dada à pregação.

Zuínglio enfrentou oposição não apenas da Igreja Católica, mas também dos anabatistas — grupo mais radical de reformistas — que queriam ver as reformas em Zurique acontecer de forma mais rápida. Embora muitos reformadores concordassem entre si no sentido de que desejavam a fé mais bíblica, eles, muitas vezes, diferiam quanto ao real significado dessa fé mais bíblica e de como alcançá-la.

Em 1529, Filipe, o *landgrave* de Hesse, reuniu Lutero e Zuínglio. Filipe queria que o movimento reformado fosse coeso com relação à questão militar, política e espiritual. Para esse fim, trouxe os dois homens a Marburgo. Das quinze questões doutrinárias que discutiram, Zuínglio e Lutero concordaram em catorze. A eucaristia foi o ponto de discórdia: Zuínglio via esse ato como o recebimento "espiritual" do corpo de Cristo, ao passo que Lutero o via em termos mais concretos. O encontro que objetivava a união dos dois grupos protestantes resultou, na verdade, em uma ruptura ainda maior.

O movimento reformista de Zuínglio se espalhou principalmente na porção alemã da Suíça, chegando, finalmente, a Genebra, de língua francesa, e pavimentando o caminho para o trabalho de Calvino naquela região. Entretanto, Zuínglio ainda enfrentava a oposição católica nos cantões rurais, o que terminou por levá-lo a uma batalha. O clérigo, que pregou contra os mercenários, uniu-se às tropas de Zurique como soldado, empunhando armas, e morreu em 11 de outubro de 1531, na Batalha de Kappel. Seu corpo foi esquartejado e desonrado por seus inimigos.

5.4. JOÃO CALVINO

Um dos maiores ramos do protestantismo teve por fundador o francês João Calvino (1509-1564). A princípio encaminhado para a vida eclesiástica, Calvino se fez, depois, jurista e entusiasta cultor do humanismo. Abraçando as ideias da Reforma, pôs-se a pregá-las.

Perseguido, deixou a França e refugiou-se na Suíça, onde publicou o livro *Instituição cristã*, em que excede as doutrinas de Lutero, rejeita o culto externo e ensina a predestinação dos homens à salvação ou à eterna condenação, indo totalmente em desencontro com a tese antibíblica do purgatório, criada pela Igreja Católica no ano 1000.

Calvino fêz de Genebra, onde se fixou, como que a *Roma do protestantismo*. Aí fundou uma espécie de república teocrática e organizou sua igreja, que serviria de modelo aos protestantes da língua francesa. Formavam-se em Genebra os ministros que iam organizar as igrejas calvinistas da Holanda, Escócia, Inglaterra, França.

Os partidários de Calvino na Escócia vieram a chamar-se *presbiterianos*; na Inglaterra, *Puritanos*; e na França, *huguenotes*.

5.5. A CONTRA REFORMA

No século XVI, a Igreja Católica estava passando por uma forte crise. Neste contexto, ganhou força o protestantismo e as novas religiões surgidas na Europa como, por exemplo, o calvinismo e o luteranismo.

Para tentar barrar o avanço do protestantismo, após a Reforma Protestante, o Papa Paulo III convocou um concílio para a cidade italiana de Trento. O Concílio de Trento foi realizado entre os anos de 1545 e 1563. Vários assuntos foram discutidos e várias ações entraram em execução. As principais foram:

a. Retorno da Inquisição

Tinha como objetivo vigiar, perseguir, prender e punir aqueles que não estavam seguindo a doutrina católica. Milhares de protestantes, judeus e integrantes de outras religiões foram perseguidos e punidos pelo Tribunal do Santo Ofício.

b. Criação do Índice de Livros Proibidos

Relação de livros contrários aos dogmas e ideias defendidas pela Igreja Católica. Os livros apreendidos eram queimados. Quem fosse pego com materiais deste tipo receberia punições severas. Vários escritores, muitos deles cientistas, foram presos e condenados por escreverem livros com ideias não aceitas pelos católicos. Era uma forma de barrar o avanço de outras doutrinas e manter o controle cultural nas mãos da Igreja Católica.

c. Criação da Companhia de Jesus

Os integrantes desta companhia eram os jesuítas. Estes foram encaminhados aos continentes africano, americano e asiático. Tinham como objetivo principal transformar os nativos em novos católicos, através da catequização (ensino da língua portuguesa, doutrina católica e hábitos europeus). Os índios brasileiros foram catequizados por jesuítas como, por exemplo, Padre Manoel da Nobrega e José de Anchieta.

6. A IGREJA CONTEMPORÂNEA

Nos últimos três séculos, nossa atenção dirigir-se-á especialmente para as igrejas que nasceram da Reforma. A igreja Católica Romana continuou seu caminho na história com algumas mudanças, mas, na verdade sem admitir os erros doutrinários gravíssimos que carrega ao longo de tantos anos. Posso dar como exemplo de erro doutrinário dois fatores importantes, primeiro a forma como ministra os duas principais ordenanças de Jesus à igreja, o batismo e a ceia; e segundo, a doutrina do purgatório que não existe nenhum fundamento na Palavra de Deus.

Como a contra-reforma não conseguira acabar com o crescimento protestante, o resultado fez com que mais e mais homens se preocupassem com o aperfeiçoamento da igreja. Alguns movimentos chamam a atenção, porque, alguns deles, quase prejudicaram o crescimento necessário do evangelho.

Pouco depois da Reforma apareceram três grupos diferentes na igreja inglesa:

1) Os elementos romanistas que procuravam fazer amizade e nova união com Roma;

2) O anglicanismo, que estava satisfeito com as reformas moderadas estabelecidas nos reinados de Henrique VIII e da rainha Elisabete;

3) E o grupo protestante radical que desejava uma igreja igual às que se estabeleceram em Genebra e Escócia. Este último grupo ficou conhecido, cerca do ano de 1654, como "os puritanos", e opunha-se de modo firme ao sistema anglicano no governo de Elisabete, e por essa razão muitos de seus dirigentes foram exilados.

6.1. O MOVIMENTO PURITANO

O movimento puritano, também conhecido como Revolução Puritana, foi quando os protestantes da Inglaterra fizeram oposição radical aos costumes papais e católicos. Os puritanos tinham como objetivo ver uma igreja completamente pura. Havia entre os puritanos algumas facções, os extremamente radicais e os menos radicais, também conhecidos como separatistas. Os separatistas, em determinada época, perderam as esperanças de uma purificação na igreja anglicana.

Deste movimento puritano, despontou na história eclesiástica a igreja Presbiteriana a Congregacional e a igreja Batista, sendo esta, não muito conhecida a história de origem.

6.2. O MOVIMENTO WESLEYANO

A igreja reformada inglesa, durante a primeira metade do século dezoito, acomodou-se em muitas formalidades racionais. Em resposta ao comodismo encontrado dentro da igreja, alguns pregadores começaram a falar com a intenção de despertar o povo de Deus de um comodismo para um avivamento espiritual. Dentre estes pregadores, um se destacou por sua determinação e coragem, Jorge Whitefield, homem de extrema importância para o avivamento na Inglaterra, chegando a pregar para multidões de 8.000 pessoas.

João Wesley foi o responsável por um movimento e avivamento espiritual que recebeu o seu nome. Wesley foi estadista e um dos líderes clérigos da igreja anglicana, passou a ter uma nova visão espiritual após um encontro com um grupo dissidente da igreja Luterana, passando a crer em uma experiência pessoal, passou a pregar seu testemunho, depois, muitos outros pregadores começaram a divulgar suas ideias. Os que aceitavam os ensinamentos de Wesley foram chamados de Metodistas.

6.3. OS BATISTAS

Uma das maiores igrejas existentes na América do Norte é a denominação Batista. Seus princípios distintivos são dois:

1) Que o batismo deve ser ministrado somente àqueles que confessam sua fé em Cristo; por conseguinte, as crianças não devem ser batizadas;

2) Que a única forma bíblica do batismo é a imersão do corpo na água, e não a aspersão ou derramamento.

Os batistas são congregacionais em seu sistema de governo. Cada igreja local é absolutamente independente de qualquer jurisdição externa, fixando suas próprias regras. Surgiram os batistas pouco depois da Reforma, na Suíça, e espalharam-se rapidamente no norte da Alemanha e na Holanda.

No princípio foram chamados anabatistas, porque batizavam novamente aqueles que haviam sido batizados na infância. Na Inglaterra, a princípio, estavam unidos com os independentes ou congregacionais, mas pouco a pouco tornaram-se um corpo independente. Com efeito, a igreja de Redford, da qual João Bunyan era pastor, cerca do ano 1660, e que existe até hoje, considera-se tanto batista como congregacional.

Na América do Norte a denominação batista iniciou suas atividades com Roger Williams, clérigo da Igreja da Inglaterra expulso de Massachusetts porque se recusou a aceitar as regras e opiniões congregacionais. Roger fundou a colônia de Rhode Island, em 1644.

Ali todas as formas de adoração religiosa eram permitidas, e os membros de religiões perseguidas em outras partes eram bem-vindos. De Rhode Island os batistas espalharam-se rapidamente por todo o continente.

6.4. OS LUTERANOS

Depois da Reforma iniciada por Martinho Lutero, as igrejas nacionais que se organizaram na Alemanha e nos países escandinavos tomaram o nome de luteranas. No início da história da colonização holandesa da Nova Amsterdã, hoje Nova Iorque, que se supõe haja sido em 1623, os luteranos, ainda que da Holanda, chegaram a essa cidade.

Em 1652, solicitaram licença para fundar uma igreja e contratar um pastor. Entretanto, as autoridades da Igreja Reformada da Holanda opuseram-se a esse desejo, e fizeram com que o primeiro ministro luterano voltasse à Holanda, em 1657. Os cultos continuaram a ser realizados, embora não oficialmente. Contudo, em 1664, quando a Inglaterra conquistou Nova Amsterdã, os luteranos conseguiram liberdade de culto.

Em 1638, alguns luteranos suecos estabeleceram-se próximo ao rio Delaware, e construíram o primeiro templo luterano na América do Norte, perto de Lewes. Porém a imigração sueca cessou até ao século seguinte.

Em 1710, uma colônia de luteranos exilados do Palatinado, na Alemanha, estabeleceu a sua igreja em Nova Iorque e na Pensilvânia. No século dezoito os protestantes alemães e suecos emigraram para a América do Norte, aos milhares. Isso deu motivo à organização do primeiro Sínodo Luterano na cidade de Filadélfia, em 1748.

A partir daí as igrejas luteranas cresceram, não só por causa da imigração, mas também pelo aumento natural, sendo que atualmente há aproximadamente nove milhões e meio de membros nas igrejas luteranas.

6.5. PRESBITERIANOS E METODISTAS

Uma das primeiras igrejas presbiterianas dos Estados Unidos foi organizada em Snow Hill, Maryland, em 1648, pelo Rev. Francis Makemie, da Irlanda. Makemie mais seis ministros reuniram-se em Filadélfia, em 1706 e uniram suas igrejas em um presbitério. Em 1716, as igrejas e seus ministros, havendo aumentado em numero, e bem assim penetrado em outras colônias, decidiram organizar-se em sínodo, dividido em quatro presbitérios incluindo dezessete igrejas.

As igrejas metodistas do Novo Mundo existem desde o ano de 1766, quando dois pregadores wesleyanos locais, naturais da Irlanda, se transferiram para os Estados Unidos e começaram a realizar cultos segundo a ordem metodista. Não se sabe ao certo se Filipe Embury realizou o primeiro culto em sua própria casa em Nova Iorque ou se foi Roberto Strawbridge, em Fredrick County, Maryland. Esses dois homens organizaram sociedades, e, em 1768, Filipe Embury edificou uma capela na Rua João, onde funciona ainda um templo metodista episcopal.

O número de metodistas na América do Norte cresceu. Por essa razão, em 1769, João Wesley enviou dois missionários, Ricardo Broadman e Tomás Pilmoor, a fim de inspecionarem a obra e cooperarem na sua extensão. Outros pregadores, sete ao todo, foram enviados da Inglaterra, dentre os quais se destacou Francisco Asbury, que chegou aos Estados Unidos em 1771.

A primeira Conferência Metodista nas colônias foi realizada em 1773, presidida por Tomás Rankin. Porém, em razão do início da Guerra de Independência, todos os pregadores deixaram o país; exceto Asbury, e a maior parte do tempo, até que a paz foi assinada em 1783, ele esteve afastado.

Quando o governo dos Estados Unidos foi reconhecido pela Grã-Bretanha, os metodistas da América do Norte alcançavam o número de quinze mil.

6.6. AS ASSEMBLEIAS DE DEUS

Os missionários Daniel Berg e Gunnar Vingren, este ex-pastor da Igreja Batista Suéca, de Menominee, Michigan, EUA, foram os apóstolos tomados por Deus para o lançamento das primeiras sementes, o Senhor os aproximou por ocasião de uma convenção de igrejas batistas reavivadas, em Chicago, quando sentiram o chamado para terras distantes. Em mensagem profética, o Senhor lhes falou, mais tarde, na cidade de South Bend, quando pela primeira vez ouviram o nome "Pará". Consultaram um mapa e souberam, então, que se tratava de uma "Província" (estado) do Brasil.

Empreenderam uma jornada em que muitos acontecimentos surpreendentes se verificaram, constituindo todos eles evidentes provas de que Deus lhes testava a fé. A 5 de novembro de 1910, os dois suécos deixavam Nova Iorque, a bordo do navio "Clement", oportunidade em que promoveram a evangelização dos tripulantes e passageiros, registrando-se algumas decisões para Cristo. A chegada a Belém do Pará deu-se a 19 de novembro.

Da igreja pioneira de Belém irradiou-se a obra pentecostal a todas as regiões do Brasil, vindo a corresponder, a partir de 1960, a 70% no quadro do evangelismo nacional. As Assembleias de Deus congregam 50 por cento dos evangélicos brasileiros, predominando nas zonas rurais e no interior, procurando alcançar, sobretudo, as classes sociais mais humildes.

Na literatura, destacam-se os nomes de Emilio Conde, que durante vários anos dirigiu, como jornalista, os órgãos de divulgação das Assembleias de Deus no Brasil e representou a igreja em congressos internacionais, e de Orlando Boyer, o mais prolífero autor pentecostal radicado em terras brasileiras.

A forma de governo das Assembleias de Deus é congregacional. As igrejas locais unem-se umas às outras por meio de doutrinas e práticas mútuas que as levam a cooperar em favor dos interesses gerais e do Distrito. Os dirigentes das assembleias locais, dos Concílios Distritais e do Concílio Geral têm poderes limitados na esfera da administração e são considerados como servidores da organização. Eles exercem funções eficientes de assessoramento dos ministros e das igrejas. As assembleias locais têm certa dependência da organização, até que alcancem o crescimento suficiente que justifique seu reconhecimento como assembleias independentes.

O caráter da organização das Assembleias de Deus foi descrito por um ministro presbiteriano, o qual declarou que na organização predomina o mesmo espírito que predominava na primitiva igreja wesleyana.

BIBLIOGRAFIA

KNIGHT, A.; ANGLIN, W. A História do Cristianismo. São Paulo: Editora CPAD, 1984.

OLSON, Roger. Historia da Teologia Cristã. São Paulo: Editora Vida, 2001.

GONZALES, Justo L. A Era dos Mártires (vol. 1). São Paulo: Editora Vida Nova, 1989.

________________ A Era dos Gigantes (vol. 2). São Paulo: Editora Vida Nova, 1988.

________________ A Era dos Reformadores (vol. 6). São Paulo: Editora Vida Nova, 1989.

FERREIRA, Franklin. A Igreja Cristã. Rio de Janeiro: Editora Vida Plena, 2000.

HURLBUT, Jesse Lyman. História da Igreja Cristã. São Paulo: Editora Vida, 2002.

LANE, Tony. Pensamento Cristão (vol. 1). São Paulo: Editora Abba Press, 2003.

CURTIS, A. Kenneth; LANG, J. Stephen; PETERSEN, Randy. Os 100 Acontecimentos mais importantes da história do Cristianismo. São Paulo: Editora Vida, 2003.

CAIRNS, Earle E. O Cristianismo através dos Séculos. São Paulo: Editora Vida Nova, 2004.

Historia da Igreja. Texto de José Ferraz (consulta ao site: www.adoração.com).

Site Consultados:

www.orbita.starmedia.com/omensageiro

www.ferraz.cjb.net

Capítulo VII

INTRODUÇÃO AO ANTIGO TESTAMENTO

1. CONCEITO DE ANTIGO TESTAMENTO

Quando se fala em "Antigo Testamento" e "Novo Testamento", pensa-se nas duas principais divisões da Bíblia sob o ponto de vista da classificação técnica e didática. Entretanto, o sentido original dessas expressões não visava livros, mas sim as duas "economias" de salvação divina, ou seja, a do povo eleito de Israel e a do povo eleito fundado por Cristo sob a denominação de Igreja. A palavra portuguesa "testamento" reproduz o termo latim "testamentum" e o grego "diathéke". Neste sentido apresenta a última vontade de uma pessoa na ocasião de sua morte, conforme Hebreus 9:16-17.

O sentido mais antigo da palavra encontra-se na palavra hebraica "berit", que significa "pacto", indicando o acordo salvífico entre Deus e o povo de Israel, ou a salvação decretada por **Deus** a favor da humanidade. Em II Reis 23:2,21 fala-se em "livro da aliança" com referência ao livro encontrado no templo pelo sacerdote Hilquias na época do Rei Josias, o qual serviu de base para uma importante reforma político-religiosa por volta de 622 a.C. Esse documento, segundo as evidências do conteúdo e natureza dessa reforma, continha o texto básico daquilo que se chama hoje de "Deuteronômio".

Também, o Apóstolo Paulo, se referiu a toda a literatura do povo pré-cristão como "Antigo Testamento" (II Coríntios 3:14), pensando ainda na ideia de pacto e aliança comum aos antigos. É sempre bom lembrar que os judeus não intitulam a sua literatura como "Antigo

Testamento", uma vez que não consideram o pacto feito com Moisés como antigo e, portanto, precisando de uma novidade. Essa divisão é cristã e, provavelmente, só veio a cristalizar-se por volta do Século V d.C., quando os livros do "Novo Testamento" existiam num corpo organizado, num rol ou lista de livros sagrados que a Igreja chamou de "Cânon".

Como a mentalidade cristã chegou à interpretação da literatura sagrada como "Antigo" e "Novo" testamentos? A teologia parte do princípio que a religião de Israel baseava-se num pacto entre Deus e seu povo. Por sua promessa, Deus estabeleceu o pacto e coube ao povo cumprir os mandamentos divinos (Êxodo 34:10-11). O sinal desse ajuste foi a circuncisão.

Na verdade, os textos sacerdotais sempre apresentam um Deus que se comunica com o homem através de pactos (Na criação, Gênesis 2; em Noé, Gênesis 9; em Abraão, Gênesis 12 e 17; em Moisés, Êxodo 19). Com o passar do tempo, a religião de Israel tornou-se incapaz de observar corretamente as condições do pacto, ou melhor, de cumpri-lo, na medida em que desviou-se do direito transmitido aos antigos (Lei – "Torah"), desobedecendo a Deus e tornando a religião num ritualismo cego manifestado por práticas exteriores (liturgias e sacrifícios).

Os profetas perceberam esse desvio bem cedo (Isaías 1:10-17). Desde então, já anunciavam o "novo" (Isaías 43:18-19; Jeremias 31:31-34). Essa concepção de "Novo Pacto" foi compreendida pelos cristãos como realizada plenamente na vida e morte de Jesus Cristo (Mateus 26:28; I Coríntios 11:25). A partir de Paulo, percebe-se Moisés e seus escritos como "Antiga Aliança" (II Coríntios 3:12-15) ou como "primeira aliança" (Hebreus 8:7-13; 9:15).

A separação para fins didáticos só aparece a partir do momento em que a Igreja chega a uma reforma para a lista de livros do Novo Testamento tal qual possuímos hoje, ou seja, um Cânon de 27 livros, por volta do início do século V d.C.

1.1. TEXTO E FORMA DO ANTIGO TESTAMENTO

Antigo Testamento é o nome dado, desde os primórdios do Cristianismo, às escrituras sagradas do povo de Israel, formadas por um conjunto de livros muito diferentes uns dos outros em caráter e gênero literário e pertencentes a diversas épocas e autores.

O Antigo Testamento ocupa, sem dúvida, um lugar preeminente no quadro geral da importante literatura surgida no Antigo Oriente Médio. No decorrer da sua longa história, egípcios, sumérios, assírios, babilônicos, fenícios, hititas, persas e outros povos da região produziram um importante tesouro de obras literárias; porém nenhuma delas se compara ao Antigo Testamento quanto à riqueza dos temas e beleza de expressão e, muito menos, quanto ao valor religioso.

1) Os gêneros literários do Antigo Testamento

Em termos gerais, todos os escritos do Antigo Testamento podem ser incluídos em um ou outro dos dois grandes gêneros literários que são a *prosa* e a *poesia*; em tudo, uma segunda aproximação permite apreciar a grande diversidade de classes e estilos que, muitas vezes misturados entre si, configuram ambos os gêneros.

Quanto à *prosa*, é o gênero no qual estão escritos textos como os seguintes:

a. relatos históricos, presentes sobretudo nos livros de caráter narrativo e que, a partir de Abraão (Gn 11:27—25:11), referem-se ou diretamente ao povo de Israel e aos seus personagens mais significativos ou indiretamente aos povos e nações cuja história está relacionada muito de perto com Israel;

b. o relato de Gn 1—3 sobre as origens do mundo e da humanidade, o qual, do ponto de vista literário, merece referência à parte;

c. passagens especiais (p. ex., a história dos patriarcas), narrações épicas (p. ex., o êxodo do Egito e a conquista de Canaã), quadros familiares (p. ex., o livro de *Rute*), profecias (em parte), visões, crônicas oficiais, diálogos, discursos, instruções, exortações e genealogias;

d. textos legais e normas de conduta e regulamentação da prática religiosa coletiva e pessoal.

Quanto à poesia, o Antigo Testamento oferece vários modelos literários, que podem ser resumidos em:

a. *cúlticos* (p. ex., *Salmos* e *Lamentações*);

b. *proféticos* (uma parte muito importante dos textos dos profetas de Israel);

c. *sapienciais*, os quais recolhem reflexões e ensinamentos relativos à vida diária (*Provérbios* e *Eclesiastes*) ou que giram em torno de algum problema de caráter teológico (*Jó*).

1.2. Divisões do Antigo Testamento

A Bíblia é a maior obra de literatura, história e teologia já escrita. Em sua produção, preservação, proclamação e resultado (mudou a história, tem mudado vidas), ela permanece sendo o mais singular livro em existência. É uma unidade numa diversidade de autores, extensão de tempo e formas literárias.

O Antigo e o Novo Testamentos se combinam agradavelmente para criar um copioso fluxo desde a eternidade passada até a eternidade futura, desde as altitudes do céu até as profundezas do inferno. Nestes sessenta e seis livros, descobrimos nosso passado, entendemos nosso presente e granjeamos esperança quanto a nosso futuro.

O Antigo Testamento é uma história redentora que lança o fundamento sobre o qual o Novo Testamento se edifica. Há uma revelação progressiva nas Escrituras, e o que se antecipa no Antigo Testamento é desvendado no Novo. O Antigo olha para frente e o Novo olha para trás, para o evento central de toda a história – a morte substitutiva do Messias.

O Antigo Testamento foi originalmente dividido em duas seções: a Lei e os Profetas (vejam-se Mt 7:12; Lc 16:16, 29, 31). Estas por fim se expandiram numa tríplice divisão: a Lei, os Profetas e os Escritos (Lc 24:44). Todos os trinta e nove livros, em nosso Antigo Testamento, estão contidos nos vinte e quatro livros da Bíblia Hebraica.

A tradução grega do Antigo Testamento organizou os livros nas quatro divisões que usamos atualmente: Lei (5); História (12); Poesia (5); e Profecia (17). Os cinco livros da lei podem ser combinados com os doze livros históricos para obter-se a estrutura da página seguinte.

Os dezessete livros históricos traçam toda a história de Israel desde seu início até o tempo do profeta Malaquias. No Pentateuco, Israel foi escolhido, redimido, disciplinado e instruído. Os doze livros históricos restantes registram a conquista da terra, o período dos juízes, a formação de um reino unido e a divisão desse reino no Reino do Norte (Israel) e o Reino do Sul (Judá). Cada reino foi levado para o cativeiro, muitas das pessoas, porém, eventualmente regressaram.

Os cinco livros poéticos focalizam uma correta relação com Deus como a base para uma vida significativa, experiente e bela. Os dezessete livros proféticos contêm uma mensagem bifurcada de condenação (por causa da iniquidade e idolatria de Israel) e consolação (futura esperança a despeito do juízo presente). Com frequência, a grande custo pessoal, estes homens se recusaram a abrandar as fortes palavras de Deus.

1.3. COMO SE FORMOU O ANTIGO TESTAMENTO

Os trinta e nove livros que compõem o Antigo Testamento foram escritos durante um período de mais de mil anos. As histórias, os hinos, as mensagens dos profetas e as palavras de sabedoria foram agrupadas em coleções, que, com o tempo, foram juntadas e aceitas como escritura sagrada.

Alguns livros de história que são mencionados no Antigo Testamento se perderam. São eles: o *Livro do Justo* (Js 10:13), a *História de Salomão* (I Rs 11:41), a *História dos Reis de Israel* (I Rs 14:19) e a *História dos Reis de Judá* (I Rs 14:29). Os Livros de Salmos e de Provérbios são obra de vários autores.

2. O PENTATEUCO

2.1. NOME E DIVISÕES DO PENTATEUCO

Penta = Cinco

Teuco = rolo, livro

Pentateuco: Palavra grega que significa 5 livros

Pentateuco é o nome pelo qual, tradicionalmente, se conhece o grupo dos cinco primeiros livros do Antigo Testamento. Trata-se de uma palavra de origem grega que pode ser traduzida por "cinco estojos", fazendo referência aos estojos (caixas ou vasilhas) onde, na Antiguidade, se guardavam e protegiam da deterioração os rolos de papiro ou de pergaminho utilizados como material de escrita. Os judeus designam, por sua vez, esses livros com o título genérico de torah, termo hebraico que, apesar de ter sido traduzido de forma habitual por "lei", na realidade, tem um significado mais amplo. Torah, de fato, inclui o conceito de "lei" e, até com maior propriedade, os de "guiar", "dirigir", "instruir" ou "ensinar" (cf. Dt 31.9).

O Pentateuco, ainda que se apresente dividido nos referidos cinco primeiros livros da Bíblia, constitui, na realidade, uma unidade essencial. A divisão corresponde a uma época já remota: encontra-se na tradução grega do Antigo Testamento, a chamada Septuaginta ou Versão dos Setenta, que data do séc. III a.C. A causa da separação dos livros foi a dificuldade de dispor o texto completo de todos eles em um único rolo, o que seria impraticável por causa do volume excessivo.

Os nomes de origem grega adotados pela Igreja cristã greco-latina como títulos desses cinco livros são os mesmos com que foram designados na Septuaginta. Correspondem respectivamente ao conteúdo de cada um dos textos e consideram cada caso ao destacar um determinado fato ou assunto assim:

- Gênesis significa "origem";
- Êxodo, "saída";
- Levítico, "relativo aos levitas";
- Números, "conta" ou "censo" e;
- Deuteronômio, "segunda Lei".

2.2. A IMPORTÂNCIA DO PENTATEUCO

Esta coleção de cinco livros conta como é que começou a vida do povo de Deus. Mas não é somente por serem a história do povo de Israel que esses livros devem ser lidos e estudados. Eles são também, tanto para os judeus como para os cristãos, fonte viva de inspiração e fé, da qual o povo de Deus precisa beber.

Para comemorar a Festa da Colheita (Dt 26:1-11), o pai israelita recitava uma história abreviada do povo de Israel (vs. 5-10), começando com Jacó e a sua família e terminando com o povo de Israel, próspero e feliz, vivendo na Terra Prometida. Ele começava usando a terceira pessoa, falando sobre a história de Jacó e dos seus descendentes no Egito (v. 5).

Mas, ao falar sobre o sofrimento do povo de Israel no Egito ele passava para a primeira pessoa: "Os egípcios nos maltrataram... Então oramos... Ele nos atendeu...e nos tirou do

Egito" (vs. 6-9). A história do povo de Israel, há séculos atrás, era a sua história de resgate e salvação. O israelita estava fazendo uma confissão de fé. Para o leitor cristão a história do povo de Israel é o começo da Obra redentora de Deus, que culminou com a vinda do seu Servo, Jesus Cristo, que nos livra do poder da morte e nos dá vida, a vida eterna.

Portanto, lemos esses livros não somente para conhecer a história do povo de Israel; acima de tudo, também para fazer crescer a nossa fé naquele que é o nosso Redentor.

2.3. A FORMAÇÃO DO PENTATEUCO

Uma obra complexa, extensa e de grande valor religioso e cultural como o Pentateuco manifesta uma série de particularidades estilísticas, literárias e temáticas que se deve levar em consideração ao se estudar o processo da sua formação.

Em primeiro lugar, há certos textos bíblicos que revelam a existência de fontes anteriores ao próprio Pentateuco, como, por exemplo, o chamado Livro das Guerras do SENHOR, expressamente citado em Nm 21.14.

Em segundo lugar, achamo-nos diante de uma obra literária rica em conteúdo e complexa em composição, que frequentemente deixa perceber o eco de diversas etapas e distintos narradores. Assim ocorre com as variantes registradas nos dois textos do Decálogo (Êx 20.1-17 Dt 5.1-21) ou com as quatro apresentações do catálogo de grandes festas religiosas israelitas (Êx 23 34 Lv 23 Dt 16) ou com certas histórias, como a da despedida de Agar e Ismael (Gn 16 21.8-21) ou com o ocultamento da condição de esposa nos casos de Sara e Rebeca (Gn 12.10-20 20.1-18 26.6-14). Cada uma dessas narrações oferece detalhes próprios, que a singularizam e a fazem aparecer como relato original e não como mera repetição de um texto paralelo.

Também com respeito ao vocabulário e estilo observam-se, no Pentateuco, numerosos matizes diferentes. Assim, em Gênesis, que começa com uma dupla apresentação do relato da criação (1.1-3.24): enquanto que na primeira o Criador é chamado de Elohim (forma hebraica usual para designar Deus), na segunda é chamado de YHWH Elohim, expressão traduzida por "SENHOR Deus" na versão de João Ferreira de Almeida. A partir desses relatos e até o momento em que Deus se revela a Moisés no monte Horebe (Êx 3.1-15), a alternância dos nomes divinos mantém-se com relativa uniformidade.

Algumas passagens do Pentateuco caracterizam-se pelo seu frescor e espontaneidade (Gn 18.1-15) outras, como acontece em Levítico, recorrem a uma linguagem jurídica de grande precisão, para tratar de temas legais ou relativos à pratica do culto de Israel e ainda há outras (como Deuteronômio) que introduzem cálidos acentos, mesmo ao proclamar a Lei e ao exortar o povo a obedecer-lhe em devida resposta ao amor de Deus.

A análise dos indícios mencionados revela que o Pentateuco é o resultado de um processo lento e muito complexo, em cuja origem descobre-se a figura de Moisés, o grande libertador e legislador que, com a sua personalidade, marcou o espírito e a história do povo de Israel um processo que se encerra com a coleção formada pelos cinco primeiros livros da Bíblia.

Na formação do Pentateuco há um importante trabalho inspirado, que compila, ordena e redige narrações, séries genealógicas e conjuntos de leis que, durante séculos, haviam sido transmitidas oralmente de uma geração para outra. Nele está contida a herança espiritual que Moisés legou ao povo de Israel, uma herança viva, fielmente transmitida e enriquecida com o passar dos séculos.

2.4. A MENSAGEM DO PENTATEUCO

A mensagem principal é a respeito do SENHOR Deus e o seu povo. Ele faz uma aliança com o povo de Israel, prometendo a sua proteção e as suas bênçãos, enquanto eles prometem ser fiéis a ele e lhe obedecerem em tudo. A palavra bíblica "aliança", tanto no hebraico como no grego, foi traduzida por *testamentum* para o latim, da qual vem a palavra "testamento" em português.

O Antigo Testamento fala sobre a aliança que Deus fez com o seu povo, Israel; o Novo Testamento fala sobre a nova aliança que Deus faz com o seu povo, selada pela morte de Jesus na cruz (Lc 22:20; Hb 8:6-13; 9:15-22).

Primeiro, Deus faz uma aliança com Abrão (Gn 15:17-21; 17:1-27); depois, com Isaque (Gn 17:19-21; 26.1-5), e, mais tarde, com Jacó (Gn 28:10-22; Êx 2:24; 6:2-4).

No monte Sinai, por meio de Moisés, o SENHOR Deus faz uma aliança com o povo de Israel (Êx 24:1-8). Uns quarenta anos depois, quando o povo está pronto para entrar na Terra Prometida, Deus renova a sua aliança com eles (Dt 29:10-15). Mesmo se o povo for infiel, o SENHOR continuará sendo fiel.

E, séculos mais tarde, o profeta Jeremias fala sobre a nova aliança que Deus fará com o seu povo (Jr 31:31-34), profecia que se cumpriu na aliança feita por Jesus Cristo (Mc 14:22-26; I Co 11:23-25).

Na aliança de Deus com Abrão, ele promete que os seus descendentes terão a sua própria terra, onde viverão como o povo do SENHOR (cf. Gn 12:7; 13:14-17; 17:8). Deus repete essa promessa a Isaque (Gn 26:2-4) e a Jacó (Gn 28:13-15; 35:12). É ali que o santo Deus habitará com o seu povo. Portanto, a terra será santa, como era santa a Tenda Sagrada onde ele habitou com o seu povo durante quarenta anos (Êx 40:9-10).

Dentro dessa aliança, o povo de Deus é santo. E o santo Deus (cf. Lv 20:26; 22:31-33) quer que o seu povo seja santo, isto é, que eles adorem e sirvam somente a ele e que obedeçam a todas as suas leis (Lv 11:44-45; 19:2; 20:7-8; 21:8). Por meio do seu povo, o santo Deus abençoará todos os povos do mundo (Gn 12:1-3).

Esta é a promessa e a esperança que o Pentateuco nos oferece.

2.5. LIVRO DE GÊNESIS

A palavra "Gênesis" quer dizer "começo". O livro tem este nome na antiga versão grega chamada de Septuaginta. No Antigo Testamentohebraico o livro é conhecido como "No começo", que é a primeira palavra do livro. De fato, este livro conta o começo de uma série de coisas: o mundo, os seres humanos e também o pecado e o sofrimento. Gênesis é, acima de tudo, um livro em que Deus age. Ele cria o mundo e todos os seres viventes, cuida das pessoas, protege e guia o seu povo.

A primeira parte de Gênesis focaliza o princípio e a difusão do pecado no mundo, e culmina no Dilúvio devastador nos dias de Noé. A segunda parte do livro focaliza o modo de Deus tratar com um homem, Abraão, através de quem promete trazer salvação e bênção ao mundo. Abraão e seus descendentes aprendem de imediato que é sempre seguro confiar no Senhor em tempos de fome e banquete, de bênção e servidão. De Abraão... a Isaque... a Jacó... a José... as promessas de Deus começam a se concretizar numa grande nação, prosseguindo numa grande terra.

Embora Gênesis não nomeie diretamente seu autor e termine uns três séculos antes do nascimento de Moisés, toda a Escritura e a história da igreja se unem em seu apoio à autoria mosaica de Gênesis.

O Antigo Testamento está repleto de testemunhos tanto diretos quanto indiretos com respeito à autoria mosaica de todo o Pentateuco (cf. Êx 1714; Lv 11-2; Nm 33:2; Dt 1:1; Js 1:7; I Rs 2:3; II Rs 14:6; Ed 6:18; Ne 13:1; Dn 9:11-13; Ml 4:4). O Novo Testamento, igualmente, contém numerosos testemunhos (cf. Mt 8:4; Mc 12:26; Lc 16:29; Jo 7:19; At 26:22; Rm 10:19; I Co 9:9; II Co 3:15).

A igreja primitiva manteve publicamente a autoria mosaica, como faz o historiador Joséfo no primeiro século. Como seria de se esperar, o Talmude de Jerusalém apóia Moisés como autor.

Seria difícil encontrar um homem em toda a escala da vida de Israel que fosse mais bem preparado ou qualificado para escrever esta história. Educado na "sabedoria dos egípcios" (At 7:22), Moisés fora providencialmente preparado para entender e integrar, sob a inspiração divina, todos os valiosos registros, manuscritos e narrativas orais.

Contribuição à Bíblia

Gênesis fornece uma perspectiva histórica para o resto da Bíblia, cobrindo mais tempo que todos os demais livros combinados. O extenso escopo do Éden a Ur a Harã a Canaã ao Egito o faz a introdução não só ao Pentateuco, mas às Escrituras como um todo. Gênesis fornece o fundamento para todas as grandes doutrinas da Bíblia. Ele mostra como Deus supera o fracasso humano sob diferentes condições. Gênesis é especialmente crucial para uma compreensão da Revelação, porque o primeiro e o último capítulo da Bíblia se acham intimamente entrelaçados.

Vista Panorâmica de Gênesis

Gênesis não é tanto uma história do homem quanto é o primeiro capítulo na história da redenção humana. Como tal, é uma sublime interpretação espiritual seletiva da história. Gênesis está dividido em quatro grandes eventos (1–11) e quatro grandes pessoas (12–50):

1) Os Quatro Grandes Eventos

Os capítulos 1–11 lançam o fundamento sobre o qual toda a Bíblia está construída e se centram em quatro eventos chave:

a. ***Criação***: Deus é o soberano Criador da matéria, energia, espaço e tempo. O homem é o pináculo da Criação;

b. ***Queda***: A Criação é seguida pela corrupção. No primeiro pecado, o homem é separado de Deus (Adão de Deus), e, no segundo pecado, o homem é separado do homem (Caim de Abel). A despeito da devastadora maldição da Queda, Deus promete esperança de redenção através da semente da mulher (3.15);

c. ***Dilúvio***: Como o homem se multiplica, o pecado também se multiplica, até que Deus se vê compelido a destruir a humanidade com exceção de Noé e sua família;

d. ***Nações***: Gênesis ensina a unidade da raça humana: somos todos filhos de Adão através de Noé, mas, em virtude da rebelião na Torre de Babel, Deus fragmenta a única cultura e língua do mundo pós-dilúvio e dispersa o povo sobre a face da terra.

2) As Quatro Grandes Pessoas

Uma vez sendo as nações dispersas, Deus focaliza um homem e seus descendentes através dos quais ele abençoaria todas as nações (12–50):

a. ***Abraão***: O chamado de Abraão (12) é o ponto em torno do qual gira o livro. As três promessas pactuais que Deus faz a Abraão (terra, descendentes e bênção) são fundamentais para seu plano de trazer salvação sobre a terra;

b. ***Isaque***: Deus estabelece seu pacto com Isaque como um elo espiritual com Abraão;

c. ***Jacó***: Deus transforma este homem de egoísta em servo, e muda seu nome para Israel, o pai das doze tribos;

d. ***José***: O filho favorito de Jacó sofre nas mãos de seus irmãos e se torna um escravo no Egito. Depois de sua dramática ascensão ao governo do Egito, José liberta sua família da fome e a traz de Canaã para Gósem. Gênesis termina com uma nota de iminente escravidão com a morte de José. Há grande necessidade da redenção que vem em seguida no Livro de Êxodo.

2.6. LIVRO DE ÊXODO

O período do Êxodo que consta da chamada de Moisés, a escolha de Josué e a entrada em Canaã. Se estende por um período de 1500 a 1460 a.C. Em Êxodo, vemos o cumprimento de Deus a Abraão: "*Far-te-ei uma grande nação*" (cf. Gn 12:2) e também esta nação sair do Egito, receber disciplina no deserto e achar repouso na terra que Deus tinha dado a Abraão.

O escritor de Êxodo é Moisés, indicado pelo fato de ser Êxodo o segundo livro do Pentateuco. O livro em si registra três casos em que Moisés faz um registro por escrito, sob a direção de Deus (cf. Êx17:14; 24:4; 34:27).

Êxodo quer dizer "saída" e é o título deste livro na antiga versão grega chamada de Septuaginta. Este livro trata do acontecimento mais importante na história do povo de Israel, isto é, a saída dos israelitas do Egito, onde eram escravos. Deus os liberta para que sejam o seu povo e, no monte Sinai, ele lhes dá leis que eles deverão obedecer. Ali, o SENHOR faz a sua aliança com eles: ele será o Deus deles e eles serão o seu povo (CF. 19:2-6; 24:4-8).

A figura central do livro é Moisés, o homem escolhido por Deus para tirar o seu povo do Egito (Dt 34.10-12). O cap. 3 conta como Deus chamou Moisés e lhe revelou o seu nome sagrado: "EU SOU QUEM SOU" (3.14-15). Mas, acima de tudo, este livro conta o que Deus fez, como ele libertou o seu povo e como, daquela gente, ele formou uma nação cheia de esperança para o futuro.

Depois da chamada de Abraão vem a de Moisés, que toma o segundo lugar em importância. Como Deus chamou a Abraão para fundar a nação, assim chamou a Moisés para libertar e dar forma à nação. Quando todos os outros meios de opressão não impediram o crescimento dos filhos de Israel, Faraó decretou que todos os meninos varões nascidos aos Hebreus fossem mortos.

Moisés nasce nesse período de perseguição às crianças hebreias e seus pais se atreveram a desobedecer o edito do faraó e através de uma sábia estratégia e debaixo da mão favorável de Deus, é salvo da morte.

Este Moisés interessa-se pelo bem-estar dos israelitas e mata um egípcio por estar maltratando um israelita. Por isso ele tem de fugir, de modo que chega à terra de Midiã. Ali casa-se com Zípora, filha de Jetro, o sacerdote de Midiã. Com o tempo Moisés torna-se pai de dois filhos, Gersom e Eliézer. Daí, aos 80 anos de idade, depois de ter passado 40 anos no ermo, Moisés é comissionado por Deus a um serviço especial, em santificação do nome de Deus.

Certo dia, pastoreando o rebanho de Jetro, perto de Horebe, o "monte do verdadeiro Deus", Moisés vê um espinheiro arder sem se consumir. Quando ele vai investigar, um anjo de Deus dirige-lhe a palavra, falando-lhe do propósito de Deus de fazer com que Seu povo, os "filhos de Israel, saíssem do Egito" (cf. Êx 3:1, 10).

Com uma extraordinária demonstração de sinais, Deus por meio de Moisés, obriga o Faraó a conceder liberdade à multidão israelita (Ex 12:37-38). Esta, depois de celebrar a primeira Páscoa como sinal de salvação empreendeu a marcha a caminho do mar e o atravessa a pé enxuto pelo mesmo ponto em que depois as águas cobriram o exercito egípcio. O povo então, junto com Moisés e Miriã, expressa sua gratidão a Deus entoando um cântico que é um dos testemunhos mais antigos da milagrosa libertação de Israel (Ex 15:1-18, 21).

A viagem até o Sinai foi caracterizada por muitos sinais e livramentos milagrosos. Alguns notáveis entre eles foram: a coluna de fumaça de dia e de noite a coluna de fogo; a abertura e travessia do Mar Vermelho; as águas amargas de Mara tornaram-se doces; o maná enviado todos os dias e a água da rocha ferida.

Diante do Sinai (Ex 19-40) temos também quatro importantes acontecimentos: as tábuas dos Dez mandamentos, que são a regra da vida para o povo de Deus e do mundo em todas as épocas, inclusive hoje em dia. Deus chamou Moisés para subir ao monte de Sinai e lá durante quarenta dias recebeu o modelo do tabernáculo para ser construído. Tudo sobre o Tabernáculo simboliza o Senhor Jesus Cristo e a grande salvação que ele fez por nós. Josué subiu lá no monte de Sinai com Moisés também, mas não entrou com Moisés na presença de Deus (cf. Ex 24:2; 32:17).

Conteúdo de Êxodo

O Livro de Êxodo pode ser dividido em três seções principais: a libertação miraculosa de Israel (1:1-13.6), a jornada miraculosa até o Sinai (13:17-18.27) e as revelações miraculosas junto ao Sinai (19:1-40:38).

A primeira seção (1:1-13.6) inicia com os hebreus sendo oprimidos no Egito (1:10-14). Como qualquer outro grupo sob pressão, os hebreus reclamavam. A sua reclamação chegou não somente diante dos seus opressores, mas chegou até o seu Deus (2:23-25). Deus ouviu o seu clamor e colocou em ação um plano ora libertá-los. Ele acompanhou esta libertação através da seleção dum profeta chamado Moisés (3.1-10).

A libertação não ocorreu de forma instantânea; porém constituiu-se num processo. Um período considerável de tempo e dez pragas foram utilizadas para ganhar a liberação dos hebreus das garras do Faraó. As pragas realizaram duas coisas importantes: 1) elas demonstraram a superioridade do Deus hebreu sobre os deuses egípcios e, 2) elas trouxeram liberdade aos hebreus.

A Segunda seção narra a jornada milagrosa até o Sinai (13:17-18.27). Quatro grandes eventos ocorrem nesta seção:

1) Os hebreus testemunharam o poder miraculoso e libertador de Deus (13:17-18:27);

2) Eles experimentaram, de forma direta, a capacidade que Deus tem de cuidar do seu povo (15:22-17:7);

3) Eles receberam proteção em vista dos seus inimigos, os amalequitas (17:8-16);

4) Anciãos com a tarefa de supervisão foram estabelecidos a fim de manter a paz entre o povo (18:1-27).

Estes quatros grandes eventos ensinam um conceito importante: a mão de Deus está presente na vida do seu povo especial. Tendo testemunhado a sua presença e conhecido a forma como Deus agiu em seu benefício, eles poderiam ajustar as suas vidas ao seu jeito de ser a fim de continuar recebendo as suas bênçãos.

A última seção enfoca as revelações miraculosas junto ao Sinai (19:1-40.38). A libertação divina da nação tem o objetivo especifico de edificar um povo pactual. Esta seção tem três componentes principais:

1) São dados os Dez mandamentos e todas aquelas instruções que explicam em maiores detalhes como estes mandamentos devem transparecer na vida do povo em aliança com Deus (19:1-23:19) Os resultados duma vida fora desta estrutura pactual são demonstrados pelo incidente que envolveu o bezerro de ouro (32:1-35);

2) Trata-se das instruções referentes à edificação de um tabernáculo e do seu mobiliário (25:1-31:18);

3) Trata-se da construção, de fato, do tabernáculo, do seu mobiliário, e da habitação da presença de Deus no edifício após o encerramento da obra (35:4-40.33).

2.7. LIVRO DE LEVÍTICO

O nome mais comum do terceiro livro da Bíblia é Levítico, que vem de Leu•i•ti•kón da Septuaginta grega, através do "Leviticus" da Vulgata latina. Este nome é apropriado, embora os levitas sejam mencionados apenas de passagem (em Levítico 25:32, 33), pois o livro consiste principalmente em regulamentos para o sacerdócio levítico, escolhido da tribo de Levi, e em leis que os sacerdotes ensinavam ao povo: "Pois, são os lábios do sacerdote que devem guardar o conhecimento e da sua boca devem as pessoas procurar a lei." (Ml 2:7).

Não resta dúvida de que Moisés escreveu Levítico. A conclusão, declara: "*Estes são os mandamentos que Deus deu a Moisés.*" (Levítico 27:34). Há uma declaração similar em Levítico 26:46. As evidências apresentadas anteriormente, de que Moisés escreveu Gênesis e

Êxodo, comprovam também que ele escreveu Levítico, visto que o Pentateuco evidentemente era originalmente um só rolo.

Algumas vezes, o Livro de Levítico tem sido encarado como uma obra de difícil compreensão; entretanto, de acordo com a tradição primitiva, foi o primeiro livro a ser ensinado para as crianças na educação judaica. Ele lida com o caráter e a vontade de Deus especialmente em assuntos de santidade, que os sábios judeus consideravam de importância primária. Eles sentiram que, antes de proceder a outros texto bíblicos, as crianças deveriam, antes de mais nada, ser educadas sobre a santidade de Deus e a responsabilidade de cada indivíduo pra viver uma vida santa. A Santidade (hb. *Kedushah*) é uma palavra-chave em Levítico, descrevendo a santidade da presença divina. A santidade está sendo separada do profano, e santo é oposto do comum ou secular.

Outro tema principal do Livro de Levítico é o sistema sacrificial. Os holocaustos referem-se ao único sacrifício que é totalmente consumido sobre o altar e, portanto, algumas vezes é chamado de oferta queimada. As ofertas de manjares são uma oferta de tributo feita a fim de garantir ou manter o favor divino, indicando que os frutos do trabalho de uma pessoa devem ser dedicados a Deus. Os sacrifícios de paz ou das graças são designados para fornecer expiação e permitem que a pessoa que faz a oferta como da carne do sacrifício. Isso costumava acontecer em ocasiões de alegria.

O sacrifício pelos erros é empregado para tirar a impureza do santuário. O sacrifício pelo sacrilégio, também conhecido como oferta pela culpa ou oferta de compensação, é preparado para a violação da santidade da propriedade de Deus ou de outras pessoas, normalmente pelo uso de um falso testemunho. Os erros profanaram a santidade de Deus e é exigida uma oferta.

Além dos sacrifícios, o calendário litúrgico tem uma posição significativa no Livro de Levítico. O Ano de Descanso refere-se à emancipação dos escravos israelitas e pessoa endividadas, bem como à redenção da terra (cf. Ex 21:2-6; 23:10,11; Dt 15:1-18). O Ano de Jubileu refere-se ao fato de que as terras de Israel, bem como o povo, pertencem a Deus e não a qualquer indivíduo. As terras, portanto, devem ter um descanso depois de cada período de quarenta e nove anos (Lv 25:8-17), o que ensina o domínio de Deus, a santidade de seu caráter e a necessidade de a congregação se aproximar dele com pureza de coração e mente.

Conteúdo de Levítico

1) Os diversos sacrifícios (caps 1-7) eram antecipação da morte de Cristo no Calvário, onde o Impecável sofreu a ira de Deus em nosso lugar, afim de que pudéssemos ser resgatados de nossa culpa (cf. II Co 5:21; Mc 10:45).

2) Os sacerdotes Levítico (caps 8-10), portanto, prefiguravam o fiel serviço de Cristo ao fazer reconciliação no tocante aos pecados do povo (Hb 2:17).

3) As leis sobre higiene (caps 11-15) serviam de lembretes constantes do arrependimento e da separação das impurezas que devem caracterizar os remidos (Lc 13.5);

4) O grande dia do culto expiatório (Lv 16) proclamava o perdão de Deus àqueles que se humilhassem em confiante entrega ao Cristo, que ainda haveria de prover acesso ao próprio céu (Hb 9:14).

2.8. LIVRO DE NÚMEROS

Números é o nome que foi dado a este livro na antiga versão grega chamada de Septuaginta. Isso porque o livro descreve duas contagens do povo de Israel: a primeira, dos homens de vinte anos para cima que haviam saído do Egito (cap. 1), e a segunda, uns quarenta anos mais tarde, dos homens de vinte anos para cima que iriam entrar na Terra Prometida (cap. 26). No período entre as duas contagens, os israelitas haviam chegado até Cades-Barneia, localizada no sul de Canaã, porém não conseguiram entrar por ali na Terra Prometida. Eles passaram muitos anos nesta região e, depois, foram até a região montanhosa que fica a leste do rio Jordão. Uma parte do povo decidiu ficar ali, e a outra parte se preparou para atravessar o rio e entrar na Terra Prometida.

Números evidentemente fazia parte do volume quíntuplo original, que incluía os livros de Gênesis a Deuteronômio. O primeiro versículo (1:1) começa dando continuidade com o que precede. Assim, deve ter sido escrito por Moisés, o escritor dos registros precedentes. Isto também fica claro da declaração no livro de que "Moisés registrava" e do colofão: "Estes são os mandamentos e as decisões judiciais que Deus ordenou aos filhos de Israel por meio de Moisés." (Nm 33:2; 36:13).

Os israelitas haviam saído do Egito um pouco mais de um ano antes. Iniciando o relato no segundo mês do segundo ano depois do Êxodo, Números abrange os próximos 38 anos e nove meses (Nm 1:1; Dt 1:3). Embora não se enquadrem nesse período, os eventos relatados em Números 7:1-88 e 9:1-15 são incluídos como informações de fundo. As partes iniciais do livro foram, sem dúvida, escritas à medida que os eventos se desenrolavam, mas é evidente que Moisés não poderia ter completado Números senão perto do fim do 40° ano no ermo.

Não pode haver dúvida quanto à autenticidade do relato. A respeito da terra geralmente árida pela qual viajavam, Moisés disse que se tratava dum "grande e atemorizante ermo", e, mesmo em nossos dias, os dispersos habitantes se locomovem constantemente em busca de pastos e água (Dt 1:19).

Ademais, as instruções detalhadas a respeito do acampamento da nação, da ordem de marcha e dos sinais de trombeta para governar os assuntos do acampamento atestam que o relato foi realmente escrito "no ermo" (Nm 1:1).

Conteúdo de Números

A divisão dos livros de abertura do Antigo Testamento em cinco livros ou pergaminhos (chamado "o Pentateuco", significa "Cinco pergaminhos") não deve obscurecer o fato de que cada um dos cinco livros é uma continuação do precedente. Moisés, cujo nascimento é contado em Êxodo 2 e cuja morte é narrada em Deuteronômio 34, é a figura que une a história do Êxodo até Deuteronômio.

O Livro de Números continua o relato do período mosaico, que se inicia com o Êxodo. Começa com Israel ainda no Sinai. A entrada dos israelitas no deserto do Sinai é registrada em Êxodo 19:1. Israel deixa o Sinai em Números 10:11.

Número tem duas divisões principais:

1) A seção contendo instruções enquanto ainda no Sinai (1:1-10:10);

2) A viagem no deserto que cobre o itinerário do Sinai até as planícies de Moabe através do Jordão da Terra Prometida (10:11-36-13).

As instruções no Sinai lidam com a preparação para a viagem, e o resto do livro conta a viagem em si. As instruções no Sinai (1:1-10:10) cobrem uma variedade de tópicos, mas aqueles que lidam com o preparo da viagem dominam.

Os capítulos de 1 a 4 lidam com uma série de instruções para numerar (fazer o censo de) vários grupos, seguido de um relatório de concordância com o mandamento. Os capítulos 5 e 6 lidam com a imundície ritual, a infidelidade marital, e os nazireus. No capítulo 7, os líderes do povo trazem ofertas para o tabernáculo. O capítulo 8 fala da consagração dos levitas. O capítulo 9 lida com a Páscoa e a nuvem e o fogo; o motivo do preparo é reconsiderado em 10:1-10, onde são dadas instruções para que sejam feitos sinais com as trombetas.

A seção de Números que lida com a viagem (10:11-36.13) tem duas partes principais. Em primeiro lugar, Números 10:11 a 25:18 descreve a destruição de geração que vivenciou a libertação do Egito por meio do Senhor. Os pontos-chave nesta parte são os relatos das queixas, rebeliões e desobediência da primeira geração, que levou à morte deles.

A segunda subseção (Nm 26 a 36) narra a preparação da segunda geração para a entrada na Terra Prometida. Começa com um novo censo observando que toda a primeira geração, exceto Josué, Calebe e Moisés, morreram no deserto. Essa seção termina com a distribuição da terra entre as tribos depois de elas terem entrado na Terra Prometida.

2.9. LIVRO DE DEUTERONOMIO

O título do quinto livro do Pentateuco, em hebraico, é *Debarim* ("palavras"). A Septuaginta (LXX) antiga versão grega do Antigo Testamento, o chamou de *Deuteronômio*. O significado deste termo grego é, propriamente, "segunda lei". Quando aplicado a este livro, é importante entender que aqui não se trata de uma nova lei diferente da "primeira" (a mosaica), mas de uma repetição da mesma.

A chegada dos israelitas às terras de Moabe é o fato que, praticamente, marcou o final da caminhada iniciada no Egito quarenta anos antes (1:3). As planícies de Moabe, situadas a leste do Jordão, foram a última etapa daquela longa caminhada, no curso da qual foram morrendo, um após o outro, os membros do povo que tinham vivido a experiência de escravidão e que, depois, coletivamente, haviam protagonizado o drama da libertação (1:34-39; Nm 14.21-38).

Este foi o castigo para a pertinaz rebeldia de Israel: com a exceção de Calebe e de Josué, nenhum dos que fizeram parte da geração do êxodo entraria em Canaã. Nem sequer o próprio Moisés, o fiel guia, legislador e profeta (1:34-40; 34:1-5; cf. Nm 14:21-38).

Nas campinas de Moabe, em frente a Jericó, compreendendo que o fim da sua vida estava próximo, "encarregou-se Moisés de explicar esta lei" ao povo (1:5). Reuniu, pois, pela última vez, o povo, para entregar-lhe o que se poderia chamar de o seu "testamento espiritual". Diante de "todo o Israel" (1:1), Moisés evoca os anos vividos em comum, instrui os israelitas acerca da conduta que deviam observar para serem realmente o povo de Deus e lhes recorda que a sua permanência na Terra Prometida depende da fidelidade com que observem os mandamentos e preceitos divinos (8:11-20).

Conteúdo de Deuteronômio

O livro de Deuteronômio é uma série de recomendações de Moisés aos israelitas enquanto ele se prepara para morrer e eles se aprontam para entrar na Terra Prometida. Embora Deus o tivesse proibido de entrar em Canaã, Moisés experimenta um forte sentimento de antecipação pelo povo.

O que Deus havia prometido a Abraão, Isaque e Jacó séculos antes está prestes a se tornar realidade. Dt é proclamação de uma segunda chance para Israel. A falta de fé e a infidelidade de Israel tinham impedido a conquista de Canaã anteriormente. A maioria do povo junto de Moisés à entrada da Terra Prometida não tinha testemunhado as cenas no Sinai; eles eram nascido e criados no deserto. Sendo assim, Moisés os exorta trinta e cinco vezes para "entrar e possuir" a terra. Ele os recorda trinta e quatro vezes de que essa é a terra que Deus lhes está dando.

Enquanto essa nova geração de israelitas se prepara para entrar na Terra Prometida, Moisés lhes recorda com vivacidade a fidelidade de Deus por toda a história e os relembra de seu relacionamento singular de concerto com o Senhor. Moisés percebe que a maior tentação dos israelitas na nova terra será abandonar a Deus e cair na idolatria dos ídolos cananeus. Por conseguinte, Moisés está preocupado com a perpetuação do concerto. Para preparar a nação para vida na nova terra, Moisés expõe os mandamentos e os estatutos que Deus deu em seu concerto.

A Obediência a Deus equivale a vida, bênção, saúde e prosperidade. A desobediência equivale a morte, maldição, doença e pobreza. O concerto mostrou aos filhos de Deus o caminho para viver em comunhão com ele e uns com os outros. A mensagem de **Deuteronômio** é tão poderosa que é citada mais de oitenta vezes no Novo Testamento.

Foi do livro de Deuteronômio que Jesus três vezes citou aquelas palavras, com que respondeu ao tentador no deserto (Mt 4:4,7,10 com Dt 8:3, 6:16). A predição acerca de um profeta (Dt 18:15-19), é duas vezes aplicada a Jesus Cristo no Novo Testamento (cf. At 3:22 e 7:37). Não há dúvida de que a linguagem de Moisés teve geral cumprimento no fato de uma sucessão profética, culminando no aparecimento e obra de Jesus Cristo, a Quem por consequência as palavras mosaicas se referem de um modo eminente.

As numerosas citações do livro de Deuteronômio no Novo Testamento deixam ver a consideração em que o livro era tido logo nos primeiros dias da igreja cristã.

3. OS LIVROS HISTÓRICOS

3.1. INTRODUÇÃO

Na continuação do Pentateuco encontram-se os livros históricos. No cânon da Bíblia Hebraica, os seis livros de Josué, Juízes, 1Samuel, 2Samuel, 1Reis e 2Reis formam um conjunto que é denominado genericamente de Profetas anteriores.

Esse título vem de uma antiga tradição, segundo a qual esses livros foram compostos por alguns dos profetas de Israel. Quanto ao qualificativo "anteriores", parecem dever-se ao lugar que lhes foi reservado no cânon hebraico, para diferenciá-los dos "Profetas posteriores": Isaías, Jeremias, Ezequiel e os doze Profetas Menores.

A fé do povo israelita descobriu nesses livros os vínculos estreitos que existem entre a história narrada e a mensagem profética que nela se proclama. Personagens como Josué, Samuel, Débora, Gideão, Saul, Davi e Salomão, principais protagonistas dos fatos registrados nesses livros, fazem parte do plano de salvação disposto por Deus em favor do ser humano. Todos eles, homens e mulheres pertencentes a diferentes etapas da vida de Israel, foram contemplados no Judaísmo desde a dupla perspectiva da sua realidade histórica e do fato de terem sido escolhidos como instrumentos para cumprir um desígnio divino de salvação. Nessa dupla perspectiva se estriba a consideração deles como profetas. Por isso, junto com eles enquanto pessoas, os textos a eles atribuídos foram reconhecidos também como de caráter profético.

Há doze livros históricos na Bíblia em língua portuguesa. (A Bíblia judaica uniu alguns desses livros formando grupos, daí ter ela no Antigo Testamento apenas 24 livros, em vez de 39.) São eles:

1) Josué - Que narra a ocupação da Terra Prometida;

2) Juízes - Narra os tempos tumultuados após a ocupação da terra, antes que o povo fosse governado por reis e tivesse um regime político centralizado;

3) Rute - Narra a história de lealdade e amor numa família, durante o período dos juízes;

4) 1 e 2 Samuel - Retratam o período de transição do governo tribal (teocrático - governo dos juízes) para o governo monárquico;

5) 1 e 2 Reis - Narram a atuação dos reis, a divisão em dois reinos, Israel e Judá, e o declínio de ambos, até a queda de Jerusalém e início do cativeiro;

6) 1 e 2 Crônicas - Repetem a história de Israel até a restauração em 538 a.C.;

7) Esdras e Neemias - Continuam a história com a volta dos primeiros judeus sob o governo de Ciro até o ano 400 a.C.

Estes livros tratam da conquista da terra prometida, Canaã, e do estabelecimento da nação de Israel naquele território. Israel teve que desempossar vários povos da terra e esses povos, obviamente, se tornaram inimigos viscerais do povo eleito. No resumo do Pentateuco vimos que Deus estabeleceu Sua lei no seio do povo de Israel e que a relação de Deus com o povo se daria através dela. Deus exigia de seu povo obediência à Sua lei, com promessas de bênçãos e por outro lado a desobediência traria maldições (cf. Dt 11:26-28). Da obediência dependeria o sucesso de Israel como nação, na terra prometida.

De Josué até Ester, são 12 livros que revelam os altos e baixos da história do povo escolhido. Apesar da extensão textual a tônica do relato é quase sempre a mesma, ou seja, sempre que Israel demonstrava fé em Deus e obediência a Sua lei alcançava vitórias sobre seus inimigos e havia prosperidade na terra; por outro lado, quando não havia fé e a lei era desobedecida Israel sofria derrotas clamorosas e a maldição se estabelecia na terra (cf. Dt 11:26-28).

3.2. LIVRO DE JOSUÉ

O nome primitivo de Josué era Oseias, Oshea, que em hebraico significa "Jeová é salvação". Mas Moisés mudou seu nome para Yehoshua "Josué", que em grego é "Iesous", como está na Septuaginta (cf. Nm 13:16).

É o primeiro dos seis livros que integram a série dos profetas anteriores nas histórias narradas nesse livro. No livro de Josué deve-se destacar os seguintes fatos: A fé e a coragem de Josué que liderou a conquista de Canaã por Israel, a travessia do Rio Jordão (Que a exemplo do Mar Vermelho as águas também se abriram), a queda das muralhas de Jericó, a parada do Sol e a repartição da terra entre as tribos de Israel.

O livro de Josué de divide em duas grandes seções, formadas respectivamente pelos capítulos 1 a12 e 13 a 22, e uma seção menor que inclui os capítulos 23 e 24 em forma de conclusão.

3.3. Livro de Juízes

O livro de Juízes narra o período depois da morte de Josué, chegando ao fim daquela geração robusta que fora criada no deserto e que conquistara a terra sob a poderosa liderança de Josué, a nova geração viu-se estabelecida numa terra de fartura e não demorou a cair nos costumes levianos de seus vizinhos idólatras.

Nesse período a nação não tinha um governo de base forte. Tratava-se de uma confederação de doze tribos independentes, destituída de qualquer elemento de unificação, a não ser o próprio Deus. A forma de governo nos dias dos Juízes (libertadores) era aquela que se chama "teocracia", ou seja, considerava-se que o próprio Deus era o governante direto da nação.

Entretanto, o povo não levaram muito a sério o seu Deus, os israelitas recaiam continuamente na idolatria, vivendo numa condição de anarquia mais grave ou menos grave afligidos ocasionalmente por guerras civis entre si mesmo e cercados por inimigos que faziam repetidas tentativas de exterminá-los. Os hebreus tiveram um desenvolvimento nacional muito lento. Os israelitas não se tornaram uma grande nação a não ser quando foram organizados em um reino nos dias de Samuel e Davi.

3.4. Livro de Rute

O livro de Rute conta a história de Rute, uma mulher moabita que se asilou no seio do povo de Israel e veio a se casar com um homem chamado Boaz, da tribo de Judá, do casal formou-se a linhagem do rei Davi e do Senhor Jesus.

O tema central do livro de Rute é a redenção. A palavra hebraica traduzida para redenção ocorre 32 vezes neste livro. Rute pode ser considerada um tipo de da igreja cristã ao passo que Boaz, o parente resgatador, é um tipo de Cristo, que é nosso redentor.

3.5. Livros de I e II Samuel

O livro de Samuel, dividido pelos gregos e pelos latinos - não pelos hebreus - em dois, recebe o nome do santo profeta, cujas gestas constituem os seus primeiros capítulos, e cuja ação o dominam inteiramente. O livro divide-se marcadamente em três partes, segundo os três personagens que governam sucessivamente o povo de Israel: Samuel, Saul e Davi.

1) Samuel, o último Juiz

▪ Nascimento de Samuel (1:1-2,10); sua juventude a serviço do templo; reprovação do sacerdote Eli e de seus filhos (2:11-3,21).

▪ Primeira guerra filisteia; derrota, captura da arca, morte de Eli e de seus filhos (4). Retorno da arca santa (5-7).

▪ Judicatura de Samuel: reforma religiosa, segunda guerra filisteia, vitória; governo de Samuel (7:3-17).

▪ Mau governo dos filhos de Samuel. O povo pede um rei (8) Saul é ungido e proclamado rei (9-10). Vitória sobre os amonitas (11). Samuel abdica e despede-se do povo (12).

2) Saul, primeiro rei

▪ Terceira guerra filisteia; desobediência de Saul; audácias de seu filho Jônatas; vitórias. Sumário do reinado de Saul (13-14).

▪ Vitória sobre os amalequitas; e outra desobediência de Saul, que é por isso reprovado (15).

▪ Samuel unge secretamente rei a Davi, que é chamado à corte de Saul, assaltado por mania furiosa (16).

▪ Quarta guerra filisteia. Davi vai ao acampamento e mata o gigante Golias (17:1-54). Amizade de Jônatas com Davi e inveja de Saul para com o mesmo (17:55-18:9).

▪ Saul procura matar Davi, o qual foge da corte (18:10-19:17); vai ter com Samuel, renova com Jônatas o pacto de amizade (19:18-21:1).

▪ Davi anda errante por vários lugares (21:2-22:5) Saul mata os sacerdotes fautores de Davi (22:6-23). Davi em Ceila (23:1-13); em Zif salva-se de grave perigo (23:14-28) em Engadi poupa a vida a Saul (24) ofendido por Nabal, é aplacado por Abigail, que de pois desposa (25) novamente, poupa a vida a Saul (26) vive entre os filisteus (27).

▪ Quinta guerra filisteia. Saul consulta a necromante de Endor (28). Davi, afastado pelos filisteus (29), vence os amalequitas (30). Saul morre no campo de batalha (31) e Davi pranteia a sua perda (2Sam 1).

3) Davi, fundador da dinastia (II Sam 2-24)

▪ Rei de Judá em Hebron (2:1-7); guerra civil entre os dois partidos, progressos de Davi (2:8-3:5) assassínio de Abner (3:6-39) e de Isboset (4).

▪ Rei de todos os Israelitas em Jerusalém (5:1-16) vitória sobre os filisteus (5:17-25) transladação da arca para Sião (6) promessa messiânica (7) conquistas no exterior (8) favores ao filho de Jônatas (9).

- Desordens domésticas. Guerra amonita (10); duplo pecado de Davi (11); arrependimento de Davi (12); incesto de Amnon (13:1-22); vingança de Absalão (13:23-36); seu exílio e repatriação (13:37-14:33).
- Revolta de Absalão (15:1-12) fuga de Davi (15:13-16:14) e entrada de Absalão em Jerusalém (16:15-17:23); guerra civil (17:24-18:8); morte de Absalão e luto de Davi (18:9-19:8). Davi retorna à capital (19:9-43) a rebelião de Seba é dominada (20:1-22) governo (20:23-26).
- Diversos episódios. Cessa a fome, dando satisfação aos gabaonitas (21:1-14). Heroísmo de alguns homens contra os filisteus (21:15-22). Cântico triunfal de Davi (22). - Últimas palavras de Davi (23:1-7). Os heróis campeões (23, 8-39). Recenseamento do reino; a peste; ereção de um altar sobre o Sião (24).

Todos esses acontecimentos encheram o período de cerca de um século e meio, aproximadamente os anos 1120-970 a.C., um lapso de história israelita isento de toda interferência quer do Egito, quer da Assíria e da Babilônia.

Ao escrever o livro, o autor sagrado tem por finalidade mostrar-nos as vias providenciais pelas quais foi estabelecida no povo de Deus a monarquia e a dinastia davídica, de cuja cepa devia nascer o Messias, cujas glórias ter-lhe-ia perpetuado. Em Samuel apresenta--nos o modelo do ministro fiel de Deus, em Davi o tipo de magnanimidade aliada a uma sincera piedade.

3.6. Livros de I e II Reis

Aos livros de Samuel, que narram a fundação da monarquia hebraica seguem-se Reis, cuja história continua até sua queda sob os assaltos dos poderosos impérios da Assíria e da Babilônia, isto é, desde os últimos dias de Davi (cerca de 970 a.C). até à tomada de Jerusalém em 587 a.C., uma duração de cerca de quatro séculos. A cisão política e religiosa, que se seguiu à ascensão ao trono do segundo sucessor de Davi, cindiu a nação em dois reinos rivais, o de Israel e o de Judá, e findou com o desaparecimento do primeiro na luta com a Assíria (721 a.C.), delimitando este lapso de tempo em três períodos, com reflexos análogos na composição da obra.

Nos livros I e II Reis destacam-se o rei Salomão, filho de Davi, que alcançou de Deus sabedoria e riqueza e se tornou o homem mais sábio e mais rico de todos os tempos, em seu reinado Israel alcançou o apogeu como nação e foi o país mais importante na época, mais tarde Salomão desobedeceu a Deus e teve uma triste decadência, ele e a nação, destacam--se a construção do Templo de Deus, os profetas Elias, que foi arrebatado em vida, e Eliseu, os dois protagonizaram milagres importantes, a divisão de Israel em dois reinos, Judá ao sul e o próprio Israel ao norte, a invasão do reino de Judá pelo rei do Egito, Sisaque e a pilhagem do Templo (Ocasião em que provavelmente foi roubada a Arca da Aliança).

A decadência espiritual de Israel e Judá, seu consequente enfraquecimento e a derrota contra Nabucodonosor, que levou os povos cativos para a Babilônia, onde permaneceram por 70 anos.

3.7. LIVROS DE I E II CRÔNICAS

Samuel e Reis receberam uma obra paralela nas Crônicas. Nas Bíblias hebraicas constituem os mesmos um só livro. É aquilo que nos Reis se lê tantas vezes no epílogo dos respectivos reinados. Seguindo uma sugestão de S. Jerônimo (no "prólogo Baleato" ou prefácio aos livros de Samuel e Reis), os modernos dão, comumente a esta obra, o nome de "Crônicas." Na versão grega dos LXX (Septuaginta) acha-se, dividida em dois livros e intitula-se "Paralipômenos," que significa "coisas omitidas"; subentende-se, nos livros dos Reis. Este título com a respectiva divisão introduziu-se na Igreja latina.

A narração das Crônicas, excetuando-se as genealogias dos nove primeiros capítulos e a alusão ao decreto de Ciro nos dois últimos versos, abrange o mesmo espaço de tempo de Samuel e Reis. Distingue-se deles, porém, pela extensão da matéria, pois, de um lado, restringe-se ao reino de Judá e, de outro, acrescenta muitas notícias relativas ao culto divino.

Na verdade, a grande ideia central de toda a obra é o templo. O templo, único lugar destinado ao culto legítimo do Deus de Israel, é o centro vital de Jerusalém; Jerusalém é o centro de todo o Judá, que é a parte fiel do povo eleito. Destarte toda a vida de Israel palpita em torno do templo, o qual não é considerado como simples edifício material, fosse embora simbólico, mas como verdadeiro fator de unidade religiosa e nacional para todo Israel, mediante o único culto legítimo, exercido somente pelos descendentes de Levi. Donde o cuidado especial, a insistência, dir-se-ia, com que o autor desce a certas particularidades que a nós, tão afastados da sua época, nos parecem supérfluas, mas que então constituíam o fundamento da vida coletiva: assim as importantes genealogias, que eram verdadeiros documentos oficiais para provar o direito que todo o levita tinha de exercer os atos de culto; assim, as minuciosas normas litúrgicas, as amplas descrições de solenidades (da Páscoa, sobretudo), com o número das vítimas imoladas, sem faltar sequer as várias exceções ao rito legítimo, e todos os trabalhos executados no próprio edifício, desde os preparativos feitos por Davi até a restauração de Josias.

Paralela, mas subordinada a esta ideia principal, desenvolve-se outra, a da dinastia davídica. A família davídica é a única depositária do poder legítimo sobre todo o Israel. Os seus membros, portanto, são os principais servos de Javé, e os reis que dela descendem têm como dever primordial o cuidado do templo, pois a sua autoridade régia é um reflexo da autoridade divina, que brilha no templo. Todavia, a distinção entre o poder régio e o sacerdotal é radical: o rei não deve usurpar funções sacerdotais. O monarca é realmente o primeiro servo do templo, mas é o primeiro servo "externo," fora do recinto sagrado.

Destas duas grandes ideias basilares, tomadas em conjunto, explica-se por que o autor se estende tanto na citação das genealogias de Levi e de Judá (à qual pertencia a família de Davi) e por que se desinteresse do reino do norte, que constituía a parte mais numerosa do povo eleito. Este reino rebelara-se contra a dinastia davídica e rejeitara o culto do templo de Jerusalém, fabricando para si os bezerros de ouro.

É evidente, e em mais de uma passagem (I Cr 10:13-20:1 etc.), que o autor supõe conhecida a história que narra, ao passo que, excetuadas as particularidades litúrgicas, raríssimos são os fatos que narra com exclusividade. Destes fatos, porém, um há que, em 1880, recebeu esplêndida confirmação das descobertas arqueológicas (cf. 2 Crôn 32:30). Quanto às frequentes divergências entre as cifras de Crônicas e Reis, cumpre recordar que os números, no texto hebraico, têm muitas vezes contra si uma componente desfavorável; e muito mais em Crônicas, que na transmissão manuscrita, são dos livros mais corrompidos e mal conservados de toda a Bíblia.

Os livros de I e II Crônicas são como que uma repetição de I e II Reis, porém com algumas diferenças conceituais e acessórias. Esses livros foram escritos numa época em que os judeus estavam, a todo custo, procurando manter a unidade, a cultura e a própria identidade. Um dos fundamentos da teologia tradicional era a crença de que os descendentes de Davi seriam reis de Israel em todos os tempos.

3.8. LIVRO DE ESDRAS

Os livros de Esdras e Neemias eram originalmente um só volume. A Vulgata latina foi a primeira a separá-los, denominando-os, de 1 e 2 Esdras. Como acontece em Daniel, partes de Esdras foram escritas em aramaico.

A opinião conservadora e geralmente aceita é de que Esdras tenha compilado ou escrito este livro juntamente com 1 e 2 Crônicas e Neemias. O próprio Esdras era um sacerdote, um "escriba das palavras, dos mandamentos do SENHOR" (7:11). Liderou o segundo dos três grupos que retornaram da Babilônia pra Jerusalém. Como homem devoto, estabeleceu firmemente a Lei (o Pentateuco) como a base da fé (7:10).

O nome hebraico Esdras significa "Ajuda; Auxílio". Os livros de Esdras e Neemias eram originalmente um só rolo. (Ne 3:32) Mais tarde, os judeus dividiram este rolo e o chamaram de Primeiro e Segundo Esdras. As modernas Bíblias hebraicas chamam os dois livros de Esdras e Neemias, assim como outras Bíblias modernas. Parte do livro de Esdras (4:8 a 6:18 e Ed 7:12-26) foi escrita em aramaico e o restante em hebraico, sendo Esdras versado em ambos os idiomas.

O livro de Esdras é proveitoso, em primeiro lugar, por mostrar a infalível exatidão com que as profecias de Deus são cumpridas. O templo restaurado exaltou novamente a adoração de Deus entre o seu povo, e permaneceu qual testemunho de que ele abençoa maravilhosa e misericordiosamente os que se voltam para ele com o desejo de praticar a adoração verdadeira. Embora lhe faltasse a glória do templo de Salomão, cumpriu sua finalidade, em harmonia com a vontade divina.

Embora não mais houvesse um rei sentado no trono de Deus em Jerusalém, a restauração suscitou a expectativa de que Deus, no devido tempo, produziria seu prometido Rei da linhagem de Davi. A nação restaurada estava agora em condições de guardar as pronunciações sagradas e a adoração do Senhor Deus até o tempo do aparecimento do Messias. Se este restante não tivesse agido com fé, no que tange a retornar à sua terra, a quem viria o Messias? Deveras, os eventos do livro de Esdras são parte importante da história que conduz ao aparecimento do Messias e Rei.

O livro de Esdras contém lições que são do mais alto valor para os cristãos hoje. Lemos nele sobre o povo de Deus fazer ofertas voluntárias para a Sua obra (cf. Ed 2:68; II Co 9:7). Somos encorajados por aprendermos sobre a provisão infalível e a bênção de Deus sobre o seu povo e para o Seu louvor. (cf. Ed 6:16, 22).

A fidelidade de Deus é contrastada com a infidelidade do povo. Apesar do seu retorno e das promessas divinas, o povo se deixou influenciar pelos seus inimigos e desistiu temporariamente (4:24). Posteriormente, depois de completada a obra, de forma que pudesse adora a Deus em seu próprio templo (6:16.18), o povo se tornou desobediente aos mandamentos de Deus; desenvolve-se uma geração inteira cujas "iniquidades se multiplicaram sobre as vossas cabeças" (9:6). Contudo, como foi dito acima, a fidelidade de Deus triunfa em cada situação.

3.9. LIVRO DE NEEMIAS

Pelo conteúdo do livro, sabe-se que a obra somente pode ter sido escrita algum tempo depois da volta de Neemias da Pérsia para Jerusalém. Talvez a sua redação final tenha sido completada antes da morte de Artaxerxes I em 424 a.C.; ao contrário, a morte de um monarca tão benigno provavelmente teria sido mencionada em Neemias.

O narrador fala na 1ª pessoa, faz uso de algumas frases características como "meu Deus" e "Deus dos céus", e escreve num estilo mais vigoroso do que o de Esdras. Neemias, ou o compilador da obra, acrescentou outro material, compreendendo a lista dos que edificaram o muro (cf. Ne 3), e a dos judeus que voltaram com Zorobabel (Ne 7:6-73), e a daqueles que selaram o pacto (Ne 10:1-27), e também as listas dos habitantes das cidades (Ne 11:3-36), e de sacerdotes e levitas (Ne 12:1-26).

Neemias serviu duas vezes como governador da Judeia. Primeiro, no 20º ano de Artaxerxes I, que reinou de 465 até 424 a.C. .Retorna à Pérsia no 30º ano de Artaxerxes e volta novamente a Jerusalém ao cabo de alguns dias.

A parte de Neemias 12:44 a 13:3, foi adicionada pelo compilador ou o redator. Os livros de Esdras e Neemias parecem estar estreitamente relacionados com as Crônicas, quanto à sua ação histórica, estilo, e fraseologia. É grande o interesse pessoal do livro. Neemias apresenta um nobre exemplo de verdadeiro patriotismo, procedendo com temor de Deus (cf. Ne 5:15), e procurando o bem-estar religioso da nação. O seu respeito pela Lei divina, a sua reverência pelo sábado (Ne 13:18), a sua piedade, reconhecendo o grande poder de Deus em todas as coisas (Ne 1:11; 2:18), a sua clara percepção do caráter de Deus (Ne 4:14; 9:6-33), a sua vigilância e oração (Ne 4:9), a sua humildade em atribuir todo o seu bem a Deus (Ne 2:12; 7:5), tudo isto é altamente recomendável. Poucos livros da Bíblia contêm, como este, tantas lições de filosofia divina, isto é, da religião ensinada pelos exemplos.

Este livro traz uma mensagem peculiar e oportuna para os obreiros cristãos, mostrando que as condições para o sucesso no serviço de Deus são: a oração, sofrimento e perseverança. Neemias pode ser considerado, pelo exposto no livro, como um obreiro modelo para Deus

Os livros de Esdras e Neemias tratam do retorno do cativeiro, da reconstrução do Templo e de Jerusalém e do restabelecimento do Culto. Continuam a história de Israel, relatando os acontecimentos entre 538 e 400 a.C. O tema central é a organização da comunidade, que se formou a partir da volta dos judeus exilados na Babilônia.

3.10. LIVRO DE ESTER

O livro de Éster narra a história de uma mulher hebreia que, durante o período de cativeiro de seu povo Israel, achou graça diante do rei Assuero, que mantinha o povo cativo, e foi desposada por ele, devido ao grande prestígio que tinha perante o rei, Ester conseguiu livrar o povo de Israel de um verdadeiro genocídio que tinha sido tramado por Hamã , um dos principais do rei.

É importante destacar nesse período dos Livros Históricos a presença da Arca da Aliança e de Deus e dos anjos dando suporte espiritual aos israelitas nas suas vitórias, bem como dos profetas, que falaram em nome de Deus e entre outras coisas previram acontecimentos importantes, como o profeta Jeremias sobre o retorno de Israel do cativeiro, na época do rei Ciro da Pérsia.

4. OS LIVROS POÉTICOS

4.1. OS ESCRITOS

A Bíblia Hebraica, após as suas duas primeiras seções, conhecidas respectivamente como a Lei e os Profetas, contém uma terceira, chamada de modo genérico de os Escritos (ketubim).

Amalgamando temas e estilos, os ketubim dão um destacado lugar ao gênero sapiencial (do latim sapientia, ou seja, "sabedoria"), especialmente representado por Jó, Provérbios, Eclesiastes, por certos salmos e por algumas passagens de outros livros.

A sabedoria é, essencialmente, um dom de Deus desenvolvido prontamente pela experiência e pela reflexão. Porque a experiência do cotidiano é também, por sua vez, fonte inesgotável de sabedoria para aquele que anda com os olhos bem abertos e não se agrada da sua própria ignorância.

Por isso, o sábio observa a realidade, julga aquilo que vê e, finalmente, comunica aos seus discípulos aquilo que ele mesmo aprendeu primeiro do seu relacionamento pessoal com o mundo circundante.

Caráter e temas

Mediante a comunicação dos seus conhecimentos, da sua experiência e da sua fé em Deus, os sábios de Israel tencionam que os seus discípulos, a quem eles costumavam chamar de filhos (cf. Pv 1.8), aprendam a importância de desenvolver determinados aspectos práticos da vida.

Característico da literatura sapiencial é o tema da justiça retribuidora. Conforme esta, Deus recompensa o justo de conduta e castiga o mau (cf. Jó 34.11,33 Pv 11.31 13.13), de quem são respectivamente figura o sábio e o néscio. De modo semelhante, os discípulos que seguem os conselhos de seu mestre serão premiados com o dom da vida, enquanto que a necessidade de outros lhes acarretará a morte.

A sabedoria

Nos escritos sapienciais, não só se escuta a voz dos sábios de Israel, mas também, às vezes, se deseja ouvir a dos sábios de outros povos (Pv 30.1 31.1). E, em certas ocasiões, inclusive a Sabedoria (personificada) fala e convida a todos a receberem o seu ensinamento, que é tesouro de valor incomparável (Pv 8.10-11).

Como uma diligente dona de casa, a Sabedoria preparou um banquete do qual deseja que todos participem (cf. Pv 9.1-6). Em contraposição a ela, e também personificada, a Loucura tenta atrair com seduções e falsos encantos os ingênuos e os inexperientes (Pv 9.13-18).

Numa etapa posterior da sua história, o povo hebreu identificou a sabedoria com a Lei (lit. "instrução") promulgada por Moisés no monte Sinai. Assim, Pv 1.7 estabelece que "o temor do SENHOR é o princípio do saber" (cf. Sl 111.10 Pv 9.10) e Jó 28.28 afirma que "o temor do Senhor é a sabedoria, e o apartar-se do mal é o entendimento", o que contém uma admoestação característica da lei mosaica e também de toda a Bíblia.

4.2. Livro de Jó

O livro, que recebe o título de *Jó*, do nome de um protagonista, pode ser considerado com toda justiça um dos mais belos poemas da literatura mundial. Tema apaixonante, drama a um só tempo profundamente humano e divinamente sublime, é desenvolvido com tal riqueza de colorido, vigor de afeto e tantos artifícios de forma, que é permitido afirmar que nele o idioma hebraico exauriu a sua facúndia, e a arte, o seu estilo.

O objetivo do livro é a discussão, concretizada num fato, em torno da razão e da origem ontológica da dor. A discussão, desenvolvida em forma de diálogo entre *Jó* e seus amigos, e em versos de esmerada feitura, constitui a parte principal e como que o corpo da obra, o poema propriamente dito (3-41). Precede a introdução em prosa (1-2) e encerra-o um epílogo, também em prosa (42), à guisa de coroamento.

A diferença entre o Jó paciente e resignado (1-2) e Jó queixoso e agressivo (3-31) explica-se pelos gêneros literários diferentes das seções. Os discursos de Eliú (32-37) podem ter sido inseridos posteriormente, para completar o assunto, deixado sem solução nos capítulos anteriores. O mesmo se diga quanto a teofania (38-41).

Da natureza poética do livro se segue que não se deve insistir na veracidade histórica de cada passo da discussão. Além disso, a própria índole do diálogo supõe que o autor não tenha querido aprovar todas as ideias expressas pelos interlocutores. A chave da composição conexa está em 42:1-8:Jó, embora tendo um conceito elevado de Deus, pecou por presunção e violência; aos seus amigos, pelo contrário, faltou o conceito adequado de Deus e de sua Providência.

O prólogo e o epílogo são ficções literárias. Discute-se a historicidade da pessoa de Jó; a opinião mais plausível é a de que também seja um personagem fictício, pois o objetivo da obra não é contar a história de um sofredor, e sim, oferecer uma solução e um consolo a todos os que sofrem.

Com efeito, a paciência de Jó tornou-se proverbial. Se hoje, à luz da doutrina evangélica, encontramos motivos de conforto bem mais eficazes do que os que Jó podia encontrar na luz imperfeita da razão e mesmo da antiga lei, tanto mais valem a sua heroica resignação e constância sob o peso de tamanhas desgraças.

4.3. LIVRO DE SALMOS

Através da história, os Salmos tem servido de inspiração tanto para a comunidade judaica como para a comunidade cristã. O povo de Israel expressou a sua fé entoando-os no Templo de Jerusalém, e o judaísmo os tornou parte essencial do culto na sinagoga. A igreja os adotou tal como estavam e, ao recebê-los, os incorporou à fé cristã, dando-lhes um sentido cristocêntrico.

Livro bíblico com 150 capítulos, a autoria da maioria dos salmos é atribuída ao rei Davi, o qual teria escrito pelo menos 73 poemas, Asafe é considerado o autor de 12 salmos, os filhos de Corá escreveram uns nove e o rei Salomão ao menos dois. Hemã com os filhos de Corá, bem como Etã e Moisés, escreveram no mínimo um cada. Todavia, 51 salmos seriam tidos por autoria anônima. O período em que os salmos foram compostos varia muito, representando um lapso temporal de aproximadamente um milênio, desde a data aproximada de 1440 a.C., quando houve o êxodo dos Israelitas do Egito até o cativeiro babilônico, sendo que muitas vezes esses poemas permitem traçar um paralelo com os acontecimentos históricos, principalmente com a vida de Davi, quando, por exemplo, havia fugido da perseguição promovida pelo rei Saul ou quanto ao arrependimento pelo seu pecado com Bate-Seba.

Davi se preocupou em formar uma coleção dos seus salmos. Instituiu o seu uso litúrgico, determinando que fossem cantados no santuário (cf. I Cr 15:16-24; 16:4-43). Podemos crer que Ezequias tivesse compilado e acrescentado outros salmos ao livro que Davi havia iniciado (II Cr 23:18; 29:30). Ainda é possível que num período posterior ao exílio babilônico Esdras e Neemias tenham dado a forma final ao realizarem suas reformas sociais e religiosas (Ed 3:10; Ne 12:24,27).

O livro de Salmos é dividido em 5 livros. As divisões do livro correspondem aos 5 livros da Lei:

Primeiro Livro... 1-41;

Segundo Livro.... 42-72;

Terceiro Livro... 73-89;

Quarto Livro..... 90-106;

Quinto Livro..... 107-150.

Estes poemas líricos, sagrados, são escritos em poesia hebraica sem rima, num estilo de beleza indescritível, estando os pensamentos descritos ritmicamente. Falam de modo direto à mente e ao coração. Contêm imagens vívidas. A assombrosa extensão e profundeza do pensamento e dos fortes sentimentos expressos se deve em parte às extraordinárias experiências de Davi na vida, o que serve de tela de fundo para muitos dos salmos.

No princípio do Cristianismo, o Livro de Salmos foi adotado pela Igreja como o seu hinário e o seu livro de orações. Jesus se referiu a vários Salmos; eles foram citados pelos escritores do Novo Testamento e cantados pelos cristãos da Igreja Primitiva. Mas os Salmos precisam ser interpretados e aplicados à luz do Novo Testamento.

É na pessoa de Cristo que a revelação de Deus chega ao seu ponto máximo. Aquilo que no Livro de Salmos e no Antigo Testamento é incompleto e provisório torna-se completo e final na revelação de Jesus Cristo.

4.4. LIVRO DE PROVÉRBIOS

O Livro de Provérbios dá a conhecer a maneira de pensar dos antigos mestres israelitas sobre o que a pessoa sábia deve fazer em certas situações. Alguns provérbios são a respeito das relações de família; outros, sobre o comportamento nos negócios. Alguns tratam de boa educação nas relações sociais; outros, da necessidade de a pessoa agir corretamente, de acordo com os princípios da moral.

Nos provérbios são severamente condenadas a imoralidade sexual, a bebedeira, a glutonaria, a preguiça e a ganância. De outro lado, os provérbios ensinam a dedicação ao trabalho, a prudência, o autocontrole, a humildade, a lealdade para com amigos e parentes e a prontidão para ajudar os pobres e os necessitados.

Os sábios israelitas reconheciam que é fácil cair em pecado, e por isso as pessoas precisam de direção e auxílio para que façam escolhas acertadas e consigam vencer o mal. E sempre estava presente na mente dos sábios o fato de que os esforços humanos estão condicionados à vontade de Deus, que dirige todas as coisas: "As pessoas podem fazer seus planos, porém é o SENHOR Deus quem dá a última palavra" (16.1).

Logo no primeiro versículo do livro, o nome de Salomão é indicado como seu autor, o que parece abranger os primeiros nove capítulos. Também Salomão aparece como autor das outras duas maiores coleções de provérbios, que abrangem os capítulos 10—22; 25—29. Em 1Rs 4.32, diz-se que Salomão "escreveu três mil provérbios e compôs mais de mil canções". Salomão reinou mais ou menos de 970 a 931 a.C.

Outros dois autores, ambos não-israelitas, também são mencionados: Agur, filho de Jaque (30.1), e a mãe do rei Lemuel (31.1-9). É provável que o Livro de Provérbios como o temos hoje tenha sido editado em fins do sexto século antes de Cristo.

4.5. LIVRO DE ECLESIÁSTES

Singular entre todos os livros do *Antigo Testamento* é, sob diversos aspectos, o presente. Seu título, *Eclesiástes*, é a tradução grega do nome hebraico, que no próprio texto designa-lhe o nome, isto é, *Cohelet*, particípio (feminino) do verbo "*cahal*," cujo significado é "*reunir, convocar*." E porque em grego "*ecclesiastes*" significa também "*orador que fala na assembleia*," certo tempo acreditou-se que esse livro fosse um discurso, um sermão feito ao povo israelita em assembleia pública.

O *Eclesiastes* é misto de reflexões em prosa e de sentenças em versos. São seis ordens de reflexões intercaladas por cinco grupos de sentenças, com um prólogo que precede o corpo da obra e um epílogo que o encerra. O argumento geral da reflexão é a vaidade das coisas humanas; a insensatez da excessiva solicitude pelos bens terrestres, marcadamente as riquezas e os prazeres; a moderação em todas as coisas, quer na busca do bem-estar e da própria virtude, quer na fruição das alegrias que Deus difundiu na vida presente.

A linguagem e o estilo do *Eclesiástes* distinguem-se entre todas as páginas do *Antigo Testamento* pelos vocábulos e construções de uma era bastante tardia, e formam como que a transição entre o hebraico da era clássica e o do *Talmude* (séc. II-V d.C.). Muito se discutiu sobre quem seja o autor. Pode-se ao certo, dizer que foi um mestre de sabedoria popular (12:9), e que *Cohelet* foi seu nome literário ou acadêmico, e não próprio.

O livro evidencia um período em que, para o autor, as soluções tradicionais para as grandes questões da vida, particularmente para o sentido da vida, perderam a sua relevância. Ao invés de responder estas questões com citações da Escritura, o Pregador introduz uma metodologia baseada na observação e na indução. A sabedoria, quando encontrada em outra literatura sapiencial da Bíblia (Jó, Pv e certos Sl), é sinônimo de virtude e piedade; e sua antítese, a loucura, representa a maldade.

No livro de Eclesiástes, a palavra "sabedoria", às vezes, é usada nesse sentido quando se trata da interpretação israelita tradicional sobre a sabedoria (como em 7:1-8.9; 10:1-11.16). Mas no capítulo de abertura (1:12-18), o autor lida com a sabedoria enquanto o processo de puro pensamento, semelhante à filosofia Grega, com questionamento dos valores absolutos.

Mesmo sem contestar a existência de Deus, a qual confere sentido à criação, o Pregador está determinado a procurar esse sentido através da sua própria experiência e observação, a fim de poder verificar esse sentido pessoalmente e transmiti-lo aos seus discípulos.

4.6. LIVROS DE CANTARES

O *Cântico*, ou, como de costume se traduz literalmente do hebraico, o *Cântico dos Cânticos*, apresentasse-nos na estrutura de pequeno poema, entre o lírico e o dramático, no colorido de um idílio e com o teor de um cântico de amor, qualidades essas que lhe conferem um lugar todo particular nas *Sagradas Escrituras*, ao passo que pela elegância literária deve ser posto entre as mais preciosas páginas da pura poesia hebraica. Se, porém, cantasse propriamente amores profanos, não teria sido por certo jamais inserido entre os livros inspirados das *Escrituras*.

Este livro ensina que é belo e digno o amor que une um homem e uma mulher, de modo que "os dois se tornam uma só pessoa" (Gn 2:24). Cântico dos Cânticos faz parte da Bíblia porque trata da pureza e da santidade do casamento, que foi instituído por Deus no Éden. Em geral, as pessoas consideram a infidelidade uma coisa sem importância, mas o verdadeiro amor permanece fiel, apesar de todas as dificuldades e tentações.

Alguns judeus interpretam este livro como se falasse de Deus como o esposo do seu povo (Os 2:16-20). Alguns cristãos entendem que o livro é uma espécie de figura que representa o relacionamento entre Cristo, o noivo, e a Igreja, a noiva (Ef 5:21-33; Ap 21:2,9).

5. OS LIVROS PROFÉTICOS

5.1 . INTRODUÇÃO

São 17 os livros proféticos do Antigo Testamento. Dividem-se em "profetas maiores" e "profetas menores". São assim chamados, não por causa da sua importância, mas pela quantidade do material escrito.

Diferentemente das nossas Bíblias atuais, a Bíblia Hebraica considera proféticos e cataloga assim: Profetas anteriores e Profetas posteriores. No grupo dos "Profetas anteriores", coloca os seis livros de caráter histórico: Josué, Juízes, 1 e 2 Samuel, 1 e 2 Reis, e o conjunto dos "Profetas posteriores" é formado por Isaías, Jeremias, Ezequiel e os Doze profetas menores, assim nomeados não porque o seu conteúdo seja de menor importância, mas porque são notavelmente menores que os escritos dos "três grandes profetas".

Os livros dos profetas, formando quase um terço do Velho Testamento, contêm a doutrina e, em certos casos, a história pessoal dos profetas que apareceram isolados, a intervalos ou contemporaneamente, desde o séc. VIII ao séc. IV a.C. Este período é notável pelo largo desenvolvimento do pensar humano, e pelo aparecimento de ilustres orientadores do espírito em todos os países do globo.

Quando Sofonias previa a desgraça que devia cair sobre Jerusalém, e Naum descrevia a ruína de Nínive, Zoroastro, segundo um cálculo provável, empenhava-se a fundo na reforma da antiga religião iraniana. Quando Jeremias e Ezequiel insistiam na pregação do culto interior e puro a Deus, na conduta sincera e na responsabilidade pessoal, Confúcio dava à religião da China uma forma definitiva, enquanto Sidarta na Índia lançava os fundamentos do Budismo.

Atravessava-se, então, um período de grandes acontecimentos políticos: Israel, deixava de existir; a Assíria perdia a sua independência; Babilônia era submetida pelos persas; Jerusalém, após ter sofrido uma destruição total, vivia um período de ressurgimento nacional. A Grécia, depois de se libertar galhardamente do inimigo invasor, via-se a braços com a praga das lutas internas. Roma, a expandir-se avassaladoramente. Enfim, uma época brilhante em todos os ramos da ciência, da política e da estratégia, sem que todavia nenhum sábio, nenhum político, nenhum herói tenham superado esses homens de poder e de visão, que foram os profetas de Israel e de Judá.

5.2. A VOCAÇÃO DOS PROFETAS

Profeta é uma palavra derivada do vocábulo grego *profetés*, composto pela preposição pro, que tem valor locativo e equivale a "diante de", "na presença de", e o verbo *femí*, que significa "dizer" ou "anunciar". Na LXX (Septuaginta), encontramos *profetés* como tradução da palavra hebraica *nabí*, relacionada esta última a várias outras semíticas cujo sentido principal é anunciar ou comunicar alguma mensagem.

Em âmbitos alheios ao texto da Bíblia, é frequente dar o nome de profeta a alguém que transmite mensagens da parte de alguma divindade ou que se dedica à adivinhação do futuro. Porém, se restringe o uso da palavra ao seu sentido bíblico, profeta é especialmente alguém a quem Deus escolhe e envia como o seu porta-voz, seja diante do povo ou de uma ou várias pessoas em particular.

Não se trata, pois, na Bíblia, de adivinhos, magos, astrólogos ou futurólogos entregues a predizer acontecimentos futuros, mas de mensageiros do Deus de Israel, enviados para proclamar a sua palavra em precisos momentos históricos. Em certas ocasiões, a mensagem profética se referia a algum evento futuro, porém sempre vinculada a uma situação concreta e imediata na qual surgia a profecia (cf. Is 7:1-25). Para descreverem o fato histórico, estão destinadas certas passagens que, na maioria dos livros, contemplam acontecimentos bem conhecidos e datados (cf. Jr 1:3; Ez 1:1-3 – a conquista de Jerusalém; a deportação para a Babilônia cf. Is 1:1 e Os 1:1).

Para se compreender o profundo sentido da palavra de Deus transmitida pelos profetas, deve-se prestar máxima atenção ao contexto histórico em que foi originalmente proclamada. Somente dessa forma será possível também atualizar a mensagem profética e aplicar o seu ensinamento às necessidades e circunstâncias do momento atual.

5.3. A MENSAGEM DOS PROFETAS

Os profetas denunciam o pecado em termos decisivos, mas não deixam de insistir no valor do arrependimento.

Amós, apesar do realce que dá à justiça inexorável, em nome de Deus incita Israel a procurá-lo para viver (Am 5:4).

Oseias alude à bondade divina e apela continuamente para que voltem para Aquele que é todo bênção e todo perdão (Os 14).

Jeremias, seguindo as pisadas de Oseias, proclama em termos ameaçadores a condescendência e a compaixão de Deus (Jr 3:12).

Isaías, cujo conceito de Deus é o mais elevado, declara que o Alto e o Sublime, que habita na eternidade, habita também com o contrito e abatido de espírito, para vivificar o espírito dos abatidos, e para vivificar o coração dos contritos (Is 57:15). Noutro lugar frisa que Deus é grandioso em perdoar (Is 55:7).

Também Ezequiel, que tão profundamente descreveu a majestade e a santidade de Deus para os exilados, assevera-lhes que esse Deus não deseja a morte do ímpio, mas que se converta dos seus pecados e viva (Ez 18:23).

Tais mercês nem só a Israel são reservadas. Estranhos, como Ebede-Meleque, podem entrar na aliança e participar das bênçãos divinas (cf. Jr 39:15 e Is 56:4-7) e até os confins da terra são convidados a procurar a salvação de Deus (Is 45:22).

Como orientadores ou chefes espirituais e religiosos, os profetas não tinham que escolher entre o seu Deus e a bondade. A doutrina que pregavam acerca do homem e dos seus problemas dependia diretamente da maneira como criam em Deus. Antes de tudo eram teólogos; e só em segundo lugar mestres e orientadores morais. Como Isaías, todos eram pecadores que alcançaram misericórdia e obtiveram o perdão, graças ao poder divino nele manifestado. Depois de pregarem Deus, a sua principal missão era a de convencer os homens de que eram pecadores, que deviam arrepender-se e deixar-se guiar pelo caminho da justiça.

Por isso, as obras dos profetas não se apresentam como tratados sistemáticos, tal como os dos moralistas gregos. A doutrina dos profetas era de caráter acidental, a maior parte das vezes apresentada negativamente, na descrição e na denúncia do pecado. São, todavia, numerosos os casos de afirmações positivas, por exemplo em Malaquias 6:8, onde se resumem os principais deveres a cumprir.

Os profetas habitualmente introduzem as suas mensagens mediante fórmulas expressivas como "*Assim diz o SENHOR*", "*Palavra do SENHOR que veio a...*" ou outras semelhantes e, frequentemente, apresentam-se a si mesmos como enviados de Deus e investidos de autoridade para proclamar a sua palavra. Essa certeza pessoal de terem sido divinamente escolhidos para comunicar determinadas mensagens é um sinal característico da consciência profética.

Assim, Isaías, que responde ao chamado do SENHOR: "*Eis-me aqui, envia-me a mim*" (Is 6:8) ou Jeremias, que escuta a voz do SENHOR: "*Eis que ponho na tua boca as minhas palavras*" (Jr 1:9) ou Ezequiel, que ouve a ordem de Deus: "*Vai, entra na casa de Israel e dize-lhe as minhas palavras*" (Ez 3:4) ou Amós, que se sente separado das suas tarefas pastoris e transforma-se em porta-voz de Deus: "*Vai e profetiza ao meu povo de Israel*" (Am 7:15).

5.4. A INFLUÊNCIA DOS PROFETAS

Os profetas exerceram uma influência decisiva tanto na religião de Israel quanto posteriormente no Cristianismo. Contudo, foram bem menos as ocasiões em que os primeiros destinatários da mensagem prestaram a devida atenção (cf. Ag 1:2-15). Pelo contrário, segundo o testemunho dos próprios textos bíblicos, a princípio faziam-se de surdos à voz dos profetas, as suas palavras caíam no vazio ou eram rechaçadas sem terem obtido a resposta requerida. Mais ainda, quando a comunicação profética molestava os ouvidos dos seus receptores, estes tratavam frequentemente de fazer calar o mensageiro de Deus.

Quando os intentos de fazer calar a mensagem profética se chocavam contra a fidelidade do profeta à palavra de Deus (cf. Jr 20:9), os ataques se dirigiam contra os próprios mensageiros, alegando que os seus anúncios tardavam muito em cumprir-se. Por isso, Isaías reprova o ceticismo dos seus ouvintes, que reclamavam: "*Apresse-se Deus, leve a cabo a sua obra, para que a vejamos aproxime-se, manifeste-se o conselho do Santo de Israel, para que o conheçamos*" (cf. Is 5:19 e 28:9-10) *e o mesmo faz Ezequiel aos que diziam: "Prolongue-se o tempo, e não se cumpra a profecia?"* (Ez 12:22 cf. 2:3,7; 12:26-28; 33:30-33).

A confiança em Deus é a fonte de energias para o cumprimento do dever, é o guia nas horas incertas, o conforto nas horas tristes, a prosperidade da vida espiritual. O conhecimento de Deus como Aquele que executa a paz, a justiça e a bondade na terra e se compraz nessa execução, é o que se recomenda acima de tudo (Jr 9:24). Em seguida, lembra-se que a prática da justiça, da misericórdia e da humildade (Mq 6:8) deve ser também do agrado do homem em obediência à vontade de Deus.

Jesus conhecia os valores e o profundo significado do profetismo de Israel e também as dificuldades que rodeavam a existência dos profetas enviados por Deus. Por isso, deu testemunho de que o profeta não tem honra na sua própria terra (Jo 4:44) e, em certa ocasião, declarou isso para mostrar que o profeta não tem honra na sua própria terra, nem entre os seus parentes, nem mesmo em sua casa (cf. Mc 6:4). Porém a mensagem profética continua vigente e não deixa de apelar à consciência humana, porque é a palavra de Deus, e há de prestar-lhe atenção como uma luz que ilumina lugares escuros, até que o dia amanheça e brilhe nos corações dos seres humanos (cf. II Pe 1:19-21).

Quanto aos deveres a cumprir, poder-se-ia resumir a doutrina dos profetas com as palavras de Malaquias, que são o fecho do Velho Testamento: "*Lembrai-vos da Lei de Moisés, Meu servo, a qual lhe mandei em Horebe para todo o Israel, e que são os estatutos e juízos*" (Ml 4:4).

5.5. OS PROFETAS MAIORES

São cinco os livros denominados de Profetas Maiores: Isaías, Jeremias, Lamentações de Jeremias, Ezequiel e Daniel. Vejamos um breve resumo de cada um deles:

1) Livro de Isaías

Isaías é chamado de "o Profeta Messiânico" pelas muitas profecias acerca do Messias. Ele profetizou por mais de meio século, durante os reinados de Uzias, Jotão, Acaz e Ezequias. Ele era filho de Amoz (Is 1:1; 2:1) e casou-se com uma mulher, a quem denominou de "profetiza" (Is 8.3), e teve dois filhos, cujos nomes representavam mensagens simbólicas à nação (Is 7.3; 8.3,4).

Seu ministério profético aconteceu entre 740 a 700 a. C., iniciando no ano em que o rei Uzias morreu (Is. 6.1). Deus promete a vinda de Messias que viria para salvar o povo dos seus pecados (Is. 53.5). Seu livro é conhecido como "a Bíblia em miniatura" porque contém 66 capítulos e pode ser dividido em duas principais seções: 1ª) capítulos 1 a 39; e a 2ª) capítulos de 40 a 66. Isaías advertiu Judá que, por causa de sua rebelião e idolatria, havia se distanciado de Deus (Is 1:2-9; 2:6-9), mas também profetizou sobre redenção (Is 1:16-19, 27) e restauração da nação (Is 1:9, 18, 24-31).

O próprio Jesus se referiu ao livro de Isaías como cumprimento das profecias a Ele alusivas (Is. 61.1-2).

2) Livro de Jeremias

Jeremias escreveu o seu livro com a assistência de Baruque (Jr 1:1; 36:4) em aproximadamente 585 a.C., a fim de advertir Judá do julgamento iminente por causa do seu pecado. Esse profeta foi vocacionado ainda na juventude (Jr 1:6) para trazer as más noticias a Judá (Jr 5:15), e, por causa delas, foi açoitado e depois preso dentro de um poço (Jr 38), mas suas palavras se cumpriram fielmente (Jr 52). A punição de Deus a Judá não tinha como meta a destruição, mas o arrependimento do Seu povo (II Pe 3:9).

3) Livro das Lamentações de Jeremias

Lamentações é o nome dado ao segundo livro escrito por Jeremias. O nome deriva-se da tradução latina do termo grego "threnoi", que significa "alto choro". É provável que o livro tenha sido escrito imediatamente após a destruição de Jerusalém, por volta de 586-585 a.C.

O propósito desse livro era descrever o grande pesar pela perda do templo e da cidade sagrada; registrar como o Senhor cumpriu, completa e literalmente, o julgamento da cidade, devido ao povo ter persistido na idolatria e rebelião (Lm 2.17; 3.37,38); e relembrar ao povo a misericórdia e a fidelidade de Deus (Lm 3.22,23). A disciplina do Senhor, para os Judeus, bem como para todo crente, objetiva a correção (Hb. 12.11).

4) Livro de Ezequiel

Ezequiel, o sacerdote, é o autor do livro que leva o seu nome (Ez 1:1-3). Esse livro foi escrito por volta de 590 a 570 a. C., quando Judá se encontrava no exílio. Ainda que o povo estivesse no Exílio, o Senhor revela que não se satisfaz com a morte do ímpio (Ez 18:32).

O propósito da profecia de Ezequiel foi duplo:

1º) Entregar a mensagem divina do juízo ao povo apóstata de Judá e de Jerusalém (Ez 1-24) e à sete nações estrangeiras (Ez 25-32);

2º) Conservar a fé do remanescente fiel a Deus no exílio, concernente a restauração de seu povo segundo o concerto e à glória final do reino de Deus (Ez 33-48).

5) Livro de Daniel

Daniel, um jovem levado ao exílio babilônico, é o autor do livro (Dn 7:15; 2:14), escrito entre 605 a 538 a. C. Esse livro foi originalmente escrito em duas línguas: hebraico (capítulos 1, 8-12) e aramaico (capítulos 2-7). O propósito desse livro é duplo:

1º) Dar ao povo de Judá a certeza de que o juízo de seu cativeiro entre as nações gentias não seria permanente (Dn 9:2);

2º) Descrever para o povo de Deus as visões proféticas da soberania de Deus sobre as nações e o triunfo final do seu reino na terra.

O livro afirma que as promessas de Deus, de preservar e restaurar o seu povo, são tão firmes como o reino messiânico vindouro que durará para sempre (Dn 2,7-9). Esse livro mostra que Deus sempre tem um propósito e que não abandonou o Seu povo (Rm. 11).

5.6. OS PROFETAS MENORES

Os Profetas Menores (Oseias, Joel, Amós, Obadias, Jonas, Miqueias, Naum, Habacuque, Sofonias, Ageu, Zacarias e Malaquias) escreveram livros pequenos comparados aos Profetas Maiores. Apesar disso, possuem muitas características comuns, pois viveram em épocas de grandes desafios; foram porta-vozes da mensagem divina; chamaram a nação à sua responsabilidade espiritual, moral e social; viveram de forma íntegra e sincera; revelaram a ética para o povo; condenaram comportamentos pecaminosos e falaram de esperança para uma gente sofrida, como podemos ver no resumo de cada livro, a seguir.

1) Livro de Oseias

Oseias escreveu seu livro entre 750 e 722 a. C.. Em seu escrito ele revela o amor de Deus por Israel através de um casamento que resulta em adultério (Os 1:2). Apesar da infidelidade de Israel, Deus, como Oseias a Gomer, o ama e está disposto a perdoá-lo (Os 144).

2) Livro de Joel

Joel, filho de Petuel (Jl 1:1), escreveu em 586 a. C., advertindo Israel das pragas que sobreviriam por causa do pecado (Jl 2:11). O dia do julgamento de Deus, no entanto, não é o fim, pois o Senhor salvará o Seu povo (Jl 2:32).

3) Livro de Amós

O profeta Amós exerceu seu ministério em Israel no século VIII a.C. e foi contemporâneo de Jonas e Oseias. Ele revela três fatos importantes a respeito de si mesmo: 1º) era filho de boieiro e cultivador de sicômoros em Tecoa (Am 1.1; 7.14); 2º) Ele "via" suas mensagens, isto é, tinha visões proféticas (Am 7.1,4,7; 8.1,2; 9.1); 3º) Seu ministério foi desempenhado durante o reinado de Uzias, em Judá, e Jeroboão II, em Samaria.

O livro de Amós divide-se em três seções: 1ª) o profeta dirige uma mensagem de condenação à sete nações vizinhas de Israel, inclusive Judá (Am 1.3-2.16); 2ª) ele registra três mensagens de juízos divinos (Am 3.1-6.14); e, a 3ª) ele descreve cinco visões à respeito do juízo divino (Am 7.1-9.10). O livro termina com uma promessa de restauração (9.11-15).

4) Livro de Obadias

Obadias é o livro mais breve do Antigo Testamento e foi escrito com três propósitos específicos: 1º) revelar a ira de Deus contra os edomitas por terem se regozijado com o sofrimento de Judá por ocasião da invasão e destruição promovida pela Babilônia (Ob 1:1-14); 2º) entregar a mensagem de juízo divino contra Edom (Ob 1:15,16); e 3º) anunciar o livramento divino para a nação de Judá (Ob 1.17-21).

O livro possui duas seções principais: Na primeira (Ob 1:1-14) Deus expressa sua ira contra Edom; e, a segunda (Ob 1:15-21) refere-se ao dia do Senhor, quando Edom será destruído juntamente com todos os inimigos de Deus, ao passo que o povo escolhido será salvo, e seu reino triunfará.

5) Livro de Jonas

Jonas, escrito em 760 a. C., mostra a atuação desse profeta nos tempos do Rei Jeroboão II (II Rs 14:23-25). Jonas é vocacionado pelo Senhor para pregar arrependimento para Nínive, capital da Assíria (Jn 4:11). O profeta esperava que os ninivitas fossem destruídos, mas esses vieram a arrependerem-se. Nesse livro vemos a demonstração do amor de Deus aos pecadores (Rm 5:8).

6) Livro de Miqueias

Miqueias profetizou por volta de 700 a. C., ressaltando o julgamento de Deus que viriam em breve (Mq 1:1). À semelhança de Amós, Miqueias era homem do campo e era de família humilde. Ele foi levantado por Deus para profetizar contra os governantes corruptos, os falsos profetas, os sacerdotes ímpios, os mercadores desonestos que havia em Judá (Mq 2:2, 8, 9, 11; 3:1-3, 5, 11).

Esse livro conclama o povo ao arrependimento, a amar a misericórdia, a andar humildemente com Deus (Mq 6:8), e revela, profeticamente, o local do nascimento do Messias (Mq 5:2).

7) Livro de Naum

Escrito por volta de 663 a 612 a. C., Naum revela o julgamento que sobreviria sobre Nínive (Na. 3.1). Esse livro seria uma espécie de continuação de Jonas, mostrando que Deus é misericordioso, mas pune o pecado impenitente (Na 1:3).

8) Livro de Habacuque

Habacuque profetizou a Judá entre a derrota dos assírios, em Nínive, e a invasão de Jerusalém pelos babilônios. O livro é único no seu gênero por não ser uma profecia dirigida diretamente a Israel, e sim, um diálogo entre o profeta e Deus. O livro possui, pelo menos três formas literárias distintas: diálogo (Hc 1:2-2:5); "ais proféticos" (Hc 2:6-20); e um cântico profético (Hc cap. 3).

Nenhum profeta do Antigo Testamento fala com mais eloquência à respeito da questão da fé que o profeta Habacuque; não apenas pela declaração "o justo pela fé, viverá" (Hc 2:4), mas também pelo seu testemunho pessoal (Hc 3:17-19).

9) Livro de Sofonias

Sofonias data de 640 a 620 a. C., durante o reinado de Josias (Sf 1:1), tratando a respeito do julgamento de Deus por causa da idolatria (Sf 3:8), ainda que haja esperança para aqueles que se arrependem (Sf 3:13).

Embora percebesse um castigo vindouro em escala mundial (Sf 1:2; 3:8), Sofonias focalizava, especialmente o julgamento que viria contra Judá (Sf 1:4-18; 3:1-7). Ele faz um apelo à nação para que se arrependa e busque ao Senhor em humildade, antes que o decreto entre em vigor (Sf 2:1-3).

10) Livro de Ageu

Ageu é o primeiro dos três livros pós-exílicos no Antigo Testamento (os outros dois são Zacarias e Malaquias). O propósito de Ageu era duplo: 1º) exortar Zorobabel (o governador) e Josué (o sumo sacerdote) a mobilizarem o povo para a reedificação do templo; 2º) motivar o povo a reordenar suas vidas e prioridades para que a obra da casa de Deus fosse recomeçada com as bênçãos divinas.

O livro contém quatro mensagens, cada uma delas introduzidas pela frase "a palavra do Senhor" (Ag 1:1; 2:1; 2:10; 2:20). A 1ª) para repreender os repatriados por estarem tão interessados em suas casas, enquanto a casa de Deus estava em desolação (Ag 1:4); a 2ª) para encorajar os líderes, bem como a todos os judeus, quanto a reconstrução do templo, pois, a glória da segunda casa seria maior do que a da primeira (Ag 2:9); a 3ª) para conclamar o povo para que vivesse uma vida de obediência (Ag 2:10-19); e a 4ª) para predizer que Zorobabel representaria a continuação da linhagem e da promessa messiânica (Ag 2:23).

11) Livro de Zacarias

Zacarias, filho de Berequias, data de aproximadamente 520 a 475 a. C., e, semelhantemente a Ageu, conclama o povo à reconstrução do templo em Jerusalém. Depois de Isaías, Zacarias é o mais messiânico dos livros do Antigo Testamento, em virtude de suas muitas referências ao Messias.

O livro alude à entrada triunfal de Jesus em Jerusalém (Zc 9:9; Mt 21:1-11). Deus, através do profeta, chama o povo a se voltar para Ele, e Ele, por sua vez, se voltará para o Seu povo (Zc 1:3). Suas profecias em forma de visões e linguagens simbólicas assemelham-se aos livros de Daniel e Apocalipse.

12) Livro de Malaquias

Malaquias, o mensageiro do Senhor, escrito por volta de 450 a. C., denuncia o descaso do povo em relação a Deus, inclusive em relação à contribuição (Ml. 3.8-10). A mensagem de Malaquias nos lembra que o culto genuíno ao Senhor deva ser em espírito e em verdade (Jo 4:24).

Malaquias escreveu em uma época que os judeus repatriados enfrentavam um declínio espiritual. O livro pode ser dividido em seis partes principais:

1ª) Deus reafirma seu fiel amor a Israel (Ml 1:2-5);

2ª) Deus repreende os profetas por serem infiéis (Ml 1:6-2:9);

3ª)Deus repreende Israel por ter rompido o concerto (Ml 2:10-16);

4ª) Deus relembra a Israel a certeza do castigo por causa de seus atos pecaminosos (Ml 2:17-3:6);

5ª) Deus chama o seu povo ao arrependimento (Ml 3:13-18);

6ª) uma advertência e promessas a respeito do futuro "dia do Senhor" (Ml 4:1- 6).

Os profetas eram porta-vozes de Deus e foram levantados por Deus, principalmente, em períodos de apostasia, injustiça e imoralidade; e sua principal missão era chamar o povo ao arrependimento e anunciar o juízo divino, caso o povo não se arrependesse.

Esses livros foram preservados e inclusos no Cânon Sagrado por sua importância, não apenas para o povo daquela época, mas também para os cristãos na atualidade, para que pudéssemos também aprender e ser edificados através deles.

BIBLIOGRAFIA

DAVIDSON, F. O Novo Comentário da Bíblia. Ed. Vida Nova. São Paulo, 1997.

HALLEY, Henry. Manual Bíblico de Halley. Ed. Vida. São Paulo, 2001.

ELLISEN, Stanley A, Conheça Melhor o Antigo Testamento. São Paulo: Ed. Vida, 1991.

LASOR, William S.; HUBBARD, David A.; BUSH, Frederic W. Introdução ao Antigo Testamento. Ed. Vida Nova, São Paulo / S.P.: 1999.

CERESKO, Anthony. A Sabedoria no Antigo Testamento. Ed. Paulus, São Paulo / S.P.: 2004.

PEARLMAN, Myer. Através da Bíblia livro por livro. São Paulo: Editora Vida, 1999.

Apostila Estudos do Pentateuco – Pr. David Alfred Jr.

Apostila de Análise Bíblica do AT (Vol. I e II) elaborada por Prof. Ronald Lima – IBES.

BÍBLIA DE ESTUDO NTLH. Barueri, SP: Sociedade Bíblica do Brasil – 2005.

BÍBLIA DE ESTUDO PLENITUDE. SBB: Barueri, SP – 2001.

BÍBLIA DE ESTUDO DE ALMEIDA. SBB: Barueri – 2009.

SILVA, Claudemir Pedroso da. Estudos Bíblicos – O Conhecimento da Palavra de Deus. São Paulo: Editora DCL, 2010.

______________________. Dicionário e Estudos Bíblicos. São Paulo, Editora PAE, 2009.

Sites consultados:

www.vivos.com.br

www.fatheralexander.org/booklets/portuguese/biblia

www.santovivo.com.br

www.gospelbr.net/estudosbiblicos

Capítulo VIII

Introdução ao Novo Testamento

1. FUNDO HISTÓRICO DO NOVO TESTAMENTO

1.1. HISTÓRIA INTERBÍBLICA

Um estudo adequado da Bíblia não pode ser feito sem uma consciência aguda das diferenças nas atitudes e estruturas políticas, culturais e religiosas que existem entre o Antigo e o Novo Testamentos. Suporse-ia, logicamente, um certo desenvolvimento durante os 430 anos que decorreram entre os dois livros; mas as várias mudanças observáveis devem ser explicadas. É necessário, portanto, voltar-se, na história, até o tempo entre os dois Testamentos, a fim de se apreciar mais completamente a situação pressuposta no Novo Testamento.

A história interbíblica, abrange o período entre a composição dos últimos livros do Antigo Testamento e a composição do Novo Testamento. Tal período marca a passagem do Antigo Testamento (velha aliança) para o Novo Testamento (nova Aliança), por isso usa-se a expressão: ***intertestamentário*** (*inter* = entre / *testamentário* = testamento). Esse período teve a duração de aproximadamente 430 anos. Denominado, ocasionalmente como *"quatrocentos anos de silêncio"*, pois, verifica-se um vazio dos registros bíblicos, decorrente do silenciamento da voz profética.

O Antigo Testamento encerra-se com os filhos de Israel sob a dominação dos persas. No Novo Testamento, a Palestina é subserviente aos romanos. A história política que denota esta mudança incide em quatro partes: o período persa, o período grego, o período macabeu ou hasmoneu (o período da independência) e o período romano.

1.2. O Período Persa Período (430-332 a.C.)

A história do Antigo Testamento termina por volta de 430 a.C., com o profeta Malaquias. Os babilônios, que tinham destruído Jerusalém em 586 a.C., foram conquistados pelos medos e persas. O rei persa Ciro, permitiu que os judeus regressassem a Jerusalém em 536 a.C. Sob a liderança de Esdras e Neemias, o Templo e os muros da cidade foram reconstruídos. Portanto, no fim do Antigo Testamento, Judá era uma província persa.

O período foi relativamente tranquilo, pois os persas permitiam aos judeus o livre exercício de suas instituições religiosas. A Judeia era dirigida pelo sumo sacerdotes, que prestavam contas ao governo persa, fato que, ao mesmo tempo, permitiu aos judeus uma boa medida de autonomia e rebaixou o sacerdócio a uma função política.

A Pérsia e o Egito envolveram-se em constantes conflitos durante este período, e a Judeia, situada entre os dois impérios, não podia escapar ao envolvimento. Durante o reino de Artaxerxes III muitos judeus engajaram-se numa rebelião contra a Pérsia. Foram deportados para Babilônia e para as margens do mar Cáspio.

1.3. O Período Grego (331-167 a.C.)

Em 336 a.C., quando Jadua era o sumo sacerdote, Filipe II da Macedônia foi assassinado quando fazia planos para invadir a Pérsia. Seu filho, Alexandre, sucedeu-o com a idade de 20 anos. Ele uniu toda a Macedônia e a Grécia e, em 334 a.C., atravessou o Helesponto, para libertar as colônias gregas da Ásia Menor. Com apenas 35.000 homens, Alexandre derrotou três generais de Dario III, em Granico, em 334 a.C., após passar uma noite sem dormir e ter tido uma visão de um ancião, que o aconselhava a continuar sua luta contra os persas. No ano seguinte, 333 a.C., Alexandre outra vez derrotou um grande exército em Issus. Somente após esta vitória Alexandre se pôs a sonhar com a conquista do mundo.

Atravessando ele os montes Tauros, distrito após distrito caiu diante do exército grego. Josefo tem uma interessante história do encontro de Alexandre com Jadua. Alexandre disse que Jadua era o homem do sonho. Por esta razão, os judeus foram tratados com respeito e obtiveram muitas das mesmas vantagens dos gregos. Parece que Manassés também recebeu a aprovação de Alexandre na construção do templo no monte Gerizim. Foi a política de Alexandre fazer amigos dos conquistados sempre, quando e onde possível.

Depois de conquistar o Egito, Alexandre partiu para o leste, contra Dario. Em Guagámela (Arbela), em 4 de outubro de 331 a.C., Alexandre derrotou o exército inteiro dos persas e Dario III foi morto (provavelmente por um de seus próprios homens). Alexandre quis ir mais para o leste, mas seus generais e exército recusaram-se a cruzar o rio Indo. Estabelecendo-se na Babilônia, Alexandre organizou seu império em satrápias. Cada uma destas era uma colônia de gregos, geralmente constituídade seus soldados. Através deste tipo de colonização e interrelação com os nativos, a cultura e a língua gregas começaram a espalhar-se através do Império.

Alexandre morreu em 323 a.C., com a idade de 32 anos. Sua maior consecução não é considerada ser seu gênio militar (por grande que fosse). Ele é lembrado principalmente por sua qualidade de estadista. Ele é responsável pela fusão do Ocidente com o Oriente. Derrubando a parede que estava entre o Oriente e o Ocidente, ele foi capaz de abrir as portas do comércio. Através da propagação do idioma grego, a língua franca, o mundo capacitou-se para a comunicação. A cultura grega quebrou as barreiras raciais, sociais e nacionais. A miscigenação das raças estimulou um espírito de cosmopolitanismo, um sincretismo religioso e um interesse no indivíduo. A duradoura contribuição de Alexandre para a civilização mundial dificilmente pode ser subestimada ou imaginada.

1) Os Ptolomeus e o Egito (321-198 a.C.) — Depois da morte de Alexandre, o Império caiu nas mãos de seis de seus generais. Laomedon tomou posse da Síria, Ptolomeu Lagus (Soter) recebeu o Egito, e a Babilônia caiu nas mãos de Seleuco. Os outros três tinham a ver com os judeus. Dentro de dois anos, Ptolomeu e Seleuco derrotaram Laomedon, e os dois generais dividiram o território da Síria. A Palestina ficou sob o controle de Ptolomeu.

Alexandria, planejada por Alexandre e seu arquiteto, tornou-se a capital e logo o centro liderante da cultura grega. Soter iniciou uma biblioteca que, na época de seu filho Ptolomeu Filadelfo (285-277 a.C.), tornou-se a maior do mundo antigo. Desejando ter uma cópia, em sua biblioteca, de cada livro conhecido (traduzido para o grego), Filadelfo solicitou o sumo sacerdote Eleazar para providenciar a tradução das Escrituras hebraicas. A tradução resultante, a Septuaginta (LXX), tornou-se as Escrituras para a comunidade judaica de fala grega.

Durante esse período, a Palestina estava experimentando uma helenização gradual e pacífica. Ela foi exposta à atração do modo de vida grega na língua, na arte, no comércio, na liberdade e na alegria de seus festivais e jogos. Houve uma dispersão voluntária pelo mundo grego afora. A política dos Ptolomeus era conceder aos judeus direitos civis iguais aos dos macedônios.

2) Os Selêucidas e a Síria (198-167 a.C.) — Durante todo o tempo da dominação ptolomaica na Palestina, os reis selêucidas da Síria estiveram olhando ganançiosamente a área rica em ferro e outros metais. Os judeus da Palestina eram um "futebol" político entre os dois países poderosos. Devido a casamentos mistos e complicações políticas, Antíoco III (o Grande) marchou contra Ptolomeu Epifânio, em 198 a.C. Na Batalha de Paneias, o exército

egípcio, sob a liderança de Escopas, foi derrotado. Os judeus parece terem recebido Antíoco de braços abertos.

Em 192 a.C., ocorreu um evento que iria ter implicações políticas de longo alcance. As duas grandes ligas gregas, sempre em guerra uma com a outra, convidaram os sírios e os romanos a tomarem partido. Este é o primeiro aparecimento dos romanos como potência mundial. Em 190 a.C., na Batalha de Magnésia (entre Sardes e Esmirna), os romanos, sob a liderança de Cornélio Cipião (Scipio Asiaticus), derrotaram Antíoco. Ele teve que pagar uma indenização tremenda, entregar sua marinha e elefantes de guerra, enviar um filho como refém para Roma, desistir de todos, exceto dez, de seus navios mercantes (e não construir mais),e não devia fazer guerra contra nenhum dos aliados de Roma. Ao tentar levantar fundos para a dívida, ele recorreu ao roubo dos templos de seu Império. Em uma de suas viagens, na parte oriental de seu território, os guardas e sacerdotes do templo o mataram (187 a.C.).

Seleuco IV herdou o trono e a grande dívida de seu pai. Ele seguiu uma política mal orientada em seu tratamento com os judeus. Como resultado, seu tesoureiro, Heliodoro, assassinou-o em 175 a.C. e tentou tomar o trono. Contudo, o irmão de Seleuco, que havia sido enviado a Roma como refém, retornou a Antioquia a tempo de se apoderar do trono.

Antíoco IV (Epifânio) passara doze anos em Roma como refém. Ele foi saturado com a cultura grega e o legalismo romano. Ao voltar, determinou unificar o Império, estabelecendo o politeísmo grego como religião estatal. Ele não iria tolerar nenhuma oposição aos seus planos. O único curso de ação, para ele, era forçar o povo, por todo o seu domínio, a aceitar a cultura grega. Através do sumo sacerdócio corrupto, em Jerusalém, os judeus mais influentes a princípio estavam bem simpáticos à helenização.

Sob o pretexto de resolver um problema de casamento (a irmã era casada com Ptolomeu), Antíoco invadiu o Egito em 169-8 a.C. Jerusalém soube que ele fora morto e a cidade ardeu de exultação. Houve também alguma disputa sobre duas facções, que tentavam conseguir o sumo sacerdócio. Antíoco soube dessa disputa e, pensando que a Palestina estava em revolta contra ele, voltou e, entrando em Jerusalém, matou 40.000 e roubou o santuário. Retornando ao Egito, para prosseguir sua conquista ali, ele encontrou Laenus, o embaixador romano. O Egito era um aliado de Roma.

Forçado a deixar o Egito em vergonha e ignomínia, Antíoco voltou para casa através da Palestina. Ele culpou os judeus por sua falha em tomar o Egito. Mais uma vez entrando em Jerusalém, ele sacrificou um porco no altar, um altar dedicado a Zeus foi colocado no Templo e as cópias da lei foram confiscadas e destruídas. A pena por se ter uma cópia da lei e praticar-se a circuncisão era a morte. Qualquer observância do sábado foi declarada ilegal. No mês de dezembro de 168 a.C.,o sacrifício do Templo cessou. A "abominação da desolação" referida em Daniel 9:27 ocorrera.

1.4 . O PERÍODO MACABEU OU HASMONEU (167-63 A.C.)

A princípio a resistência dos judeus foi somente passiva. A medida que a perseguição aumentava em intensidade e os fogos da adoração de Deus queimavam cada vez mais baixo, iniciou-se a resistência ativa. A liderança para a organização da resistência ativa começou com um sacerdote, na cidade de Modin, situada entre Jerusalém e Jope. Matatias era da linhagem de um certo Asmoneu ou Chasmon (Hasmon). É deste último nome que a família tirou seu nome, hasmoneu.

Estando avançado em idade, Matatias teve cinco filhos: João, Simão, Judas, Eleazar e Jonatã. Judeus de toda a Palestina, insatisfeitos com as políticas de helenização de Antíoco Epifânio e o sacerdócio corrupto, vieram a responder à chamada às armas. Muito antes, os hasidim ou assideus (zelotes da lei) uniram-se a Matatias. Após um ano e a morte do pai, a liderança do exército passou a Judas, Simão servindo como conselheiro principal. Judas provou ser um general capaz e levou o nome de Macabeu ("Martelador"). Depois de uma série de brilhantes vitórias, ele entrou em Jerusalém e rededicou o Templo, em 25 de dezembro de 165 a.C.

Não contente com simplesmente uma forma de liberdade religiosa em Jerusalém, Judas quis conseguir a liberdade política igualmente. Seus seguidores devotos (os hasidim), contudo, se opuseram a este plano ambicioso e o abandonaram. Com apenas 600 em seu exército, Judas foi morto na Batalha de Elasa, em 161 a.C. Muitos judeus sentiram-se ofendidos quando Judas apelara a Roma por ajuda (I Mac. 8:17-32).

Jonatã, irmão de Judas, tornou-se o líder da revolta, e, numa série de brilhantes manobras políticas, foi designado sumo sacerdote, e os judeus receberam liberdade religiosa. Mediante a morte de Jonatã, Simão, o filho mais velho de Matatias, assumiu a liderança e o sumo sacerdócio. Em 142 a.C., a astuta política diplomática de Simão foi recompensada com independência política completa.

De 142 a.C. a 63 a.C., a nação judaica esteve mais uma vez independente. Os príncipes que se seguiram a João Hircano I (filho de Simão) não tinham o espírito de patriotismo corajoso e autosacrificial que havia marcado os antigos macabeus, e eles se degeneraram em procuradores de posição e intriga política dentro da família. Irmão contra irmão, filho contra mãe, até no final de uma disputa, foi apelado à força romana e, com a intervenção dos romanos, a nação judaica tornou-se uma província romana.

1.5. O PERÍODO ROMANO (63 A.C. — 135 D.C.)

1. Sob Herodes, o Grande (63-4 a.C.) — Com a morte da rainha Alexandra Salomé, em 69 a.C., tanto o poder político como o religioso passaram para as mãos de um filho muito brando, João Hircano II. Seu irmão, Aristóbulo II, era muito ambicioso. Hircano foi persuadi-

do a desistir do trono, mas reteve o ofício de sumo sacerdote. Aristóbulo logo cobiçou essa posição também. Antípater, um idumeu e conselheiro de Hircano, viu uma oportunidade de jogar um irmão contra o outro. Tomando o partido do irmão mais fraco, ele persuadiu Hircano que sua vida estava em perigo, e, assim, foi feito apelo a Pompeu, general romano. Em 63 a.C., Pompeu entrou em Jerusalém e decidiu em favor de Hircano. Contudo, a Judeia ficou sob o controle romano, e Antípater foi designado procurador, e Hircano, como sumo sacerdote. Antípater designou seu filho Fasael, governador da Judeia, e seu filho Herodes, governador da Galileia.

Após a morte de Antípater e Fasael, Herodes recebeu de Antônio e Otávio, em 40 a.C., o título de "Rei dos Judeus". A nação da Judeia, contudo, ainda era uma parte da província romana da Síria. Hircano II permaneceu como sumo sacerdote por um certo tempo, mas finalmente foi despedido (depois que Herodes casou-se com sua neta Mariamne), e este ofício tornou-se outra vez sujeito ao maior arrematador.

Herodes, o Grande, foi um intermediário eficaz entre os romanos e os judeus. Embora os judeus o odiassem, por ser um estranho e estar sob os romanos, Herodes persuadiu estes a concederem vários privilégios àqueles. Ele manteve a nação em paz com Roma. Tentando ganhar o apoio dos judeus, Herodes entrou num ambicioso programa de construção, eliminou os bandos errantes de salteadores, e, em geral, trouxe prosperidade à Judeia. Ele era, contudo, um homem muito ciumento e cheio de suspeitas. Um de seus maiores empreendimentos foi a reconstrução do Templo, iniciada em 19 a.C., e ainda estava em progresso 46 anos mais tarde (João 2:20).

A vida familiar de Herodes foi muito infeliz e cheia de intrigas entre suas dez esposas, seus filhos e seus próprios irmãos e irmãs. Quando ele morreu, havia feito e mudado sua vontade várias vezes. Alguns de seus filhos ele matou, bem como a sua amada Mariamne. Foi durante seu reinado e por causa de preocupação ciumenta por sua posição que ele ordenou a matança das crianças ao redor de Belém, após o nascimento de Jesus.

2. **Sob os Procuradores** (4 a.C. — 70 d.C.) — Como seus herdeiros não puderam controlar a Judeia, esta passou para o governo romano direto, através dos odiados **procuradores**. De 6 a 66 d.C., não menos que 14 homens foram enviados à Judeia para governar os negócios. Geralmente esses homens eram aqueles com quem o imperador romano tinha uma dívida. Era uma posição lucrativa, e esses homens estavam mais interessados em se tornarem ricos do que em serem bons governadores. De tempos em tempos os judeus expressavam sua insatisfação e os choques inevitáveis surgiam. Esses grupos reacionários aumentaram em número a tal ponto, e os procuradores se tornaram tão implacáveis em suas políticas.que a revolta aberta irrompeu-se em 66 d.C. Este foi o começo da Guerra Judaico-Romana de 66-70 d.C. Jerusalém foi tomada pelos romanos, sob a liderança de Tito, o Templo destruído, e o sacrifício ordenado por Moisés foi cessado até o dia presente. A nação judaica cessou de ser uma nação, e o judaísmo sofreu um golpe tremendo.

1.6. DESENVOLVIMENTOS RELIGIOSOS

Nos dias do Novo Testamento, a população judaica encontrava-se dispersa por vários lugares. Além da própria Palestina, havia inúmeros judeus em Roma, Egito, Ásia Menor, etc. (Atos 2.9-11; Tiago 1.1; I Pedro 1.1). Tal dispersão, que recebe o nome de Diáspora, tem razões diversas, começando pelos exílios para a Assíria e Babilônia, e se completando por interesses comerciais dos judeus, e até mesmo em função das dificuldades que se verificavam em sua terra natal. Esse quadro se apresenta como cumprimento claro dos avisos divinos acerca da dispersão que viria como consequência do pecado de Israel (Dt.28.64).

Assim, o judaísmo acabou se dividindo em função da distribuição geográfica. Havia o judaísmo de Jerusalém, mais ligado à ortodoxia, e o judaísmo da Diáspora, ou seja, praticado pelos judeus residentes fora da Palestina. Estes últimos encontravam-se distantes de suas origens. Se até na Palestina, os costumes gregos se impunham, muito mais isso ocorria na vida dos judeus em outras regiões. Estavam profundamente helenizados, embora não tivessem abandonado o judaísmo. Isto fez com que eles se preocupassem com o futuro de suas tradições e sua religião. Tomaram então providências para que o judaísmo não sucumbisse diante do helenismo. Uma delas foi a tradução do Antigo Testamento do hebraico para o grego, chamada Septuaginta. Já que este idioma estava se tornando universal, havia o risco de que, no futuro, as escrituras não pudessem mais ser lidas, devido à possível extinção do hebraico.

Outras obras literárias foram produzidas, incluindo narrativas históricas, propaganda e apologia judaica, tudo escrito em grego e com influências gregas. Destacaram-se nessa época os escritores: Fílon de Alexandria e Flávio Joséfo. Tais escritos não foram aceitos pela comunidade de Jerusalém. Até a tradução bíblica foi rejeitada, uma vez que, para eles, toda escritura sagrada devia ser produzida necessariamente em hebraico. Essa obra no idioma grego foi vista pelos ortodoxos como uma descaracterização do judaísmo.

Para muitos judeus conservadores, o judaísmo era propriedade nacional e não devia ser propagado entre outros povos. Já os judeus da Diáspora se dedicaram a conquistar gentios para a religião judaica. Tal fenômeno recebe o nome de proselitismo. Os novos convertidos eram chamados prosélitos (cf. Mateus 23:15 Atos 2:9-11; 6:5; 13:43). Essa prática difusora da religião também foi adotada por judeus de Jerusalém, mas em escala bem menor.

Os judeus da diáspora cresciam em número e em poder econômico. Isso se tornou incômodo para muitos cidadãos dos lugares onde residiam. A guarda do sábado e a recusa em participar do culto ao Imperador tornaram-se também elementos que atraíram a perseguição. Tendo, muitos deles, fugido da opressão na Palestina, encontraram problemas semelhantes em outras terras.

1.7. GRUPOS RELIGIOSOS PRINCIPAIS

O Novo Testamento observa a presença de partidos religiosos que eram desconhecidos no Antigo Testamento. A fonte principal de informação é encontrada nas obras de Flávio Joséfo. Ele escreve acerca de quatro desses partidos: fariseus, saduceus, zelotes e essênios. Para efeito de aprendizado, acrescentamos o grupo dos herodianos.

1) **Fariseus** — O grupo maior e mais importante é o chamado os fariseus. A palavra em si significa "separatistas", tendo sido, provavelmente, aplicada como expressão de escárnio aos oponentes. Eles fizeram seu primeiro aparecimento definido como um grupo com este nome durante a época de João Hircano I. Alguns estudiosos dizem que o termo foi pela primeira vez usado quando alguns judeus piedosos "se separaram" de Judas Macabeu, depois de 165 a.C. É mais provável que eles foram os sucessores dos "hasidins", que se haviam empenhado em "separar-se" do pecado, e na "separação" (interpretação) das Escrituras, durante as reformas de Esdras e Neemias.

Devido à sua profunda reverência para com os ideais nacionais e religiosos judaicos, e devoção aos mesmos, os fariseus se opuseram à introdução das ideias gregas, e não deixou de ser natural que se tornassem o partido reacionário. Para eles, as coisas velhas eram as únicas coisas boas. Num desejo sincero de tornar a lei praticável dentro do mundo greco-romano em mudança, os fariseus aderiram ao sistema da tradição dos pais. Começando com as Escrituras, eram feitas interpretações para se ajustar uma situação existente ou combater um erro em teologia. Nas tentativas de responder a problemas levantados por religiões intrusas, muitas ideias dormentes no Velho Testamento foram desenvolvidas e aumentadas. Entre essas doutrinas desenvolvidas durante esses 430 anos estão a ressurreição dos mortos, os demônios, os anjos e a esperança messiânica.

2) **Saduceus** — Embora a origem da seita esteja perdida na obscuridade, o nome pode ter-se derivado de um certo Zadoque, que sucedeu Abiatar como sumo sacerdote durante os dias de Salomão. Pode ter vindo da palavra hebraica "zoddikim", que significa "os justos". Os saduceus gabavam-se de sua fidelidade à letra da lei mosaica, em contradistinção à tradição oral. Este era o partido da aristocracia e dos sacerdotes abastados. Eles controlavam o sinédrio e qualquer resquício de poder político que restava. Eram os colaboracionistas, a tendência que favorecia o poder estrangeiro e que se alinhava com ele pelo poder. Também controlavam o templo. O sumo sacerdote era sempre o líder deste grupo. Era um grupo fechado e não procurava prosélitos, como o faziam os fariseus. Rejeitavam as doutrinas da ressurreição, demônios, anjos, espíritos, e advogavam a vontade livre, em lugar da providência divina. Este grupo não sobreviveu à Guerra Judaico-Romana de 66-70.

3) **Zelotes** — Os zelotes representavam o desenvolvimento na extrema esquerda entre os fariseus. Estavam interessados na independência da nação e sua autonomia, ao ponto de negligenciarem toda outra preocupação. Segundo Joséfo, o fundador foi Judas

de Gamala, que iniciou a revolta sobre o censo da taxação, em 6 d.C. Seu alvo era sacudir o jugo romano e anunciar o reino messiânico. Eles precipitaram a revolta em 66 d.C, que levou à destruição de Jerusalém em 70. Simão, o zelote, foi um dos apóstolos.

4) **Essênios** — Estes representavam o desenvolvimento na extrema direita entre os fariseus. Eram uma ordem distinta, na sociedade judaica, mais que uma seita dentro dela. Sendo o elemento mais conservador dos fariseus, eles enfatizavam a observação minuciosa da lei. Formavam uma comunidade ascética ao redor do Mar Morto, e viviam uma vida rigidamente devota. Eram a sobrevivência dos **hasidins** mais estritos, influenciados pela filosofia grega. A partir dos documentos de Qumram, parece que eles aguardavam um messias que iria combinar as linhagens real e sacerdotal, numa estrutura escatológica. Este grupo não é mencionado em o Novo Testamento.

5) **Herodianos** — Os saduceus da extrema esquerda eram conhecidos como os herodianos. Tirando o nome da família de Herodes, eles baseavam suas esperanças nacionais nessa família e olhavam para ela com respeito ao cumprimento das profecias acerca do Messias. Eles surgiram em 6 d.C, quando Arquelau, filho de Herodes, o Grande, foi deposto, e Augusto César enviou um procurador, Copônico. Os judeus que favoreciam a dinastia herodiana eram chamados "herodianos". Este grupo é mencionado em Mateus 22:16 e Marcos 3:6; 12:13.

2. O NOVO TESTAMENTO

2.1 - A ORIGEM DO NOME

A expressão traduzida como "Novo Testamento" provém de um termo grego que significa "o último desejo, testamento". O termo significava um instrumento que podia ser aceito ou rejeitado por alguém, mas cujos termos não podiam ser modificados.

Quando aceito, obrigava ambos os lados. As partes contratantes são Deus, de um lado, e o homem, do outro. A expressão "Novo Acordo" deriva do francês e significa "acordo, contrato". Vai além de uma promessa, pois esta última apenas obriga uma das partes, enquanto um contrato envolve, necessariamente, duas partes.

Este é o significado do termo "aliança" usado em Êxodo 24:1-8, quando o velho acordo é selado entre Deus e o povo, e em Lucas 22:14-20, quando o novo acordo é estabelecido.

O Novo Testamento, então, é o instrumento usado por Deus para definir o novo acordo com os homens. Deus define os termos: o homem pode aceitá-los ou rejeitá-los, mas não pode alterá-los. Quando o aceita, tanto Deus como o homem estão obrigados a cumprir seus termos.

O Velho Testamento revelava a santidade de Deus por meio da Lei, que todos eram obrigados a cumprir. Já o Novo revela a santidade do Senhor por meio do seu Filho, que permite que todos os que creem em seu nome se tornem filhos de Deus (João 1:12).

O enfoque do Novo Testamento é na pessoa de Jesus Cristo.

2.2. O CONTEÚDO

Composto de 27 livros, escritos por 9 autores. Caso Paulo seja considerado o autor de Hebreus, o número de autores cai para 8. Escrito em um período de aproximadamente 50 anos, entre 45 d.C. e 100 d.C.

O Novo Testamento pode ser classificado de acordo com dimensões diferentes: por tipo literário, por autor e por período.

Estilo literário

Os cinco primeiros livros do Novo Testamento (os evangelhos e Atos) são históricos em sua essência. Todos narram uma história. Os evangelhos contam a vida de Jesus sob diferentes ângulos e Atos, uma continuação de Lucas, narra o nascimento e crescimento da igreja, com ênfase na vida de Paulo.

Os livros que seguem são basicamente doutrinários: Romanos, I e II Coríntios, Gálatas, Efésios, Filipenses, Colossenses, I e II Tessalonicenses, Hebreus, Tiago, I e II Pedro, I João e Judas.

A maioria foi escrita em forma de carta a alguma igreja, com o propósito de instruí-la nos elementos da vida cristã. Nenhum deles foi escrito como argumento formal (a única exceção possível seria Romanos).

Possuem tom informal e geralmente lidam com questões que surgiam no cotidiano das igrejas. Um outro grupo de livros é chamado de pessoal: I e II Timóteo, Tito, Filemon, II e III João. Escritos a pessoas e não a grupos.

Assumiram significância maior com o tempo e se tornaram documentos públicos.

Escritos a pessoas que exerciam posição de liderança na igreja.

Por fim, o livro de Apocalipse, ou Revelação de João, tem a natureza profética ou apocalíptica. Lida com questões do futuro e do presente em linguagem simbólica.

Autores

Todos os autores do Novo Testamento eram judeus, com exceção de Lucas.

Três deles eram apóstolos (Mateus, Pedro e João). Marcos, Judas e Tiago foram ativos no começo da igreja ou tiveram contato com apóstolos antes da morte de Jesus.

Lucas e Paulo, mesmo não tendo sido testemunhas oculares do Senhor, eram bem conhecidos daqueles que o foram. Do autor de Hebreus nada se sabe.

Os Períodos

Os livros do Novo Testamento não foram escritos na ordem em que aparecem na Bíblia. Não devemos presumir, por exemplo, que porque os evangelhos são os primeiros livros do Novo Testamento, eles foram escritos antes das cartas de Paulo. Muitos foram escritos vários anos após os eventos sobre os quais fala.

O evangelho de Marcos, por exemplo, narra a vida de Jesus (6 a.C. até 30 d.C.), mas provavelmente foi escrito entre os anos de 65 e 70 d.C. O primeiro século pode ser dividido em três períodos desiguais de tempo no que tange a escrita do NT:

1) O **período inicial** (6 a.C. a 30 d.C.) – Cobre a vida de Jesus. Os evangelhos narram eventos desse período.

2) O **período de expansão** (30 a 60 d.C.) – Onde houve o desenvolvimento do foco missionário. Pregadores e discípulos viajavam pelas estradas romanas, evangelizando e fundando novas igrejas. A narrativa de Atos se encaixa nesse período, bem como a maioria das cartas de Paulo. Atos narra, claramente, a fusão entre o judaísmo e os gentios. O período de que mais temos informações do Novo Testamento.

3) O **período de consolidação** (60 a 100 d.C.) – Temos poucas informações da igreja nesse período. As cartas pastorais de Paulo, Pedro e João pertencem a essa época, bem como o livro de Apocalipse.

Ao analisar os livros escritos no período de consolidação, vemos que a igreja estava adquirindo características de uma instituição e amadurecendo no seu corpo doutrinário. As epístolas da época lidam constantemente com heresias, o que pressupõe que existia um sistema ortodoxo de doutrinas em vigor.

É impossível precisar as datas em que os livros do NT foram escritos, uma vez que raramente há menção de datas ou alusões nos seus livros que permitam identificá-los com eventos históricos.

3. INTRODUÇÃO AOS QUATRO EVANGELHOS

A fonte principal de informações sobre a vida, a obra e o sofrimento de Cristo são os quatro evangelhos do Novo Testamento. A palavra evangelho não foi criada por Jesus nem por seus discípulos. Era uma palavra de uso comum nas comunidades antigas.

3.1. O QUE É UM EVANGELHO?

Os evangelhos têm importância fundamental como fonte de conhecimento sobre o nascimento, ministério, morte e ressurreição do nosso Senhor Jesus. Nos outros escritos do Novo Testamento descobrimos pouco sobre Sua vida e ministério. Paulo interpreta a morte e a ressurreição de Jesus nas suas cartas.

Existem também evangelhos apócrifos, que não foram considerados canônicos pela igreja antiga. Eles contem relatos sobre Jesus. Mas essas informações só podem ser aceitas como confiáveis sob algumas condições. Cada informação contida nesses relatos precisa ser testada à luz dos evangelhos canônicos.

Que fez com que esses livros tão importantes no Novo Testamento passassem a ser chamados de evangelhos? O termo grego *euangelion* significa no seu contexto original "pagamento pela transmissão de uma boa noticia"; mas também frequentemente no contexto extra bíblico se fala das novas de alegria (euangelia), enquanto o Novo Testamento. só usa termo evangelho no singular. A versão grega do A.T. traduz o termo hebraico *besorah* por *euangelion*. O termo é derivado da raiz *bisar*. No sentido profano dignifica proclamar uma noticia de alegria (II Sm18:20, 25, 27; II Rs 7:9). Quando usado no contexto religioso, o termo significa a salvação vindoura, a época da salvação que terá inicio no fim dos tempos (Is 52:7-10).

Como foi que esse termo passou a denominar um livro? De acordo com as informações que temos isso está relacionado ao evangelho de Marcos, que começa com as palavras "*Princípio do evangelho de Jesus Cristo, filho de Deus*" (Mc 1:1), sendo introduzido um novo estilo literário para o qual não havia paralelo naquela época.

Quais são as características desse novo estilo literário? Esse estilo esta ligado à tradição. Os autores desses livros não são escritores que relata historias ou reflexões próprias. Parte deles são testemunhas oculares dos fatos; estão profundamente ligados à tradição apostólica transmitida e preservada pela igreja.

Os quatro evangelhos querem anunciar Jesus Cristo aos seus leitores e fazem isso ao contarem os acontecimento da vida dele. Mas porque razão o evangelho foi colocado em forma escrita? Poderíamos pensar que a importância do evangelho em forma escrita cresceu com a morte dos apóstolos. A expansão da igreja cristã exigia a transmissão do evangelho por meio de um texto exato e igual para todos os locais que era pregado e dirigido aos recém-convertidos a Jesus.

Nas leituras no culto precisavam de lecionários nos quais estava anotada a leitura para cada domingo. Portanto, os evangelhos surgiram das necessidades práticas da igreja cristã e são até hoje o fundamento da proclamação a respeito de Jesus Cristo.

3.2. CARACTERISTICAS PECULIARES DOS QUATRO EVANGELHOS

Quem compara os quatro evangelhos, percebe logo que os primeiros três são semelhantes; e por isso são chamados de sinópticos. Os sinópticos e João são distintos nos seguintes aspectos:

1) Pluralidade

Poderíamos ter 1 evangelho nas Escrituras e isso poderia ser satisfatório. Contudo, Deus quis que fossem quatro. Esta pluralidade tem sua razão de ser e seu objetivo. Um dos motivos nos parece ser o valor do número de testemunhas, pois, de acordo com a lei mosaica, o número de testemunhas é importante na determinação da veracidade de um fato (cf. Dt17:6).

O mesmo princípio é utilizado por Cristo em Mateus 18:16. Assim, era importante que duas ou três testemunhas dessem testemunho sobre a vida, a morte e a ressurreição de Jesus. Alguns escritores dos evangelhos podem não ter sido testemunhas oculares dos fatos ali narrados, entretanto, escreveram o que as testemunhas disseram. A pluralidade dos evangelhos é também valiosa por nos apresentar a mesma história vista sob ângulos diferentes.

2) Objetividade

Os evangelhos foram escritos tendo-se em vista um objetivo definido: anunciar as boas novas de salvação. Por esta causa, os escritores não se dedicaram a registrar pormenores da vida de Cristo, sua infância, seus hábitos diários, seu trabalho na carpintaria, etc. Eles se limitaram a mencionar a origem de Cristo (humana e divina), seu ministério (ensinamentos, milagres), sua morte, ressurreição e ascensão. Uma grande parte de cada evangelho se dedica a narrar os fatos da última semana do ministério de Cristo (cf. Jo 21:25).

3) Ordem

Os livros não se encontram dispostos em nossas Bíblias na mesma ordem em que foram escritos. Além disso, os próprios fatos narrados não seguem ordem cronológica, principalmente no livro de Mateus.

4) O problema sinóptico

O problema sinóptico é o seguinte: são semelhantes em longos trechos; sequência das perícopes e na forma do texto grego; diferenciam se nas escolhas dos temas e na apresentação do contexto da narrativa.

Na historia da teologia foram dadas diversas respostas a essas questões, onde chegaram a quatro tentativas de solução. São elas:

a. A hipótese do proto-evangelho;

b. A hipótese dos fragmentos;

c. a hipótese da tradição;

d. As hipóteses da utilização.

As conclusões dessas observações são: Mateus e Lucas conheciam o evangelho de Marcos e se basearam nele. Marcos deve ser o evangelho mais antigo. Isso explicaria algumas diferenças entre Mateus e Lucas.

Os vários propósitos do evangelho podem nos ajudar a compreender e valorizar suas diferenças e características peculiares. A maneira ou momento em que se apresenta uma declaração de Jesus é muitas vezes influenciado pelo propósito geral do autor. Isso de forma alguma lança dúvidas sobre a confiabilidade do texto ou sobre a historicidade do fato em questão.

Em vez disso, reconhecemos que, ao mesmo tempo que os evangelhos podem ser lido juntos como histórias complementares em "harmonia" uns com os outros, também temos de aprender que cada evangelho precisa ser lido e compreendido como elemento independente. Juntos, esses quatro livros nos apresentam as boas notícias sobre Jesus Cristo, O filho de Deus.

3.3. O EVANGELHO DE MATEUS

O evangelho não faz menção alguma de seu autor. O nome Mateus é citado no título do evangelho, que surgiu no século II. a tradição da igreja antiga se baseia nos argumentos de: Eusébio (relatado na sua Historia Eclesiástica), no relato de Pantaenus e por último cita Orígenes.

A tradição da igreja antiga confirma dois fatos sobre o primeiro evangelho: a) O apostolo Mateus é o seu autor; b) ele escreveu seu evangelho na língua Hebraica. É de se imaginar que todos se basearam na mesma fonte: Papias. Mas na verdade, Papias não se referiu ao primeiro evangelho, ele simplesmente falou dos *logia* (palavras), que Mateus registrou em hebraico. Cada um então traduziu esses *logia* de acordo com as suas condições.

As ênfases teológicas desse evangelho já mostraram que o autor possuía bom conhecimento do Antigo Testamento. e também boa capacidade de reflexão teológica, pois teve três anos de estudo teológico com o próprio senhor Jesus, o que é suficiente para explicar sua proficiência teológica.

Esse evangelho certamente foi escrito em um local que pudesse ser a pátria da ala helenística do cristianismo de origem judaica. A data tradicional parte da teoria da prioridade de Marcos. Ela entende que Mateus 22:7 é uma indicação de que a destruição de Jerusalém no ano 70 já acontecera. Daí se conclui que o evangelho foi certamente escrito após 70 d.C., com base nas condições eclesiásticas (cf. cap.18), e com base na teologia, a data sugerida fica entre 80 e 100 d.C.

Podemos concluir, portanto, que o primeiro evangelho recebeu seu nome por causa do apostolo Mateus que registrou as palavras de Jesus.

Conteúdo

O objetivo de Mateus é evidente na estrutura deste livro, que agrupa os ensinamentos e atos de Jesus em cinco partes. Este tipo de estrutura, comum ao judaísmo, pode revelar o objetivo de Mateus em mostrar Jesus como o cumprimento da lei. Cada divisão termina com uma fórmula como: "Concluindo Jesus estes discursos..." (cf. 7:28; 11:1; 13:53; 19:1; 26:1).

No prólogo (Mt 1:1-2:23), Mateus mostra que Jesus é o Messias ao relacioná-lo às promessas feitas a Abraão e Davi. O nascimento de Jesus salienta o tema do cumprimento, retrata a realeza de Jesus e sublinha a importância dele para os gentios.

A primeira parte (caps. 3-7) contém o Sermão da Montanha, no qual Jesus descreve como as pessoas devem viver no Reino de Deus.

A Segunda parte (8:1-11.1) reproduz as instruções de Jesus a seus discípulos quando ele os enviou para a viagem missionária. A Terceira parte (11:2-13:52) registra várias controvérsias nas quais Jesus estava envolvido e sete parábolas descrevendo algum aspecto do Reino dos céus, em conexão com a resposta humana necessária.

A Quarta parte (13:53-18:35) o principal discurso aborda a conduta dos crentes dentro da sociedade cristã (cap 18). A quinta Parte (19:1-25:46) narra a viagem final de Jesus a Jerusalém e revela seu conflito climático com o judaísmo. Os caps. 24-25 contêm os ensinamentos de Jesus relacionados às últimas coisas.

O restante do Livro (26:1-28:20) detalha acontecimentos e ensinamentos relacionados à crucificação, à ressurreição e à comissão do Senhor à Igreja. A não ser no início e no final do Evangelho, a disposição de Mateus não é cronológica e não estritamente biográfica, mas foi planejada para mostrar que o Judaísmo encontra o cumprimento de suas esperanças em Jesus.

3.4. O EVANGELHO DE MARCOS

O livro de Marcos é o menor dos quatro Evangelhos, entretanto, é considerado por muitos, o mais importante dos quatro. Muitos historiadores e teólogos acham que Marcos foi o primeiro Evangelho escrito. O evangelho não cita o nome do autor. O título vem de índices do Novo Testamento escritos no século II. Essa é, portanto, uma informação da igreja antiga. No evangelho não há pontos de apoio para essa posição.

O evangelho segundo Marcos retrata o tempo do ministério público de Jesus. Começa com a apresentação de João Batista e o batismo de Jesus por João e termina com o sofrimento e os relatos dos encontros com o Cristo ressurreto. Marcos também relata palavras e discursos de Jesus, mas, se contrastados com os seus atos, estão em segundo plano. Quase todo o seu conteúdo está também em Mateus e Lucas.

Marcos foi o primeiro evangelho a ser escrito. O foi escrito antes da morte de Pedro como mártir sob Nero em 66, ele sugere o ano de 64 e pressupõe que foi escrito em Roma. Com base nas características do evangelho, os destinatários provavelmente estão em igrejas missionárias de cristão entre os gentios.

Contexto e conteúdo

A mensagem libertadora de Jesus Cristo é associada ao alvorecer do Reino de Deus (1:15). Marcos dá importância especial a esse aspecto, e ressalta nos primeiros oito capítulos do seu evangelho, que formas isso assume na vida das pessoas.

Jesus veio exatamente para os que estão distantes, para os pecadores, para os gentios. Tudo isso acontecia na Galileia. A boa noticia é para eles e é isso o que importa para Marcos. Ele esta escrevendo o evangelho para os gentios.

Somente algumas exceções são feitas nas indicações sobre o ministério da pessoa de Jesus Cristo (2:19, 17b, 19, 28). Mas isso muda radicalmente com a pergunta de Jesus em Cesareia de Filipe: "Mas vós, quem dizeis que eu sou?"(8:29), que Pedro responde com a confissão: "Tú és o Cristo". A partir daí Jesus fala com os discípulos sobre a necessidade do seu sofrimento (8:31; 9:31; 10:22s); declara que Ele mesmo é o Cristo (9:41) e prepara a sua entrada triunfal em Jerusalém (11:1-11). Com isso o mistério sobre a sua pessoa é revelado.

Os outros escritores de evangelhos lidam de forma diferente com a questão do mistério sobre a pessoa de Jesus. Muitos estudiosos do N.T. argumentam que essa não é uma forma teológica de se estruturar um evangelho. Mas o que Marcos queria era documentar o que é imprescindível no relado sobre a vida de Jesus.

Devemos a Marcos a representação tão dramática dessa situação na vida de Jesus. Ele queria simplesmente cumprir a missão do seu Pai celestial, que era de entregar a sua vida como pagamento por muitos (10:45). Dessa forma ele se tornou salvador de muitas pessoas.

Características de Marcos

Urgência, rapidez, texto simples, resumido, prático, vívido, dinâmico.

Conteúdo breve mas rico em detalhes. Demonstra testemunho ocular (de Pedro).

Mostra efeitos das palavras de Jesus sobre as multidões e os discípulos (cf. Mc 1:22-27; 2:12; 6:56 etc. Marcos é mais narrativo. Não tem ordem cronológica rigorosa, mas é mais ordenado do que Mateus e apresenta Jesus como servo (cf. Fp 2:5-11).

Jesus, que foi apresentado por Mateus como rei, é apresentado por Marcos como servo. Temos então um Rei-servo. Isso parece uma contradição. Contudo, é a realidade. O rei Jesus se humilhou ao ponto de servir a todo tipo de pessoas, chegando até a lavar os pés aos seus discípulos. Tal contraste pode também ser observado em nossas vidas. Somos chamados reis e sacerdotes (I Pd.2.9). Porém, não podemos deixar de ser servos (Rm.6.18). Como disse Salomão: "príncipes como servos sobre a terra" (Ec.10.5-7).

3.5. O EVANGELHO DE LUCAS

O evangelho de Lucas apresenta algumas peculiaridades que o distinguem dos outros sinópticos. O início do livro de Atos evidencia que este livro e o evangelho de Lucas formam uma unidade. O autor tomou a humanidade, ministério, sofrimento, morte e ressurreição de Jesus, como também a propagação do evangelho de Jerusalém até Roma, e fez de tudo o tema de um relato geral, e, o evangelho é a primeira parte desse relato geral.

O terceiro evangelho é caracterizado por um estilo grego que lembra a língua "semiticizada"da Septuaginta, ressaltado nos hinos de louvor *Magnificat, Benedictus* e *Nunc dimittis*. Esses cânticos são semelhantes em sua linguagem aos salmos do Antigo Testamento.

De acordo com o relato do terceiro evangelista, Jesus já cedo se identificou como o Messias (Lc 4:21), pois desde o início ele é chamado reconhecido como *Kyrios* (Senhor; Lc 5:8; 7:13; 10:1, 41; 22:61 e outros). O que interessa a esse autor são as pessoas como indivíduos e as suas historias de vida e são registradas as palavras do crucificado que não se acham nos outros evangelhos.

Sobre o local da origem desse evangelho só podemos afirmar que foi fora da Palestina, pois foi escrito por um cristão-gentio para os cristãos-gentios. A referência clara a destruição de Jerusalém é tida como prova a favor da datação entre 80 e 90 dc.

Lucas dedicou o seu livro à Teófilo, um homem culto e provavelmente muito influente. Se era cristão não se sabe. Podia ser também que Teófilo, como funcionário romano, tivesse recebido noticias sobre os cristãos e agora queria informações confiáveis a respeito da fé cristã.

Contexto

O evangelho de Lucas começa com um prólogo. Ao mesmo tempo, o autor explica que tipo de pesquisas ele mesmo fez e como registrou os seus resultados. Esse prólogo é único no Novo Testamento e por isso merece considerações mais detalhadas, pois nele o autor dá importância à confiabilidade nos seus relatos.

Para alcançar esse objetivo ele se baseia em diversas fontes: as tradições dos apóstolos", pois, como "ministros da palavra relataram fatos. Muitos desses testemunhos escritos estavam à disposição de Lucas, que se aprofundou no assunto, testou tudo e depois registrou as conclusões de sua pesquisa num relato bem ordenado.

Portanto, nesse evangelho estamos diante de fatos que realmente aconteceram. Ele mesmo não era testemunha ocular, por isso precisou se basear nos relatos dos apóstolos para poder falar sobre fatos da vida de Jesus. Quando fala de "fatos que entre nós se realizaram", esta falando em dois aspectos: os fatos da vida de Jesus e o ministério dos apóstolos depois de Pentecostes.

Desde que existe a Igreja de Jesus Cristo, a tradição dos apóstolos é propagada por meio dela (At 2:42). Tinham de ser capazes de relatar como testemunhas oculares o que tinham experimentado com Jesus (I Jo 1:1-3). Visto que a igreja primitiva desde o inicio falava duas línguas, o aramaico e o grego (cf. At 6), logo o ensino precisou ser apropriadamente editado em língua grega.

Esses relatos escritos, que se perderam para nós, eram conhecidos para o autor desse evangelho. Dele o autor tira informações importantes para a elaboração do evangelho. Lucas diz expressamente que ele vasculhou todos os relatos e testemunhos cuidadosamente e, o resultado de seu trabalho esta no evangelho.

Não saberíamos muita coisa sobre Jesus, se Lucas não tivesse se esmerado nesse tipo de pesquisa. Na comparação com Marcos e Mateus, que registram muita coisa da mesma forma que Lucas, a parte central de Lucas resulta mais abrangente (9:51-19:27). Assim, Deus usou um homem muito capacitado pata instruir a sua igreja sobre os acontecimentos da vida de Jesus de forma confiável.

3.6. O EVANGELHO DE JOÃO

O quarto Evangelho, pela feição particular que o caracteriza, afasta-se dos Evangelhos sinóticos. Seu fim principal, como o nota o próprio autor (20:31), é fazer ressaltar a divindade de Cristo, e para tal fim convergem tanto a elevação dos discursos, reproduzidos com os mesmos milagres narrados e o prólogo admirável, que se refere ao "Verbo que se fez carne, e nós vimos a sua glória como de filho unigênito do Pai" (1:14).

No evangelho de João só encontramos dados sobre os receptores em formas de indicações. Possivelmente são pessoas que ainda não se tornaram cristãs e vivem no ambiente judaico influenciado pelo gnosticismo.

O evangelho de João relata de uma posição geral contra Jesus por parte dos judeus, enquanto os evangelhos sinópticos diferenciam vários grupos de judeus. Intérpretes do Novo Testamento estão bastante unidos em torno da posição de que o quarto evangelho tenha sido escrito com muita probabilidade no final do primeiro século, provavelmente entre os anos de 90 e 100 d.c..

Por causa desse caráter transcendente que o reveste, os antigos Padres chamaram o quarto Evangelho com um termo próprio: Evangelho espiritual; os gregos, por sua vez, deram a João o título de Teólogo. Não é que a figura de Jesus nele delineada seja diferente da que dele traçam os sinóticos, pois, ainda que o quarto Evangelho realce mais o aspecto divino, não se descuida do seu aspecto humano e aquele seu Jesus combina perfeitamente em tudo com o dos sinóticos.

Da leitura de muitas de suas páginas, como por exemplo, de alguns milagres como a cura do cego de nascença, a ressurreição de Lázaro etc., escritas com tão admirável simplicidade e vivacidade de colorido, que revelam a testemunha ocular, surge bela, eloquente a figura humano-divina de Jesus, todo bondade e misericórdia, como o dos sinóticos. Aí encontramos identificada a doutrina com as mesmas verdades e os mesmos preceitos, ainda que mais desenvolvida e mais elevada. É que cada um dos evangelistas escolheu e narrou o que da vida e dos ensinamentos do Mestre interessava ao seu objetivo, sem pretender esgotá-lo sob todos os aspectos.

Conteúdo e Contexto

João apresenta Jesus de uma forma bastante rica e diversificada. Utiliza figuras de linguagem, busca conceitos importantes para os filósofos da sua época e também linguagem teológica, o que seria bastante significativo para os judeus. Vemos assim a diversidade de destinatários que o livro alcança.

Enquanto era bem provável que João conhecesse as narrativas dos outros três Evangelhos, ele escolheu não seguir a sequência cronológica de eventos dos mesmos como uma ordem tópica. Nesse caso, eles podem ter usado as tradições literárias comuns ou orais. O esquema amplo é o mesmo, e alguns acontecimentos em particular do ministério de Jesus são comuns a todos os quatro livros. Algumas das diferenças distintas são:

a. Ao invés das parábolas familiares, João tem discursos extensos;

b. Em lugar dos muitos milagres e cura dos sinóticos, João usa sete milagres cuidadosamente escolhidos a dedo que servem como "sinais";

c. O ministério de Jesus gira em torno das três festas da Páscoa, ao invés de uma, conforme citado nos Sinóticos;

d. Os ditos "Eu sou" são unicamente joaninos.

João divide o ministério de Jesus em duas partes distintas: os capítulos 2 a 12 dão uma visão de seu ministério público, enquanto os capítulos 13 a 21 relatam seu ministério privado aos seus discípulos. Em João 1:1-18, denominado "prólogo", João lida com as implicações teológicas da primeira vinda de Jesus. Ele mostra o estado preexistente de Jesus com Deus, sua divindade e essência, bem como sua encarnação.

João escreveu para que pudéssemos crer em Cristo e ter vida. O conhecimento conduz à fé em Cristo e este produz vida espiritual e eterna naquele que crê (20:31). Secundariamente, João parecia estar interessado em combater o gnosticismo. Os gnósticos pregavam a total separação entre Deus e a matéria. Diziam que a matéria era má. A partir desse raciocínio, uns reprimiam os desejos físicos, outros os liberavam. Eles negavam a humanidade de Cristo, a encarnação e a ressurreição. A salvação, de acordo com os gnósticos, seria consequência do conhecimento. Criam em anjos e outros seres intermediários para se chegar a Deus. João toma a questão do conhecimento ligado à salvação. Contudo, fala do conhecimento de Deus através do verbo encarnado, Cristo (17.3).

4. LIVRO HISTÓRICO

4.1. ATOS DOS APÓTOLOS

De todos os livros do Novo Testamento, o livro Atos dos Apóstolos (ou simplesmente Atos) ocupa uma posição singular. É o único que tenta apresentar uma narrativa histórica dos tempos imediatamente seguintes à ascensão de Jesus Cristo. Já foi ressaltado que esse livro é o segundo volume de uma obra de dois volumes de Lucas, o médico amado. O primeiro volume é um Evangelho, onde se encontra a história do fundador do movimento cristão. O segundo inicia-se onde o outro terminou.

A informação encontrada nele não se encontra em nenhum outro livro do Novo Testamento. Alguma informação pode ser colhida das epístolas, acerca da igreja primitiva; mas, é somente quando colocamos essas epístolas dentro da estrutura de Atos que podemos reconstruir, até certo ponto, a história da igreja que emergia. Muita coisa do Novo Testamento só é entendível quando vista à luz do cenário histórico encontrado em Atos.

Sem este livro, não teríamos quase nenhum registro dos acontecimentos ligados à expansão do cristianismo após a ressurreição e ascensão de Jesus. Atos forma uma ponte entre os Evangelhos e as Epístolas; o Evangelho prevê a igreja, e as Epístolas pressupõem a igreja. O livro de Atos foi escrito para descrever o surgimento e desenvolvimento da igreja. Atos, juntamente com as epístolas de Paulo, são nossas únicas fontes de estudo do cristianismo primitivo e, como tal, o valor do estudo do livro de Atos é evidente.

A igreja precisa hoje resgatar o seu papel de local de adoração e comunhão, local onde se vive o amor do Pai, resgatar seu papel de instrumento de salvação, resgatar seu papel de instrumento para proclamar a todos os povos, tribos e nações que Jesus é o Senhor.

Conteúdo e Contexto

O livro abrange um período de aproximadamente 28 anos, desde a ascensão de Jesus em 33 d.C. até o fim do segundo ano da prisão de Paulo em Roma, por volta de 61 d.C.

Durante este período, quatro imperadores romanos governaram em sequência: Tibério, Calígula, Cláudio e Nero. Visto que relata eventos decorridos no segundo ano da prisão de Paulo em Roma, não poderia ter sido concluído antes disso. Se o relato tivesse sido escrito mais tarde, seria razoável esperar que Lucas fornecesse mais informações sobre Paulo; se escrito depois do ano 64 d.C, certamente teria mencionado a violenta perseguição movida por Nero, que começou então; e, se escrito depois de 70 d.C, como alguns argumentam, esperaríamos encontrar registrada a destruição de Jerusalém.

O livro de Atos apresenta um novo tempo para o povo de Deus. O Velho Testamento se refere ao tempo antigo. Os evangelhos mostram um curto período de transição. Por isso, algumas vezes temos dificuldades para situar alguns fatos dos evangelhos como pertencentes à lei ou à graça. São referências do Novo Testamento, mas, em sua maioria, anteriores à morte e ressurreição de Cristo. Tal indefinição termina em Atos dos Apóstolos.

O primeiro capítulo já nos mostra o confronto final desses dois tempos, dessas duas realidades: o tempo dos evangelhos e o tempo de Atos. No tempo dos evangelhos os discípulos iam a Cristo para receber suas bênçãos e ensinos. Agora, no tempo de Atos, período pós-ressurreição, é hora dos discípulos darem algo ao mundo. Eles é que devem fazer a obra de Deus. Eles são agora o corpo de Cristo na terra. Nos evangelhos, o Filho glorifica o Pai. Em Atos, o Espírito Santo glorifica o Filho.

Após a ascensão de Cristo e a promessa da vinda do Espírito Santo para ser a força do testemunho vem a maravilhosa narrativa de Pentecostes, onde o Espírito Santo vem e reanima a fé e a coragem para que os discípulos possam sair pelo mundo para levar a mensagem, a promessa de Jesus se cumpre no capítulo 2, alguns chamam também este Livro de "O Evangelho do Espírito Santo" por causa deste capítulo, a igreja do nosso século precisa buscar inspiração nestas comunidades, Atos é um verdadeiro retrato da Igreja primitiva, os capítulos 3 e 4 retratam perfeitamente uma comunidade cristã legítima, comunidades fiéis, firmes na fé, que viviam o grande amor de Cristo.

Os discípulos deveriam alcançar toda a Judéia. Essa parte já ideia de movimento. É preciso caminhar. Depois da Judeia, eles deviam ir a Samaria. Esta cidade representa os lugares onde não queremos ir e aquilo que não queremos fazer, mas que são parte do plano e do roteiro de Deus para nós. Os discípulos não queriam ir a Samaria. Havia uma grande barreira social, cultural, e religiosa a ser rompida. Depois, restavam os confins da terra, representando tudo o que Deus pode fazer através de nós, mas que não podemos alcançar nem mesmo com nossa imaginação. Os discípulos não tinham a mínima ideia do que pudessem ser os confins da terra. Contudo, Jesus sabia que os horizontes eram muito mais distantes do que seus apóstolos imaginavam. E tudo isso somente seria possível através da operação do Espírito Santo. "Recebereis poder ao descer sobre vós o Espírito Santo e ser-me-eis testemunhas..."

Curiosidades sobre Atos

- Este é o único livro histórico do Novo Testamento;
- Deveria se chamar Atos do Espírito Santo, porque mostra o Espírito Santo na direção da Igreja, testificando com os apóstolos;
- Cita apenas dois apóstolos, Pedro e Paulo.

5. EPÍSTOLAS PAULINAS

5.1. AS CARTAS DO NOVO TESTAMENTO

Dos 27 escritos do Novo Testamento, 21 são cartas. A maioria delas contém dados sobre o remetente e os destinatários, como também saudações. Entre os vários estilos, alem das cartas pessoais, estão também as epístolas e o mandato.

a. Carta pessoal — Segundo Roller, a carta pessoal média na antiguidade consistia de menos de uma página do Novo Testamento grego. Um modelo dessas cartas encontramos em Atos 23:26-30. Todas as outras cartas do Novo Testamento são incomparavelmente mais extensas. A questão continua sendo, se elas podem ser vistas de fato como cartas pessoais.

b. Epístola — Na antiguidade, tratados filosóficos eram colocados em forma de carta. Para essa forma literária foi se cristalizando o nome epístola, que deriva da palavra grega "*epistole*" que significa carta. Surge então e pergunta: "E as cartas de Paulo são epístolas"? Na realidade não o são. Esses escritos estão por demais interligados com a história do autor e seus leitores, por isso são escritos reais de aconselhamento.

c. Mandato — São escritos oficiais com o objetivo de esclarecer questões éticas e teológicas. É possível imaginar que para Paulo, esses escritos foram usados como modelo quando ele elaborou os seus escritos às igrejas dos cristãos-gentios. Isso é mais evidente em algumas cartas, como por exemplo em Gálatas, ou menos em outras como Filemom, que é mais pessoal.

5.2. EPÍSTOLA AOS ROMANOS

A carta aos Romanos foi escrita pelo apóstolo Paulo, direcionada aos cristãos em Roma. Jamais se questionou e a autenticidade deste livro, como parte do cânon sagrado, esta carta é universalmente reconhecida pelos peritos bíblicos. Na realidade, a carta se harmoniza plenamente com o restante das Escrituras inspiradas. De fato, Paulo cita de modo profuso as Escrituras Hebraicas e faz numerosas referências a elas, de modo que se pode dizer que essa carta baseia-se mui solidamente nas Escrituras Hebraicas e nos ensinos de Cristo.

Acredita-se que foi escrita por volta de 55 dC, da cidade de Corinto. Um homem chamado Tércio foi o que auxiliou Paulo, e escreveu o que Paulo ditou. É possível que a portadora da carta tenha sido Febe, uma moradora de Cencreia, cidade portuária de Corinto, cerca de 13 km dali.

Não há certeza de quem estabeleceu a Igreja em Roma, entretanto, é provável que tenha sido alguns dos judeus que estiveram, em Jerusalém, no dia do grande derramamento do Espírito Santo no Pentecostes de 33 dC, acredita-se que testemunharam esse derramamento do Espírito Santo e ouviram a mensagem do apóstolo Pedro (At.2). Ou, quem sabe, foram outros que se converteram ao cristianismo, mais tarde talvez, tenham levado à grande Roma o evangelho.

É notório que a carta foi escrita a uma Igreja que tinha como membros, tanto judeus, como gentios. O número de judeus em Roma nesse tempo era grande; haja vista que eles estavam retornando após a morte de Cláudio, o Imperador, que os havia banido de lá tempos antes.

Apesar do Apóstolo Paulo não estar presente em Roma, para conhecer pessoalmente as dificuldades que a Igreja ali enfrentava, é provável que se informou acerca das condições e dos assuntos da Igreja por seus colaboradores, Priscila e Áquila, entre outros. Observamos em seus cumprimentos no, capítulo 16, que nos provam o quanto ele conhecia vários membros daquela Igreja.

A carta aos Romanos não era uma simples carta, escrita à Igreja romana, sem nenhum propósito certo, como alguns acreditam ser. Esta carta foi de encontro às necessidades dos irmãos naquela região.

Esta Epístola explica que a justiça resulta, não da genealogia ou de obras da Lei mosaica, mas da fé em Jesus Cristo e da benignidade de Deus. Datada de 56 d.C., e tem com tema principal o versículo que diz: "***O justo por meio da fé é que viverá***".

Teologicamente falando, os judeus, eram favorecidos por Deus, e mesmo assim não conseguiram alcançar a justiça por meio da Lei, pois todos, tanto judeus como não-judeus estão sob o pecado; "***não há um justo, nem sequer um só***". Só pela infinita misericórdia de Deus os judeus, como também os não-judeus, podem ser declarados justos através da fé, assim como Abraão foi considerado justo, em resultado da fé, mesmo antes de ser circuncidado.

O propósito da Lei serviu para se conhecer os pecados, entretanto, somente através de Cristo, há salvação do pecado. Sintetizando, o propósito do Apóstolo, em escrever aos Romanos, é cumprir sua missão como mensageiro, aos gentios, a fim de que esses gentios sejam uma oferta aceitável a Deus. Por fim, Paulo deseja visitar Roma e de lá ir à Espanha.

5.3. PRIMEIRA EPÍSTOLA AOS CORÍNTIOS

Paulo chegou a Corinto por volta de 50 d.C, tendo estabelecido igrejas na Macedônia (Filipos, Tessalônica e Bereéia) e passado um curto tempo em Atenas (At 16:11-18:1). Em Corinto ele fez contato com Priscila e Áquila, um casal de judeus cristãos que haviam sido recentemente expulso de Roma pelo decreto de Cláudio (49 d.C). Paulo trabalhava no mesmo comércio de confecção de tendas que eles e morava com eles (At 18:1-3).

Paulo testemunhou, através da sinagoga, todo sábado, até a chegada de Silas e Timóteo, com uma oferta da igreja em Filipos (At 18:5). Não mais embaraçado com a necessidade de prover seu sustento, Paulo começou a pregar diariamente nas ruas e nas sinagogas. Após um conflito com os judeus, ele deixou a sinagoga e entrou na casa de Tito Justo (A. 18:7) e mais abertamente pregou aos gentios. Seu trabalho teve êxito, e um grande número de judeus (A. 11:4; I Co 7:18) e gentios (I Co 12:2), tanto ricos (Rm 16:23) como pobres (I Co 1:26-27), tornou-se cristão. Até mesmo o ex-dirigente da sinagoga, Crispo (At 18:8), e seu sucessor, Sóstenes (At 18:17; I Co 1:1), se converteram.

Paulo ministrou, juntamente com Silas e Timóteo, por dezoito meses (At 18:11), quando judeus descrentes usaram a ocasião da chegada do novo procônsul, Gálio, para lhe levarem acusações contra Paulo (At 18:12,13). Cada religião tinha de ser legalizada pelo governo romano (**religio licita**). O judaísmo era uma religião legalizada, e o motivo para a acusação era assegurar a separação do novo movimento do judaísmo legal. Isto iria tornar o cristianismo uma **religião ilícita** e, desta forma, proibida em todo o Império. Gálio recusou-se a entrar na disputa religiosa e rejeitou as acusações contra Paulo (At 18:14-16). No que concerne aos romanos, o cristianismo era apenas outra das muitas seitas dentro do judaísmo e, como uma religião legal, era livre para buscar prosélitos em qualquer parte. A igreja era livre para fazer seu trabalho sem interferência governamental.

Conteúdo

Dois acontecimentos levaram Paulo a escrever esta carta. De I Coríntios 1:11, sabemos que Paulo recebeu visita de Corinto dos da casa de Cloe, trazendo informações sobre os conflitos entre os diversos grupos e o advertiam sobre o perigo de uma divisão da igreja. Por isso ele decide tomar posição sobre as questões mencionadas por meio de uma carta que ele envia com Timóteo a Corinto. A posição dele em relação às questões que o pessoal de Cloe lhe trouxe está nos capítulos 1 a 6.

Enquanto Paulo ainda está ditando a carta, chega uma delegação da igreja, constituída por Estéfanas, Fortunato e Acaico, que lhe traz uma carta de Corinto (I Co 16:17), com várias perguntas, sobre diversos assuntos dirigidos a ele.

Nas suas resposta nos capítulos 7 a 16, Paulo se dedica a essas questões e introduz cada assunto com a expressão "quanto ao". Ele também entra em questões transmitidas oralmente a ele pela delegação de Corinto. I Coríntios é, portanto, um escrito que trata dos problemas da igreja que tinha sido fundada pelo apóstolo há poucos anos.

Por ser cidade portuária, Corinto estava aberta ao Mundo. Nessa cidade nasce uma igreja cristã no ano de 49 d.C. por meio dos esforços missionários do apóstolo Paulo. De tudo que podemos observar, a historia da igreja pode ser dividida em quatro etapas:

- 1ª Etapa: Paulo funda a Igreja;
- 2ª Etapa: O ministério de Apolo;
- 3ª Etapa: Mudança de cristãos do oriente para Corinto;
- 4ª Etapa: O aparecimento dos fanáticos.

A história de Corinto é de fato dramática: no outono de 49 Paulo inicia seu trabalho missionário em Corinto; no outono de 51 ele deixa a cidade. Na primavera de 54, ele escreve a sua Primeira Carta aos coríntios. Em quatro anos e meio a igreja passou por todas as quatro fases e experimentou praticamente todas as crises em formação. Com exceção do cap. 15, a carta toda trata de questões do comportamento cristão.

Paulo trata essas questões com base no evangelho de Jesus Cristo. O que Deus fez por meio Jesus Cristo é que precisa definir o comportamento da igreja. Nesse sentido essa carta é um exemplo clássico para a ética da igreja ou do discipulado que Paulo defendeu e pregou. Ele crê que a vida cristã só tem sentido se estiver baseada nesse pressuposto.

5.4. SEGUNDA EPÍSTOLA AOS CORÍNTIOS

Esta Segunda Carta aos Coríntios também foi escrita pelo Apóstolo Paulo, e podemos definir que ela tem um propósito tríplice: 1 – Expressar a alegria pela atitude favorável da Igreja com respeito ao ministério de Paulo; 2 – Mais uma vez lembrar aos crentes seu compromisso para com a oferta aos irmão da Judeia; 3 – Defender a autoridade de Apóstolo de Paulo. Vejamos que esta carta tem muitos detalhes pessoais e autobiográficos do apóstolo (4:8-18 / 11:22-33).

Acredita-se que Paulo escreveu esta carta durante o fim do verão de 55 dC. Ele escreveu a primeira carta em Éfeso, onde possivelmente ficou, assim como estava em seus planos, até a festa de Pentecostes daquele ano (1Co 16:8). Então partiu para Trôade, onde ficou um tanto desapontado por não se encontrar com seu amigo Tito, que havia sido enviado a Corinto para ajudar na arrecadação aos irmãos da Judeia. Entretanto, o Apóstolo passou para a Macedônia, onde se encontrou com Tito, que lhe passou um relatório sobre a reação dos crentes de Corinto à sua primeira carta (2Co 2:12, 13; 7:5-7). Foi então, que Paulo, passou a escrever segunda carta, da Macedônia, enviando-a pela mão de Tito. Tempos depois, Paulo visitou Corinto. Durante esta visita, ele escreveu sua Carta aos Romanos.

Destaques do Apóstolo na Carta:

- Permanecerem separados do mal;
- Estarem certos de que seu arrependimento era alegria do Apóstolo;
- Princípios para contribuição;
- Práticas de contribuição;
- Promessas relacionadas à contribuição;
- A autoridade de seu Apostolado;
- Quais as marcas de seu Apostolado;
- A conduta de Paulo;
- Seu sofrimento;
- A posição de Paulo e de Timóteo com relação aos seus irmãos (2 Co. 1:17:16);
- A angústia, sofrida por Paulo e seu companheiro Timóteo, levou-os perto da morte, mas a libertação deles por Deus, pôde consolar outros.

5.5. EPÍSTOLA AOS GÁLATAS

A Epístola de Paulo aos Gálatas foi chamada a **Carta Magna** da liberdade cristã. Martinho Lutero declarou-se, ele próprio, comprometido com esta carta e usou-a, como Paulo o fez, em sua batalha pela verdade do evangelho, a batalha pela liberdade cristã. John Bunyan, o autor de O **Peregrino**, preferia o comentário de Lutero sobre Gálatas a todos os outros livros, exceto a Bíblia.

Explosivo em sua natureza, Gálatas é o manifesto de Paulo contra a perversão da graça de Deus. A contínua batalha entre o legalismo e a graça de Deus é definida neste livro. O legalismo é a religião do mundo que escraviza os homens em sua tentativa de alcançar a justiça através do mérito. O evangelho é a graça de Deus em operação, para libertar os homens, dessa escravidão, para uma justiça que é um dom a ser recebido.

Na história da literatura, poucos livros influenciaram mais profundamente as mentes dos homens, deram forma à história tão significativamente ou continuam a falar com tal relevância às necessidades da vida.

Ênfase em Gálatas

A carta aos gálatas permanece como sentinela sobre a verdade de que a salvação é uma dádiva da graça de Deus, que não é ganha e não é merecida, e que deve ser recebida pela fé somente (2:15, 16). De fato, a própria fé é dom gratuito de Deus (1:3, 6, 15; 2:19, 21;

6:18). Esta é, simplesmente, "a verdade do evangelho" (2:5, 14). Paulo mostra uma ira profunda contra a negação desta verdade pelos agitadores (3:1; 5:12), advertindo que aqueles que a rejeitam não podem esperar a salvação (1:8; 5.4).

Fé somente é a chave, porque somente Cristo é o Salvador. Ele suportou a maldição da lei no nosso lugar na cruz (3:13; 6:14). Feitos um com ele, estamos revestidos com a sua justiça (3:26, 27), que é a nossa esperança certa (5:5). Já que estamos unidos a Cristo, recebemos os direitos de sermos filhos de Deus, como ele o é (4:4, 5), e o Espírito do Filho se torna nosso, nos capacitando a viver no Espírito, em comunhão com o nosso Senhor (2:20; 4:6, 7; 5:16-18, 25). O dom do Espírito é a benção completa prometida, a muito tempo atrás, a Abraão (3:6-9, 14). Contra a especulação orgulhosa dos pecadores que dizem que podem ganhar a sua própria salvação cumprindo a lei de Deus, Paulo gloria-se somente na cruz, recebendo pela fé a promessa de Deus (6:14).

A lei servia para regulamentar a vida dos servos de Deus num tempo em que pouco se conhecia a respeito do Senhor. Assim, a parte cerimonial da lei já não mais se aplica após a vinda, morte e ressurreição de Cristo. A igreja representa um estágio de maturidade do povo de Deus. Os que hoje se convertem, não precisam repetir toda a experiência de Israel no Egito, no deserto, no cativeiro, etc. Já recebemos todo o resultado desse processo através da bíblia e da pessoa de Jesus.

Uma transformação impressionante acontece quando alguém confia em Cristo e é justificado para toda a eternidade (Gl 2:16; 5:5), Paulo chamou esta transformação de "nova Criação" (cf. Gl 6:15 comp. II Co 5:17) e de libertação da presente época má. Essa incrível nova situação de salvação concretizou-se porque os cristãos foram crucificados com Cristo (cf. 2:20), libertos da escravidão do pecado (3:22-25), adotado como filhos e herdeiros de Deus (Gl 3:25-4:7) e agraciados com a habitação do Espirito Santo (3:2; 4:6).

Salvação é libertação. Quando falamos sobre a salvação, normalmente nos referimos ao livramento eterno da alma e à vida eterna. Entretanto, a obra de Cristo tem também outros efeitos salvíficos. E porque Ele nos salva, já não mais somos escravos, pois estamos:

1) Livres do castigo

Tendo assumido a pena que sobre nós seria imposta, Jesus sofreu o castigo que merecíamos pelo nosso pecado. Não devemos confundir castigo com disciplina, a qual, muitas vezes vem sobre nós como um método que Deus usa para nos ensinar. Castigo é punição. Disciplina é correção e instrução. Também não devemos confundir castigo com consequência do pecado. Deus nos livra do castigo, mas, a consequência vem naturalmente.

2) Livres da lei

Jesus nos livrou do domínio da lei. Essa frase é mais aplicável aos judeus, já que a lei foi a eles dirigida. Porém, os gentios também podiam se submeter a ela tornando-se prosélitos do judaísmo. Seja como for, Cristo libertou da lei a todos os que nele creem.

3) Livres do reino das trevas

Esse livramento ocorre no momento em que a pessoa se rende a Cristo. É algo imediato. Quando o homem se sujeita a Deus, o Diabo foge. Nenhum demônio permanece dominando aquele que é salvo. O Diabo só poderá fazer o que Deus permitir. Haverá tentação, perseguição, sugestão e até opressão se Deus autorizar. Possessão, jamais.

4) Livre "de si mesmo"

Esta é a parte mais difícil. Refiro-me a sermos liberto de nossas próprias limitações, nossas próprias fraquezas, nossos conceitos errados, nossa natureza pecaminosa, nossos hábitos pecaminosos, etc. A experiência nos tem mostrado que isso ocorre em duas etapas: uma imediata e outra gradativa. Muitas mudanças que precisam ocorrer em nós vão depender do conhecimento que adquirimos da Palavra de Deus. Alguém pode alegar que, quando aceitarmos a Cristo, somos plenamente transformados imediatamente, mas, se assim fosse, já seríamos perfeitos, não precisaríamos conhecer a bíblia nem crescer espiritualmente. Paulo exortou os cristãos romanos dizendo: "Transformai-vos pela renovação da vossa mente." (Rm.12.2).

5.6. EPÍSTOLA AOS EFÉSIOS

A carta aos Efésios é uma carta apostolar aberta, mas diverge no vocabulário e no estilo das cartas de Paulo. Em relação ao estilo, o que chama a atenção são os usos frequentes do genitivo e períodos muito longos (1:3-14 é um período). Mas isso só vale para a primeira parte da carta.

Escrita na prisão (3:1; 4:1), logo depois de Colossenses, em torno de 58 e 60 d.C., muitos consideram Efésios a carta mais comovente do apóstolo Paulo, na qual ele retrata a sua visão de uma igreja constituída de cristãos-judeus e cristãos-gentios. A forma com que o autor toma posição nos assuntos da carta está intimamente relacionada com a questão da autoria.

Desconsiderando o cabeçalho e o final da carta, Efésios está dividido em duas partes. A primeira parte é um prólogo expandido, que trata da intercessão e gratidão do apóstolo (1:3 a 3:21). A segunda parte trata de exortações e orientações para a vida e o discipulado cristão (4:1 a 6:20). A parte mais teológica, presente em outras cartas, é omitida aqui.

Contexto

Quando Paulo chegou a Éfeso na sua viagem missionária, lá já existiam discípulos de Jesus, que teve seu inicio com Apolo, instruído por Áquila e Priscila (At 18:24-28). Paulo lhes mostrou o caminho da fé, batizou-os, e lhes transmitiu, por meio da imposição de mãos, o Espírito Santo. Em Éfeso, ele anunciou o evangelho por três meses na sinagoga. Quando lá surgiram conflitos, Paulo se separou da sinagoga e passou a ensinar diariamente na escola de Tirano.

Muitas pessoas deixaram o seu passado de religiosidade e ocultismo, vivendo como discípulos de Cristo. Os ourives que faziam seus negócios com o culto de Ártemis, sentindo-se prejudicados, incitaram o povo a um protesto. Depois disso, Paulo preferiu deixar a cidade e ir para a Macedônia.

A carta não faz menção alguma à atividade do apóstolo em Éfeso, nenhuma observação sobre a historia comum; lembrança do que lá ensinou ou mesmo saudações pessoais.

Fundação da Igreja

A fundação da Igreja, em Éfeso, aconteceu por ocasião da sua primeira visita, em sua segunda viagem missionária (At 18:19). Ele permaneceu em Éfeso por mais de dois anos, e Éfeso passou a ser centro dos trabalhos missionários de Paulo. Naquele período, toda a Ásia Menor foi evangelizada (At 19:10). Alguns acreditam que, nessa ocasião foram fundadas as sete igrejas mencionadas no Apocalipse.

Muitos se convertiam a Deus através das mensagens do Apóstolo, mas sua permanência ali, não durou muito tempo, as perseguições começaram a incomodá-lo. Os líderes do templo da deusa Diana muito se irritaram, pois conforme o povo ia se convertendo a Deus, o comércio das imagens da deusa enfraquecia. Irados, os fabricantes de ídolos provocaram grande confusão, induzindo as autoridades a condenar o Apóstolo publicamente por pregar uma doutrina que estaria "prejudicando" o comércio da cidade (o turismo e o comércio estavam estabelecidos sobre a idolatria – At 19:21-40; I Co 15:32). Diante da situação tumultuada, Paulo se retira. Convícto de seu destino, o Apóstolo chama os lideres da Igreja de Éfeso para se reunirem com ele em outra cidade, e assim se despede deles, dizendo que não mais se encontrariam (At 20:16-38).

A tradição nos diz que o Apóstolo João exerceu ministério na Igreja de Éfeso, e além dele também passaram por ali: Timóteo, Apolo, Áquila e Priscila (cf. At 18:18,19,24; I Tm 1:3; II Tm 4: 19).

5.7. EPÍSTOLA AOS FILIPENSES

Esta epístola foi escrita pelo apóstolo Paulo, provavelmente em Roma entre 60 e 64 d.C. Escrita em circunstâncias difíceis, enquanto Paulo estava prisioneiro. A igreja filipense foi fundada por Paulo em sua segunda viagem missionária, em meio a uma tempestade de perseguições. Era uma igreja ideal em muitos sentidos. Era também agradecida e bondosa (cf. 4:15,16; 2Co 8:2). Suas características: Ressalta a vitória e a alegria na oração (1:4); no evangelho (1:18); na comunhão cristã (2:1,2); nos sacrifícios pela causa (2:17,18); no Senhor (3:1); no cuidado pela igreja (4:10).

No início, a obra limitava-se a umas poucas mulheres que se reuniam perto do rio. Lídia, vendedora de púrpura, foi a primeira convertida, mas logo se uniram a ela o carcereiro de Filipos e sua família. Estes, e talvez uns poucos mais, formavam o núcleo da igreja (cf. At 16:12-40).

Tinha como mensagem central Jesus Cristo. Anunciado como a fonte do fruto espiritual (1:11); como o tema da pregação (1:18); como a motivação maior do serviço cristão (1:20, 21); como exemplo perfeito (2:5-11); conhecê-lo é o prêmio supremo pelo qual devemos lutar (3:7-14); Seu poder é ilimitado na vida do crente (4:13) e o canal da provisão divina para cada necessidade (4:19).

Conteúdo

I – O apóstolo revela sua vida interior e sua atitude perante a igreja:

a. Seu interesse profundo pelo desenvolvimento espiritual (1:8-11);

b. A certeza de que suas cadeias são uma bênção para muitos (1:12-19);

c. Sua esperança e o desejo de que, qualquer que seja o resultado de seu encarceramento, Cristo será exaltado, pela sua vida ou pela sua morte (1:20);

d. Sua compreensão da bênção da morte para o crente Não obstante, ao sentir que sua obra não está terminada, espera visitar a igreja filipense uma vez mais (1:21-25);

e. Seu interesse principal é que a igreja permaneça fiel em meio à perseguição (1:27-30).

II – Exortações acerca da vida e do caráter cristãos:

a. A unidade, a humildade e o esquecimento de nós mesmos (2:1-4);

b. Buscar a mente de Cristo (2:5-13);

c. Cooperar com Deus, ocupando-nos de nossa salvação pessoal e vivendo como seus filhos irrepreensíveis num mundo de maldade (2:12-16).

III – Recomendação do apóstolo e de seus mensageiros, Timóteo e Epafrodito (2:19-30);

IV – Advertências contra os judaizantes (3:1-3);

V – Narrativa das experiências do apóstolo:

a. Judeu privilegiado e fervoroso, considerava agora esterco todos os valores da justiça da Lei, a fim de aceitar a justiça pela fé em Cristo (3:4-9);

b. Sua ambição suprema era conhecer a Cristo, participar de sua ressurreição e alcançar o alvo final. O caráter semelhante ao de Cristo (3:10-14).

VI – Outras exortações à igreja:

a. Seguir o exemplo apostólico (3:15-17);

b. Ter cuidado dos inimigos da cruz (3:18,19);

c. Ser cidadãos do céu e esperar a grande transformação na vinda do Senhor (3:20, 21);

d. Manter a firmeza, a unidade, a ajuda, a gentileza; estar livres do afã, orar e elevar a maneira de pensar (4:1-8).

VII – Palavras finais de apreço, promessa de provisão divina para cada necessidade, saudações e bênção (4:10-23).

5.8. EPÍSTOLA AOS COLOSSENSES

A cidade de Colossos ficava na província romana da Ásia, região que hoje faz parte da Turquia. Colossos ficava a uns 180 km a leste de Éfeso, a capital da província. A igreja de Colossos não tinha sido fundada por Paulo, e, pelo que parece, ele ainda não havia estado lá quando escreveu a Carta aos Colossenses (2:1). É provável que Epafras, companheiro de trabalho de Paulo, tenha sido o primeiro a anunciar o evangelho em Colossos (1:7; 4:12-13).

Paulo, que estava na cadeia (4:3, 10, 18), tinha recebido notícias das falsas doutrinas que estavam sendo ensinadas aos cristãos de Colossos (2:8, 16-23). Esses falsos mestres ensinavam que havia seres espirituais que controlam o Universo, os quais precisam ser respeitados e obedecidos. Paulo afirma que Cristo é superior a todos esses seres, que Cristo tem a supremacia absoluta sobre todo o Universo (2:15).

Os falsos mestres diziam também que os cristãos precisam obedecer a certas regras e leis a respeito de comidas, bebidas e dias santos e precisam submeter o corpo a uma rigorosa disciplina (2:16-18, 20-23). Paulo diz que nada disso tem valor espiritual para o cristão, pois a vida verdadeira do cristão é o próprio Cristo (3:3-4). Somente Cristo pode salvar, somente por meio dele os pecados são perdoados. Portanto, Paulo anima os colossenses a que continuem fiéis, tendo a sua fé construída sobre um alicerce firme e seguro; e que não sigam ensinamentos inventados por qualquer um.

Paulo fala sobre a nova vida que os cristãos têm por estarem unidos com Cristo e como essa vida se manifesta especialmente no amor de uns para com os outros: "E, acima de tudo tenham amor, pois o amor une perfeitamente todas as coisas" (3:14).

A carta é composta de duas partes. Na primeira parte, Paulo fala a respeito do evangelho, tratando especialmente da pessoa e missão de Cristo (1:15-23); fala também a respeito da sua própria missão e mensagem (1:24-2:5); e, por fim, ele fala sobre a nova vida em união com Cristo (2:6-3:4).

Na segunda parte, Paulo fala sobre os efeitos do evangelho na vida daqueles que aceitam Cristo como Senhor e Salvador (3:5-4:6). A pessoa que morre com Cristo e é ressuscitada com ele (2:20-3:4) passou da morte para a vida, vida em união com Cristo.

Nas últimas saudações (4:7-17), Paulo pede que esta carta seja enviada à igreja de Laodiceia, uma cidade vizinha, e que os cristãos de Laodiceia enviem aos colossenses a carta que Paulo tinha escrito ou tinha a intenção de escrever a eles. Tíquico levou a carta de Paulo até Colossos. Com ele viajou Onésimo (4:7-9), em favor de quem Paulo escreveu a Carta a Filemom.

5.9. PRIMEIRA EPÍSTOLA AOS TESSALONICENSES

Logo de início o Apóstolo elogia a igreja pela sua fé, trabalho, abandono da idolatria, esperança, paciência e receptividade à Palavra. O trabalho está em destaque. Vejamos as palavras usadas nos versículos 9 e 10 do primeiro capítulo: *"Pois ele mesmo no tocante a nós, proclamam que repercussão teve o nosso ingresso no vosso meio, e como, deixando os ídolos, vos* ***converteste*** *a Deus para* ***servirdes*** *o Deus Vivo e verdadeiro, e para* ***aguardardes*** *dos Céus o seu Filho..."*

O texto nos ensina que: Nós nos convertemos para servir e não para sermos servidos. Estamos neste mundo para fazer a vontade Deus e não para que ele faça a nossa. A igreja espera a segunda vinda de Cristo (v.10), mas, não espera ociosa. Esperamos trabalhando.

Logo a seguir, Paulo fala sobre seu ministério, irrepreensível e baseado em boas motivações. A autoapresentação de Paulo oferece muitos princípios para os obreiros da atualidade. Uma das maiores lições do Apóstolo é que, mesmo sendo perseguido, não recuava, pelo contrário pregava com mais ousadia (2:2). Sua maior preocupação não era com ele próprio, mas com os novos crentes daquela cidade. Ele queria ter a certeza de que os irmão ali, iriam permanecer firmes em Cristo. Quando Timóteo trouxe a Paulo a notícia de que os crentes estavam firmes, mesmo diante tanta perseguição das autoridades,o apóstolo se alegrou no Senhor.

No capítulo 4 da Carta aos Tessalonicenses, o Apóstolo faz menção de que a situação da Igreja está bem, entretanto ressalta dizendo que pode ficar ainda melhor (4.1-10), ou seja, sempre existe um nível superior a ser alcançado. Ainda nesse capítulo ele adverte sobre:

- Fugir da prostituição - 4.3;
- Não defraudar, nem oprimir - 4.6;
- O amor fraternal - 4.9;

- O cuidado com os próprios negócios - 4.11;
- O trabalho - 4.11;
- Ser honesto - 4.12.

Os textos principais desta Epístola são escatológicos, ou seja, relacionados aos acontecimentos dos últimos dias, tais como: arrebatamento da Igreja (4:13-18) e o Dia do Senhor (5:1-11). Embora os textos falem pouco do assunto, trata-se de uma passagem obrigatória dos que estudam o assunto, haja vista que Paulo coloca esses acontecimentos numa ordem cronológica. **Vejamos**: A trombeta soará em anúncio à volta de Jesus. Nesse momento, os salvos que já dormem em Cristo ressuscitarão. Logo após, todos os justos serão arrebatados para encontrarem com o Senhor nos ares.

O Apóstolo continua suas advertências aos crentes, pois enquanto não se dá o arrebatamento da Igreja, há necessidade de uma vigilância constante, para que, no toque da trombeta, possamos estar preparados para subir com Cristo aos Céus.

5.10. SEGUNDA EPÍSTOLA AOS TESSALONICENSES

Não muito tempo depois da primeira carta aos Tessalonicenses, o Apóstolo se vê na necessidade de escrever esta segunda, haja vista a má interpretação por parte de alguns, em assuntos pertinentes à Vinda de Cristo (I Ts 5:1-11). Alguns acreditavam que os Juízos do dia do Senhor já haviam começado, e pensavam que os ensinos de Paulo diziam que estariam isentos de tais Juízos.

Este erro doutrinário, por parte de alguns, trouxe um grande embaraço à Igreja, pois alguns acreditavam estar próximo do fim do mundo e haviam parado de trabalhar, e assim criaram uma situação confusa (3:6-11). Paulo corrige a má interpretação e repreende os ociosos.

Mais uma vez, o Apóstolo desce elogios à Igreja por causa de sua fé e firmeza em meio a tantas tribulações. E em seguida faz advertências com respeito a apostasia (abandono da fé).

Já, no capítulo 2, Paulo fala sobre o homem da iniquidade. Ele identifica o tal como Anticristo. Anticristo é, antes de tudo, um espírito, ou uma atitude contra Cristo. Neste prisma, João diz que "muitos anticristos têm surgido". Trata-se de uma forma de oposição a Cristo, ou, trata-se de uma tentativa de se fazer passar por Cristo, tentando usurpar sua posição e tomar a sua glória.

Finalizando, Paulo faz exortações éticas e práticas, dando ênfase no último capítulo, ao trabalho. A lição é que não se deve usar a expectativa da segunda vinda de Cristo como desculpa para a preguiça, a ociosidade e a negligência.

5.11. PRIMEIRA EPÍSTOLA DE PAULO A TIMÓTEO

Paulo escreveu I Timóteo em cerca de 64 d.C., provavelmente pouco antes de seu último encarceramento romano. Por ter apelado para a César, Paulo foi enviado como prisioneiro a Roma (cf. At 25-28). O nome Timóteo significa: "que adora ou honra a Deus". Seu pai era grego, sua mãe Eunice e avó Loide eram judias cristãs. Elas foram o exemplo e a origem dos primeiros conhecimentos que Timóteo recebeu a respeito de Deus. Quando Paulo esteve em Listra, encontrou Timóteo, o qual passou a acompanhá-lo em suas viagens (cf. At 16:1; II Tm 1:5; 3:14-15).

Essa foi uma das epístolas pastorais de Paulo escrita com o objetivo de animar, estimular e instruir o jovem Timóteo a respeito de questões bastantes práticas. A primeira carta de Paulo a Timóteo confirma o relacionamento deles (1:2). Paulo inicia seu conselho paternal, advertindo Timóteo a respeito dos falsos mestres (1:3-11) e exortando-o a se apoiar em sua fé em Cristo (1:12-20). A seguir, Paulo examina a adoração pública, enfatizando a importância da oração (2:1-7) e dá ordem nas reuniões da igreja (2:8-15).

Paulo fala novamente a respeito dos falsos mestres, ensinando Timóteo como reconhecer e responder a eles (4:1-16). Em seguida, dá um conselho prático sobre o cuidado pastoral com os jovens e idosos (5:1,2), viúvas (5:3-16), anciãos (5:17-25), e escravos (6:1,2). Paulo conclui exortando Timóteo a manter seus objetivos (6:3-10), a permanecer firme em sua fé (6:11,12), a viver de modo irrepreensível (6:13-16), e a ministrar fielmente (6:17-21).

Esta epistola revela uma serie de preocupações de Paulo pela organização da igreja, desenvolvendo uma teologia da eclesiástica. Isso é evidente no seu interesse em dotá-la de normas de vida e de conduta, válidas tanto para cada membro individualmente como para a edificação e crescimento espiritual das congregações cristãs em conjunto. A igreja precisa ser organizada para fazer seu trabalho de modo eficiente. Os líderes da igreja devem proporcionar direção e capacitação à comunidade cristã para que ela possa desempenhar seu serviço.

Menção especial deve ser feita do texto 3:16. É um breve poema formado por três partes de verso, que parecem apontar o caminho da exaltação de Jesus Cristo, desde a sua manifestação humana até a sua ascensão e glorificação nos céus.

Esta carta de Paulo a Timóteo contém muitas lições. Se você for um líder da igreja, observe o relacionamento de Paulo com este jovem discípulo - seus conselhos e direção cuidadosos. Se for um iniciante na fé, siga o exemplo dos fiéis líderes cristãos como Timóteo, que imitou o modo de vida de Paulo. Se você for um pai, pense no profundo efeito positivo que um lar cristão pode causar aos membros da família. Uma mãe e avó fiéis levaram Timóteo a Cristo, e o ministério dele ajudou a mudar o mundo.

5.12. SEGUNDA EPÍSTOLA DE PAULO A TIMÓTEO

A Segunda Carta de Paulo a Timóteo trata principalmente das responsabilidades e dos deveres de Timóteo. O apóstolo sente que a sua vida está chegando ao fim; por isso, com carinho e dedicação, ele dá conselhos a Timóteo, seu amigo e companheiro de trabalho, para que seja forte na fé e continue sendo um fiel soldado de Jesus Cristo. Ainda mais: que "cumpra bem o seu dever de servo de Deus" (4:5). O apóstolo fala sobre a sua própria maneira de viver, sua fé, seu amor e sua firmeza, que devem ser imitados pelo seu jovem companheiro de trabalho (3:10-11). Cheio de coragem e confiança, o apóstolo resume a sua vida e a sua esperança de servo de Deus, afirmando o seguinte: "Fiz o melhor que pude na corrida, cheguei até o fim, conservei a fé. E agora está me esperando o prêmio da vitória, que é dado para quem vive uma vida correta, o prêmio que o Senhor, o justo Juiz, me dará naquele dia" (4:7-8).

A carta começa com uma saudação a Timóteo e uma oração a seu favor (1:1-2). Paulo dedica a maior parte da carta (1:3-2:6; 3:10-4:8) a conselhos sobre os deveres de Timóteo como pastor e mestre da igreja. O apóstolo cita o seu próprio exemplo como fiel servo de Jesus Cristo (1:11-14; 3:10) e previne Timóteo de que ele irá sofrer perseguições, como sofrem todos os que procuram seguir Jesus Cristo (1:8-9; 3:12). Que Timóteo não perca tempo em discussões tolas e inúteis com mestres falsos, que estão ensinando doutrinas erradas (2:14-19,23-26; 4:3-4).

Nos últimos dias, aparecerão pessoas descrentes e falsas dizendo que são cristãos, quando, de fato, não são (3:1-9). Que Timóteo não tenha nada a ver com essas pessoas! No fim da carta, Paulo trata de assuntos pessoais (4:9-18) e termina a carta mandando saudações não somente a Timóteo como também aos outros cristãos de Éfeso (4:22).

5.13. EPÍSTOLA DE PAULO A TITO

O início da epístola a Tito é muito semelhante à primeira epístola a Timóteo, pois apresenta requisitos para os obreiros da igreja. Se em algum momento Tito se sentisse incomodado com os problemas das igrejas e do povo de Creta, deveria então se lembrar das palavras do apóstolo.

Paulo tinha deixado Tito na ilha de Creta com instruções para que pusesse em ordem certas coisas naquelas igrejas. Explicitamente, Tito tinha que completar a indicação de presbíteros nessas igrejas (1:5). Paulo relacionou as qualificações de presbíteros para que Tito pudesse ajudar os cristãos dessas congregações a escolher homens capazes de fazerem este trabalho. Os presbíteros também eram chamados "bispos" e lhes era designado o trabalho de pastorear o rebanho de Deus (compare Tt 1:5-7 com At 20:17,28).

Assim como ocorre em várias epístolas, Paulo apresenta instruções práticas para a vida cristã. Ele se refere a várias classes de pessoas que faziam parte da igreja. Sabendo que o povo de Creta era imoral e preguiçoso, os convertidos deveriam ter um padrão de comportamento diferente.

A epístola também fala das relações na igreja, na família, no trabalho e na sociedade. O evangelho afetará todas as áreas da vida do convertido. A salvação é pela graça e pelo amor de Deus (3.4-5), mas as boas obras acompanham a salvação. É o testemunho diário do cristão.

O apóstolo Paulo nos lembra de nossa conduta passada. (3:3). A bondade e o amor de Deus foi manifestado quando salvou os homens pecadores como Paulo e aqueles com os quais Tito trabalhava. Contudo, esta divina misericórdia tem consequências. Deus não salvou os homens para que eles continuassem na sua conduta pecaminosa. Tito é mandado lembrar seus irmãos de que o comportamento deles como cristãos precisa ser muito diferente do passado (3:1-2). Observe que a conduta ordenada nestes versículos é diretamente oposta à que é descrita no versículo 3. Ao invés de odiar aos outros ou agir com maldade, os cristãos têm que ser pacíficos e gentis com as pessoas, evitando falar mal delas.

A epístola deixa claro que a vida cristã está fundamentada na graça de Deus (2:11-14). Os crentes tem de reconhecer essa verdade, rejeitar a heresia e evitar o legalismo (1:10-16). Isso pode ser feito somente pela graça: graça que salva, graça que ensina, graça que fortalece e graça que capacita.

Paulo termina sua carta a Tito com alguns pedidos pessoais referentes aos seus companheiros no trabalho. Ele pede a Tito para ir encontrá-lo em Nicópolis, onde ele passaria o inverno. Mesmo nestas recomendações finais, ele salienta a importância das boas obras (3:14).

5.14. EPÍSTOLA DE PAULO A FILEMOM

Assim como as cartas aos: Éfesios, Filipenses e Colossenses, Filemom é uma das Epístolas escritas, quando Paulo estava preso pela primeira vez em Roma. Onésimo, um escravo esperto e visionário, havia fugido para Roma, e chegando à capital do Império, ali se encontra com Paulo e se converte a Cristo.

Agora, como cristão, se vê no dever de cumprir o papel de um servo de Deus e voltar a casa de seu senhor Filemom em Colossos. Tendo em vista que o castigo para tal ato era a condenação a morte, o Apóstolo Paulo escreve esta maravilhosa carta a Filemom, intercedendo em favor do escravo Onésimo. O nome Onésimo quer dizer "útil", exatamente o que ele não tinha sido para Filemom, mas após aceitar a Cristo, passaria a ser (v:11).

Esta carta da uma grande ênfase à transformação de uma vida que aceita a Jesus. O novo cristão precisa reparar o erro cometido, quando isto é possível. No caso daquele escravo, era possível reparar esse erro, voltando à casa do seu senhor. Entretanto, devia ser feito. Filemom não era o único cristão que possuía escravos, entretanto a carta de Paulo dava diretrizes a outros cristãos e senhores de escravos. O apóstolo não negou a Filemom os direitos sobre seus escravos, ele simplesmente pediu que aos escravos fossem aplicados princípios Cristãos. No tocante a Onésimo, o Apóstolo se ofereceu a pagar os prejuízos que Filemom sofrera.

Aquele valoroso escravo, posteriormente veio a ser um ministro do Evangelho de Cristo, e, tempos depois, tornou-se bispo da Igreja em Éfeso.

6. EPÍSTOLAS GERAIS

As epístolas gerais são os escritos em que os autores mencionam os destinatários em termos gerais e não relacionados com uma localidade específica. As exceções são II e III João, dirigidas a pessoas especificas. Alguns estudiosos do Novo Testamento não consideram Hebreus uma epístola geral, afirmando que o autor se dirigiu a um gripo específico de crentes (cf. Hb 5:11-6:12). A maioria das epístolas gerais usa o nome do autor como título.

Podemos observar claramente as diferenças entre o endereçamento específico das epístolas de Paulo ("a todos os santos em Cristo Jesus ... que vivem em Filipos" - Fp 1:1) e o endereçamento amplo das epístolas gerais ("às doze tribos que se encontram na dispersão" - Tg 1:1).

A epístola aos Hebreus dirigiu uma advertência aos cristãos judeus que estavam pensando em abandonar as riquezas de Cristo e retornar aos rituais vazios do judaísmo (cf. Hb 5:11 - 6:6). Tiago também dirigiu uma advertência aos cristãos judeus que estavam sendo negligentes na obediência aos mandamentos práticos da Bíblia (Tg 2:1-13). O apóstolo Pedro escreveu sua primeira epístola para fortalecer judeus e gentios contra a dura perseguição que ameaçava consumi-los (I Pe 4:12-19). Os leitores de II Pedro e Judas enfrentavam desafios dos ensinos heréticos que ameaçavam minar sua vitalidade espiritual (II Pe 2:1-3; Jd 3-4).

João escreveu sua primeira epístola para incentivar seus leitores a agirem corretamente (I Jo 2:6), a ter o espírito certo (4:11) e convicções corretas (4:1). Em sua segunda epístola ele advertiu contra falsos mestre (II Jo 7-11), e sua terceira epístola tratou de uma disputa interna de uma igreja (III Jo vs. 9-10).

Com a possível exceção de Tiago, todas as epístolas gerais vieram a lume perto do fim da vida de Paulo ou logo depois de sua morte. Elas tratam de problemas que a igreja enfrentava em seu crescimento e expansão. Textos como II Pedro, Judas, I e II João abordam o tema do ensino falso. Esse era um problema previsível numa igreja que crescia e encontrava ideias e perspectivas diferentes. Hebreus, Tiago, I Pedro e III João trazem ânimo para os cristãos que sofriam assédio e perseguição. Como cristãos de hoje também se defrontam com esses problemas, as palavras das epístolas gerais podem nos dar força e ajuda em nossas lutas espirituais.

6.1. EPÍSTOLA AOS HEBREUS

Esta epístola foi certamente dirigida a cristãos hebreus, que habitavam uma região, e haviam formado uma sociedade organizada ou igreja, tendo tido os seus pastores já falecidos, e possuindo agora mestres, a quem por conselho do autor deviam os crentes obedecer. Tem sido geralmente aceita a opinião de que esses cristãos residiam na Palestina, talvez em Jerusalém, ou na Cesárea, mas alguns críticos julgam que a epístola foi dirigida aos judeus convertidos de Alexandria. Há, também, quem afirme que ela foi destinada aos romanos, que tinham recebido a fé cristã, dizendo outros escritores que era em Antioquia que se achavam aqueles a quem a carta foi primeiramente mandada.

Não podemos, de uma maneira determinada, saber quando e onde foi esta epístola escrita. Apenas uma indicação de lugar, e essa duvidosa, nos é dada (13:24): "Os da Itália vos saúdam". Mas isto pode significar tanto aqueles com quem o escritor vivia em Roma, como certos italianos, que em qualquer parte estivessem com o autor. Com referência à Data da epístola, concorda-se geralmente que foi escrita não depois da destruição de Jerusalém, mas na proximidade desse acontecimento, o autor fala do ritual levítico, como estando ainda em toda a sua força, o seu autor.

Com respeito a saber-se quem tenha escrito a epístola, foi sempre, desde os tempos primitivos da igreja, uma coisa muito incerta. Com respeito à comunidade, à qual foi primeiramente endereçada a epístola, encontram-se nestas pequenas alusões, que podem dirigir, quando não possam inteiramente resolver, a nossa inquirição. Segundo o que se lê em 13:7, parece que se trata de uma sociedade organizada ou igreja, que tivesse existido por algum tempo, tendo os membros dessa igreja os seus mestres, a quem era devida a obediência (13:17). Estas observações, porém, tanto se podem aplicar aos cristãos judeus da Palestina (entre os quais os de Jerusalém ou de Cesárea), como os da Dispersão.

Esta epístola, quanto à sua matéria, pode dividir-se em duas partes principais: a primeira é principalmente doutrinal (1 a 10:18), a segunda é principalmente prática (10:19 a 13). Na primeira parte prova-se a suprema autoridade e glória da dispensação cristã, fazendo ver quanto é superior o seu Mediador, o Eterno Filho de Deus, aos mediadores do antigo pacto, quer sejam espirituais, como os anjos, quer terrestres, como Moisés. Embora fossem grandes os Seus sofrimentos, e Se humilhasse até à morte, isso, longe de diminuir a Sua glória de Mediador, foi o grande meio de realizar a Sua grandiosa obra de redenção (Hb 1:1-4:13).

A comparação de Cristo com Moisés e com Josué é seguida de outra com Arão. Primeiramente o autor faz ver que Cristo, como Arão era verdadeiro sacerdote, que Deus nomeou, e verdadeiro representante do homem, e depois se mostra que Jesus Cristo sobrepuja em muito a Arão na qualidade de sacerdote, reproduzindo o mais antigo e mais nobre sacerdócio do rei-sacerdote Melquisedeque. A eficácia intrínseca e perpétua do

Seu único sacrifício, como perfeita propiciação pelo pecado, é posta em contraste com a virtude típica e cerimonial daqueles sacrifícios muitas vezes repetidos os quais estavam já terminando (4:14-10:18).

Na conclusão da epístola, são vivamente exortados os hebreus a continuarem a sua vida de fé com paciência e alegre confiança, no meio de provações presentes. Prova-se que a fé é virtude essencial na participação das prometidas bênçãos de Deus, e é exibida a sua ação e eficácia numa longa linha de heróis, mártires, e confessores, que termina em Jesus, o grandioso exemplar. E são os cristãos hebreus encorajados a sofrer também as suas provações, como sendo um paternal castigo, que devia produzir o mais alto bem. Os gloriosos privilégios do Novo Pacto são apresentados, para fazer conhecer o terrível perigo da apostasia (10:19 ao cap. 12). Seguem-se algumas exortações para cumprimento de especiais deveres, preceitos e regras da vida. E fecha o escritor a notável epístola com uma doxologia e bênção.

6.2. EPÍSTOLA DE TIAGO

A Carta de Tiago foi escrita não a uma igreja específica de um só local, mas a todos os cristãos. Por isso, ela, juntamente com outras seis cartas do Novo Testamento (1Pe, 2Pe, 1Jo, 2Jo, 3Jo, Jd), é chamada de Carta Universal ou Epístola Católica. Ela trata de assuntos práticos da vida cristã. O autor fala sobre pobreza e riqueza, tentações e aflições, preconceito, o falar e o agir, o criticar, orgulho e humildade, paciência, oração e fé.

Ele põe acima de tudo a necessidade de não somente crer como também agir. Não adianta nada alguém dizer que tem fé se não provar por meio das suas ações que a sua fé é viva e verdadeira. "Portanto, assim como o corpo sem o espírito está morto, assim também a fé sem ações está morta" (2:26). A verdadeira fé se manifesta em ações cristãs.

O autor chama a si mesmo de "mestre" (3:1) e ele ensina belas lições para todos os seguidores de Jesus Cristo. Com clareza e vigor, Tiago nos mostra como devemos viver e agir, se somos cristãos de verdade.

Esta Carta trata de muitos assuntos diferentes, todos eles ligados à vida cristã. O autor dá conselhos práticos e, várias vezes, ele justifica os seus conselhos apelando para o Antigo Testamento. Ele cita Levíticos 19:18 (2:8), fala sobre Abraão (2:21-24) e Raabe (2:25); fala também sobre Jó (5:11) e Elias (5:17-18).

Ele não cita diretamente nenhum ensinamento de Jesus, embora existam muitos pontos de contato com o Sermão do Monte (Mt 5-7). Por exemplo, o que ele diz a respeito de juramentos (5:12) é bem parecido com o que Jesus ensinou sobre o assunto (Mt 5:34-37).

Tiago critica severamente os ricos (1:10-11; 2:6; 5:1-6) e se preocupa com o relacionamento entre cristãos no convívio da igreja. Todos devem ser tratados de igual modo, diz ele (2:1-4). Também não devem julgar uns aos outros (4.11-12), mas ter misericórdia dos outros (2:13).

6.3. PRIMEIRA EPÍSTOLA DE PEDRO

Embora Pedro tenha sido considerado *"homem iletrado"* (At 4:13), escreveu um livro de alto nível teológico. O fato de ser chamado de "homem iletrado", deve-se ao fato de que o Apóstolo nunca tenha frequentado as escolas gregas da época, também não foi escriba nem doutor da lei. Porém, não quer dizer que tenha sido um leigo por completo ou ignorante. Se, por um lado, não tinha conhecimento da cultura grega, por outro, era um conhecedor do grego, do aramaico e talvez, um pouco do hebraico.

Assim como todo bom judeu, o Apóstolo Pedro era conhecedor da Lei Mosaica e de toda Escritura do Antigo Testamento. Entretanto, o que mais credencia este Apóstolo é o fato dele ter testemunhado as aflições do Mestre Jesus (5:1), sendo assim, seus ensinamentos eram contundentes e dignos de aceitação.

Esta carta é destinada aos "forasteiros da dispersão" (1:1). Esses cristãos eram pessoas que, como o antigo Israel, haviam se espalhado pelo mundo. Com o título principal do livro "***A genuína Graça de Deus***", Pedro convida os leitores a serem encorajados em Deus, mesmo diante das terríveis provações que enfrentavam (4:12).

Quando olhamos a biografia deste Apóstolo, vemos sua oposição aos gentios, no início da Igreja. Quando esta carta foi escrita, vemos que esse problema já havia sido superado. Pedro passa a entender que o evangelho é para todos, seja judeu ou gentil.

6.4. SEGUNDA EPÍSTOLA DE PEDRO

Datada em cerca de 64 – 65 d.C., esta segunda carta de Pedro destaca os dois caminhos. O primeiro, é apresentado no segundo capítulo: "***caminho da verdade***" (2:2). O outro caminho, o dos falsos mestres, é apresentado também no capítulo 2 e é chamado de: "***caminho de Balaão***" (2:15).

O caminho 1, fala da trajetória cristã.: "*...havendo escapado da corrupção que pela concupiscência há no mundo*". Trata-se da conversão. Quem se converte não pode achar que já tem tudo o que Deus pode oferecer. Pedro diz que a caminhada espiritual é uma sequência e apresenta uma lista de qualidades que precisam ser alcançadas pelo cristão.

O caminho 2, fala dos falsos mestres. Vemos, que o Apóstolo passa a falar de um assunto, totalmente oposto ao que estava sendo tratado até então. Essa escrita de Pedro é muito semelhante à epístola de Judas.

No capítulo 1, Pedro trata dos cristãos fiéis, já em seu segundo capítulo, refere-se aos falsos mestres, seu caráter decadente, suas más obras e o consequente castigo. Esses são os que andam pelo "***caminho de Balaão***" (2.15). No capítulo final da epístola, Pedro recorda o ensino dos profetas e dos apóstolos, especialmente os avisos de que, nos últimos dias, se levantariam homens que ridicularizariam a ideia da Segunda vinda do Senhor (4).

Por que a Segunda vinda do Senhor era ridicularizada? Leiamos II Pedro 3:8-9.

A esperança do cristão sempre foi a vinda do Senhor e a demora foi motivo de desânimo para alguns. Esta demora tem sua razão de ser no caráter e no propósito de Deus. Qualquer aparente demora deve ser interpretada como oriunda de compaixão misericordiosa. Sua demora é mais uma oportunidade de salvação, e não é sinal de esquecimento.

6.5. PRIMEIRA EPÍSTOLA DE JOÃO

Essa carta se caracteriza pela apresentação tripla de cada tema importante: a comunhão com Deus; a vitória sobre o pecado; o amor a Deus e a obediência aos mandamentos, o amor ao irmão, a vitória sobre o mundo, o anticristo e a declaração de fé sobre Jesus.

A carta não tem cabeçalho, nem são citados o remetente nem os destinatários. O autor inicia com um prólogo de grande densidade teológica que nos faz lembrar o evangelho de João. Poderíamos perguntar de I João não é um tratado, um manifesto a todos os cristãos, pois trata os seus leitores de forma muito pessoal como filhos (1:1, 12, 12) e amados (2:7; 3:2, 21), a quem exorta de forma muito pastoral (2:18s). Por isso, percebemos que I João, é um sermão de exortação e encorajamento, transmitido de forma escrita.

A carta adverte ema vários trechos sobre pessoas que querem seduzir a igreja (2:26; 3:7; 4:1, 4, 6), e são chamados de anticristos (2:18). O conflito com esses enganadores é perceptível por toda carta, pois rejeitam a verdadeira encarnação do Filho e Deus, e por meio de falsos ensinamentos , chegaram a uma vida religiosa falsa. Tanto esse livro quanto o Evangelho de João tomam posição contra a heresia gnóstica.

Portanto, essa carta é uma exortação bem atual, que desafia a igreja a uma profissão de fé inequívoca sobre o filho de Deus encarnado. Ela orienta os cristãos a confessarem o pecado, que precisa de perdão, também reforça a relação inseparável entre fé e amor.

6.6.SEGUNDA EPÍSTOLA DE JOÃO

Todas as epístolas de João foram escritas na mesma época. Nota-se na segunda, que os assuntos da primeira ainda persistem na mente no apóstolo. Ele ainda se mostra combativo em relação aos enganadores. Seu esforço é a favor da verdadeira doutrina de Cristo.

O contexto de II João é muito semelhante ao da primeira epístola. Esta carta é mais pessoal, pois dirige-se a "senhora eleita e seus filhos" (1:1).

6.7. TERCEIRA EPÍSTOLA DE JOÃO

Esta Carta foi escrita pelo mesmo homem que escreveu a Segunda Carta de João. A Carta é enviada a Gaio, dirigente de uma igreja e amigo chegado do autor. O autor, um presbítero, se queixa de Diótrefes, um líder da igreja que é contra ele e os seus ensinamentos. Diótrefes até impede que a igreja receba os irmãos e irmãs que vão de lugar em lugar anunciando o evangelho. Ainda mais, ele conta mentiras contra o presbítero e os seus colegas. O autor promete ir em breve até lá para pôr tudo em ordem.

Esta pequena Carta deixa-nos ver os problemas que uma igreja do primeiro século estava enfrentando e como é que os líderes procuraram resolvê-los. Infelizmente, não sabemos o desfecho dessa crise. Problemas sempre aparecem, e é preciso que os membros da igreja tomem as medidas necessárias para resolvê-los, procurando sempre ser fiéis à verdade (v. 3) e fazer o que é bom, pois quem faz o bem é de Deus (v. 11).

6.8. EPÍSTOLA DE JUDAS

Acredita-se que foi escrita entre 70 -80 d.C. Seu autor é "Judas", servo de Jesus, e irmão de Tiago. Devemos ter vigilância quanto ao autor da carta, uma vez que no, Novo Testamento, há vários homens com este nome. Vejamos:

a. Judas Iscariotes, o traidor (Mt. 26:14);

b. Judas (Tadeu), filho de Tiago (Lc. 6:16);

c. Judas, irmão de Jesus (Mt. 13:55). Este tem recebido uma grande aceitação por parte dos estudiosos da Bíblia. Não pode haver dúvida quanto a sua autoria. Devemos observar a expressão de Judas quando diz "irmão de Tiago". Fica identificado de forma clara, que havia um só Tiago. Trata-se de um homem humilde, servo de Cristo. Era reconhecido como irmão do Senhor.

Deduz-se que, Judas pretendia escrever um tratado sobre salvação (3), quando, foi constrangido pelo Espírito a mudar o tema, e assim, passou a escrever uma defesa veemente do padrão moral da fé cristã.

7. LIVRO PROFÉTICO

7.1. APOCALIPSE DE JOÃO

Apocalipse quer dizer "revelação" e, por isso, este livro também pode ser chamado de A Revelação de Deus a João. Foi escrito durante um tempo em que as autoridades romanas estavam perseguindo os cristãos porque estes se recusavam a prestar culto ao Imperador romano, que chamava a si mesmo de "Senhor" e "Deus".

O livro foi escrito para ser mandado a sete igrejas da província romana da Ásia (1:4,11), que ficava numa região que, hoje, faz parte da Turquia. O autor, João, anima os seus leitores a continuarem fiéis a Jesus Cristo em tempos de perseguição e sofrimento.

Depois das cartas endereçadas às sete igrejas (cap. 2—3), João descreve as visões que ele teve. Elas mostram que as forças do mal não vencerão, pois a vitória pertence a Deus e a Jesus Cristo. E as pessoas que continuarem fiéis na sua fé receberão o prêmio da vida eterna no novo céu, na nova terra e na Cidade Santa, a nova Jerusalém, que Deus vai criar. Ali, reinarão com Deus e com Cristo para todo o sempre.

Um livro como este é chamado de "apocalíptico", porque trata de revelações feitas por Deus a respeito de acontecimentos futuros. Nessas revelações, que, geralmente, são dadas por meio de visões, há figuras estranhas, seres fantásticos, símbolos e números que, hoje em dia, são difíceis de compreender, mas que os primeiros leitores, por certo, entendiam muito bem. O Livro de Daniel (especialmente cap. 7—12) é apocalíptico, como também são apocalípticas algumas passagens em outros livros do Antigo Testamento : Ezequiel (caps. 1—3; 9; 26—27; 38—48); Zacarias (caps. 1—8; 12—14) e Isaías (caps. 24—27; 65—66).

A mensagem apocalíptica é um aviso divino para a humanidade. Ignorar o Apocalipse seria como rasgar uma notificação judicial sem tê-la lido. O prazo está se esgotando. Ainda que o mundo dure mais 1000 anos, é o nosso tempo de vida que determina nossa chance de deixar o mal e escolher o bem.

Por mais que nos seja difícil explicar todos os detalhes das visões de João, a lição principal do livro é simples e clara: "O poder para governar o mundo pertence agora a Deus, que é o Senhor nosso, e ao Messias que ele escolheu. E Deus reinará para todo o sempre!" (11:15).

O arrependimento é também um tema em destaque no Apocalipse (cf. 2:5,16,21,22; 3:3,19; 9:20,21; 16:9,11). Deus poderia extinguir a raça humana em um instante. Porém, ele manda seus castigos aos poucos, esperando que os homens sintam a culpa pelo pecado e se arrependam. Devemos ouvir a sua voz enquanto temos tempo.

BIBLIOGRAFIA

HÖRSTER, Gerhard. Introdução e Síntese do Novo Testamento. Ed. Esperança. Curitiba / P.R. 1.996.

DAVIDSON, F. O Novo Comentário da Bíblia. Ed. Vida Nova. São Paulo, 1997.

HALLEY, Henry. Manual Bíblico de Halley. Ed. Vida. São Paulo, 2001.

GUNDRY, Robert. Panorama do Novo Testamento. Ed. Vida Nova. São Paulo, 2003. (2a. Edição).

HALE, Broadus David. Introdução ao Estudo do Novo Testamento. Rio de Janeiro: Edira Juerp, 1983.

TURNER, Donald D., Introdução do Novo Testamento - Imprensa Batista Regular.

SHEDD, Russel, Manual Bíblico Vida Nova, São Paulo: Editora Vida Nova, 2001.

Apostila de Análise do Novo Testamento IBES – Prof. Ronald S. Lima.

Bíblia de Referência Thompson - Tradução de João Ferreira de Almeida - Versão Contemporânea - Ed. Vida.

BÍBLIA DE ESTUDO NTLH.Barueri, SP: Sociedade Bíblica do Brasil – 2005.

Apostila Introdução ao Novo Testamento 2 – Organizada por Pr. Valter José da Silva, SETEFE.

SILVA, Claudemir Pedroso da. Estudos Bíblicos – O Conhecimento da Palavra de Deus. São Paulo: Editora DCL, 2010.

______________________________. Dicionário e Estudos Bíblicos. São Paulo, Editora PAE, 2009.

Sites consultados:

www.sededoconhecimentodecristo.blog.terra.com.br

www.anisiora.com.br

www.estudosbiblicos.net

www.biblia-san-luis.com/

Capítulo IX

MISSÕES E EVANGELISMO

Existe hoje uma confusão generalizada no meio dos cristãos, a respeito do que é missão. Assim como antigamente, hoje tudo se convencionou chamar de missão. Tentar definir missão não é tarefa fácil. É claro que houve uma evolução natural do termo a ponto de "missão" incluir tudo, porém sem se identificar com esse todo. Pôr exemplo, missão não é sinônimo de evangelismo, pois se tudo que a Igreja fizer for chamado de evangelismo, então nada é realmente evangelismo.

No dizer de John Stott: "Missão significa atividade divina que emerge da própria natureza de Deus". Foi o Deus vivo quem enviou a seu filho Jesus Cristo ao mundo, que enviou pôr sua vez os apóstolos e a Igreja. Enviou também o seu Espírito Santo à Igreja e hoje envia aos nossos corações.

Não podemos pensar em missão como um dos aspectos do ser Igreja, um departamento, mas entender missão à luz do ministério de Jesus, o que implica em dizer que, missão é ser enviado: *"Disse-lhes, pois, Jesus outra vez: Paz seja convosco! Assim como o Pai me enviou, eu também vos envio."* (Jo 20:21).

É o que trataremos neste trabalho, falando sobre a definição dos termos "Missão" e "Evangelho", sobre a intransigência missionária e a inversão de prioridades dentro da eclesiologia; sobre a "Natureza Missionária da Igreja" onde veremos a necessidade de se preservar a visão como comunidade Católica (universal) através de atitudes que devem ser comuns à Igreja; alguns princípios teológicos para ação missionária e por fim sobre a Dinâmica missionária do Espirito Santo.

Através deste tema, pretendo elucidar alguns pontos obscuros sobre Missão local e contribuir também na soma de esforços para desempenho e avanço da obra missionária, seja em minha ou outras igrejas.

1. O QUE É MISSÃO?

Há, nos dias de hoje, a necessidade de se fazer uma análise de como a igreja se encontra, de quais são as atitudes que representam e qualificam as igrejas quanto à visão e atuação conquanto Corpo de Cristo.

Em seu livro "Uma Igreja apaixonada por missões", Antônio Carlos Nasser propõe uma análise dos tipos de igrejas no processo missionário nos últimos tempos, são elas:

1)A igreja "Fantasia"

Igrejas que querem o culto que alegra, a música que balança, a pregação que faz rir, o lugar da fantasia! A fantasia faz rir, sonhar, viver num mundo em que sempre se vence. Onde estão o prazer e a fantasia! E o que falar das tensões, lutas, dificuldades e temores? O que falar das tribulações por que passa a igreja neste final de século. Não podemos nos esquecer as palavras de Jesus em Mateus 10.16: "Eis que eu vos envio como ovelhas para o meio de lobos..."

2) A igreja "Megalomaníaca"

Igrejas que buscam "*pompas e circunstâncias*". Projetos monumentais tem sido o sonho de muitos líderes religiosos. Não se fala mais em grandes igrejas, mas sim em "mega-igrejas". A missão torna-se um fim em si mesmo e na grande maioria, projetos missionários em longo prazo são descartados, devido ao imediatismo e aos mega-projetos personalizados em seus "megalíderes".

3) A igreja "Social"

Na sua grande maioria estas igrejas procedem dos movimentos de secularização e humanização que se originaram neste século. Embora estas comunidades transformem o povo num grupo de trabalho em prol da vida, o fazem apenas no aspecto que se refere a vida terrena, sem nenhum resultado espiritual missionário.

4) A igreja "Tecnocrata"

Estas igrejas estão preocupadas com o que é funcional. Igrejas que deixaram de exercer sua finalidade através de sua natureza missionária para se tornarem igrejas-evento. Suas técnicas vão desde as folclóricas "correntes" até técnicas como "seja feliz em 10 passos" ou a "corrente dos 7 dias". Pacotes que trazem a Salvação. Pacotes que resolvem tudo.

5) Igrejas "Desafiadas (mas independentes)"

Não necessitam de parcerias para fazer a obra evangélica Se isolaram e resolveram trabalhar sozinhas, sem denominação, sem laços eclesiásticos, sem qualquer ligação estrutural eclesiástica.

Como afirma Nasser, o que transparece nestas igrejas é o espírito de um messianismo eclesiástico, daquele pensamento egocêntrico e jactancioso: "eleita" por Deus para estar na vanguarda da missão. Esta situação é tão perigosa para a igreja atual, que o grande problema é a ausência de uma concepção clara, aberta e bíblica acerca da verdadeira natureza missionária da igreja.

O grande desafio para a igreja de Cristo é a redescoberta de sua natureza missionária, voltar seus olhos para dentro de si e através da Palavra encontrar-se com a sua verdadeira essência: o ser uma igreja voltada para o mundo.

Surge então as seguintes perguntas: Porque evangelizar e fazer Missões? O que significa Missões para a igreja nesse limiar de terceiro milênio? O cristianismo é a primeira religião proselitista e missionária da história, pois o evangelho não é uma mensagem alternativa, é única. Jesus disse que é uma questão de vida ou morte: *"E a vida eterna é esta: que te conheçam a ti, o único Deus verdadeiro, e a Jesus Cristo, a quem enviaste."* (Jo 17:3).

Por isso vamos procurar entender a relação entra estas duas palavras: "Evangelho e Missões".

1.1. EVANGELHO

A palavra "evangelho" vem de duas palavras gregas *eu*, que quer dizer "bem", e de *aggelia*, que significa "mensagem, notícia, novas". Assim a palavra euaggelion quer dizer "boas novas, noticias alvissareiras". No hebraico é *bessorah* traduzida por *euaggelion* na Septuaginta (cf. II Sm 18:20, 25, 27; II Rs 7:9), originalmente significava "pagamento pela transmissão de uma boa noticia". Esse vocábulo só aparece no singular em todo o Novo Testamento, 76 vezes; o verbo *euaggelizo* (evangelizar) 54; e *euaggelistes* (evangelista) 3.

No mundo grego tinha o sentido de recompensa por trazer boas novas. No velho Testamento (Septuaginta) aparece com o sentido em si, ou seja, as próprias boas novas. Aparece em termos proféticos com o mesmo sentido que encontramos no Novo Testamento: *"Que formosos são sobre os montes os pés do que anuncia as boas-novas, que faz ouvir a paz, que anuncia coisas boas, que faz ouvir a salvação, que diz a Sião: O teu Deus reina!"* (Is 52:7).

O evangelho é a mensagem transformadora do Calvário, não é livro, é mensagem. O propósito é mostrar que Jesus é o Cristo, o Filho de Deus, e que a fé em seu nome dá ao homem a vida eterna (Jo 20:31). O evangelho não é algo de improviso, pois Deus havia prometido desde "antes dos tempos dos séculos"(cf. Tt 1:2; Rm 1:2).

A Bíblia diz que todos os homens são pecadores e precisam se reconciliar com Deus (Rm 3:23; 5:12). Não existe um meio de salvação sem Jesus (cf. At 4:12; Jo 14:6; Mt 13:38). Isso nos mostra a grande responsabilidade da evangelização. No livro de Atos, encontramos o Espirito Santo impulsionando os cristãos daquela geração nesse trabalho da pregação do evangelho (trataremos melhor disso no capítulo 4 - Dinâmica Missionária e o Espirito Santo).

O evangelho é a mensagem mais atual. Evangelização, discipulado e intercessão são a "máquina" responsável pelo crescimento da Igreja. O apostolo Paulo diz que o evangelho salva, mas é preciso permanecer nele (I Co 15:1 e 2). Esse trabalho é tarefa da Igreja, é tarefa de todos os crentes.

1.2. MISSÕES

A palavra "missões" é de origem latina e quer dizer "*enviar com uma missão*", tendo o mesmo sentido no grego *apostoleo*, que quer dizer "*enviado*".

No dizer de John Stott, "*missão, significa atividade divina que emerge da própria natureza de Deus*". Foi o Deus vivo quem enviou a seu filho Jesus Cristo ao mundo, que enviou pôr sua vez os apóstolos e a Igreja. Enviou também o seu Espírito Santo à Igreja e hoje envia aos nossos corações.

Daí surge a missão da Igreja como resultado da própria missão de Deus, devendo aquela ser modelada pôr esta. Para que todos nós entendamos a natureza da missão da Igreja, precisamos entender a natureza da missão do Filho.

O que implica em dizer que missão é ser enviado; "*Assim como o Pai me enviou, eu também vos envio a vós*" (Jo 20:21). Johannes Blauw, em a Natureza Missionária da Igreja, diz que "Não há outra Igreja, que não a Igreja enviada ao mundo". Fomos enviados para que nos identifiquemos com outras pessoas, pois de fato o que Jesus fez foi se identificar conosco assumindo nossos pecados. Somos enviados pôr Cristo para encarnar as necessidades das pessoas, necessidades espirituais e materiais num mundo cada vez mais hostil.

Se compreendermos a missão de Jesus corretamente, vamos descobrir que ele veio ao mundo também com a missão de servir. Charles Van Engen ao citar Dietrich Bonhoeffer diz, "*a Igreja existe para a humanidade no sentido de ser o corpo espiritual de Cristo e — a semelhança de Jesus — é enviada como serva*". Marcos 10:45 diz que "*o próprio Filho do homem não veio para ser servido, mas para servir e dar a sua vida em resgate por muitos*".

A nossa missão como a dele deve ser uma missão de serviço.

2. A MENSAGEM MISSIONÁRIA DO ANTIGO E NOVO TESTAMENTOS

2.1. A mensagem Missionária do Antigo Testamento

Deus e as nações precisa ser estudado. Afirma Neill: "As religiões da humanidade revestiram na sua maioria , sempre o caráter local e até tribal". A ideia era, que a adoração de uma divindade, só era possível em seu território geográfico, fora dele, o adorador não gozava de proteção, e consequentemente, deveria render-se ao Deus local. Consequentemente suas divindades eram definidas como fortes ou fracas, conforme os resultados obtidos nas guerras. Há vários textos que podemos destacar a esse respeito: I Sm 16; Dn 6; 26:19 e Rt 116.

Estas ideias antigas são pagãs, e consequentemente contrárias ao que Deus revela em todo Antigo Testamento, onde Deus é único e vindica exclusividade (cf. Gn 18:25; Ex 20:3; Sl 22:27-28; Is 37:19; Jr 10:6-7). Stephen Neill afirma: "*Algumas tribos contam que nos tempos antigos o céu se encontrava tão perto da terra que o homem podia tocar-lhe ; existia então um verdadeiro contato entre Deus e o homem, mas este pecou, e Deus, tendo-se ofendido, afastou-se para a distância imensa, nunca mais se sabendo nada dele*".

De fato podemos perceber, a luz de estudos de Antropologistas que em todos os povos é possível extrair, até mesmo do povo mais primitivo, ainda que deturpado, a concepção da existência de um Deus Supremo.

A Missão Universal de Deus (Gn 1-3)

Para iniciarmos esta abordagem é necessário uma visão panorâmica de Gênesis 1-11:

- Gn 1 - Deus é o autor único de toda a criação;
- Gn 2 - O centro da Criação é o Homem;
- Gn 3 - O Homem usa mal sua centralidade, não entende sua responsabilidade e peca contra Deus;
- Gn 4-6 - O pecado afeta toda a criação, alienando-a de Deus;
- Gn 7-8 - Deus, através do Dilúvio, executa seu julgamento;
- Gn 8-9 - Após e através do Juízo , Deus manifesta sua Graça, e preserva a vida Humana;
- Gn 10 - Uma nova geração de Homens originando o mundo das nações;
- Gn 11 – Esta nova geração se afasta de Deus, então um novo Julgamento é executado por Deus através de Babel.

Podemos olhar para este panorama, e perceber que a temática básica destes capítulos, à luz da Missio Dei, revela a intenção e ação de Deus, no sentido de relacionar-se graciosamente e redentoramente não só no universo, como também, com toda humanidade e suas diversas etnias.

A Queda e Suas Consequências

Quando o ser humano deu ouvido a serpente, deixou então de reconhecer a divindade de Deus e, consequentemente renunciou seu mandato cultural. Este abalo na ordem criada por Deus , desumanizou a humanidade. As consequências deste ato, afeta:

1º) O relacionamento com Deus: "*Ele respondeu: Ouvi a tua voz no jardim, e, porque estava nu, tive medo, e me escondi.*" (Gn 3:10).

2º) A ordem Familiar e Social: "*Então, disse o homem: A mulher que me deste por esposa, ela me deu da árvore, e eu comi.*" (Gn 3:12); "*Disse Caim a Abel, seu irmão: Vamos ao campo. Estando eles no campo, sucedeu que se levantou Caim contra Abel, seu irmão, e o matou.*" (Gn 4:8).

3º) A ordem Ecológica e Econômica: "*E a Adão disse: Visto que atendeste a voz de tua mulher e comeste da árvore que eu te ordenara não comesses, maldita é a terra por tua causa; em fadigas obterás dela o sustento durante os dias de tua vida. Ela produzirá também cardos e abrolhos, e tu comerás a erva do campo.*" (Gn 3:17-18).

4º) O Governo: "*No suor do rosto comerás o teu pão, até que tornes à terra, pois dela foste formado; porque tu és pó e ao pó tornarás.*" (Gn 3:19)

Embora a criação conheça a desordem promovida pelo pecado , isto não afeta a Soberania de Deus. O Próprio julgamento da serpente, do homem e da mulher assevera isto.

Implicações Missiológicas

No ato da Criação, podemos ver que Deus se movimenta de forma ativo e soberano em direção ao mundo e ao ser humano. O Deus que se aproxima de nós, age e cria, e que tem poder sobre toda criação, conduzindo seus propósitos à uma realização completa na história, na qual inclui todos os povos.

O mandato Cultural, como reflexo da imago Dei, é parte inerente de todo ser humano, em Cristo, ela é progressivamente restaurada, nos conduzindo a uma missão que nos leva a responsabilidade como coregentes em toda sua extensão. Esta restauração deve recuperar o equilíbrio relacional do homem e da mulher. E, consequentemente, refletirá em nossa ação missionária no mundo.

O pecado não deve ser visto apenas como um mal espiritual, mas como um status integral (Relacionamento com Deus; Familiar e Social; Ecológica e Econômica; Governo). A missão, portanto, precisa prover ao ser humano uma salvação integral.

Todos os seres humanos da face da terra, em todos os tempos, lugares, culturas e raças, ninguém podem ser discriminado, todos são iguais perante Deus. A missão deve respeitar suas distinções, e não impor nenhum modelo de cristianismo ou evangelho de dominação.

Com Noé, aprendemos que a missão não pode estar desvinculada da vida e da fé pessoal e eclesial.

Babel revela a divisão do mundo em vários idiomas e dialetos. Muitos destes idiomas não possuem á grafia e muitos outros estão em processo de extinção. É muito importante investir na tradução de bíblias para estes povos, para que cada um possa conhecer Jesus Cristo, dentro de seu próprio contexto cultural.

2.2. A Mensagem Missionária do Novo Testamento

Sabemos que as três civilizações que contribuíram para o nascimento de Cristo e o advento do Cristianismo foram: Gregos, Romana e Judaica. Vejamos:

a. Civilização Grega: Influenciaram com sua arte, arquitetura, literatura, língua (grego Koiné), a ciência e a filosofia;

b. Civilização Romana:Varreram os piratas dos mares, construíram boas estradas, que por sua vez, eram bem guarnecidas, produziram o que foi chamado de Pax Romana;

c. Civilização Judaica: Traziam consigo a missão de serem benção a todas as famílias da terra, além de uma religiosidade que combinava duas características essenciais: a primeira, o mais elevado conceito acerca de Deus (Resultado AT); a segunda, o mais alto ideal de vida moral (Resultado concepção que tinham acerca de Deus).

O único povo que possuía a esperança da vinda de um Salvador. Outro fator importante, e que, os judeus deram ao Cristianismo o Velho Testamento. Sendo dispersos, Os judeus criaram sinagogas por onde passavam. Tornando-se o núcleo da Igreja Cristã. Green afirma: ..."nenhum outro período da história do mundo estava melhor preparado para receber a jovem Igreja que o primeiro século d.C. , com oportunidades enormes para espalhar e compreender a fé, em um império literalmente mundial. A conjunção de elementos gregos, romanos e judaicos nesta preparação evangélica é conhecida de todos"...

O Novo Testamento traz como tema e conteúdo, a proclamação do reino de Deus como cumprimento das promessas de Deus do Antigo Testamento Green afirma: "Aquele que veio pregando as boas novas passou a ser o conteúdo das boas novas!"

Uma investigação, nos evangelhos nos permitirá notar e detectar o plano mestre e universal de Deus em Cristo Jesus (cf. Mc 10:44-45; Jo 10:9-10; Lc 10:10. Isto está claro em seu ministério, quando ele rompe as barreiras geográficas (Lc 4:14-15); sociais (Lc 7:36; 11:37); culturais e religiosas (Lc 10:29-37; 7:9), evidenciando sua soberania escatológica, visando os propósitos missioredentores de Deus.

Sob este prisma, percebe-se que a morte e ressurreição de Cristo selam o destino e futuro de seu povo. E também transforma a "Redução Progressiva" do Antigo Testamento em "Expansão Progressiva".

Esta mudança de foco, revela Jesus como o centro e não mais Jerusalém. Doravante todas as etnias da terra se achegarão a Cristo (cf. Fl 2:10-11; Rm 14:11-12). Isso evidencia não só a intenção divina de uma nova criação em Cristo, mas também, dá sinais claros de que a Igreja passa a ser o novo Israel.

Todos os Povos na Mira de Deus

Para um leitor desatento, aparentemente Gn 10, descreve uma daquelas cansativas genealogias. Entretanto, este capítulo manifesta a intenção original de Deus em relacionar-se salvificamente com toda humanidade.

A lista das nações, indica que o propósito redentor de Deus (Rei-Criador) não está restrito a uma única nação, ou a uma determinada raça/etinia , mas sim , no sentido universal, a todos os povos . Isto está diretamente ligado a ação redentora de Jesus Cristo (cf. Jo 3:16; 1 Tm 2:1-7; Rm 1:16-17).

3. A NATUREZA MISSIONÁRIA DA IGREJA

Para que igrejas redescubram sua natureza missionária é necessário que tenham uma visão correta acerca de seu papel como comunidade. Esta visão só é possível se olharmos como Jesus comparou o Reino de Deus em Mateus 13:31-33: "*O reino dos céus é semelhante a um grão de mostarda, que um homem tomou e plantou no seu campo, o qual é na verdade a menor de todas as hortaliças, e se faz árvore, de modo que as aves de céu vêm aninhar-se nos seus ramos*". Assim é a igreja. O grão de mostarda não se transforma em árvore até que seja plantado. Não importa o que ela é agora, e sim o que ela virá a ser.

Duas vezes Jesus declarou "*Assim como me enviaste ao mundo, eu os enviei ao mundo*" (Jo 17:18). Note as palavras dirigidas aos discípulos, "*Assim como o Pai me enviou, eu os envio*" (Jo 20:21). O paralelo entre a missão de Jesus e a dos apóstolos não foi absoluta. A singularidade de Jesus se mantém sempre. Os discípulos não são enviados para serem sacrifícios vicários, ainda que a hostilidade do mundo que Jesus enfrentou levaria quase todos eles ao martírio. Por isso, Paulo, o último dos apóstolos, escreveu para a igreja de

Colossos, *"Me alegro em meus sofrimentos por vocês, e completo no meu corpo o que resta das aflições de Cristo, em favor do seu corpo, que é a igreja"* (Cl 1:24). Seguramente, Paulo falava do preço pago para adentrar em áreas controladas por Satanás que lutava ferozmente para não permitir que os seus súditos sejam capturados e levados para Reino de Jesus Cristo.

É importante notar que a transição passa necessariamente pelo caminho da aprendizagem, do treinamento, do aperfeiçoamento, para o desempenho de um serviço. Efésios 4:12 é muito claro quando afirma que os dons e ministérios no Corpo de Cristo são "*para o aperfeiçoamento dos santos, para o desempenho do seu serviço, para a edificação do Corpo de Cristo*".

Isto significa que não há maturidade sem este tripé: aperfeiçoamento, desempenho e edificação.

3.1. A Eclesiologia e sua relação com a Missão da igreja

Para que a igreja local se compreenda como uma comunidade missionária, é necessário que ela compreenda a relação entre Missão e Igreja. Não há como entendermos uma igreja que possua as marcas da igreja de Jesus Cristo sem seu propósito maior que é sua missão. Não que este fim seja puramente um tipo de "fruto", mas além de ser fruto de fato, este existe como parte integral de sua essência.

Stephen Neill, afirma que Missão é: "*A transposição intencional de barreiras, partindo-se da Igreja em direção a não-igreja, em gestos e palavras, por amor à proclamação do evangelho*". Por causa de sua apostolicidade, a igreja manifesta a sua missão transpondo intencionalmente barreiras. Quando a igreja missiona, ela o faz naturalmente voltando seus olhos para o mundo, transpondo todas as barreiras sejam elas sociais, culturais, linguísticas, políticas, geográficas, étnicas e familiares.

Isto significa que a evidência da missão da igreja não é simplesmente por acaso, mas a congregação missionária quando desfruta de sua natureza plena, entende sua identidade e ao fazer isto, cria processos e meios para interagir conscientemente em seu contexto.

A grande maioria de cristãos entende "igreja" e "missão" como sendo dois tipos diferentes de sociedade. Uma é tida como a sociedade dedicada a adoração e ao cuidado espiritual e nutricional dos membros. A outra à propagação do evangelho, repassando seus convertidos para a custódia segura da "igreja".

Para que a Igreja redescubra a sua natureza missionária é necessário que a mesma venha a se convencer de que se há algo inerente a ela, ou que esteja latente dentro de si mesma, esta é a sua Missão. Johannes Blauw afirma: "*Quem quer que tenha visto a Cristo não pode deixar de ver o mundo, e quem quer que veja o mundo também vê o mapa do mundo*".

Isto é, não há como participarmos da comunhão, da bênção de Cristo sem um desembocar em serviço ao mundo, através de um conhecimento detalhado e pormenorizado acerca da necessidade deste.

Não podemos negar, a missão pertence à natureza da Igreja. A Igreja que cessou de ser missão perdeu o caráter essencial de Igreja. Assim, devemos afirmar que a missão que não seja ao mesmo tempo Igreja, realmente não é a verdadeira manifestação do apostolado divino.

Alguns fatores concorrem para que a igreja perca de vista a sua natureza missionária. Vejamos alguns deles:

1) Falso ensino a respeito da igreja e sua missão

O final do século XX vê um número excessivo de igrejas evangélicas especialmente brasileiras fazendo e falando de missões, mas nem sempre encontra-se a missão como que brotando naturalmente do seio da igreja local. Há uma tendência de se colocar a missão como um "departamento", "sociedade" ou até um novo tipo de "ministério". A tendência é se criar e se estabelecer a missão como um dos eventos de uma igreja local como existem a diaconia, o louvor, e outros tantos "ministérios".

2) Avanço do marketing eclesiástico

Este tipo de "marketing" é resultado dos vários modelos experimentados pelas igrejas no que se refere ao Movimento de Crescimento de Igreja que começou com Donald McGravan, e tomou vulto com Peter Wagner. Seus princípios partem dos chamados "grupos homogêneos", têm seus conceitos adquiridos e fundamentados na Filosofia de *Marketing*, onde estão em voga palavras como "produto", "consumo", "público alvo" e outros.

O que é de impressionar é que, embora haja uma exaustiva evangelização marqueteira, a maioria destas igrejas não está nem um pouco preocupadas com outro tipo de missão, por exemplo, a transcultural estrangeira. Para elas basta um grupo específico de pessoas para que a igreja local se veja cumprindo a Grande Comissão. Esta situação torna a congregação uma "cápsula", onde poucos podem entrar e fazer parte dela. A natureza missionária está abafada ou quase nem existe, neste caso.

Não há como negar que o fogo existe enquanto houver chama. A missão só se torna realidade por causa da existência da igreja. O fato é que nem sempre a igreja expressa a Missio Dei de forma plena. Esta situação é devido à sua visão acerca da Missio Eclesiarum. Nem sempre a Missio Eclesiarum corresponde à Missio Dei. Mas como avaliar e conjugar a natureza da igreja com sua missão, uma vez que durante a história da igreja, ela mesma teve grandes dificuldades para entender a sua essência.

3.2. A Igreja e a sua relação com sua essência missionária na história

A igreja dos primeiros séculos comprometida com o testemunho pessoal, sempre deixou claro que a mesma, fora chamada para proclamar o kerygma ao mundo. Houve então, necessidade desta se relacionar com sua natureza afirmando e referendando o uso de "figuras" ou "imagens" sobre a igreja. A finalidade destas figuras era descrever e estimular a relação entre a congregação e a natureza da igreja. O povo de Deus se via como corpo, comunidade, servos, família, edifício ou noiva do cordeiro.

Já na época de Agostinho a igreja experimentou suas críticas e questionamentos. Em seu livro "A Cidade de Deus", Agostinho expõe além de outras coisas, o compromisso da igreja com o mundo, onde afirmava que a "igreja visível e hierarquicamente organizada é a Cidade de Deus a qual deve, cada vez mais, governar o mundo". Mas esta ideia acabou por ser menosprezada quando no Concílio de Trento a igreja identificou-se com a expressão fiel do reino de Deus na terra em que os seus atributos deveriam ser identificados com a "Santa Sé".

Mas foi a partir dos reformadores que se cuidou de corrigir a visão deturpada da Igreja Romana através das suas "marcas". A Confissão Belga expõe claramente a respeito das marcas da igreja as quais identifica a verdadeira igreja. Para tanto, uma vez que não podemos desvincular os atributos da igreja de sua natureza missionária, compreendemos suas qualidades conjugadas à missão do povo de Deus. Resgatava-se a visão de uma igreja como discípulos de Cristo, através de sua *unidade, santidade e catolicidade*. Vejamos estes três passos.

1) A missão da igreja é missão em unidade

A visão do Corpo de Cristo está inteiramente relacionada com a missão da igreja. Isto por que, quando se trata deste primeiro atributo, se evidencia a igreja como organismo funcional que ao esforçar-se pela sua unidade espiritual, ela se projeta no mundo como corpo de Cristo, jamais dividido ou fragmentado.

A missão da igreja somente terá resultados práticos e duradouros, de maneira que ela glorificará a Deus, se esta unidade como atributo inerente da igreja for preservada (Ef 4. 1-7).

Esta visão de unidade está expresso nas palavras de Jesus ao dizer em Jo 13.34,35: "*Nisto conhecerão todos que sois meus discípulos: se tiverdes amor uns para com os outros*". Logo, este estilo de vida gerará missão ao mundo. Paulo ao afirmar a necessidade de unanimidade aos Filipenses, ele também liga o amor fraternal ao propósito pelo qual a igreja vive, que é a sua missão.

2) A missão da igreja é missão em santidade

A santidade é algo que recebemos pela fé, como Corpo de Cristo. Em Efésios 1:1-14, podemos ver ordenadas aqui as bênçãos que recebemos da Trindade. O apóstolo Paulo, com muita clareza afirma que os crentes são igualmente santificados pela presença e ação da trindade.

A ação da trindade também é vista como executada pelo Filho. Nele os crentes são redimidos, perdoados, unidos com Cristo, e são reconhecidos como coherdeiros com Ele. E é pelo selo do Espírito Santo que após a manifestação de fé, a Trindade Santa garante toda a extensão e profundidade do plano de Deus. Deste modo, o Corpo de Cristo é encontrado em Santidade em seu aspecto invisível. Isto significa dizer que o Corpo de Cristo deve manifestar e exercer a santidade nas situações cotidianas da vida igreja. A santidade da igreja também é expressa não apenas na vida prática dos relacionamentos, mas também nos valores que a mesma expressa para com o mundo.

Portanto, a missão sempre dependerá do testemunho da igreja, pela expressão de vida em santidade da mesma. É por meio do resplandecer da luz, que o mundo verá as boas obras e glorificará ao Pai que está nos céus. (cf. Mt 5:16).

3) A missão da igreja é missão para todos (Catolicidade)

O fato de ser católica é o terceiro passo para a missão da igreja. A igreja que é una e santa, também é universal por ser instrumento de Deus para realizar no mundo o que a trindade planejou, executou e aplicou. A priori, "não podemos conhecer a Igreja, senão conhecermos o Cabeça dela, pois a igreja encontra vida, natureza e missão na pessoa de Jesus Cristo", expressa Van Engen.

A igreja é vista como Corpo de Cristo, porque de fato se origina em Jesus e existe como corpo dele. Aceitamos a universalidade da Igreja porque a reconhecemos como uma manifestação da intenção universal de Deus em Cristo. Ao escolher um povo, Deus tinha por finalidade alcançar o mundo todo, de atrair todos a Cristo.

O lugar da igreja é nas ruas e nas estradas como portadora de um convite especial. É chamada de embaixadora, aquela que leva a mensagem de reconciliação ao mundo. Devido à abrangência do sacrifício de Cristo, assim será a abrangência da missão da igreja, isto é ao mundo todo (cf. II Co 5:19-21).

A visão da igreja deve ser mundial, não apenas local, regional e nacional. Deve ser uma igreja para todos os povos e não produto localizado, minimizado a um único povo, sociedade ou região.

3.3. A finalidade Missionária da Igreja Local

Se já conseguimos definir o que é igreja e o que é missão e reconhecemos que não há condições de uma não ser sem a outra, temos que, apoiados na definição de seus atributos, definir objetivamente a sua finalidade, isto é: PARA QUE ELA EXISTE NO MUNDO?

De fato, necessita-se definir sua finalidade com isto buscar resultados práticos ao que se refere ao seu âmbito de congregação local, regional ou nacional. Há também que se definir princípios para igrejas no âmbito transcultural ou internacional.

A grande necessidade e por que não dizer hoje é redescobrir a igreja como comunidade, corpo de Cristo e não apenas como instituição. Talvez o grande pecado atualmente seja a maneira como vemos a igreja. O segredo para torná-la "mais igreja" passa pela necessidade de enxergar a igreja mais como povo de Deus e não como um empreendimento.

Charles Van Engen propõe o estudo e uso de quatro palavras essenciais, para que a igreja não venha a sucumbir, e se enxergue como comunidade missionária, ela necessita manifestar quatro atitudes que provêm de quatro visões. São elas:

KOINONIA (Comunhão)

A Koinonia é o grande vínculo que une os cristãos. O que Cristo declara em João 13:34,35 é a chave para a missão da igreja: "*Novo mandamento vos dou: que vos amei uns aos outros, assim como eu vos amei... Nisto conhecerão todos que sois meus discípulos: se tiverdes amor uns aos outros.*"

Quando interpelado sobre o maior de todos os mandamentos, Jesus resume no amor o verdadeiro estilo de vida daqueles que de fato expressavam a verdadeira fé e sintetiza toda a Lei em apenas dois versículos que denotam o intenso e sincero amor a Deus e ao próximo (Mc 12:29-31).

Mas é interessante notar que, Jesus relaciona o amor promovido pela "koinonia" como fator preponderante para que a igreja cumpra sua finalidade missionária. "Nisto conhecerão todos", expressa a funcionalidade e a finalidade pelo qual se ama, se relaciona: a missão a todos.

É necessário tomar muito cuidado para que a Koinonia não se torne uma Koinonite, isto é, quando se perde a finalidade para a qual a comunhão existe, o amor deixa de ser saudável para ser doentio. As atividades e as relações da Igreja tornam-se centrípetas isto é, voltadas para dentro, para si mesma.

KERYGMA (Mensagem)

Kerygma traz em seu bojo, a mensagem: "*Jesus é Senhor*" (cf. Rm 10:9; I Co 12:3). Esta verdade é a própria proclamação da igreja. Quando se pensa em comunidade, a própria comunhão da Koinonia, envolve uma proclamação (kerigma) do Senhorio de Jesus.

O senhorio de Cristo não é apenas um senhorio na Igreja e sobre o indivíduo que crê, mas sim senhorio com proporções "cósmicas e universais". A Confissão kerigmática "Jesus é o Senhor" obrigatoriamente implica movimento para fora, em direção ao mundo, às nações. Não há como manter a mensagem salvífica e soberana em uma redoma de vidro.

A verdade é que mais uma vez emudecer a proclamação do Senhorio de Cristo, é deixar de manifestar a natureza missionária da igreja. Pode acontecer que nem sempre a Missio Eclesiarum (missão eclesiástica) seja a de fato a Missio Dei (missão de Deus). Não se pode confessar que Jesus é o Senhor sem, ao mesmo tempo proclamar o seu senhorio sobre todos. Portanto, "Jesus é Senhor", é a marca da Igreja missionária: *"Pelo que também Deus o exaltou sobremaneira e lhe deu o nome que está acima de todo nome, para que ao nome de Jesus se dobre todo joelho, nos céus, na terra e debaixo da terra, e toda língua confesse que Jesus Cristo é Senhor, para glória de Deus Pai."* (Fp 2:9-11).

DIACONIA (Serviço)

Uma das áreas da igreja mais esquecida é a Diaconia. A igreja somente manifesta sua natureza missionária quando de fato execre uma função diaconal para com o mundo. Jesus, quando fala sobre o julgamento final, põe em cheque a função diaconal de seus discípulos. O fato principal não é o quanto fizeram, mas o quanto não fizeram (Mt 25:43,44).

A experiência de conhecer a Jesus, significa envolver-se com os outros com uma palavra de esperança e atitudes que minimizem a dor da fome, da sede, da solidão, das instabilidades temporais, na solidariedade na enfermidade e da angústia. A igreja quando prega o Kerygma, mas se esquece da prática diaconal, ela vive um pseudo-evangelho, e porque não dizer, uma vida cristã hipócrita.

A postura da igreja no mundo não é ser servida pelo mundo, mas sim servir ao mundo na perspectiva de serva, isto é aquela que leva ao mundo a possibilidade de uma restauração não somente espiritual, mas também física e material. Mas este serviço necessita ser realizado com a humildade de Cristo: *"Lembrai-vos da palavra que eu vos disse: não é o servo maior do que seu senhor..."* (Jo 15:20).

O fato de a igreja se manifestar diaconalmente expõe claramente que em sua natureza ela irá revelar o quanto ama a Deus. É na dedicação às pessoas que a igreja de fato revela seu profundo amor para com Deus.

MARTÍRIA (Testemunho)

A palavra testemunho tem a ver com a proclamação aberta e convicta da igreja. Sem esta característica a igreja está parcialmente viva. Martiria tem a ver com a justiça e a Ética da igreja que é comprovada pela vida. Conquanto tenhamos que pregar o Kerygma, a Escritura nos desafia a provarmos isto com a vida.

Martiria traz em seu bojo todo relacionamento que Israel mantinha com Deus. (Is 43:10,12; 44:8) e também expõe a necessidade de testemunhar ao mundo, através da vida, mesmo que isto tenha que incorrer em morte: "*...mas recebereis poder, ao descer sobre vós o Espírito Santo, e sereis minhas testemunhas tanto em Jerusalém como em toda a Judeia e Samaria e até aos confins da terra.*" (At 1:8); mas Martiria também é uma conclamação à reconciliação: "*De sorte que somos embaixadores em nome de Cristo, como se Deus exortasse por nosso intermédio. Em nome de Cristo, pois, rogamos que vos reconcilieis com Deus.*" (II Co 5:20).

A igreja é comunidade de testemunhas. Testemunhas que se manifestam em favor da vida, da justiça de Deus. Não apenas testemunhas oculares de fatos, mas de fatos não vistos, mas que são cridos (I Ts 1:10). "As pessoas que não conhecem a Jesus devem conhecê-lo na presença, proclamação e nos atos e palavras persuasivas da Igreja".

Na verdade, Ser testemunha vem denunciar o compromisso que a igreja tem com Cristo não somente na vida mas também na morte. Somos levados a ver a missão como algo estreitamente relacionado com o fato de ser da igreja. Não há como desvincularmos uma coisa de outra.

3.4. A Natureza Missionária da Igreja tem sua Fonte, Modelo e continuação na Missão de Jesus Cristo

João fala claramente que a encarnação da Palavra eterna ocorreu para tornar Deus conhecido (Jo 1:18). A revelação do invisível Senhor soberano, Criador de todas as coisas, foi patente na pessoa e obra de Jesus de Nazaré. O Deus Unigênito trouxe a glória real do Deus único e a fez brilhar em Sua vida e palavras. João, um dos Seus seguidores, comentou: "*Aquele que é a Palavra tornou-se carne e viveu entre nós. Vimos a sua glória, glória como do Unigênito vindo do Pai, cheio de graça e verdade*" (Jo 1:14).

Na Sua oração sacerdotal, Jesus declarou, "Eu te glorifiquei na terra, completando a obra que me deste para fazer... revelei teu nome àqueles que do mundo me deste. Eles eram teus: tu os deste a mim, e eles têm obedecido à tua palavra" (Jo 17:4, 6).

Ver a Jesus, portanto, e aceitar Sua missão como a revelação genuína e única do Pai, significa receber vida eterna. Jesus recebeu autoridade sobre toda a humanidade para conceder vida eterna aos que o Pai lhe deu. Essa vida é explicada em termos de "conhecer o único Deus verdadeiro, e a Jesus Cristo, a quem ele enviou" (Jo 17.3).

Por isso, João escreveu seu evangelho, para que os leitores creiam que "*Jesus é o Cristo, o filho de Deus e, crendo, tenham vida em seu nome*" (Jo 20:31). Em o evangelho de João, crer, ver e conhecer são termos sinônimos no que diz respeito à vida espiritual. A cegueira imposta pelo "deus" deste mundo e ignorância espiritual são vencidos pelo relacionamento com Jesus Cristo marcado pela fé e amor.

Os outros evangelistas descrevem a missão de Jesus Cristo em termos de salvação. O nome de Jesus, que o anjo mandou José dar ao filho de Maria logo depois de nascer, significa, Deus salva, *"...por que ele salvará seu povo dos seus pecados"*. Salvação quer dizer "livramento", "libertação" ou "cura", como podemos notar em Marcos 5:28. Aí a mulher com a hemorragia pensava, *"Se eu tão-somente tocar em seu manto, ficarei curada"*. A palavra de Jesus para ela foi, "filha, tua fé te salvou" (ou "curou" v. 34). Lucas encerra sua narrativa sobre Zaqueu, chefe dos publicanos com a declaração abrangente: *"Pois o Filho do homem veio buscar e salvar o que estava perdido"* (Lc 19:10; Mc 10:45). Claramente, Jesus teve a missão de salvar pecadores.

Jesus leu Isaías 61 na sinagoga de Nazaré, o que Lhe deu uma abertura para declarar Sua missão em termos de pregar boas novas aos pobres, proclamar liberdade aos presos, recuperar a vista aos cegos e libertar os oprimidos. Anunciava a chegada do ano da graça do Senhor (cf. Lc 4:18,19). A missão de Cristo, confirmada neste texto, mostra que salvação se direciona em favor dos necessitados e oprimidos.

Examine os ensinamentos, inclusive as parábolas. Jesus deixou bem claro que esta salvação não idealizava uma rebelião contra o Império Romano, visando liberdade política, mas uma mudança mais duradoura, mais profunda e espiritual. Seria nada menos do que perdão dos pecados e afastamento da ira divina. Houve uma ocasião em que Jesus curou um paralítico que quatro amigos trouxeram e baixaram, com sua maca, numa abertura no telhado. A este Jesus declarou, *"Filho, os seus pecados estão perdoados"* (Mc 2:5).

O Reino de Deus que Jesus encarnava em Sua própria pessoa incluía a cura para o corpo e perdão para a alma. Onde quer que Jesus andava, Ele demonstrava que o Reino que se manifestava em Sua pessoa transformava corpos, mas principalmente, almas.

A missão de Cristo também deu muita importância ao ensino dos Seus discípulos. A escola de Jesus tratou o caráter do discípulo no Sermão do Monte, a natureza e centralidade do Reino e da graça de Deus nas parábolas, a necessidade de arrependimento, negar-se a si mesmo, carregar a cruz e seguir a Jesus para alcançar a vida.

O Mestre não Se omitiu de ensinar pela prática, enviando os discípulos na missão de anunciar a proximidade do Reino, expulsar demônios, curar os enfermos e viver pela fé. Outros temas ocasionais surgem tais como o divórcio, a humildade (quando lavou os pés dos discípulos), a vinda e missão do outro Paraclétos que os guiaria à toda a verdade.

A centralidade do ensinamento na missão de Jesus pode ser vista na exigência que acrescentou à grande comissão — ensinar futuros discípulos a obedecer tudo que Jesus ensinara aos seus discípulos.

4. PRINCÍPIOS TEOLÓGICOS PARA A AÇÃO MISSIONÁRIA

O objetivo deste capítulo é esboçar alguns princípios teológicos que possam orientar o interesse missionário crescente. O embasamento teológico para a tarefa missionária da igreja é especialmente importante por causa da dependência que a igreja tem dÊle e para medir os nossos esforços com o padrão divino. Se a missão é de Deus, temos a segurança de que é Deus quem está comandando a expansão do seu reino, nos seus termos, e isto nos dá plena convicção de que ele realizará os seus propósitos.

Idealmente os princípios propostos devem ser os mais patentes possíveis para servirem de orientação em todos os níveis da igreja.

4.1. A origem da missão: O Deus triuno

A missão tem a sua origem no próprio relacionamento da Trindade e encontra o seu instrumento na incumbência missionária atribuída à igreja. Disto surge o princípio de integralidade da missão. Noivo (Cristo) e noiva (igreja) possuem estratégias, metodologias, alvos e objetivos em comum.

Através de toda a revelação bíblica se torna patente que o principal agente no drama é Deus. "No princípio criou Deus..." É Deus quem cria, quem julga, quem age, quem escolhe, e quem se revela. Portanto, "missão" é uma categoria que pertence a Deus. Se a missão é de Deus, então é dÊle que a igreja deve depender na sua participação na tarefa. Isto implica numa profunda atitude de humildade e de oração para a capacitação missionária, uma dependência confiante em Deus.

Em termos práticos, deve se indagar se a igreja está devidamente informada através das publicações, materiais didáticos, congressos e conferências para sempre orar pelo desempenho missionário.

4.2. O instrumento da missão: a Igreja

Se Deus é o agente e a origem da missão, ele não trabalha sozinho. Seu instrumento é um povo específico. A missão também é a tarefa da igreja que, por sua vez, é derivada então da missão de Deus. Deus escolhe um povo específico como instrumento da sua missão. Elegeu um povo, Israel, no Velho Testamento e com este fez uma aliança peculiar (cf. Gn 12:3; Êx 19:5-6).

A eleição de Israel, antes de denotar qualquer favoritismo de Deus, teve um propósito inclusivo de serviço missionário para as nações. Quando não cumpria este propósito, Israel era julgado através das mesmas nações para as quais ele deveria ter dado testemunho e deveria ter sido uma bênção.

Não nos orgulhemos na nossa eleição com atitude de superioridade espiritual. A eleição não é para separação social (separação moral, sim), mas participação e serviço. A igreja não encontra sua identidade verdadeira em contraposição social ao mundo, mas numa relação com ele, não de identificação com seus valores, mas uma relação evangelística de serviço e testemunho. Esta perspectiva também nos guarda contra todo escapismo deste mundo, contra toda passividade e comodismo.

A missão de Deus não inibe a atividade do seu povo, mas dinamiza-a. Se foi Deus quem escolheu, fica patente que escolheu um povo para, através dele, realizar sua missão. Para atingir alvos universais; a restauração de toda a criação, Deus escolheu meios particulares, um povo (igreja).

4.3. A integralidade da missão: Deus e a Igreja

Como os dois conceitos do Servo de *Iahweh* e do Filho do Homem no Antigo Testamento oscilam entre uma referência individual e uma coletiva, nossa referência à missão varia entre uma referência à missão de Deus e outra à missão do povo de Deus. Tal discurso ilustra a dinâmica e integralidade da missão como sendo a missão de Deus e da igreja.

Deus partilha sua tarefa com seu povo e nela o convida a participar. Este recebe a promessa de que Ele estará sempre presente na realização da missão. A dinâmica entre os dois encontra sua expressão ideal à medida que a igreja discerne a missão de Deus e se conforma à mesma, um ideal que embora nunca se realize perfeitamente, mesmo assim se manifesta em parte.

Portanto, Deus e o seu povo não são competidores na missão, e, sim, cooperadores, sendo a igreja serva da missão de Deus. Enquanto o povo de Deus é convidado a participar com Deus na sua missão de restauração, Deus promete sua presença no desempenho da missão do povo de testemunha diante das nações.

Esta dinâmica da missão estimula e capacita o povo de Deus a uma aproximação e à participação com a missão de Deus e nos dá a confiança, mesmo em meio de dificuldades e desânimo, de que Deus vai levar avante sua missão através do seu povo.

A cruz é o supremo padrão vivencial e paradigmático do procedimento missionário. Implica em humildade e não orgulho (cf. Fp 2:5-11), sofrimento e não glória (cf. Cl 1:24), sacrifício e o desafio radical para as nossas igrejas.

4.4. O propósito da missão: a Salvação

Para usar um termo mais abrangente, podemos descrever o propósito da missão como sendo o de restauração. É a missão da salvação. Aquilo que Deus criou, ele pretende restaurar. Contudo, a restauração é salvação não só no sentido de poupar, mas também no sentido de julgar. A mensagem de restauração no Velho Testamento, consistentemente, inclui estas duas dimensões de salvação e de julgamento.

Misericórdia ou julgamento era a sorte dada a Israel e às nações, de acordo com o seu relacionamento de dependência de Deus e com o seu relacionamento de misericórdia sobre a criação, duas características da imagem de Deus no homem. Por isso, tanto a adoração apropriada e genuína para com Deus (que demonstra a sua dependência) quanto a justiça expressa nos relacionamentos sociais e ecológicos dentro e fora de Israel (que demonstra a sua função de mordomo).

Este critério duplo, adoração e justiça, integram as dimensões pessoais e sociais da missão de restauração, fundindo as distinções espirituais e materiais da fé. A verdadeira espiritualidade terá expressão mais aguda nas relações concretas em que o povo de Deus vive.

Esta perspectiva do propósito restaurador da missão, a obra redentora de Jesus Cristo e a evangelização permanecem centrais à missão de Deus. Contudo, esta redenção deve ser entendida como resultando tanto em adoração própria e sincera a Deus quanto em relações de justiça para com o próximo e para com toda a criação.

4.5. O alcance da missão: Universal

Deus se propõe a restaurar aquilo que criou. Sua missão é uma missão para a criação. Não é por acaso que a revelação escrita que descreve a missão de Deus começa com a criação dos céus e da terra e termina com a restauração dos mesmos num novo céu e nova terra. O homem não só é guardião do seu próximo, mas mordomo da própria criação.

Através do julgamento do dilúvio, não só parte da raça humana é salva, mas também parte representativa da criação toda. As leis da aliança detalham as dimensões religiosas, sociais e ecológicas da fé e da obediência do povo de Deus, provendo instruções para o bem-estar de toda a criação e toda a vida, em todas as suas múltiplas dimensões.

Os salmos e hinos no Velho Testamento incluem os louvores não só do povo de Deus, mas também da própria natureza; e a era vindoura de salvação só pode incluir a expectativa de restauração não só de Israel e das nações, mas da criação toda (cf. Is 43:18-21; 65:17-25). Esta perspectiva nos guarda contra toda sorte de miopia missionária.

4.6. O local da missão: o Mundo e a História

Desde o início do testemunho bíblico observamos que Deus age dentro e através de eventos concretos na vida dos seres humanos. Ele não se manifesta num plano contemplativo e fora deste mundo, mas dentro e através da história. Julga através da expulsão do

Éden, através do dilúvio e da dispersão de povos. Julga as nações através das pragas no Egito, a conquista de Canaã e a queda de um império por outro. Julga seu povo através dos profetas e através do exílio. Mas também abençoa através da libertação do Egito, do exílio, e de modo supremo e definitivo através da morte e ressurreição de Jesus.

São todos estes eventos históricos, acontecimentos neste mundo. Até mesmo a literatura apocalíptica, que enfatiza um contraste com este mundo, ensina que a intervenção futura e catastrófica de Deus será uma irrupção para dentro desta história e deste mundo. Embora enfatize descontinuidade com a progressividade natural da história humana, não transfere o cenário dos atos salvíficos de Deus para um plano extrahistórico ou ultramundano. Apenas ressalta a opção sempre presente e futuramente iminente da intervenção divina na história, como sendo abrupta e extraordinária.

4.7. A razão de missões: a Glória de Deus

O alvo e o fim último da missão é a glória de Deus, não a atividade missionária em si. Os versos 8 a 9 de Romanos 15 fazem uma afirmação: Jesus Cristo comprova a fidelidade e veracidade de Deus porque, através dele, as promessas de Deus para o povo judeu se cumprem. Afinal, somente um deus falso e infiel não cumpre as suas promessas.

Em Romanos 15:12, Paulo cita Isaías 11:10 como apoio das Escrituras para sua afirmação que em Jesus Deus se prova fiel às suas promessas: "*Também Isaías diz: Haverá a raiz de Jessé, aquele que se levanta para governar os gentios; nele os gentios esperarão*". Os beneficiários das promessas são primeiro os judeus e também as nações.

Em Romanos 15:9 as nações glorificam a Deus "por causa da sua misericórdia". Isto é, em Jesus Cristo, elas também se beneficiam da salvação que Deus dá, e como Paulo havia falado nos capítulos 9 a 11, as nações estavam, de fato, aceitando em grandes números, o evangelho. Portanto, a misericórdia de Deus em estender a salvação para as nações é a suprema razão da obra missionária. É iniciativa e obra dÊle, portanto, nós, os embaixadores de Deus, teremos toda razão de anunciar tão grande oferta.

Enraizamos a razão da obra missionária não no ser humano, na sua carência de Deus, ou no seu amor para com aqueles que não tem Deus, mas a razão da obra missionária está firmemente enraizada na iniciativa e na misericórdia de Deus, isto é, na sua soberania.

4.8. O alvo de missões: a Glória de Deus

O culto é o alvo da obra missionária simplesmente porque nosso propósito é levar as nações a se regozijarem em Deus e glorificá-lo acima de tudo. O alvo da obra missionária é a alegria dos povos na grandeza de Deus (cf. Sl 97:1; 67:3-4; cf. 47:1; 66:1; 72:11, 17; 86:9; 102:15; 117:1; e Is 25:6-9; 52:15; 56:7; 66:18-19).

Há um aspecto desta verdade que precisamos explorar mais: O culto a Deus como alvo da obra missionária ajuda a entender a própria definição da obra missionária. Pois a obra missionária enfatiza a prioridade de alcançar povos, ou etnias não alcançadas.

Na Bíblia, a frase "*panta ta ethn*", significa "todas as nações" ou "todas as etnias". A palavra na forma singular "ethnos", de fato, sempre se refere à coletividade dum povo ou duma nação. Nunca se refere a indivíduos gentílicos. O mesmo é geralmente verdade em relação à palavra na forma plural "ethn". A frase "panta ta ethn", quase sempre denota esta referência coletiva na Bíblia, também.

Este raciocínio parece, sem dúvida, bastante lógico e leva muitas igrejas a desconfiar da estratégia missionária de alcançar representantes de diversas etnias. O amor a Deus, entretanto, leva a outra conclusão, que acredito ser a bíblica: a ênfase na prioridade de etnias, e especificamente etnias não alcançadas por que:

1) Há mais beleza e poder de adoração na unidade de culto derivada da diversidade de povos que canta todas as partes dum hino a Deus do que no coro que canta uníssono: "*Anunciai entre as nações a sua glória, entre todos os povos, as suas maravilhas. Porque grande é o SENHOR e mui digno de ser louvado, temível mais que todos os deuses.*" (Salmo 96:3-4);

2) A fama, a grandeza, e o valor dum objeto de beleza aumentam na proporção da diversidade daqueles que reconhecem tal beleza;

3) A força, a sabedoria e o amor dum líder se magnífica na proporção da diversidade de povos que ele inspira para segui-lo;

4) Ao focalizar todos os grupos humanos do mundo, Deus está subvertendo o orgulho etnocêntrico que se baseia em alguns atributos distintivos que cada povo gosta de destacar. Ao invés disto, o orgulho etnocêntrico natural de cada povo dá lugar à graça imerecida de Deus.

A estratégia missionária se resume na frase: os não-alcançados. O lema de Paulo era "*não onde Cristo já fora anunciado*" (cf. Rm 15:20-21). Ele literalmente "preenchia" os vãos onde o evangelho não fora anunciado (cp.Rm 15.19 cf. Cl 1.25). Esse slogan deve ser o nosso: "não onde Cristo já fora anunciado".

De certo modo a denominação se preocupará com o estabelecimento de igrejas onde igrejas desta denominação ainda não foram estabelecidas. Tal meta tem uma certa lógica organizacional, mas esta meta deve ser secundária (não descartada) da meta maior de "não onde Cristo já fora anunciado".

5. DINÂMICA MISSIONÁRIA E O ESPÍRITO SANTO

Pentecoste é um evento único na história da humanidade e sem paralelos na história da religião. Ele é histórico considerando que ocorreu em um lugar especifico (Jerusalém), em uma época especifica (Pentecostes judeu) e na companhia especifica de pessoas (os discípulos, ou mais provavelmente os 120).

Pentecostes é um evento histórico com consequências duradouras, dinâmicas e existenciais. O Espírito Santo não surgiu simplesmente. Ele foi enviado oficialmente pelo Pai e pelo Filho, para executar e concretizar propósito do Deus Trino e Uno neste mundo. Ele veio para tornar realidade a salvação de Deus em Cristo Jesus nas vidas de homens, famílias, tribos e povos.

Devido a isso, Pentecostes torna-se a linha divisória de um novo tipo de missões no mundo. Como Deus se manifesta, o Espírito Santo transforma missões centrípetas em missões centrifugas dinâmicas e urgentes. O "venha" é substituído por um "vá".

5.1. O Espirito Santo em Missões

Ele veio como o divino Confortador, o Consolador; o Parácletos (cf. Jo 14:16, 26; 15:26: 16:7). Seu ministério é revelador, inspirativo, instrutivo e portador de testemunho e convicção. Essa não é uma listagem dos ministérios do Espírito Santo, mas uma mostra generalizada de suas maiores performances. Sua atuação é tripla:

1) Sua operação referente à produção do Novo Testamento;

2) Sua operação com respeito à edificação, construção interior e preservação dos cristãos na Igreja;

3) Sua operação em relação ao Mundo.

Fica evidente, pelas variações de tradução, que é difícil encontrar uma palavra equivalente para paracleto (*parákletos* em grego, *paracletu* em latim e designação na língua portuguesa para Espírito Santo), porque é uma palavra tão cheia de significado e usada de maneiras tão diversas, ou seja, é uma palavra muito rica.

Dessa forma, o termo é traduzido como "Consolador" (Tradução revista e Corrigida), "Paráclitos" (Bíblia de Jerusalém) e "Auxiliador" (Bíblia na Linguagem de Hoje), orientador, intercessor, advogado. A transliteração literal de *parákletos* é "aquele que é consultado", "aquele que é chamado para ajudar". Porem, qual é o propósito de chamar alguém por ajuda?

William Barclay, chega à conclusão de que *parácletos* significa "alguém que é chamado por ajuda e para prestar um serviço". Ele registra que essa é uma palavra da corte grega usada para convocar um advogado e um conselho para a defesa de uma pessoa acusada, e que é usada também para estimular homens a realizarem feitos nobres e terem grandes ideais, encorajando-os na batalha.

Esses são grandes pensamentos, porém, não expressam com profundidade o significado das palavras de Jesus registradas por João: *"E eu rogarei ao Pai, e ele vos dará outro Consolador, a fim de que esteja para sempre convosco"* (Jo 14:16).

J. Oswald Sanders também estuda o uso e a historia da palavra e conclui: "A palavra latina "advogado" é um equivalente próximo ao grego *parákletos*, e o sentido esclarece muita a obra do Espirito Santo. Ambas as palavras significam "apelar a alguém em busca de ajuda", especialmente contra um acusador ou juiz". É evidente que uma quantidade imensa de verdade espiritual está expressa nesta única palavra, "Parácleto".

Ao terminar sua análise, Sanders então levanta a interessante questão: "Mas em nome de quem o Espirito Santo é o advogado?" Então, ele dá uma resposta surpreendente: *"Pode ser uma surpresa para alguns saber que o Espirito Santo não é o nosso Advogado, mas o de Cristo. Ele mesmo disse: "...* outro Consolador [Paracleto]", *o que implicava dizer que Ele era um Parácleto, e o Espirito Santo o outro. "Se alguém pecar",* diz João, *"temos um Advogado para com o Pai, Jesus Cristo, o justo"*(I Jo 2:1). *O Filho é nosso Advogado para com o Pai no céu, mas o Espirito Santo é o advogado do Filho na terra. Seu dever é representar Cristo, defender sua causa, seu nome e proteger os interesses de seu Reino na terra."*

O conceito de que o Evangelho e a obra do Senhor foram "confiados" à igreja deve ser considerado como um fato relativo. No final, tudo encontra-se em Deus. Deus Pai elaborou e designou o plano de salvação; o Filho assumiu e assegurou o plano; o Espírito Santo executa e administra o plano de salvação.

O homem, todavia, é o colaborador e cooperário moral, racional e responsável de Deus. Ele é um agente que colabora com consciência, por meio da vontade, e voluntariamente com Deus na execução do grande drama da salvação sobra esta terra.

O envolvimento humano no nível mais profundo na execução do plano de salvação sem duvida é real. Ele passa ao homem sérias responsabilidades e obrigações. O homem está sob o mandato de Deus, porém, o Espírito Santo é o Advogado divino.

5.2. Pentecostes e Missões

Uma relação mística - realista única de duas faces caracteriza o Espírito Santo. Ele está ligado de maneira singular à Palavra escrita de Deus. Assim, nascemos novamente do Espírito Santo, e nascemos novamente pela Palavra de Deus.

Não ocorre nenhuma regeneração separada do Espírito Santo, e nenhuma regeneração acontece separada da Palavra de Deus. O Espírito Santo também está peculiarmente ligado ao cristão. Ele regenera, habita, preenche, habilita e usa o cristão para realizar seu propósito (cf. Ef 2:10).

Havia um propósito em Pentecoste. Um novo templo de pedras vivas estava sendo construído; um novo homem nasceu para servir como uma personificação e um agente do Espírito Santo para efetivar o divino plano de salvação para nossa era.

A superintendência do Espírito Santo em missões fica evidente no livro de Atos. Também fica evidente que o Espírito Santo não era apenas residente, mas também presidia a igreja recém-formada.

Do livro de Atos dos Apóstolos percebemos que o Espírito Santo é o Iniciante, Motivador e Superintendente de missões no mundo. Ele fez com que a mensagem fosse universalmente compreendida ao habitar os apóstolos para naquela ocasião em Jerusalém. Vejamos:

a. O Espírito Santo iniciou o "salto através das fronteiras religiosas" e enviou Filipe a Samaria, Pedro a Cornélio, os santos de Chipre e Cirene a Antioquia, e Paulo e Barnabé aos vastos campos de missão;

b. O Espírito Santo equipou seus servos de uma maneira extraordinária com grande poder e ousadia para transmitir a mensagem de Deus;

c. O Espírito Santo dotou seus servos para perseverarem no meio de grandes obstáculos, oposição e perseguição;

d. O Espírito Santo guiou especificamente seus servos para ouras áreas e povos que exigiam ministérios especiais;

e. O Espírito Santo guiou graciosamente seus servos para resolverem grandes tensões e problemas;

f. O Espírito Santo mobilizou todo o Corpo do Senhor Jesus Cristo na grande tarefa de evangelizar, impondo em sua igreja o principio do sacerdócio universal e do sustento mútuo do corpo;

g. O Espírito Santo prescreveu os meios principais pelos quais o Evangelho deve ser divulgado ao redor do mundo. Esses meios incluem a proclamação do Evangelho, o testemunho vigoroso e dinâmico dos santos sobre o significado do Evangelho em suas vidas pessoais, as orações prevalecentes nas igrejas, o sacrifício dos santos e sua boa vontade para sofrer pelo evangelho de Jesus Cristo;

h. O Espírito Santo atuou graciosamente na formação das igrejas, inspirando os apóstolos a preparar uma literatura extensa e duradoura que as orientasse em sua missão e preservação da mensagem para a realização dos propósitos de Deus.

Dessa forma, o Espírito Santo, como o Advogado divino, permaneceu e permanece encarregado do divino plano de salvação. O Espírito Santo é eminentemente missionário e a missão da igreja no mundo é participar da missão do Espírito, pois em sua plenitude encontramos a dinâmica de missões do mundo.

CONCLUSÃO

Somos levados a ver a missão como algo estreitamente relacionado com o fato de ser da igreja. Não há como desvincularmos uma coisa de outra. A missão pertence de fato à natureza da igreja. Algumas aplicações devem ser feitas ao término deste assunto:

1) Devemos tentar responder "quem somos nós". Isto é, qual a nossa identidade como verdadeira igreja de Nosso Senhor Jesus Cristo? A igreja somente manifestará sua genuína identidade quando expressar a seu envolvimento com o mundo de forma aberta e clara como Cristo fez. É na identificação e envolvimento com Jesus de Nazaré, que a comunidade dos discípulos de Cristo, manifestarão o testemunho dos de fora de que "estes verdadeiramente estavam com Ele". É na justiça social, na vida de oração, na perseverança da doutrina, no partir do pão, no estender às mãos ao necessitado, aos desprezados. É na proclamação do Kerygma, na manifestação da sua diaconia ao mundo, e na sua koinonia que iremos nos identificar com Cristo que é o cabeça do corpo.

2) Em segundo lugar devemos procurar responder "Onde estamos nós". Se há uma identificação com o caráter de Cristo, a igreja então vai ao mundo, existindo por causa Dele, fazendo-o ver a necessidade de uma conversão profunda, mas de maneira integral. De modo que a evangelização e sua ação social não sejam simplesmente um departamento localizado na igreja local, mas o fato de existir por si mesma e interagir em um mundo decadente.

Cabe a igreja descobrir sua essência, sua natureza e com a ajuda misericordiosa do Espírito Santo, exprimir em sua vida o que existe para a glorificar a Deus e goza-lo para sempre.

Esta é a sua missão.

BIBLIOGRAFIA

VAN ENGEN, Charles. Povo missionário, povo de Deus. São Paulo: Edições Vida Nova, 1991 (1a edição).

CARRIKER, Timóteo. Missão Integral. São Paulo: Editora SEPAL. 1992 (1a edição).

PETERS, George. Teologia de Missões. São Paulo: CPAD.

SOARES, Esequias. Manual Básico de Missões e Evangelismo. Jundiaí, S.P.: Ed. Além Mar – Missões Transculturais, 2003 (1a. edição).

BLAUW, Johannes. A Natureza Missionária da Igreja. São Paulo: ASTE, 1962.

NEILL, Stephen, História das Missões. 2ª edição. São Paulo: Edições Vida Nova. 1997.

TUCKER, Ruth A. "... Até aos Confins da Terra" – Uma História Biográfica das Missões Cristãs. São Paulo: Edições Vida Nova, 1986.

BARCLAY, William. As obras da Carne e o Fruto do Espírito. São Paulo: Edições Vida Nova, 1985.

Sites Consultados:

w.w.w.semearnet.com/conteudogeral.htm

www.monergismo.com/textos/missoes/principios_teologicos

www.webservos.com.br/gospel/estudos/estudos_show

www.missiologia.org.br/cms/UserFiles/cms_artigos

Capítulo X

O Chamado Ministerial

1. Características do Chamado

Deus chama homens para exercerem as mais distintas tarefas em sua obra, então, não existe um método definido para a chamada divina, e sim o método divino. Isso significa que não é a pessoa quem decide ser pastor, mas é Deus quem a escolhe e a convence. Deus escolhe dentre os seus seguidores aqueles que serão comissionados a cuidar de suas outras ovelhas.

Charles Spurgeon dizia que nem todos são chamados para trabalhar na palavra e na doutrina, ou para serem presbíteros, ou para exercerem o cargo de bispo. Tampouco devem todos aspirar a essas obras, uma vez que em parte nenhuma os dons necessários são prometidos a todos. Mas aqueles que, como o apóstolo Paulo, crêem que receberam "este ministério" (2 Co. 4:1), devem dedicar-se a essas importantes ocupações.

Homem nenhum deve intrometer-se no rebanho como pastor; deve ter os olhos postos no Sumo Pastor, e esperar Seu sinal e Sua ordem. Antes que um homem assuma a posição de embaixador de Deus, deve esperar pelo chamamento do alto. Se não o fizer, mas se se lançar às pressas ao cargo sagrado, o Senhor dirá dele e de outros semelhantes: "*Eis que eu sou contra os que profetizam sonhos mentirosos, diz o SENHOR, e os contam, e com as suas mentiras e leviandades fazem errar o meu povo; pois eu não os enviei, nem lhes dei ordem; e também proveito nenhum trouxeram a este povo, diz o SENHOR.* (Jr. 23:32).

A chamada tem características específicas. O Novo Testamento apresenta as seguintes características:

a. **Divina**: não é uma incumbência dada por uma convenção ou Igreja. Deus chama, a Igreja reconhece a presença do dom e o ministério ordena. Se não houver uma ação divina não haverá dom e não haverá ministério;

b. **Pessoal**: Deus tem o ministério certo para a pessoa certa e até o lugar certo em alguns casos. Deus é soberano e onisciente, só Ele pode saber estas coisas;

c. **Soberana**: o servo do Senhor ao ser chamado deve aceitar com humildade e abnegação, reconhecendo isto como um ato do conhecimento deste deus soberano. Tem que confiar no Senhor ainda que algumas coisas não lhe sejam muito claras, Is 55. 8,9, 1Co 2.16;

d. **Definitiva**: a chamada para o ministério é definitiva, aquele que é chamado não pode impor condições. Pelo contrario, deve agradecer a Deus o privilégio de ser chamado, Lc 9. 57-62; 1Tm 1.12,13.

1.1. MÉTODOS DO CHAMADO

A Bíblia registra a chamada de vários servos de Deus, e vamos abordar este assunto sob dois aspectos:

1) Método Direto

Deus tem chamado homens de um modo direto. Entre esses encontramos no Antigo Testamento: Noé, Abraão, Isaías e Jeremias. No Novo testamento temos os 12 apóstolos de Jesus e também Paulo. Vejamos cada um, individualmente.

a. O chamado de Noé

O tempo de Noé era terrível, pois a sociedade estava corrompida à vista de Deus. A violência, a hostilidade e pecaminosidade eram o ambiente natural daquela época. Em meio a esse ambiente conturbado, Deus chamou Noé e deu-lhe ordem para construir a arca. A chamada de Noé era para construir.

Podemos imaginar as ironias, pressões, contestações e até mesmo hostilidade que Noé sofreu quando começou seu projeto de construir a arca. Certamente ele foi tido por louco, paranoico. Porém, Noé tinha plena certeza de sua chamada por Deus.

"Porém Noé achou graça diante do SENHOR. Eis a história de Noé. Noé era homem justo e íntegro entre os seus contemporâneos; Noé andava com Deus." (Gn 6:8, 9).

b. O chamado de Abraão

Outro personagem muito especial, sob o método direto foi Abraão. A chamada de Abrão era para deixar seu povo, sua cidade, seus parentes, amigos e até mesmo alguns bens, e ir para uma terra desconhecida. Essa decisão exigiu fé, ousadia e obediência, ingredientes que compõem uma chamada autentica. Só a poderosa chamada de Deus poderia arrancara a Abraão de sua terra e o levar em busca de outra.

Alguns homens consideram isso como uma aventura. Naquele tempo, certamente muitos amigos e parentes o aconselharam a abandonar essa ideia de ir para a terra prometida, mas Abraão tinha certeza de sua chamada, e por isso obedeceu.

"Ora, disse o SENHOR a Abrão: Sai da tua terra, da tua parentela e da casa de teu pai e vai para a terra que te mostrarei..." (Gn 12:1)

"Partiu, pois, Abrão, como lho ordenara o SENHOR, e Ló foi com ele. Tinha Abrão setenta e cinco anos quando saiu de Harã." (Gn 12:4).

c. O chamado de Isaías

A chamada de Isaías deu-se em meio a uma visão maravilhosa. Isaías conta-nos que um dos serafins tocou os seus lábios com uma brasa viva tirada do altar, e que a voz do Senhor lhe disse: "*A quem enviarei, e quem há de ir por nós?*" (Is 6:8). Então disse o profeta: "*Eis-me aqui, envia-me a mim*". Não se apressou antes de ter sido visitado dessa maneira tão especial pelo Senhor, e de ser por Ele qualificado para a sua missão.

Essa visão marca todo o ministério profético de Isaías, o que é demonstrado ao longo de seu livro. A chamada de Isaías é muito semelhante a chamada neotestamentária: O pregador precisa conhecer a justiça de Deus e a necessidade do pecador e a redenção em Cristo Jesus.

d. O chamado de Jeremias

Jeremias narra em detalhe a sua chamada no primeiro capítulo do seu livro: "*Assim veio a mim a palavra do Senhor, dizendo: Antes que te formasse no ventre te conheci, e antes que saísses da madre, te santifiquei; às nações te dei por profeta. Então disse eu: Ah Senhor Jeová! Eis que não sei falar; porque sou uma criança. Mas o Senhor me disse: Não digas: eu sou uma criança; porque aonde quer que eu te enviar, irás; e tudo quanto te mandar dirás. Não temas diante deles, porque eu sou contigo para te livrar, diz o Senhor. E estendeu o Senhor a sua mão, e tocou-me na boca; e disse-me o Senhor: Eis que ponho as minhas palavras na tua boca. Olha, ponho-te neste dia sobre as nações, e sobre os reinos, para arrancares, e para derribares, e para destruíres, e para arruinares; e também para edificares e para plantares*" (Jr 1:4-10).

e. O chamado dos doze

No Novo Testamento, O Senhor Jesus chamou pessoalmente a cada um dos doze apóstolos. Houve o momento, inclusive, em que eles faziam parte de um número bem maior de discípulos, porém o Senhor Jesus fez questão de separá-los novamente e fazer um designação especifica — apóstolos. Vejamos o texto:

"Naqueles dias, retirou-se para o monte, a fim de orar, e passou a noite orando a Deus. E, quando amanheceu, chamou a si os seus discípulos e escolheu doze dentre eles, aos quais deu também o nome de apóstolos: Simão, a quem acrescentou o nome de Pedro, e André, seu irmão; Tiago e João; Filipe e Bartolomeu;Mateus e Tomé; Tiago, filho de Alfeu, e Simão, chamado Zelote; Judas, filho de Tiago, e Judas Iscariotes, que se tornou traidor." (Lc 6:12-16).

Estes onze judeus iriam mudar o curso da historia da humanidade. A maioria deles, e outros que seriam chamados posteriormente, haveriam de escrever com o próprio sangue algumas páginas da historia. Por esse motivo, justifica-se o empenho do Mestre divino em chamá-los e prepará-los. *"Disse-lhes Jesus: Vinde após mim, e eu vos farei pescadores de homens."* (Mc 1:17).

f. O chamado de Paulo

O arrogante Paulo se considerava justo diante de Deus, pela justiça da Lei (cf. Fp 3:6) e achava que, matando os cristãos, estava prestando grande serviço a Deus (At 8:1, 3; 9:1, 2). Não seria qualquer chamada que iria mudar sua vida e seus propósitos. Por isso, o Senhor Jesus providenciou uma chamada inusitada. O impacto daquele encontro com o Senhor Jesus foi tão marcante que o transformou completamente (cf. At 9:3-19).

A conversão de Paulo tornou-se o acontecimento mais importante desde o Pentecoste até nossos dias. Tanto que está narrada três vezes no livro de Atos (cf. At 9:1-18; 22:1-11; 26:12-18). Logo após essa extraordinária conversão, Paulo já começou a testemunhar de Cristo. *"Pelo que, ó rei Agripa, não fui desobediente à visão celestial..."* (At 26:19).

2) Método Indireto

Deus não somente chamou de forma direta, mas também vemos na Bíblia que Ele usou o método indireto com grande objetividade. O Método indireto pode envolver pessoas como também circunstâncias.

a. O chamado de José

Ainda moço, José teve alguns sonhos que indicavam sua proeminência ou sua liderança sobre seus irmãos, porém, não se tratava de uma chamada definida.

"Teve José um sonho e o relatou a seus irmãos; por isso, o odiaram ainda mais. Pois lhes disse: Rogo-vos, ouvi este sonho que tive: Atávamos feixes no campo, e eis que o meu feixe se levantou e ficou em pé; e os vossos feixes o rodeavam e se inclinavam perante o meu. Então, lhe disseram seus irmãos: Reinarás, com efeito, sobre nós? E sobre nós dominarás realmente? E com isso tanto mais o odiavam, por causa dos seus sonhos e de suas palavras. Teve ainda outro sonho e o referiu a seus irmãos, dizendo: Sonhei também que o sol, a lua e onze estrelas se inclinavam perante mim. Contando-o a seu pai e a seus irmãos, repreendeu-o o pai e lhe disse: Que sonho é esse que tiveste? Acaso, viremos, eu e tua mãe e teus irmãos, a inclinar-nos perante ti em terra? Seus irmãos lhe tinham ciúmes; o pai, no entanto, considerava o caso consigo mesmo." (Gn 37:5-11).

Analisemos as fazes da vida de José:

a. Odiado e vendido pelos seus irmãos;

b. De filho, transformado em escravo;

c. Acusado injustamente, tornou-se prisioneiro no calabouço do Rei egípcio;

d. De prisioneiro, é levado a primeiro ministro do Egito.

Quando se examina as fases da vida de José, verifica-se que não passam de um árduo e difícil treinamento, com o objetivo de moldar o caráter desse servo de Deus. Entre outras coisas, José aprendeu duas grandes lições:

a. O que os homens são capazes de fazer, quando são alimentados pelo ódio, interesses, cobiça e inveja;

b. O que Deus é capaz de realizar em favor e através de seus servos.

Nesse período de provação ou treinamento, José teve a oportunidade de demonstrar fidelidade em momentos e lugares difíceis (cf. Gn 39:1-6, 20-23); e de não ceder à tentação (cf. Gn 39:7-13).

Por causa dessa chamada divina, José foi um líder sábio e justo, glorificando a Deus em sua proeminente missão no Egito.

b. O chamado de Josué

Outro personagem muito importante do Antigo Testamento é Josué. Vejamos o seu chamado:

"Disse o SENHOR a Moisés: Toma Josué, filho de Num, homem em quem há o Espírito, e impõe-lhe as mãos; apresenta-o perante Eleazar, o sacerdote, e perante toda a congregação; e dá-lhe, à vista deles, as tuas ordens. Põe sobre ele da tua autoridade, para que

lhe obedeça toda a congregação dos filhos de Israel. Apresentar-se-á perante Eleazar, o sacerdote, o qual por ele consultará, segundo o juízo do Urim, perante o SENHOR; segundo a sua palavra, sairão e, segundo a sua palavra, entrarão, ele, e todos os filhos de Israel com ele, e toda a congregação. Fez Moisés como lhe ordenara o SENHOR, porque tomou a Josué e apresentou-o perante Eleazar, o sacerdote, e perante toda a congregação; e lhe impôs as mãos e lhe deu as suas ordens, como o SENHOR falara por intermédio de Moisés." (Nm 27:18-23).

Josué é fruto de discipulado. Ele esteve ao lado de Moisés desde o inicio da jornada no deserto. A primeira missão que lhe coube foi selecionar homens para guerrear contra Amaleque (cf. Ex 17:9). Esteve presente em todos os momentos críticos da jornada pelo deserto.

Com isso, no serviço e na obediência prática, ele se transformou em um grande líder: *"Josué, filho de Num, estava cheio do espírito de sabedoria, porquanto Moisés impôs sobre ele as mãos; assim, os filhos de Israel lhe deram ouvidos e fizeram como o SENHOR ordenara a Moisés."* (Dt 34:9).

Grandes homens de Deus aprenderam o discipulado com seus líderes espirituais. Durante anos, tivera a oportunidade de demonstrar obediência, fidelidade e submissão. Quando forma chamados a ocupar a liderança, estavam preparados, e Deus lhes falou, e confirmou a chamada para sua obra.

O grande empecilho hoje, é que muitos não querem esperar, obedecer, e submeter-se. Por isso são rejeitados.

c) O chamado de Timóteo

No Novo Testamento, temos o exemplo típico de ministro, fruto do discipulado contínuo, Timóteo. Desde jovem tornou-se companheiro e cooperador do apostolo Paulo (cf. At 16:1; 17:14; 18:5; 19:22; 20:4). A palavra enxertada pela sua piedosa mãe, na infância, teve terreno e ambiente fértil para desenvolver-se.

Paulo o chama de: *"Meu filho amado e fiel no Senhor"* (I Co 4:17); *"Ministro de Deus... no evangelho de Cristo"* (I Ts 3:2) e, ainda de *"verdadeiro filho na Fé"* (I Tm 1:2).

Estas expressões demonstram o apreço que o apóstolo Paulo tinha por Timóteo, e também o seu caráter. Com o passar dos anos, não foi difícil a Timóteo compreender sua chamada ministerial.

A reação ao chamado de Deus deve ser de humildade e surpresa. Cada cristão deve ter um senso de autoridade e de ousadia. Devemos ser caracterizados por uma sinceridade e por uma diligencia fora do comum no estudo e na oração. Charles Spurgeon não incentivava ninguém a entrar para o ministério e dizia claramente que, se a pessoa tivesse condições de optar por outra vocação, que assim o fizesse.

Spurgeon queria no ministério só os que sentissem fortemente não ter alternativa. Martinho Lutero advertiu que o homem devia fugir do ministério, ainda que fosse mais sábio que Salomão e Davi, a menos que tivesse um chamado. Ele dizia: "*Se Deus precisar de ti, saberá como chamar-te*".

2. FINALIDADE DO MINISTÉRIO PASTORAL

Em uma pesquisa realizada entre pastores perguntou-se qual seria o alvo final do trabalho pastoral e muitos responderam ser a evangelização, outros a união dos crentes com o Senhor, uns poucos disseram ser o preparo do crente para a eternidade e para o mundo atual e, lamentavelmente, muitos não souberam responder a questão proposta.

É espantoso notar que muitos pastores dirigem igrejas e pregam sem ter uma noção clara quanto a finalidade do Ministério, o que ressalta o fato de que não desenvolveram uma visão bíblica para o Ministério da Palavra.

Quando buscamos no Texto Sagrado a finalidade específica para o Ministério Pastoral encontramos, além das tarefas primordiais indicadas em Atos 6:4, as responsabilidades alistadas a seguir.

2.1 . APERFEIÇOAMENTO DOS CRENTES

O pastor não pode contentar-se em visualizar nos membros da igreja apenas certas atitudes éticas pautadas na Palavra de Deus ou algumas poucas posturas próprias dos costumes e princípios denominacionais. Deus espera mais dos pastores e a tarefa pastoral deve esmerar-se em apresentar ao Senhor pessoas maduras e adultas na fé que sejam cumpridores da Palavra: "*o qual nós anunciamos, advertindo a todo homem e ensinando a todo homem em toda a sabedoria, a fim de que apresentemos todo homem perfeito em Cristo*" (Cl 1:28).

Deus espera que os pastores entreguem a Cristo a obra acabada, isto é, cristãos aperfeiçoados em Jesus, edificados na igreja, cheios do pleno conhecimento e firmados doutrinariamente. Cristãos que tenham uma identidade doutrinária definida e que interagem na obra do ministério da igreja de modo geral.

"*Aquele que desceu é também o mesmo que subiu acima de todos os céus, para encher todas as coisas. E ele mesmo concedeu uns para apóstolos, outros para profetas, outros para evangelistas e outros para pastores e mestres, com vistas ao aperfeiçoamento dos santos para o desempenho do seu serviço, para a edificação do corpo de Cristo, Até que todos cheguemos à unidade da fé e do pleno conhecimento do Filho de Deus, à perfeita varonilidade, à medida da estatura da plenitude de Cristo, para que não mais sejamos como meninos, agitados de um lado para outro e levados ao redor por todo vento de doutrina, pela artimanha dos homens, pela astúcia com que induzem ao erro. Mas, seguindo a verdade em amor, cresçamos em tudo naquele que é a cabeça, Cristo, de quem todo o corpo, bem ajustado e consolidado pelo auxílio de toda junta, segundo a justa cooperação de cada parte, efetua o seu próprio aumento para a edificação de si mesmo em amor."* (Ef 4:10-16).

2.2. CAPACITAR OS CRISTÃOS

A igreja é uma escola de vida e de serviço. A convivência na igreja deve nos ensinar a servir no presente, preparando-nos para o serviço futuro na glória celestial. "*Sede, mutuamente, hospitaleiros, sem murmuração. Servi uns aos outros, cada um conforme o dom que recebeu, como bons despenseiros da multiforme graça de Deus.*" (I Pe 4:9, 10).

O Senhor espera que nos preparemos e aprendamos sobre fidelidade e dons de ministérios, independentemente da condição social ou cultural, servindo na igreja local, que é a figura da igreja universal gloriosa (cf. Mt 25:14-30). A igreja não é um estágio no qual apenas esperamos passar o tempo até que Jesus volte.

Devemos servir com dedicação e amor no presente para que sejamos encontrados fiéis no tempo em que formos convocados ao serviço celestial (cf. Mt 6:21-24; Mc 10:43-45; Lc 12:35-38; Jo 12:26; Gl 5:13; Hb 10:22-25; Ap 22:3, 4).

Um pastor estimula os membros do grupo a alcançar alvos e manter valores, que o grupo assegura como preciosos. Para ser um motivador, implica que um líder tenha a habilidade de despertar e mover as pessoas à ação e à realização, ao mesmo tempo em que, satisfaz às suas necessidades. Isso inclui a mobilização e o agrupamento de homens e de mulheres para aceitar a visão e o trabalho para o cumprimento da obra.

O treinamento refere-se ao compartilhamento de conhecimento e de habilidades para a realização da visão da comunidade. O entusiasmo carrega o dia quando fatores mais importantes, como, verdade doutrinária e amparo bíblico estão em escassez.

Um pastor, como Ministro de Cristo precisa convencer seus seguidores de que pode resolver seus problemas da melhor forma possível, isso implica que ele necessita motivar outros a "comprarem" sua visão. Não é suficiente anunciar os alvos; cada seguidor precisa ser altamente motivado. Para um líder motivar alguém, ele precisa transmitir sua visão tão persuasivamente, que seus seguidores irão "adotá-la", alegremente investindo vida, energia, dinheiro e preocupação nela.

O pastor como líder tem que ser um entusiasta. Sua própria convicção da importância em realizar sua visão, o motiva. Pouco importa quão duro alguém trabalha. A questão é, o quão empolgado ele está por sua visão. O entusiasmo é contagioso.

Ela surge da persuasão que convence os seguidores de que, os alvos claramente focalizados, são dignos de todo o esforço, que é necessário para alcançá-los. Um líder normalmente controla os incentivos em uma organização secular. Ele estará de acordo com o nível de pagamento, com as expectativas trabalhistas e os benefícios. Porém, para uma igreja, em que os membros contribuem gratuitamente, em vez de receberem remuneração monetária, outros tipos de benefícios devem ser considerados.

Segundo Paulo, a contribuição de líderes em uma igreja, destina-se à formação de líderes secundários. Paulo também exortou Timóteo a procurar homens fiéis e capazes para instruir; homens que, por sua vez, seriam capazes de ensinar outros (cf. II Tm 2:2).

1) É necessário que o futuro líder seja fiel

Uma virtude que se adquire com muito tempo. Ele, então, precisa de instrução, como a que Timóteo recebeu de Paulo. Tempo e paciência são necessários. Depois, esses homens precisam de testes - nunca feitos em um ou dois dias. A paciência e a perseverança são necessários para essa função de liderança.

Jesus pacientemente pastoreou seus discípulos pelo método de troca de foco, da vantagem pessoal deles, para os interesses do Reino. Jesus não tornou pescadores de homens e cobradores de impostos em ganhadores de almas do dia para à noite. Três anos de ensino e exemplo constantes foram apenas suficientes para lançá-los nas profundezas da responsabilidade da liderança.

2) Liderança exige a capacidade que depende do talento e da experiência de treinamento.

Os líderes bíblicos não podem ser neófitos, jovens despreparados ou inexperientes, mas, pessoas maduras. Paciência, talvez, é tudo o que se requer. Roma não foi construída em um dia, nem artesãos habilidosos construíram as catedrais da Europa, mundialmente conhecidas, em apenas um ano. A paciência não pode ser ignorada no desenvolvimento da liderança do ministro em capacitar outros cristãos, nem quando um líder está fazendo de sua visão, uma realidade.

2.3. PRESERVAR A UNIDADE DA IGREJA

Esta tarefa do pastor focaliza-se nos inter-relacionamentos que pessoas, em um grupo ou igreja, precisam manter para que funcione apropriadamente. A administração é relacionada com o planejamento e a organização. A unidade funcional integra as contribuições necessárias dos membros do grupo para que este funcione corretamente. É o pastor / lider que precisa fomentar essa interação positiva entre os componentes vivos, tanto quanto um engenheiro precisa produzir partes de uma máquina para que esta funcione como uma unidade.

Esta função complexa de uma igreja, como um "corpo", apóia o ensino de Paulo sobre os quatro ministérios de liderança da igreja: *"E ele mesmo concedeu uns para apóstolos, outros para profetas, outros para evangelistas e outros para pastores e mestres, com vistas ao aperfeiçoamento dos santos para o desempenho do seu serviço, para a edificação do corpo de Cristo. Até que todos cheguemos à unidade da fé e do pleno conhecimento do Filho de Deus, à perfeita varonilidade, à medida da estatura da plenitude de Cristo..."* (Ef 4:11-13).

Apóstolos, profetas, evangelistas e pastores-mestres, todos eles, equipam ou treinam os membros da igreja para desenvolver seus diversos ministérios, sendo direcionados para a "*edificação do corpo de Cristo*". O ministério de preparação e o consequente "*serviço*" promovem a unidade da fé (cf. v. 13). Essa, por sua vez, promove o crescimento da sabedoria do Filho de Deus e a maturidade na qual a "*plenitude de Cristo*" pode ser claramente vista.

O corpo (Igreja), como um todo, necessita estar bem ajustado c mantido unido, por aquilo que cada parte supre, caso cada uma funcione apropriadamente. Assim, o corpo cresce e aumenta a edificação de si mesmo em amor (Ef 4:16).

Várias igrejas fracassam no crescimento porque os pastores / líderes não treinam seus membros para contribuir para o todo. A unidade funcional não é realizada. Os membros não cooperam em edificar uns aos outros. A rivalidade e a inveja tomam o lugar do amor, que é o ingrediente básico. Paulo descreve o oposto de "unidade funcional", quando projeta a monstruosidade do "corpo inteiro ser um olho" ou o pé falando: "Porque não sou mão, não sou do corpo" (I Co 12:14, 15, 17).

A unidade funcional une as pessoas no grupo de uma forma que enriquece a utilidade de seus dons para toda a comunidade. Dar e receber ajuda mutuamente dentro da igreja não ocorre sem ajuda, estímulo, humildade e amor. Embora seja muito mais fácil alinhar 100 pessoas nos bancos em frente do pregador, essa não é a maneira que a unidade funcional é criada.

O ensino e o treinamento cuidadoso, possibilitando oportunidades e avaliando o desempenho, são fundamentais. Os elogios e as críticas não ofensivas, todos eles, contribuem para a unidade que leva a igreja a funcionar organicamente. Assim, ela cresce em tamanho, e amadurece na "estatura da plenitude de Cristo" (cf. Ef 4:15).

A unidade da igreja é um desafio ao amor e ao respeito que os cristãos devem uns aos outros. É um chamado à compreensão das diferentes manifestações de Deus no mundo através da igreja local sem prescindir da comunhão em Jesus e da sinergia cooperativa entre as diversas igrejas para que cada uma delas cumpra o seu Ministério.

O pastor deve ter uma visão horizontal do Reino de Deus, isto é, deve enxergar além do horizonte da igreja local ou de sua denominação. Há uma realidade muito maior e superior do que a própria igreja local que é a Igreja Universal, Invisível e Gloriosa (cf. Jo17:11

e 20-23; Ef 4:4-7; Hb 12:22-24; Ap 7:9-15.

3. QUALIFICAÇÕES PARA O MINISTÉRIO PASTORAL

O êxito do ministério pastoral está fundamentalmente ligado ao caráter santificado do ministro. O ministro lidera pessoas a quem deve ensinar a verdade e por quem deve trabalhar para promover o crescimento e o bem estar espiritual. Logo, é exigido que a vida do pastor, ministro de Cristo, seja autentica, isto é, transparente aos olhos dos liderados. Deus quer restaurar completamente o nosso caráter divino. O hábito é, na verdade, o caráter.

Os hábitos são formados mediante a disciplina ou a falta dela. Nosso caráter é, basicamente, aquilo que fazemos rotineiramente. É o que os outros naturalmente esperam de nós, como sermos pontuais, por exemplo. Se costumamos ser pontuais em tudo, as pessoas naturalmente esperarão isso de nós. Elas sabem que podem contar conosco nessa área. Desse modo, a pontualidade se torna uma das características de nosso caráter. Da mesma forma, se estamos sempre atrasados, a falta de pontualidade se torna parte de nosso caráter.

Em Isaías 60:1 e 2, esta escrito: "*Dispõe-te, resplandece, porque vem a tua luz, e a glória do SENHOR nasce sobre ti. Porque eis que as trevas cobrem a terra, e a escuridão, os povos; mas sobre ti aparece resplendente o SENHOR, e a sua glória se vê sobre ti.*" Isaias diz que nos últimos dias haveria escuridão e trevas, mas Deus diz: "Minha glória resplandecerá sobre o meu povo". Devemos nos expor e ser luz na escuridão. Para isso, temos de ser pessoas com integridade, pessoas de caráter.

3.1. PUREZA DE CORAÇÃO

"*...de conceder-nos que, livres da mão de inimigos, o adorássemos sem temor, em santidade e justiça perante ele, todos os nossos dias*" (Lc 1:74-75).

Uma marca, que creio ser fundamental como qualificação para o ministério e que funciona em perfeita sintonia com Deus, é aquela que caracteriza uma vida consagrada. A Bíblia diz que Herodes sabia que João Batista era um homem justo e santo (Mc 6:20). Herodes reconheceu que João era um homem de Deus. O testemunho, a vida de João causavam um impacto muito forte na vida das pessoas, tanto que multidões iam ouvi-lo de boa vontade. Alguns até pensavam que ele era o Cristo, devido à sua maneira transparente de viver. João se parecia com o Senhor Jesus.

Deus deseja que você seja uma pessoa pura, consagrada, preparada. Uma pessoa impura, alienada, que cultiva a idolatria, a desonestidade, a mentira, a indiferença, a impureza, o ressentimento, uma mera religiosidade, não pode ser usada pelo Senhor de forma eficiente e abrangente. Quando Deus vocaciona, Ele exige santidade, exige pureza de coração.

Quantos hoje não são usados por Deus, porque são alienados, indiferentes, apesar de frequentarem a Igreja; no entanto estão ausentes da batalha para a qual Deus os chamou. Para você ter um ministério vivo, equilibrado, contínuo, frutífero, abençoado, marcado por Jesus, pela graça do céu, você tem que manter uma vida consagrada. Elimine o pecado que está em sua vida, hoje, para que o seu ministério seja diferente e faça diferença.

Davi, quando caiu em grave pecado, perdeu o poder do louvor; então pediu ao Senhor: "*Abre os meus lábios para te louvar*" (Sl 51:15). Quem está em pecado não louva; pode cantar, porém não adora. Quem está em pecado também não prega a Palavra de Deus. Tanto que Davi orou pedindo a Deus perdão para os seus pecados para depois ensinar aos transgressores os caminhos do Senhor (cf. Sl 51:13)

Conta-se a história de um senhor que comprou um filhote de cobra jiboia na Amazônia e levou-o para casa, como animal de estimação. Muitos lhe disseram que não cometesse tal loucura, porque a cobra era muito perigosa e tinha que ser alimentada cuidadosamente. Ele, porém, respondeu: Pode deixar; vou dar tudo o de que ela precisa; não tem problema.

A cobra cresceu e foi criada com muito carinho; até que um dia ela fugiu, de madrugada, do seu lugar de costume; foi até onde estava o filhinho de seis meses, daquele senhor, e o matou sem misericórdia. Cultivar pecado na vida é como criar cobras de estimação dentro de casa: mais cedo ou mais tarde acontece uma tragédia na vida espiritual. Por isso, muitos têm fracassado no ministério e são infelizes.

3.2. NÃO VIOLENTO

No grego "*plektes*"; também traduzido como espancador e briguento. Na Tradução da Bíblia Viva, diz que o bispo / pastor não seja *valentão*, isto é, dado a brigas no aspecto físico. O termo aqui não trata de violência verbal, mas física. Obviamente esse texto não defende que a verbal seja permitida; somente traz à luz outro assunto.

Se um pastor chegar, como se diz, às vias de fato com alguém, colocará em risco todo o seu testemunho e ministério. Sabemos que há situações que nos deixam irados e que praticamente pedem para uma ação mais enérgica, mas temos sempre que nos lembrar desta qualificação. Lembremos também que Jesus, ao ser esbofeteado, deu a outra face.

Não importa nossa origem, de onde saímos. O importante é que o servo de Deus deve ter a graça de Deus para manter-se tranquilo diante de situações e provocações, de dificuldades e angustias.

Deve-se entender que esta qualidade de ser não violento é valida para todos os aspectos da vida cristã, isto é, na Igreja, no trabalho secular e no lar. Muitos, às vezes, são calmos na igreja, porém são valentões em casa, espancando os filhos e até a esposa.

"*Revesti-vos, pois, como eleitos de Deus, santos e amados, de ternos afetos de mise-*

ricórdia, de bondade, de humildade, de mansidão, de longanimidade. Suportai-vos uns aos outros, perdoai-vos mutuamente, caso alguém tenha motivo de queixa contra outrem. Assim como o Senhor vos perdoou, assim também perdoai vós; acima de tudo isto, porém, esteja o amor, que é o vínculo da perfeição. Seja a paz de Cristo o árbitro em vosso coração, à qual, também, fostes chamados em um só corpo; e sede agradecidos. Habite, ricamente, em vós a palavra de Cristo; instruí-vos e aconselhai-vos mutuamente em toda a sabedoria, louvando a Deus, com salmos, e hinos, e cânticos espirituais, com gratidão, em vosso coração." (Cl 3:12-16).

3.3. NÃO AVARENTO

No grego "*aphilarguros*"; também traduzido como *não apegado ao dinheiro*. A bíblia Viva traduz: "*não ter amor ao dinheiro*". O princípio é que o servo de Deus deve servir com o foco na vida espiritual de suas ovelhas e nunca no lucro. É verdade também que a igreja deve sustentar seu pastor (trataremos este assunto de forma mais ampla no Capítulo IV — Sustento Pastoral), que aquele que se afadiga na palavra e no ensino é merecedor de dobrados honorários (cf. I Tm 5:17) , mas Deus não nos chama para enriquecer. Ele chama para conduzir o seu rebanho, prometendo que nunca nos faltará nada. Temos que confiar que Deus irá nos sustentar e honrar com tudo o que necessitarmos — ou afirmar que com até mais.

O evangelho sofre atualmente grande desgaste no seio da sociedade por causa de "mercenários", homens que fazem do ministério fonte de enriquecimento, verdadeiro comércio. A avareza pode levar o pastor a destruir seu ministério, pois se transforma num sentimento maligno, capaz de apagar os mais nobres anseios do espírito.

Vejamos os textos:

> "*O que é ávido por lucro desonesto transtorna a sua casa, mas o que odeia o suborno, esse viverá.*" (Pv 15:27).
>
> "*Quem ama o dinheiro jamais dele se farta; e quem ama a abundância nunca se farta da renda; também isto é vaidade.*" (Ec 5:10).
>
> "*O vosso ouro e a vossa prata foram gastos de ferrugens, e a sua ferrugem há de ser por testemunho contra vós mesmos e há de devorar, como fogo, as vossas carnes. Tesouros acumulastes nos últimos dias.*" (Tg 5:3).

O próprio Paulo, pouco depois de falar a Timóteo acerca dos presbíteros, trata sobre a busca por riquezas. Veja I Timóteo 6:6-19. Vamos destacar apenas os versos 10 e 11:

> "*Porque o amor do dinheiro é raiz de todos os males; e alguns, nessa cobiça, se desviaram da fé, e a si mesmos se atormentaram com muitas dores. Tu, porém, ó homem de*

Deus, foge dessas coisas; antes, segue a justiça, a piedade, a fé, o amor, a constância, a mansidão." (I Tm 6:10-11).

Que tristeza ver tantos líderes de igrejas evangélicas se enriquecendo de forma tão estranha, e até mesmo ilícita, enquanto as pessoas assistem a tudo e julgam tão mal. Até quando ouviremos frases como: *"Quer ficar rico? Abra uma igreja!"*? ou *"Pequenas Igrejas, grandes negócios"*?

3.4. CONHECIMENTO DA PALAVRA DE DEUS E VIDA DE ORAÇÃO

O menino crescia e se fortalecia em espírito. E viveu nos desertos até ao dia em que havia de manifestar-se a Israel (Lucas 1.80).

João Batista era um homem de oração e estudo da Palavra de Deus, porque ninguém cresce e se fortalece em espírito sem essas duas fontes de bênçãos. Todo homem a quem Deus usa é alguém de oração e de profundo conhecimento da Palavra de Deus. João Batista era equilibrado: tinha vida, poder e conhecimento das coisas de Deus.

O cristão negligente na leitura da Bíblia e na oração também o será na sua vida cristã prática.

A oração não é uma *sugestão* de Deus ao homem, e, sim, um mandamento: *"Buscai o Senhor e o seu poder, buscai perpetuamente a sua presença"* (II Cr 16:11). Deus ouve as orações e nos encoraja à prática da oração e confiança em suas promessas. "E tudo quanto pedirdes em meu nome, eu o farei" (Jo 14:14). *"Buscai-me e vivei"* (Am 5:4).

A leitura da Palavra de Deus também é um mandamento de Deus para nós: *"Não cesses de falar deste livro da lei; antes, medita nele dia e noite, para que tenhas cuidado de fazer segundo a tudo quanto nele está escrito; então fará prosperar o teu caminho e serás bem sucedido"* (Js 1:8).

A Bíblia é luz e lâmpada para os nossos caminhos (Sl 119:105); é espelho para vermos a nós mesmos e a glória de Deus (Tg 1:23); é uma espada para atacar o adversário (Ef 6:17); é uma bomba para destruir fortalezas e anular sofismas (mentira com aparência de verdade) (II Co 10:4); é martelo que esmiuça corações de pedra e fogo que queima as impurezas da vida (Jr 23:29); é chicote que disciplina (II Tm 3:16-17); é leite que alimenta a criança e a faz crescer (I Pe 2:2.); é doce como o mel, forte e saudável para a vida (Sl 119:103); é semente poderosa que nasce e cresce no coração do homem e o prepara para a vida eterna (I Pe 1:23); é o poder de Deus para os seus filhos (Rm 1:16); é água de vida e a revelação de Deus para tornar seus filhos maduros, perfeitos e aptos para ensinar toda a verdade (cf. Cl 1:28; Hb 5:12).

A coisa mais maravilhosa não é a salvação isoladamente, mas aquela salvação que vem acompanhada de comunhão com o Salvador. O momento mais perigoso para a vida do filho de Deus é aquele em que ele negligencia a Palavra de Deus e a oração.

É como disse Lutero: "*A comunhão com o Senhor é a coisa mais importante em minha vida. Se porventura a negligencio por apenas um dia, sinto logo o esmaecimento do fogo da fé*". Charles Spurgeon dizia que: "*A oração diária é a melhor ginástica para a alma*" e John Wesley, com segurança afirmava: "*Tenho sempre tanta coisa para fazer, mas só posso me desobrigar dessas árduas tarefas após prolongado período de oração*".

Busque o Senhor, e a cada dia você também ficará constrangido com tanto amor, carinho, perfeição, fidelidade, poder e graça que existe na pessoa maravilhosa e bendita do Senhor Jesus.

Faça como a Palavra de Deus manda: Ore sem cessar; vigie sempre em oração; persevere na oração; busque ao Senhor sempre e você vai experimentar o melhor e maior estilo de vida que se pode viver aqui neste planeta.

3.5. BOM TESTEMUNHO

No grego "*marturia*" (testemunho); também traduzido como *boa reputação* (NVI), *bem conceituado* (BV) e *respeitado* (NTLH).

Pode parecer estranho que um quesito definido por Deus seja algo que cabe aos ímpios decidir (sem nem saber que estão fazendo isso). Ora, se alguém é visto pelos descrentes como de má reputação, então esta pessoa deve ser descartada como candidato a pastor; afinal, que credibilidade ela vai passar como líder de uma igreja?

É interessante notar que, por mais que o mundo esteja corrompido, imerso no pecado, lá no fundo ainda há um padrão de moral aceito pela sociedade que vai ao encontro dos princípios divinos.

Não só pastores e lideres, mas todos os cristãos são instados a conduzir-se de maneira a exercer uma Influência positiva e resgatadora sobre os de fora, àqueles que ainda não pertencem à comunhão cristã, pela sua maneira de viver e sua conduta, tendo entre eles uma boa reputação (cf. I Co 5:1, 9-13; I Pe 2:12-16).

Uma boa reputação é essencial para uma proclamação eficaz do evangelho e para a salvação dos de fora; ela é também essencial para a liderança eficaz junto a irmãos. O zelo de Paulo neste assunto é visto em I Coríntios 9:19-23, onde escreve:

> "*Porque, sendo livre de todos, fiz-me escravo de todos, a fim de ganhar o maior número possível. Procedi, para com os judeus, como judeu, a fim de ganhar os judeus; para os que vivem sob o regime da lei, como se eu mesmo assim vivesse, para ganhar os que vivem debaixo da lei, embora não esteja eu debaixo da lei. Aos sem lei, como*

se eu mesmo o fosse, não estando sem lei para com Deus, mas debaixo da lei de Cristo, para ganhar os que vivem fora do regime da lei. Fiz-me fraco para com os fracos, com o fim de ganhar os fracos. Fiz-me tudo para com todos, com o fim de, por todos os modos, salvar alguns. Tudo faço por causa do evangelho, com o fim de me tornar cooperador com ele."

E ele se referiu especialmente aos pregadores do evangelho com relação à sua conduta e reputação:

"Foge, outrossim, das paixões da mocidade. Segue a justiça, a fé, o amor e a paz com os que, de coração puro, invocam o Senhor. E repele as questões insensatas e absurdas, pois sabes que só engendram contendas. Ora, é necessário que o servo do Senhor não viva a contender, e sim deve ser brando para com todos, apto para instruir, paciente, disciplinando com mansidão os que se opõem, na expectativa de que Deus lhes conceda não só o arrependimento para conhecerem plenamente a verdade, mas também o retorno à sensatez, livrando-se eles dos laços do diabo, tendo sido feitos cativos por ele para cumprirem a sua vontade." (II Tm 2:22-26).

3.6. PREPARO PARA O MINISTERIO

É indispensável que o pastor, como ministro de Cristo tenha adequada preparação para desempenhar com êxito seu ministério. É evidente que a preparação ministerial tem variado de acordo com a época, circunstancia e lugar. Porém, todos os servos de Deus que escreveram páginas da historia da Igreja foram homens preparados adequadamente.

O ministério é coisa muito séria, por isso a primeira condição para exercê-lo é que o candidato não seja inexperiente. Paulo fala que o pastor ou obreiro não deve ser neófito (cf. I Tm 3:6), ou seja, alguém que não tem dado provas que foi vocacionado, e alguns, infelizmente, querem entrar no ministério de qualquer maneira. Isso acaba se transformando num desastre.

Só deve assumir o ministério pastoral, alguém que já tenha demonstrado provas convincentes, que é verdadeiramente chamado para o ministério. Deve-se ter muito cuidado, pois não se brinca de ser pastor, e nisso está incluso o preparo que se deva ter para exercer esta sagrada função.

Quem pode negar ou discutir que o conhecimento da bíblia é absolutamente essencial para o ministério? A Bíblia é fonte de toda a verdade espiritual e a revelação da completa vontade de Deus. O pregador é o pesquisador das verdades espirituais, bem como o canal através do qual elas são transmitidas ao povo.

O pastor deve estar perfeitamente familiarizado com as grandes doutrinas da fé cristã, com os preceitos e promessas, e com a grande revelação do plano e da vontade de Deus. Essas devem ser coisas pregadas por ele.

A Bíblia é a Palavra de Deus em forma de livro. Jesus Cristo é a palavra de Deus na carne, a plenitude mesma da divindade, que Nele habita corporalmente. Do modo que tratamos a Palavra de Deus, assim tratamos o próprio Deus, e, em última análise, Deus nos tratará.

Recusar-se a ouvir a outros que desejam ensinar-nos a Palavra de Deus (Seminários, cursos de Teologia), ou negar-se a ler mensagens escritas (livros, devocionais, etc) com essa intenção, é incoerente, contrário à Palavra de Deus e ao Espírito Santo.

Tais pessoas que se exibem como mestres da palavra e esperam que outros as escutem e sejam por elas influenciadas, estão esperando de outros exatamente aquilo que elas mesmas não querem praticar. Recusam-se a receber a censura, mas esperam dos ouvintes que se deixem ensinar, recusando-se a ouvir, pedem, no entanto a outros que lhes dê ouvidos. Quanta incoerência!

Algo que aprendi em quase duas décadas no exercício do ministério pastoral foi que, *"Eu só posso dar aos outros o que tenho, se não tenho, não tenho o que dar"*, e como professor de teologia, vejo em muitos alunos a falta de desejo para ler, e entendo que, ler também é preparo, estudar é preparo, ensinar é coerência.

O próprio Jesus foi ensinado pelo Pai:

> *"Porque eu não tenho falado por mim mesmo, mas o Pai, que me enviou, esse me tem prescrito o que dizer e o que anunciar"* (Jo 12:49).
>
> *"Não crês que eu estou no Pai e que o Pai está em mim? As palavras que eu vos digo não as digo por mim mesmo; mas o Pai, que permanece em mim, faz as suas obras."* (Jo 14:10).

3.7. SER CHEIO DO ESPÍRITO SANTO

O ministerio e a vida de João Batista é um exemplo de pessoa comprometida com Deus e cheia do Espírito Santo. Ele foi cheio do Espírito Santo desde o ventre materno; era um homem cheio de *amor, alegria, paz, paciência, bondade, fidelidade, mansidão e domínio próprio* (cf. Gl 5:22-23).

João Batista estava bem com Deus e com a obra de Deus, consigo mesmo e com o próximo. João tinha poder para testemunhar as palavras de Deus; tinha a unção do Espírito Santo na vida. Este grande poder que glorifica a Jesus Cristo; guia em toda a verdade; convence do pecado, da justiça e do juízo; capacita para viver uma vida digna de filho de Deus; consola, conforta, dá poder para pregar a palavra de Deus; dá discernimento, conduz a uma vida de intimidade com Deus e capacita para ter um ministério com resultados positivos. João era realmente um homem de Deus: vocacionado, puro e cheio do poder de Deus, e consequentemente, seu ministério foi muito abrangente e deu muitíssimos frutos.

João era um ganhador de almas, pregava com unção e o povo se convertia ao

Evangelho do Senhor Jesus: *"Então saíam a ter com ele Jerusalém, toda a Judeia e toda a circunvizinhança do Jordão; e eram por ele batizados no rio Jordão, confessando os seus pecados"*(Mt 3:5-6).

Na época de João Batista, os sumos sacerdotes eram Anás e Caifás, e veio a Palavra de Deus a João no deserto (Lc 3:2). Eram "sacerdotes" de Deus, como muitos hoje, contudo não eram abençoados por Ele, porque logicamente não tinham nada que oferecer.

Creio que a plenitude do Espírito Santo se constitui numa das maiores perdas da Igreja. O Espírito Santo apagado e entristecido pelo pecado. Existem cristãos que não têm a alegria do Espírito, não têm poder para testemunhar, não têm brilho nenhum, não têm a graça, a luz do Senhor, a segurança e a esperança.

Existe cristão tão carrancudo, que se ele der um sorriso trinca o rosto. Ele é sério, não experimentou ainda a doçura de Jesus; o Espírito Santo está completamente inativo em seu coração; possui o Espírito, mas o Espírito não o possui. Ele precisa urgentemente de uma dinâmica do Espírito Santo em sua vida.

O Espírito Santo é Deus, é uma pessoa, e quando nos domina totalmente, a vida cristã toma outra dimensão — a dimensão do reino de Deus, e não dos homens. Somente assim haverá condições de servir o Senhor com poder e muito fruto.

> *"Mas recebereis poder, ao descer sobre vós o Espírito Santo, e sereis minhas testemunhas tanto em Jerusalém, como em toda a Judeia e Samaria, e até aos confins do mundo"* (At 1:8).

4. O SUSTENTO PASTORAL

4.1. O PASTOR: MINISTRO DE CRISTO

O pastor é ministro de cristo para cumprir com recursos humanos uma tarefa de tal magnitude que, diante dela, exclama perplexo, o Apóstolo Paulo: *"Para estas coisas, quem é idôneo?"* (II Co 2:16), confortando-se somente com uma certeza: *"não que, por nós mesmos, sejamos capazes de pensar alguma coisa, como se partisse de nós; pelo contrário, **a nossa suficiência vem de Deus**,"* (II Co 3:5).

> *"Assim, pois, importa que os homens nos considerem como ministros de Cristo e despenseiros dos mistérios de Deus."* (I Co 4:1)

Há uma relação direta entre pastor de tempo integral e força econômica da igreja, porque, pastorado de tempo integral significa sustento integral da igreja para o pastor. Envolve, obviamente, um compromisso mútuo, entre a igreja e o pastor. Este dedicará a totalidade do seu tempo ao ministério e aquela lhe dará uma remuneração suficiente para prover as suas necessidades e permitir-lhe sustentar dignamente a família.

Se por um lado, o pastor não deve ambicionar enriquecer á custa do pastorado, por outro a igreja não deve se prevalecer do espírito de sacrifício de seu obreiro e pagar-lhe um salário miserável.

De propósito eu não disse que ele se dedica inteiramente á igreja, ainda que seja ela que lhe dê todo o seu sustento. É que o pastor é chamado para o ministério de Reino de Deus. Isto lhe apresenta um campo de atividade muito amplo, que inclui primordialmente o cuidado de uma igreja. Mas também o exercício de atividades de outra natureza na obra do Senhor, como a participação em Juntas ou na diretoria de associações e convenções, a cátedra em instituições de ensino teológico e cargos executivos ocasionais como, por exemplo, a coordenação duma campanha de evangelização, ou a chefia dum grupo de trabalho que executará determinada tarefa. Estas coisas fazem parte normal do trabalho dum pastor como obreiro do Reino de Deus.

Pela legislação do Brasil, a jornada normal de trabalho é de oito horas, seis dias por semana, onze meses por ano. Para certas categorias profissionais, em que o trabalho é mais desgastante, a jornada de trabalho é menor (cinco, seis ou sete horas), a fim de que sobre mais tempo para a recuperação física e mental do trabalhador.

O domingo é chamado de "repouso remunerado". Quando o trabalhador não falta durante a semana, ganha o domingo sem trabalhar, E se pela natureza do trabalho ele não puder parar no domingo, terá seu repouso remunerado, ou folga em outro dia da semana. O que ele trabalhar além da jornada de sua categoria profissional são horas extraordinárias, com remuneração maior; se estas forem á noite o trabalhador ganhará o adicional noturno; e se trabalhar no dia de seu repouso remunerado, ou num feriado, ganhará em dobro.

Muito bem. Agora, a grande maioria das pessoas deixa o trabalho no fim do dia e vai para casa, a fim de ficar com a família, sair para uma visita, ir a um espetáculo, ver televisão, ler um livro, ou simplesmente dormir. E deixa-se o trabalho na sexta-feira e só se volta a ele na segunda-feira.

Muitos crentes não entendem o pastorado de tempo integral porque, como só vão á igreja para o culto de oração e no domingo, e eventualmente a alguma outra reunião que saia dessa rotina, acham que o pastor só trabalha quando tem de dirigir uma reunião, e fica á toa o resto do tempo.

Não pensam em tudo que o pastor tem de fazer no preparo dessas reuniões, no cuidado da vida administrativa e espiritual da igreja, na visitação aos crentes e suas famílias, na evangelização dos perdidos, na provisão de todo o programa de trabalho na igreja e suas organizações, na representação da igreja perante a comunidade, enfim, não pensam nas mil tarefas cuja execução compete a ele como pastor.

Uma igreja, não importando o seu tamanho, tem serviço para um homem dinâmico trabalhar o dia todo, todos os dias da semana, inclusive o sábado e especialmente o domingo.

4.2. O PASTOR E SEU PREPARO

Entremos agora nessa parte mais importante do trabalho, aquela que consome mais tempo e exige mais energias do pastor; o seu preparo, que é tanto intelectual como espiritual. Já no cristianismo primitivo os apóstolos pediram à igreja de Jerusalém que nomeassem sete irmãos de reconhecida idoneidade moral e espiritual para cuidarem de aspectos matérias e administrativo da igreja, concluindo: "*...e, quanto a nós, nos consagraremos à oração e ao ministério da palavra.*" (At 6:4). Apesar de serem doze, de tal maneira que não conseguiam fazer tudo e ainda dedicar tempo suficiente para a oração e pregação.

1) Preparo intelectual

Alguém calculou que, em média, o preparo de um sermão consome oito horas. Só os sermões de domingo, portanto, consomem dezesseis horas do pastor por semana, além das horas do estudo bíblico do meio da semana. Mas para preparar dois sermões semanalmente, sermões que não sejam meros discursos teóricos, mas atendam às necessidades espirituais do rebanho, o pastor precisa estudar, ler livros, jornais e revistas, assistir a programas informativos e edificantes.

Não se tira água de uma fonte seca. Se o pastor não estiver permanentemente abastecendo suas fontes intelectuais, logo se tornará repetitivo e enfadonho, sem satisfazer as necessidades do seu povo.

O Apóstolo Paulo sentia falta dos seus livros, embora já velho e na prisão: "*Quando vieres, traze a capa que deixei em Trôade, em casa de Carpo, bem como os livros, especialmente os pergaminhos.*" (II Tm 4:13).

Crentes ou Ministérios que não entendem o valor e a necessidade do pastorado de tempo integral e acham que o pastor deve ter um emprego para sustentar-se e não depender da igreja são muitas vezes os primeiros a exigir que ele alimente bem o rebanho, e a reclamar que ele só dá "palha" em lugar de alimento tenro e fresco.

Ora, se o dia do pastor tem as mesmas horas que o dos demais crentes, e muitos destes vivem alegando que não tem tempo de ler a Bíblia, orar, estudar a lição da Escola Bíblica Dominical e trabalhar na igreja, como exigir que o pastor trabalhe a semana inteira no seu emprego e ainda emende o sábado e o domingo, seus dias de repouso remunerado, no trabalho da igreja e ainda com sermões bem estudados e uma sólida preparação?

2) Preparo espiritual

E aqui esta um ponto delicadíssimo desta séria questão: muito mais importante que o preparo intelectual do pastor é o seu preparo espiritual. O exercício do pastorado exige longas horas de oração, de leitura da Bíblia, de meditação, e que o pastor gaste muito tempo a sós com Deus para formar a base sólida de espiritualidade para o seu trabalho pastoral.

Não existe outra maneira de obter espiritualidade e de alcançar sabedoria e poder na pregação. Pastor que não gastar longas horas de comunhão com Deus, não terá poder e sabedoria, virtudes que só se alcançam por este meio.

4.3. O DIREITO AO SUSTENTO

A bíblia nos ensina no Antigo Testamento (cf. Dt 25:4, Lv 6:16,26; 7:6) e no Novo Testamento (cf. Mt 10:10; Lc 10:7), que aqueles que se dedicam ao ensinamento e proclamação da Palavra de Deus devem ser sustentados por aqueles que desse trabalho recebem bênçãos espirituais.

A defesa que o Apóstolo Paulo faz do seu ministério nesse texto de I Corintios 9.3-15 apresenta, no versículo 14, num MANDAMENTO do Senhor Jesus: "***aqueles que anunciam o evangelho devem viver do evangelho***." O ministério, pela sua sublimidade, merece coisa melhor do que restos de energias e de capacidade dum obreiro esfalfado, tenso e fisicamente debilitado.

É dever de todos que recebem o ensino da Palavra de Deus ajudar a sustentar materialmente àqueles que lhes ensinam a Palavra:

> "*Assim ordenou também o Senhor aos que pregam o evangelho que vivam do evangelho.*" (I Co 9:14);
>
> "*Pois a Escritura declara: Não amordaces o boi, quando pisa o trigo. E ainda: O trabalhador é digno do seu salário.*" (I Tm 5:18).

Dentre os que são dignos desse sustento estão os fiéis pastores, obreiros, mestres, evangelistas e missionários (cf. I Co 9:14; III Jo 6-8). Deixar de prover seu sustento, quando há recursos disponíveis, é semear egoísmo na carne e ceifar corrupção (cf. Gl 6:7e8), dar àqueles que ministram a Palavra faz parte do cumprimento desta ordem: "*Fazei bem aos domésticos da fé*" (Gl 6:10); "*Por que a seu tempo ceifaremos...*" (Gl 6:9), tanto o galardão (Mt 10:41 e 42), como a vida eterna (Gl 6:8).

A pergunta não é: "*temos o suficiente para obedecer ao Senhor?*", mas: "*temos fé suficiente para obedecer e depender dEle para que cuide de nós?*" Só pela fé podemos agradar ao Senhor (cf. Hb 11:6, Rm 1:17).

Em I Co 9:7-13 Paulo usa alguns exemplos de pessoas que são sustentadas no que fazem. Vejamos o texto:

> "*Quem jamais vai à guerra à sua própria custa? Quem planta a vinha e não come do seu fruto? Ou quem apascenta um rebanho e não se alimenta do leite do rebanho? Porventura, falo isto como homem ou não o diz também a lei? Porque na lei de Moisés está escrito: Não atarás a boca ao boi, quando pisa o trigo. Acaso, é com bois que Deus se preocupa? Ou é, seguramente, por nós que ele o diz? Certo que*

é por nós que está escrito; pois o que lavra cumpre fazê-lo com esperança; o que pisa o trigo faça-o na esperança de receber a parte que lhe é devida. Se nós vos semeamos as coisas espirituais, será muito recolhermos de vós bens materiais? Se outros participam desse direito sobre vós, não o temos nós em maior medida? Entretanto, não usamos desse direito; antes, suportamos tudo, para não criarmos qualquer obstáculo ao evangelho de Cristo. Não sabeis vós que os que prestam serviços sagrados do próprio templo se alimentam? E quem serve ao altar do altar tira o seu sustento?".

São cinco exemplos por ele apresentados: o soldado, o agricultor, o pecuarista, o boi e o sacerdote.

1) O soldado (v. 7)

Paulo esta usando uma linguagem compreensível na época, pois as guerras eram financiadas pela sociedade através dos impostos. Nenhum soldado vão à guerra se não tiver apoio financeiro. Ainda é assim nos dias de hoje. Para poder viajar, locomover-se e lutar, ele precisa de apoio técnico e logístico. E Paulo usa o soldado como exemplo de obreiros que precisam ser financiados no seu ministério.

2) O agricultor (v. 7)

Paulo se refere ao trabalhador rural, que trabalha, prepara a terra, faz a semeadura, irriga, e tem o direito de comer o que se plantou. Ele entendia que a semeadura espiritual produz bens materiais, pois outros usufruíam da lavoura e ele não (V. 11 e 12), o semeador tinha direito sobre o fruto da colheita.

3) O pecuarista (v. 7)

A pessoa que lida todos os dias cuidando de seus animais, vacas, cabritas, ovelhas, tem o direito ao leite que elas produzem. Cada um desses exemplos mexia com a vida dos crente de Corinto, pois entre eles, havia agricultores, soldados e criadores de animais.

4) O boi de canga (vv. 9-10)

Paulo chega a comparar o obreiro do Senhor a um boi que trabalha, e esse boi, diz Paulo, precisa ser alimentado, do contrário não conseguirá trabalhar.

5) O sacerdote (v.13)

Paulo ilustra a necessidade do sustento do obreiro com a figura do sacerdote que comia dos sacrifícios trazidos ao altar. Os sacerdotes estavam a serviço do povo em funções especiais.

Agora, vejamos os benefícios da igreja que cumpre a sua responsabilidade no cuidado pastoral:

- Terão um pastor que apascenta o rebanho;
- Visitas e cultos nos lares;
- Mais presença e força física nas necessidades do seu povo;
- Esta igreja crescerá em amor para com Deus; pois conhecerá Ele melhor;
- Crescerá em amor para com o próximo e pelos de fora, através do ensinamento eficaz da Palavra;
- Esta igreja crescerá em fé, qualitativa e quantitativa.

Os resultados de um pastor bem suprido:

- Terá mais tempo na Palavra (Rm 10:17);
- Mais tempo na oração (ITs 5:17);
- Mais dependência do Senhor (Pv 3:5);
- Ensinará melhor (IIPd3:18);
- Crescerá na fé (IICo 10:15).

O pastor tem a responsabilidade de governar e edificar a igreja no Espírito, de trabalhar na Palavra e na doutrina.O pastor tem responsabilidades com a igreja e a igreja tem responsabilidades com seu pastor. Quem opera tudo isso é Deus (FP 2:13).

Quando a igreja assume esta responsabilidade com seu pastor, Deus abençoa graciosamente, acrescentando uma fé amorosa e zelosa para a Sua glória aqui na terra. Esta igreja será estruturada pelo poder e autoridade da Palavra, pela pureza da doutrina bíblica e de vida cristã moral, será uma igreja vigilante e todos trabalharão em prol do mesmo propósito.

5. O PASTOR E A VIDA FAMILIAR

5.1. O PASTOR COMO PESSOA

Quero através deste ponto ressaltar algo que em muitas igrejas não é reconhecido. O pastor como pessoa. Nas igrejas geralmente todos veem o pastor como uma figura inabalável, um super homem, como alguém que não tem problemas ou dificuldades.

Parte disto eu atribuo a nós mesmos pastores que, muitas vezes deixamos transparecer devido às cobranças que recebemos em nossas comunidades e pensamos: "Somos modelos", e queremos sempre ter respostas para tudo, dar atenção a todos e estar presente em toda programação da Igreja.

Durante estes quinze anos de ministério pastoral, aprendi algumas coisas que quero compartilhar através destas linhas, sobre a pessoa do pastor, trata-se de uma questão de identidade, em saber quem somos. De maneira individual, isto esta relacionado com toda pessoa que tem o chamado a servir ao Senhor no ministério Pastoral:

1ª Fomos chamados para sermos filhos de Deus;

2ª Fomos chamados para sermos Maridos;

3ª Fomos chamados para sermos Pais;

4ª Fomos chamados para sermos Discípulos;

5ª Fomos chamados para sermos Pastores.

Note que, em último lugar há o chamado ao pastorado, porque se não estivermos aprovados como: filho de Deus, maridos, pais e discípulos, como seremos bons pastores? *"Pois, se alguém não sabe governar a própria casa, como cuidará da igreja de Deus?"* (I Tm 3:5).

Quando falo em ser filho, falo em sermos pastoreados pelo Supremo Pastor, sermos submissos a Ele, pois não somos pastores porque um dia fomos servos, mas porque somos servos é que somos pastores.

Hoje há uma grande dificuldade em assumir esta identidade, o qual tem trazido muitos males à igreja de Cristo. O pastor não pode ter medo de mostrar para sua comunidade que não é um super homem, que também fica triste, que tem dificuldades, que é um cidadão comum, que também tem sentimentos, em suma, é homem de carne e osso.

O que pode acontecer quando o pastor não assume sua verdadeira identidade é o que diz o título de um artigo de Charles Haddon Spurgeon, ou ele está "pastoreando ovelhas ou entretendo bode", pois quando não assumimos esta identidade a nossa mensagem deixa de ser autêntica.

É impossível ser pastor sem ser modelo. Constantemente ele e sua família são avaliados. A mensagem, a postura, horário, se recebe sustento da igreja é cobrado por isso (esta relação pode se monetarizar e tornar como patrão-empregado, e algumas pessoas pensam que o pastor é o empregado da igreja), o relacionamento com a esposa e filhos. O pastor pode ter sua imagem arranhada por, em algum momento não estar fazendo algo que a igreja (membros) julga ser espiritual, ISSO É UM GRANDE ERRO. O pastor não pode estar debaixo do que as pessoas acham ou dizem, mas estar debaixo da unção ministerial que está sobre ele.

O pastor como um mortal, precisa ter seu momento próprio de lazer, passear e se divertir. Não podemos espiritualizar tudo e dizer que temos que viver enclausurados dentro de nossas igrejas, pois todos os membros têm seu momento de lazer, passeio e até faltar em alguns cultos e porque não o pastor?

5.2. O PASTOR COMO ESPOSO

Dentro das prioridades pastorais, abaixo do relacionamento com Deus, está o relacionamento esposo — esposa, no qual o pastor precisa prezar por um lar bem estruturado e saudável, e lutar contra tudo o que queira ameaçar a sua família.

Em Efésios 5: 22-33, Paulo escrevendo sobre a relação familiar, se refere a duas qualidades que fazem parte do marido no lar. No verso 23, ele fala sobre liderança e, no verso 25, sobre amor. Liderança e amor são características indispensáveis para o marido que quer desempenhar bem o seu papel.

Deus disse que o marido é o cabeça da mulher. Isto quer dizer que Deus dá ao homem a responsabilidade de líder do lar. Em I Co 11:3, Paulo reforça este conceito: "*Quero, entretanto, que saibais ser Cristo o cabeça de todo homem, e o homem o cabeça da mulher, e Deus o cabeça de Cristo*".

De uma maneira simples e clara Deus estabeleceu a ordem para a família. Neste mesmo trecho, Paulo explica que a mulher foi criada do homem. Em I Tm 2:13, ele nos diz que o homem foi formado primeiro, depois a mulher. Em Gn 2:18, Deus disse que não era bom que o homem estivesse só. O homem é incompleto sem ter uma mulher como auxiliadora.

Na Sua soberania e sabedoria, Deus escolheu o homem para ser o chefe. A palavra "cabeça" em I Co 11:3 significa degrau, ordem, classe, posição. Quando Paulo se refere ao homem como o cabeça da mulher, ele não está dizendo que o homem é superior à mulher, mas está se referindo à função dele. Deus, em função, é o cabeça de Cristo. Não é questão de superioridade e inferioridade entre Deus e Cristo, este conceito é confirmado por Paulo em Gl 3:26 a 28.

Ser chefe da casa não é brincadeira. As responsabilidades são muito maiores que os privilégios. Paulo frisa as implicações dessa posição: "*Como também Cristo*". Como Cristo é o cabeça da igreja, assim o marido deve liderar a sua esposa. Como Cristo liderou o seu corpo, a sua noiva? Há tantas coisas que poderíamos aprender através da vida de Jesus, mas consideremos apenas algumas atividades por Ele demonstradas. Em Fp 2:3-4, Paulo exorta os cristãos de Filipos: "*Nada façais por partidarismo ou vanglória, mas por humildade, considerando cada um os outros superiores a si mesmo. Não tenha cada um em vista o que é propriamente seu, senão também cada qual o que é dos outros*".

Depois Paulo desafia a igreja a desenvolver esta mesma atitude que houve em Cristo Jesus. Os versos 3 e 4 falam de uma atitude não egoísta, e os versos 5 a 7 mostram uma atitude humilde. Ele se esvaziou, assumindo a forma de servo. O verso 8 apresenta uma atitude de sacrifício. Ele tornou-se obediente até a morte, e morte de cruz. Maridos, como devemos liderar? Como Cristo liderou. E sua atitude não foi egoísta, mas humilde. Ele demonstrou um espírito de sacrifício para com sua noiva, a igreja. Faça uma avaliação da sua liderança. Você lidera a sua esposa e filhos desta maneira (egoísta)? Como maridos, precisamos parar e avaliar a nossa liderança a fim de verificar se estamos qualificados ou não para a obra de Deus.

5.3. O CASAL PASTORAL

Há muitas maneiras de ministrar a uma congregação e comunidade. Nenhuma, entretanto, é mais eficaz do que o relacionamento conjugal do pastor, o qual exemplifica ao mundo o relacionamento místico entre Cristo e a igreja (cf. Ef 5:29-33). Paulo apresenta a ordem divina dos relacionamentos no casamento cristão. Em Ef 5:21, é ordenado ao marido e à esposa que sejam mutuamente submissos um ao outro. No restante do capítulo, o esposo é exortado a devotar amor à sua esposa, e ela deve submeter-se voluntariamente ao seu amor.

O marido cristão (pastor ou leigo) deve amar sua esposa tanto quanto Cristo amou a Igreja, oferecendo-lhe sua última gota de sangue e a última explosão de energia, se necessário. Ele deve dar a ela todos os privilégios (materiais e temporais) que toma para si. O vocábulo grego traduzido por "amor" nesses versículos é "ágape", o qual é definido como: "afeição dirigida".

Essa é a razão de somente ágape poder ser ordenado. Todos os outros tipos de amor, Eros, fileo e estorge, são espontâneos e situados dentro do contexto de relacionamentos específicos. Como cabeça da (sua) mulher, qual a função do marido cristão? Na anatomia humana, a cabeça executa quatro funções, são elas: sensação, percepção, cognição e comunicação. Vejamos cada uma e seus aspectos:

1) Sensação

É a primeira função da liderança. No casamento, o esposo tem de ser sensível às necessidades do "corpo" (esposa e filhos), o que significa que eles devem mantê-lo informado do que ocorre na família. Isso significa que não deve haver conspiração de silêncio entre mãe e filhos para guardarem segredos do esposo/pai.

2) Percepção

A percepção envolve compreender as sensações recebidas pelo corpo e colocá-las na perspectiva correta. As informações de experiências passadas, as circunstâncias atuais e os resultados possíveis no futuro são postos em foco. Então, o marido tem as informações de que precisa para tomar uma decisão.

3) Cognição

É o processo de tomar uma decisão para o benefício da família. O esposo não toma decisões para seu conforto ou conveniência. Suas decisões são tomadas para o beneficio da esposa e família.

4) Comunicação

Havendo reagido às sensações e percepções necessárias para a cognição, o esposo então comunica à esposa e filhos o que ele acredita que seja mais apropriado para a família. Para tal, toma a iniciativa de comunicar aos membros da família e dar-lhes as informações e encorajamento necessários para desfrutarem do benefício de um casamento e de uma família centralizada em Cristo. Assim o esposo é adequadamente o cabeça da casa, como Cristo é o Cabeça da Igreja. É esse conhecimento que faz a liderança do esposo no lar ganhar não só sentido prático, mas também espiritual.

Sem a completa segurança de que cada um está comprometido com o bem estar mútuo, não pode haver completa doação de si mesmo no casamento. Ninguém pode arriscar em expor os mais íntimos aspectos da personalidade se teme ser rejeitado ou explorado. Experimentar e partilhar da mais profunda fonte do amor de alguém somente é significativo se for um ato restrito a toda vida, limitado apenas a duas pessoas.

Conhecer a intimidade física também é importante. Quando um casal compreende que a expressão sexual é processo de crescimento, quererá aprender todos os aspectos — físico, emocional e espiritual — da sexualidade. Isso pode ajudar a criar um desejo de gratidão a Deus pela dádiva dessa magnífica experiência.

Quando o casal penetra mutuamente os limites da vida, partilhando experiências, ideias, valores, alvos, alegrias e tristezas, estão dividindo em um nível único do relacionamento conjugal, um espaço fechado a qualquer outro individuo, inexistente em qualquer outra união. Esse ideal é um processo que dura a vida inteira e nunca deveria ser dado como concluído.

Pastorear é uma atividade absorvente, consumidora de tempo e emoções. É vital estabelecer prioridades e manter o equilíbrio, de modo que o trabalho não ocupe o tempo que deve ser empregado em nutrir o relacionamento conjugal. Reuniões, atendimento às igrejas, construções, evangelismo, visitação, são importantes. Mas quando começa a interferir no relacionamento do casal pastoral, a agenda deve ser reestudada.

5.4. RELACIONAMENTO COM OS FILHOS

Quando falamos em criar filhos no caminho do Senhor, estamos nos referindo a um desafio que vai exigir toda criatividade e energia possível por parte dos pais. Deus nos coloca como pais para treiná-los e instruí-los em Seus preceitos. Este é o tempo de que dispomos, do momento em que o nenê nasce até ele completar dezoito anos. Se nós como pais não conseguimos fazer esta tarefa em dezoito anos, num certo sentido, falhamos.

Devemos prepará-los para que sejam jovens que não se desviarão das verdades da Palavra de Deus, o nosso alvo deve ser de que tenham maturidade suficiente para ser cristãos responsáveis cm capacidades de tomar as suas próprias decisões.

Como podemos treinar nossos filhos com estes alvos em mente? Como podemos ensinar valores aos filhos? Como podemos ensinar a um filho de três anos como compartilhar seus doces com o coleguinha? Como podemos ensinar uma criança se cinco anos aprender a esperar sua vez? Como podemos ensinar um adolescente a cuidar de seu quarto? Como podemos desenvolver valores morais em um jovem? Como podemos incutir na criança virtudes como higiene, pontualidade, honestidade, lealdade, respeito aos direitos dos outros e obediência às autoridades?

E mais do que tudo isso, como podemos treinar nossos filhos no caminho em que devem andar, para quando chegarem à adolescência possam assumir o compromisso sério de amar a Deus de todo o seu coração, toda a sua alma e todo o seu entendimento?

Para responder a essas perguntas, é necessário recorrer à Palavra de Deus. Ela nos dá uma orientação correta. A família precisa voltar aos princípios eternos da Palavra de Deus para saber como construir um lar feliz. Foi Deus quem instituiu a família. A família é invenção de Deus. Por isso Ele sabe melhor do que ninguém como criar filhos.

A responsabilidade principal na educação e disciplina dos filhos é dos pais; não da Igreja, nem da escola. Em Efésios 5: 22 a 6:4, Paulo aborda o assunto do relacionamento familiar. No verso quatro do capítulo seis, ele tem uma palavra muito importante a nós, pais: "*E vós, pais, não provoqueis os vossos filhos à ira, mas criai-os na disciplina e na admoestação do Senhor*". Paulo, em primeiro lugar, nos dá uma ordem negativa, "pais, não provoqueis os vossos filhos à ira". Depois ele nos dá duas ordens positivas, "mas criai-os na disciplina do Senhor" e "criai-os na admoestação do Senhor".

Disciplina não é simplesmente castigo. É um trabalho constante que muitos pais infelizmente não fazem porque é muito difícil. A disciplina é justa e afirma a dignidade do filho. Ela tem o alvo de criar na criança as qualidades do Espírito de Deus. A disciplina pressupõe que os pais se disciplinam, que sejam modelos.

Disciplinar filhos é um ato de fé. Muitas vezes não podemos ver o resultado na hora da disciplina, mas anos depois recolheremos o "fruto de justiça" na vida dos filhos. "*Toda disciplina, com efeito, no momento não parece ser motivo de alegria, mas de tristeza; ao depois, entretanto, produz fruto pacífico aos que têm sido por ela exercitados, fruto de justiça.*" (Hb 12:11).

Isso exige muita coragem, esforço, fidelidade e amor por parte dos pais. Mas, para os que procuram ser fieis Deus promete "*E quando os filhos forem velhos não se desviarão dos ensinos da Palavra de Deus*". Se o mandamento for cumprido, a promessa se realizará. Se não for cumprido, não haverá o cumprimento da promessa.

BIBLIOGRAFIA

SPAIN, Carl. Epístola de Paulo a Timóteo e Tito. São Paulo: Editora Vida Cristã, 1980.

SHEDD, Russel Philip. O líder que Deus usa. São Paulo: Ed. Vida Nova, 2000.

MENEZES, Antônio Carlos Fonseca de. Bases para um ministerio vivo. São Paulo: Facioli Gráfica e Editora, 1995.

MENDES, José Deneval. Teologia Pastoral. São Paulo: Editora CPAD, 2001.

LUTZER, Erwin. De Pastor para Pastor. São Paulo: Editora Vida, 2000.

RIGGS, Ralph M. O guia do Pastor. São Paulo: Editora Vida, 1976.

STOTT, John. Eu creio na Pregação. São Paulo: Editora Vida, 2005.

Apostila de Teologia Pastoral EETEL – Escola de Educação Teológica Logos, Organizada pelo Prof. Rev. Claudemir Pedroso da Silva.

Apostila de Eclesiologia da Fatefina – Faculdade de Teologia e Filosofia nacional, organizada pelo Rev. Gilson A. de Oliveira.

Bíblia de Estudo de Genebra. Sociedade Bíblica do Brasil e Editora Cultura Cristã. São Paulo, 2.001.

Sites consultados:

www.baudecrosnicas.com.br

www.dar.org.br/biblioteca153

www.palavraprudente.com.br

Capítulo XI

Hermenêutica

1. A HERMENÊUTICA BÍBLICA

1.1. INTRODUÇÃO

A hermenêutica, a "arte da interpretação", era originalmente a teoria e o método de interpretação da Bíblia e de outros textos difíceis. Ao interpretar algo, desenterramos os pensamentos e as intenções do autor, imaginando-nos em sua posição, ou relacionamo-lo a um todo mais amplo que lhe dá significado? Essa última perspectiva produz um círculo hermenêutico: não podemos compreender o todo (um texto, por exemplo) sem compreender suas partes, ou compreender as partes sem compreender o todo.

Seu significado tradicional é relativamente simples: é a disciplina que lida com os princípios de interpretação. Alguns escritores gostam de chamá-la de *ciência* da interpretação; outros preferem falar de *arte* da interpretação (talvez com a implicação: "Ou você a tem ou não!"). Deixando de lado essas diferenças de perspectiva, o interesse básico da hermenêutica é claro o suficiente. Deve ser acrescentado, entretanto, que quando os escritores usam o termo, na maioria das vezes o que eles têm em mente é a interpretação *bíblica*.

Afinal, por que tal disciplina deveria ser necessária? Nenhum colégio propõe um curso sobre "A Hermenêutica da Conversação". Isso é uma realidade até com respeito a cursos sobre Shakespeare ou Homero, que certamente tratam de interpretação da literatura, mas em que nenhum pré-requisito de hermenêutica aparece. Por que então somos informados subitamente em nossa instrução acadêmica que precisamos nos tornar hábeis em uma ciência de som exótico, se queremos entender a Bíblia?

Uma resposta possível que pode ocorrer é que a Bíblia é um livro divino, e assim exige de nós algum treinamento especial para entendê-la. A Bíblia em si nos diz que o pré-requisito essencial para entender as coisas de Deus é ter o Espírito de Deus (cf. I Co 2:11), e que o cristão, tendo recebido a unção do Espírito, não precisa nem mesmo de um professor (I Jo 2:27).

O que ocorre, na realidade, é que precisamos da hermenêutica não exatamente pelo fato de a Bíblia ser um livro divino, mas porque, além de ser divino, é um livro *humano*. Estranho como possa soar aos ouvidos, esta maneira de olhar nosso problema pode nos colocar no caminho correto. A linguagem humana, por sua própria natureza, é grandemente equívoca, isto é, capaz de ser compreendida em mais de uma forma.

Na prática, o número de palavras ou sentenças que geram mal-entendidos constitui uma proporção muito pequena do total de proposições emitidas por um determinado indivíduo em um determinado dia. O que precisamos reconhecer, porém, é que *o potencial* para uma má interpretação está sempre presente. Em outras palavras, precisamos da hermenêutica para textos além da Bíblia. Na verdade, nós precisamos de princípios de interpretação para entender conversações triviais e até mesmo acontecimentos não-linguísticos

A hermenêutica não é primariamente uma questão de aprender técnicas difíceis. O treino especializado tem o seu lugar, mas é, na verdade, bastante secundário. Poderíamos dizer que o que importa é aprender a "transpor" nossas rotinas interpretativas costumeiras para a nossa leitura da Bíblia. É justamente aí que começam nossos problemas.

De maneira não menos impressionante que a aquisição de uma língua, nosso cérebro organiza cuidadosamente milhões de impressões, mantendo algumas na superfície, outras em nível semiconsciente, e ainda outras em algo equivalente a uma lata de lixo.

É tudo um componente essencial da interpretação eficiente. Sigamos nossa ilustração um tanto fictícia: Toda vez que você recebe uma impressão, sua mente verifica se esse já é um fato arquivado; se não, ela relaciona essa nova impressão às obtidas anteriormente a fim de que possa fazer sentido.

Vemos, então, que nossa prática diária de interpretação não é tão simples como podíamos ter imaginado. Exige um processo bastante complexo (ainda que geralmente inconsciente) que se concentra na linguagem e na História, usando ambos os termos num sentido bastante amplo. Obviamente, nossa compreensão é reduzida à medida que a linguagem ou os fatos que estão sendo interpretados são desconhecidos para nós.

Se um advogado usa linguagem técnica legal quando procura iniciar uma conversa com um estranho no metrô, dificilmente se pode esperar que haja muita compreensão. De maneira semelhante, uma pessoa que não acompanhou os desenvolvimentos do governo americano, por um período extenso de tempo, não será capaz de compreender um editorial de um jornal, ou até mesmo caricaturas políticas.

1.2. PRIMORDIOS DA HERMENÊUTICA

A palavra grega *hermeneuein* significa expressar, explicar, traduzir ou interpretar; *hermeneia* é interpretação e assim sucessivamente, muitas vezes interpretação de uma mensagem sagrada. Platão chamou os poetas de *hermenes* (intérpretes) dos deuses. Filósofos interpretaram Homero de forma alegórica. Agostinho interpretou o Antigo Testamento como alegoria, usando conceitos neoplatônicos e atribuindo a ascensão da alma ao seu sentido espiritual acima dos sentidos morais e literais do texto. A interpretação alegórica se manteve como padrão durante toda a Idade Média.

Com a Reforma, especialmente na Alemanha, a *hermeneia* se tornou mais explícita e sistemática. A palavra *hermeneutica*, a "arte da interpretação", apareceu em 1654 no título de uma obra de J.C. Dannhauer, intitulada *"Hermeneutica sacra sive methodus exponendarum sacrarum litterarum"*. Protestantes tiveram de interpretar devidamente a Bíblia: recorreram a ela contra o Catolicismo Romano. Rejeitaram a interpretação alegórica e insistiram no sentido exato do texto, esperando resgatar seu significado de distorções introduzidas pela Igreja e pela escolástica.

A exegese bíblica não continuou isolada da interpretação de outros textos. Espinosa, no *"Tractatus theologico-politicus"* (1670), afirmou que "*o padrão da exegese bíblica pode apenas ser a luz da razão comum a tudo*". Para Espinosa, a exegese bíblica se tornou um criticismo bíblico, o que envolveu a história. Posto que os relatos de milagres estejam aquém dos padrões racionais das crenças, devemos explicar por que os autores da Bíblia e seus contemporâneos acreditavam em milagres.

Johann Ernesti afirmou em seu manual de hermenêutica (1761) que o "*sentido verbal da Escritura deve ser determinado do mesmo modo que apuramos o sentido verbal de outros livros*". Outros textos que precisavam ser interpretados eram os documentos legais e as obras da antiguidade clássica, e estas disciplinas também contribuíram para a hermenêutica. Avanços significativos foram feitos por dois classicistas: Friedrich Ast e Friedrich August Wolf.

Friedrich Ast em *"Elementos de Gramática, Hermenêutica e Criticismo"* (1808), discriminou 3 diferentes níveis da compreensão de um texto. São eles:

1) Histórico – Estabelece o texto autêntico comparando diferentes manuscritos e utilizando o conhecimento da história além de outros escritos do período; a esta compreensão corresponde à "hermenêutica da letra".

2) Gramatical - Corresponde à "hermenêutica do sentido": compreendemos o significado das palavras e frases no texto.

3) Espiritual - A partir do sentido literal ascendemos ao espírito (Geist) do autor e de sua sociedade ("espírito" significa "perspectiva", "mentalidade" ou "visão de mundo"; não precisa ter conotação psicológica ou teológica).

Em suas palestras publicadas na "*Enciclopédia de Estudos Clássicos*" de 1785 a 1807, Friedrich August Wolf definiu a hermenêutica como a "*ciência das regras pelas quais é discernido o significado dos signos*" (1831: p. 290). Seu objetivo é "apreender os pensamentos escritos ou simplesmente falados de outrem do mesmo modo como teríamos os nossos apreendidos" (1831: p. 293). Isto envolve não somente o conhecimento da linguagem do texto, mas também conhecimento histórico, da vida do autor, da história e da geografia de seu país.

Um intérprete deveria conhecer idealmente tudo o que o autor conhecia. Wolf propôs várias regras para lidar com problemas de interpretação, mas insistiu que um intérprete precisa uma "leveza da alma" que "rapidamente o harmoniza com pensamentos estranhos".

Conhecer regras não é suficiente: precisamos de uma habilidade na aplicação de regras que nenhuma regra pode garantir.

1.3. NECESSIDADE DO ESTUDO DA HERMENÊUTICA

O estudo de Hermenêutica é muito importante para os futuros ministros e pregadores do evangelho, porque:

a. Somente o estudo inteligente da Bíblia lhes fornecerá o material de que necessitam para a construção de sua teologia;

b. Cada sermão pregado deve repousar numa sólida fundamentação exegética. Esta é uma das maiores aspirações dos nossos dias;

c. Instruindo os jovens da igreja, e na visitação aos lares, os ministros são frequentemente solicitados a interpretar passagens da Escritura, Em tais ocasiões, um conhecimento razoável das leis de interpretação será de valor inestimável;

d. Será parte de seu ministério defender a verdade contra os ataques da Alta Crítica. Mas, para poder fazer isto eficientemente, os ministros devem saber manuseá-la;

e. A exegese se tornou necessária para evitar o erro, desde que o pecado obscureceu o entendimento do homem.

1.4. PRINCIPIOS HERMENÊUTICOS

Retirados de várias fontes e harmonizados, aqui se encontram alguns princípios que devem ser seguidos na interpretação bíblica:

1) Denomina-se princípio da unidade escriturística. Sob a inspiração divina a Bíblia ensina apenas uma teologia. Não pode haver diferença doutrinária entre um livro e outro da Bíblia.

2) Deixe a Bíblia interpretar a própria Bíblia. A Escritura é a sua própria intérprete. Este princípio vem da Reforma Protestante, que declarava *Sola Scriptura*, isto é, só a Bíblia. O sentido mais claro e mais fácil de uma passagem explica outra com sentido mais difícil e mais obscuro. Este princípio é uma dedução do anterior.

3) Jamais esquecer a Regra Áurea da Interpretação, chamada por Orígenes de Analogia da Fé. O texto deve ser interpretado através do conjunto das Escrituras e nunca através de passagens isoladas.

4) Sempre ter em vista o contexto. Ler o que está antes e o que vem depois para concluir aquilo que o autor tinha em mente.

5) Ler e reler o texto, com profunda atenção. Consultar todas as traduções possíveis para melhor elucidação do problema. Muitas vezes uma destas traduções nos esclarece sobre o que o autor queria dizer.

6) O trabalho de interpretação é científico, por isso deve ser feito com isenção de ânimo e desprendido de qualquer preconceito.

7) Faça algumas perguntas relacionadas com ao texto, para chegar a conclusões circunstanciais da passagem. Por exemplo:

a. Quem escreveu?

b. Qual o tempo e o lugar em que escreveu?

c. Por que escreveu?

d. A quem se dirigia o escrito?

e. O que o autor queria dizer?

8) Feita a exegese, se o resultado obtido contrariar os princípios fundamentais da Bíblia, ele deve ser colocado de lado e o trabalho exegético recomeçado novamente.

9) Para uma boa compreensão de determinada passagem deve-se consultar sempre as passagens paralelas. Isto é comparar, valendo-se das referências no rodapé ou na margem, com outras passagens que tratam do mesmo assunto.

1.5. A NECESSIDADE DE INTERPRETAÇÃO

Com certa frequência encontramos com alguém que diz com muito fervor: "Você não precisa interpretar a Bíblia; leia-a, apenas, e faça o que ela diz." Usualmente, semelhante observação reflete o protesto contra o "profissional", o estudioso, o pastor, o catedrático ou o professor da Escola Dominical que, por meio de "interpretar," parece estar tirando a Bíblia do homem ou da mulher comum. É sua maneira de dizer que a Bíblia não é um livro obscuro. "Afinal das contas," argumenta-se, "qualquer pessoa com metade de um cérebro pode lê-la e entendê-la.

O problema com um número demasiado de pregadores e professores é que cavam tanto que tendem a enlamear as águas. "O que era claro para nós quando a lemos já não é mais tão claro". Há muito de verdade em tal protesto. Concordamos que os cristãos devam aprender a ler a Bíblia, crer nela, e obedecê-la. E concordamos especialmente que a Bíblia não precisa ser um livro obscuro, se for corretamente estudada e lida.

Na realidade, estamos convictos que o problema individual mais sério que as pessoas têm com a Bíblia não é uma falta de entendimento, mas, sim o fato de que entendem bem demais a maior parte das coisas! O problema de um texto tal como: "*Fazei tudo sem murmurações nem contendas*" (Fp 2:14), por exemplo, não é compreendê-lo, mas, sim, obedecê-lo, colocá-lo em prática.

Concordamos, também, que o pregador ou o professor estão por demais inclinados a escavar primeiro, e a olhar depois, e assim encobrir o significado claro do texto, que frequentemente está na superfície. Seja dito logo de início, que o alvo da boa interpretação não é a originalidade, não se procura descobrir aquilo que ninguém jamais viu.

A interpretação que visa à originalidade, ou que prospera com ela, usualmente pode ser atribuída ao orgulho (uma tentativa de "ser mais sábio" do que o resto do mundo), ao falso entendimento da espiritualidade (segundo o qual a Bíblia está repleta de verdades profundas que estão esperando para serem escavadas pela pessoa espiritualmente sensível, com um discernimento especial), ou a interesses escusos (a necessidade de apoiar um preconceito teológico, especialmente ao tratar de textos que, segundo parece, vão contra aquele preconceito).

As interpretações sem igual usualmente são erradas. Não se quer dizer com isto que o entendimento de um texto não possa frequentemente parecer sem igual para alguém que o ouve pela primeira vez. O que queremos dizer mesmo é que a originalidade não é o alvo da nossa tarefa na interpretação.

O alvo da boa interpretação é simples: chegar ao "*sentido claro do texto*." E o ingrediente mais importante que a pessoa traz a essa tarefa é o bom-senso aguçado. O teste de uma boa interpretação é se expõe o sentido do texto. A interpretação correta, portanto, traz alívio à mente bem como uma aguilhoada ou cutucada no coração.

Mas, se o significado claro é aquilo sobre o que a interpretação diz respeito, então para que interpretar? Por que não ler, simplesmente? O significado simples não vem pela mera leitura? Em certo sentido, sim. Mas num sentido mais verídico, semelhante argumento é tanto ingênuo quanto irrealista por causa de dois fatores: a natureza do leitor e a natureza da Escritura.

1. Interpretação a partir da própria Bíblia

A Bíblia não se contradiz e interpreta a Si mesma. Ela tem uma unidade orgânica. Existe unidade na diversidade: muitas vozes, mas, em seu todo, um som harmônico. A Bíblia também se explica sozinha. Ela é sua própria intérprete. Ela se interpreta de forma imediata ou direta (cf. Jo 2:19, 21 e Jo 12:32, 33). Ela também se explica de forma mediata, em paralelos, pela "analogia da fé", isto é, a soma das passagens bíblicas claras.

Interpretar a Bíblia pela própria Bíblia, à luz da própria Bíblia, é trabalhar com princípios hermenêuticos derivados da própria Bíblia. Por isso, importa estudar toda a Bíblia. A chave interpretativa do Antigo Testamento é o Novo Testamento. O segredo para se entender textos menos claros, textos com muitas figuras e símbolos, por exemplo, é recorrer aos textos que expressam tudo de forma clara e direta.

2. A importância das palavras

Explicar ou interpretar textos bíblicos significa, antes de mais nada, entender palavras, frases, parágrafos, e textos. Tudo começa pela palavra. A própria Bíblia dá exemplos de como, em certos momentos, uma palavra tem importância fundamental. Em Gl 3.16, Paulo argumenta com o singular de "descendente". Em Rm 9.22-23, é muito importante observar que não existe um "anteriormente" junto a "vasos de ira", apenas com "Vasos de misericórdia".

Agora, a exegese não termina na palavra. É preciso ir das partes (as palavras) para o todo (o texto). Assim como um time de futebol é mais do que simplesmente onze jogadores, um texto é mais do que a soma das palavras individuais. É claro, existe um constante vaivém, das palavras para o todo, do todo para as palavras. Mas tudo começa com a palavra.

3. A importância do conhecimento

"Tanto a preparação quanto a exposição são enriquecidas com o grau de conhecimento do pregador. Os conhecimentos não são a principal razão de um sermão, mas são o esqueleto que lhe dá forma... O pregador não precisa deixar de ser espiritual pelo fato de enriquecer seus sermões com conhecimentos gerais. Se o sermão estiver cheio da graça de Deus, então os conhecimentos nele inseridos resultarão em bençóes.

A homilética apresenta as regras técnicas, e ensina como o pregador pode tirar proveito dos conhecimentos, ordenando os pensamentos e dosando-os com a graça divina.

Todo pregador deve adotar um sistema de estudo, para seu maior aproveitamento no ministério da Palavra..."

Ser um homem culto em nossos dias, isto é, capaz de pensamento original e ter digerido as informações do mundo em que vivemos, é uma equação diferente da que se apresentava no passado. Para falar de um tema qualquer é preciso *dominar* o assunto, a ponto de torná-lo de uma simplicidade *quase alarmante* e dar a impressão ao auditório de que o estamos *desvendando juntos*, realizando uma agradável excursão intelectual ou humana, participando os dois, nós e o ouvinte, do que vai surgir.

Assim, a primeira e grande obrigação do pregador é a LEITURA, constante, sistemática dos assuntos que ele aborda em suas prédicas e de cultura geral.

1.6. PRINCÍPIOS FUNDAMENTAIS DE INTERPRETAÇÃO BÍBLICA

1) Princípio de Interpretação Gramatical

A pregação bíblica começa com a exegese do texto, e a exegese segue os princípios gramaticais. Ela procura entender o significado verbal do texto analisando a função e o sentido das palavras empregadas.

Visto que a Bíblia foi escrita em hebraico e grego (e algumas partes em aramaico) o ministro que não conhece essas línguas se encontra numa posição desvantajosa. Não basta achar num dicionário o termo equivalente em português a uma palavra hebraica ou grega.

O ministro que não possui adequadas habilidades linguísticas pode fazer uso de tais auxílios lexicais como comentários, concordâncias e dicionários teológicos, contando que contanto que compreenda o seu objetivo e saiba como incorporar as informações no sermão.

2) Princípio de Interpretação Histórica

A exegese histórica dimana.., da convicção de que a revelação divina era um produto de determinada cultura. Isto não nega, de modo algum, a inspiração da Bíblia; antes confirma o caráter histórico da revelação bíblica.

Visto que a Bíblia é um documento histórico e a igreja é um movimento histórico, a exegese histórica é importante tanto para compreender a mensagem bíblica como para determinar seu significado na atualidade.

Questões de data, autoria, antecedentes e circunstâncias são essenciais à tarefa de preparar sermões bíblicos. Quanto mais conhecermos as condições político-religiosas e socioeconômicas sob as quais foi escrito certo documento, tanto melhor poderemos compreender a mensagem do autor e aplicá-la de acordo com isso.

3) Princípio de Interpretação Teológica

O ministro ou o pregador do evangelho também deve compreender e explicar um texto teologicamente. Não somente deve estar inteirado do que esse texto está dizendo em primeiro plano, mas também da teologia que elucida o texto.

Isto significa que o pregador deve conhecer as tradições, a filosofia, a maneira de pensar, a "Cosmovisão", as ideias acerca de Deus e da religião na época em que aquela mensagem foi escrita.

2. GENEROS LITERÁRIOS DA BÍBLIA

Dividem-se assim os diversos gêneros literários encontrados na Bíblia:

2.1. GÊNERO NARRATIVO DIDÁTICO

1) Mito

Conto que se passa com deuses, ou cujos personagens são os deuses. Têm tonalidade solene e são originários de círculos politeístas. A mitologia babilônica, por exemplo, muito influenciou no povo de Israel, que sempre foi monoteísta. Nos livros históricos, a influência é mais velada. Mas a árvore da vida do Gênesis já existe num poema de Gilgames (de origem Babilônica): um herói perguntou a um seu antepassado que era deus, onde ficava a árvore da vida. Ele a encontrou no fundo do mar, e levou um ramo para plantar. Tendo sede, foi beber num poço e uma serpente levou o seu ramo. A história do dilúvio tem uma similar na cultura babilônica. É o caso de uma deusa que era amada ao mesmo tempo por um deus e por um homem. Então para matar o homem, o deus mandou o dilúvio.

O importante a se notar nisso tudo é que, ao ser transcrita para o livro sagrado, o autor purifica a lenda, tirando as características politeístas e servindo-se da cultura popular para levar uma mensagem. A árvore da vida, na bíblia, significa que o homem foi criado para não morrer. Na sabedoria babilônica, explicam que o mundo nasceu de uma briga dos deuses. O deus vencido foi partido ao meio. De uma metade fez o deus vencedor o céu; de outra fez a terra. Depois pediu a um deus artista que fizesse o homem com o sangue apodrecido do deus vencido. Por isso, o homem e o mundo são maus do principio. O autor sagrado aproveita-se destes elementos, mas purificando-os e adaptando-os. A tradicional briga dos anjos com Lúcifer existe num mito fenício sob a forma de uma briga de deuses. A linguagem mítica da bíblia, o antropomorfismo de Deus... tudo isto tem origem desta inspiração na literatura exterior a Israel.

2) Saga

Contos que se ligam a lugares, pessoas, costumes, modos de vida dos quais se quer explicar a origem, o valor, o caráter sagrado de qualquer fenômeno que chama a atenção.

A saga se chama etiológica quando procura a causa de um fenômeno. Por exemplo, para explicar a existência de uma vegetação pobre e espinhosa na região sul ocidental do Mar Morto, surgiu a lenda de Sodoma e Gomorra, a chuva de enxofre... A origem de várias estátuas de pedra, formadas pela erosão é explicada pela história da mulher de Ló, que foi transformada em estátua.

A narrativa de Caim e Abel é outra, para explicar a origem de uma tribo cujos integrantes tinham um sinal na testa. Explicavam que Deus colocara um sinal em Caim para que ninguém o matasse, e daí este sinal ficou para a descendência. O próprio nome de Caim é inventado, porque a tribo tinha o nome de cainitas e eles deduziram que seu fundador devia chamar-se Caim.

A saga se chama etimológica quando é para explicar um nome. Existe na Palestina uma Ramat Leqi (montanha da queixada). Para explicar a origem deste nome eles inventaram a estória de Sansão, um homem muito forte, que lutara contra muitos inimigos usando uma queixada, e os vencera. Depois ele jogou a queixada naquele monte, que ficou c conhecido como monte da queixada. O caso das filhas de Ló (Gen, 19) é uma história difamatória contra os amonitas e moabitas, tradicionais inimigos de Israel. (Amon e Moab significam 'do pai'). Outras sagas da Bíblia: a de Noé embriagado; a briga de Labão com Jacó (Gen 31). A saga se chama heróica quando tem por finalidade engrandecer a vida dos heróis do passado. O valor da saga está na riqueza popular (folclórica) que ela traz. Nem sempre há lição em cada uma. Mas a fartura de detalhes que ela traz mostra a mentalidade do povo. Seu valor é maior para a critica literária.

3) Legenda

Distingue-se da saga porque se refere a pessoas ou objetos sagrados e querem demonstrar a santidade destes por meio de um fato maravilhoso. Legendas na Bíblia há em Números 16:1 – 17:15: histórias a respeito de Moisés; Daniel I - 4: sobre os sonhos de Daniel; Genesis 28,10: Jacó sonha com os anjos (pedra de Betel).

É comum nas legendas referir-se à lei ou objeto de culto. A imolação de Isaque, que não deu certo, é para reprimir um costume dos cananeus de imolar crianças, costume proibido pela lei de Moisés. A serpente de bronze (Nm 21) se refere a uma serpente de bronze mandada fazer pelo rei Manassés, que foi destruída por Deus. A circuncisão (Gn 17) é explicada assim: Deus apareceu a Abraão para fazer aliança com ele e o pacto era a circuncisão de todos os meninos no oitavo dia. Josué 5, 9 e Exodo 12 e 13 falam da origem da Páscoa.

4) Parábolas, fábulas e alegorias

Parábola é uma história comparativa, de sentido global (ex: II Sm 12:1-4); fábula é a narrativa que faz os seres inanimados ou os animais falarem (ex: Juízes 9:7); alegoria é uma história comparativa em que cada elemento tem um significado particular (ex: Is 5:1-7). Há ainda o apólogo, quando se trata da animação de objetos.

2.2. Gênero narrativo histórico

Difere do didático porque pretende contar um fato acontecido realmente. Há três tipos:

1) Popular

Onde ninguém sabe o fim da lenda e o começo da história. É uma história primitiva, baseada em histórias que corriam na boca do povo, um misto de elementos verídicos e legendários acrescentados. Os livros Josué e Juízes (550 a.C.) estão nesta categoria.

2) Epopeia (nacional-religiosa)

São histórias retiradas da catequese do povo. Se bem que tenham elementos acrescentados, todavia a mensagem pode ser considerada autêntica. O exemplo mais típico deste gênero é a narração epopéica da passagem do mar vermelho (cf. Ex 14). A fuga de Israel do Egito está ligada a um fato acontecido no tempo de Ramsés II. Ele foi um faraó que empreendeu grandes conquistas, principalmente à procura de escravos para trabalhar. Entre os povos submetidos havia um grupo de judeus. Mais tarde, fraquejou a vigilância, e muitos fugiram, inclusive muitos judeus. Então eles empreenderam a fuga pelo deserto e se aproveitaram de uma região onde havia um braço de mar que secava durante a maré baixa para sair do território egípcio.

Esta narrativa na Bíblia é contada com todos aqueles retoques conhecidos. Mas se analisarmos bem, veremos que na própria Bíblia, há duas citações do mesmo fato, e cada uma conta diferente. São as duas tradições:

a) Javista – mais antiga e mais verdadeira, afirma que o vento soprou durante toda a noite e fez o mar recuar;

b) Sacerdotal – mais recente, modificou a narração para a divisão das águas em duas muralhas por onde todos passaram em seco.

Há certa contradição nestas duas. Mas o que se deve concluir daí é que os soldados os perseguiram na fuga e eles passaram na maré baixa. Quando os soldados chegaram, a maré já subira e não dava passagem. Enquanto isso, eles se adiantaram ainda mais. Ao transcrever isto na Bíblia, o autor sagrado quer mostrar o fato da presença de Deus em ajuda de seu povo, através dos elementos da natureza.

3) Historiográfico

É o trabalho dos escribas encarregados de escrever as crônicas dos anais dos reis. A partir destas crônicas vários livros foram escritos. I Reis 11:41 cita os anais de Salomão; em

14:19 afirma que o restante está nos livros das crônicas dos Reis de Israel. São documentos de maior credibilidade, porque são mais históricos. Somente a partir do livro dos Reis, é que são usados documentos escritos na época. Antes era apenas história popular.

2.3. GÊNERO LEGISLATIVO

É representado na Bíblia principalmente no Pentateuco. Tem muito em comum com os outros povos vizinhos e herdou muito deles. Há passagens na Bíblia que são repetições do código de Hamurábi. Os povos orientais são muito ricos neste tipo de literatura.

2.4 . GÊNERO SAPIENCIAL

Originou-se também dos povos vizinhos, principalmente a partir do Exílio. São de origem profana e não religiosa, pois as suas fontes também não eram religiosas. O povo oriental é pensador por natureza e a sabedoria é uma virtude muito difundida e apreciada. A sabedoria bíblica não difere muito da sabedoria oriental em geral.

2.5. GÊNERO PROFÉTICO

Também tem origem fora de Israel. Os povos da época tinham seus profetas. Eles moravam nos palácios dos reis e eram os que dialogavam com os deuses. É preciso notar que naquela época profeta não era sinônimo de adivinho, como às vezes se identifica. Eles•manifestavam ao povo a vontade de Deus com sermões, com sinais, exortações e oráculos.

2.6. GENERO DE SALMOS (CÂNTICOS)

Também tem influência externa (fora de Israel). Não são todos de Davi. Apareceram conforme as necessidades. Foram compostos sem sequência ou cronologia. São cantos de louvor, de súplica.

3. FIGURAS DE LINGUAGEM

Figuras de linguagem, também conhecidas como figuras de estilo, são recursos especiais de que se vale quem fala ou escreve, para comunicar a expressão com mais força e colorido, intensidade e beleza.

3.1. TIPOLOGIA

A palavra tipologia é derivada do termo grego typos, que pode ser traduzido por impressão, imagem, exemplo. As tipologias do Antigo Testamento encontram suas devidas interpretações nas passagens correlatas do Novo Testamento. As tipologias do Novo Testamento interpretam personagens, objetos, fatos ou acontecimentos históricos do Antigo Testamento, que se tornam verdades espirituais, como, por exemplo, Jonas (Mt 12:38-42), a Páscoa (I Co 10:1-4), a arca (I Pe 3:20-21), a serpente (Jo 3:14) e Adão (Rm 5:14; I Co 5:7).

3.2. METÁFORA

De acordo com o Dicionário Enciclopédico Brasileiro, metáfora é uma figura de retórica que consiste no transporte, por analogia, de um nome, de um atributo ou de uma ação, de um objeto para outro, a que não é literalmente aplicável. Por exemplo: Eu sou a porta (Jo 10:7); eu sou o pão da vida (Jo 6:35); eu sou o caminho (Jo 14:6); vós sois a luz do mundo (Mt 5:14); edifício de Deus sois vós (I Co 3:9, 16).

3.3. SINÉDOQUE

A sinédoque é uma figura de retórica que confere a uma frase maior ou menor extensão do que geralmente se atribui: o todo pela parte ou a parte pelo todo, o plural pelo singular ou o singular pelo plural, o gênero pela espécie ou a espécie pelo gênero, o sujeito pelo atributo ou o atributo pelo sujeito, a matéria pela forma ou a forma pela matéria, o abstrato pelo concreto ou o concreto pelo abstrato.

Exemplo: "o apóstolo Paulo em I Coríntios 11:26, quando diz: ... beberdes o cálice... Ninguém pode beber um cálice, mas todos podem beber do cálice.

3.4. METONÍMIA

A metonímia, outra figura de retórica, é usada quando se designa um símbolo em referência a uma verdade espiritual ou moral. Exemplos:

"...o sangue de Jesus, seu Filho, nos purifica de todo pecado" (I Jo 1:7).

Todos nós sabemos que o sangue não purifica, mas suja as roupas. É preciso usar muito sabão e ter bastante paciência para limpar uma roupa suja de sangue. Todavia, é verdade que o sangue de Jesus nos purifica, porque a Bíblia ensina que *"sem o derramamento de sangue não há perdão dos pecados"* (cf. Hb 9:22). Você pode encontrar outros exemplos em Lucas 16:29 e João 13:8.

3.5. PROSOPOPEIA

De acordo com o Dicionário Enciclopédico da Língua Portuguesa, a prosopopeia é uma figura que dá vida, ação, movimento e voz às coisas inanimadas, e põe a falar pessoas ausentes ou mortas; personificação; discurso empolado ou veemente.

Exemplo:

"*...onde está, ó morte, o teu aguilhão?*" (I Co 15:55).

"*...o amor cobre multidão de pecados*" (I Pe 4:8).

3.6. IRONIA

A ironia é uma afirmação ou comparação sarcástica, quando se expressa algo contrário à verdade ou àquilo que se quer dizer. Como exemplo, por várias vezes, de maneira sarcástica, o apóstolo Paulo chama os falsos mestres de "os tais apóstolos" (cf. II Co 11:5; 12:11).

Na verdade, os hereges não são apóstolos, mas agem como se fossem. Com a expressão "tais", Paulo realmente quer dizer que eles não são apóstolos de modo algum.

3.7. HIPÉRBOLE

As hipérboles são exageros (majorações) de uma verdade menor ou diminuições (minorações) de realidades mais amplas. Exemplo:

"*Há, porém, ainda muitas outras cousas que Jesus fez. Se todas elas fossem relatadas uma por uma, creio eu que nem no mundo inteiro caberiam os livros que seriam escritos*" (Jo 21:25).

É evidente que este versículo é um exagero, pois, em termos físicos, o mundo é bem maior do que todos os atos e discursos públicos sobre Jesus que se poderiam registrar. A verdade não está no significado físico-literal da afirmação, mas no fato de que o apóstolo João não conseguiria relatar todos os atos e discursos de Jesus.

3.8. FÁBULA

A fábula é uma narração alegórica cujos personagens principais são animais. A fábula quase não é empregada nas Escrituras Sagradas. O exemplo mais conhecido é o dos "animais do campo que pisaram o cardo", registrado em II Reis 14:9.

Com esta fábula, Jeoás, rei de Israel, responde ao repto de guerra que lhe havia feito Amazias, rei de Judá. Jeoás compara-se ao robusto cedro do Líbano e humilha seu orgulhoso contendor, igualando-o a um débil cardo, desfazendo toda aliança entre os dois e predizendo a ruína de Amazias, com a expressão de que 'os animais do campo pisaram o cardo'.

3.9. ENIGMA

O enigma é uma charada, um mistério que se apresenta em forma alegórica. Muitas vezes a solução correta é difícil e abstrusa. Exemplos: Em Juízes 14:14 temos um enigma, cuja solução se encontra em Juízes 14:5-8. Existe uma correspondência idêntica entre Provérbios 30:24 e Provérbios 30:25-28.

O próprio contexto bíblico dá a solução do enigma. Portanto, uma boa observação do contexto é indispensável na análise e exposição de enigmas.

3.10. SÍMILE

A palavra símile deriva de sua forma latina simile e significa semelhante, parecido. Consequentemente, o símile é uma comparação de coisas semelhantes, uma analogia. Exemplos:

"Como um pai se compadece de seus filhos, assim o Senhor se compadece..." (Sl 103:13).

"... ainda que os vossos pecados são como a escarlate, eles se tornarão brancos como a neve; ainda que são vermelhos como o carmesim, se tornarão como a lã" (Is 1:18).

3.11. INTERROGAÇÃO

A interrogação é uma pergunta retórica com a qual o orador dirige-se aos ouvintes, e cujo teor principal pode ser polêmico, apologético ou provocativo, a fim de estabelecer uma verdade moral ou espiritual profunda.

Como exemplo temos vários textos, como segue: Gn 18:25; I Rs 18:21; Is 53:1; Am 3:3ss.; Mt 10:29; 22:42; Lc 22:48; Rm 8:31-36; 10:14-15; Hb 10:29; etc.

3.12. APÓSTROFE

A apóstrofe assemelha-se muito à personificação ou prosopopeia. O vocábulo Indica que o orador volta-se de seus ouvintes imediatos para dirigir-se a uma pessoa ou coisa ausente ou imaginária. O emprego desta figura, na eloquência, produz grandes efeitos sobre as paixões que o orador procura transmitir aos ouvintes.

Quando as palavras são dirigidas a um objeto impessoal, a personificação e a apóstrofe combinam-se, como, por exemplo, em I Coríntios 15:55: *"Onde está, ó morte, a tua vitória? Onde está, ó morte, o teu aguilhão?"*, e em algumas outras passagens que seguem:

"Que tens, ó mar, que assim foges? e tu, Jordão, para tornares atrás? Montes, por que sal-

tais como carneiros? e vós colinas, como cordeiros de rebanho? Estremece, ó terra, na presença do Senhor, na presença do Deus de Jacó, o qual converteu a rocha em lençol de água, e o seixo em manancial" (Sl 114:5-8);

"Ah, Espada do Senhor, até quando deixarás de repousar? Volta para a tua bainha, descansa e aquieta-te" (Jr 47:6).

Uma das apóstrofes mais extraordinárias e conhecidas é o grito do angustiado Davi, por ocasião da morte de seu filho rebelde: *"Meu filho Absalão, meu filho Absalão! Quem me dera que eu morrera por ti, Absalão, meu filho, meu filho!"* (II Sm 18:33). As palavras dirigidas ao caído monarca da Babilônia (Is 14:9-32) constituem uma das apóstrofes mais vigorosas da literatura.

3.13. CONTRASTE

O contraste é uma figura de retórica cujas partes principais estão em oposição entre si, para estabelecer, desta maneira, uma lição moral ou espiritual. Exemplos: Davi e Golias; fariseus e coletores públicos; dentro e fora.

"Fora ficam os cães, os feiticeiros, os impuros, os assassinos, os idólatras e todo aquele que ama e pratica a mentira". (Ap 22:15).

3.14. ANTÍTESE

A tese é uma frase ou afirmação lógica que convence. Mas a antítese é uma tese que contradiz ou nega a afirmação, é uma tese contestada. A palavra antítese origina-se do termo latino 'antithesis', e significa contrastar ou colocar uma coisa contra outra.

As antíteses são facilmente detectadas pela mera observação e análise do texto e do contexto. Exemplos:

"porta estreita versus porta larga" (Mt 7:13-14;

"árvore com maus frutos versus árvore com bons frutos" (Mt 7:17-18);

"pecado (morte) versus dom gratuito (vida eterna)" (Rm 6:23);

"antiga aliança versus nova aliança" (II Co 3:6-16);

"não pelas obras versus pela graça" (Ef 2:8-10);

"não receber versus receber" (Jo 1:11-12).

3.15. CLÍMAX

O termo clímax é uma figura de retórica que se origina do vocábulo grego 'klimax', que significa escala, graduação, progresso. Esta escala pode ser ascendente ou descendente. Exemplos:

Clímax ascendente de João 15:

a. nenhum fruto (15:4);

b. fruto (15:2);

c. mais fruto (15:2, 4);

d. muito fruto (15:3);

e. fruto permanente (15:16).

Clímax descendente:

Sl 1:1: ímpios, pecadores, escarnecedores.

Tg 1:13-15: tentação, pecado, morte.

3.16. PROVÉRBIO

O provérbio é um ditado curto, sentencioso e axiomático, cuja vivacidade está na antítese ou na comparação, que repete constantemente os pensamentos dos sábios de modo a se fixarem na mente.

Os provérbios podem ser metafóricos, enigmáticos, parabólicos ou didáticos. Exemplos:

- No livro de Provérbios do capítulo 10 ao capítulo 22:16, encontramos aproximadamente 375 provérbios.
- Outros exemplos encontram-se em Mateus 13:57, Marcos 6:4, Lucas 4:23 e II Pedro 2:22.

3.17. PARADOXO

Paradoxo é uma opinião, expressão ou convicção contrária à comum. É um paradoxo:

a. morrer primeiro para viver depois (cf. Jo 12:24; Rm 6:1-4);

b. que mortos devam sepultar seus próprios mortos (Mt 8:22);

c. aborrecer aos pais para seguir a Jesus (Lc 14:26);

d. perder a vida para salvá-la (Mc 8:35);

e. ser forte quando se está fraco (II Co 12:10).

4. EXEGESE BÍBLICA

Disciplina que aplica métodos e técnicas que ajudam na compreensão do texto. Do ponto de vista etimológico hermenêutica e exegese são sinônimas, mas hoje os especialistas costumam fazer a seguinte diferença: hermenêutica é a ciência das normas que permitem descobrir e explicar o verdadeiro sentido do texto, enquanto a exegese é a arte de aplicar essas normas.

Definição de exegese: guiar para fora dos pensamentos que o escritor tinha quando escreveu um dado documento, isto é, literalmente significa "tirar de dentro para fora", interpretar.

4.1. O PROCEDIMENTO EXEGÉTICO

1) Procedimento errado

Ler o que muitos comentários dizem com sendo o significado da passagem e então aceitar a interpretação que mais agrade. Este procedimento é errado pelas seguintes razões:

a. Encoraja o intérprete a procurar interpretação que favorece a sua pré-concepção;

b. Forma o hábito de simplesmente tentar lembrar-se das interpretações oferecidas.

Isto para o iniciante, frequentemente resulta em confusão e ressentimento mental a respeito de toda a tarefa da exegese. O péssimo resultado e mais sério do "procedimento errado" na exegese é que próprio interprete não pensa por si mesmo.

2) Procedimento correto

a. O interprete deve perguntar primeiro o que o autor diz e depois o que significa a declaração;

b. Consultar os dicionários para encontrar o significado das palavras desconhecidas ou que não são familiares. É preciso tomar muito cuidado para não escolher o significado que convêm ao interprete apenas;

c. depois de usar bons dicionários, uma ou mais gramáticas devem ser consultadas para entender a construção gramatical. No verbo, a voz, o modo e o tempo devem ser observados por causa da contribuição à ideia total. O mesmo cuidado deve ser tomado com as outras classes gramaticais;

d. Tendo as análises léxicas, morfológica e sintática sido feitas, é preciso partir para análises de contexto e história a fim de que se tenha uma boa compreensão do texto e de seu significado primeiro e;

e. Com os passos anteriores bem dados, o interprete tem condições de extrair a teologia do texto, bem como sua aplicação as necessidade pessoais dele, em primeiro lugar, e às dos ouvintes. Que o texto tem com a minha vida?Com os grandes desafios atuais?

4.2. A EXEGESE DO TEXTO DO SERMÃO

O árduo trabalho de preparação da mensagem bíblica começa com a transparência do texto escolhido. O processo que gera essa transparência chama-se exegese. Exegese é um termo técnico teológico empregado para definir o trabalho de exposição de um texto bíblico. A palavra exegese deriva do substantivo grego exegesis, que significa declaração, narrativa, exposição, explicação, interpretação.

Para os gregos, os 'exegetai' eram os intérpretes e expositores oficiais da lei sagrada. O termo exegese firmou-se mundialmente a partir do século XIX, indicando a atividade teológica de expor um texto da Bíblia.

O texto bíblico apresenta-se numa língua estrangeira (hebraico, aramaico ou grego) e inserido numa cultura, história e contexto social totalmente diferentes da realidade brasileira. A fim de expormos com objetividade, temos de interpretar o texto no horizonte de seu autor, com seu contexto e sua cultura, para depois aplicá-lo ao horizonte do ouvinte do século XXI.

Todos os textos bíblicos têm suas características específicas, dadas por Deus. É evidente que as expressões paulinas predominantes não são as mesmas usadas por Pedro, João ou Tiago, que a literatura poética é diferente da profética e que o texto de Gênesis difere daquele de Samuel, embora ambos os livros façam parte dos registros históricos.

Devemos reconhecer e descobrir as características específicas de qualquer texto bíblico, vencer a estranheza (barreira cultural) e descobrir o cerne do texto, superando nossos preconceitos e suposições individuais a fim de expô-lo de maneira fiel e objetiva, conforme as necessidades de nossas igrejas.

A mensagem bíblica encontra-se no texto bíblico em si, não em nós. Somos apenas portadores da mensagem divina presente na Bíblia. Por isso, temos de bombardear o texto bíblico com perguntas, analisá-lo, expô-lo e interpretá-lo, se quisermos comunicá-lo.

Tomemos como exemplo a Parábola do Semeador, em Mateus 13. Por que o semeador semeia à beira do caminho e em solo rochoso? Será que o semeador é negligente ou mal treinado nas técnicas agrícolas? Quanto à Parábola das Dez Virgens, em Mateus 25, podemos perguntar: quais são as tarefas das virgens? Por que algumas têm óleo e outras não? Atos 8 relata a história do encontro de Filipe com o eunuco. Onde fica a Etiópia? Quem é o eunuco? Por que ele era eunuco? Por que viajou para Jerusalém? Qual a distância entre a Etiópia e Jerusalém? Lemos em Lucas 2 que os pais de Jesus puseram-no numa manjedoura. O que é uma manjedoura? Por que os pais não usaram uma rede ou uma esteira?

4.3. INSTRUÇÕES PRÁTICAS PARA A EXEGESE

Os preparativos fundamentais. Antes de iniciar o trabalho detalhado de exegese, o aluno precisa familiarizar-se com o texto escolhido. É impossível conhecer alguém sem gastar tempo e mostrar interesse pela pessoa. As boas relações não surgem da noite para o dia, mas desenvolvem-se à medida que as partes interessam-se uma pela outra, comunicam-se, passeiam juntas, dialogam.

Para nos familiarizarmos com qualquer texto bíblico, precisamos relacionar-nos com a passagem escolhida, gastar tempo, meditar, prestar atenção nas palavras, orar. Familiarizar-se com um texto bíblico é um processo lento, demorado, mas gratificante. Charles Haddon Spurgeon, o rei dos pregadores ingleses do século XIX, disse a seus estudantes que, se não conseguissem pregar pelo menos 50 vezes sobre o mesmo texto, isso indicaria que ainda não haviam compreendido tal passagem em sua plenitude.

Observemos os seguintes passos metodológicos a serem seguidos para nos familiarizarmos com um texto bíblico específico:

1) Obtenha uma sólida impressão inicial do texto

a. Leia o texto escolhido em voz alta diversas vezes;

b. Leia versões bíblicas diferentes (ARA, ARC, BLH);

c. Memorize o conteúdo principal ou até todos os versículos.

2) Esclareça o contexto

a. Anote o que precede o texto;

b. Observe o que segue o texto;

c. Verifique qual o tema predominante dos contextos imediato e remoto.

É importante distinguir o contexto imediato (dentro do mesmo capítulo) do contexto remoto (dentro de alguns capítulos ou até do livro inteiro). A palavra contexto deriva dos termos com e texto. No contexto, consideramos tudo o que vem com o texto, ou seja, frases anteriores e posteriores, versículos anteriores e posteriores, capítulos anteriores e posteriores. As perguntas quanto ao contexto são:

a. Como a passagem se relaciona com o material a seu redor e com o contexto remoto?

b. Como a passagem se relaciona com o restante do livro?

c. Como a passagem se relaciona com a Bíblia como um todo?

d. Como a passagem se relaciona com a cultura, o momento histórico e o pensamento teológico da época em que foi escrita?

3) Estruture o texto

Você se prepara para falar sobre Marcos 5:1-20. Após ter lido diversas vezes o texto em voz alta, esclarecendo seu contexto imediato e o remoto, depois de ter feito a comparação sinótica, você se voltará para a estrutura do texto:

a. a chegada à terra dos gerasenos (v. 1);

b. a manifestação do geraseno endemoninhado (v. 2-5);

c. o endemoninhado na presença de Jesus e sua libertação (v. 6-13);

d. o relatório dos porqueiros e a reação dos gerasenos (v. 14-17);

e. a petição do curado e a resposta de Jesus (v. 18-19); e

f. o testemunho do curado (v. 20).

4) Observe o conteúdo total do livro que abrange o texto escolhido

Agora, você relaciona o texto com o restante do livro bíblico, a fim de verificar a linha principal da mensagem. Suponhamos que você esteja preparando uma mensagem sobre Romanos 5:1-11. Vamos relacionar este trecho com o restante da epístola. Assim, percebemos que o assunto-chave da epístola aos Romanos é a justificação pela fé, que se relaciona com a justiça de Deus.

4.4. EXEGESE LINGUISTICO GRAMATICAL

Concluído o trabalho de preparação, precisamos expor o texto linguística e gramaticalmente. A exegese linguística busca a etimologia e o significado de uma palavra, enquanto a exegese gramatical procura ver o termo em relação ao restante da frase ou do versículo. A pergunta fundamental na exegese linguístico-gramatical é sempre esta: O que realmente está escrito?

Os passos da metodologia da exegese linguístico-gramatical são os seguintes:

a. Traduzimos o texto de seu original hebraico ou grego;

b. Definimos os termos principais de um texto (e. g., Rm 3.21-31) com a ajuda de um dicionário hebraico ou grego, para compreendermos sua origem, seu desenvolvimento, seu uso e seu significado bíblico e cultural;

c. Comparamos algumas versões e traduções diferentes (ARA, ARC, BLH, BJ, BV);

d. Subdividimos as orações em seus componentes: sujeito, objeto, expressão principal, adjuntos adverbiais, frases secundárias; então, verificamos como cada um se relaciona com o restante do versículo;

e. Observamos as particularidades do texto: repetições de palavras, contrastes, interrogações, consequências, afirmações, etc;

f. Diferenciamos os substantivos dos verbos, advérbios e pronomes; a voz passiva da ativa; o subjuntivo do indicativo etc., para obtermos uma compreensão maior.

4.5. EXEGESE HISTÓRICO CULTURAL

A tarefa da exegese histórico-cultural é explicitar dados e circunstâncias históricos, costumes e tradições que se originaram em outra cultura. A pergunta fundamental na exegese histórico-cultural é sempre esta: Quais circunstâncias históricas e culturais precisam ser analisadas e compreendidas?

A metodologia da exegese histórico-cultural segue os seguintes passos:

a. Esclarecemos o pano de fundo histórico (de uma carta neotestamentária ou de um livro profético do Antigo Testamento;

b. Traçamos as conexões históricas será que o texto relaciona-se com acontecimentos anteriores?

c. Definimos o lugar e a época do fato;

d. Explicamos as tradições e os costumes (cf. Mt 3:12; Ap 19:15);

e. Observamos a situação geográfica (Mc 5:20).

4.6. FORMAS ESPECÍFICAS DE EXEGESE

A variedade de formas específicas de exegese bíblica é resultante das épocas diversas em que o texto bíblico originou-se, das formas literárias distintas existentes na própria Bíblia, da classificação dos livros bíblicos (históricos, poéticos, proféticos etc.) e de autores que representam camadas sociais diferentes (reis, lavradores, pescadores, profetas, apóstolos, poetas, músicos, acadêmicos).

1) A exegese do Antigo Testamento

Qual a relação entre o Antigo e o Novo Testamentos? Qual dos dois testamentos é o mais importante? Em que consiste a unidade essencial entre os dois testamentos? Por que o Antigo Testamento às vezes parece-nos tão difícil? Em comunhão com Seus discípulos e em Suas mensagens, Jesus referiu-Se várias vezes ao Antigo Testamento (cf. Mt 22:39-45; 21:42; Lc 24:26s.; 44-46; Mt 27:46).

No Antigo Testamento, Jesus percebeu o futuro de Seu caminho; o Antigo Testamento era a palavra da qual Jesus vivia, em que Ele meditava, até na hora de Sua morte. A igreja primitiva alimentava-se do Antigo Testamento e reconheceu nele a Palavra de Deus (cf. At 17:11; I Ts 4:13; II Tm 3:14ss.; At 2:17ss.; 4:25s.; 7:3ss.; 13:41, 47).

O Antigo Testamento testifica a revelação de Deus na história de Seu povo, Israel, do qual viria o Salvador (Jo 4:22; Gl 4:4). Israel recebeu, preservou e anunciou as promessas do Messias vindouro.

O Antigo e o Novo Testamentos complementam-se porque tratam da mesma história e plano de salvação, do mesmo Messias, embora com perspectivas diferentes (profecia e cumprimento). O que isto significa para a exegese? Na exposição de textos do Antigo Testamento, partimos do fato de que todos culminam na vinda do Messias. Nem sempre os textos dão um testemunho direto a respeito de Jesus, o Filho de Deus e Messias prometido, mas todos testificam os caminhos de Deus com Seu povo até que, na plenitude dos tempos, Ele enviou Seu Filho para a salvação de todo aquele que nEle crê (Gl 4:4).

Os textos históricos do Antigo Testamento revelam o amor infinito de Deus para com Seu povo escolhido, Israel, e testificam também a majestade de Deus na criação e sustentação do mundo como lugar da revelação divina. Finalmente, os textos históricos revelam a pedagogia divina no juízo e na graça, na desobediência e na submissão. Muitos deles possuem um significado tipológico em relação a Jesus Cristo: Melquisedeque (Gn 14), o sacrifício de Isaque (Gn 22), o sofrimento e a exaltação de José (Gn 37ss.), a serpente de bronze (Nm 2), a salvação de Jonas (Jn 1), o tabernáculo (Ex 25-31 e 37-40) e o maná (Ex16).

2) A exegese do Novo Testamento

A exegese do Novo Testamento difere daquela do Antigo Testamento pelo fato de o Messias já ter vindo. Enquanto o Antigo Testamento revela de maneira progressiva a vontade de Deus na história, por meio de Israel, o Novo Testamento proclama as boas novas de salvação, realizadas em Jesus Cristo, para todo aquele que nEle crê, independentemente de sua raça, cor, origem, status social ou educação.

No Antigo Testamento, Israel é o recipiente das revelações e promessas divinas, e os profetas, seus transmissores. No Novo Testamento, Jesus e os apóstolos são os transmissores, e a Igreja é a receptora das revelações divinas para as nações. Na exposição do Novo Testamento, é bom diferenciar entre textos sinópticos em geral, relatos de milagres, discursos, epístolas e textos proféticos.

Uma pesquisa objetiva desses gêneros literários nos ajudará a reconhecer melhor suas características inerentes, sua ênfase teológica específica e suas dimensões éticas.

4.7. MÉTODOS OU TÉCNICAS DE EXEGESE

A grande diferença entre os escritores do Novo Testamento e outros intérpretes da Bíblia de seu tempo reside na hermenêutica ou no âmbito dos pressupostos, como ficou claro no parágrafo anterior. Quando se trata de "métodos exegéticos", os escritores do NT valeram-se daqueles que eram conhecidos e praticados no seu tempo. Entre eles, a interpretação literal ou leitura histórica dos textos.

Também elaboraram *midrashes*, bem ao sabor da exegese judaica. O *midrash*, que literalmente significa "pesquisa", pois se deriva do verbo hebraico *darash*, designa uma exegese um tanto quanto expandida de textos ou acontecimentos do Antigo Testamento. Um exemplo clássico é I Coríntios 10. Neste texto, o apóstolo Paulo fala da pedra espiritual que seguia o povo de Israel, no deserto. A rigor, a novidade que Paulo traz a essa interpretação é que a pedra era Cristo.

No entanto, ao falar da pedra que seguia os israelitas, Paulo incorpora um elemento da exegese *mídráshica* judaica. Acontece que os rabinos, notando que na Lei existem vários incidentes em que água é tirada de uma pedra ou rocha, passaram a se perguntar se aquela pedra não seria uma só e sempre a mesma. Concluíram, é claro, que se tratava de uma só pedra, ambulante, por assim dizer. Este detalhe não consta do texto do Antigo Testamento, mas Paulo assume esta exegese expandida. Outro exemplo é II Coríntios 3:4-18, um texto em que Paulo faz uma releitura de um acontecimento da vida de Moisés, relatado unicamente em Êxodo 34.

Outro método exegético é conhecido como exegese *pésher*, um termo que quer dizer "interpretação". É o método do "isto é aquilo" ou "isto cumpre tal passagem". Quando Paulo diz, em I Coríntios 10:4, que a pedra era Cristo, está, a rigor, fazendo exegese tipo *pésher*. No entanto, mais comum é dizer "isto se refere a isto ou a estes", como tão bem ilustra o comentário a Habacuque, descoberto entre os textos de Qumran., "*o que ocorre é o que foi dito por intermédio do profeta Joel*" (At 2:16), é um exemplo de exegese do tipo *pésher*. Em Atos 4:11, a citação de Salmo 118:22, na forma de "*Este Jesus é a pedra rejeitada por vós, os construtores*", também revela uma exegese desse tipo.

Existe também um exemplo de exegese alegórica no Novo Testamento, a saber, Gálatas 4:24: "*Estas coisas são alegóricas*". No entanto, essa interpretação paulina está mais para tipologia, ou, então, *theoria*, como era chamada pelos teólogos da escola de Antioquia, do que propriamente alegoria. Acontece que Paulo não nega o caráter histórico das duas mulheres, Sara e Agar. Uma alegoria no sentido estrito do termo eliminaria o sentido histórico.

4.8. FERRAMENTAS PARA UMA BOA EXEGESE

Na maior parte das vezes, podemos fazer uma boa exegese com uma quantidade mínima de ajuda externa, posto que tal ajuda seja da mais alta qualidade. Compartilho três:

1) Comentários Bíblicos

Eles não são um fim em si mesmo. O interprete deve manter em mente o clima teológico em que foram produzidos, porque isso afeta de maneira direta a interpretação das Escrituras. Um comentarista pode ser capaz, em certa media, de evitar "boas" tendências e permitir que o documento fale por si mesmo, mas sua ênfase nos vários pensamentos na passagem será afetada pela corrente de pensamento de seus dias. Prefira os comentários críticos e exegéticos.

Ler sermões pode ser uma coisa agradável e gratificante; contudo, lembre-se de que sermões não são comentários. A observação de Blackwood parece-nos oportuna: "*Os 'comentários homiléticos', que apresentam planos de sermões já prontos, podem ser úteis para o pregador leigo, mas não devem ter lugar na estante do indivíduo com preparo num seminário. Um ministro instruído necessita de um ou dois comentários exegéticos de cada um dos livros mais importantes da Bíblia, bem como outros livros de valor que mostrem o significado das Sagradas Escrituras.*"

Os comentários oferecem amplas informações sobre antecedentes históricos, culturais e linguísticos do texto bíblico, bem como questões teológicas e filosóficas, que se mostram práticas e relevantes na história da teologia ou no pensamento da atualidade.

2) Dicionários Bíblicos

Na exegese bíblica, o uso de bons dicionários é indispensável para que sejam obtidos resultados claros, seguros e atualizados. Os dicionários foram elaborados por teólogos de renome internacional, que dominam bem as línguas originais das Escrituras Sagradas e possuem um vasto conhecimento teológico, histórico, cultural e arqueológico. É importante manter em mente a data da publicação. Todas as traduções de uma palavra devem ser avaliadas e não apenas tirar só o significado que interessa a nossa interpretação. Explore o recurso dos próprios sinônimos.

3) Bíblia em várias versões

A Palavra de Deus é a fonte singular para a pregação bíblica. A prédica evangélica alimenta-se, baseia-se, origina-se, inspira-se e motiva-se na Palavra de Deus, porque ela é o grande e inexorável reservatório da verdade cristã. Para o pregador do evangelho, não há nenhum motivo pelo qual deva desviar-se da Palavra de Deus. Ele é o profeta divino que anuncia a mensagem de Deus para sua geração. Quando o povo vai à igreja, deseja ouvir a Palavra de Deus interpretada com fidelidade e relevância quanto às necessidades atuais.

A Bíblia é um livro de variedade literária singular. Nela se encontra uma verdadeira biblioteca, com 66 livros contendo leis, histórias, poesias, profecias, literatura de sabedoria, narrativas, alegorias, parábolas, textos apocalípticos, biografias, crônicas, dramas, enigmas, visões, mensagens, cânticos, conversas, cartas, ensinamentos, orações, exclamações, interrogações, disputas, discursos e até convenções.

Tudo isso oferece material suficiente para a pregação bíblica em qualquer circunstância ministerial ou eclesiástica, por isso, na impossibilidade de fazer a tradução do original (grego e hebraico), compare a tradução que você usa com outras disponíveis: Nova versão Internacional (NVI), Revista e Atualizada (ARA), Revista e Corrigida (ARC), Nova Tradução na Linguagem de Hoje (NTLH), Bíblia de Jerusalém (BJ), Almeida Fiel (AF), etc.

BIBLIOGRAFIA

LUND, E.; NELSON, P. C. Hermenêutica. São Paulo: Editora Vida, 2002.

VIRKLER, Henry. Hermenêutica Avançada. São Paulo: Editora Vida, 2001.

FEE, Donald D.; STUART, Douglas. Entendes o que Lês? São Paulo: Editora Vida Nova, 2002.

REIFLER, Hans Ulrich. Pregação ao alcance de todos. São Paulo: Editora Vida Nova, 2002.

ZABATIEIRO, Julio. Manual de Exegese. São Paulo: Editora Hagnos, 2007.

SILVA, Cassio Murilo Dias da. Metodologia da exegese bíblica. São Paulo: Editora Paulinas, 2003.

A BIBLIA ANOTADA. São Paulo: Editora Mundo Cristão, 1.991. (1a. Edição) revista e atualizada.

Apostila de Hermenêutica. Organizada por Ronald Lima. IBES – Instituto Betel de Ensino Superior. 2004.

REIFLER, Hans Ulrich. Pregação ao alcance de todos. São Paulo: Editora Vida Nova, 2003.

Sites consultados:

www.borerfromabove.com/

www.criticanarede.com/hermeneutica

www.palavraprudente.com.br

Capítulo XII

Homilética

1. A NECESSIDADE E O VALOR DA HOMILÉTICA

Homilética é a arte de pregar ou de falar bem em público. Podemos definir homilética como a ciência de empregar os princípios do discurso público na pregação religiosa, é a arte de aplicar a Verdade de Deus às necessidades do homem. É o estudo do conjunto de regras que devem ser seguidas na elaboração e na transmissão oral de um sermão.

O termo "homilética" tem suas raízes etimológicas em 3 palavras da cultura grega:

1. *Homilos*, que significa "multidão", "turma", "assembleia do povo" (cf. At 18:17);

2. *Homilia*, que significa "associação", "companhia" (cf. i Co 15:33);

3. *Homileo*, que significa "falar", "conversar" (cf. Lc 24:14s.; At 20).

A Homilética, como disciplina teológica, pertence à Teologia Pragmática, também chamada de Teologia Prática ou Teologia Pastoral. As disciplinas que mais se aproximam da Homilética são a Hermenêutica e a Exegese.

Enquanto a hermenêutica é a ciência, arte e técnica de interpretar corretamente a Palavra de Deus, e a exegese a ciência, arte e técnica de expor as ideias bíblicas, a homilética é a ciência, arte e técnica de comunicar o evangelho. A hermenêutica interpreta um texto bíblico à luz de seu contexto; a exegese expõe um texto bíblico à luz da teologia bíblica; e a homilética comunica um texto bíblico à luz da pregação bíblica.

A homilética depende amplamente da hermenêutica e da exegese. Homilética sem hermenêutica bíblica é trombeta de som incerto (I Co 14.8) e homilética sem exegese bíblica é a mera comunicação de uma mensagem humanista e morta. A Homilética não tem como finalidade a de acrescentar o dom da oratória a uma pessoa, mas a de aperfeiçoar o dom em quem já o possui, a fim de que possa usá-lo com eficiência para atingir um resultado maior e melhor.

Sendo assim, se uma pessoa prega bem sem a Homilética, pregará ainda melhor com ela. Seu propósito é auxiliar o pregador na transmissão da mensagem de Deus de maneira a revelar o máximo da verdade iluminadora.

A Igreja viva de nosso Senhor Jesus Cristo origina-se, vive e é perpetuada pela Palavra de Deus: "*E, assim, a fé vem pela pregação, e a pregação, pela palavra de Cristo.*" (Rm 10:17). Pregar o Evangelho significa despertar, confirmar, estimular, consolidar e aperfeiçoar a fé (cf. Ef 4:11ss.). por essa razão a pregação e a característica marcante do Cristianismo. Para pastores, seminaristas e futuros pregadores do Evangelho, a Homilética constitui a "coroa da preparação ministerial", porque para ela convergem todas as matérias teológicas, a fim de originar, vivificar, caracterizar, renovar e perpetuar o cristianismo autêntico.

Alem de importante, a Homilética é também nobre, porque se interessa exclusivamente pelo bem das almas, que são objeto do amor infinito, da graça remidora e do poder renovador de Jesus Cristo. Ela é importante devido a seu conteúdo — a proclamação da Palavra de Deus — seu lugar central na preparação do ministro do Evangelho e seu objetivo — o bem estar do homem.

Portanto, é um erro depender exclusivamente do auxilio divino, esquivando-se de qualquer estudo, esforço e trabalho de pesquisa. O sermão que mais seguramente, poderá conter a benção de Deus é aquele que maior trabalho tenha exigido do pregador. É um engano supor que os ouvintes não percebem o valor de um sermão bem composto e ordenado. Eles sentem o efeito disso, embora não saibam explicá-lo.

1.2. A IMPORTÂNCIA DA HOMILÉTICA

A igreja viva de nosso Senhor Jesus Cristo origina-se, vive e é perpetuada pela Palavra de Deus (Rm 10.17). Pregar o evangelho significa despertar, confirmar, estimular, consolidar e aperfeiçoar a fé (Ef 4.11ss.). Por essa razão, a prédica é a característica marcante do cristianismo. "Nenhuma outra religião jamais tornara a reunião frequente e regular de massas humanas para ouvir instrução religiosa e exortação uma parte integrante do culto divino". Para o seminarista e futuro pregador do evangelho, "a homilética constitui a coroa da preparação ministerial" porque para ela convergem todas as matérias teológicas, a fim de originar, vivificar, caracterizar, renovar e perpetuar o cristianismo autêntico.

Além de importante, a homilética é também nobre, "porque se interessa exclusiva--mente pelo bem das almas", A. Nobre, Manual do Pregador (São Paulo: Casa Edi-tora Presbiteriana, 1955), p. 7. que são objeto do amor infinito, da graça remidora e do poder renovador de Jesus Cristo. Durante o COMIBAM 87 (Congresso Missionário Ibero-Americano), o líder evangélico René Zapata (El Salvador) disse :"A pregação é o principal meio de difusão do cristianismo, mais poderosa do que a página escrita, mais efetiva do que a visitação e o aconselhamento, mais importante do que as cerimônias religiosas. É uma necessidade sobrenatural, convence a mente, aviva a imaginação, move os sentimentos, impulsiona poderosamente a vontade. Mas, depende do poder do Espírito Santo. É um instrumento divino; não é resultado da sabedoria humana, não descansa na eloquência, não é escrava da homilética". Ultimato nº 192, fevereiro de 1988, p. 7.

A homilética é importante devido a seu conteúdo (a proclamação do evangelho como característica fundamental do cristianismo autêntico), seu lugar central na preparação do ministro evangélico e seu objeto (o bem-estar do homem, criado por Deus).

1.3. A NATUREZA DA HOMILÉTICA

É a teoria e prática da pregação do evangelho de nosso bendito Senhor Jesus Cristo, que revela o poder e a justiça de Deus para todo homem que nEle crê (Rm 1.16). O teólogo alemão Trillha as define a natureza prática da homilética como "a voz do evangelho na época atual da igreja de Cristo".

Os termos pregação e pregar vêm do latim praedicare, que significa (proclamar). O Novo Testamento emprega quatro verbos para exemplificar a natureza da pregação. Vejamos:

1) Kerysso

A palavra grega Kerisso significa proclamar, anunciar, tornar conhecido. Há 61 ocorrências no Novo Testamento concernente a este termo, e está relacionado com o arauto (keryx), "que é comissionado pelo seu soberano... para anunciar em alta voz alguma notícia, para assim torná-la conhecida".

Assim, pregar o evangelho significa fazer o serviço e cumprir a missão de um arauto. João Batista era o arauto de Deus. Para sua atividade, os livros sinópticos empregam o termo kerysso (cf. Mt 3:1; Mc 1:4; Lc 3:3) Jesus, por Sua vez, era arauto de Seu Pai (cf. Mt 4:17, 23; 11:1; e os doze discípulos, Paulo e Timóteo, arautos de Jesus (cf. Mt 10:7, 27; Mc 16:15; Lc 24:47; At 10:42; Rm 10:8; I Co 1:23; 15:11; II Co 4:5; Gl 2:2; I Ts 2:9; I Tm 3:16; II Tm 4:2). Estas referências bíblicas mostram que a natureza da pregação consiste em quatro características principais:

a. Um arauto fala e age em nome do seu senhor. O arauto é o porta-voz de seu mestre. É isto que dá à sua palavra legitimidade, credibilidade e autenticidade;

b. A proclamação do arauto já é determinada. Ele deve tornar conhecidas a vontade e a palavra de seu senhor. O não-cumprimento desta missão desclassifica-o de sua função e responsabilidade;

c. O teor principal da mensagem do arauto bíblico é o anúncio do reino de Deus (cf. Mt 4:17-23; 9:35; 10:7; 24:14; Lc 8:1; 9:2);

d. O receptor da mensagem do arauto bíblico é o mundo inteiro (cf. Mt 24:14; 26:13; Mc 16:15; Lc 24:47; Cl 1:23; I Tm 3:16).

2) Evangelizomai

A palavra *Euangelizomai* significa evangelizar. Quem evangeliza transmite boas novas, uma mensagem de alegria, uma boa noticia. Assim se caracteriza a natureza da prédica evangélica. O pregador do evangelho é o portador de boas novas, de uma mensagem de salvação e alegria.

O pregador do evangelho anuncia estas boas novas de salvação ao homem corrompido por seu pecado (Is 52:7; Rm 10:15). O conteúdo do evangelho é a salvação realizada por Jesus Cristo na cruz do calvário (cf. Lc 2:10; At 8:35; 17:18; Rm 1:16; I Co 15:1; Gl 1:16; Ef 3:8), e seu alcance é o mundo inteiro. O evangelho é para todos (cf. At 5:42; 11:20; I Co 1:17; 9:16).

3) Martyrein

A palavra grega *Martyrein* significa testemunhar, testificar, ser testemunha. O testemunho de Jesus Cristo é outra característica autêntica da pregação evangélica. Jesus convidou seus discípulos para serem Suas testemunhas do poder do Espírito Santo (Lc 24:48; At 1:8).

A testemunha qualifica-se através da comprovação de sua experiência. Isto lhe dá credibilidade, convicção e liberdade no cumprimento de sua missão. O apóstolo João escreveu: "*... e nós temos crido e conhecido que tu és o Santo de Deus*" (Jo 6.69). Isto significa que somente aquele que experimentou pessoalmente o poder salvador e transformador de Cristo, por meio da fé em Sua pessoa e obra, é qualificado para ser testemunha evangélica.

Por isso, a testemunha do Novo Testamento testifica para outras pessoas aquilo que apropriou pela fé. A isto Paulo afirma: "*E o que de minha parte ouviste, através de muitas testemunhas, isso mesmo transmite a homens fiéis e também idôneos para instruir a outros*". (II Tm 2:2).

4) Didaskein

A palavra *Didaskein* significa ensinar. Este verbo é encontrado 95 vezes no Novo Testamento. Seu significado é sempre ensinar ou instruir. O Novo Testamento apresenta-nos Jesus como um grande educador, e podemos conferir isso no:

a. **Sermão do monte**: *"Quando Jesus acabou de proferir estas palavras, estavam as multidões maravilhadas da sua doutrina; porque ele as ensinava como quem tem autoridade, e não como os escribas"* (Mt 7:28, 29);

b. **Nas sinagogas**: *"E percorria Jesus todas as cidades e povoados, ensinando nas sinagogas, pregando o evangelho do reino e curando toda sorte de doenças e enfermidades"* (Mt 9:35); *"E, chegando à sua terra, ensinava-os na sinagoga..."* (Mt 13:54); *"Chegando o sábado, passou a ensinar na sinagoga..."* (Mc 6:2);

c. **No templo**: *"Jesus, ensinando no templo, perguntou: Como dizem os escribas que o Cristo é filho de Davi?"* (Mc 12:35); *"Jesus ensinava todos os dias no templo..."* (Lc 21:37); *"Declarou-lhe Jesus: Eu tenho falado francamente ao mundo; ensinei continuamente tanto nas sinagogas como no templo, onde todos os judeus se reúnem, e nada disse em oculto"* (Jo 18:20);

d. **Ao ar livre**: *"Ao desembarcar, viu Jesus uma grande multidão e compadeceu-se deles, porque eram como ovelhas que não têm pastor. E passou a ensinar-lhes muitas coisas."* (Mc 6.34); *"Entrando em um dos barcos, que era o de Simão, pediu-lhe que o afastasse um pouco da praia; e, assentando-se, ensinava do barco as multidões."* (Lc 5:3).

Os apóstolos também reconheceram a importância do ensino para as igrejas recém-fundadas (At 2:42; 5:28). O alvo do ensino apostólico era firmar os cristãos em sua fé, prepará-los para o serviço e aperfeiçoá-los para a vinda do Senhor Jesus Cristo (Ef 4:11). Portanto, a natureza da mensagem evangélica é explicar a história da salvação, transparecer a revelação e o plano de Deus para o mundo, a igreja e o incrédulo (At 2:42; 20:20; I Tm 3:2b, 4:13; II Tm 2:24).

O alvo do ensino apostólico não é a cognição nem simplesmente o conhecimento intelectual, mas o conhecimento místico, prático, salvador e transformador de vidas, para que sejam santificadas e preparadas a fim de produzirem as boas obras que o Senhor dispôs de antemão para que andassem nelas (cf. I Co 1:5; Ef 2:10; II Ts 2:15; II Jo 9).

1.4. O QUE É PREGAÇÃO?

Vamos agora falar da pregação. Pregar significa anunciar, divulgar, proclamar em alta voz uma determinada mensagem. Qual é a mensagem que o pregador deve proclamar? A mensagem da Bíblia. A Bíblia e somente a Bíblia que o pregador deve anunciar.

"A pregação é aquele processo único pelo qual Deus, mediante Seu mensageiro escolhido, se introduz na família humana e coloca pessoas perante Si, face a face. Sem essa confrontação a pregação não é verdadeira". Já no pensamento de Blackwood pregação significa *"verdade divina através da personalidade ou a verdade de Deus apresentada por uma personalidade escolhida, para ir ao encontro das necessidades humanas"*.

A função profética, ou a pregação, é um serviço oferecido a Deus e revelado na prática de anunciar a vontade, o amor e o zelo de Deus pelo seu povo. Dentre as tarefas que caracterizam o ministério pastoral, na perspectiva e realidade brasileira, a função de proclamar a palavra de Deus é prioritária.

A pregação devia ser considerada a mais nobre tarefa que existe na terra. Aquele que é chamado por Deus para proclamar o Evangelho deveria destacar-se como o homem mais importante na sua comunidade. No púlpito ele poderá fazer muito do seu melhor trabalho para o tempo e para a Eternidade.

Pregação significa verdade divina através da personalidade ou a verdade de Deus apresentada, para ir ao encontro das necessidades humanas. As necessidades do homem são especialmente resultado do pecado. Aquele que sobe ao púlpito, considera-se chamado de Deus para aplicar essas verdades.

As Sagradas Escrituras é a fonte inesgotável da mensagem de Deus. Suas páginas inspiradas contêm tudo o que precisa o servo de Deus para o desempenho eficiente da missão de pregar. Este maravilhoso Livro apresenta variado material para o abastecimento perene do obreiro: poesia, história, biografia, doutrina, profecia... A Bíblia tem uma palavra adequada para cada ouvinte, em todo o tempo e em qualquer circunstância: é pão para o faminto, água para o sedento, alívio para o amargurado, conforto para o perseguido e luz para o duvidoso.

O apóstolo Paulo reconheceu o valor das Escrituras Sagradas, quando disse: "*Toda Escritura é divinamente inspirada e proveitosa para ensinar, para repreender, para corrigir, para instruir em justiça; para que o homem de Deus seja perfeito e perfeitamente preparado para toda boa obra*" (II Tm 3:16-17). Jeremias, o profeta do Antigo Testamento, também reconheceu o valor da Palavra do Senhor, quando ouviu de Deus as seguintes palavras: "*Não é a minha Palavra como fogo, diz o Senhor; e como martelo que esmiúça a pedra?*" (Jr 23:29). O famoso rei Davi disse: "*Os preceitos do Senhor são retos, e alegram o coração; o mandamento do Senhor é puro, e alumia os olhos*" (Sl 19:8).

É muito importante que o pregador examine a sua Bíblia de diferentes modos, evitando assim o enfado ou monotonia e tornando o estudo mais atraente e proveitoso. Deve considerá-la como um todo, procurando vê-la de maneira ampla ou geral, como alguém que, de avião, contempla panoramicamente determinada cidade. A seguir, procure estudar livro por livro, a fim de compreender os ensinos principais, os fatos salientes de cada um deles, inclusive o autor, a data, as circunstâncias históricas, a quem foi dirigida a sua mensagem e com que intento. Depois estude os seus capítulos mais notáveis, os quais apresenta verdades profundas e essenciais. Então procure os textos que se destacam pelo seu valor e profundeza, buscando sempre entender o seu verdadeiro sentido.

1.5. A HISTÓRIA DA PREGAÇÃO

No Antigo Testamento, os profetas destacavam-se dos outros homens. Estes homens falaram em épocas diversas, mas todos estão interrelacionados, pois que demonstram o significado da "verdade através da personalidade".

Um estudo de pregação no Novo Testamento começa com João Batista, que só foi superado pelo Senhor. A lista dos pregadores inclui Pedro, Paulo e o autor da Epístola aos Hebreus. Estes homens figuram na História principalmente como pregadores do Evangelho. Nosso Senhor gastou muito tempo do seu ministério ativo na "preparação dos doze", porque Ele queria que a Igreja desde os seus primórdios exaltasse a obra do pregador.

A História da Igreja Primitiva nos ensina a mesma lição, tanto positiva como negativamente. Consideremos, por exemplo, Crisóstomo, Agostinho e Ambrósio, que destacavam-se em outros predicados, mas acima de tudo, como pregadores.

Em toda a Idade Média, dois homens, Bernardo de Clairvaux e Francisco de Assis, tal como os apóstolos e os pais da Igreja Primitiva sobressaíram-se noutros campos, mas tanto um como outro se considerava, acima de tudo, pregador. Interpretavam por meio da pena e da voz, a vontade de Deus. Essa é uma das principais razões porque ainda vivem no coração dos que amam a pregação da Palavra.

Durante a Reforma, a obra do pregador salientou-se ainda mais. Martinho Lutero, João Calvino, João Knox e outros líderes da Reforma, afirmaria com certeza, ser a pregação a coisa mais importante de suas vidas. Lutero traduziu a Bíblia para o alemão, realizou uma obra imensa para o inicio da Igreja Protestante, Calvino foi um excelente comentador e teólogo, mas acima de tudo distinguiram-se como pregadores.

Na contra-reforma a Igreja Romana começou, de novo, a exaltar a obra do pregador. Desde o tempo de Crisóstomo, nunca a Igreja Cristã ouviu a oratória sagrada com tanto valor como a de Bossuet e Bourdalouce, Massillon e Fénelon.

Pouco depois na Inglaterra, João Wesley e George Whitefield foram os mentores de uma avivamento na Igreja Cristã. Embora Wesley possuísse muitos outros dons, considerava-se acima de tudo, pregador e promovedor do Reino por intermédio de outros pregadores. Igualmente Whitefield se sobressaiu como arauto do Evangelho.

Quanto ás outras Igrejas da Inglaterra, os limites deste trabalho não permitem sequer um rápido esboço. Mas uma análise dos fatos mostraria que, onde quer que a Igreja tenha progredido espiritualmente, tem-se dado ênfase à pregação.

Nos Estados Unidos, o bem estar espiritual da Igreja tem sido variável. Entretanto, todos os jovens pregadores deveriam alegrar-se, porque são sucessores de homens poderosos, que falaram em nome de Deus com paixão e com poder.

1.6. A PREGAÇÃO E SEUS OBJETIVOS

O objetivo de Deus em usar um pregador e a sua Palavra e trazer de volta o homem que está afastado dele por causa dos seus pecados e da desobediência. Paulo defende que a pregação tem por objetivo comunicar aos homens *"todo o desígnio de Deus"* (At 20:27), em todos os níveis de maturidade e entendimento. Cada pregador então deve saber que é apenas um instrumento que Deus usa para que a sua vontade seja conhecida aos seus contemporâneos.

Além dos objetivos específicos os pregadores devem considerar os objetivos gerais da pregação tais como:

1) Objetivo Evangelístico

Neste tipo de sermão o pregador compartilha os diversos textos da Palavra de Deus que anunciam a salvação do homem perdido através da pessoa maravilhosa de Cristo Jesus. Coloque o máximo de esforço na pregação de sermões evangelísticos, pois eles devem ser os melhores sermões que pregamos. Estes sermões não devem ser muito longos.

Há, igualmente, um vocabulário utilizado pelo pregador e que tem como fonte a Teologia cristã e a Doutrina bíblica. São ricas e plenas de significado as palavras que o constituem e que são empregadas na comunicação do evangelho. Os conceitos mais destacados são Graça, Fé, Salvação, Justificação, Santificação, Glorificação.

Graça – Graça é o amor de Deus que por força do pecado é imerecido pelo ser humano. É a mais expressiva das palavras do vocabulário da pregação.

Efésios 2:8 declara que "*Pela graça sois salvos, por meio da fé; e isto não vem de vós, é dom de Deus*".

Fé – A fé é instrumental, básica e essencial, pois sem ela "*é impossível agradar a Deus*", como ensina Hebreus 6:11. A fé nos conduz à justificação, outro excelente vocábulo da fé cristã.

Salvação – A obra de restauração do ser humano pela graça divina mediante a fé pessoal é chamada de salvação, e compreende três fases: a justificação, a santificação e a glorificação. A primeira ocorre num momento crítico do kairos, ponto de retorno de caminhada, e se estende na busca da semelhança a Jesus Cristo naquilo que é denominado santificação. A glorificação, ápice da obra salvadora, ocorre tão-sómente na Glória Eterna.

Paz – O resultado de toda a obra de salvação é trazer qualidade de vida ao convertido. Paz é a consequência da justificação.

É preciso pregar sermões evangelísticos com espírito de urgência, amor, compaixão e sempre na dependência do Espírito Santo. Lembre-se a conversão é obra do Espírito Santo, mas a pregação e tarefa que todo pregador devem levar a sério. O que o Senhor espera é que o sermão seja proclamado com fidelidade e equilíbrio, em acordo com a sua Santa Palavra.

2) O Objetivo Doutrinário

Usar este tipo de objetivo ao pregar suas mensagens é uma resposta ao desejo que existe no coração do crente de aprender mais sobre Deus, a Bíblia e aos assuntos espirituais. Um bom recurso para atender esta necessidade da congregação é solicitar aos irmãos que através de uma pesquisa, que sugiram temas, assuntos, dúvidas ou ênfases doutrinárias que mais eles têm necessidades. Uma boa ocasião para fazer isto é quando você chega à igreja e assim você pode planejar com cuidado seu plano de pregação atendendo as necessidades indicadas enquanto vai fazendo a sua própria avaliação da comunidade.

Os sermões doutrinários são úteis para preparar os crentes em relação ao surgimento de heresias e as possíveis entradas delas em nosso meio. Auxiliam os crentes a serem mais interessados e ativos na vida cristã contribuindo assim para o crescimento e o fortalecimento da igreja.

Estes sermões também auxiliam e muito o pregador na capacidade de sistematizar os assuntos da fé cristã. Ajudam o pregador a estudar mais e lhe fortalecem o espírito, o intelecto e o raciocínio dando-lhe uma atitude mais apologética.

3) O Objetivo Ético

Os sermões com objetivos éticos são aqueles que tratam do relacionamento horizontal, ou do relacionamento entre os seres humanos. Tratam de como viver a vida cristã em relação à sociedade que nos cerca. O cristianismo é uma religião altamente ética. Vivemos numa nação terrivelmente afetada por ausência de uma postura ética correta. Há problemas de valores, de alvos, de princípios.

Em que está baseado o nosso sistema de valores? A Bíblia tem princípios morais eternos e que podem resgatar a sociedade de qualquer país, inclusive o nosso. Eu e você precisamos enfrentar, com ajuda do Senhor, o desafio moral e ético de nosso país. E mesmo que a mídia esteja longe do nosso alcance temos semanalmente um microfone e um auditório assentado e aguardando a nossa vez de proclamar a Palavra.

Eis alguns dos problemas morais e éticos que devem fazer parte do sermonário, a ser exposto nos púlpitos: a corrupção, a gula, a pornografia, as drogas, a honestidade, o preconceito, a inveja, a cobiça, o amor, as inimizades, os pensamentos impuros, a televisão, a pobreza, a tentação, a violência, a língua, a ecologia, a paz mundial, as guerras, o desemprego, e muitos outros.

É importante que o pregador da Palavra de Deus seja sensível aos problemas sociais e éticos e aplicar a Palavra de Deus de modo que ofereça uma alternativa eficaz.

4. O Objetivo Consagratório

Sermões com este objetivo visam uma maior dedicação dos crentes à causa de Deus. A percepção hoje é que nas igrejas os cristãos estão acomodados, frios, e indiferentes. É importante dar atenção para a pregação de sermões que despertem o povo para uma maior consagração de suas vidas ao Senhor Jesus e a sua obra, e através destes sermões, ajudar os crentes na descoberta e uso dos dons espirituais além do que também auxiliamos os irmãos a enfrentarem, devidamente capacitados pela palavra, a sua batalha contra o pecado.

É preciso pregar estes sermões como amor e um espírito compassivo, em vez de condenar o povo. Neste sentido, o conteúdo das mensagens deve ser mais positivo do que negativo. É preciso que sejam sermões que apelem a lógica e à razão (inteligência), à vontade e às emoções. É preciso oferecer sugestões práticas para o povo, bem como oportunidades para desenvolverem os seus dons.

5. O Objetivo Devocional

Neste tipo de objetivo o sermão enfatiza a relação do crente com Deus. Também chamamos esta ênfase de relacionamento vertical. Como pregadores da Palavra de Deus temos a possibilidade de conduzir nossos irmãos e ouvintes à presença do Pai celeste e de estabelecer confrontação com os hábitos devocionais que conduzem o cristão à maturidade. Assim podemos explorar nos sermões devocionais os diversos temas ligados à adoração, à comunhão, à oração, ao estudo da Bíblia, à contribuição, ao serviço de amor. Precisamos ensinar o nosso povo a recarregar as baterias espirituais e firmar um compromisso pessoal de devoção ao Senhor.

Precisamos a exemplo de Samuel manter sempre acesa a chama da devoção (I Sm 7:17) como também ajudar os irmãos nesta área. Um dos grandes riscos do ministério e dos afazeres da vida cotidiana é perdermos o senso e a prática devocional. A lição deixada por Samuel é de que não podemos deixar que se apague esta chama da devoção particular e pessoal ao Deus Todo-Poderoso.

1.7. O PROPÓSITO DA PREGAÇÃO

O propósito da pregação é o de informar, convencer, estimular e motivar os ouvintes a praticar a mensagem. Para isso, o pregador precisa falar bem e de forma atraente, para que o público entenda seu sermão e queira ouvi-lo até o seu final.

Os alvos para a inspiração são principalmente aqueles que estimulam os sentimentos e as atitudes, enquanto o sermão que produz uma ação tem como objetivo uma resposta mais manifesta. Os alvos da convicção tratam das crenças e das doutrinas. Os sermões para informar tentam expor um bom conhecimento dos ensinos das Escrituras e sua relação com as necessidades dos homens.

Para cada sermão preparado, o pregador deve ter um propósito estabelecido, claro e conciso. Para isso, deve-se primeiro determinar se o objetivo geral do sermão será informar, convencer, estimular ou praticar.

Desenvolvemos a mais importante tarefa no planeta quando compartilhamos a Palavra de Deus com pessoas a cada semana. Gastemos tempo com isso. Nada influenciará mais nossa igreja que a pregação. Nosso objetivo não é outro senão mudar vidas. Comprometamo-nos em pregar de uma forma coerente com o propósito de Deus para o homem e com o propósito de Deus para sua Palavra.

2. O PREGADOR

O pregador do Evangelho é um proclamador dos céus na terra. Existem muitos chamados neste mundo. Há pessoas que são chamadas para ser empresários, executivos, governantes, reis e rainhas, mas o chamado para ser um pregador está além destes chamados. É uma determinação soberana do próprio Deus, escolhendo alguns para tão grande tarefa.

Ser um pregador não é uma missão qualquer. O pregador da Palavra tem uma tarefa grandiosa, que é proclamar principalmente o amor de Deus aos pecadores. A principal função do pregador é levar ao mundo a mensagem que Deus quer salvar e abençoar, através de Cristo.

O pregador é um porta-voz de Deus entre os homens. Há nos dias de hoje, reclamações de que muitos pregadores proferem discursos cansativos e monótonos ou até mesmo, pela falta do que falar gastam todo o tempo desenvolvendo-se na arte de contar estórias e anedotas. Esta situação, que é agravante, obriga aqueles que se preocupam com a arte de pregar a pensarem em alguns recursos essenciais para a proclamação eficiente da mensagem do Evangelho.

A finalidade essencial deste curso é a de resgatar valores perdidos nos púlpitos brasileiros, pois, um pregador é um apaixonado pelo evangelho, pois, por ele foi transformado e por ele dá a vida. A vida do pregador deve ser o Evangelho de Cristo. Como nos ensina o apóstolo Paulo:

"Sou grato para com aquele que me fortaleceu, Cristo Jesus, nosso Senhor, que me considerou fiel, designando-me para o ministério, a mim que noutro tempo era blasfemo, perseguidor e insolente. Mas obtive misericórdia, pois o fiz na ignorância, na incredulidade. Transbordou, porém, a graça de nosso Senhor com a fé e o amor que há em Cristo Jesus" (I Tm 1:12-14).

2.1. O PREPARO INDIVIDUAL DO PREGADOR

Antes mesmo de preocupar-se com a mensagem, deve o pregador cuidar de si. É princípio inegável que aquilo que ele faz depende do que ele é. Daí as recomendações de Paulo a Timóteo: "*Tem cuidado de ti mesmo (a pessoa) e da doutrina*" (o trabalho) (I Tm 3:16); e mais adiante: "*Procura apresentar-te aprovado perante Deus, como obreiro que não tem de que se envergonhar (o indivíduo) e que maneja bem a palavra da verdade*", (*a ação*) (II Tm 2:15).

Para que o pregador seja bem sucedido em seu trabalho, é indispensável uma preparação completa, a qual abrange três aspectos: físico, intelectual e espiritual.

1) Preparação física

A Bíblia fala muito a respeito do equilíbrio das refeições. Nunca devemos exagerar na alimentação. Só recentemente que a ciência descobriu que a comida em excesso, pode ser prejudicial. Porém, a Bíblia Sagrada ensinava essa verdade há 3.500 anos atrás. "*Depois disse o Senhor a Moisés: Fala aos filhos de Israel, dizendo: Nenhuma gordura de boi, nem de carneiro, nem de cabra comereis. Todavia pode-se usar a gordura do animal que morre por si mesmo, e a gordura do que é dilacerado por feras, para qualquer outro fim; mas de maneira alguma comereis dela*" (Lv 7:22-24).

Temos conhecimento no dia de hoje, quão pernicioso é o colesterol em nosso sangue. O exercício também é muito importante para quem quer servir ao Senhor. Longas caminhadas e outras atividades que "desemperram" os músculos são indispensáveis na vida do servo do Senhor. Acredito que o fator que pesou na longevidade de anos na vida dos servos do Senhor, foi sem dúvida alguma, as longas caminhadas que eles eram obrigados a fazer no cotidiano de suas vidas. Abraão, Isaque, Jacó e muitos outros patriarcas eram caminhantes inveterados.

O próprio Moisés caminhou no deserto, conduzindo o rebelde povo de Israel, pelo menos quarenta anos. Não é de admirar que Moises morreu com 120 anos de idade (Dt 34:7). Se Moisés tivesse algum problema sério de saúde, naturalmente não seria usado por Deus para estar à frente do povo hebreu por longos quarenta anos. Vamos imaginar se Moisés fosse um cardíaco. Como resistiria ele as longas caminhadas naquele deserto abrasador? É necessário, portanto, que o servo do Senhor cuide de sua saúde. O apóstolo João, o ancião, desejou saúde ao seu amigo Gaio (III Jo v. 2).

2) Preparação intelectual

É natural que o pregador seja amante dos livros. Indispensável, pois, se torna que vá, aos poucos, formando a sua biblioteca. Devido ao elevado custo atual dos livros, deve o pregador selecionar os volumes que precisa adquirir, evitando gastar tempo e dinheiro com obras que poderia dispensar. O pregador compreensivo se dedicará às matérias essenciais, ao tipo de estudo mais proveitoso para o seu ministério. Não perderá os seus momentos preciosos com leituras supérfluas ou que nada edificam.

Além da Bíblia, que é o primordial, e da Arte de Pregar, a língua materna deve merecer sua atenção perene. Como é lamentável o pregador, e quanto é prejudicial à mensagem, cometer graves erros de português. Não se fala de ser um erudito, mas de evitar erros primários. Quanto mais cultura ele tiver, mais fácil e mais eficiente será o seu ministério.

O pregador precisa conhecer bem o homem e a cultura de seu tempo: suas ideias, seus costumes, seus problemas, seus recursos, sua personalidade e sua psicologia. Por isso, o pregador não pode contentar-se em estudar apenas sua Bíblia. O pregador não deve ser "homem de um livro só". Mas, há muita gente que se ufana disso. Quem afirma que o pregador deve estudar só a Bíblia revela ignorância ou preguiça mental.

O pregador precisa estar em dia com o seu tempo, com a cultura de seu povo ou do povo a quem ele vai ministrar. Se ele está no Brasil, precisa conhecer a psicologia do povo brasileiro, o grau de cultura deste povo, suas aspirações, suas frustrações, o que faz, como o faz, o que pensa e o que pretende. Se ele dirigir a outro país, terá que conhecer o mesmo a respeito do povo daquele país. Precisará não só conhecer essa cultura, mas assimilá-la e integrar-se nela.

Por isso, o pregador terá que ler muito. Ler jornais, revistas, livros; ouvir rádio, ver televisão (menos o que não presta); estar se informando dos mais diversos noticiários do mundo. Ele precisa ver, ouvir e sentir o seu povo. Paulo, o apóstolo aos gentios, não se esquecia do seu preparo intelectual, e isto se nota quando ele pediu ao seu colega Timóteo, os livros e pergaminhos (cf. II Tm 4:13). Concluímos, pois, que Paulo valorizava o preparo intelectual.

2.2. O PREPARO ESPIRITUAL DO PREGADOR

O pregador deve, prioritariamente, buscar a qualidade espiritual. O bom condicionamento físico e o preparo intelectual são bons, e até necessários, mas nada disso adianta, se o pregador não empenhar-se na busca da santidade, (I Tm 4:13).

1) Estudo da Bíblia

O pregador deve levar a sério o estudo das Sagradas Escrituras. Para obter sucesso em sua labuta no dia a dia, o pregador ou pastor precisa desenvolver o hábito de estudar com afinco o Santo Livro. "*Não se aparte de sua boca o livro desta lei, antes medita nele dia e noite, para que tenhas cuidado de fazer conforme tudo quanto nele está escrito; porque então farás prosperar o teu caminho, e serás bem sucedido*" (Js 1:8).

Neste pequeno e excelente versículo, temos uma receita divina. Deus, aqui, mostra o que futuro sucesso de Josué, seria observar e pôr em prática o Santo Livro. Paulo também sabia do valor das Escrituras Sagradas na vida de Timóteo, seu filho na fé. Eis o conselho que

Paulo deu ao Jovem Timóteo: "*Procure apresentar-te diante de Deus aprovado, como obreiro que maneja bem a palavra da verdade*" (II Tm 2:15).

As Santas Escrituras são instrumentos poderosíssimos na vida de quem quer dedicar na causa do Evangelho. Paulo, o maior pregador de todos os tempos, abaixo de Cristo, disse: "*Porque não me envergonho do Evangelho, pois o é poder de Deus para salvação de todo aquele que crê; primeiro do judeu, e também do grego*" (Rm 1:16).

2) Dedicação à Oração

Devido a grande importância do assunto, dedicaremos alguns parágrafos à oração, como fator sem igual para o progresso espiritual do obreiro. Alguém, numa certa ocasião, disse acertadamente: "*A oração é a primeira, a segunda e a terceira coisa necessária ao pregador*". O pregador que não se dedica à oração, não pode ser bem sucedido em seu ministério.

Todas as Escrituras estão cheias de exemplos de homens de oração profunda e piedosa. Os heróis do Antigo Testamento a usavam como arma eficiente nas suas grandes vitórias. Um dos grandes exemplos de oração é o do patriarca Jó. Jó sofreu as mais terríveis pressões que a vida reserva; porém, a Bíblia diz que Jó continuou imbatível em sua jornada de fé. Jó perdeu todos os seus bens materiais, perdeu todos os seus dez filhos, e, por fim, perdeu a saúde, mas não perdeu a sua esperança no Todo-Poderoso.

Este valoroso homem continuava orando a Deus, apesar dos dissabores que sofreu. Vejamos o que a Bíblia diz a respeito de Jó e sua oração: "*O Senhor, pois, virou o cativeiro de Jó, quando este orava pelos seus amigos; e o Senhor deu a Jó o dobro do que antes possuía*" (Jó 42:10).

Davi, o segundo rei da nação de Israel, também era um homem de oração. Este homem foi notável em seus momentos de devoção a Deus. São dele essas palavras que nos estimulam às orações: "*De tarde, de manhã e ao meio-dia me queixarei e me lamentarei (oração); e Ele ouvirá a minha voz*" (Sl 55:17).

Quando estudamos o Evangelho de Lucas, que apresenta Jesus como homem perfeito, e dá ênfase à sua dependência de Deus na realização do ministério na terra, aprendemos que o Senhor vivia em constante comunhão com Deus; no batismo, "*orando Ele, o céu se abriu*" (cf. Lc 3:21); após a efetuação de prodígios, retirava-se para o deserto e ali orava (Lc 5:16); antes de escolher os doze, "*subiu ao monte a fim de orar, e passou a noite em oração a Deus*" (Lc 6:12); esteve sozinho, orando pouco antes de interrogar aos seus discípulos: "*Quem dizem o homem que eu sou?*" (Lc 9:18); noutra ocasião levou três dos mais íntimos companheiros "*e subiu ao monte a orar e ali se transfigurou*" (Lc 9:29); exultante, orou ao Pai com ação de graças pelas revelações aos humildes seguidores (Lc 10:21); "*estando Ele a orar em certo lugar*" os seus discípulos suplicaram que lhes ensinasse a orar (Lc 11:1); na cruz orou, pedindo perdão para os inimigos (Lc 23:34). E conforme o testemunho do autor da carta aos hebreus, ainda hoje "*vive para interceder por nós*" (Hb 7:25).

Paulo é outro exemplo magnífico: não obstante as múltiplas responsabilidades do apóstolo, suas contínuas viagens, as perseguições que enfrentava, as lutas do ministério e os labores constantes, encontramo-lo sempre em oração intercessória, conforme aprendemos dos seus escritos: "*Incessantemente faço menção de vós, pedindo nas minhas orações...*" (Rm 1:9-10). "*Sempre dou graças ao meu Deus por vós pela graça de Deus que vos foi dada*" (I Co 1:4). "*Fazendo sempre, em todas as minhas orações, súplicas por todos vós com alegria*" (Fp 1:4). "*Graças damos a Deus, Pai de nosso Senhor Jesus Cristo, orando sempre por vós*" (Cl 1:3). Por falta de espaço e tempo, não podemos transcrever aqui muitas outras passagens que revelam a importância da oração.

2.3. DICAS PERTINENTES A PREGADORES

1) Descanse bem todas as noites e barbeie-se todas as manhãs.

2) Mantenha um coração puro e renove o colarinho limpo.

3) Em sua vida brilhe a luz do evangelho e em seus pés sempre brilhe os sapatos.

4) Não deixe passar oportunidades, mas mande passar seu terno.

5) O mar Cáspio fica bem entre a Europa e Ásia, mas a caspa fica mau na gola do seu paletó.

6) Seja pobre de espírito, mas não de vocabulário.

7) Procure a casa dos homens para que os homens procurem a casa de Deus.

8) Contente-se com o que tem, mas não com o que é.

9) Perdoe as dívidas dos seus devedores, mas não se endivide e ganhe os seus credores.

10) Unhas esmaltadas podem ser criticadas, mas sujas são sempre apontadas.

11) Ir à frente é melhor do que empurrar para frente.

12) A consistência é mais forte do que a eloquência.

13) Busque a Deus antes, para estar vivo diante dos homens

2.4. ALGUMAS REGRAS DE ELOQUÊNCIA

1) Procurar ler o mais que puder sobre o assunto a ser exposto.

2) Tenha conhecimento do publico ouvinte.

3) Procure sempre saber o tipo de reunião e o nível dos ouvintes.

4) Seriedade, pois o orador não é um animador de plateia.

5) Ser objetivo, claro para não causar nos ouvintes o desinteresse.

6) Utilizar uma linguagem bíblica.

7) Evite usar o pronome EU e sim o pronome NÓS.

2.5. A POSTURA DO PREGADOR

É muito importante que o orador saiba como se comportar em um púlpito ou tribuna. A sua postura pode ajudar ou atrapalhar sua exposição. A fisionomia é muito importe, pois transmite os nossos sentimentos, Vejamos:

1) Ficar em posição de nobre atitude;

2) Olhar para os ouvintes;

3) Não demonstrar rigidez e nervosismo;

4) Evitar exageros nos gestos;

5) Não demonstrar indisposição;

6) Evitar as leituras prolongadas;

7) Sempre preocupado com a indumentária. (Cores, Gravata, Meias);

8) Cabelos penteados melhoram muito a aparência;

9) O assentar também é muito importante.

Lembre-se que existem muitos ouvintes, e estão atentos, esperando receber alguma coisa boa da parte de Deus através de você.

3. A ESTRUTURA DO SERMÃO

3.1. REQUISITOS FUNDAMENTAIS DO SERMÃO

Os requisitos do sermão se dividem em dois grupos:

a. Os que são comuns a todos os discursos, a sabe — ponto, unidade, ordem e movimento;

b. E os que são peculiares ao sermão, a saber: fidelidade textual e elemento didático.

O sermão antes de ser elaborado deve ter uma estrutura em nossa mente. A estrutura é como uma planta na construção de um edifício. No entanto a estrutura sozinha de nada adianta, é preciso ser preenchida.

1. Ponto

Ponto é o termo técnico para designar o assunto do sermão. Todo sermão deve seguir em torno de uma ideia central a qual serve de tese para ser demonstrada ou como pressuposto que é aceito, não precisando de demonstração. O ponto exerce uma força centrípeta que atrai todos os argumentos para si. Esse ponto deve ser deixado claro na mente de nossos ouvintes. Após o sermão, ainda que eles não se lembrem de tudo que falamos, saibam sobre o quê falamos e o quê sustentamos.

2. Unidade

A unidade consiste na relação estabelecida entre as partes e o ponto. Neste processo, precisamos omitir algumas coisas desnecessárias no momento, a fim de ressaltar a verdade focalizada. Para que o sermão tenha unidade, é necessário que tenha um só assunto e um só propósito, e também que o pregador evite qualquer espécie de digressão.

Assim, pregar não significa dizer tudo que sabemos a respeito do texto ou citar todos os textos da Bíblia que confirme o que estamos dizendo, mas, ordenar as ideias de forma coerente e organizar o material de que dispomos de forma seletiva.

Devemos ainda notar que a unidade não exclui a variedade, como podemos ver nas árvores que possuem a mesma estrutura, porem, formas diferentes.

3. Ordem

Bons pensamentos podem ocorrer a qualquer pessoa, o que geralmente falta é a arte de organizá-los convenientemente. Bem sabemos que, para se fazer um belo ramalhete, é preciso dar às flores uma disposição cuidadosa e artisitca.

A pregação exige clareza e coordenação a fim de sermos bem compreendidos. A falta de ordem gera obscuridade, e tudo o que é obscuro é fraco. A boa ordem exige a ligação entre as ideias a fim de que uma puxe a outra e cada uma delas, pressuponha a anterior.

A associação de ideias, principio básico da memória, constitui um recurso de que se utiliza o pregador para estabelecer uma boa ordem em seu sermão, podendo assim, retê-lo e reproduzi-lo mais facilmente. Esta disposição ordenada caminha para um clímax, para o maior impacto, o coroamento da mensagem.

4. Movimento

O sermão deve ter ideias coordenadas que estão a caminho de uma conclusão: Isto nós chamamos de movimento. O movimento se relaciona com a elocução. Ele tem uma meta definida e nada deverá fazer com que ele se desvie da sua rota. É o segredo da Eloquência. A vivacidade deste movimento, deste progresso no sermão é de grande importância para manter o auditório atento.

Para que haja no sermão o necessário movimento, convém estudar cuidadosamente as transições ou ligações entre suas diversas partes. Um sermão é uma tarefa com uma visão de seu objetivo; um sermão sem objetivo é apenas um aglomerado de palavras e conceitos isolados.

5. Fidelidade Textual

O pregador proclama a Palavra de Deus. Para que isto seja feito com fidelidade, é necessária uma interpretação cuidadosa do texto Bíblico, considerando o seu contexto, uma exegese bem feita, a fim de que ensinemos com fidelidade o que o texto diz. Lutero acentuou que "*Não há tesouro mais precioso nem coisa mais nobre na terra e nesta vida do que um verdadeiro e fiel pastor ou pregador.*"

Este requisito decorre da própria missão do ministro, que é a de pregar a Palavra de Deus. Para esse fim deve ele fazer uma boa exegese do trecho bíblico que vai servir de base ao seu sermão, e nunca se desviar do texto assim interpretado. Isso dará unidade ao sermão, e também variedade à pregação, visto das Escrituras não existe uma passagem inteiramente idêntica à outra passagem.

6. Elemento Didático

O sermão não é ensaio literário, nem preleção sobre um tema qualquer. O sermão parte da Palavra de Deus, de onde deriva o seu tema e o seu conteúdo, visando sempre ensinar os seus ouvintes e ao mesmo tempo, levá-los a assumir uma posição diante do que ouviram. O ensino é fundamental no sermão. A missão do pregador é ensinar a Palavra de Deus. Para ensinar, é preciso saber, e para saber é preciso estudar. Enfim, a pregação exige estudo e preparação (cf. Mt 28:19-20).

Todo sermão é doutrinário; a questão é: a doutrina que pregamos é bíblica? O ensino que transmitimos em nossos sermões deve provir do ensino bíblico. A igreja deve ser estimulada a aprender a Palavra; e o sermão é um meio para isso. Portanto, devemos sempre desafiar os crentes a trazerem consigo seus cérebros para a Igreja. No culto e na pregação não exercitamos apenas nossas emoções; mas, também as nossas mentes, que devem ser iluminadas e instruídas pelo Espírito através da Palavra.

7. Unção

Todo sermão deve ter inspiração divina. Um sermão sem unção, ainda que tenha uma excelente estrutura, não apresentará poder para conversão, consolação e edificação. Devemos lembrar que ao transmitir um sermão estamos não estamos transmitindo conhecimento humano, mas a Palavra de Deus e esta é a única que penetra até a divisão da Alma e Espírito, portanto é fundamental a unção.

3.2. DIVISÕES DO SERMÃO

O Sermão deve possuir divisões, que permitem um bom aproveitamento do assunto que vai ser apresentado:

1) Introdução (Exórdio)

Tem por finalidade chamar a atenção dos ouvintes para o assunto que vai ser apresentado e também para o pregador. Tem que ser apropriado e deve estar relacionado com o tema, mas cuidado para não antecipar o sermão.

Neste momento o pregador vai se familiarizar com o auditório, cuidado especial teve ser tomado quanto ao entusiasmo, pois o povo pode ainda estar frio.

Deve ser breve, é muito importante, pois é a primeira impressão produzida nos ouvintes. Pode conter: o anúncio do tema, texto a ser lido.

2) Texto

É trecho lido pelo orador, podendo ser um capítulo, uma história, uma frase ou até mesmo uma palavra. Quando o texto é bem escolhido o pregador desperta nos ouvintes o desejo de conhecer mais a Palavra de Deus. Não devemos escolher textos proferidos por homens ímpios ou por Satanás. Escolha textos que tragam estímulo, lição etc. Evite textos que provoquem repugnância, gracejos ou que descrevem cenas da vida sexual.

3) O corpo

É a parte mais linda porque aqui se revela a Mensagem como Deus que dar. É o mesmo que desenvolvimento do sermão. O corpo é a sequência das divisões do sermão e pode ter de 2 a 5 divisões (quanto mais divisões, mais complexo ficará o sermão) e ainda conter subdivisões. Deve chamar à consciência dos ouvintes para colocar em prática os argumentos expostos.

O pregador deve saber colocar em ordem as divisões, ou seja, os pontos que vão ser incluídos na mensagem; geralmente, convém ordenar os pontos a fim de que aumentem em força até terminar com o mais forte. Esta é uma regra geral que pode ser aplicada a todos os pontos de ensinamento.

4) Conclusão

A conclusão é o fechamento do sermão e deve ser bem feita, um sermão com encerramento abrupto é desaconselhável, deve ser breve e objetiva. É um resumo do sermão, uma recapitulação e reafirmação dos argumentos apresentados.

Durante a conclusão pode efetuar um convite de acordo com a mensagem transmitida.

3.3. PREPARANDO O ESBOÇO

1) Escolher a Passagem Bíblica

Ao escolher a passagem tenha em mente as necessidades espirituais e temporais da congregação, dificuldades, tensões ou ocasiões especiais.

O texto deve ser apropriado para a ocasião e precisa-se confiar na direção do Espírito Santo.

2) Estudar o Assunto

Pesquisar a passagem para não aplicá-la fora do contexto.

3) Descobrir o Ponto Principal da Mensagem

Descobrir o princípio bíblico da mensagem que se aplique a todas as épocas e a todas as pessoas. Estabelecer o relacionamento da mensagem com a vida dos ouvintes.

4) Construir do Esboço

Depois do estudo do assunto, estabelecer as divisões do tema de forma progressiva, do mais simples para o mais amplo esclarecimento da verdade bíblica.

5) Preencher o Esboço

Acrescentar subdivisões para que o assunto seja bem esclarecido. Onde for próprio ilustrar o assunto, usar a ilustração de forma apropriada para ajudar no esclarecimento do tema.

6) Preparar a Conclusão, Introdução e Título

Enquanto os pensamentos da mensagem estão claros na mente, preparar a conclusão. A conclusão não deve ser longa, pois a atenção da maioria dos ouvintes é limitada. A introdução e o título são feitos por último. Depois de tudo pronto a visão do assunto é mais clara e é mais fácil preparar estas partes que despertam o interesse no sermão.

4. ENTREGANDO O SERMÃO

São três os tipos de sermões mais usados:

1) Sermão Temático

2) Sermão Textual

3) Sermão Expositivo

4.1 DESENVOLVENDO O SERMÃO TEMÁTICO

Sermão Temático é aquele cuja divisão das ideias é extraída do tema. Ou aquele cuja forma ou estrutura resulta das palavras ou ideias contidas no assunto. É o tipo de sermão mais usado por ser o de mais fácil divisão e mais fácil de ser preparado. É muito apropriado para a evangelização, o ensino das doutrinas, o estudo bíblico, discussão de temas éticos, etc.

A divisão está independente do texto. Uma vez usado o texto, não tem que usar-se mais. A não ser que contenha a ideia central. O sermão temático é o que mais se presta à observação da ordem e harmonia das partes. É também o mais apropriado para os que estão iniciando no púlpito.

Explicação: para desenvolvermos um sermão temático devemos observar o seguinte processo:

a. Escolher o tema que desejamos pregar;

b. Extraído do tema cada uma das divisões principais do sermão.

Exemplificação: Imagine que lendo o texto de João 20:28, no qual encontramos Tomé adorando ao Senhor Jesus, você tenha o desejo de pregar sobre o seguinte tema: "Jesus, Digno de Adoração!". O texto base do seu sermão será João 20:28, pois é dele que você extraiu o tema. Porém, as DIVISÕES PRINCIPAIS da sua mensagem, serão extraídas de outras passagens das Escrituras.

Título: "Jesus, Digno de Adoração!"

Texto base do tema: João 20:28.

Algumas verdades sobre Jesus, as quais devemos nos conduzir a adorá-lo:

I – JESUS É DEUS MANIFESTADO NA CARNE... (Mt 1:23)

II – JESUS É O SALVADOR DOS HOMENS... (I Tm 1:15)

III – JESUS É O REI ETERNO... (Ap 11:15)

Repare que o texto de João 20.28 é apenas de onde o pregador extraiu o seu tema, mas o restante da mensagem se baseia em passagens bíblicas relacionadas ao tema, e não diretamente ao texto. Outros exemplos de sermões temáticos.

Título: "Promessas Para Momentos de Adversidade"

Texto base do tema: Isaías 43:12.

Quando a adversidade chega, é hora de nos lembrarmos de maravilhosas promessas...

I - DEUS ESTÁ PRESENTE... (Sl 46:5; 46:7).

II - DEUS É A FORTALEZA DOS QUE CONFIAM... (Na 1:7).

III - DEUS É O CONSOLO PARA OS AFLITOS... (Is 49:13; II Co 1:5)

IV - DEUS É SOCORRO INFALÍVEL... (Sl 34:4; 34:19).

1) Perigos e vantagens do Sermão Temático

O maior perigo que reside no uso da pregação temática, é que o pregador desenvolve sua mensagem em cima de um tema que escolheu, e não em cima de um texto bíblico; portanto tem uma maior liberdade de manipular as Escrituras a seu bel prazer. Neste tipo de sermão, todo cuidado é pouco.

Alguns afirmam que a vantagem do sermão temático é que ele exige menos do pregador. Para mim isso não é uma vantagem, mas um perigo. A grande vantagem do sermão tópico me parece ser sua grande versatilidade. Em outras palavras, o sermão temático tem uma facilidade maior de interagir com praticamente qualquer tema que seja do nosso interesse.

Observemos as Teologias Sistemáticas. Que são elas senão grandes e elaboradas mensagens temáticas? Numa única obra de Teologia Sistemática podemos encontrar exposições bíblicas fiéis sobre os mais variados assuntos da fé: soteriologia, escatologia, hamartiologia, cristologia, etc. Transpondo isso para o campo da pregação, talvez possamos desfrutar desta mesma versatilidade em nossos púlpitos.

4.2. DESENVOLVENDO O SERMÃO TEXTUAL

O sermão textual é aquele cuja divisão (ideias principais) é tirada do texto bíblico, mas as ideias secundárias podem ser buscadas em outros textos bíblicos. Este gênero de trabalho para o púlpito faz fixar a atenção numa parte das Escrituras. É profundamente bíblico e ajuda a levar o ouvinte mais perto do coração da Bíblia.

Este tipo de sermão obriga o pregador a estudar constantemente a Bíblia, e é muito apropriado para as pregações sistemáticas e consecutivas de livros da Bíblia e de textos isolados. Geralmente usa-se um ou dois versos.

Para desenvolvermos um sermão textual devemos observar o seguinte processo:

a. Escolher o texto que desejamos pregar;

b. Descobrir o tema central do texto;

c. Extrair as DIVISÕES PRINCIPAS do próprio texto

d. Extrair as SUBDIVISÕES, se houverem, de outros textos bíblicos.

Exemplificação: lendo o texto de Salmos 23:1 podemos ser motivados a pregar no seguinte tema: "O Relacionamento Entre Cristo e a Igreja". Chegamos a este texto depois de um estudo correto do texto, por meio do qual descobrimos a intenção do autor.

Tendo o texto e seu tema em mãos, o pregador irá desenvolver algumas DIVISÕES PRINCIPAIS para a sua mensagem. Onde ele as obterá? Vimos que no caso do sermão temático, ele buscará suas divisões centrais em outras passagens das Escrituras. Aqui, no sermão textual, o pregador deverá desenvolver tais divisões com base em elementos extraídos do próprio texto que lhe forneceu o tema. Por isso, é denominado: sermão textual. Ou seja, as divisões centrais seguem o texto.

Título: "O Relacionamento Entre Cristo e a Igreja"

Algumas características de tal relacionamento:

I – TRATA-SE DE UM RELACIONAMENTO CONFIÁVEL: "O SENHOR é meu pastor".

II – TRATA-SE DE UM RELACIONAMENTO PESSOAL; "O Senhor é MEU pastor".

III – TRATA-SE DE UM RELACIONAMENTO CONSTANTE: "O Senhor É meu pastor".

IV – TRATA-SE DE UM RELACIONAMENTO EM AMOR: "O Senhor é meu PASTOR!".

Neste exemplo o pregador extraiu cada uma de suas divisões principais de uma palavra que aparece no texto. Em cada uma destas palavras, o pregador encontrou uma qualidade especial do relacionamento que existe em Cristo e Sua Igreja.

Vejamos mais alguns exemplos de sermões textuais:

Título: "Credenciais de um Obreiro" (I Co 1:1)

Paulo apresenta algumas de suas credenciais; delas podemos aprender quais devem ser as credenciais de um obreiro...

I – O OBREIRO PRECISA TER UM CHAMADO... "Paulo, chamado..." (v.1). Ninguém faz a si mesmo um obreiro na casa de Deus.

II – O OBREIRO PRECISA TER UMA MISSÃO... "Paulo, chamado apóstolo". O apostolado era a missão de Paulo. Genericamente o termo significa 'enviado', 'mensageiro'. Todo obreiro tem uma missão no Corpo. Ser obreiro não é deter um título eclesiástico.

III – O OBREIRO PRECISA TER UM CORAÇÃO EVANGELIZADOR... "Paulo, chamado apóstolo de Jesus Cristo". A mensagem anunciada por Paulo era Cristo, e nada mais.

IV – O OBREIRO TER UM COMPROMISSO COM DEUS... "Paulo, chamado apóstolo de Jesus Cristo, pela vontade de Deus". Alguns em Corinto estavam questionando a autoridade de Paulo; mas ele não se cala: seu compromisso é primeiramente com o Senhor!

Assim como no sermão temático, no sermão textual as divisões que complementam as divisões principais, são extraídas de passagens paralelas ao tema tratado na divisão. O fato é que com o tempo, e com estudo e prática, o pregador irá perceber que as possibilidades homiléticas são virtualmente infinitas.

4.3. DESENVOLVENDO O SERMÃO EXPOSITIVO

O sermão expositivo é aquele que surge de uma passagem bíblica com mais de dois ou três versículos. Teoricamente este tipo de sermão difere do sermão textual, principalmente pela extensão da passagem bíblica em que se baseia; na prática ambos se sobrepõem.

É o que se ocupa principalmente da exegese ou exposição completa de um texto, frases ou palavra das Escrituras. A palavra chave é "exposição", que dá uma ideia de "explicar", "por diante de". O pensamento bíblico ou do escritor bíblico que determina a essência da pregação expositiva.

A pregação expositiva seria a forma mais autêntica da pregação e segue a prática dos grandes pregadores do passado, como: Santo Agostinho, Lutero, Calvino,etc. A mensagem expositiva faz mais das Escrituras, contribuindo para um maior conhecimento bíblico, criando maior interesse na Bíblia e não nos assuntos. Isto honra as Escrituras e alimente os ouvintes.

Nos quatro Evangelhos quase todos os parágrafos contêm material para um sermão expositivo, que pode não ser difícil de preparar. Especialmente as parábolas se prestam a isso, pois todas elas evidenciam a imaginação inspirada operando como os fatos da vida."

Exemplos de sermões expositivos:

Tema: A morte de Jesus Cristo.

Texto: Romanos 5:6-11,

Título: Uma Morte Que Dá Vida

Introdução: O lugar deste versículo no ensinamento de Pau1o.

Corpo:

1) Alguém morreu.

a. É um fato ordinário pois todos um dia haveremos de morrer.

b. Mas é alguma coisa extraordinária, quando nós nos lembrarmos:

1) Aquele que morreu era alguém muito particular;

2) Ele poderia evitar a morte;.

3) Tudo o que que pode ser pleiteado através de suamorte.

2) Aqueles por quem Cristo morreu?

a. Os pecadores, os que não têm Deus, os fracos, os inimigos;

b. O sentido destas palavras: "Ele morreu por eles".

3) O objetivo da morte de Cristo.

a. Negativamente: não para induzir Deus à amar os homens;

b. Positivamente: a fim de transformar o homem:

1) Justificado;

2) Reconciliado;

3) Salvo da ira de Deus;

4) Salvo por Sua morte.

Conclusão: Nós reconhecemos o significado da cruz? Não representa nada para nós? Oh! Quanto nós deveríamos amá-lo por causa da Sua morte por nós!

Tema: A Cruz de Cristo

Texto: Isaías 53:4 -12

Contexto: A cruz era um instrumento usado para humilhar, torturar e matar; feita por duas vigas de madeira em forma de um grande T, algumas vezes em forma de X; onde eram colocados os: marginais, criminosos e malfeitores.

Introdução: A cruz de Cristo foi um fato insignificante para uns, ou seja, sem significado, mas para outros foi um ato de muita relevância. E para nós o que foi a cruz de Cristo?

1) Foi Um Lugar de Cura. (v. 4).

As doenças da alma do seu povo estavam sobre ele, a saber:

1) Promiscuidade;

2) Desobediência;

3) Idolatria.

Qual a tua enfermidade?

1) Depressão;

2) Solidão;

3) Dependência química.

2) Foi um Lugar de Justificação. (vv. 5, 6)

Uma injustiça estava acontecendo com Ele, porém Ele esta fazendo justiça por nós.

O que justificação? É o ato pelo qual nos tornamos justos perante Deus, mediante a justiça de Cristo que tomou para si a nossa culpa e recebeu o castigo em nosso lugar (cf. II Co 5:21).

Ilustração: "o homem que feriu a pátria, mas foi absolvido no tribunal".

3) Foi um lugar de Redenção. (v. 10)

Jesus nos libertou da escravidão do pecado pagando um alto preço, a sua própria vida. Você precisa ser liberto:

a. Do medo de sua vida não ter mais valor;

b. Do medo de ser feliz;

c. Do medo de não receber o perdão de Deus.

Ilustração: "a pergunta de um soldado a um cristão".

Aplicação:

1) A cruz de Cristo tem significado para você?

2) Qual significado ela têm

Conclusão: Amados, a Cruz de Cristo tem um grande significado para nós, pois foi nela que Jesus Cristo foi cravado, e nela jorrou o sangue que nos lavou, curou, justificou e redimiu. O apóstolo Paulo escrevendo as igrejas da Galácia disse: "*Mas longe esteja de mim gloriar-me, senão na cruz de nosso Senhor Jesus Cristo, pela qual o mundo está crucificado para mim, e eu, para o mundo.*" (Gl 6:14).

A pregação expositiva praticamente obriga o ministro do Evangelho a se manter fiel ao texto. Além disso, a congregação que o ouve tem excelente oportunidade de expandir sua cultura bíblica. Você almeja por uma Igreja mais saudável, mais firme e consagrada ao Evangelho? Deseja uma reforma no seu ministério pessoal? Você sonha com uma Igreja que ama as Escrituras? Então, dedique o máximo a pregação expositiva das Escrituras.

4.4. MÉTODOS DE PREPARAÇÃO E ENTREGA DE SERMÕES

Existem três métodos pelos quais os pregadores podem preparar e pregar:

1) Escrever e ler o sermão

Traz habilidade ao pregador em escrever, ter um estilo sempre correto, perfeito e atraente, visto que emprega as palavras com bastante cuidado e segurança. Conserva melhor a unidade do sermão, evitando assim que o pregador vá para o púlpito nervoso e preocupado com vai falar. Pode citar os textos bíblicos com bastante precisão, e gasta menos tempo em dizer o que tem a transmitir.

O pregador deve ter cuidado, pois este método traz alguma desvantagem tais como:

Muito tempo para escrever, fica preso a leitura e pode perder o contato com os ouvintes, não é simpático ao povo e nem todo pregador sabe ler de maneira que impressione.

2) Escrever, decorar e recitar o sermão

Possui muitas vantagens como exposto no método anterior, tem mais vantagem porque exercita a desenvolver a memória, e deixa o pregador livre para gesticular, parece mais natural. Cuidado deve ser tomado, pois o pregador pode esquecer uma palavra ou frase, pondo assim em perigo todo o sermão é cair em descrédito.

3) Preparar um esboço e pregar

O pregador gasta menos tempo em preparar o sermão, habitua-se a desenvolver o pensamento e fica-se livre para gesticular. O pregador fica livre para usar sua imaginação, criatividade e usar ilustrações que se lembrar no momento, também pode expandir seu temperamento emocional.

Este é o método mais utilizado na oratória. Cuidados também devem ser tomados, pois o pregador perde o hábito de escrever, pode se empolgar com a mensagem e esquecer o tema e o estilo não é tão apurado e elegante como os escrito.

BIBLIOGRAFIA

SOBRINHO, Munguba. Esboço de Homilética. Rio de Janeiro: Casa Publicadora Batista, 1958.

SALVIANO, Nelson. A Arte de Pregar. Belo Horizonte: Promove Gráfica, 2005.

JUNIOR, Herculano Gouveia. Lições de Retórica Sagrada. Campinas: 1974.

Apostila de Homilética, organizada pelo Prof. Edemir Antunes. IBES - Instituto Betel de Ensino Superior, 2004.

BLACKWOOD, Andrew W. A preparação de Sermões. São Paulo: ASTE, 1965.

SILVA, Ronaldo Gomes. Manual do Pregador.

A BIBLIA ANOTADA. São Paulo: Editora Mundo Cristão, 1.991. (1a. Edição) revista e atualizada.

SILVA, Severino Pedro da. Homilética - O pregador e o sermão. Rio de Janeiro: Editora CPAD, 2001.

LEMOS, Marcelo. Introdução a Homilética. Olhar reformado publicações.

Sites Consultados:

http://solascriptura-tt.org/Ide/Homiletica

http://pramatos.blogspot.com/2008/07

http://monergismo.com/?p=581

Capítulo XIII

ADMINISTRAÇÃO ECLESIÁSTICA

1. DEFINIÇÃO

Administração Eclesiástica é o estudo dos diversos assuntos ligados ao trabalho do pastor no que tange a sua função de líder ou administrador principal da igreja á que serve.

Lembremo-nos de que a igreja é, simultaneamente, ORGANISMO e ORGANIZAÇÃO. É o povo de Deus organizado num tríplice aspecto: espiritual, social e econômico, para atender à missão para a qual Deus a constituiu.

"Administração" é outra palavra para "mordomia" ou "direção". "Mordomos" ou "administradores" são responsáveis sobre algo confiado a eles por alguém mais. A direção é o processo de alcançar os propósitos de planos de Deus através do uso apropriado dos recursos humanos, materiais e espirituais. A administração é avaliada por estes planos e propósitos, se eles são cumpridos ou não. A Bíblia declara:

"Todos nós andávamos desgarrados como ovelhas; cada um se desviava pelo caminho, mas o SENHOR fez cair sobre ele a iniquidade de nós todos". (Isaías 53.6).

Como as ovelhas devem ser guiadas para seguir um só caminho, assim também as pessoas necessitam de direção para que seus esforços e energias alcancem os propósitos e planos de Deus.

A administração é essencial em toda a cooperação organizada (e a igreja se enquadra), é a ação de dirigir o bom andamento dos propósitos estabelecidos. Em nosso caso, como igreja. O pastor, presbítero ou líder, tem que acompanhar os objetivos propostos pela igreja e transformá-los em ação através de planejamento, organização, direção e controle de todos os esforços realizados em todas as áreas e em todos os níveis a fim de atingir tais objetivos.

1.2. ADMINISTRAÇÃO NO ANTIGO TESTAMENTO

Em muitos casos, a Bíblia tem sido citada por sua demonstração de princípios administrativos. Um dos exemplos mais notórios é a linha de autoridade estabelecida por Moisés em atenção ao conselho de Jetro, seu sogro, cerca de mil e quinhentos anos antes do nascimento de Jesus Cristo.

Outros exemplos são vistos como no sacerdócio araônico, que foi instituído com um sumo sacerdote e ordens de sacerdotes sob sua direção, numa variação de categorias. Davi divide os sacerdotes em vinte e quatro turnos (maiorais do santuário e maiorais da casa de Deus cf. I Crônicas 24).

Segundo o plano de Deus, a autoridade vem dos níveis mais altos para os inferiores. Ela traz consigo grande responsabilidade, e as pessoas investidas de autoridade são divinamente ordenadas a usá-la responsavelmente, para os propósitos celestiais.

Assim, a organização é bíblica, é universal; é tão antiga quanto à própria humanidade. A Arqueologia o tem comprovado. Desde o princípio, os homens sentiram necessidade de se organizarem em sociedades ou grupos, a fim de proverem os meios de subsistência e sobrevivência.

No Antigo Testamento, há ainda muitos outros exemplos de organização e técnica administrativa, como a administração de José, do Egito, a reconstrução de Jerusalém por Esdras e Neemias, etc. Salomão recebeu do Senhor todos os dados necessários para a construção do primeiro templo e para a organização do seu reinado (cf. II Cr 3).

1.3. ADMINISTRAÇÃO NO NOVO TESTAMENTO

No período neotestamentário, encontramos Jesus, ao iniciar o seu ministério terreno, convocando os seus discípulos e auxiliares. Após instruí-los cuidadosamente, outorgou-lhes autoridade e poder, e os enviou ao campo. Primeiramente, os doze, "*às ovelhas perdidas da casa de Israel*" (Mt 10:1). Depois, mais setenta, "de dois em dois", a todas as cidades e lugares aonde Ele havia de ir" (Lc 10:1). Antes de multiplicar os cinco pães, ordenou a seus discípulos que mandassem a multidão assentar-se em grupos de cem e de cinquenta, naturalmente para lhes facilitar o trabalho.

Na igreja apostólica, os líderes propuseram à "*multidão dos discípulos*" a instituição dos diáconos, para "*servirem às mesas*", a fim de que os apóstolos tivessem tempo para se dedicarem "*à oração e ao ministério da Palavra*" (cf. At 6:1-4).

Em certa ocasião, Jesus censurou um homem que iniciou a construção de uma torre sem verificar se possuía recursos para concluí-la (Lc 14:30). Isto é falta de planejamento. Outro fez grandes planos para encher os seus celeiros (obras seculares) e esqueceu-se da salvação de sua alma (trabalho espiritual). É importante realizar aquelas, mas sem esquecer esta, a principal.

O apóstolo Paulo, por onde passava, em suas viagens missionárias, organizava novas igrejas e a cada uma enviava um obreiro capaz e cheio do Espírito Santo. O mesmo apóstolo, escrevendo aos coríntios, disse que "*o nosso Deus não é Deus de confusão*", ou de desorganização (I Co 14:33), e recomendou: "*Faça-se tudo decentemente e com ordem*" (I Co 14:40).

Assim deve ser em todos os tempos e em qualquer lugar, para que em todas as igrejas dos santos haja muita paz e prosperidade. Uma boa administração não impede a necessária operação do Espírito Santo. Pelo contrário, o Executivo divino deve ser consultado em primeiro lugar, antes de qualquer planejamento ou deliberação, pois Ele é o maior interessado no progresso do reino de Deus na terra.

Não esqueçamos de que somos mordomos de Deus e devemos administrar bem a nossa mordomia, porque um dia seremos chamados a prestar contas dela.

1.4. OBJETIVOS DA ADMINSITRAÇÃO ESCLESIÁSTICA

1) Administração não é algo aleatório

Administração não é algo que se faz de maneira aleatória. Ela exige que haja uma estrutura formal e bem estabelecida, na qual sobressaem a um só tempo quatro palavras-chaves: objetivo, organização, planejamento e comando. Sem essas premissas não se chega a lugar algum.

Qualquer empreendimento, para cumprir suas finalidades, terá de ter, portanto, objetivos bem definidos, organização com sequências lógicas, simples e precisas, planejamento que preveja todas as etapas do processo e comando capaz de gerir a administração.

2) Trazer funcionalidade

Assim, administrar, em linhas gerais, é fazer com que as coisas funcionem. É tirá-las da inércia e torná-las eficientes e eficazes. É, portanto, exercer uma boa liderança à luz dos princípios há pouco discutidos para que os propósitos da organização sejam alcançados, cumprindo assim a finalidade de sua existência.

3) Simplificar o trabalho

Há muitas maneiras de se fazer uma coisa. Porém devemos procurar aquela que seja mais prática e eficiente, que melhor corresponda à realidade.

4) Facilitar a produção

Através da simplificação do trabalho, conseguimos facilitar a sua produção e, consequentemente, produzir mais e melhor

1.5. FUNÇÕES ESSENCIAIS DA ADMINISTRAÇÃO

Veremos agora, quatro aspectos do processo da administração secular e que são também importantes na vida da igreja:

1) Planejar

Significa estabelecer os objetivos da igreja, especificando a forma como eles serão alcançados. Parte de uma sondagem do presente, passado e futuro, desenvolvendo um plano de ações para atingir os objetivos traçados.

É a primeira das funções, já que servirá de base diretora à operacionalização das funções. Ao fazer o planejamento algumas perguntas básicas serão necessárias, como: O que queremos?; quais são os objetivos?; qual a nossa missão?; que recursos dispomos?; quais devemos buscar; quem irá nos ajudar nesta tarefa? Etc.

2) Organizar

É a forma de coordenar todos os recursos da igreja, sejam humanos, financeiros ou materiais, alocando-os da melhor forma segundo o planejamento estabelecido.

3) Dirigir ou liderar

Contrate e forme líderes que administrem a igreja. Guardada as devidas proporções, é como um jogo de futebol, que em cada jogo (obstáculo) tenha que ser vencido para que se ganhe o campeonato (planejamento). Motivar e incentivar a equipe.

Delegue autoridade e responsabilidade e cobre resultados. Elogie, premie, e comemore. Lidere a equipe motivada e satisfeita para que o time alcance os objetivos. O trabalho em equipe é que leva a igreja a ter sucesso, pois acabou a era do "eu sozinho". Não há credito na administração democrática, mas sim na participativa, onde as equipes envolvidas nos processos eleitos para se atingir os objetivos do planejamento buscam juntas as soluções.

4) Controle ou Coordenação

O que não é medido é difícil de ser avaliado. O que não é cobrado não é feito. Esta atividade é que nos permite dirigir e corrigir os trabalhos que não estão sendo feitos dentro do nosso planejamento. Com o controle o líder pode premiar as equipes que atingem os objetivos (passeios, bíblias, livros, etc.).

2. DEUS PROCURA LÍDERES

2.1. A BASE DA ORGANIZAÇÃO BÍBLICA

A organização ministerial não é fixa, rígida, ou baseada nos modelos mundanos. A organização é flexível para acomodar a direção do Espírito Santo. A direção do ministério existe com o propósito de alcançar os propósitos e planos dados por Deus, não para criar uma sociedade rígida, uma estrutura institucional. A organização na Igreja está muito mais para um organismo vivo. A Bíblia compara a Igreja ao corpo humano, com cada parte funcionando conjuntamente.

Você não pode ser eleito para liderar na organização de Deus. Você pode ser eleito ou estabelecido pelo homem para um cargo, porém nenhum líder nunca é feito por intimação ou voto. Você deve ser chamado e equipado por Deus para a obra do Reino.

A liderança envolve posições, por exemplo, posições como apóstolo, profeta, evangelista, pastor e mestre. A liderança também envolve função. Sua função principal é equipar outros para a obra do ministério. A liderança também diz respeito às relações dos líderes com seus liderados. A seleção e promoção de um líder vêm de Deus:

"Porque não é do Oriente, não é do Ocidente, nem do deserto que vem o auxílio. Deus é o juiz; a um abate, a outro exalta" (Salmos 75.6-7).

É importante frisar que os cooperadores devem ser procurados "dentre todo o povo". No seio da Igreja. Quais são as suas características, de acordo com Êxodo 18:21 e At 6:3?.

1) Capazes

Homens qualificados espiritualmente, dotados de capacidade de liderança e conhecimento das coisas de Deus. (II Tm 2:2) Por vezes imaginamos que esta capacidade esteja apenas no intelecto, ou seja, na formação teológica do obreiro, mas as qualidades a seguir nos mostrarão que um leigo pode ser capacitado pelo Senhor como foram Pedro e Tiago, sendo simples pescadores. No Antigo Testamento encontramos o exemplo de Amós, um vaqueiro sem formação intelectual, mas designado para profeta de Deus (Am 1:1; 7:14,15). A nossa capacidade vem de Deus (II Co 3:4-6).

2) Tementes a Deus

É uma grande virtude do líder ou cooperador, fazer tudo no temor de Deus. No Livro de Jó 28:28; está escrito: "*E disse ao homem: Eis que o temor do Senhor é a sabedoria, e o apartar-se do mal é o entendimento.*" Ninguém pode fazer um ministério profícuo sem reconhecer a santidade de Deus e procurar viver de acordo com ela.

3) Verdadeiro

Qualidade fundamental para o servo de Deus, especialmente para aquele que está imbuído na obra. Ser verdadeiro ainda que com prejuízo próprio e nunca faltar com a verdade é condição preponderante para o sucesso espiritual, pois a mentira é filha do diabo e não pode fazer parceria com os servos do Senhor. Haverá momentos em que impasses de grandes proporções só poderão ser resolvidos por homens capazes de dizer a verdade a qualquer preço (Sl 15:1-4).

4) Sem avareza

Em Êxodo 20:17, temos uma ordem de Deus contra a avareza, que esta não deve ser praticada pelo seu povo, especialmente por homens que têm compromisso com o seu serviço, pois o avarento nunca vai buscar o interesse da obra, ou de outro irmão e sim, o seu próprio (cf. Sl 15:5 comp. At 20:33-36).

5) De boa reputação

Não sejam "mascarados" e que andem em dia com os seus negócios. Deve ser irrepreensível, marido de uma só mulher, honesto (cf. I Tm 3:2,8). Alguém, que seja respeitado no meio social, familiar e eclesiástico.

6) Cheios do Espírito Santo

Isto é mais que ser batizado com o Espírito Santo. É necessário demonstrar na vida prática, nas pregações, nas orações, na comunicação, no amor, no equilíbrio, resultados convincentes (Gl 5:22-26).

É importante lembrar-se da parábola dos talentos em Mateus 25:14,15, onde Jesus deixa claro que as pessoas chamadas tinham capacidades diferentes. Por isso, foi-lhes dado atribuições diferenciadas. A um mais, a outro menos.

2.2. CAUSAS DE UMA MÁ ADMINISTRAÇÃO

A má administração está diretamente relacionada com o seu líder. Em Êxodo 18:14, temos a pergunta feita por Jetro, sogro de Moisés. Pergunta essa que deve ser relevante para a liderança: *"Por que te assentas só"*? Dentre muitas causas existentes, de má administração, apontaremos apenas duas:

1) Líder exclusivista

a. Moisés andava tão ocupado que não tinha tempo nem para a sua família que deixara aos cuidados do sogro (Êx 18:1-7);

b. No meio de uma congregação de milhares de homens capacitados, Moisés assentou-se só para resolver todas as questões (Êx 18:14);

c. Filas enormes (como as que temos visto nas repartições públicas), e o povo sem atendimento. (Êx 18.13);

d. Moisés era exclusivista. Achava ser o único que Deus podia usar. Era o único capaz.

2) Líder centralizador

Moisés era o culpado desta grande desordem e ineficiência no atendimento às pessoas, pois centralizou todas as causas, grandes e pequenas, em torno de si. "*É porque este povo vem a mim*". O povo não tinha outra alternativa.

2.3. RESULTADO DE UMA MÁ ADMINISTRAÇÃO

1) Morosidade (Ex 18:13)

Por vezes temos tecido comentários a respeito deste ou daquele líder de igreja ou congregação dizendo: "É um obreiro muito esforçado. Veja como trabalha, não tem tempo nem para a sua família. Ele é um líder muito envolvido com a obra. Que dedicação." Mas a boa administração nos ensina que trabalhando menos, podemos produzir mais.

Apesar de Moisés estar atolado no serviço e de não ter tempo nem para a família, o povo estava sem atendimento. Centenas de pessoas, com problemas urgentes, tinham que aguardar durante o dia todo, a sua vez de ser atendido. Com certeza, muitos casos graves eram adiados para o dia seguinte, ou quem sabe, semanas depois. Morosidade, lentidão, ineficiência no serviço, são indícios de uma má administração.

2) Sobrecarga (Ex 18:18)

Os resultados são sempre os mais desastrosos possíveis: Irmãos que acabam indo para outra igreja, ou até mesmo se desviando, porque nunca foram visitados pelo pastor ou por um de seus representantes. Falta aconselhamento, as viúvas são desprezadas no ministério quotidiano (At 6:1).

E apesar de tudo isto, o líder não tem tempo para descansar, está estressado, sua família não sabe o que é ter um pai e um esposo. A obra não cresce. Os problemas amontoam-se até explodirem em murmurações, contendas e divisões.

Uma igreja nestas condições, não possui dinamismo e muitos dos seus líderes partiram cedo demais, porque contraíram doenças graves, resultantes deste "desfalecimento".

2.4. A IMPORTÂNCIA DA BOA ADMINISTRAÇÃO

1) Poporciona propósito e direção

Se você deseja ter êxito no ministério, então você deve ter um propósito e planos em harmonia com os de Deus e deve poder comunicá-los aos outros. Quando você conhece seu propósito, então você pode liderar outros. Os líderes devem saber para onde vão para poder guiar os outros. A orientação e unidade no ministério envolvem propósito e direção comuns.

2) Permite decisões apropriadas

As decisões determinam seu destino. Isto, inclusive, é verdade sobre a salvação. Você faz uma decisão de aceitar ou rejeitar o evangelho e seu destino eterno é determinado por sua decisão. Sua vida e ministério atual são determinados pelas decisões anteriores que você tem tomado. Você tomou as decisões através do planejamento pensativo ou no impulso do momento? A boa direção lhe permite tomar as decisões apropriadas com a direção do Senhor.

3) Estabelece as prioridades para o ministério

Prioridades são aquelas coisas que são mais importantes do que outras. Elas são as coisas que possuem o primeiro lugar em seu tempo e atenção. Você terá prioridades na vida, não importa se você as determina conscientemente ou não. Você estabelecerá as prioridades deixando-se levar por hábitos que se tornam um estilo de vida ou devido à pressão das circunstâncias ou pelas pessoas ao seu redor, ou por uma decisão definida baseada nos propósitos de Deus.

4) Permite a ação em lugar da reação

Muitos ministérios estão ocupados em reagir aos assuntos urgentes no presente em lugar de planejar para o futuro. Isto leva os líderes a reagir em lugar de agir com sabedoria e propósito.

Sem uma estratégia ou plano você não sabe o que está fazendo no ministério, por que você está fazendo-o, ou como será feito. Por que você não tem nenhuma organização e direção, você não tem nada com que se comprometer, nenhuma maneira de avaliar sua efetividade para Deus, e você é facilmente persuadido a reagir e abandonar as coisas em tempos de crise.

A boa administração transforma o desejo de demonstração e visões em realidade. Ajuda-lhe a determinar o que você deve fazer e como fazê-lo para cumprir os propósitos de Deus.

5) Permite avaliação

A administração inclui a avaliação para ver se você está cumprindo o propósito e o plano de Deus. Compreender os princípios bíblicos do êxito e as razões para o fracasso permite tal avaliação.

6) Harmoniza o ministério com a vontade de Deus

A primeira pergunta do apóstolo Paulo depois de sua conversão foi, "que queres que eu faça?" Ele estava perguntando a Deus, "qual é o Seu plano para minha vida e ministério". A mordomia sábia coloca sua vida e ministério em harmonia com o propósito e planos de Deus.

2.5. DEUS PROCURA LÍDERES

Deus disse ao Rei Saul:

"Já agora não subsistirá o teu reino. O SENHOR buscou para si um homem que lhe agrada e já lhe ordenou que seja príncipe sobre o seu povo, porquanto não guardaste o que o SENHOR te ordenou" (I Sm 13:14).

Deus ainda busca homens a quem Ele possa usar com o líderes:

"Busquei entre eles um homem que tapasse o muro e se colocasse na brecha perante mim, a favor desta terra, para que eu não a destruísse; mas a ninguém achei" (Ez 22:30).

"Porque, quanto ao SENHOR, seus olhos passam por toda a terra, para mostrar-se forte para com aqueles cujo coração é totalmente dele; nisto procedeste loucamente; por isso, desde agora, haverá guerras contra ti" (II Cr 16:9).

Tornar-se um bom administrador leva tempo e esforço:

"Manifesta se tornará a obra de cada um; pois o Dia a demonstrará, porque está sendo revelada pelo fogo; e qual seja a obra de cada um o próprio fogo o provará" (I Co 3:13).

Madeira, feno ou palha, todos crescem sobre a terra. Eles são produzidos facilmente e podem ser vistos facilmente pelos homens, porém também são facilmente destruídos.

Ouro e prata e pedras preciosas são produzidas sob a terra. Eles não são vistos facilmente pelos homens, porém são mais duradouros.

Liderança reluzente, popular, secular é como madeira, feno e palha. Ela é vista pelos homens e facilmente produzida através dos talentos e habilidades naturais. A liderança piedosa é como ouro e prata. É produzido pelo poder do Espírito Santo no homem interior, oculto. Porém, é infinitamente precioso e durável.

3. A ORGANIZAÇÃO DA IGREJA

3.1. MODELOS DE GOVERNO ECLESIÁSTICO

Há pelo menos três modelos de governo eclesiástico: episcopal, presbiteriano e congregacional.

1) Episcopal

No sistema episcopal o poder pertence aos bispos diocesanos e ao clero mais alto, como acontece nas igrejas romana, grega, anglicana e na maior parte das igrejas orientais.

2) Presbiteriano

Aqui o poder emana das assembleias, sínodos, presbitérios e sessões, como acontece na igreja escocesa, luterana e nas igrejas presbiterianas.

3) Congregacional

Neste modelo sobressai o autogoverno, ou seja, cada igreja se administra mediante a voz da maioria de seus membros, como sucede entre os batistas, os congregacionais e alguns outros grupos evangélicos.

Obviamente, nenhum modelo completo de governo eclesiástico é oferecido pelo Novo Testamento. Os múltiplos modelos vinham a satisfazer as necessidades de cada grupo e ministério.

3.2. ESTRUTURA ORGANIZACIONAL DE UMA IGREJA

1) Os atos constitutivos

Uma igreja, para constituir-se, precisa basicamente de três documentos:

a. Ata da Assembleia constitutiva;

b. Estatuto, onde se determinam a natureza, os fins, as responsabilidades, a organização, a forma de governo, a competência, a administração e questões afins, e

c. Regimento Interno, onde se particularizam as normas da instituição, que não podem jamais conflitar com o Estatuto.

Uma coisa precisa ficar bastante clara nos atos constitutivos: como e porque a igreja foi constituída, bem como a denominação a que pertence, para que haja o seu reconhecimento segundo os critérios da convenção que abriga a denominação.

Só de posse desses documentos a igreja adquirirá personalidade jurídica e poderá cumprir perante a lei não só suas funções espirituais, mas suas atividades jurídicas e sociais, como, por exemplo, a aquisição e alienação de bens.

2) O organograma

O organograma é o ordenamento funcional da estrutura eclesiástica. Há pequenas diferenças de uma para outra, dependendo das peculiaridades locais, mas basicamente as igrejas adotam o seguinte modelo estrutural:

2.1. Assembleia

Compõe-se dos membros regulares e se constitui no poder máximo de discussão e decisão, cabendo aos órgãos da igreja cumprir o que for aprovado em Assembleia sob pena de prevaricação.

Há dois tipos de Assembleia: Ordinária e Extraordinária. A primeira trata dos assuntos do dia-a-dia. A segunda, dos assuntos que se constituem exceção, como: admissão ou exoneração do pastor, aquisição ou alienação de bens, aprovação ou reforma de Estatuto e aprovação ou reforma de Regimento Interno.

Em ambos os casos o Estatuto prevê o quorum necessário para que suas decisões sejam legitimas.

2.2. Diretoria

Compõe-se normalmente de presidente, dois vice-presidentes, dois secretários e dois tesoureiros e tem a responsabilidade de conduzir a administração. O mandato costuma ser bienal (tanto para os coordenadores de departamentos), a exceção do presidente, que, por ser simultaneamente o pastor, permanece à frente da igreja enquanto bem servir ou até quando deixar o pastorado por transferência, jubilação ou em virtude de alguma decisão disciplinar.

O "bem servir", aqui, às vezes é letra morta, mas levado em conta o seu verdadeiro sentido significa o direito de a Igreja decidir pela exoneração de seu pastor nos casos exaustivamente comprovados em que ele não mais esteja "bem servindo" à Igreja.

Ao presidente cabe: a) Convocar e dirigir todas as Assembleias, bem como as reuniões da Diretoria e do Corpo Ministerial; b) Representar a igreja judicial e extrajudicialmente; c)

Assinar, com o 1º secretário e o 1º tesoureiro, escrituras de compra e venda, de hipoteca e de alienação de bens imóveis, sempre mediante autorização prévia e nos termos do Estatuto; d) Assinar as atas das Assembleias da igreja, depois de aprovadas; e) Assinar, com o 1º tesoureiro, cheques e outros documentos de crédito em conta conjunta; f) Autorizar, com o 1º tesoureiro, todas as contas e gastos, assinando os recibos e demais documentos da tesouraria, de acordo com as decisões administrativas; g) Velar pelo bom desempenho da igreja, observar e fazer cumprir o Estatuto, o Regimento Interno e as resoluções da Assembleia; h) Representar, de fato, a igreja perante suas coirmãs e convenções. Na qualidade de pastor é também de sua responsabilidade a direção dos atos de cultos e das reuniões solenes, bem como a orientação espiritual e doutrinária dos membros.

2.3. Corpo ministerial

Compõe-se dos pastores que servem à igreja, seja na sede, seja nas congregações, os quais se reúnem sob convocação do presidente para a discussão prévia dos assuntos que serão levados à ordem do dia para a apreciação da Assembleia.

2.4. Conselho Fiscal

Compõe-se normalmente de três membros, com a responsabilidade de auditar as contas da igreja e emitir parecer sobre o balancete a ser apreciado em Assembleia.

2.5. Departamento de Administração

Como o próprio nome indica, esse departamento cuida das questões administrativas e responde pelas seguintes áreas: Serviços Gerais, Diaconia, Obras, Compras e Almoxarifado, Patrimônio, Transportes, Segurança e Finanças.

2.6. Departamento de Evangelização e Missões

Estas são basicamente as suas áreas de atuação: Cruzadas Evangelísticas, Evangelismo Explosivo, Hospitais e Presídios, Casas de Recuperação, Grupos Alternativos, Missões Nacionais e Missões Transculturais.

2.7. Departamento de Educação Cristã

Estão sob sua responsabilidade as seguintes áreas: Escola Bíblica Dominical, Integração e Discipulado, Cursos Teológicos e Seminários de Formação e Reciclagem.

2.8. Departamento de Assistência Social

Compreende basicamente as seguintes tarefas: Atendimento Ambulatorial, Farmácia, Caixa Funerária, Cestas Básicas e Campanhas Sociais.

2.9. Departamento de Apoio Espiritual

O Departamento de Apoio Espiritual é de vital importância para a vida da igreja. Estão sob sua coordenação as seguintes áreas: Movimento de Oração, Visitação Doméstica, Apoio Pastoral e Aconselhamento.

2.10. Departamento de Música

Cuida dos Grupos Musicais, Coral, Equipe de Louvor e Formação de Músicos e Adoradores.

2.11. Departamento de Núcleos de Crescimento

Esta é outra área importante de sustentação do crescimento da igreja. Aqui estão os núcleos (ou grupos familiares), que dispõem de uma estrutura própria para o seu desenvolvimento assim estabelecido: coordenador geral, supervisores de áreas, dirigentes, vice-dirigentes e secretários de núcleos.

3.3. O recebimento de novos membros

O crescimento da igreja é um alvo a ser constantemente buscado. Ele se dá em três direções: 1) crescimento vertical (para com Deus); 2) crescimento horizontal (uns para com os outros), e 3) crescimento quantitativo (a inclusão de novos membros).

Os dois primeiros podem ser denominados de crescimento qualitativo. Eles representam os três primeiros objetivos da Declaração de Propósitos de Rick Warren:

"Celebrar a Deus, ministrar ao próximo e ensinar a obediência. O crescimento quantitativo corresponde aos dois últimos objetivos da mesma declaração: batizar e fazer discípulos".

Uma igreja que cresce em qualidade o resultado será o crescimento quantitativo. Uma coisa chama a outra. Assim, há três maneiras de se receberem novos membros na igreja:

1) Batismo

Os que se convertem devem ser preparados e levados ao batismo depois de assinarem a Declaração de Propósitos da igreja, tomando assim conhecimento de seus deveres e privilégios como membros do Corpo de Cristo.

2) Por carta de transferência

Aqui se refere àqueles que vêm com carta de transferência de outras igrejas. É conveniente que essas pessoas não sejam logo recebidas, mas passem por um "tempo sabático", conheçam primeiro a igreja para a qual estão se transferindo, leiam e assinem a Declaração de Propósitos para então se tornarem membros.

3) Recebimento de desviados

Neste caso, há duas considerações a fazer: se ele foi membro da mesma igreja e agora está de retorno, precisa renovar seus compromissos para ser recebido e dar claro testemunho de sua decisão. Mas se sua origem é diferente, é recomendável informar a sua nova condição à igreja de onde se desviou para que então possa ser livremente recebido após assinar a Declaração de Propósitos.

3.4. AS ORDENANÇAS DA IGREJA

A maioria dos grupos protestantes concorda entre si que Cristo deixou à Igreja duas observâncias: batismo nas águas e a Ceia do Senhor. Estes ritos históricos da fé cristã são normalmente chamados sacramentos ou ordenanças.

O termo "sacramento" que provém do latim *sacramentum*, é mais antigo e aparentemente de uso mais generalizado que o termo "ordenança". O termo "ordenança" também se deriva do latim *ordo*, uma ordem. Relacionada ao batismo nas águas e à Santa Ceia, a palavra "ordenança" sugere que essas cerimônias sagradas foram instruídas por mandamentos, ou ordem de Cristo.

1) O Batismo nas Águas

A ordenança do batismo nas águas tem feito parte da prática cristã desde o início da Igreja. O modelo para o batismo está referendado em Cristo (Mt 3:13-17) e tem como propósito simbolizar a identificação do crente com Cristo e a igreja. Historicamente, são três as formas principais de batismo: a imersão, a afusão (derramamento) e a aspersão.

2) A Ceia do Senhor

Segundo as instruções dadas por Jesus, os cristãos participam da Ceia em "memória" dEle (cf. Lc 22:19,20; I Co 11:24, 25). Na Ceia, talvez possamos sugerir um tríplice sentido de lembrança: passado, presente e futuro. A Ceia representa comunhão com Deus e a Igreja. Os conceitos da Ceia são: transubstanciação e consubstanciação.

3.5. O PROPÓSITO DA IGREJA

1) Evangelização

A parte central das últimas instruções de Jesus aos seus discípulos, antes da sua ascensão, foi a ordem de evangelizar o mundo e fazer novos discípulos (cf. Mt 28:19; At 1:8). A Igreja é chamada a ser uma comunidade evangelizadora.

2) Adoração

A Igreja também é chamada a ser uma comunidade que adora. Quando os crentes adoram a Deus são invariavelmente abençoados e espiritualmente fortalecidos. Todos os aspectos da nossa vida cristã devem caracterizar-se pelo desejo de exaltar e glorificar ao Senhor (I Co 10:31).

3) Edificação

Um terceiro propósito da Igreja é ser uma comunidade edificante. Na evangelização, a Igreja focaliza o mundo; na adoração, volta-se para Deus; e, na edificação, atenta para si mesma (Ef 4:12-16).

4) Responsabilidade social

A Igreja também é chamada a ser uma comunidade com solicitude e responsabilidade sociais (cf. Tg 1:27; I Jo 3:17,18).

A Igreja, em sua concepção divina, rege-se pelos princípios maiores das Escrituras Sagradas. Em sua caminhada terrena, como comunidade local, submete-se às leis para que o seu funcionamento seja legitimamente reconhecido.

Todavia, sempre que houver colisão entre as leis humanas e as leis de Deus estas continuarão sendo o nosso padrão absoluto de referência para o nosso viver eclesiástico.

BIBLIOGRAFIA

PRICE, J. M. A Pedagogia de Jesus. Rio de Janeiro: Juerp, 1990.

MAXWELL, John C.; DORNAM, Jim. Estratégias para o sucesso. São Paulo: Pronet, 1996.

MARTINS, Jaziel Guerreiro. Manual do pastor e da igreja. Curitiba: Editora A. D. Santos, 2002.

BERKEY, Edward B. Manual do pastor e líder. São Paulo: Shedd Publicações, 2003.

Apostila de Administração Eclesiástica do Seminário Teológico Pão da vida, 2005.

Sites Consultados:

www.seminariojmc.br/noticia.asp?codigo=412

www.batistaparana.org.br/kit/dicas_de_adm.ecl

www.casadeoracaopentecostal.com.br/biblioteca/livro/adm.eclesia

Capítulo XIV

MORDOMIA CRISTÃ

1. O QUE É MORDOMIA CRISTÃ

1.1. DEFINIÇÃO

Muitas são as definições que se podem dar de mordomia cristã. A que se segue é a mais comum e aceitável:

"Mordomia cristã é o reconhecimento e aceitação do privilégio e resopnsabilidade pessoal, de administrar toda a vida de acordo com o espirito e os ideais de Cristo".

A mordomia cristã tem que ser definida em termos de vida e de responsabilidade moral, pois que a vida se apresenta como o valor supremo entre os homens, e é pelo senso de responsabilidade que se define a personalidade humana frente os problemas da vida. Para os cristãos o supremo ideal da vida foi revelado na pessoa de Cristo. O espírito de Cristo, portanto, há de ser, agora e sempre, o peso aferidor da personalidade humana em todas as suas expressões.

A luz deste conceito é que o mordomo cristão desenvolve todas as suas atividades pessoais, bem como as suas relações com seus semelhantes, inclusive as que dizem respeito às suas possessões materiais.

1.2. BASE DOUTRINÁRIA

A base principal da doutrina da mordomia cristã é a vida e os ensinos de Jesus. Podemos, entretanto, encontrar os germes desta doutrina nas páginas do Antigo Testamento. Aliás, foi um escritor da velha dispensação quem formulou, de maneira inconfundível, a *lei da mordomia* nestas solenissímas palavras que merecem ser guardadas não só na mente, mas também no coração de todos os cristãos: *"Do Senhor é a terra e a sua plenitude, o mundo e auqles que nele habitam"* (Salmo 24:1).

O primeiro conceito que o verdadeiro mordomo cristão deve reconhecer é o seguinte: DEUS É O PROPRIETÁRIO DE TODAS AS COISAS. A maior parte dos homens aceita esta verdade teoricamente, mas a nega desapiedadamente na prática. Muitos há mesmo que começam dando tudo a Deus, de modo geral e acabam sem dar-lhe coisissima nenhuma, especificamente.

É que o tradicional conceito de propriedade tão arraigado está no pensamento e no coração humano que mui dificilmente, o homem se compadece em ocupar a sua verdadeira posição neste universo que é a de mero administrador das coisas de Deus.

A verdade, no entanto, é que o homem não é dono nem de si mesmo. *"Que tens tu?"*, pergunta o apóstolo Paulo, *"que não recebeste? Mas se o recebeste, por que te glorias, como se não tiveras recebido?"* (I Co 4:7)

Na verdade, de que poderá o homem vangloriar-se razoávelmente? De nada, absolutamente, de nada, a não ser dos seus próprios pecados, se é que disso o homem possa gloriar-se. Se é rico, foi Deus que lhe ensejou oportunidade de riqueza, ou por herança ou pela capacidade de adiquiri-la. Se é talentoso, foi Deus quem lhe deu o talento. Se é instruído, foi Deus quem deu a oportunidade de instruir-se. Se é forte e sadio, foi Deus quem lhe deu saúde. Se é bonito, foi Deus quem lhe deu a boniteza.

Ora, se foi Deus que lhe deu tudo, nada tem ele, realmente, de que possa gloriar-se, como diz o apóstolo, mas somente motivos para dar graças a Deus que o cumulou de tantos favores, e responsabilidade de usá-los para a sua maior honra e glória e para o bem do próximo.

Conta-se que, na entrada de um banco Real, em Londres, foram escritas, a pedido do principe Albert Edward, as seguintes palavras: "DO SENHOR É A TERRA E A SUA PLENITUDE". Não tenho a menor dúvida que a aceitação e a prática deste princípio importariam mesmo uma completa revolução social, em todas as esferas da atividade humana. O autor, a que ainda há pouco referimos, termina o seu pensamento com este parágrafo maravilhosamente belo, e que aqui transcrevo na íntegra:

"Como verdadeiro cristão, e fiel mordomo, não roubaria o negociante no peso e na medida porque não é da vontade do Senhor; o advogado e o juiz seriam estritamente escrupulo-

sos no cumprimento da sua missão; os jornalistas não se venderiam a politicos desonestos na defesa dos seus próprios interesses; o industrial não veria com indiferentismo a situação de miséria de seus empregados, cujas familias sofrem sem educação, sem alimento, sem conforto, e acabam vítimas da tuberculose, enquanto ele aumenta seus depósitos no banco; certos políticos profissionais deixariam de ser os vis enganadores do povo e adotariam o lema de Cristo que veio ao mundo para servir e não para ser servido. Tornar-se-iam, então, defensores do interesse e do bem-estar do povo, acabando com as negociatas escandalosas com que arruínam o país. Em tudo reinaria a nova ordem da boa vontade, da sinceridade, da honestidade e justiça, que é o ideal por que suspiram os brasileiros".

Luciano Lopes: *Cristo e os Problemas Sociais do Brasil*, pág. 39

1.3. O MORDOMO PERFEITO

Impossível, se nos afigura uma conceituação adequada da verdadeira mordomia cristã, sem um cuidadoso estudo da vida e dos ensinos de Jesus — *o mordomo perfeito.*

Ainda quando estudado de maneira simples, o Novo Testamento nos revelará os seguintes fatos, com relação à personalidade de Jesus, encarado como o mordomo perfeito:

a. Jesus começa com Deus

O caráter de Deus e a sua maneira de agir com os homens estabelecem, na verdade, o critério justo e verdadeiro para todas as relações humanas. Nas suas parábolas descreve-nos Jesus o caráter do bom mordomo e a qualidade do serviço que dele se espera. O bom mordomo, para Jesus, será aquele que o for como seu Pai.

Se aceitamos a verdade de que em Jesus temos a revelação suprema do caráter divino, então, devemos aceitar também que o espírito com que Jesus entre os homens é a demonstração do mesmo espírito com que Deus age neste universo.

No ensino de Jesus, Deus continua sendo o dono absoluto de tudo quanto há, mas não como um milionário que administra a sua propriedade a distância, e sim como um Pai de família que dirige o seu lar. "Filho, vai trabalhar na minha vinha", é uma das mais belas expressões que encontramos em uma das parábolas contadas por Jesus. O conceito de lar é na verdade, o que melhormente expressa a filosofia da mordomia ensina por Jesus.

J. C. Mackay, ilustrado escritor norte-americano, estudando o sentido cristão do universo, depois de mostrar o erro de considerar-se o universo em que vivemos como máquina, orfanato ou cemitério, assim se expressa: *"A instituição humana que representa, ou que deve representar para ser fiel a seu caráter, o cume da espiritualidade, é o lar. Este é a esfera do amor, da confiança e da perfeita amizade. Por que não pensar que o verdadeiro lar é o microcosmo do universo? Em vez de projetar no infinito a máquina, o orfanato ou o cemitério, como o que se assemelha à realidade última, por que não projetarmos o lar?".*

Foi isto que Jesus fez. E a aceitação prática da mordomia, por Ele ensinada, nos dará um lugar no lar de Deus, que é o universo todo, assim o visível como o invisível.

b. Toda vida é sagrada para Jesus

Podemos afirmar, sem a menor sombra de dúvida, que o tema fundamental de todo o ensino de Jesus era a VIDA. E a vida em todos os seus aspectos: a vida individual, a vida social, a vida comercial, financeira, industrial, política, e ainda sempre a vida projetada na eternidade. Jesus tinha consciência absoluta de que sua missão era a de salvar a vida, redimindo-a, aperfeiçoando-a. Ele poderia ser congnominado o MORDOMO DA VIDA.

A distinção tradicional entre sagrado e profano, aplicada à vida humana, carece de fundamentos à luz dos ensinos de Jesus. Deve o homem viver uma vida tal que a santidade se torne uma característica permeadora de todas as suas atividades. A santificação de todas as atividades normais da vida humana, traria, como resultado benéfico e imediato, a responsabilidade do homem no exercício de qualquer profissão.

Cada profissional, qualquer que seja o ramo de atividade em que se empenha, deveria considerar-se como verdadeiro obreiro do Reino de Deus neste mundo. Este conceito de que toda vida é sagrada constitui uma das maiores contribuições do Cristianismo para a civilização humana.

Paulo, o maior intérprete do espírito de Cristo que o mundo já conheceu, tratando da mais ingrata forma de trabalho que se possa imaginar, qual seja o *trabalho servil*, aconselha aos servos o seguinte procedimento no desempenho de seus trabalhos: "*Servo obedecei a vossos senhores segundo a carne com temor tremor, na sinceridade do vosso coração como a Cristo, não servindo só à vista como para agradar a homens, mas como servos de Cristo, fazendo de coração a vontade de Deus*". (Ef 6:5 – 6).

Não pensem os leitores que estamos fazendo apologia da escravidão. Creio que nem era este o pensamento do apóstolo. A parte grifada do texto é que nos dá o espirito com que fazemos a citação. Mesmo os trabalhos, que aos olhos humanos pareçam humildes e talvez desprezíveis, pode o mordomo cristão fazer a vontade de Deus.

c. Jesus dá ênfase absoluta ao valor essencial da personalidade humana

Aqui temos, realmente, um dos postulados irredutíveis do Cristianismo, o que nos ensina o *valor essencial da pessoa humana*. Isto significa que o valor essencial do homem não depende de qualquer acréscimo que a civilização lhe venha a conferir: — títulos honoríficos, bens de fortuna, posição social, etc, — mas que a criatura humana, seja quem for, vale pelo simples fato de ter sido feita à imagem e semelhança de Deus.

Esta imagem pode ser ofuscada, pelos vícios, pecados e misérias da vida, mas jamais será apagada completamente. É isto que valoriza o homem aos olhos de Jesus e do verdadeiro mordomo cristão.

Não só o ensino de Jesus, mas também as suas relações pessoais com os indivíduos de todas as camadas sociais era uma pregação constante eloquente da súbita importância que ele emprestava à pessoa humana. O seu amor não conhecia predileções: amava sempre, e com igual amor, aos seus discípulos mais íntimos, a Maria e Marta, a Nicodemos, como amava a publicanos e pecadores da estirpe de um Zaqueu ou de uma Madalena.

d. A palavra de Deus é a última palavra para Jesus

Penso que ninguém pode ler com atenção o Novo Testamento sem deixar-se impressionar com as expressões, como estas, que brotaram espontâneas dos lábios do Senhor Jesus: *"A minha comida é fazer a vontade daquele que me enviou e realizar a sua obra."* (João 4:34): *"E aquele que me enviou está comigo; o Pai não me tem deixado só, porque eu faço sempre o que lhe agrada." (João 8:29); "E disse: Aba, Pai, todas as coisas te são possíveis; afasta de mim este cálice; não seja, porém, o que eu quero, mas o que tu queres."* (Marcos 14:36).

Tudo neste universo parece agir em obediência restrita à vontade de Deus, mas o homem nem sempre o faz. Reconhecemos quão difícil problema é saber o homem, em todos os caminhos de seu viver aqui na terra, claramente, qual seja a vontade de Deus a seu respeito.

Deixamos a indagação deste assunto aos teólogos, mas concluímos com o poeta, que cantou: *"Na tua vontade, a nossa paz"*. Não há paz e não há felicidade fora da harmonia com a vontade de Deus. Mesmo quando não a compreendamos plenamente, deve o mordomo cristão se sujeitar a sua vontade à vontade de seu Senhor.

1.4. RESULTADO DA MORDOMIA CRISTÃ

O resultado da aceitação da doutrina da mordomia cristã é o fato que temos de prestar contas da nossa mordomia: *"Presta contas da tua mordomia, porque já não poderás ser mais meu mordomo."* (Lucas 16:2). Pensam alguns que as contas só serão prestadas ao término da nossa peregrinação por este mundo. Haverá é certo, um dia e uma hora do ajuste final das contas; mas é verdade também que cada minuto que passa é *"dia de juízo"* para os verdadeiros mordomos do Senhor dos céus e da terra.

A vida do cristão, afirmou alguém, é uma vida com obrigação. Mas não só a vida do cristão. A verdade é que todos os homens terão que comparecer perante o tribunal de Deus, e Jesus declara positivamente que, "de todo aquele a quem muito é dado muito será requerido; e aquele a quem muito é confiado, mais ainda lhe será exigido" (Lucas 12:48).

Valeria a pena parar, de tempos em tempos, para meditarmos nas responsabilidades que a própria vida nos impõe. Achamos mais fácil, porque mais agradável, indagar sempre, aqui, ali e além, dos nossos privilégios. Não deveríamos entanto jamais esquecer, que a cada privilégio se prende uma responsabilidade.

Isto é mordomia: viver toda a vida consciente da nossa responsabilidade.

2. MORDOMIA DO CORPO

Os compêndios de moral prática começam, geralmente, com a classificação dos deveres humanos, enumenrando em primeiro lugar, as obrigações do homem para consigo mesmo. Também a mordomia cristã começa responsabilizando o individuo perante si mesmo.

Já aprendemos no capítulo I que o primeiro principio bíblico da mordomia cristã é o reconhecimento de que *"somos do Senhor"* — nós, e tudo o que somos, e tudo o que temos. Tudo é do Senhor, e Ele tem direito de dispor de nós para o seu serviço, e nós temos o dever de nos entregar em sua direção, espontânea e incondicionalmente.

2.1. O CORPO

"Rogo-vos pois, irmãos, pela compaixão de Deus, que apresenteis os vossos corpos como um sacrifício santo e agradável a Deus, que é o vosso culto racional" (Romanos 12:1).

Nada nos parece mais contrário ao verdadeiro espírito do Cristianismo que a ideia de estabelecer relação essencial entre o corpo humano e o pecado. O corpo é mero instrumento do espírito, podendo ser utilizado para o bem ou para o mal. Com isto não pretendemos negar as íntimas relação que existem entre o corpo e o espírito, pelo menos no presente mundo.

Enumeramos alguns fatos que nos levam a negar a ideia de que o corpo seja essencialmente pecaminoso:

1) O corpo, tanto quanto o espírito, é criação de Deus (Gn. 2:7)

O texto sagrado nos ensina que "viu Deus tudo quanto fizera, e eis que era muito bom" (Gn. 1:31). Tudo era muito bom, sem excluir o corpo humano. Certo, que esta maravilha saída das mãos sábias e todo-poderosas do Criador, tem servido, muitas vezes, de instrumento do pecado e da miséria humana, mas isto só e quando o homem deixa de atender para o salutar conselho do apóstolo, que diz: *"não reine pois, o pecado do vosso corpo mortal para obedecerdes às suas concupscências, nem ofereçais os vossos membros ao pecado como instrumentos de injustiça, mas oferecie-vos a Deus, como ressuscitados dentre os mortos, e os vossos membros a Deus como instrumentos de justiça, porque o pecado não terá domínio sobre vós..."* (Rm 6:12 – 14). Como criação de Deus, deve o corpo ser usado em todas as suas funções normais, para a honra e glória daquele que o criou e para o bem da humanidade.

2) O corpo é o santuário do Espírito Santo, que em nós habita (I Co. 6:19-20)

O mesmo apóstolo que nos deu tão maravilhoso conceito a respeito do corpo humano, falando aos atenienses afirmou que "o Deus que fez o mundo e tudo o que nele há, sendo Ele o Senhor do céu e da terra, *não habita em santuários feitos por mãos dos homens*" (At. 17:24). Mas aprou ao Senhor do céu e da terra, em sua infinita bondade para conosco, fazer de nós o tabernáculo de seu espírito, coroando-nos, assim, de glória e de honra, para usar a expressão do salmista (Sl. 8:5).

3) O corpo é o instrumento por meio do qual realizamos nossas tarefas diárias

O trabalho dignifica o homem. Mas qualquer trabalho só é possível mediante às atividades corporais. Desde as tarefas mais humildes realizadas pelo homem até às mais elevadas, temos que reconhecer a indispensável participação do corpo.

4) O corpo é o meio sagrada, estabelecido pelo próprio Deus, para a reprodução da espécie

A raça humana tem se perpetuado através de milênios, realizando plano de Deus no aperfeiçoamento da obra prima de suas mãos, mas esta maravilha seria impossível sem o concurso do corpo. Dirá alguém: Deus teria outro meio. Acho que não. Deus não se corrige a si mesmo. O que faz é sempre a única coisa que Ele poderia fazer, a melhor e a mais perfeita. Atribuindo ao corpo esta tão sublime missão, fez o Senhor o melhor que podia fazer.

É justamente neste ponto que a ideia errônea na relação essencial entre o pecado e o corpo tem se manifestado com maior insistência. Esqueceram-se a queda adâmica, conforme vem relatada em Gênesis, é posterior ao mandamento do Senhor "*Crescei e multiplicai-vos, enchei a terra...*" Nada há de pecaminoso nas relações legítimas entre os sexos. A função sexual, legitimamente exercida, resulta na sublimação dos nossos órgãos corporais, pois é pela capacidade geradora que o homem mais se aproxima do Criador.

Cuidar do nosso corpo é um dever. Deus escolheu fazer dele o seu templo. Sendo assim, deve ser usado de acordo com a vontade de Deus, que é boa, perfeita e agradável. Sabendo que o nosso corpo não é nosso mas de Deus.

2.1. OS PENSAMENTOS

Devemos dar graças a Deus pela capacidade que temos de pensar, refletir e usar esta para a glória de Deus. Deus conhece os nossos pensamentos e o meditar do nosso coração. Somos mordomos do nosso pensamento, assim devemos reconhecer o Senhorio Divino sobre este. Há uma declaração bíblica que diz "...nós temos a mente de Cristo" (I Co 2.16). Ter a mente de Cristo é pensar como Ele e ter o nosso pensamento dominado pelo mesmo.

1) Fases do pensamento

Segundo o Pr. João Falcão Sobrinho o pensamento humano abrange quatro fases:

a. A memória, o que é acumulado nos registros do cérebro, através dos sentidos físicos;

b. A análise, a avaliação dos dados da memória, a reflexão;

c. A imaginação, ou fantasia que está relacionada com as emoções, desejos íntimos e sonhos;

d. A elaboração do pensamento (a associação entre os dados guardados na memória e a imaginação) em ordem, para ser aplicado à realidade externa.

2) Deveres para com o nosso pensamento

a. Ocupá-lo com coisas boas (Fp 4:8);

b. Ser cheio da Palavra de Deus (Sl 119:11; I Tm 4:15; Js 1:8);

c. Sempre recordar as bênçãos recebidas de Deus (Sl 103:2);

d. Ser dominado pelo amor (Rm 5:5; 12:9-21) e pela fé (Hb 11:6);

e. Deve sempre estar em renovação (Rm 12:1, 2; Cl 3:1-10);

f. Os nossos pensamentos devem ser agradáveis a Deus (Sl 19:14);

g. Ele reprova os pensamentos maus (Gn 6:5; Pv 6:16-19; 15:26).

3) Inimigos do pensamento

a. Literatura pecaminosa;

b. Programas televisivos e radiofônicos pecaminosos;

c. Fantasias pecaminosas (Mt 5:27, 28);

d. Más conversações (Sl 1:1, 2; I Tm 6:20; I Co 15:33).

Ao saber que Deus conhece os nossos pensamentos, isso já seria o suficiente para zelarmos por estes. Deus nos deu um filtro para coarmos os nossos pensamentos em Filipenses 4.8: "*Finalmente, irmãos, tudo o que é verdadeiro, tudo o que é respeitável, tudo o que é justo, tudo o que é puro, tudo o que é amável, tudo o que é de boa fama, se alguma virtude há e se algum louvor existe, seja isso o que ocupe o vosso pensamento.*"

2.3. A VONTADE

Vontade é a faculdade de agir racionalmente. É apanágio do homem, dom sobre excelente que Deus lhe deu, e negou aos animais. Alguém definiu vontade como sendo "a faculdade pela qual a nossa alma procura o bem e foge ao mal."

Não poderá considerar-se verdadeiro mordomo cristão senão aquele cuja vontade já se rendeu completa e incondicionalmente ao Senhor. ninguém conseguiu expressar mais claramente este pensamento que o poeta, quando escreveu: *"Nossas vontades são nossas, nós não sabemos porque nossas vontades são nossas, para fazê-las tuas".*

A liberdade do homem é uma limitação ao poder de Deus. Alguém disse que Deus correu um grande risco criando o homem. Todos reconhecemos a possibilidade que tem o homem de dizer "sim" ou de dizer "não" a Deus. Mas somente uma personalidade livre seria uma criatura digna de Deus.

Quer aceitemos a criação do ser humano como um ato distinto de Deus, quer o consideremos como resultado de um processo de evolução, somente uma personalidade livre, como temos no homem, poderia ser o alvo final do Amor e da Sabedoria de Deus. Dando-nos a liberdade, deu-nos o Senhor Deus um grande privilégio, mas também uma tremenda responsabilidade.

Conta-se que o grande e renomado evangelista, D. L. Moody, saiu, certa feita, com a sua filhinha, para comprar-lhe um presente. Logo à entrada da primeira casa comercial em que entraram apaixonou-se a garota por uma bonequinha de inferior qualidade, que vira exposta na vitrina, insistindo com o pai para que lhe adquirisse aquela boneca. Queria o pai fazer-lhe a melhor dádiva, mas diante da teimosia da menina, fez-lhe a vontade. Passados os primeiros instantes de entusiasmos, verificou a menina que a sua atração pela boneca havia passado rapidamente. Chorosa, reclamou que o pai lhe havia dado uma boneca feia. Ao que o pai lhe respondeu: *"Eu, não! Eu queria dar uma boneca bonita para você, mas você não me deixou escolher".* Dali em diante, toda vez que Moody saía com sua filha para comprar-lhe qualquer coisa, ela lhe dizia: *"Pai eu não sei o que escolher, escolhe tu por mim".*

Quão mais felizes seríamos se, depois de tantas experiências de fracasso nas escolhas que temos feito, pudéssemos, ao menos, aprender a lição que a pobre menina aprendeu tão rápido! E disséssemos sempre para o nosso Deus: *"Pai, tu me deste a liberdade de escolher, mas eu não sei escolher; escolhe tu por mim".* Mas somente o senso exato de mordomia cristã pode dar-nos coragem para assim proceder.

3. MORDOMIA DO TEMPO, DONS E TESTEMUNHO

3.1. MORDOMIA DO TEMPO

"Ensina-nos a contar os nossos dias, de sorte que alcançamos um coração sábio".
Salmos 90:12

Deus é o senhor também do nosso tempo. Devíamos aprender com o Salmista: "*Na tua mão estão os nossos dias*" (Salmo 31:15).

O tempo é uma coisa preciosa. Ouve-se frequentemente o ditado: "Tempo é dinheiro". Entretanto, alguém já comentou, com bastante verdade, que tempo é uma mais que dinheiro: tempo é vida. Desprezar o tempo é, portanto, desprezar a própria vida. Ninguém tem o direito de gastar o tempo inutilmente. Somos administradores do tempo e do uso que dele façamos, teremos de dar contas ao Senhor.

Não pode o tempo ser guardado para ser usado futuramente. Frente ao tempo, estamos diante de um dilema: ou o usamos, ou o perdemos irremediavelmente. Benjamim Franklin, grande estadista norte-americano, de muitos conhecido, colocou em uma das paredes do seu gabinete de estudos e trabalhos, um cartaz com os seguintes dizeres: "*Perdeu-se, hoje, pela manhã, uma hora cravejada de sessenta minutos. Não se oferece gratificação a quem achar, porque está irremediavelmente perdida.*"

E não se pode sacar sobre o futuro. O suprimento do tempo, embora maravilhosamente regular, é cruelmente restrito. Ninguém pode viver hoje o dia de amanhã. "O amanhã nunca chega", Realmente, amanhã é outro dia.

Nos domínios do tempo não existe aristocracia, nem de fortuna, nem de intelecto. Nem o próprio gênio consegue de prêmio uma hora a mais por dia. Muita gente há que se queixa da sua falta de tempo para as suas tarefas diárias. A meu ver tal queixa é, de todo, infundada. O fato é que todos nós temos todo o tempo que há disponível no mundo, pois que todos temos vinte e quatro horas diárias para viver. O que há, em muitas vidas, não é falta de tempo, e sim, falta de método, de pontualidade, de equilíbrio, de planejamento. (Este assunto é melhor trabalhado na apostila de Liderança Cristã).

Há pelo menos, três maneiras de perder o tempo:

1) Não fazendo coisa alguma;

2) Fazendo mal o que se deve fazer;

3) Fazendo coisas adversas do que se devia fazer.

O justo e adequado uso do tempo pode resumir-se em dividi-lo de maneira reta e proveitosa, por entre as duas séries de atividades que o homem exerce nesta vida: as atividades materiais e as atividades espirituais, não esquecendo de que a primazia cabe às espirituais.

3.2. MORDOMIA DOS DONS E TALENTOS

"*Não negligencies o dom da graça que em ti, e que te foi dado por profecia, com a imposição das mãos de presbítero*" (I Timóteo 4:14).

A palavra talento herdou-a o português do grego, através do latim, e significava "a mais alta moeda dos sistemas monetários da antiguidade". Por evolução semântica veio significar, atualmente, "o conjunto de dotes naturais que um homem possui". É neste último sentido que aqui a empregamos.

Uma das maiores forças da pessoa humana são os dons ou talentos especiais que de Deus recebemos. Pode-se dizer que não há uma só pessoa totalmente destituída de capacidades. Há ou mais dotados, mas todos temos recebido alguma coisa. É dever do mordomo cristão descobrir os seus próprios dons, desenvolvê-los ao máximo, e usá-los para o seu próprio benefício, mas também para servir aos seus semelhantes.

De muito proveito seria a todos estudar os princípios da mordomia cristã, à luz da parábola dos talentos, narrada por Mateus 25:14-30. Aqui citaremos apenas três das principais lições que nos são ensinadas nesta parábola:

1) Todos temos os nossos talentos. Cada criatura humana é um verdadeiro tesouro de possibilidades que deve ser explorado;

2) Há diversidade de dons entre homens, quer na quantidade como na qualidade dos dons recebidos. E esta diversidade é uma das maiores provas da sabedoria infinita de Deus, pois concorre com a felicidade das coletividades humanas, quebrando o orgulho humano e mostrando-lhes a necessidade imprescindível da cooperação. A diversidade de dons é um fato não só entre os indivíduos, mas também entre os povos. Nenhum povo como nenhum indivíduo, poderá julgar-se auto-suficiente. Cada povo tem a sua contribuição a fazer para o bem comum da humanidade, e a cooperação, assim entre os indivíduos como entre os povos, é o único meio de aproveitamento de todas as capacidades latentes no gênero humano;

3) O prêmio será sempre o mesmo: é o prêmio da fidelidade. No pouco ou no muito, "o que se requer nos despenseiros é que eles se achem fiéis" (I Co. 4:2).

Tratando de mordomia dos talentos, não podemos deixar de falar sobre o problema das vocações individuais. É lamentável que muitos dos nossos jovens ao verem chegar o momento de eleger uma profissão que garanta um meio mais ou menos fácil de subsistência, estão barateando demais o sentido de suas próprias vidas e o conceito que deviam ter da vida humana em geral.

Não basta ter uma profissão, é necessário que, no exercício desta ou daquela profissão, sinta o homem que está respondendo a um chamado de Deus para servir. Infelizmente, mais uma vez dizemos, o que, com assiduidade, se verifica é que o anseio máximo das pessoas é somente o de encontrar um emprego em que ganhem o mais possível, no menor espaço de tempo possível, e fazendo o menor esforço possível.

O espírito da mordomia cristã aplicado ao trabalho profissional levaria muitas pessoas a mudarem de emprego ou de ocupação. O principio de mordomia cristã considera, biblicamente, imoral e anticristão ganhar um ordenado ao qual não se faz jus pelo trabalho honesto e útil, ou seja, vai na contramão daquilo que, infelizmente é vivenciado e pregado por muitos.

3.2. MORDOMIA DO TESTEMUNHO

Lembremos que as palavras de Cristo para seus discípulos: "*Vós sois o sal da terra; se o sal tiver tornado insípido, como se poderá restaurar-lhe o sabor? Para nada mais presta, senão para ser lançado fora e pisado pelos homens. Vós sois a luz do mundo. Não se pode esconder uma cidade situada sobre um monte: ninguém acende uma candeia e a coloca debaixo do módio, mas no velador, e assim alumia a todos os que estão em casa. De tal modo brilhe a vossa luz diante dos homens, que eles vejam as vossas boas obras e glorifiquem a vosso Pai que está nos céus*" (Mt 5:13 – 1).

Jesus estabeleceu a pedagogia moderna do princípio de "*aprender fazendo*". É pelo exercício que nos desenvolvemos fisicamente. É pelo treinamento diário de nossas capacidades mentais que adquirimos destreza para pensar e produzir mentalmente, e assim acontece em todas as atividades humanas.

Estas verdades se aplicam plenamente no terreno espiritual: o desenvolvimento de nossos poderes espirituais só pode ser adquirido pelo uso adequado do que temos conseguido no estudo da Bíblia, na prática da oração, na participação do culto, e na experiência pessoal.

É repartindo com os outros os resultados de nossas experiências que as aprofundamos e as tornamos cada vez mais nossas. Alguém já asseverou que "*religião é um produto que quanto mais se exporta mais aumenta o estoque.*"

Neste particular o mordomo cristão se defronta com uma lei universal: a lei da atividade ou do uso. Se deixarmos de usar os músculos, por exemplo, eles se atrofiam. A mente inativa por vasto período de tempo perde o seu vigor. Assim acontece com os valores espirituais e as experiências religiosas quando deixamos de usá-los convenientemente. O único método seguro de reter uma experiência religiosa é transmiti-la o mais possível aos outros. Ou o mordomo cristão dá testemunho de sua experiência com Deus em Cristo, ou ele a perderá fatalmente.

Uma das mais acentuadas características da Primitiva Igreja Cristã era o seu ardor em dar testemunho de Cristo. Era até uma condição para o apostolado conforme lemos em Atos 1:22. Esta é seguramente uma das maiores necessidades da Igreja nos dias atuais. Os membros de todas as igrejas cristãs precisam de compenetrar-se do seu dever inlienável de dar testemunho de Cristo. A contribuição financeira que os crentes fazem para o sustento do ministério não é uma paga para que os ministros preguem o Evangélho em seu lugar.

Mas perguntará alguém: Como dar testemunho de Cristo? Há muitas e muitas maneiras. A pontualidade nas assistências aos cultos públicos, a frequencia à Escola Dominical, a participação nas diversas atividades promovidas pelas organizações da Igreja, a contribuição liberal proporcional às posses para o sustento da Causa, o apoio moral e espiritual ao ministério e autoridades eclesiásticas, o amor fraternal expresso numa visita ou numa palavra de conselho e amiga, enfim, não há limite às possibilidades que a vida cristã oferece ao cristão de dar testemunho do seu Mestre e Salvador.

O que importa é encher-se o mordomo cristão do desejo de testemunhar a Cristo pela palavra e pela vida e as oportunidades aparecerão aos milhares. *"E sereis minhas testemunhas..."* (Atos 1:3).

4. MORDOMIA DAS FINANÇAS

4.1. INTRODUÇÃO

Tudo o que somos e o que temos pertence a Deus. Devemos viver como bons mordomos, administrando bem aquilo que é do Senhor. Jesus usou o conceito de mordomia, aplicando-o a nós:

"*Disse o Senhor: Quem é, pois, o mordomo fiel e prudente, a quem o senhor confiará os seus conservos para dar-lhes o sustento a seu tempo? Bem aventurado aquele servo a quem seu senhor, quando vier, achar fazendo assim. Verdadeiramente vos digo que lhe confiará todos os seus bens. Mas se aquele servo disser consigo mesmo: Meu senhor tarda em vir, e passar a espancar os criados e as criadas, a comer, a beber, e a embriagar-se, virá o senhor daquele servo em dia que não o espera, e em hora que não sabe, e castigá-lo-á, lançando-lhe a sorte com os infiéis.*" (Lc 12:42-46).

Nossa vida, família, casa e bens são do Senhor e devemos administrar tudo isto vivendo intensamente para Deus com tudo o que Ele nos confiou. Parte do nosso dinheiro volta a Deus na forma de contribuições, mas o que não damos não deixa de ser dEle e deve ser empregado corretamente. Este é um princípio poderoso na vida do cristão e deve ser entendido e vivido antes mesmo da contribuição, que é só um pequeno aspecto da mordomia.

Queremos dar ênfase ao aspecto da contribuição, pois é o que mais necessita ser compreendido e tem a ver com a vida da Igreja. Nossa contribuição é tão espiritual quanto nossas orações; não há como separar os assuntos em natural e espiritual.

Quando um anjo do Senhor apareceu ao centurião Cornélio, lhe disse: "As tuas orações e as tuas esmolas subiram para memória diante de Deus" (At 10:4). Veja que o anjo diz que orações e esmolas subiram igualmente perante Deus; contribuição é um ato espiritual! A esmola é apenas um nível de contribuição, mas a Bíblia fala de outros dois níveis: o dízimo e a oferta (Ml.3:8-10). E assim como no caso da esmola, o dízimo e a oferta são apresentados como também produzindo um memorial perante o Senhor (Ml.3:16).

Quando contribuímos em qualquer um destes três níveis, estamos levantando um memorial diante de Deus. Com esta linguagem figurada, a Bíblia está declarando que o Senhor se "lembrará" de nós para nos abençoar. A contribuição é um ato espiritual seguido de bênçãos!

4.2. A MORDOMIA DO DÍZIMO

A palavra dízimo quer dizer "décima parte". Portanto devolver a Deus a décima parte do que se ganha é dizimar. É importante entender que o dízimo deve ser uma atitude de entrega pessoal e gratidão. Não basta a devolução do dízimo.

Temos que entregar a nossa vida, o nosso coração no altar de Deus. Não devemos devolver este como pagamos uma mensalidade, contas de luz e água, prestações de eletrodomésticos com medo de ter o nosso nome no "SPC divino". A motivação que nos leva a dizimar não é o medo mas o amor a Deus.

1) O Dízimo no Antigo Testamento

a. Nos dias de Abraão

A origem do dízimo perde-se no tempo, sendo anterior a Moisés e Abraão. No entanto, a primeira referencia bíblica ao fato relaciona-se aos dias deste patriarca. Em (Gn 14:20) está escrito que Abraão devolveu a Melquisedeque o dízimo de tudo, sendo que, neste caso, não foi do produto da terra nem dos rebanhos, e sim do despojo da guerra, costume também observado nos tempos antigos (cf. Hb 7:2). Ora, quando o novo testamento reporta-se ao assunto, é porque algum ensino existe para os dias de hoje (cf. Lv 27:30,32-34; Dt 12:5-6).

b. Nos dias de Jacó

Posteriormente na progressão da história bíblica, você encontrará o patriarca Jacó seguindo o exemplo de Abraão, só que em outra circunstância; a de ser grato a Deus, se este lhe guardasse durante a sua jornada (Gn 28.18-22). É certo que a gratidão pelas bênçãos a serem alcançadas moveu o coração de Jacó, que, de forma espontânea, reconheceu a soberania de Deus após a experiência em Betel.

c. Nos dias de Moisés

Nos dias de Moisés, o dízimo passou a exercer importante papel na vida religiosa do povo israelita leia (Dt 26.1-15). Desta forma, não só a Casa de Deus era suprida, como também mantida a tribo levítica, responsável pelo sacerdócio. Quando o povo se encontrava fraco e afastado de Deus, o dízimo era negligenciado. Devolver o dízimo é, portanto, um sinal de avivamento, entre outros, quando provém da fé e de um coração que reconhece o senhorio de Deus sobre todas as coisas. Por isso, Malaquias chegou a chamar de roubadores de Deus àqueles que não devolviam os seus dízimos (Ml 3:8-10), incitando-os a fazer prova do Todo Poderoso, que jamais deixará de cumprir suas promessas àqueles que lhe são fiéis.

2) O Dízimo no Novo Testamento

O dízimo não ficou restrito aos tempos do Antigo Testamento. O fariseu, estrito cumpridor da Lei, não se esquecia de devolver seu dízimo fiel, mesmo que fosse "do endro e do cominho" (Lc 18:12). Embora sua negligência da justiça, misericórdia e fé merecesse a reprovação de Jesus, o Salvador não deixou passar a oportunidade para reiterar o princípio da fidelidade nos dízimos: *"fazei estas coisas sem omitir aquelas"*. Ou seja, *"não use o dízimo para negligenciar a misericórdia, não use a misericórdia para negligenciar o dízimo"* (cf. Lc 11:42; Mt 23:23). Uma advertência do próprio Salvador contra a religião unilateral.

No Novo Testamento, aprendemos que a igreja recebeu dinheiro por ofertas voluntárias (At 4:32-37) dadas no primeiro dia da semana (I Co 16:1-4). Essas coletas foram feitas em cada congregação local, e a própria congregação empregou o dinheiro no trabalho autorizado por Deus.

Cada cristão tem a responsabilidade de dar "conforme a sua prosperidade" (I Co 16:2), "segundo tiver proposto no coração" e "com alegria" (II Co 9:7). Enquanto o Novo Testamento não exige o dízimo (que foi um valor obrigatório para os judeus sob a lei de Moisés), não devemos pensar que Deus quer só as migalhas que sobram depois de nos fartar.

Jesus elogiou o espírito de sacrifício da viúva pobre (Lc 21:1-4). Paulo agradeceu o sacrifício dos Filipenses como uma oferta agradável a Deus (Fp 4:18). Ele elogiou os irmãos da Macedônia por sua generosidade, dizendo que "deram-se a si mesmos primeiro ao Senhor" (II Co 8:5). Eles descobriram a chave da generosidade.

4.3. BENÇÃOS QUE ACOMPANHAM O DÍZIMO

1) Bênçãos para a Igreja

Se todos os crentes devolvessem o dízimo, não haveria necessidade de a igreja local lançar mão de campanhas financeiras para a execução de sua tarefa. O que ocorre é exatamente o oposto. É pequeno o percentual que se dispões a cumprir este mandamento, talvez por falta de ensino e de Ter a visão correta do que significa o dízimo.

Malaquias afirmou que o dízimo é para que haja "mantimento na casa do Senhor". Aplicando-se ao contexto de hoje, é o meio que a Igreja tem aqui na terra para realizar a evangelização, enviar missionários, manter os seus obreiros, cuidar da assistência social, construir templos para abrigar o povo e suprir o dia a dia da administração. Por exemplo: como a igreja poderá ser abençoada com o crescimento, se lhe faltam recursos para adquirir folhetos, enviar obreiros, dar suporte aos programas de evangelismo e ajudar no cuidado aos crentes da igreja e da comunidade? O dízimo é para isso. Não tem outra finalidade.

2) Bênçãos para quem devolve o dízimo

A promessa dada por Deus através de Malaquias impõe uma condição: primeiro trazer os dízimos, depois fazer prova do Senhor, que garante derramar bênção tal, trazendo maior abastança. Porém, é preciso que fique claro: isto não anula as aflições da vida, onde podem aparecer os momentos de sequidão. Agora, com certeza garante vitória aos que, com fidelidade em tudo, atravessam estas horas mais difíceis, pois a palavra de Deus jamais cai por terra.

Fazer prova aqui não é chantagear o Senhor, mas saber que Ele é recíproco para conosco, se cumprirmos a nossa parte. "Se vós estiverdes em mim", disse Ele, "e as minhas palavras estiverem em vós".

Veja algumas coisas que acontecem quando, motivado pela visão correta, o crente devolve o dízimo:

a. Sente-se recompensado por sentir-se parte ativa da obra de Deus;

b. Deus o socorre em tempos trabalhosos;

c. Torna-se exemplo para os demais crentes;

d. Deus lhe é recíproco em proporções bem maiores;

e. Os recursos são mais abundantes para os projetos da igreja; e

f. A obra de Deus realizada com maior rapidez.

BIBLIOGRAFIA

RAMOS, Osvaldo. Dízimos e bênçãos. São Paulo: Editora Vida, 1996.

BOST, Bryan J. Deus e o dinheiro. São Paulo: Editora Vida Cristã: 1999.

MUNDLEIN, Eva; HERRLINGER, Christiane. Histórias de dinheiro na Bíblia. São Paulo: SBB, 2008.

Revista Avivamento n° 17 – Dons e mordomia.

Revista Semear e Colher n° 50 – OBPC Edições.

Sites Consultados:

www.urnet.com.br/ibfportoseguro/mordomia/html (texto do Pr. Luciano Subirá)

www.jesusvoltara.com.br/atuais/dizimo/html

www.batistarenascer.org.br

www.estudosgospel.com.br/mordomiacristã

Capítulo XV

Liderança Cristã

1. A NATUREZA DA LIDERANÇA

1.1. DEFINIÇÃO

Tendo em vista que a grande necessidade nos dias de hoje é a de termos líderes com o coração na obra de Deus, líderes que tenham verdadeiro desejo de servir a Cristo e honrá-lo através de suas vidas, líderes que possuam um claro compromisso com o senhorio e com a pureza da sã doutrina; torna-se necessário para isso conhecermos como deve ser esse líder, quais as qualidades, quais os deveres, como exerce a liderança.

O que é, exatamente, a liderança? Warren G. Bennis definiu: "Liderança é a capacidade de traduzir a visão em realidade." Em sentido mais amplo, é verdade. O líder é alguém que faz sua visão tornar-se realidade, mas você deve incluir um outro elemento importante - outras pessoas.

Liderança é o processo de conduzir um grupo de pessoas a um objetivo comum.

Líder é aquele que recebe tal responsabilidade, assumindo o compromisso de levar o grupo àquele objetivo. Um líder faz sua visão tornar-se realidade não só pelos seus próprios esforços, mas também pelo esforço dos outros. Qualquer um que pense estar liderando, mas não tem ninguém a segui-lo, está simplesmente passeando por aí.

O dicionário Webster's define o vocábulo *liderança* como a posição ou guia de um líder, a habilidade de liderar". Essa definição não ajuda muito. Na realidade, leva a uma falsa ideia do que seja liderança. Muitas pessoas acreditam que a liderança tem poder originário de uma posição ou título. Pensam que o patrão seja capaz de liderar por causa da posição que ocupa e o gerente, por causa do título de seu cargo.

Entretanto não é essa a verdadeira natureza da liderança. Uma pessoa que não pode liderar a não ser dentro dos estreitos limites de sua posição não e um verdadeiro líder. Como John White disse: "As pessoas não seguem programas, mas líderes que as inspiram."

O líder cristão é a peça chave, por isso, sempre é o mais valioso, é aquele que sempre enxerga o futuro e conduz o povo, é aquele que instrui o povo a que caminho seguir e ao mesmo tempo serve um por um para que todo o conjunto possa andar a um passo só. É aquele que, ao contrário do que ocorre na natureza, dá a mão ao mais fraco e não o abandona a mercê dos chacais. O que acalma os mais peraltas e regula todos em uma marcha só.

Um líder é formado pela própria vida, por aquilo que Deus o ensina desde a sua conversão, é formado pelo seu caráter e pela sua vontade de prestar culto a Deus e servir o seu próximo, por isso este estudo não visa formar um líder, mas sim apresentar pontos interessantes àquele que já é um líder, e como tal, está procurando cada vez mais aperfeiçoar-se no seu papel.

Liderar exige conhecimentos, técnicas e aprendizado contínuo no trato de pessoas.

Não confunda administrar coisas com liderar pessoas!

1.2. LIDERANÇA É INFLUENCIA

A melhor definição que já vi para liderança é esta: Liderança é influência. Um verdadeiro líder é uma pessoa capaz de influenciar outras a segui-lo. Ele é capaz de induzi-las a se juntarem a ele e a mudarem com ele. Ele encoraja as pessoas a sua volta a serem uma extensão de sua visão, dos seus objetivos e de suas conquistas. E capacita-as para serem bem-sucedidas.

Liderança começa com o caráter e a visão de uma pessoa — o âmago de quem ela é como pessoa. O *expert* em liderança, Fred Smith, disse: "Os líderes saem na frente e ali permanecem por aumentarem os padrões pelos quais julgam a si próprios — e pelos quais estão dispostos a serem julgados." Os melhores líderes são pessoas que estão continuamente crescendo, ampliando sua visão, aprendendo.

Estão dispostos a pagar o preço da liderança: farão os sacrifícios necessários para se manterem melhorando, ampliando sua visão, aumentando suas habilidades, alcançando seu potencial. Por seus próprios esforços, tornam-se pessoas admiradas.

Você quer ser um líder eficaz? Quer atingir resultados positivos com as pessoas e através delas? Isso é possível e pode ser feito, basta desenvolver um bom relacionamento humano, ter uma compreensão ampla da natureza do homem, aperfeiçoar e usar aptidões e habilidades de liderança e estabelecer um curso de ação definido.

Todos nós sabemos que um bom técnico de futebol treina sua equipe longas horas, concentrando-se em cada fase do jogo. Se quisermos conquistar a posição de líderes, temos de fazer o mesmo, influenciar. O líder vê o quadro geral, compreende o objetivo da vida e o trabalho do grupo ou de sua organização. Liderar implica em ter percepção e senso de direção.

Nosso propósito como líderes cristãos significa buscar os mesmos objetivos que Jesus buscava: ajudar os outros a se tornarem tudo aquilo que podem ser, sob o poder de Deus (cf. Jo 10:10). A capacidade de conduzir os outros e canalizar suas energias de maneira a alcançar os objetivos é o fator mais importante do sucesso, tanto da pessoa humana como dos empreendimentos.

1.3. A NECESSIDADE DE LÍDERES CRISTÃOS

Deus está chamando líderes. Ele está a procura de líderes. "*Busquei entre eles um homem que tapasse o muro e se colocasse na brecha perante mim a favor desta terra, para que eu não a destruísse; mas a ninguém achei*" (Ez 22:30).

O líder cristão é uma pessoa que está consciente do seu papel na liderança, sabe que está no comando e que este comando foi-lhe outorgado por Deus. Também está consciente que exerce um forte impacto e uma grande influência na vida dos liderados. Agora, ele não deve de forma alguma incidir uma influência forçada. Isso deve ser natural.

Ele é alguém que vê as necessidades das outras pessoas. Está sensível para com elas. Com isso, procura, na maneira do possível, ajudá-las a superar os seus obstáculos. Deve demonstrar um amor genuíno, como um amor de pai para filho.

O líder não é um ditador. Aquele que chega com a palavra e diz tudo o que se deve fazer. Ele deve procurar incutir nas mentes das pessoas que elas devem participar na elaboração dos projetos, dos planos, etc. Assim, ele não irá exercer uma função autoritária e poderá com isso estar desenvolvendo novos líderes dentro do grupo. O líder deve, no entanto, ter a consciência que deve sempre estabelecer metas, bem como os meios necessários para atingi-las. Para isso, uma boa comunicação é fundamental.

O líder deve ser alguém que saiba se comunicar. Deve saber dizer exatamente o que pretende e como pretende. Boa comunicação é imprescindível para a realização das metas, consequentemente os liderados não terão problemas em segui-lo. Motivação é chave para atingir os planos. Ele deve estar sempre motivando os demais, bem como motivando a si mesmo. Quando o trabalho é bem executado, ele deve saber dar crédito às pessoas por isso, deve elogiar o trabalho bem feito. Deve também cobrar quando o trabalho não acontece.

O líder deve procurar pedir auxílio ao Senhor Jesus Cristo — o Líder dos líderes, o Mestre por excelência — para exercer a liderança. Colocando-se diante de Deus para escutar o que Ele manda, estará sendo o tipo de líder que Deus está a procura. Uma pessoa consagrada, temente a Deus, que faz o que Lhe agrada, porque seu objetivo e glorificar Aquele que o arregimentou.

Nos dias do profeta Ezequiel, Deus descreveu a crise da liderança dizendo: "*Busquei entre eles um homem que tapasse o muro e se colocasse na brecha perante mim a favor desta terra, para que eu não a destruísse; mas a ninguém achei*" (Ez 22:30). Deus está chamando lideres.

"Precisamos de líderes!". Onde quer que vamos ouvimos este clamor — no meio religioso, social, político, etc. Muitas igrejas são formadas por dois grupos distintos:

1) Um grande número de 'espectadores' que assistem às reuniões aos domingos;

2) O pastor e uma minoria de pessoas que fazem a maior parte do trabalho.

A Bíblia, no entanto, não ensina que a intenção de Deus é que o pastor faça, sozinho, todo o trabalho de ministrar à Igreja. Isto seria praticamente impossível. Deus quer todos nós envolvidos no seu ministério.

Capacitar a igreja para fazer a obra do ministério é a estratégia do líder. Segundo o texto de Atos 20:28, quem faz a obra do ministério? Os santos, os membros da igreja. Todos na igreja deveriam ter um trabalho. O papel do líder é ser um supervisor.

Suponhamos que você procura uma construtora para construir sua casa. Então, vai a um lugar aonde um grupo de pedreiros trabalha. Ali, você nota um grupo de trabalhadores em círculo, com pás nas mãos, e um supervisor entre eles. O supervisor está cavando laboriosamente. Todos os trabalhadores estão aplaudindo e dizendo:

— Continue chefe, você está fazendo um bom trabalho!

O que você pensaria deste grupo? Você gostaria que esta gente construísse sua casa?

Infelizmente, muitas igrejas funcionam desta maneira. A igreja se senta e aplaude, enquanto o pastor faz tudo: a pregação, o ensino, as visitas, o aconselhamento e a correção. Os membros louvam os esforços do pastor, mas nunca lhes entra na cabeça que são eles os que deveriam estar fazendo algumas destas coisas.

2. QUALIDADES DA LIDERANÇA

2.1. QUALIDADE ESPIRITUAL

A pessoa que aspira à liderança deve ter bom caráter era sua vida espiritual. Isso significa que deve ter um relacionamento pessoal profundo com Deus, o que implica colocar

Deus em primeiro lugar em cada área da vida. Devemos ter o cuidado de não achar que, pelo fato de já trabalharmos para Ele, não precisamos gastar tempo com Ele.

É indispensável que o líder caminhe ao lado e com Deus na liderança. Para isso, é necessário que o coração do líder seja inteiramente de Deus (II Cr 16:9). Sendo assim, o líder é uma pessoa que procura com intensidade ter ou possuir uma elevada estatura espiritual. O padrão divino para o líder é extremamente elevado, para que ele possa atingir o padrão de Deus, é necessário uma obediência plena da parte dele.

Seu viver deve ser irrepreensível. O que ele ensina em relação às verdades espirituais da Palavra de Deus, deve condizer com a verdade. Não deve acontecer de que um membro chegue diante dele e o acusa de não estar praticando o que prega, de não estar cumprindo este ou aquele outro mandamento da Palavra de Deus.

Temos na vida de Daniel um grande exemplo: ele era irrepreensível, não havia nada que as pessoas podiam falar com relação a faltas em sua vida. Sendo assim, seus inimigos tentaram achar algo para acusá-lo na lei de Deus. Nada encontraram. Por fim, tiveram que fazer algo para que ele viesse a cair, mas sua vida espiritual era tão elevada que mesmo diante do decreto do rei, ele não sucumbiu. Sua firmeza espiritual foi o seu segredo (Dn 6).

Se quisermos ser os líderes em seu reino, devemos manter o caráter em nossa vida espiritual. Devemos manter uma boa vida de oração e permanecer em íntima comunhão e constante relacionamento com Deus.

2.2. QUALIDADE MORAL

Os líderes devem possuir uma vida limpa, isso não deve ser por medo dos liderados, mas sim pelo temor diante de Deus, por querer agradá-lo. Nas Escrituras, temos um exemplo bastante forte deste padrão moral que o líder deve ter. José se recusou a ter relações sexuais com a mulher de Potifar, não por temer a Potifar, mas por temer cometer tamanho pecado diante de Deus (cf. Gn 39:7-21).

Ter uma vida moral reta é algo que não tem preço. Não se pode comprar. Tendo uma vida limpa perante Deus e os demais, o líder terá uma visão clara de seus alvos e objetivos, será mais fácil para ele alcançar seus objetivos assim.

Pessoas com problemas de visão procuram um oftalmologista para corrigir o problema. Líderes com problemas em sua vida moral, terão uma visão distorcida do ministério, não mais agirão com clareza. Por isso, é fator primordial ter uma vida limpa.

2.3. QUALIDADES PESSOAIS

Cada líder tem a sua própria personalidade. Ninguém é igual a ninguém. Porém há qualidades pessoais que cada líder deveria ter preocupação. Um líder deve estabelecer alvos pessoais. Ele deve estabelecer alvos para si mesmo, bem como para sua congregação (cf. Rm 12:3; Fp 3:14).

O líder é uma pessoa cuja influência se faz sentir em todos os aspectos. Por onde quer que vá, ele é alvo de observações e por isso há de exercer uma influência na vida das pessoas que o cercam. Ele não deve procurar fazer certas coisas somente para que outras pessoas vejam que ele está fazendo, mas ele deve ter em sua mente que quando ele faz alguma coisa os outros estão observando o seu modo de fazer ou agir.

Até mesmo tudo o que o líder fala, faz ou pensa serve para influenciar os seus liderados, quer positiva, quer negativamente. De uma maneira ou de outra, o líder, influenciará os seus liderados em tudo o que faz, portanto, é necessário que se tenha o máximo cuidado para não ser uma influência negativa na vida deles.

2.4. QUALIDADE NA VIDA CONJUGAL E FAMILIAR

A pessoa que quer ser líder deve ter um bom caráter na vida conjugai e na vida pessoal. Deve tratar o cônjuge corretamente, cuidar das responsabilidades familiares, gastar tempo com os filhos, acertar suas prioridades, manter a vida sexual saudável e a casa em ordem.

Talvez você ache que isso seja loucura, mas o líder deve manter a grama aparada e a casa limpa por dentro e por fora.

Como vimos em I Timóteo 3:1-5, deve também manter os filhos sob controle e viver uma vida disciplinada. Deve manter a vida em ordem, com boa reputação no mundo.

2.5. QUALIDADE NA VIDA FINANCEIRA

A pessoa que quer ser líder deve ter um bom caráter com relação à vida financeira. Sabe quantas instituições de crédito não emprestam dinheiro para igrejas porque descobriram que a maioria delas não paga suas contas? Claro que nem todas as igrejas são assim. Há igrejas maravilhosas e líderes de igreja que têm um ótimo caráter. Mas há também quem não tenha caráter, e Satanás usa essas pessoas para sujar a imagem de todos os crentes.

Os que estão em posição de liderança espiritual devem pagar suas contas em dia. Não devem ter dívidas. Isso não significa que nunca podem comprar coisas à prestação, e sim que não devem viver de cartão de crédito, gastando mais do que ganham.

Geralmente murmuramos e resmungamos: "Odeio todas essas dívidas. Eu o repreendo, Satanás". Entretanto, não foi o diabo que nos endividou; fomos nós mesmos, por causa de nossa própria ignorância e estupidez.

O líder espiritual deve ser dizimista e até mesmo dar além do dízimo. Ele deve ser generoso e desejoso de suprir necessidades conforme Deus lhe dá oportunidades de fazê-lo. Aquilo que a pessoa está disposta a dar mostra muito de seu caráter. O líder dá generosamente, e dá com sabedoria. Ele usa a sabedoria em suas finanças. Sabe o que está acontecendo com seu dinheiro.

3. A FILOSOFIA CRISTÃ DA LIDERANÇA

No cenário descrito em Mateus 20:20-28, a mãe de Tiago e João, se aproxima de Jesus para pedir-lhe que faça sentar os seus filhos junto a Ele em Seu reino. Este episódio deu a Jesus a oportunidade de apresentar três atitudes fundamentais na liderança cristã: o sofrimento, a igualdade e o serviço.

3.1. DISPOSIÇÃO PARA ABRAÇAR O SOFRIMENTO

"Mas Jesus respondeu: Não sabeis o que pedis. Podeis vós beber o cálice que eu estou para beber? Responderam-lhe: Podemos" (Mt 20:22)

Um chamado à liderança cristã é um chamado ao sofrimento. Esse "sofrimento", especialmente no mundo ocidental, usualmente toma a forma de pressão psicológica e estresse, que outros crentes não suportam nem compreendem.

Com frequência, as pessoas têm altas expectativas de um líder, as quais ele não pode satisfazer. Em lugar de buscar a Cristo, as pessoas podem estar buscando um pastor para satisfazer suas necessidades. E quando o pastor falha, consideram-no incompetente.

Algumas pessoas que estejam sob seu cuidado, podem ser rebeldes e somente se submeteram quando são pressionadas. Algumas vezes o líder deve manter-se na linha dos princípios divinos, com o risco de mal entendidos e críticas de outros.

Ocasionalmente, os líderes da igreja devem aplicar a disciplina bíblica a pesar de que não seja popular fazê-lo. Quase sempre, quando se apresenta um caso de disciplina, os líderes não podem revelar o problema a congregação. Os membros com um conhecimento incompleto do caso podem chegar a conclusões equivocadas sobre as decisões dos líderes e podem pensar que os líderes são muito severos ou muito suaves ao aplicar a disciplina. Os líderes podem estar sofrendo em silêncio. Deus sabiamente o quis assim.

Os títulos e honras que acompanham o ofício de líder não são suficientes para compensar o estresse. Aqueles que valorizam os títulos e honras mais que serviço, logo se acharam desiludidos e decepcionados.

De forma semelhante, em seu livro *Irmãos, Não Somos Profissionais*, John Piper ataca a atitude de "profissionalismo" do ministério pastoral que não abraça o sofrimento como requisito:

"Nós, pastores, somos assassinados pelo profissionalismo do ministério pastoral. A mentalidade do profissional não é... a mentalidade do escravo de Cristo. O profissionalismo nada tem a ver com a essência e o coração do ministério cristão... Porque não há crianças profissionais (Mt 18:3); *não há ternura profissional* (Ef 4:32); *não há um clamor profissional* (Sl 42:1)".

3.2. IGUALDADE

"Então, Jesus, chamando-os, disse: Sabeis que os governadores dos povos os dominam e que os maiorais exercem autoridade sobre eles. Não é assim entre vós; pelo contrário, quem quiser tornar-se grande entre vós, será esse o que vos sirva." (Mt 20:25-26).

"Se você trata a um homem como seu igual, se ele for sábio, ele se submeterá a você nas áreas que ele sabe que você é superior".

O autoritarismo e a hierarquia se sustem mutuamente e é difícil dizer qual dos dois sintomas é a força que impulsiona. As pessoas autoritárias criam as hierarquias? Ou, as hierarquias estimulam o autoritarismo?

O autoritarismo se deriva da arrogância. Com frequência, as pessoas autoritárias supõem que o ter um ofício superior prova que eles são inerentemente indivíduos superiores. Esta é razão pela qual eles *senhoreiam* sobre outros. Supõe que tem o direito inerente para fazê-lo.

As hierarquias complexas são inevitáveis no mundo. Os exércitos são hierarquias, com seus generais no cargo superior, seguidos pelos coronéis, majores, capitães, sargentos, até chegar aos soldados rasos. É o mesmo com as corporações. O presidente está na primeira posição seguida pelos vice-presidentes, chefes de departamentos, até chegar ao sótão onde estão os rapazes do armazém.

As hierarquias são necessárias em tais domínios. Jesus não está ensinando que as hierarquias autoritárias estão erradas. Ele simplesmente está dizendo: *"Não será assim com vocês"*. A frase *entre vós não será assim*, é literalmente no grego, *não assim com vocês*. Jesus estava falando em aramaico, um dialeto do hebraico. Nessa língua, os tempos futuros são usados como imperativos. Provavelmente, Jesus estava dizendo: *"Eu, lhes proíbo categoricamente por nos ofícios pessoas com atitudes e temperamentos autoritários"*.

Assim, alguns devem ser excluídos dos ofícios cristãos, inclusive se forem autocráticos em seu caráter, nunca devem chegar a postos de autoridade na igreja. Algumas pessoas com tendências naturais para liderança ficam excluídas dos ofícios cristãos.

As organizações cristãs quase sempre passam por alto este princípio. Suponha que chegue um homem com características naturais de liderança. Com certeza ele é um pouquinho arrogante. Gosta de controlar. Talvez, às vezes, ele exagere um pouco, mas o que é que tem? Ele tem *"liderança"*.

Deste modo ele obtém autoridade na organização. Resultado: pessoas feridas. Perdem-se boas pessoas que recusam ser o alvo de tal arrogância. Somente porque um homem tem habilidades de liderança, não significa que ele deve ser um líder em uma organização cristã. Se ele tende para o autoritarismo e tem atitudes controladoras, ele é a *última* pessoa para ser qualificada. Nos postos, nunca se deve permitir que ele esteja acima do último. Os controladores devem ser controlados.

Isto pode ser o que Jesus quis dizer quando disse: *"o que quer fazer-se grande entre vós será vosso servidor"*. Alguns eruditos interpretaram esta frase assim: *"a liderança de servo é a forma para ser promovido no Reino de Deus"*. Esta interpretação pode ser válida. No entanto, considerando o contexto, esta frase parece mais bem uma proibição de colocar pessoas com atitudes autoritárias em postos de liderança.

Em suma: Nem a habilidade natural da liderança, nem a experiência nos negócios, no exercito, nem os perfis psicológicos, são indicadores finais de que um homem deve ser um candidato para a liderança cristã. Se ele mantém atitudes autocráticas, pensa hierarquicamente ou tende usar ou abusar das pessoas, ele está desqualificado como candidato, a pesar de outras considerações.

3.3. SERVIÇO

"Tal como o Filho do Homem, que não veio para ser servido, mas para servir e dar a sua vida em resgate por muitos". (Mt 20:28)

A liderança cristã enfoca mais em ajudar a outros que em mandar em outros. É uma vida dedicada ao serviço. A honra que levam os ofícios eclesiásticos atrai a muitos. Mas se as honras é sua motivação, estas pessoas terminam como líderes negligentes, mais preocupados com seu status que pelo bem-estar das pessoas, ademais do dano que fazem a si mesmos. *"... há tempo em que um homem tem domínio sobre outro homem, para arruiná-lo"*. (Ec 8:9).

A meta de um líder cristão é conseguir que seus seguidores sejam o melhor que eles possam chegar a ser. De fato, se o líder pode preparar alguém para substituí-lo, este é o melhor líder de todos.

A liderança de servo é essencial no Reino de Deus devido ao produto final. No mundo dos negócios, as pessoas são um recurso para produzir bens materiais. As pessoas gastam tempo e energia para produzir coisas para o consumo público, tais como automóveis, canetas, ou qualquer outra coisa.

No Reino de Deus usa os recursos materiais para produzir pessoas santificadas. No mundo considera que isto não é um benefício. Além do mais, a santificação é difícil de definir, algo que somente Deus pode medir.

Pessoas santificadas, é do que se trata o ministério.

4. ADMINISTRAÇÃO DO TEMPO

4.1. COMO TER TEMPO?

Todos nós possuímos a mesma quantidade de tempo diária: 24 horas. Alguns usam estas horas de forma proveitosa e útil, enquanto outros têm dificuldades em coordenar este recurso tão limitado e precioso.

Se tempo é dinheiro, é importante sabermos aproveitá-lo bem, já que não é possível guardá-lo, vendê-lo, alugá-lo ou fazer qualquer outra coisa, senão somente usá-lo. Quase todos nós somos muito ocupados, mas sempre haverá espaço para nos aperfeiçoarmos e melhorarmos nosso dia-a-dia. Para se ter tempo, é preciso administrá-lo da melhor forma possível. Para isso, é necessário ter um:

1) Plano de ação diário

Você precisa adotar um plano de ação para o seu dia. Se não o fizer, irá dedicar tempo precioso àquilo que aparecer primeiro na sua mesa de trabalho. Trabalhe com o que é IMPORTANTE e não somente com o que é URGENTE. Comece o dia fazendo um esquema geral, com destaque para 2 ou 3 coisas mais importantes que gostaria de realizar.

Não permita que suas preocupações diárias lhe impeçam de planejar seu esquema. Elabore um esquema e sublinhe as tarefas mais importantes e prioritárias. Organize-as por ordem e horário. Exemplo:

- Visitas;
- Tempo para devocional e oração;
- Reunião com departamentos;
- Outros.

No início, talvez seja difícil você organizar suas tarefas. Compre uma agenda e vá incluindo os horários e tarefas. A medida que o dia for progredindo, vá assinalando o que você já fez. Isto representará uma motivação a mais, já que, ao final do dia, você poderá olhar a lista e (certamente) poderá dizer: quanta coisa que eu fiz!

2) Concentre-se!

A melhor maneira de economizar tempo é concentrar-se no que você faz. Não é possível fazer 2 ou 3 coisas ao mesmo tempo. Assuma uma tarefa e concentre as forças nela. Não a interrompa para fazer outra coisa (telefonar, para bater papo, etc), vá até o fim.

Para aumentar sua concentração, não deixe rádio ou TV ligados, ou comer e beber durante a execução de suas tarefas, é algo extremamente difícil. Largue tudo e, apenas, elabore o seu relatório, devocional, mensagem, etc.

3) Pausas

Uma das nossas tendências, quando estamos com pouco tempo, é tentar fazer tudo ao mesmo tempo, no mesmo dia, nem que para isso fiquemos trabalhando até tarde da noite. Mas trabalhar durante longas horas, sem fazer um descanso, não é bom modo de aproveitar eficazmente o tempo.

A energia acaba e o tédio instala-se, cansaço físico e mental terminam por sepultar o aproveitamento. Trocar, por alguns minutos, um trabalho mental por um físico (caminhar, respirar intensamente, exercícios leves, alongamentos, etc.) ajuda a recuperar o ânimo.

Não pense que um repouso é desperdiçar tempo. Ele aumentará a eficiência, beneficiando sua saúde, na medida que alivia a tensão. Tudo o que contribua para manter sua boa saúde é um bom emprego do seu tempo.

4) Tarefas a longo prazo

Sempre existem aquelas tarefas que temos um prazo para realizá-las. São tarefas que, nossa tendência, é deixar para o "último dia..." Não faça isto! Aplique um plano rápido e pequeno para você vencer uma grande tarefa, com prazo marcado.

4.2. GANHANDO TEMPO POR PARTES

Existe diferença entre esforçar-se por executar um trabalho ótimo e empenhar-se para atingir a perfeição. O primeiro caso é alcançável, produtivo e necessário. O segundo é quase inatingível.

Por que se esforçar para fazer uma carta ou um boletim perfeito, se as pessoas irão ler apenas os aspectos principais, para depois jogá-la num lugar qualquer ou mesmo no lixo? Por que imprimir 10 páginas novamente na impressora ou no Xerox, se o erro está apenas na palavra "comecar", que você esqueceu de colocar o "ç"? É mais sensato, econômico e rápido apenas incluir o sinalzinho abaixo do "c".

1) Aprendendo a dizer Não

O uso da palavra 'não' é uma eficaz ferramenta de economia de tempo. Aprenda a recusar, com educação, mas firmemente, qualquer solicitação que não lhe pareça imprescindível para alcançar os resultados.

Você pode desculpar-se dizendo que não deseja livrar-se do trabalho, mas dedicar-se melhor naquilo que realmente considera importante, e assim poderá ter chance de livrar-se dos trabalhos improdutivos.

Quando nossa única preocupação é não ofender aos outros, acabamos entulhados de prioridades alheias. Exemplo:

"Você foi convidado para estar numa reunião de outro departamento, mas que nada tem a ver com suas tarefas. Apenas convidaram você porque querem valorizar a "turma". Recuse sem hesitação. Delicadamente, diga que você não dispõe do tempo necessário para dar atenção devida ao assunto e... Tchau".

2) Delegando

Nós precisamos saber distinguir entre aquilo que nós temos que fazer e aquilo que podemos deixar outros executar, por delegação direta. Delegar quer dizer incumbir, entregar uma tarefa a outrem, transmitir permissão de executar em meu lugar.

O que você poderá deixar que seus subordinados façam? Faça uma revista de suas tarefas diárias, e verifique que parte delas dispensa sua ação direta! Se você delegar corretamente, Terá mais tempo para assumir (novas) tarefas, mais complexas e de acordo com sua competência, fazendo-o progredir ministerialmente e até profissionalmente.

4.3. VENCENDO A FALTA DE TEMPO

As orientações apresentadas nesta apostila nem sempre serão úteis para você. Mas certamente poderão lhe ajudar a encontrar meios de administrar melhor seu tempo:

1) Lendo um Livro

Andando de ônibus: o tempo que você usa no transporte coletivo pode ser usado para ler aquele livro que há anos você está tentando concluir. Depois que tiver o hábito, você lerá normalmente. Serão dezenas de livros por ano.

Mas, se você não quer, definitivamente, ler no ônibus, então leia na frente da TV! Isto mesmo, enquanto está assistindo a TV, tenha um livro aberto. Assim que entrar a propaganda... comece a ler seu livro! Em um ano, você terá lido pelo menos dois a três livros médios, dependendo do tempo de você assiste TV.

2) Internet e fila de banco

Fila de banco? Nunca mais! Se você tem internet, faça (quase) todas as transações via internet. A economia chega a 3 ou 4 horas por mês (fora o tempo de deslocamento até a agência bancária). Fale com seu gerente! (Há outras opções também, como débitos automáticos de água, luz e telefone, conheça-as, utilize-as e ganhe tempo!)

3) E-mails e mala direta

Mais de 50% de toda correspondência postal e eletrônica é verdadeiro entulho propagandístico ou desperdício de comunicação e recursos. Delete os e-mails de conteúdo publicitário ou que nada tem a ver com suas metas, imediatamente.

Coloque no lixo as malas diretas e nem perca tempo abrindo um envelope! Após abrir milhares de malas diretas, ainda não achei um cheque ou cédula de dinheiro vivo nelas...

4) Desculpe, por favor...

Quando alguém nos aborda e começa a falar ininterruptamente, o que fazer? Utilize as palavras mágicas: "desculpe, eu preciso voltar ao trabalho...", "por favor, posso dar atenção a você em outra oportunidade...?" e "gentileza, estou me lembrando de algo que preciso fazer agora...". Falta de educação é roubar tempo dos outros...!

5. COMPREENDENDO A VOCAÇÃO

O estudo aqui apresentado representa um breve apanhado bíblico do desenvolvimento da ideia de vocação no Antigo e Novo Testamento, bem como formulação de certas teses teológicas, fundamentadas nas premissas bíblicas indicadas.

Todo o estudo feito parte da premissa principal de que vocação quer no seu sentido etimológico, quer no seu conteúdo exegético, aponta para a ideia principal de que a criatura humana é chamada a pertencer ao seu criador, e isto significa participar da sua obra no mundo. Pertencer ao Corpo de Cristo é cumprir a sua função no corpo, e através dEle, servir no mundo.

5.1. COMPREENSÃO BÍBLICA DE VOCAÇÃO

Deus é essencialmente um Deus criador, ativo, que trabalha. O Deus "separado", Santo, manifesta o seu amor na obra da criação. E Deus criou o homem a sua "imagem e semelhança", isto é, transmitiu ao homem a capacidade para trabalhar no seu reino, administrando a obra criada (cf. Gn 1:26-18; 2:15). Esta é a vocação original do homem: no ato da criação, Deus o comissionou para o privilégio do serviço no seu reino. O homem, todavia, separou-se, alienou-se de Deus, perdendo sua vocação, e, por conseguinte o seu privilégio do serviço no reino divino (cf. Gn 3:17-24).

Deus vocacionou, então, um povo na pessoa e família de Abraão, para através dele, vir a este mundo abençoar todas as gerações da terra, conduzindo-as novamente ao domínio e serviço do Senhor (cf. Gn 12:1-3; Jo 1:14; Mt 20:28).

Todo o Antigo Testamento é, na verdade, o registro da história de um povo vocacionado, chamado por Deus para o seu destino divino: trabalhar na obra divina. É fato que esse povo revela continuamente infidelidade à sua vocação, e que por isso mesmo precisa ser ele próprio, também renovado pela graça e misericórdia de Deus.

No Novo Testamento, vocação (gr. Klesis) significa "o chamado de Deus para a salvação", isto é, separação do mundo para o serviço de Deus no mundo (cf. Mt 4:19; 5:13-16; Rm 1:5-7). Salvação não é um fim em si mesmo, mas tem a dimensão do serviço; o cristão é chamado a pertencer ao reino de Deus, mas pertencer ativamente, ocupando o seu lugar no corpo de Cristo.

Podemos dizer assim, que a vocação do homem é ser cristão, e ser cristão é estar ativo na obra de Deus em Jesus Cristo. A vocação cristã do homem é a afirmação da impossibilidade humana de sua autorrealização, já que o homem somente alcança a sua maturidade, a sua plenitude, quando envolvido na obra e no reino de Deus neste mundo. É por isso que a iniciativa do chamado é sempre Deus, uma expressão da sua livre graça (Gl 1:6, 15). O chamado divino chega ao homem através de Jesus Cristo (cf. Mc 1:20; 2:17; 3:13; At 9:4-6), e tem a dimensão da vida eterna (I Tm 6:12).

A vocação cristã não é mera conivência com Deus, mas implica transformações radicais na vida humana, caracterizando um tipo próprio de vida, cujo conteúdo é a essência do "ethos" cristão (cf. Mt 5-7; Jo 10:10; I Co 7:15; Gl 5:13; Ef 4:1-2; Cl 3:1-17; I Ts 4:7). A base da "nova vida", que é a resposta à vocação de Deus em Jesus Cristo, pelo poder do Espírito Santo, é o amor (I Co 13).

Proclamar a vocação de Cristo ao mundo é tarefa primeira e imprescindível do cristão (Mt 4:19; At 1:8; 20:24; II Co 5:19-20). Para muitos, o chamado inclui uma tarefa especifica no reino de Deus, o que se comprova na dádiva de dons especiais (At 13:2; I Co 12:1-31; Ef 4:11-13; Hb 5:4).

5.2. TESES TEOLÓGICAS SOBRE VOCAÇÃO

Fundamentado no apanhado bíblico, formula-se agora algumas teses teológicas, que definem certos aspectos essenciais da vocação, situando-a no seu verdadeiro contexto na vida da Igreja e na vida do mundo.

1) Vocação é o chamado de Deus em Jesus Cristo, pelo qual o homem é separado da vida do mundo sem Deus, para a vida de Deus no serviço do mundo, recebendo o poder de testemunhar no Espírito Santo essa nova vida.

2) Os que respondem a vocação de Deus em Jesus Cristo na atuação do Espírito Santo, são chamados para trabalhar no seu reino, tornando-se obreiros, cooperadores com Deus, qualquer que seja a sua profissão secular. Basicamente não é um chamado para ser um profissional na Igreja, mas para ser ministro de Deus.

3) Na Igreja todos são vocacionados, isto é, chamados para ser ministros de Deus, obreiros de seu reino. Todos são participantes da obra divina.

4) A missão da Igreja é obra de todos os seus seguidores. A proclamação do kerigma é tarefa da Igreja em sua totalidade; o exercício da diaconia é, também, tarefa de cada cristão.

5) Cada cristão é chamado a descobrir, muitas vezes com o auxilio da comunidade cristã, o seu dom, que é a base para a distribuição de tarefas na Igreja. A Igreja é o corpo de Cristo, onde cada um executa a sua parte, a sua obra.

6) Embora a vocação seja basicamente o chamado de Deus para uma nova qualidade de vida, esta não é um fim em si mesma, mas se expressa através do testemunho e serviço. A vocação inclui, assim, o chamado para atividades no serviço cristão, e especificamente, para certas tarefas de liderança na proclamação da fé cristã e no exercício da Educação Cristã.

5.3. O SENTIDO PSICOLÓGICO DA VOCAÇÃO

No sentido psicológico, "vocação" corresponde a gosto, interesse, inclinação para certa atividade ou profissão, mas é adquirida na vivencia pessoal, através de experiências, conhecimentos, apreciações, tornando-se com o tempo uma espécie de atitude incorporada à nossa personalidade.

Neste sentido, a vocação é um dos elementos importantes para o ajustamento do homem ao trabalho, para a escolha da atividade profissional adequada, mas não é tudo. Ela terá de estar de acordo com outras qualidades da personalidade, como as "Aptidões", características físicas e fisiológicas, traços de temperamento, caráter, etc. Daqui concluímos que pode haver "pseudo vocação", isto é, gostos, interesses, tendências para uma carreira ou profissão sem as qualidades necessárias para tornar-se um bom profissional.

Por exemplo, um jovem pode sentir-se vocacionado (interessado, sugestionado por parentes, marketing) para ser um médico, e não possuir um grau de inteligência compatível com o curso e a profissão de médico. O mesmo pode acontecer para professor, pastor, etc.

Por isso temos hoje as ciências ajudando o homem, e na psicologia aplicada surgiu o processo de "Orientação Profissional", examinando e encaminhando para profissões compatíveis com a personalidade, orientando para a profissão e não para a vocação. No processo de psicologia aplicada se pesquisa:

- Aptidão – inteligência, memória, senso técnico, senso artístico, etc;
- Vocação – gostos, interesses, tendências, etc;
- Características físicas e fisiológicas – saúde geral, voz, visão, audição, etc;
- Traços da personalidade – caráter, temperamento, etc.

Há certos aspectos da personalidade que já estão no ser humano por ocasião de sua geração. São os característicos hereditários, que pertencem aos ancestrais paternos e maternos que desde Adão e Eva vem sendo transmitidos, alguns alterados quando se combinam as duas linhagens. Outros aspectos são adquiridos, incorporados à personalidade à medida que ela se desenvolve.

Frank Prentzel Jr., (escritor e pastor renomado), nos conta o seguinte:

"Havia decidido ser advogado e diante da insistente chamada, foi conversar com o secretário da fundação Wesley, que o ajudou por meio de algumas perguntas: 1ª) Se você estivesse atravessando um deserto com um sacode água bem cheio e encontrasse um homem morrendo de sede, o que faria? Frank respondeu: *Dar-lhe-ia de beber.* 2ª) Você acha que tem alguma coisa de que o mundo necessite? Após refletir Frank responde: *Acho que tenho uma mensagem de cristo.* O secretário novamente lhe pergunta: 3ª) O que você vai fazer então? Frank sem pestanejar responde decidido: *Vou entrar no ministério Cristão.* E de acordo com seu próprio testemunho, nunca se arrependeu.

Charles Spurgeon dizia que: "Ser pastor sem vocação é como ser membro professo e batizado sem comunhão".

5.4. VOCAÇÃO E SOCIEDADE

É importante lembrar que em cada um de nós existe o ser individual (que se compõe de todos os estados mentais), e o ser social (sistema de ideias, sentimentos e hábitos) que exprime os grupos diversos de que fazemos parte.

Entre os povos primitivos, o religioso; o político e o econômico se confundiam, mas os valores predominantes eram os religiosos. Entendia-se que vocacionado era aquele que havia sido chamado por Deus, a quem servia através do ministério.

A sociedade de hoje apresenta condições diferentes que em síntese, podem ser assim consideradas:

1) A estrutura social perdeu suas características (o filho herdar a profissão do pai);

2) A religião, ainda que continue a ter importância, perdeu sua posição de prioridade;

3) Economicamente, as ocupações são inumeráveis e muitas são aquelas que possibilitam a ascensão social econômica.

O problema se torna mais complexo, no caso do vocacionado religioso, aquele que se sente chamado por Deus. Porque vivendo em uma sociedade aonde os princípios religiosos vão perdendo sua força e os seculares tendem a predominar, sua decisão de ser Pastor, tomada sem qualquer coerção social, e até mesmo enfrentando uma sociedade hostil, é sinal de um verdadeiro vocacionado, isto é, de alguém que realmente acredita ter sido chamado por Deus.

Sua posição será difícil, como é a de todos aqueles que tenham vocação para certas atividades que não sejam reconhecidas, ou sejam bastante aceitas pela sociedade em que vive. Disto é que tem que ter consciência a igreja, preocupada em sua manutenção dentro de nossa sociedade, para saber como enfrentar as dificuldades que surgem, e das que surgirão cada vez mais contínuas e intensas; e disto também tem que ter consciência todo aquele que se sente vocacionado para o serviço e Deus.

Porque, como parte da sociedade, terá que enfrentar o peso da força econômica e do prestigio social, raramente possíveis de serem alcançados através do ministério, já que o religioso está relegado a segundo plano; ou terá que seguir sua verdadeira vocação, e não se preocupar em como será recebido nessa sociedade. Esta posição, aparentemente é a mais indicada.

Sem maiores analises, é oportuno citar um problema que já está ocorrendo, e que caracteriza bem estas dificuldades. É o de se saber se o Pastor deve dar tempo integral à Igreja, ou deve ter outras atividades extras pastorais. Os pontos de vista variam, muitos aceitáveis de lado a lado. A verdade é que o fato de este problema surgir mostra mudança no comportamento da sociedade com relação à religião.

O importante a fazer, é esclarecer alguns pontos:

1) Que a vocação ministerial nunca foi uma profissão

Na antiga aliança, o sacerdócio era privativo aos filhos de Arão e os profetas eram chamados e vocacionados. Podemos citar Isaias (cf. Is 6:8); Jeremias (Jr 1:4-10) Ezequiel (Ez 2:1-3), e muitos outros. Na atual dispensação, ministério é uma vocação, um dom; onde o vocacionado tem a consciência de que: 1º) do Senhor vem a recompensa (cf I Pe5:2-4) e, 2º) Seremos julgado pelo Senhor.

2) A vocação nos faz superar obstáculos considerados pelo homem comum insuperáveis

Observemos a vida de Moises, como compreender sua posição diante das rebeliões e tumultos enfrentados no deserto? Diante do questionamento e legitimidade de sua vocação? (cf. Nm 12;1-16; 14:1-9; 16:1-19). O que ele faz? Ora fervorosamente intercedendo quando Deus quis destruir o povo e fazer dele um novo e grande povo.

Só um homem vocacionado por Deus poderia ter a capacidade, a calma e o equilíbrio para vencer momentos críticos. Moises não era um super homem, mas um homem vocacionado pelo Senhor.

3) A vocação é acompanhada da missão

Deus nos chamou e nos vocacionou para uma missão especifica: Pregar o Evangelho (Mt 28:19). Quando o obedecemos temos o resultado: Conversões.

Ninguém que é vocacionado pelo Senhor vive de um lado para outro, mas tem certeza da vontade de Deus para sua vida, e onde o Senhor o colocou.

BIBLIOGRAFIA

FARIA, Cleverson de Abreu. Princípios para uma boa liderança. (Letras santas.hpg.com.br).

PRICE, J. M. A Pedagogia de Jesus. Rio de Janeiro: Juerp, 1990.

MAXWELL, John C.; DORNAM, Jim. Estratégias para o sucesso. São Paulo: Pronet, 1996.

MEYER, Joyce. A formação de um líder. Belo Horizonte: Ministério Joyce Meyer, 2006.

YOUSSEF, Michael. O estilo de liderança de Jesus. Venda Nova - M.G.: Editora Betânia, 1982.

SALVIANO, Nelson. Liderança Eficaz. Belo Horizonte, 1999.

Apostila de Liderança organizada por Rev. Roger L. Smalling, 2005.

Apostila de liderança - ASAS DO SOCORRO, 2007.

Apostila de Teologia Pastoral da Escola de Educação Teológica Logos (EETEL).

Sites Consultados:

www.ebdonline.com.br

www.adoração.com.br

www.letrassantas.hpg.com.br

Claudemir Pedroso da Silva

CURSO TEOLÓGICO

ESCATOLOGIA

PAE
EDITORA

SUMÁRIO

Capítulo I

Escatologia – A Doutrina das Últimas Coisas

1.1 - Introdução

Muitos crentes vivem assustados e perplexos com relação aos acontecimentos futuros que virão sobre o mundo já combalido pelas terríveis forças da maldade. Porém, a verdade é que Deus deseja que conheçamos as coisas que há vir, e na qualidade de filhos, não devemos nos assustar ou nos perturbar pelos acontecimentos espantosos e assustadores do nosso tempo (I Ts 4.13).

É necessário conhecer as *"coisas que hão de vir"* (cf. Jo 16:13) para ser servo eficiente de Jesus Cristo. A maioria de nossos irmãos em Cristo tem um conhecimento desordenado do Quadro Profético.

"Entretanto, o Espírito Santo nos diz claramente que nos últimos tempos alguns na igreja se desviarão de Cristo e se tornarão seguidores de mestre com idéias de inspiração diabólica" (ITm 4:1). Alguns falsos ensinadores têm introduzido no meio do povo de Deus ensinos deturpados sobre as coisas que ainda hão de acontecer. É de se lamentar que essas heresias tem desviado muitas pessoas que por sua vez perdem o gosto pelo verdadeiro ensino contido nas Sagradas Escrituras, concernentes ao futuro.

A Bíblia é nossa regra de fé e prática. Por isso, para termos bom conhecimento de Escatologia é necessário estudarmos as principais passagens bíblicas sobre o assunto, requer muita atenção e cuidado para não entrar na classe dos falsos mestres enfatizado por Paulo, que surgiriam nos últimos tempos.

O estudo sobre Escatologia não é difícil, desde que o estudante dedicado busque a orientação de Deus que por sua vez iluminará a mente do seu discípulo. Uma coisa é certa: o Espírito Santo é o único e verdadeiro intérprete que merece toda a nossa confiança, no que tange a todo o conteúdo plausível da Bíblia Sagrada, o Livro de Deus.

1.2 – MÉTODOS DE INTERPRETAÇÃO

1) Alegórico

Através deste método as escrituras podem ser interpretadas de acordo com a mente do interprete, ficando submissa a seus costumes, meios sociais em que vive, educação, etc.

Alegoria no sentido exato da palavra significa: "**Exposição de um pensamento sob forma figurada; Que representa uma coisa para dar ideia a outra**". Uma parte das escrituras divinas interpretada por este método correrá sérios riscos de se fazer o desejo do intérprete e não a revelação de Deus, visto que a alegoria dá lugar à mente humana e não a vontade de Deus. Portanto, o método alegórico deve ser utilizado de maneira correta.

Como exemplo, analisamos que Pelo sentido alegórico alguém poderia interpretar o texto em que Israel passou pelo mar vermelho, dizendo que Israel venceu os problemas, que Deus ao invés de abrir o mar vermelho, deu passagem para Israel atravessar seu caminho, vencendo assim seus problemas, e que o mar vermelho nunca se abriu literalmente. O fato de comparar a passagem pelo mar vermelho com as pessoas vencerem seus problemas, pode até ser aceito como uma comparação poderia ser aceito numa mensagem, onde o pregador quer mostrar a seus ouvintes que, assim como Israel passou pelo mar vermelho, nós também podemos passar e vencer as adversidades que estiver à frente, pois Deus dará o escape a qualquer mar de problemas, mas só de forma comparativa, pois, no sentido teológico não podemos crer desta forma, temos que crer que o mar vermelho se abriu e Israel passou a seco pelo meio do mar.

O sentido literal interpreta da mesma forma em que foi escrita, ou seja, o povo de Israel passou sim pelo mar vermelho. Como vemos, não dá para aceitar a forma alegórica de interpretação das sagradas escrituras, pois como demonstrado neste exemplo, como ficaria em relação ao arrebatamento da igreja? Alguém poderia usar simbologia e não crer que a igreja de fato será arrebatada aos céus, e com relação ao reinado de Cristo no milênio? Pela forma alegórica poderá alguém crer que Cristo nunca reinará neste mundo, mas somente no coração dos homens, e é ai que a forma de se estudar as escrituras faz toda diferença.

2) Literal

A definição para este modo de interpretação é: "**Conforme a letra do texto, sujeito ao rigor das palavras**". Esta forma de interpretação das escrituras sagradas é mais aceita no meio cristão, por vários motivos:

- Esta forma de interpretação é aceita em todas as línguas, povos e nações;
- As escrituras sagradas só fazem sentido se interpretadas de forma literal;
- Esta forma de interpretação respeita as parábolas, os sonhos e a simbologia;
- Esta forma de interpretação é possível fazer comparações com outros textos das escrituras;
- Esta forma de interpretação considera todo o contexto e não só uma parte do texto isolado das demais;
- O Senhor Jesus, os profetas e apóstolos, utilizaram a forma Literal de interpretação das escrituras divinas.

Aprendemos pela forma literal de interpretação, que o objetivo de Deus para com a nação de Israel é completamente diferente de seus objetivos para com a igreja, e por isso devemos aprender a não confundir Israel com igreja. Uma coisa está muito clara nas escrituras sagradas, nos tempos passados, antes do nascimento de Cristo, Deus trabalhava com a salvação do povo judeu, enquanto que os gentios estavam um tanto esquecidos, havendo salvação aos gentios em casos isolados, porém após a morte e ressurreição de Cristo, Deus tem oferecido salvação somente aos gentios, que salvos se tornam a igreja de Cristo, onde acontece a conversão de alguns judeus, porém em casos isolados, ou seja, Deus nunca trabalhou com os gentios e Israel ao mesmo tempo, e assim acontecerá também na grande tribulação, ao se completar a plenitude dos gentios (cf. Rm 11:25), Deus voltará a lidar com o povo Judeu.

1.3 - PRINCIPAIS INTERPRETES E SEUS ENSINOS

I) Preteristas

Esta classe crê que a maior parte do Apocalipse já foi cumprida, a muito tempo atrás. Eles relegam tudo ao passado. O relacionamento que eles fazem entre o texto e o evento é muito subjetivo e precário.

II) Historicistas

Os intérpretes que assumem esta posição procuram encaixar todos os acontecimentos previstos no Apocalipse em várias épocas da história humana. Interpretam o Apocalipse como um estudo progressivo dos destinos da Igreja desde o seu início até a consumação. Estes asseveram que as profecias estão cumpridas em parte e em parte estão por cumprir e algumas estão sendo cumpridas diante de nós.

iii) Futuristas

Estes intérpretes dividem-se em dois grupos:

a) **Futuristas extremos** – acham que **todo** o Apocalipse refere-se à vinda do Senhor Jesus Cristo.

b) **Futuristas simples** – Aceitam que os 3 primeiros caps. do livro como já cumpridos; tudo o que se segue refere-se à aparição vindoura de Cristo.

A maioria dos Pentecostais Fundamentalistas tem uma visão futurista do livro de Apocalipse. Sob esta perspectiva tudo, ou quase tudo que é narrado após o capítulo 4, será cumprido num curto espaço de tempo (sete anos) após o término da Dispensação da Igreja.

Os intérpretes do Apocalipse também estão divididos na forma como abordam o Milênio (Os mil anos mencionados no capítulo 20). A maneira como se encara o Milênio afeta a interpretação do Apocalipse com um todo. É necessário levantarmos, aqui, alguns pontos:

1 – Amilenistas

Ensinam que **não** haverá nenhum Milênio, pelo menos não na terra. Alguns simplesmente dizem que, como o Apocalipse é simbólico, não há sentido algum em se falar em Milênio Literal. Outros interpretam os mil anos como algo que ocorrerá no céu. Interpretam o número ***mil*** como um algarismo ideal, um período indefinido. Assim, esperam que este período da Igreja termine com a ressurreição e julgamento geral, tanto do justo como do ímpio, seguindo-se imediatamente o reinado eterno no novo céu e na nova terra. A maioria dos amilenistas consideram Agostinho da Hipona (396 – 430 d.C.) um dos principais promotores do amilenismo.

2 – Pós-Milenista

Começou a espalhar-se a partir do século XVIII. Seus adeptos interpretam os mil anos do Milênio, como uma extensão do período atual da Igreja. Ensinam que o poder do Evangelho ganhará todo o mundo para Cristo, e a Igreja assumirá o controle dos reinos seculares. Após haverá a ressurreição e o julgamento geral tanto do justo como do ímpio, seguido pelo reinado eterno no novo céu e na nova terra. O pós-milenismo também espiritualiza irritadamente as profecias da Bíblia, não dando espaço à restauração de Israel ou reinado literal de Cristo sobre a terra durante o Milênio.

3 – Pré-milenista Dispensacionalista

Ensinam que a segunda vinda do Senhor Jesus acontecerá em duas fases: na primeira, o Senhor Jesus se encontrará com a igreja nos ares, levará os salvos para participar das bodas do Cordeiro nas regiões celestiais; e, após sete anos de tribulação na terra sem a presença da igreja, regressará com ela para reinar neste mundo por mil anos. Eles fazem uma distinção entre a ressurreição para a igreja, na ocasião do arrebatamento, a ressurreição para aqueles que virão a crer durante a tribulação de sete anos (ressurreição esta que ocorrerá na segunda vinda do Senhor, no final da tribulação) e a ressurreição dos incrédulos no final do milênio.

Os pre-milenistas dispensacionalistas fazem, também, uma distinção entre o julgamento dos crentes após o arrebatamento, o julgamento de judeus e gentios convertidos no final da tribulação de sete anos e o julgamento dos incrédulos no final do milênio. Sem dúvida, para os membros desta escola de interpretação, os sete anos de tribulação será literal, mas a igreja neotestamentária será arrebatada antes dessa tribulação. O milênio será inaugurado e estabelecido com a segunda vinda do Senhor Jesus, após a tribulação e durará, literalmente, 1.000 anos. Sem dúvida, esta posição distingue completamente Israel e igreja.

Se levarmos em consideração o tratamento de Deus com a Igreja do ponto de vista dispensacionalista, veremos que não faz sentido a Igreja passar pela tribulação, pois a base do relacionamento entre Deus e a Igreja é a GRAÇA, e a tribulação é um tempo de juízo sobre Israel (cf. Jr 30:7).

No Novo Testamento encontramos alguns versículos usados na defesa do arrebatamento pré-tribulacional, conforme I Tessalonicenses 1:9 e 10 ; Apocalipse 3:10e I Timóteo 6:14 e 15. De acordo com esta interpretação, os eventos que sucedem o arrebatamento também ajudam a reforçar a ideia deque a Igreja NÃO passará pela tribulação.

1.4 – DEUS TEM PROPÓSITOS

"Descobrindo-nos o mistério da sua vontade, segundo o seu beneplácito, que propusera em si mesmo, De tornar a congregar em Cristo todas as coisas, na dispensação da plenitude dos tempos, tanto as que estão nos céus como as que estão na terra; Nele, digo, em quem também fomos feitos herança, havendo sido predestinados, conforme o propósito daquele que faz todas as coisas, segundo o conselho da sua vontade." (Ef 1:9-11)

Muitos mestres da Bíblia crêem que a história da humanidade do ponto de vista bíblico, está dividido em eras ou dispensações. O tempo bíblico parece estar dividido em 7 (sete) dispensações, sendo que cada uma delas tem sido um teste ou prova para a humanidade, com a finalidade de determinar se sob condições estabelecidas por Deus para cada período, a humanidade seria obediente ou não.

1 – As Sete Dispensações

Para melhor compreender o campo da escatologia bíblica, faz-se necessário um resumido estudo sobre as sete dispensações, sabendo que, a última dispensação é para o futuro.

1ª) Inocência Gn 2:16, 17 resultado = Gn 3:17-19

2ª) Consciência Gn 4:3-5 resultado = Gn 6:5

3ª) Governo humano Gn :.6 resultado = Gn 3:11;

4ª) Promessa Gn 12:1-3resultado = Gn 12:10 ; 26:6-10; 27:36; Ex 1:11

5ª) Lei Ex 20:1-18 resultado = Jo 19:15

6ª) Graça ou igreja At 1:8 resultado = Ap 3:14-22

7ª) Milênio Ap 20:1-6 resultado = Ap 20:7-10

2 – Dispensação da graça ou Igreja

A descida do Espírito Santo no dia de Pentecostes (cf. At 2) introduziu a Sexta (6ª) dispensação, conhecida como da **graça** ou da **igreja**. Assim chamada em contraste com a dispensação da Lei; durante a qual Deus requeria obediência e sacrifício. Agora qualquer homem ou mulher pode tornar-se salvo pela graça de Deus, apenas aceitando gratuitamente os dons da graça do Altíssimo.

Através das parábolas Jesus nos deu características da época atual, como em Mateus 13, quando apesar do evangelho ser semeado em toda a terra, nem todos o receberam. O grão de mostarda nos ensina sobre a existência da verdadeira igreja ao lado da falsa igreja, grande e poderosa, mas destituída de vida verdadeira (cf. Mt 13.31).

O que virá depois destes dias?

Capítulo II

Sinais da vinda de Cristo

A vinda de Jesus será precedida de sinais já preditos na Bíblia, como:

2.1 – APOSTASIA

"Ninguém, de maneira alguma, vos engane, porque não será assim sem que antes venha a apostasia e se manifeste o homem do pecado, o filho da perdição." (II Ts 2.3)

A Apostasia é o abandono da fé e da doutrina, como o exemplo descrito em II Tm 2:18 apostasia como mencionada no texto acima, só pode ocorrer na igreja. O mundo não tem de que apostatar. A frieza espiritual, a mornidão, o mundanismo, o materialismo, o conformismo e o desvio espiritual avolumam-se no meio do chamado cristianismo professo. Isto é visto profeticamente na Igreja de Laodicéia (cf. Ap 3:14-18, que prefigura a igreja morna na época do arrebatamento, na iminência da volta de Jesus, a máscara do pseudo-cristianismo cairá de vez. A humanidade atual, em todas as camadas sociais, em todos os países, torna-se cada vez mais indiferente à Deus, à Sua Palavra, e tudo o mais que Lhe diz respeito. Isto também precede a vinda de Jesus, conforme Ele mesmo fez ciente em Lc 17.26-30.

2.2 – INDIFERENÇA ESPIRITUAL

"Vós, porém, amados, lembrai-vos das palavras anteriormente proferidas pelos apóstolos de nosso Senhor Jesus Cristo, os quais vos diziam: No último tempo, haverá escarnecedores,

andando segundo as suas ímpias paixões. São estes os que promovem divisões, sensuais, que não têm o Espírito." (Jd v.17-19)

Nos dias atuais, é amplamente sentido um crescimento de indiferença espiritual caracterizada por uma mistura de incredulidade de uns e apostasia de outros. O uso de filosofias e práticas espíritas, a criação de doutrinas que giram em torno da prosperidade plena, ensinos sobre a obrigatoriedade de Deus em abençoar seus servos, etc, formam o novo quadro teológico de muitas igrejas, a verdade é que virou um bom negócio.

Todo esse desvio doutrinário vem criando uma geração de cristãos puramente místicos, avessos à sã doutrina. Nunca a igreja de Jesus Cristo esteve numa situação como a atual, onde se perdeu o padrão bíblico para o cristão, isto se torna uma evidencia marcante, pois o apostolo diz que nos últimos tempos a igreja estaria como podemos contemplar nos dias hoje.

2.3 – DEGRADAÇÃO MORAL

Satanás não perde tempo, pois sabe que pouco tempo lhe resta (cf. Ap 12:12). Ele busca lutar com todas as forças para imprimir o mal na sociedade e até dentro da igreja. Ele propõe insistentemente o egoísmo aos seres humanos, que é a porta para todos os outros pecados, tais como: ganância, presunção, soberba, blasfêmia, desobediência, ingratidão, profanação, ódio, calúnia, intemperança, crueldade, desprezo e hipocrisia.

O apostolo Paulo responde a pergunta de maneira completa e dura, referindo-se a este tempo como "tempos difíceis". Não é preciso entrar em detalhes para termos a certeza de estarmos vivendo um tempo final, como o descrito por Paulo.

O discurso do apóstolo quando analisado no texto original parece trazer uma sequencia de atitudes que vão causando uma progressão negativa na moral da humanidade, ou seja, uma atitude que desencadeia outras. Paulo começa com a base de toda a degradação moral, o amor a si mesmo (egoísmo) e o amor ao dinheiro (mamom).

Satanás alcança seu ideal de afastar as pessoas do ideal de Deus, induzindo pessoas a amar mais os prazeres carnais que a Deus (cf. 2 Tm 3:4).

2.4 – GUERRAS

"E, certamente, ouvireis falar de guerras e rumores de guerras; vede, não vos assusteis, porque é necessário assim acontecer, mas ainda não é o fim." (Mt 24.6)

Desde os primórdios da história, o homem tem procurado a paz e feito a guerra. Isto é sintomatizado em Jeremias 6.14: *"pregam a paz e praticam a guerra"*. Apesar de tantos discursos e tantos livros escritos sobre a paz mundial, uma guerra total continua como uma possibilidade ameaçadora.

2.5 – TERREMOTOS

"Porquanto se levantará nação contra nação, reino contra reino, e haverá fomes e terremotos em vários lugares;" (Mt 24:7)

Uma coisa é certa , sempre existiram terremotos, e esta é a razão de varias pessoas duvidarem da profecia de Cristo sobre o fim dos dias, pois os terremotos acontecem há vários anos. Uma pesquisa feita há alguns anos, mostra a realidade deste fenômeno, como mostra o quadro a seguir:

Os terremotos vêm aumentando assustadoramente com o passar dos anos.

No século XV	ocorreram	115 terremotos
No século XVI	ocorreram	253 terremotos
No século XVII	ocorreram	378 terremotos
No século XVIII	ocorreram	640 terremotos
No século XIV	ocorreram	2.119 terremotos

2.6 – RESTAURAÇÃO DE ISRAEL

"Depois de muitos dias, serás visitado; no fim dos anos, virás à terra que se recuperou da espada, ao povo que se congregou dentre muitos povos sobre os montes de Israel, que sempre estavam desolados; este povo foi tirado de entre os povos, e todos eles habitarão seguramente." (Ez 38.8)

Precisamos fazer cuidadosa distinção entre a restauração de Israel como nação na Palestina, o que claramente antecede a vinda do Messias e a "**Restauração Espiritual**" de todos os judeus que tenham crido Nele logo após o Seu regresso a esta terra (cf. Ez 39:25-29).

Este tempo em que os gentios dominariam sobre Israel é representado pela estátua vista em sonho por Nabucodonosor no capítulo 2 de Daniel, esta sucessão de governos gentios tinham um tempo para dominar sobre todo o Israel e é durante este tempo que os israelitas deveriam ser exilados de sua terra, entretanto Deus prometia que seriam restabelecidos à sua pátria em tempo oportuno.

No ano 70 d.C. o general Tito filho do imperador Vespaziano invadiu Jerusalém, destruindo o templo e exilando toda a nação. No entanto a profecia começa a tomar sua forma de cumprimento no ano de 1897 quando Teodor Herzl inicia o movimento sionista, ou seja, um movimento para a criação de um estado autônomo em Israel, fazendo com que houvesse um grande retorno de Judeus a sua terra natal.

Em 14 de Maio de 1948, Sir Alan Cunningham, assina o fim da intervenção britânica na terra santa. Neste mesmo dia o pai do Israel restaurado, David Ben Gurion, lê a declaração de independência do mais novo país do mundo.

A vinda de Jesus está relacionada com os três grupos de povos em que Deus divide a raça humana: **judeus, gentios** e **a igreja** (cf. I Co 10:32). Vejamos:

a) Para a igreja – Jesus virá para a igreja como seu Noivo, a fim de leva-la para si, para a glória celestial (cf. Mt 25:1-13; Jo 14:3; Hb 9:2).

b) Para Israel – Jesus virá para Israel como seu Messias e Libertador, após prova-lo e expurgá-lo mediante grande tribulação (cf. Rm 11:26; Mt 23:39; 26:64).

c) Para os gentios – são as nações em geral, Jesus virá para as nações como Rei dos reis, Senhor dos senhores e Juiz, para julga-las, e após, reinar sobre elas com vara de ferro, isto é com justiça e paz (cf. Mt 25:31-46; Sl 2; 96:13; Ap 19:11-15; 20:1-4). A vinda de Jesus relaciona-se com os gentios, será sua plena manifestação como o **Deus forte** da profecia de Isaias 9:6.

Saiba-se claramente que a vinda de Jesus abrange um período de certa extensão. É um evento em duas fases bem distintas; **Primeiro**, Ele virá para **os** Seus (Jo 14:3), a primeira fase é o **arrebatamento** da igreja.

A **segunda**, é a **volta de Jesus em glória**, Sua revelação pública, Sua manifestação ou aparecimento visível aos judeus e demais nações. Entre o arrebatamento e a revelação decorrerá um período de sete anos, segundo as Escrituras. Muitos fatos estupendos terão lugar nessa semana de anos , tanto na terra como nos céus. É a **semana de anos** (cf. Lv 25:8 e Gn 29:27). Que os dias podem vir a significar anos vê-se em Ezequiel 4:7. Os sete anos entre o arrebatamento da igreja e a revelação de Jesus, além de Daniel 9:27 vê-se muito bem no estudo comparativo de Apocalipse 11:3 e 7 com 13:5.

Em Apocalipse 11:3 as "testemunhas" profetizam por três anos e meio, surgindo em seguida a Besta para mata-las (Ap 11:7). Essa Besta que surge em Apocalipse 11:7, dominará por três anos e meio (Ap 13:5), o que perfaz sete anos.

Conforme exposto acima, no arrebatamento Jesus vem secretamente para a igreja; na revelação Ele vem publicamente para Israel e as nações, consoante o que está predito em Atos 1:11. Porém, mesmo que se compreenda o máximo sobre a vinda de Jesus, ela encerra detalhes que só serão revelados quando esse glorioso acontecimento ocorrer (I Co 15:52 – "um mistério").

2.7 – OUTROS SINAIS

1- A negação de Deus	Lucas 17:26 II Tim. 3:4-5
2- A negação de Cristo	João 3:18 I Pedro 2:6
3- A negação da volta de Cristo	II Pedro 3:3-4
4- A negação da Fé	I Timóteo 4:1-12
5- A negação da Sã Doutrina	II Timóteo 4:3-4
6- A negação da Vida Santa	II Timóteo 3:1-7
7- A negação da Liberdade Cristã	I Timóteo 4:3-4
8- A negação da Vida Moral	II Timóteo 3:1-8
9- A negação da Autoridade	II Timóteo 3:4

Capítulo III

O Arrebatamento da Igreja

3.1 – DEFINIÇÃO

A palavra **arrebatamento** vem do grego **harpázô,** que significa **roubar, arrebatar, tomar ou arrancar com força** (cf. Mt 11:12, 12:29; At 8:39; Ico 12:2 e 4; Ap 12:5).

A doutrina do arrebatamento é particularmente ensinada por Paulo aos tessalonicenses: *"...nós, os vivos, os que ficarmos, seremos arrebatados juntamente com eles, entre nuvens, para o encontro do Senhor nos ares..."* (Its 4:17).

Há uma grande controvérsia entre os expositores bíblicos acerca desta doutrina. Alguns dizem que o arrebatamento da Igreja ocorrerá antes do início da grande tribulação (estes são os pré-milenistas). Esse modo de enxergar a doutrina exige que a Segunda Vinda de Jesus ocorra em duas fases. A primeira fase é secreta, para o encontro da Igreja nos ares (esta é o arrebatamento da Igreja). A segunda fase é visível, quando Jesus colocar os seus pés sobre o Monte das Oliveiras, para restaurar o reino de Israel e julgar as nações (cf. Zc 14:4; At 1:6-11; Ap 1:7; 14:1). Outros há que acreditam que a Segunda Vinda só tem uma fase, e, portanto, o arrebatamento da Igreja acontecerá em sua Segunda Vinda, após a tribulação (amilenistas e pós-milenistas). Há ainda outro grupo; daqueles que acreditam que a Igreja será arrebatada no meio da tribulação.

A) O que acontecerá no céu?

Haverá no céu o sinal dos toques da trombeta de Deus, precedendo a reunião geral dos fiéis, falecidos e vivos (I Ts 4:16). Esta referência mostra ainda, que antes, Jesus dará ordem e o arcanjo bradará. Seguir-se-á outra trombeta e os mortos em Cristo ressuscitarão. Nesse instante, Jesus trará consigo os fiéis que estão agora com Ele, os quais unir-se-ão a seus corpos, já ressuscitados e glorificados (cf. I Ts 3:13; 4:14; II Co 5:8; Hb 12:23). Na trombeta seguinte e última, os fiéis vivos na ocasião, serão transformados (I Co 15:51-52).

Somente os fiéis, mortos e vivos ouvirão os sinais da chamada, e, no momento dos últimos toques é que serão arrebatados pelo poder de Deus, ao encontro do Senhor, nos ares (I Co 15.52; I Ts 4.17). Jesus não virá à terra. O mundo não tomará conhecimento do fato a não ser em seguida, quando notar a ausência e desaparecimento de milhões de cristãos. É um acontecimento secreto, reservado para os que são dEle. O mundo tem o direito de testemunhar tal fato. Jesus após ressuscitar, ministrou aos Seus durante 40 dias, sem o mundo ter qualquer participação ou ingerência (cf. At 1:3), também em Jo 12:28-29 e At 22:9, fatos ocorreram da parte de Deus em que o mundo ficou alheio.

É esta bem aventurada esperança registrada em Tito 2.13 que nos anima e fortalece, inclusive nas horas mais escuras... Como não estará o céu todo preparado para recepcionar a igreja!

Lutemos com todas as nossas forças, no poder do Espírito Santo, contra o pecado, o mundo, a carne e o diabo, até o fim, para atendermos a chamada final, o toque de reunir do Senhor Jesus. Não será outro, mas o **mesmo Senhor** que descerá! Sim o mesmo que nos salvou e nos guardou. O mesmo que morreu e ressuscitou para a nossa redenção e justificação. O mesmo que subiu para interceder por nós (cf. At 1:11; I Ts 4:16; Lc 24.15). O mesmo Jesus, bondoso, paciente, amoroso, poderoso e fiel!

B) O que acontecerá nos ares?

Jesus virá nas nuvens. Seus pés não tocarão o solo desta vez, como ocorrerá mais tarde, quando revelar-se publicamente, descendo sobre o Monte das Oliveiras em Jerusalém.

C) O que acontecerá na terra?

Primeiro, a ressurreição dos mortos, seguida da transformação de todos os vivos santos do Senhor. Tudo será secreto, e num instante (cf. I Co 15:52), pelo Seu poder(I Co 6:14).

3.2 – PORQUE O ARREBATAMENTO

Para fazer diferença entre o justo e o injusto	Provérbios 11:8
Para recompensar por todo trabalho feito a Deus	Apocalipse 22:12
Para premiar os vitoriosos	Apocalipse 3:05
Para não deixar a igreja na tribulação	I Ts 1:10; 5:9 e Ap 6:16 e 17
Para vencer a morte (corrupção)	I Co 15:51-54

3.3 – QUEM SERÁ ARREBATADO

Os que creem em Cristo e o seguem	João 3:18-21 e 6:47
Os que ouviram a palavra e creram	João 5:24-29
Os que receberam o batismo nas águas	Marcos 16:15-16
Os que confessam a fé em Cristo	Romanos 10:9-13
Os que amam a vinda de Cristo	II Timóteo. 4:8 Cantares 8:14

1.4 – TEORIAS SOBRE O ARREBATAMENTO

1 - Pré Tribulacionismo

Acredita que a igreja será arrebatada antes da grande tribulação. A Segunda vinda em duas etapas: Uma para a Igreja (a vinda do Senhor nos ares – esta ocorrerá antes que comece o período de sete anos da Tribulação) e outra para todos (Cristo desce a Terra), após a grande tribulação. Provas citadas:

- A promessa de ser guardada (fora) da hora da provação (Is 57.1; Lc 21.36; Ap 3.10); A remoção do aspecto de habitação no ministério do Espírito Santo exige necessariamente a remoção dos crentes (2 Ts 2.1-8);
- A Tribulação é um período de derramamento da ira de Deus, da qual a Igreja já está isenta (Ap 6.17; 1 Ts 1.10; 5.9).

2 – Mesotribulacionista ou Mid tribulacionista

O arrebatamento ocorrerá depois de ter transcorrido três anos e meio do período da Tribulação. Provas citadas:

- A última trombeta de 1 Coríntios 15.52 é a sétima trombeta de Apocalipse 11.15-19, que soa na metade da Tribulação;
- A Grande Tribulação é composta apenas dos últimos três anos e meio da septuagésima semana da profecia de Daniel (Dn 9:24-27), e a promessa de libertação da Igreja só se aplica a esse período (Ap 11.2; 12.6);
- A ressurreição das duas testemunhas retrata o arrebatamento da Igreja, e sua ressurreição ocorre na metade da Tribulação (Ap 11.3,11).

3 - Pós tribulacionismo

O arrebatamento acontecerá ao final da Tribulação. O arrebatamento é distinto da segunda vinda, embora seja separado dela por um período pequeno de tempo. A Igreja permanecerá na Terra durante todo o período da Tribulação, mas Deus a protegerá. Segunda vinda é única. Provas citadas:

- O arrebatamento e a Segunda vinda de Cristo são descritos pelas mesma palavras;

- Preservação da ira significa proteção sobrenatural para os crentes durante a Tribulação, não libertação por ausência (assim como Israel permaneceu no Egito durante as pragas, mas foi protegido de seus efeitos); Mt 24.29-31

4 - Arrebatamento parcial

Somente crentes considerados dignos serão arrebatados antes da ira de Deus ser derramada sobre a Terra; os que não tiverem sido fiéis permanecerão na Terra durante a Tribulação. Muitos pré tribulacionistas creem num arrebatamento parcial da Igreja. Provas citadas:

- Versículos como: Mt 25.1-13; Lc 17.34-36; Hb 9.28;
- Há santos na Terra durante a Tribulação (Mt 24.22).

3.5 – ACONTECIMENTOS APÓS O ARREBATAMENTO

Existem dois acontecimentos retratados nas Escrituras, de significado escatológico especial, dos quais a igreja tomará parte após o arrebatamento: o tribunal de Cristo e as bodas do Cordeiro.

I - O Tribunal de Cristo

Existem duas palavras traduzidas por "tribunal" no Novo Testamento. A primeira é *critërion,* usada em Tiago 2.6 e em I Coríntios 6.2 e 4. Essa palavra significa "instrumento ou meio de pôr à prova ou julgar qualquer coisa; lei pela qual alguém julga" ou "local onde o julgamento é feito; tribunal de juiz; banca de juízes". Consequentemente a palavra se referia ao padrão ou critério pelo qual o julgamento era dispensado ou ao local onde o julgamento era realizado.

A segunda palavra é *bêma,* associa-se a essa palavra a ideia de proeminência, dignidade, autoridade, honra e recompensa, e não a ideia de justiça e julgamento. A palavra que Paulo escolheu em referência ao local diante do qual se dará esse acontecimento deixa prever seu caráter.

O acontecimento aqui descrito ocorre imediatamente após a translação da igreja para fora da esfera terrestre. Existem várias considerações que apoiam essa informação. Vejamos:

1) Em primeiro lugar, de acordo com Lucas 14.14, recompensa está associada à ressurreição. Visto que, de acordo com 1 Tessalonicenses 4.13-17, a ressurreição é parte fundamental da translação, o galardão deve ser parte desse plano.

2) Quando o Senhor retornar à terra para reinar, a noiva é vista como já recompensada. Isso é observado em Apocalipse 19.8, em que a "justiça dos santos" é plural ("atos de justiça") e não pode referir-se à justiça imputada de Cristo, que é a porção do crente, mas aos atos de justiça que sobreviveram ao exame e tornaram-se a base do galardão.

3) Em 1 Coríntios 4.5, em 2 Timóteo 4.8 e em Apocalipse 22.12, o galardão está associado com "aquele dia", quer dizer, o dia em que Ele vier para os Seus. Desse modo, devemos notar que o galardão da igreja acontecerá entre o arrebatamento e a revelação de Cristo à terra.

II – As Bodas do Cordeiro

Em muitos trechos do Novo Testamento a relação entre Cristo e a igreja é revelada pelo uso de figuras do noivo e da noiva (cf. Jo 3.29; Rm 7.4; 2 Co 11.2; Ef 5.25-33; Ap 19.7,8; 21.1-22.7.) Na translação da igreja, Cristo aparece como o noivo que leva a noiva conSigo, para que o relacionamento que foi prometido seja consumado e os dois se tornem um.

As Bodas do Cordeiro são uma preciosa revelação para os corações de todos os filhos de Deus. Os anjos, e os santos do Antigo Pacto ali estarão a cantar: "*Regozijemo-nos, e alegremo-nos e demos-lhe glória, porque vindas são as bodas do Cordeiro, e já a sua esposa se aprontou*" (Ap 19.7).

1. A hora das bodas. É revelada nas Escrituras como algo que ocorre entre a translação da igreja e a segunda vinda de Cristo. Antes do arrebatamento a igreja ainda aguarda essa união.

Conforme Apocalipse 19.7, as bodas já terão ocorrido na segunda vinda, pois a declaração é : "*são chegadas as bodas do Cordeiro*". O tempo aoristo, *êlthen,* traduzido por "chegadas", significa ato concluído, mostrando que as bodas já foram consumadas. Esse casamento parece seguir os acontecimentos do *bema* de Cristo, visto que, quando surge, a igreja aparece adornada com "os atos de justiça dos santos" (Ap 19.8), que só podem referir-se às coisas que foram aceitas no tribunal de Cristo. Desse modo, as bodas devem ocorrer entre o tribunal de Cristo e a segunda vinda.

2. *O local das bodas*. Só pode ser o céu. Visto que se segue ao tribunal de Cristo, demonstrado como acontecimento celestial, e visto que, quando o Senhor retornar, a igreja virá nos ares (Ap 19.14), as bodas devem ocorrer no céu. Nenhum outro local seria adequado a um povo celestial (Fp3:20).

3. Os *participantes das bodas.* As bodas do Cordeiro constituem um acontecimento que, evidentemente, inclui Cristo e a igreja. Será mostrado mais adiante, com base em Daniel 12.1-3 e Isaías 26.19-21, que a ressurreição de Israel e dos santos do Antigo Testamento não ocorrerá até a segunda vinda de Cristo. Apocalipse 20.4-6 esclarece que os santos da tribulação também não ressuscitarão até aquele dia. Embora fosse impossível eliminar esses grupos da posição de observadores, eles não ocupam a posição de participantes do acontecimento em si.

4. Ceia das Bodas

A ceia das bodas do Cordeiro, serão para cumprimento das palavras de nosso Senhor quando se encontrava no "cenáculo mobiliado e preparado". Numa expressão e gesto de quem estava dando um *"Até breve"* a seus discípulos, Ele disse: *"...até aquele (nas bodas) dia em que o beba de novo convosco no reino de meu Pai"* (Mt 26.29). Esta celebração da ceia terá lugar somente no final das bodas (sete anos depois do arrebatamento). Esta ceia será para lembrar a morte de Cristo! Ela deve ser lembrada aqui e na eternidade. Ela (a ceia) teve lugar "num cenáculo mobilado e preparado". Seu início marcou a última noite do ministério terreno do Filho de Deus (Mt 26.28,29).

Capítulo IV

A Grande Tribulação

"Porque naqueles dias haverá uma aflição tal, qual nunca houve desde o princípio da criação, que Deus criou, até agora, nem jamais haverá" (Mc 13.19).

4.1. – COMPREENDENDO A GRANDE TRIBULAÇÃO

Logo após o arrebatamento da Igreja se desencadeará um período sombrio de sofrimento sobre a humanidade que os escritores tanto do Antigo Testamento como do Novo Testamento, denominam de "Grande Tribulação". O vocábulo "tribulação" ocorre por dezenas de vezes, em ambos os Testamentos. Mas é no Novo Testamento que encontramos maior luz projetada sobre o problema do sofrimento e da tristeza do homem.

O termo grego, que traz em si a ideia de pressão, como se houvesse uma grande carga posta sobre o espírito, é "thilipsis", que noutras passagens do Novo Testamento, também é traduzida como *Aflição, Angústia,* etc. O termo português se deriva do latim "tribulum", ou instrumento de destorroar o restolho, me- diante o qual o lavrador separava o "trigo de sua palha".

A grande tribulação abrange o período dos 7 (sete) anos do reinado do anticristo, sendo pior os últimos três anos e meio (cf. Ap 13:5; Dn 7:25). O sofrimento será tão grande que se durasse mais tempo ninguém escaparia (Mt 24:21, 22). No Antigo Testamento, esse período da tribulação é conhecido como o "dia do SENHOR" (com maiúsculas, significando **JEOVÁ**); "dia da Sua ira", "aquele dia", "o grande dia". Há diversos outros "dias" através da Bíblia, tendo cada qual seu significado próprio.

A primeira menção bíblica da grande tribulação está em Deuteronômio 4:27-31, e daí estende-se até ao último livro da Bíblia. Aqui estão algumas passagens que fala da grande tribulação: (vide Is 13:9-13; Ez 20:33-44; Jr 30:7-9; Dn 12:1; Jl 1:15; 2:31).

A grande tribulação visa em primeiro plano os judeus, mas o mundo todo sofrerá também (Jr 25:29-32; Ap 13:7 e 8; 14:3; Dn 7:23). Deus entrará em juízo com o Seu antigo povo para expurga-lo, levando-o ao arrependimento. Analisemos o texto de Ezequiel 20:34-38, onde Deus diz duas vezes que entrará em juízo com os judeus. Há outros textos que também fazem menção (vide Ez 22:17-22; Jr 30:7; Zc 14:2). Um dos propósitos da tribulação é levar Israel ao arrependimento e conversão (Zc 12:10-13; Rm 9:27; 11:26-29; Mt 23.39). A perseguição da besta contra os judeus será cruel (Dn 7:25; 8:24; Ap 13:7; 15:17).

O termo "Grande Tribulação" pode causar alguma confusão, pois nem sempre é claro os eventos as pessoas estão se referindo. Neste estudo nos referimos aos acontecimentos de todo o período de tribulação, desde o início do fim dos tempos conduzido pelo Milênio. A partir do relato dos eventos em Apocalipse 3-19, podemos ver que a Grande Tribulação tem três estágios:

1) A primeira fase é marcada pela quebra de sete selos no céu e que culmina com o arrebatamento da noiva de Cristo para o céu e a prostituta que será lançada fora da besta está de volta.

2) O segundo estágio é marcado pelo sopro de sete trombetas no céu. Este é um período em que o animal estará em disputa com os "segundos frutos;" aqueles que não estavam juntos no rapto, mas agora escolher para servir a Deus. Esta fase termina na colheita dos "segundos frutos" para o céu e Satanás ser expulso do céu e para a terra.

3) A terceira fase é derramamento da ira sobre Satanás, a besta, e o Anticristo e seus seguidores. Ele é marcado pelo esvaziamento de sete taças da ira sobre a terra. Após este Jesus Cristo retornará à Terra com Seus seguidores, marcando o fim da Grande Tribulação e inaugurando o Milênio, de mil anos de paz, como veremos no capitulo seguinte.

4.2 – O ANTICRISTO

É imprescindível analisar Apocalipse 13:1-18, para conhecer a pretensão do anticristo – Satanás, embora derrotado (Ap 12), ainda recebe permissão para perseguir a igreja com sua fúria mais terrível. Ele sempre quis imitar a Deus. O dragão quis ser igual a Deus, numa tentativa de imitar a Deus Pai. A besta que surge da terra, o Anticristo tentará imitar Jesus Cristo.

Como o Filho encarnou-se, morreu e ressuscitou, o Anticristo será uma espécie de encarnação de Satanás, que passará por uma experiência de morte e um simulacro da ressurreição. A besta que surge da terra, o falso profeta, levará os homens a adorarem a primeira besta, numa tentativa de imitar o Espírito Santo que leva os homens a adorarem a Cristo. A Grande Meretriz, a falsa igreja, é uma imitação da Mulher Celestial, da Noiva do Cordeiro, a igreja fiel. Onde quer que um poder civil despótico dê as mãos a alguma religião falsa, aí temos uma reprodução dessas duas bestas.

1. O tempo da aparição do anticristo

Embora o mistério da iniquidade já esteja operando (2 Ts 2:7), o anticristo como pessoa que encarnará o poder dos reinos ímpios e também todo o poder de Satanás, emergirá no breve tempo do fim, visto na Bíblia de várias formas:

a) A apostasia (II Ts 2:3);

b) A grande tribulação (Mt 24:21-22);

c) A revelação do homem da iniquidade (2 Ts 2:3);

d) O pouco tempo de Satanás (Ap 20:3).

A tribulação terminará com a reunião das nações para a batalha de Armagedom e com o retorno de Cristo à terra (cf. Ap 19).

4.3 – DEZ CHAVES PARA A IDENTIDADE DO ANTICRISTO

A Bíblia apresenta pelo menos dez chaves para identificarmos o Anticristo quando este subir ao poder. Ela da detalhes suficientes para termos uma ideia geral de quem ele será quando Satanás, a fim de agir no cenário mundial, passar a inspirá-lo.

Tais informações também deixam claro que apenas uma pessoa na historia poderá se encaixar nesta descrição. Muitos protótipos surgiram e desapareceram, mas haverá apenas um Anticristo.

1. Ele subira ao poder nos últimos dias. *" no ultimo tempo da ira [tempo do fim] se levantara um rei, feroz de cara, e será entendido em adivinhações"* (Dn 8:19, 23).

2. Ele governara o mundo inteiro. *"e deu-se-lhe poder sobre toda tribo, e língua, e nação"* (Ap 13:7).

3. Sua base será em Roma. *"A besta que viste foi e já não e, e ha de subir do abismo... As sete cabeças são sete montes, sobre os quais a mulher esta assentada"* (Ap 17:8-9)

4. Ele será inteligente e persuasivo. *"do outro [chifre] que subiu, diante do qual caíram três, daquele chifre que tinha olhos e uma boca que falava com insolência e parecia mais robusto do que os seus companheiros"* (Dn 7:20)

5. Seu domínio sera apoiado pela comunidade internacional. *"E os dez chifres que viste são dez reis. Estes têm um mesmo intento e entregarão o seu poder e autoridade a besta"* (Ap 17:12-13)

6. Ele governara por meio do engano. *"E se fortalecera a sua forca e prosperará, e fara o que lhe aprouver; também fara prosperar o engano na sua mão; e, no seu coração, se engrandecerá."* (Dn 8.24-25)

7. Ele controlara a economia global. *"E faz que a todos, pequenos e grandes, ricos e pobres, livres e servos, lhes seja posto um sinal na mão direita ou na testa, para que ninguém possa comprar ou vender, senão aquele que tiver o sinal, ou o nome da besta, ou o numero do seu nome."* (Ap 13:16-17)

8. Ele firmara um tratado de paz com Israel. *"E ele firmara um concerto com muitos por uma semana; e, na metade da semana, fara cessar o sacrifício e a oferta de manjares"* (Dn 9:27)

9. Ele romperá seu tratado e invadirá Israel. *"o povo do príncipe, que ha de vir, destruirá a cidade e o santuário, e o seu fim será com uma inundação; e ate ao fim haverá guerra; estão determinadas assolações"* (Dn 9:26)

10. Ele afirmara ser Deus. *"...o qual se opõe e se levanta contra tudo o que se chama Deus ou se adora; de sorte que se assentara, como Deus, no templo de Deus, querendo parecer Deus"* (II Ts 2:4).

A Bíblia traz muitos outros detalhes a respeito da pessoa que conhecemos como

"o Anticristo". No geral, contudo, sera um europeu que tomara o poder sobre todo o mundo ocidental. O fato de ele ser judeu ou gentio nao esta inteiramente claro. E evidente, porem, que controlara o ultimo bastao do poder mundial gentio. De sua base no ocidente, ele estendera seu controle sobre todo o mundo. Administrara o governo e a

economia mundial, assessorado pelo lider da religiao mundial (Ap 13.11-18). Somente o tempo revelara sua verdadeira identidade.

Capítulo V

O MILÊNIO

5.1 – DEFINIÇÃO

O Milênio é o período de 1000 anos em que Cristo reinará sobre a terra, dando cumprimento às alianças abraâmica e davídica, bem como à nova aliança. Em Apocalipse 20, encontramos por seis vezes a expressão *"mil anos"* com a significação especial (Versos 2 a 7). O termo derivado do grego "CHILLIAD" e do latim "MILLENIUM", aponta para o futuro governo sobre a terra, exercido pelo "Príncipe da Paz" durante mil anos. Nessa época Jerusalém será o centro de adoração para todos os povos e a Capital religiosa do mundo (cf. Jr 3:17; Zc 14:14-21). Assim o Reino do Messias será universal.

Essa época áurea é ansiosamente esperada pelo povo israelita (cf. Mt 19:27-28;At 1:6-7; Lc 2:38). Jesus não lhes tirou esta esperança, apenas não revelou tempo e hora do cumprimento. É esta esperança que hoje impulsiona o regresso dos judeus à sua pátria e motiva o rápido crescimento da nação. A criação toda também aguarda esse tempo para sua libertação (Rm 8.19-23). Será Ele a resposta aos milhões de orações do povo de Deus através dos tempos: *"Venha o Teu Reino"*.

Há quem diga que o Milênio ocorrerá antes da vinda de Jesus, quando a Bíblia ensina que será após. Compare Apocalipse 19.11-16 (a volta de Jesus), com Apocalipse 20:2, 4, 6, 7 (o milênio após a volta de Jesus). Além disso, não encontramos na Bíblia aviso nenhum de Jesus para esperarmos o Milênio, e sim, a Ele, em Sua vinda.

5.2 – FATOS SOBRE O MILENIO

Apresentaremos agora uma série de fatos e verdades acerca do Milênio. Vejamos:

1 – Julgamento do diabo e dos anjos decaídos (Ap 20:10; Jd 7; II Pe 2:4).

É apropriado crer que os anjos decaídos aprisionados serão julgados com o diabo, a quem serviram. A Igreja, parece, estará associada neste juízo, pois travou renhidos combates contra o diabo e suas hostes. É, pois, justo que os julguem (I Co 6.**3)**. Ai será o ponto final da ação do diabo, dos anjos decaídos e dos demônios. É o fim de sua carreira maligna (Ap 20.10; Mt 25.41; Lc 8.31).

2 – Ressurreição dos incrédulos para julgamento (Ap 20.12-15)

Nessa ocasião, os ímpios falecidos de todas as épocas estarão ressuscitados, isto é, com corpos literais – seus corpos (Mt 10:28). Esse julgamento é apenas para aplicação de sentença, pois o pecador já está condenado quando não crê no Filho de Deus vivo (Jo 3:18). Os livros abertos (cf. Ap 20:12), aqui estão alguns deles:

a) O da consciência, (Rm 2:15; 9:1)

b) O da Natureza, (Jó 12:7-9; Rm 1:20; Sl 19:1-4)

c) O da Lei, (Rm 2:12) ora, a lei revela o pecado (Rm 3:20)

d) O do Evangelho, (Rm 2:16; Jo 12:48)

e) O da Memória, (Lc 16:25; Mc 9:44)

f) Os dos atos dos homens, **(**Ap 20:12; Mc 12:36; Lc 12:7)

g) O da vida, (Ap 20:12; Sl 69:28; Dn 12:1; Lc 10:20; Fp 4:3)

A presença deste último livro nessa ocasião, é certamente para provar aos julgados que seus nomes não se encontram nele, conforme o incidente referido em Mateus 7:22-23. Os mortos salvos durante o milênio talvez ressurgirão e serão recompensados nessa ocasião, o que também explicará a presença do livro da Vida nesse momento. O julgamento será de acordo com as obras, portanto, haverá diferentes graus de castigo (cf. Mt 11.21-24; Lc 12.47-48; Ap 20.12).

3 – Julgamento final dos mortos ímpios – (Ap 20.11-15)

Deus sendo perfeito em justiça, terá uma lei para julgar os que pecaram sem lei (Rm 2:12). Quanto aos que morreram sem conhecer o Evangelho, deixemos com Deus. O "Juiz de toda a terra**"** (Gn 18:25) fará justiça! Ele é o juiz dos que morreram (At 10:42). A Bíblia declara que "o Juízo de Deus é segundo **a verdade"** (Rm 2:2). Também afirma que os juízos de Deus são verdadeiros e justos (Ap 16:7). Deus é "reto Juiz" (II Tm 4:8).

5.3 – PRINCIPAIS VISÕES SOBRE O MILÊNIO

1 - Pós Milenismo (Pós Milenista)

Acreditam que o reino de Deus já se faz presente. Que haverá avivamento, e com isto a paz se espalhará no mundo. O reino é o governo de Deus nos corações, não é algo que será introduzido de modo cataclísmico. Haverá um período de 1000 anos de paz (Is 11:6; Jo 14:6; Mt 13). A segunda vinda de Cristo será seguida da ressurreição de todos e depois do julgamento final. Os 1000 anos de Apocalipse são simbólicos em sua natureza (uma interpretação amplamente espiritualizada no que tange a profecia). A segunda vinda de Cristo se dará depois do Milênio. Vejamos o gráfico abaixo:

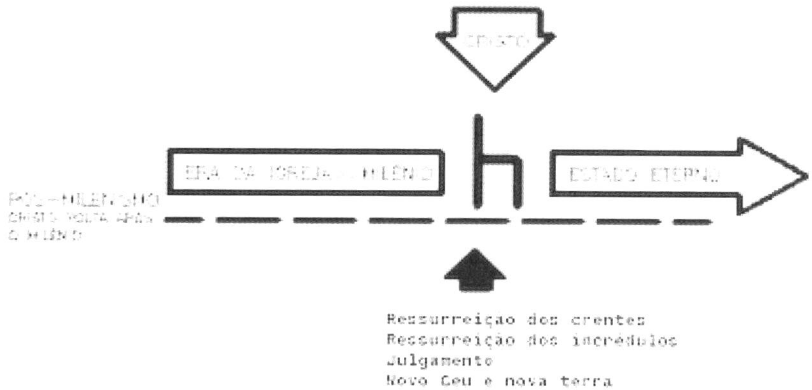

2 - Amilenismo (Amilenista)

Acreditam que o reino de Deus foi inaugurado com a vinda física de Jesus e continua espiritualmente. Já estamos vivendo o milênio, não acreditam nele de forma literal (cf. Ap 16; Lc 17:20, 21). A tribulação já começou (pós tribulacionistas). A segunda vinda de Cristo inaugurará a era final, haverá a ressurreição de todos, seguida de julgamento final. É o sistema escatológico mais simples.

A "primeira ressurreição" (Ap 20:5) se refere à vida de cristãos que morreram e que estão com Cristo no céu ou a vida em Cristo que começa com o novo nascimento e sobre o novo Israel crê que é a igreja – Gl 6.16.

A segunda vinda de Cristo se dará no fim da época da Igreja e não existe um Milênio na Terra. Estritamente falando, os amilenistas creem que a presente condição dos justos no céu é o Milênio. Alguns amilenistas tratam a soberania de Cristo sobre os corações dos crentes como se fosse o Milênio.

3 - Pré milenismo

Acreditam que após a segunda vinda de Cristo, Ele (Cristo) reinará fisicamente aqui por mil anos. Será inaugurado de modo dramático e não paulatinamente (Mt 24.12). Durante os três primeiros séculos a interpretação do pré milenismo dominou a igreja primitiva, mas a partir do IV século a interpretação amilenista ganhou força principalmente porque a igreja cristã recebeu uma posição favorável do imperador Constantino que deu fim à perseguição da igreja. A conversão de Constantino e o reconhecimento político do cristianismo foram interpretados como o princípio do reino milenial sobre a terra.

No concílio de Éfeso em 431 o pré milenismo foi condenado como superstição, embora o amilenismo tenha dominado na história da igreja por 13 séculos (do 4 ao 17), o pré milenismo continuou a ser defendido por grupos de crentes no século 19.

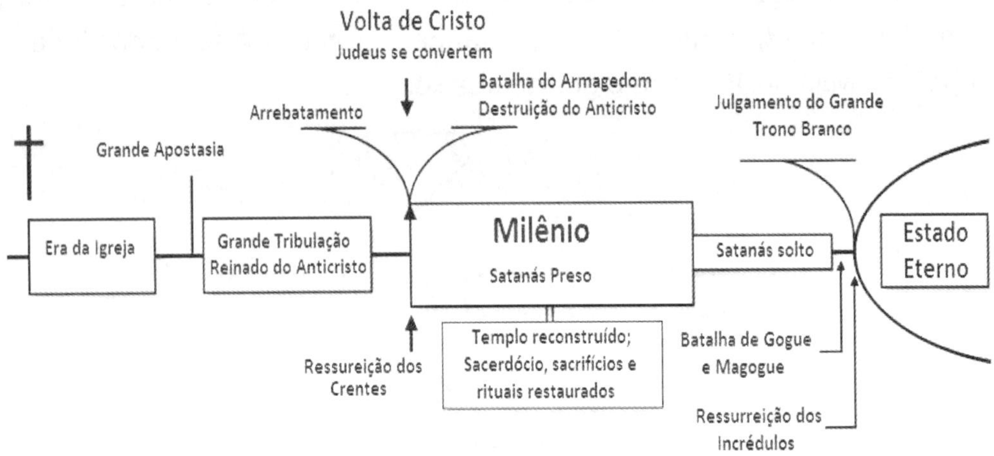

5.4 – A FORMA DE GOVERNO NO MILÊNIO

Durante o Milênio o governo será **TEOCRÁTICO**, isto é, o próprio Deus regerá o mundo na pessoa do Seu Filho, o Senhor Jesus Cristo (cf. Dn 7:4).

1 – A Sede do Governo – Jerusalém, será a capital do mundo. A desprezada cidade tantas vezes pisada pelos exércitos invasores.

2 – Condições espirituais – As condições espirituais em evidência durante o Milênio contrastarão fortemente com as prevalecentes nos dias atuais. Então terá sua total realização a profecia de Joel 2:28 e 29, em que, o Espírito Santo será derramado sobre Israel e as demais nações.

3 – O conhecimento do Senhor será universal durante o Milênio (cf. Is 11:9; Jr 31:34). Tal qual hoje o mal prevalece e muitas nações jazem nas trevas da idolatria, naquele tempo a justiça de Deus prevalecerá e todas as nações conhecerão o nome do Senhor Jeová Rafá.

4 – Satanás será amarrado durante o Milênio – Esse inimigo, tanto de Deus como do homem, será algemado e lançado no abismo, de maneira que ele ficará impossibilitado de exercer o seu nefasto programa de engano entre os homens (Ap 20:1-3).

5 – Haverá paz universal durante este período em estudo – Hoje os esforços humanos para promover a paz entre os homens são vãos. Porém chegará o dia em que o Príncipe da Paz estabelecerá a perfeita harmonia entre as nações.

6 – Fim do Milênio – Satanás será solto do abismo, por um pouco de tempo e enganará as nações afim de congregá-las para a batalha.

O fato de que o homem dará ouvidos aos enganos de Satanás, embora tenha usufruído das bençoes e das melhores influências espirituais, durante este período, mostrará que o estado de depravação natural do coração humano, ainda se encontra enraizado dentro do seu instinto pecaminoso, por natureza, e este estado de depravação será revelado no fim desse período de 1.000 anos.

Mas, no ponto pinacular da rebelião contra o Senhor, Deus enviará fogo do céu que os devorará. O fim do Milênio marcará também o fim de todas as dispensações terrestre e o fim do tempo.

5.5 – O JUIZO FINAL

O Juízo Final será a sentença divina contra aqueles que já foram declarados culpados. Será uma sentença pré-determinada, sem absolvição, justa e santa, o que faz parte dos atributos de Deus.

Assim que terminar o milênio, após a destruição de satanás (cf. Ap 20:7-10), desfeita toda ação maligna, Cristo estabelecerá o seu Grande Trono (v.11) para julgar, (Jo 5:22, 27). A terra e o céu terão sido destruídos, (cf. v.11; 2 Pe 3:9; Is 34:4). Após o Juízo, será a eternidade com, ou sem Deus.

Qual será, pois, o propósito do juízo final? Três pontos podem ser destacados:

1) O principal propósito do juízo será mostrar a soberania de Deus e a glória de Deus na revelação do destino final de cada pessoa. Até essa ocasião, o destino final de cada ser humano terá estado oculto; agora esse destino será revelado, conforme a fé que cada um teve ou não, conforme as obras que cada um fez e a vida que cada um viveu. Com a publicação dessas obras, a graça de Deus será magnificada na salvação de seu povo e sua justiça será magnificada na condenação de seus inimigos. Portanto, o que é central no dia do juízo não é o destino dos indivíduos, mas sim a glória de Deus.

2) Um segundo propósito é o de revelar o grau de punição que cada um deverá receber. Uma vez que esta atribuição está intimamente relacionada com as vidas que as pessoas viveram, este assunto terá de ser determinado por ocasião do juízo final.

3) Um terceiro propósito é o de executar o julgamento de Deus sobre cada pessoa. Agora Deus designará o lugar em que cada pessoa passará a eternidade: ou a nova terra, ou o lugar de punição final.

Quem será julgado? As Escrituras também ensinam que todos os seres humanos de todos os tempos terão de aparecer perante este tribunal final. Conforme Mateus 25:32: *"E* *todas as nações serão reunidas em sua presença [do Filho do homem]".* De acordo com Romanos 2:5 e 6, "*Segundo a tua dureza de coração impenitente acumulas contra ti mesmo ira para o dia da ira e da revelação do justo juízo de Deus, que retribuirá a cada um segundo o seu procedimento...*". Vemos, em Romanos 3:6, que Deus julgará o mundo. E na cena do julgamento, de Apocalipse 20, encontramos todos os mortos, grandes e pequenos, inclusive todos aqueles devolvidos pelo mar, pela morte e pelo Hades, em pé perante o trono do juízo (vv 12,13).

Se todos os homens devem aparecer perante o tribunal de Cristo, isso tem de incluir todos os crentes. O Novo Testamento ensina isso bem explicitamente. De acordo com 2 Coríntios 5:10 nós, significando "nós, os crentes", temos todos de comparecer perante o tribunal de Cristo. Lemos em Hebreus 10:30: "*O Senhor julgará seu povo*". Em Romanos 14:10, Paulo escreve a seus companheiros cristão: "*Pois todos compareceremos perante o tribunal de Deus...*" (Cp. Tg 3:1; 1Pe 4:17).

Embora todos os crentes tenham de comparecer perante este tribunal, eles não precisam temer o dia do juízo. Pois não há condenação para aqueles que estão em Cristo Jesus (Rm 8:1), e aqueles que permanecem em Deus podem ter confiança no dia do juízo (1Jo 4:17).

Finalmente, qual é a *significação* do Dia do Juízo? Podemos fazer quatro observações:

1) A história do mundo não é uma sucessão infinita de ciclos sem sentido, mas é um movimento em direção a um alvo;

2) O Dia do Juízo revelará finalmente que a salvação e a felicidade eterna dependerão da relação da pessoa com Jesus Cristo;

3) A inevitabilidade do Dia do Juízo enfatiza a responsabilidade do homem por sua vida, e afirma a seriedade da luta moral na vida de cada pessoa, especialmente na vida do cristão;

4) O Dia do Juízo significa o triunfo final de Deus e de sua obra redentora na história ou seja, a conquista final e decisiva sobre todo mal e a revelação final da vitória do Cordeiro que foi morto. O Dia do Juízo revelará que, sem sombra de dúvida, a vontade de Deus, ao final, será executada perfeitamente.

Capítulo VI

A Escatologia e o Espírito Santo

6.1 – NO ANTIGO TESTAMENTO

Vejamos agora, primeiramente, o papel do Espírito na escatologia em geral. No Antigo Testamento, o Espírito está relacionado com a escatologia de pelo menos três modos:

1) O que prepara o caminho

É dito que o Espírito Santo preparará o caminho para irrupção da era escatológica final através de certos sinais proféticos. Assim, por exemplo, o profeta Joel prediz o derramamento do Espírito que ocorrerá num tempo que ele designa simplesmente como "depois (gr. *acharey khen*), mas que Pedro, em sua citação desta passagem no dia de Pentecostes, denomina "nos últimos dias" (cf. At 2:17). O sentido imputado a este derramamento do Espírito por Pedro, em Atos 2:17-36, indica que ele foi um dos eventos excepcionais que marcaram a vinda dos últimos dias.

2) O que repusa sobre o Redentor

É dito que o Espírito será Aquele que repousará sobre o Redentor vindouro e o equipará com os dons necessários. Observemos o texto do profeta Isaías 11:1-2: *"Do tronco de Jessé sairá um rebento. E das suas raízes um renovo. Repousará sobre ele o Espírito do Senhor, O Espírito de sabedoria e de entendimento, O Espírito de conselho e de fortaleza, O Espírito de conhecimento e de temor do Senhor".*

Em outra passagem, o profeta, numa antecipação, coloca as seguintes palavras na boca do Messias vindouro:*"O Espírito do Senhor Deus está sobre mim, porque o Senhor me ungiu, para pregar boas novas aos quebrantados, enviou-me a curar os quebrantados de coração, a proclamar libertação aos cativos, e pôr em liberdade os algemados; e apregoar o ano aceitável do Senhor e o dia da vingança do nosso Deus; a consolar todos os que choram"* (Is 61:1-2; cp. 42:1).

Poder-se-ía deduzir destas passagens que o Espírito Santo estará permanente e significativamente ativo na vida do Messias. A atividade do Espírito no e através do Messias será, por causa disso, uma característica especial da nova era predita pelos profetas.

3) A Fonte de vida para Israel

O Espírito aparece como a fonte da futura nova vida de Israel, incluindo tanto bênçãos materiais como renovação ética. Assim, por exemplo, lemos em Isaías 44:2-4: *"Não temas, ó Jacó, servo meu, ó amado a quem escolhi. Porque derramarei água sobre o sedento, e torrentes sobre a terra seca; derramarei o meu Espírito sobre a tua posteridade, e a minha bênção sobre os teus descendentes; e brotarão como a erva, como salgueiros junto às correntes das águas"*(cp. também com Is 32:15-17).

Passagens similares podem ser encontradas em Ezequiel 37:14 e 39:29. Ezequiel não fala só de bênçãos nacionais; ele também prediz a renovação de membros individuais da nação: *"Então aspergirei água pura sobre vós e ficareis purificados; de todas as vossas imundícias e de todos os vossos ídolos vos purificarei. Dar-vos-ei coração novo e porei dentro em vós espírito novo; tirarei de vós o coração de pedra e vos darei coração de carne. Porei dentro em vós o meu espírito, e farei que andeis nos meus estatutos, guardeis os meus juízos e os observeis"* (Ez 36:25-27).

6.2 – NO NOVO TESTAMENTO

Nos Evangelhos, ouvimos Jesus referir-se ao Espírito de modo a cumprir a profecia do Antigo Testamento. Assim, por exemplo, em Lucas 4:17-19, Jesus é referido mencionando a passagem de Isaías 61, e aplicando-a a si mesmo: *"Hoje se cumpriu a Escritura que acabais de ouvir"* (cf. Lc 4:21). Aqui Cristo reinvindica ser o Messias sobre quem o Espírito do Senhor repousa, em cumprimento à profecia de Isaías.

Em Mateus 12:28, mais adiante, Jesus faz alusão ao fato de ele expulsar demônios pelo Espírito de Deus como prova de que o Reino de Deus chegou aos seus ouvintes. Aqui, o modo pelo qual o Espírito reveste Cristo de poder está citado como evidência da chegada da nova era.

Embora os textos que acabamos de citar descrevam o Espírito repousando sobre Jesus e revestindo-o de poder, há quatro passagens nos Evangelhos que indicam Jesus, diferentemente de João Batista, que batizava apenas com água, batizará com o Espírito Santo (cf. Mt 3:11;

Mc 1:8; Lc 3:16; Jo 1:33). Estas palavras implicam em que Cristo tem o poder para conceder o Espírito Santo a seu povo.

Em Atos 1:6, Jesus esclarece que a expressão *"ser batizado com o Espírito"* refere-se a um evento que está para ocorrer: *"Porque João, na verdade, batizou com água, mas vós sereis batizados com o Espírito Santo, não muito depois destes dias"*. Este evento, como fica óbvio em Atos 2, foi o derramamento do Espírito Santo que aconteceu no dia de Pentecostes, um evento que teve grande significação escatológica.

O livro de Atos descreve o derramamento do Espírito no Capítulo 2. Em seu discurso no dia de Pentecostes, Pedro cita a profecia de Joel à qual nos referimos anteriormente, indicando que esta profecia foi agora cumprida e que, portanto, os *"últimos dias"* foram agora instaurados (At 2:16-17). Disto fica claro que a "nova era" escatológica deve ser marcada pela presença do Espírito na Igreja, em toda a sua plenitude.

O apostolo Paulo vê o Espírito principalmente como o dom escatológico, o revelador da nova era, de acordo com a profecia do Antigo Testamento. Em Colossensses 1:13 Paulo diz que Deus *"nos libertou do império das trevas e nos transportou para o Reino do Filho do seu amor"*. Para Paulo, o Espírito significa o irromper do futuro no presente, de forma que os poderes, privilégios e bênçãos, da era futura estão desde já disponíveis para nós através do Espírito: "... o Espírito, pertence primeiramente, ao futuro no sentido de que o que nós testemunhamos no Espírito, da ação pós ressurreição, pode ser entendido somente quando visto como uma irrupção do futuro no presente. Em outras palavras, baseado na obra de Cristo, o poder do futuro redimido foi liberado para agir no presente na pessoa do Espírito Santo.

Um outro conceito bíblico que nos ajuda a compreender o papel escatológico do Espírito é o das *primícias*. Esta palavra é aplicada a Cristo em 1 Co 15:20 e 23: *"as primícias dos que dormem"*. Existe, entretanto, uma passagem na qual esta palavra é aplicada ao Espírito Santo, em Romanos 8.23: *"E não somente a criação, mas também nós que temos as primícias do Espírito, gememos igualmente em nosso íntimos, aguardando a adoção de filhos, a redenção do nosso corpo"*.

Assim como nos tempos do Antigo Testamento as primícias eram o início de uma colheita muito maior que estava ainda por vir, assim o recebimento do Espírito Santo pelo crente, é o precursor de coisas melhores que hão de vir. Agora, nós temos o Espírito; após a Parousia, deveremos ter a colheita inteira que inclui a ressurreição do corpo. Por causa disso, gememos em nosso íntimo, porque temos apenas o início da colheita. Mas a posse presente do Espírito, como primícias, nos dá a certeza de que um dia deveremos colher toda a ceifa.

Em 2 Corintios 1:22, Paulo nos conta que o Espírito foi-nos dado como uma garantia de que todas as promessas de Deus, que têm o sim e o amém em Cristo, serão cumpridas. Aprendemos de 2 Corintios 5 que o Espírito é a garantia de que um dia entraremos em um modo celestial de existência, descrito no verso 1 como *"da parte de Deus um edifício, casa não feita por mãos, eterna, nos céus"*.

Portanto, o ensino de que os crentes foram selados com o Espírito Santo também tem implicações escatológicas. Ter recebido o Espírito como um selo significa, antes de tudo, estar seguro, de que se pertence a Deus , uma asseveração que deve ser entendida à luz do que foi dito anteriormente sobre o testemunho do Espírito em nossos corações, no sentido de que somos filhos de Deus. Mas o selo do Espírito também significa segurança para o futuro, e a certeza de que, ao final, vamos receber nossa herança em Cristo.

Em conclusão, podemos dizer que, na posse do Espírito, nós que estamos em Cristo, temos a prova antecipada das bênçãos da era vindoura, e um penhor e garantia da ressurreição do corpo. Dessa forma, agora, nós temos apenas as primícias. Aguardamos a consumação final do Reino de Deus, quando então desfrutaremos dessas bênçãos em sua plenitude.

6.3 – A PALAVRA SEGURA DA PROFECIA

"O Senhor DEUS não fará cousa alguma, sem primeiro revelar o Seu segredo aos Seus profetas." (Amós 3;7) A profecia nos dá informação segura dos tempos em que vivemos, mas ela hoje não nos dá datas nem períodos de tempo. Ela descreve características do tempo atual, e permite, estudando fatos comparados à profecia, ter suficiente noção de que coisas estão pela frente e se serão em breve. Para isso, é importante estudar as profecias de forma classificada, o que veremos mais adiante: Sinais dos tempos e sinais do fim.

Os dias atuais são de tremenda agitação e incerteza. Aqui entre nós nada está seguro, exceto o que confia no Senhor. Mesmo esses estão perplexos ante a crueldade envolvida nas ações do ser humano. O cenário favorece especulação, mentiras, invenções de teorias falsas, elaboração de profecias alarmistas e interpretação alarmista da Bíblia. Seitas proliferam com soluções para todos os problemas, e geralmente elas resolvem os problemas de seus líderes: ganhar muito dinheiro e viver bem, às custas das necessidades do povo. Estes líderes, estou certo disso, viverão para ter sua recompensa (castigo), em pouco tempo.

Ao povo de Deus compete viver calma e confiantemente, como quem de fato tem certeza quanto ao futuro. Isso resulta em testemunho para os demais. Cabe estudar muito na Palavra de Deus para entendê-la, praticá-la e ensiná-la. Há uma sede de saber crescente, devido a necessidade de explicações pelos fatos que se sucedem rapidamente. Coisas espantosas estão acontecendo, e maior ainda será o espanto nos dias futuros. Coisas horríveis teremos de presenciar. Está sendo preparado o caminho para o desfecho da história do pecado, e o fim se aproxima rapidamente. Não há mais tempo para perder, tudo o que temos, tudo o que somos, tudo o que sabemos deve ser empregado para, calma e solenemente advertir o mundo que JESUS está por vir e solucionar todos os problemas daqueles que n'Ele creem.

Não podemos negar a correlação de inúmeros fatos com o cenário profético do fim. Historicamente fatos revelam a ação de satanás. Esta ação torna-se, nesses últimos dias, mais acentuada, mas ainda contida pelo poder de DEUS. Precisamos ter um bom entendimento dos fatos que vem ocorrendo ao longo da história, e perceber sua intensidade, sua frequência e seus efeitos, para então obter deles a compreensão dos dias de hoje no contexto dos seis mil anos de pecado. Isso é possível e desejável, isso é vigiar.

Se por um lado há alarmismo, por outro há uma estranha apatia ante as profecias em cumprimento. Nunca se viu tantos investindo dinheiro a longo prazo, como se JESUS ainda estivesse longe para voltar. Líderes e pregadores, como nunca desde que se iniciou o tempo do fim (1844) hoje investem no material. É reduzido o número daqueles que, nem alarmam, nem dormem, mas estudam e pregam sem pensar em benefício próprio, sem desejarem retorno nesta terra, porque aqui o retorno não mais seria aproveitado, ao menos não o suficiente. Se tentar adivinhar o dia da volta de JESUS é perigoso, viver indiferente também é. Nem fanatismo nem conformismo, mas realismo, testemunhando com seu estilo de vida e anunciando pelas palavras, nas igrejas e de porta em porta, como nos tempos do início da pregação. E disponibilizando os bens para a pregação, daquilo que lhe excede. Não há porque ter mais do que necessita para lhe garantir a vida. Não é mais tempo de acumular, mas de preparar-se para a volta de JESUS.

Palavras de Encorajamento

Deus não nos conta sobre o futuro para tirar do marasmo os estudiosos. Ele também não nos revelou esse fato para que passássemos o resto de nossa vida conjecturando sobre quem será o Anticristo ou qual é a localização exata de Tubal. Seu propósito não foi apresentar as profecias para que tentássemos aplicar fórmulas matemáticas que demonstrassem com exatidão o dia do Arrebatamento. O intuito de Deus ao nos dar as profecias é que saibamos que venceremos a última batalha e que o mundo não vai continuar a maneira que está. As profecias fazem com que nossa vida seja diferente à luz dos eventos proféticos. Esta seção nos diz exatamente como devemos tratar as profecias que Deus nos deu e o futuro que nos está reservado.

2 Pedro 3:11, 12, 14: o fato de que o universo atual será destruído deve nos levar a:

- Uma conduta santa;
- Piedade: uma vida de respeito e reverência;
- Esperar com ansiedade o Dia do Senhor;
- Apressar o dia do Senhor, por meio de oração, de uma vida piedosa e de testemunho;
- Ser diligentes para sermos achados por Deus sem mácula ou culpa;
- Ser diligentes para sermos achados por Deus em paz.

1 Pedro 4:7 - 11: o fato de que o mundo material atual será destruído deve nos levar a:

- Sermos criteriosos e sóbrios em nossas orações;

- Termos um amor intenso pelos outros;
- Sermos hospitaleiros;
- Usarmos nossos dons para ministrar aos outros.

10 sinais bíblicos indicadores de que somos a geração do Arrebatamento

1) A explosão do conhecimento

A primeira indicação que confirma que somos a geração do arrebatamento está em Daniel 12:4 "*E tu, Daniel, fecha estas palavras e sela este livro, até o fim do tempo; muitos correrão de uma parte para outra, e a ciência se multiplicará*", Este trecho bíblico mostra que a última geração experimentará uma explosão do conhecimento. Do Jardim do Éden até o ano de 1900 os seres humanos andaram em cavalos como o rei Davi e Júlio Cesar. Num espaço de poucos anos os homens inventaram o automóvel, o avião e o ônibus espacial. Na área médica temos presenciado tal explosão do conhecimento que fez a medicina precisar redefinir o conceito de morte. O ser humano pode ser mantido vivo indefinidamente através de maquinas e drogas miraculosas.

A explosão do conhecimento é evidente na área da informação. Você pode ficar sentado comodamente em sua sala e obter qualquer informação que quiser de qualquer parte do mundo através da internet.

2) O renascimento de Israel

Cada um dos grandes profetas do Antigo Testamento testemunhou que Deus tiraria o povo judeu de suas sepulturas gentílicas (as nações) e o traria à terra de Israel antes da volta do Senhor (Is 66:8), O renascimento de Israel em maio de 1948 não é um acidente histórico, é a mão de Deus no controle da situação.

3) Retorno dos judeus a sua pátria

Em Jreremias 23:7-8 está profetizado: "*Portanto, eis que vêm diz o Senhor, em que nunca mais dirão: Vive o Senhor, que fez subir os filhos de Israel da terra do Egito, mas: Vive o Senhor que fez subir e que trouxe a geração da casa de Israel da terra do Norte e de todas as terras para onde os tinha arrojado. E habitarão na sua terra*". Os judeus habitantes na terra do norte (Rússia), voltaram para suas casas em Israel as dezenas de milhares, assim como os outros judeus do resto do mundo. Através dos noticiários de televisão o mundo viu o seu desembarque no aeroporto de Tel Aviv. Lemos sobre isto em todo tipo de mídia impressa. Mas antes já havia sido noticiado pelo profeta Jeremias.

4) A Praga no oriente médio

O profeta Zacarias teve uma visão e não soube como precisá-la, descreveu-a como o resultado terrível de uma praga. Esta praga será enviada contra todos que vierem a lutar contra Jerusalém nos últimos dias. A praga consome a carne dos homens, estando eles ainda em pé. Os olhos apodrecem ainda nas órbitas, e a língua se dissolve ainda dentro da boca. Esta praga está descrita em Zacarias 14:12-15 . Esta praga foi um enigma para muitas gerações, então foi inventada a bomba atômica. Um bomba que pode produzir em milionésimo de segundos uma temperatura de centena de milhões de graus Celsius. Desta forma os olhos e a língua de um homem podem ser consumidos antes que o seu corpo caia no chão.

5) Comunicação Internacional Instantânea

Apocalipse 11:3 e 7-10, está descrita a execução de duas testemunhas, e seus corpos sem vida ficarão por três dias e meio nas ruas de Jerusalém, sendo vista por pessoas, tribos, línguas e nações. Por centenas de anos os estudiosos se perguntaram como estas duas testemunhas seria vista pelo mundo inteiro ao mesmo tempo? Chegou a televisão, depois os satélites de comunicação e mais recentemente a internet. Isto não era possível em 1900! Isto não era possível em 1960! Mas, isto é possível agora.

6) Jerusalém não estará mais sobre o controle dos gentios

A profecia bíblica nos informa que Jerusalém não será mais governada pelos gentios na última geração. O povo judeu não controlou Jerusalém desde o ano 70.d.C., quando os romanos atacaram Jerusalém e destruíram o templo, até a guerra dos seis dias, em 1967. Jesus disse que "*Jerusalém seria pisada pelos gentios, até que os tempos dos gentios se completassem*" (Lc 21:24). O salmista disse: quando o Senhor edificar a Sião (Jerusalém), e na sua glória se manifestar (Sl 102:16). Desde 1967, Jerusalém em 2000 anos está sob o controle dos judeus pela primeira vez.

7) Tempos de engano

Estamos vivendo dias de engano – Jesus disse: " *Acautelai-vos, que ninguém vos engane, porque muitos virão em meu nome...e enganarão a muitos...porque surgirão falso cristo e falsos profetas e farão tão grandes sinais e prodígios, que, se possível fora, enganariam até os escolhidos*". Jesus deixa claro que o problema número um dos últimos dias seria o engano. O engano prolifera em todas as camadas da sociedade e na igreja apostata.

8) Fome e Peste

Jesus disse: "*se levantará nação contra nação, e reino contra reino, e haverá fomes, e pestes, e terremotos, em vários lugares. Mas todas essas coisas são o princípio das dores.*" A agricultura dos dias de hoje atingiu um nível de eficiência que a torna capaz de alimentar o mundo inteiro, mas, nos Estados Unidos, por exemplo, muitos fazendeiros são pagos para não produzir determinadas espécies de alimento, pois, do contrário, a oferta de produtos seria muito grande e, consequentemente os preços despencariam no mercado. Vemos todos os dias nos noticiários televisivos crianças desnutridas, com barrigas inchadas, olhos esbugalhados e ossos a mostra. Fomes e peste, mas uma grande prova que Cristo está às portas.

9) Terremotos

Do ano de 1900 até o ano 2000 tivemos uma quantidade de terremotos superior a todos os terremotos havidos no mundo desde que ele existe. Deus usa os terremotos para se comunicar com os surdos espirituais. Na bíblia temos pelo menos 33 vezes em que Deus usou um terremoto para chamar a atenção do ser humano. A terra tremeu no monte Sinai, quando Moisés recebeu os dez mandamentos (Ex 19:18) Deus usou um terremoto em Jerusalém durante a crucificação de Cristo, para separar, de cima a baixo, o véu do templo (Mt 27:51). Fez uso de um terremoto na ressurreição de Cristo, para rolar a pedra da tumba emprestada. Não para que Cristo saísse, mas para que nos entrássemos (Mt 28:2).

10) Como nos dias de Noé

Jesus disse: "*Porém daquele dia e hora ninguém sabe, nem os anjos dos céus, nem o Filho, mas unicamente meu Pai. E, como foi nos dias de Noé, assim será também a finda do Filho do Homem*" (Mt 24:36-37). Que características marcarão os dias de Noé? Gênesis nos conta que a maldade do ser humano era muito grande sobre a terra e que "*toda imaginação dos pensamentos de seu coração era só má continuamente*" (Gn 6:5). Lendo os jornais ou acompanhando os noticiários, perdemos o humor, são assassinatos, estupros, sequestros, assaltos, abuso infantil, violência no lar, corrupção no governo, drogas, pornografia, homossexualidade, prostituição, adultério e fornicação. Está geração é semelhante à de Noé, seus pensamentos são continuamente maus. É mais uma prova de que somos a Geração do arrebatamento.

Fonte: Biblia de Estudos das Profecias - SBB

BIBLIOGRAFIA

MC'CLAIN, Alva J. As Setenta Semanas de Daniel. São Paulo: Imprensa Batista Regular, 1983.

PENTECOST, J. Dwight. Manual de Escatologia. São Paulo: Editora Vida, 2002.

ANDERSON, Roy A. Revelações do Apocalipse. São Paulo: Editora Casa Publicadora Brasileira, 1988.

LAHAYE, Tim. Sem medo da tempestade. São Paulo: Editora e Publicadora Quadrangular, 1997.

LAHAYE, Tim. Enciclopédia popular de profecia bíblica. São Paulo: Editora CPAD, 2008.

LEITE, Ruy Ferreira. O fim do mundo sem fim. São Paulo: Editora João Scortecci, 1993.

ALMEIDA, Abraão. Deus revela o futuro. São Paulo: CPAD – Casa Publicadora das Assembleias de Deus, 1983.

LADEIRA, Francisco de Assis. As coisas que em breve devem acontecer. São Paulo, 1989.

TURNER, Donaldo D. Doutrina das últimas coisas. São Paulo: Imprensa Batista Regular, 1988.

HORTON, Stanley M. Teologia Sistemática. São Paulo: CPAD, 2.002,(7a. Edição).

SEVERA, Zacarias de Aguiar. Manual de Teologia Sistemática. Curitiba, PR: Editora A.D. Santos, 1.999.

PEARLMAN, Myer. Conhecendo as Doutrinas da Bíblia. São Paulo: Editora Vida, 2.001.

OLIVEIRA, Raimundo de. As grandes doutrinas da Bíblia. São Paulo: CPAD, 1986.

Apostila de Escatologia organizada por Luiz Antonio Ferraz, 1995.

Apostila de Escatologia do SETEFA – Seminário Teológico Eliseu Feitosa de Alencar.

Apostila de Escatologia Bíblica da EETEL – Escola de Educação Teológica Logos.

BIBLIA DE ESTUDO DAS PROFECIAS. Versão Revista e Atualizada. São Paulo e Belo Horizonte: Sociedade Bíblica do Brasil e Editora Atos, 2001.

BÍBLIA DE ESTUDO PENTECOSTAL. Versão Almeida e Corrigida / Edição 1.995. São Paulo: PAD, 1.996.

Sites consultados:

www.monergismo.com/textos/escatologia_reformada/quem-e-anticristo-tba2_Hanegraaff.pdf.

www.palavraviva.org.br

http://irmaos.net/estudos/cap05.html.

Claudemir Pedroso da Silva

CURSO TEOLÓGICO

EDUCAÇÃO CRISTÃ

PAE
EDITORA

SUMÁRIO

Capítulo I

A Educação Cristã

1.1 – INTRODUÇÃO

Por toda a Bíblia notamos o constante cuidado de Deus com a formação espiritual do seu povo. (Dt 31:12)

Vivemos em uma época de diversidade de conceitos, ideologias e paradigmas, fruto de um ambiente pluralista. Diversidade esta que se faz presente em todos os segmentos da sociedade. Na educação não é diferente. Acredito que todo líder cristão deseja oferecer à sua igreja uma educação que seja bíblica e eficaz. Diante disso, precisamos estabelecer alguns princípios para a Educação Cristã, a fim de que não se cai em nenhuma armadilha das muitas filosofias pós-modernas.

O nosso desejo é que o Evangelho não seja apenas conhecido entre as nações, mas que muitas almas sejam "agregadas" à igreja de Jesus e que perseverem na doutrina dos apóstolos (At 2. 41-42), por isso devemos utilizar os métodos de Jesus e as oportunidades que estiverem ao nosso alcance, veremos que mesmo num culto evangelístico, a igreja pode e deve estar educando, utilizando os métodos pedagógicos.

1.2 – ALGUMAS DEFINIÇÕES

O verbo latino "educare" significa criar, alimentar e tem sua origem em *"ex-ducare"*, conduzir para fora. Comentando estas duas acepções, a primeira, que envolve a idéia de nutrir, isto é, um processo de influência sobre o educando no sentido de abastecê-lo com os elementos que deverão formar-lhe o mundo espiritual, e a segunda, que implica desenvolvimento do seu potencial gerado dentro do indivíduo, por força da ação educativa e exteriorizado sob a forma de comportamento. Ninguém escapa da educação. Em casa, na rua, na Igreja ou na escola, de um modo ou de muitos todos nós envolvemos pedaços da vida com ela: para aprender, para ensinar, para aprender-e-ensinar. Para saber, para fazer, para ser ou para conviver, todos os dias misturamos a vida com educação.

A Educação Cristã é um processo de educação e aprendizado sustentado pelo Espírito Santo e baseado nas escrituras. Procura guiar indivíduos a todos os níveis de crescimento através de métodos do ensino em direção ao conhecimento e vivencia do plano e proposito divino mediante Cristo em todos os aspectos da vida. A Educação Cristã também equipa as pessoas para o ministério efetivo com uma ênfase geral em Cristo como mestre educador por excelência e seus mandamentos de fazer e treinar discípulos.

A Educação Cristã de forma organizada não é um fato moderno, mas por ordem do próprio Deus, esteve presente na vida diária do povo israelita. A Bíblia mostra que os discípulos prosseguiram com a obra educativa de Jesus. Desta forma, entendemos que a **Educação Cristã** promove o desenvolvimento do caráter, disciplina, conduta e um relacionamento profundo com Deus.

À medida que o progresso avança, o conceito sobre educação se modifica porque os objetivos a serem alcançados se renovam.

1 - Conceito antigo

Antigamente esperava-se que o filho seguisse a mesma profissão do pai. O pai levava o filho para o campo ou para a oficina e lá o treinava. A mãe, em casa, procedia da mesma forma com a filha. Chamava-se esta forma de educação, **"preparar para a vida"**.

Aos poucos a instrução formal foi reconhecida, surgindo assim o professor. O método usado era o de transmissão, o professor falava e o aluno tomava nota para em seguida memorizar. Ele devia formar a personalidade do aluno, desenvolvendo nele bons hábitos e caráter.

2 - Conceito atual

Continuamente sofremos influências de outras pessoas. Se estas influências produzem efeitos permanentes em nós, enriquecendo nossa vida e nos aperfeiçoando, podemos dizer que são experiências educativas. Logo, a educação é um processo contínuo de desenvolvimento e aperfeiçoamento da vida.

Nenhum tipo de educação cumprirá melhor este objetivo do que a educação cristã. Ela nos ajuda a viver bem aqui na terra e, pela conversão e santificação nos encaminhará a Deus. *"Segui a paz com todos e a santificação, sem a qual ninguém verá o Senhor"* (Hb 12:14).

1.3 – A EDUCAÇÃO CRISTÃ É UM PROCESSO

Por processo entendemos uma ação progressiva que ocorre através de uma serie de atos e eventos que geram mudanças, e não importa se são rápidas ou lentas, desde que conduza a uma melhora ou progresso. A educação cristã é também, um processo de desenvolvimento do ser humano.

Para entendermos melhor este processo, observemos os processos da natureza, vejamos como exemplo uma semente. A semente tem a potencialidade de se transformar em uma arvore de onde se colha os frutos, porem, isto não ocorre de forma instantânea. Requer que esta semente seja plantada em um lugar onde haja terra e agua. Através do tempo e das diferentes mudanças (processos) que vão ocorrendo com ela, germinará e começara o processo de crescimento que no futuro dará os seus frutos.

1.4 – O PROPÓSITO DA EDUCAÇÃO CRISTÃ

Só existe uma coisa pior do que ensinar sem propósito: ter propósito errado. Há necessidade de estabelecer um alvo a ser alcançado no ensino. Jesus definiu seu propósito em sua primeira vinda. Ele disse: "*EU vim para que tenham vida e a tenham em abundância*" (Jo 10:10) e tudo quanto fez era voltado para este propósito.

Seguindo o exemplo de Cristo devemos nos esforçar para que a igreja não desperdice tempo mas, que tudo seja feito com propósito definido à luz da Escrituras.

1) Propósito em relação a Deus

"Mas agora, ó Senhor, tu és o nosso Pai..., e todos nós obras de tuas mãos" (Is 64:8). Se Deus é o Pai e Criador, então todo ensino da igreja deve envolver-se nessas verdades e seu reflexo nas vidas humanas.

São três, essencialmente os propósitos da educação essencialmente cristã:

I. Conhecer a Deus como Criador – Deus criou tudo e todos (cf. At 4:24). é digno da nossa adoração, vivemos numa época de confusão e dúvidas, é confortante sabermos que tudo está nas mãos de Deus. Os alunos devem ver na natureza a glória de Deus, devem compreender que todas as coisas seguem o plano e o propósito divino e confiar submetendo-se a Ele.

II. Conhecer a Deus como Pai – Os alunos devem compreender que este Deus, grande e poderoso, é também seu Pai Celestial, que os ama e os protege. Conhecer a Deus como filhos amados os ajudará a aceitarem pela fé aquilo que não podem compreender pelo raciocínio.

III. Ter comunhão com Deus – Como Pai Celestial, Deus é acessível e comunicativo.

Podemos nos achegar com confiança (Hb 4:15-16). Deus nos ama e espera que nós O amemos também (Mt 22:37). que sejamos seus amigos (Ex 33:11).

2) Propósito em relação a Cristo

Toda educação cristã deve ter Jesus Cristo como centro. Jesus é a revelação de Deus Pai a nós. Só através de Jesus podemos conhecer o Pai e chegar até Ele. (cf. Jo 14:9).

Nós precisamos conhecer a Jesus de forma real, como modelo a ser seguido. O propósito em relação ao aluno é que ele aceite a Jesus nas seguintes formas:

I. Como Salvador pessoal – "Se, *com a tua boca, confessares Jesus como Senhor e, em teu coração, creres que Deus o ressuscitou dentre os mortos, serás salvo*". (Rm 10:9). Esta aceitação deve ser consciente. Ser membro de uma igreja não é o suficiente para alguém se salvar. É preciso nascer de novo (cf. Jo 3:3).

II. Como Senhor de sua vida – "*Por que me chamais Senhor, Senhor, e não fazeis o que vos mando? Todo aquele que vem a mim, e ouve as minhas palavras, e as pratica, eu vos mostrarei a quem é semelhante*". (Lc 6:46, 47). Receber a Jesus como Senhor, inclui fazer o que Ele ordena. Não basta chamá-lo, Senhor! Precisamos por em prática seus ensinamentos; obedecê-lo em todos os nossos caminhos.

3) Propósito em relação ao Espírito Santo

"*... quando vier, porém, o Espírito da verdade, ele vos guiará a toda a verdade; porque não falará por si mesmo, mas dirá tudo o que tiver ouvido e vos anunciará as coisas que hão de vir*". (Jo 16:13)

Entender a obra do Espírito Santo ajuda os alunos a reconhecerem o que Ele pode fazer por eles.

I. Contar com a ajuda do Espírito Santo – Muitos crentes têm mais fracassos do que vitórias, porque não conhecem o poder que Deus colocou à sua disposição através do Espírito Santo. É impossível ao homem obedecer aos mandamentos de Deus e conservar-se puro por seus próprios esforços. Ele intercede por nós e nos fortalece (cf. Rm 8:26; Ef 3:16).

II. Buscar a plenitude do Espírito Santo – O apóstolo Pedro já não era o mesmo que negara o Senhor, depois de cheio do Espírito Santo pregava com ousadia. (At 1:8)

A plenitude do Espírito não é privilégio de alguns poucos escolhidos, mas é desejo de Deus que todos sejam cheios do Espírito Santo e aptos para serem usados por Ele em benefício de Sua obra.

4) Propósito em relação à Bíblia

Jesus é a Palavra de Deus que se fez carne (Hb 4:12) e produz vida (Jo 5:39).

A exemplo de Jesus devemos estudar a Bíblia com reverência e amor, com oração e meditação.

I. Conhecer à Bíblia – O objetivo é que o aluno conheça de Gênesis a Apocalipse, bem como a autoria, conteúdo e propósito. Devemos estudar a Bíblia com a Bíblia. (II Tm 3:16).

II. Praticar os ensinamentos bíblicos – Conhecer a Bíblia não é apenas conhecer os fatos e os seus ensinamentos, mas compreende-la, aceitá-la como expressão da vontade de Deus e por em prática os seus ensinamentos.

5) Propósito em relação à Igreja

A igreja é um dos meios que Deus usa para estabelecer o seu Reino na terra.

I. Preparação – *"Não deixemos de congregar-nos, como é costume de alguns..."* (Hb 10:25). Para obter maior crescimento espiritual, o novo convertido deve participar de sua comunidade de fé, uma igreja. Para isso todos devem ser membros conscientes de suas responsabilidades e deveres para com a Obra de Deus.

II. Participação – Não apenas ir a igreja, mas participar do culto, louvor, adoração e ouvir atentamente à mensagem. Ter responsabilidade com a manutenção da obra e com as atividades espirituais e sociais da igreja.

III. Evangelização – Como membros da igreja Universal (Corpo de Cristo) temos responsabilidade direta com aqueles que ainda não ouviram o Evangelho. Todo crente deve participar dos empreendimentos missionários de sua igreja, pregando, orando e contribuindo.

6) O caráter de nossos propósitos

Para facilitar dividiremos em três partes: Propósito Geral, Propósito Específico e Propósito imediato.

1) Propósito geral - Os propósitos gerais da educação cristã são aqueles alvos que Deus estabeleceu para todos os cristãos em todas as eras. Ex. todos devem aceitar a Jesus como o seu Salvador pessoal, etc...

2) Propósito específico – É a aplicação dos propósitos gerais a um grupo social específico. O educador deve formular os seus propósitos específicos de acordo com a necessidades espirituais específicas daqueles aos quais pretende educar.

3) Propósito imediato – É a aplicação do específico a uma lição determinada. É aquilo que você deseja que o ouvinte guarde como lição prática.

Capítulo II

A Educação Cristã entre os Israelitas

2.1 – O DEVER DE ENSINAR

Os líderes das nações sabem que o povo precisa receber educação e se preocupam com isso. Da mesma maneira os líderes religiosos, procuram educar os seus fiéis. Chamamos educação religiosa a educação ministrada pelas diferentes religiões, inclusive o judaísmo e o cristianismo. Vale destacar que a educação cristã trata única, e exclusivamente dos ensinos do cristianismo.

"Ajuntai o povo, os homens, as mulheres, os meninos e o estrangeiro que está dentro da vossa cidade, para que ouçam, e aprendam, e temam o Senhor, vosso Deus, e cuidem de cumprir todas as palavras desta lei" (Dt 31:12).

Tão logo os israelitas passaram o Mar Vermelho, Deus chamou a Moisés e responsabilizou-o de, juntamente com os anciãos e os sacerdotes, ensinarem o povo os seus mandamentos.

Deus responsabilizou também os pais. *"Tu as inculcarás a teus filhos, e delas falarás assentado em tua casa, e andando pelo caminho, e ao deitar-te, e ao levantar-te."* (Dt 6:7).

Depois da morte de Moisés, Josué não se descuidou do ensino. *"Depois, leu todas as palavras da lei, a bênção e a maldição, segundo tudo o que está escrito no Livro da Lei."* (Js 8:34).

Durante a época dos juízes e dos reis, a vida de Israel foi marcada por altos e baixos.

Quando a educação religiosa era descuidada, se afastavam de Deus e o Senhor os entregava nas mãos de inimigos. *"Durante muito tempo Israel esteve sem o verdadeiro Deus, sem sacerdote para ensiná-lo e sem lei."* (II Cr 15:3).

O primeiro cuidado de Josafá ao encontrar um povo enfraquecido foi restaurar-lhe espiritualmente. *"Ensinaram em Judá, tendo consigo o Livro da Lei do Senhor; percorriam todas as cidades de Judá e ensinavam ao povo. Veio o terror do Senhor sobre todos os reinos das terras que estavam ao redor de Judá, de maneira que não fizeram guerra contra Josafá."* (II Cr 17:9-10).

Depois do cativeiro Babilônico, Esdras e Neemias tornaram a Jerusalém e ensinaram ao povo a Lei do Senhor. Produziu-se um maravilhoso avivamento espiritual pela disseminação do estudo bíblico entre o povo de Israel, não só individualmente, como em grandes reuniões públicas que nos servem de modelo inspirativo. Neemias mostra o procedimento: *"Leram no livro, na Lei de Deus, claramente, dando explicações, de maneira que entendessem o que se lia. Neemias, que era o governador, e Esdras, sacerdote e escriba, e os levitas que ensinavam todo o povo lhe disseram: Este dia é consagrado ao Senhor, vosso Deus, pelo que não pranteeis, nem choreis. Porque todo o povo chorava, ouvindo as palavras da Lei."* (Ne 8:8-9)

Os israelitas deveriam ir ao menos uma vez por ano ao Templo de Jerusalém. As sinagogas eram casa de culto e também escola religiosa e secular. Abertas a todas as idades, as crianças recebiam a instrução religiosa, os anciãos ouviam os rabinos e estudavam os seus comentários. As reuniões eram aos sábados pela manhã, e o método usado era o interlocutório, onde os alunos perguntavam e os rabinos respondiam. A lei do Senhor e os escritos proféticos eram o centro da meditação.

2.2 – NOS DIAS DE JESUS

1) A educação judaica

O menino judeu começava a sua educação religiosa e moral aos seis anos. Estudava a lei, os profetas, a poesia e a história do seu povo, aprendia também os ritos e as cerimônias. Dos dez aos quinze anos de idade ele complementava sua educação religiosa estudando as interpretações orais da lei e as tradições dos anciãos, veja a vida do judeu Saulo: *"Eu sou judeu, nasci em Tarso da Cilícia, mas criei-me nesta cidade e aqui fui instruído aos pés de Gamaliel, segundo a exatidão da lei de nossos antepassados, sendo zeloso para com Deus, assim como todos vós o sois no dia de hoje."* (At 22:3)

Em Lucas 2:46-47 mostra Jesus entre os doutores da lei e nos faz compreender que o menino Jesus recebeu tal ensino. Aos treze anos o menino passava a freqüentar a sinagoga, onde continuamente eram estudados a lei e os profetas. Lia e explicava como Jesus o fez em Lucas 4:14

2) Jesus, o Mestre

Em Jesus, o Mestre dos mestres, o ensino atinge o seu apogeu. Ele entendia que como Mestre, era assim visto não somente em uma sala de aula, mas em todos os lugares e em todo o tempo ensinava com palavras e com sua vida. Deixa-nos o exemplo em Seu testemunho, Seu poder, Seu preparo, Sua dedicação, Sua disposição e Seu amor para com Seu ministério e discípulos.

Durante seu ministério Jesus ensinava, pregava, curava (Mt 4:23). Jesus ensinava sempre que a oportunidade surgia, a uma pessoa (Jo 3:21), ou a muitas (Mc 6:34), no Templo (Mc 12:35), ao ar livre (Mt 5:1-2).

Seus métodos eram os mais variados: Ele pregava sermões (Mt 5); usava ilustrações (Mt 5:13-16); ensinava por parábolas (Mt 13:3) realizou um milagre para ensinar (Mt 12:9-13). Devemos ensinar porque Jesus ensinava e porque Ele assim ordenou (Mt 28:19-20).

2.3 – NA IGREJA PRIMITIVA

1) O ensino dos apóstolos

Jesus ensinou em toda e qualquer ocasião, além disso, Ele treinou um grupo especial de mestres: os apóstolos. Estes deveriam dar continuidade a sua missão "pregar o Evangelho do Reino e ensinar a todas as nações".

O livro de Atos é uma crônica na qual encontramos os apóstolos ensinando as ovelhas de Cristo: ""*Todos os dias, no templo e de casa em casa, não deixavam de ensinar e proclamar que Jesus é o Cristo.*" (At 5:42). Leiamos outros textos Atos 10:28-29; 11:26; 18:11.

Paulo foi sem dúvida, o maior ensinador da Igreja Primitiva, mas os outros apóstolos também exerceram com êxito este precioso ministério. As epístolas são uma prova do quanto eles se preocuparam com o ensino da sã doutrina.

2) A responsabilidade continua

Deus levantou homens, como Lutero (o reformador) para reconduzirem o povo a Deus. Ele traduziu a Bíblia e escreveu muitos livros para ajudar-nos a por em prática os ensinos de Cristo.

Para que este objetivo tivesse êxito, lançaram-se a seguintes bases:

- Tradução da Bíblia para a linguagem do povo;
- Produção de literatura cristã e composição de hinos;
- Acesso do povo à Bíblia e a literaturas cristãs;
- Seminários preparatórios para obreiros;
- Instalação de escolas ao lado de cada Igreja para o ensino secular e religioso.

Estes fatores contribuíram para a reforma protestante liderada por Martinho Lutero em 31 de Outubro de 1517, restaurando os pilares da fé cristã: *Sola fide, Sola Scripture, Solus Christus, Sola Gratia, Soli Deo Gloria*.

Fica claro o que Deus exige do cristão: "*O que da minha parte ouviste... transmite a homens fiéis e também idôneos para instruir a outros*" (II Tm 2:2). É nossa responsabilidade ensinar e preparar ensinadores para que o Reino continue a crescer.

2.4 – NA IGREJA ATUAL

A educação cristã não é uma inovação, pois há muita semelhança entre os mais modernos métodos de pedagogia e a maneira simples, clara e objetiva de Jesus ensinar suas preciosas verdades.

O sistema usado atualmente nas escolas públicas foi copiado do método usado nas escolas de educação religiosa.

1) Agência de educação

Dentro de nossas igrejas, a Escola Dominical é a mais importante agência de educação religiosa. É através que muitos são levados a Cristo e recebem alimentos sólidos para o bom crescimento espiritual. Além dela temos organizações especiais para jovens. Escola Bíblica de Férias para crianças, circulo de oração para senhoras, estudos da Palavra para os jovens e adultos, etc.. Estes trabalhos precisam ser orientados para não perderem sua função educativa.

2) O lugar da educação cristã

A educação cristã não pode converter, pois esta função é do Espírito Santo, mas é um canal de operação da graça para levar pessoas ao conhecimento de Deus.

A conversão é o início de uma nova vida. O recém-nascido espiritual necessita "*crescer na graça e no conhecimento de nosso Senhor e Salvador Jesus Cristo*" (II Pe 3:18). A educação cristã favorece o seu desenvolvimento.

2.5 – A NECESSIDADE DE SE ESTABELECER ALVOS

Um educador temente a Deus e consciente de sua responsabilidade perante Deus e perante aqueles aos quais ensina, não deve ir para o púlpito, nem chegar à classe sem preparar bem a lição bíblica e se familiarizar com o propósito do seu estudo.

Tomemos por exemplo, a ressurreição de Lázaro. Jesus parecia atrasar-se, mas o fez com a finalidade de glorificar a Deus (cf. Jo 11:4, 5, 42). Em João 10:10), Jesus declara o seu propósito dar a vida eterna abundante: "*O ladrão vem somente para roubar, matar e destruir; eu vim para que tenham vida e a tenham em abundância.*"

1) Um alvo dá significado ao ensino

O trabalho torna-se mais suave quando o trabalhador sabe que ao final receberá um salário. Assim quem ensina tem maior ânimo e interesse, quando se esforça para que seus alunos cheguem a um alvo estabelecido. Temos que aplicar o ensino ao nosso tempo e à nossa realidade. Atualmente os cristãos não são mais jogados na cova dos leões como no tempo de Daniel, mas quantos "leões" não temos que enfrentar no nosso dia a dia (desemprego, enfermidades, decepções, etc.).

Fica claro que ensinar não é uma tarefa fácil. Ensinar exige:

- **Pesquisa** – O educador cristão deve ser um pesquisador. Sua fonte primária de pesquisa é a Bíblia, mas suas pesquisas devem ultrapassar as páginas do Livro Sagrado.
- **Reflexão** – O educador cristão precisa adquirir o hábito da reflexão, a fim de que ensine os alunos a refletir sobre a fé e a prática cristã.
- **Diálogo** - O educador cristão que não dialoga com os alunos em breve verá o esvaziamento de sua classe ou a apatia dos alunos. É preciso abrir espaço para que os alunos questionem, a fim de que encontrem as soluções.
- **Pôr em prática o discurso** – Quantos já não ouviram: "Faça o que digo e não o que eu faço"? Ensino e prática precisam ser coerentes (cf. Tg 1:22).

2) Um alvo evita os desvios

Aquele que ensina precisa ter um alvo e se esforçar para alcança-lo. Do contrário, ao fim do ensino o ouvinte dirá: 'Ele disse uma porção de coisas bonitas, mas... - sobre o que mesmo que ele falou?'

3 – Um alvo evita perca de tempo

"Assim corro também eu, não sem meta; mas luto, não como desferindo golpes no ar" (I Co 9:26). O professor não deve gastar tempo dizendo coisas de menor importância sem atingir o propósito principal deve orar e pedir a Deus que o oriente, sempre.

Capítulo III

O Objetivo da Educação Cristã

Howard Hendriks em seu livro "*Ensinando para transformar vidas*", publicado pela Editora Betânia, parte do pressuposto de que o educador precisa amar o ensino, fazendo deste amor a base para o cumprimento de 7 (sete) leis.

Entendendo ser a prioridade da Educação Cristã a transformação de vidas, nada melhor do que aprendermos sobre estes princípios desenvolvidos através das sete leis. São eles:

3.1 – A Lei do Professor

O professor eficiente é aquele que baseia seu ensino em uma rica experiência de vida. Ninguém consegue ser um bom comunicador a partir de um arquivo intelectual vazio. Quem pára de crescer hoje, pára de ensinar amanhã. "*Eu quero que meus alunos bebam águas correntes de um rio, não a água estagnada de uma lagoa.*" Diz Hendriks.

Lembremo-nos que até Jesus cresceu. Isto deve levar-nos a buscar desenvolver-nos e crescer espiritualmente. A Bíblia diz que Jesus crescia em quatro áreas:

- Ele crescia em "sabedoria": desenvolvimento intelectual.
- Ele crescia em "estatura": desenvolvimento físico
- Ele crescia em "graça": Desenvolvimento espiritual
- Ele crescia em graça "diante dos homens": Desenvolvimento social e emocional.

3.2 – A LEI DO ENSINO

Para ser um professor eficiente, não basta dominarmos o conteúdo a ser ministrado; precisamos conhecer também aqueles a quem ensinamos. Nosso interesse principal não deve ser só passar-lhes princípios; mas influenciá-los. Por conseguinte, a maneira como os alunos aprendem deve determinar a forma como ensinamos.

A melhor avaliação do ensino não é o que fazemos, nem se o fazemos bem, mas o que o aprendiz faz e como faz. Não se avalia a eficiência de um professor pelo que ele faz, mas com base no que seus alunos fazem.

Quero sugerir três metas básicas:

- Ensine os outros a pensar;
- Ensine os outros a aprender;
- Ensine os outros a trabalhar.

3.3 – A LEI DA ATIVIDADE

Nossa tarefa como comunicadores não é tentar deixar os outros deslumbrados conosco, mas causar impacto. Também não é apenas convence-los, é transformá-los. Quanto maior o nível de envolvimento no processo de aprendizagem, maior o volume de conteúdo aprendido.

A atividade desenvolvida na aprendizagem nunca é um fim em si mesmo, mas sempre um meio para se atingir um fim. Vejamos cinco formas de atividade significativa:

- Atividades que forneçam orientação, sem imposição.
- Atividades que deem ênfase à função e à aplicação na prática.
- Atividades com objetivo definido.
- Atividades que além de estarem relacionadas com o produto final estejam relacionadas também com o processo.
- Atividades associadas a situações em que se vejam obrigados a solucionar problemas.

3.4 – A LEI DA COMUNICAÇÃO

O termo comunicação vem do latim *communis,* que significa "comum". Para que possamos comunicar algo a alguém precisamos antes estabelecer pontos em comum com ele. E quanto maior for o número de pontos comuns, maior também será a probabilidade de uma boa comunicação.

Toda comunicação possui três componentes básicos: intelecto, emoção e vontade; em outras palavras: pensamento, sentimento e ação. Então tudo que eu quiser comunicar a outrem gira em torno de algo que conheço algo que sinto e algo que pratico.

3.5 – A LEI DO CORAÇÃO

O ensino que realmente causa impacto em quem o recebe não é o que passa de uma mente para outra, mas de um coração para o outro. O processo de ensinar nada mais é que a transformação total de uma personalidade, operada pela graça de Deus, e que depois, pela mesma graça, alcança outros para transformá-los também.

Analisemos três atitudes para quem quiser causar impacto em seus alunos.

- Conheça bem os alunos – **Interesse**
- Conquiste o direito de ser ouvido – **Credibilidade**
- Disponha a se mostrar vulnerável diante dos seus alunos – **Humildade**

3.6 – A LEI DA MOTIVAÇÃO

O ensino será mais eficiente quando o aluno se encontrar adequadamente motivado. Quanto mais tempo leciono, mais me convenço de que o Quociente de Motivação de um aluno é bem mais importante que seu Quociente de Inteligência.

A aprendizagem que motiva se dá em quatro etapas:

a) **Exposição** – Varie a forma de expor o conteúdo.

b) **Demonstração** – Dê exemplos práticos sobre o conteúdo.

c) **Prática controlada** – Crie oportunidade para se praticar em sala de aula o que se está ensinando.

d) **Prática sem supervisão** – Peça tarefas para que sejam feitas fora de aula e depois simplesmente peça um retorno da experiência.

3.7 – A LEI DA PREPARAÇÃO PRÉVIA

O processo ensino-aprendizagem é mais eficiente se tanto professor como aluno estão previamente bem preparados. Vamos meditar ligeiramente sobre o valor da tarefa para casa:

- A tarefa coloca o pensamento em movimento;
- O aluno passa a ter um ponto de partida;
- O aluno aprende a estudar a Bíblia independentemente.

Capítulo IV

ASPECTOS FUNDAMENTAIS DA EDUCAÇÃO CRISTÃ

A educação está presente no desenvolvimento do homem no sentido físico, intelectual, social e espiritual. Ao vir ao mundo o indivíduo traz consigo os seus próprios caracteres, e não podemos influenciar nos físicos, porém devemos observar alguns fatores para esse desenvolvimento.

No sentido individual, social e mais especialmente espiritual a influência da educação se mostra decisiva e definitiva. Estes elementos estão intimamente ligados e não podemos separar as atividades sociais das intelectuais, ou as educativas das sociais, etc.. Toda atividade pode atingir vários desses elementos. Ela só não pode ser sem objetivo.

4.1 – ATIVIDADES INTELECTUAIS

1) Jesus, o exemplo.

Jesus sempre foi Deus, porém nos deu o exemplo submetendo-se a um nascimento e crescimento normal pelo qual passam todos os seres vivos da terra. Lucas nos diz que "*Jesus crescia em sabedoria* (**crescimento mental e intelectual**), *em estatura* (**crescimento físico**) *e em graça para com Deus* (**crescimento espiritual**), *e para com os homens* (**crescimento social**)." (Lc 2:51)

Devemos nos tornar semelhantes a Cristo também no crescimento. O educador cristão deve fazer tudo para que seus alunos cresçam em sabedoria espiritual (cf. I Pe 2:2), zelar para que o ensino seja nitidamente bíblico. Estudar métodos e técnicas que lhe serão úteis na comunicação da mensagem divina. Levar os seus alunos a serem leitores assíduos da Bíblia, e sê-lo também.

2) O que é ensino

Ensinar é despertar e guiar o raciocínio do aluno para que ele mesmo descubra a unidade que se deseja transmitir. Só há ensino quando há aprendizagem. E só há aprendizagem quando o aluno compreende e põe em prática aquilo que lhe foi ensinado.

O ensino precisa ser centrado no aluno, e não no professor ou no conteúdo. Todas as nossas ações didáticas devem ser elaboradas pensando no aluno, visando à sua aprendizagem. Na escola tradicional, o professor era o centro do processo de ensino-aprendizagem. Ele era visto como o único detentor do saber. Ele falava e os alunos apenas ouviam atentamente. A aprendizagem se dava de forma mecânica, por meio da repetição e da cópia.

Atualmente sabemos que a aprendizagem é um processo dinâmico que envolve uma infinidade de esquemas mentais. Por isso, o ensino deve ser participativo. É preciso abrir espaço para que os alunos questionem, pesquisem, manipulem, experimentem, pois na Escola Nova não há lugar para a passividade.

Jesus quando ensinava, fazia uso de técnicas que poderiam concorrer com os mais refinados educadores modernos, contava histórias, parábolas, fazia comparações, usava recursos visuais (objetos ou coisas), usava representação (a santa ceia, para nos ensinar a importância de sua morte), etc.

O educador cristão deve usar todos os recursos que a pedagogia moderna colocou à sua disposição.

4.2 – RECREAÇÃO / ATIVIDADES FISICAS

Recreação consiste em ocupação agradável, para descanso de um trabalho e renovação de forças para continuar a trabalhar. O ser humano tem necessidade de recreação, pois ela tonifica o sistema nervoso e mantém o equilíbrio interior. A Legislação Trabalhista observa um período de descanso, os médicos recomendam mudanças de ocupação, hábitos e se possível de ambiente. A estafa, doença que com certa freqüência atinge obreiros da igreja, consiste em excesso de atividades físicas e mentais sem o necessário equilíbrio do repouso e recreação.

1) Recreação e ensino

A atividade recreativa pode ser ao mesmo tempo educativa. Ela favorece o equilíbrio físico e mental, e dá ao educador oportunidade para observar os defeitos de caráter dos seus alunos (orgulho, egoísmo, desrespeito, falta de cooperação, etc..). Quando estamos nos divertindo o verdadeiro caráter aparece.

Se a atividade educativa for cuidadosamente planejada com oração e estudo, ela poderá ainda ser útil na correção dos defeitos observados nos alunos. Um perigo que há na recreação, é quando ela se torna excessiva, ocupando o lugar de outras atividades, ou que não tenha bons objetivos.

4.3 – ATIVIDADES SOCIAIS

"Porque, assim como o corpo sem espírito é morto, assim também a fé sem obras é morta." (Tg 2:26)

O serviço para Deus é uma forma de expressão da vida cristã. Pelas obras se mede a qualidade do cristianismo que vivemos (cf. Mt 7:16-20; Lc 13:6-9). Quanto à figueira vimos o juízo sobre ela por não produzir. Vivemos numa época marcada pelo comodismo, egoísmo, excesso de lazer e glutonaria.

As pessoas tendem a se preocupar apenas com seu próprio bem estar. Muitos são envolvidos por egoísmo espiritual pensando só em sua salvação. O verdadeiro cristão ama a Deus e também ao próximo, procura levar Cristo a outros e amenizar o sofrimento ao seu redor, promovendo bem estar físico, emocional e espiritual às pessoas.

1) Promovendo o bem estar do próximo

"A religião pura e sem mácula, para com o nosso Deus e Pai, é esta: visitar os órfãos e as viúvas nas suas tribulações e a si mesmo guardar-se incontaminado do mundo." (Tg 1:27)

Precisamos estar conscientes de que há no mundo; pobres, viúvas, órfãos e desamparados; não podemos evitar a sua existência, mas podemos fazer alguma coisa para diminuir o seu sofrimento (cf. Tg 2:8).

2) Manifestar o caráter de Cristo

"Já estou crucificado com Cristo; e vivo, não mais eu, mas Cristo vive em mim" (Gl 2:20)

O cristianismo bíblico se expressa pelas atitudes. Quanto mais o cristão põe em prática as virtudes cristãs, mais cresce e se aperfeiçoa.

O caráter de Cristo é inegociável e irrepreensível assim como deve ser o nosso. Quanto mais andamos alinhados com o propósito de Deus em nossas vidas, mais nos parecemos com Cristo e mais abençoados somos, porque o nosso Deus é galardoador daqueles que o buscam. Não é fácil tomar a cruz de Cristo, mas sabemos que tudo coopera para o bem daqueles que amam à Deus.

3) Manifestar gratidão a Deus

"Em tudo, dai graças, porque esta é a vontade de Deus em Cristo Jesus para convosco." (I Ts 5:18)

Gratidão é uma atitude de reconhecimento pelo que temos desfrutado na vida. Quando lembramos o que Deus fez por nós, não deixamos de sentir prazer em querer fazer algo para Ele.

Isto não significa que seja da vontade de Deus passarmos por todo tipo de circunstâncias ruins e problemas na vida, mas significa que mesmo à face de tudo isso, devemos ser sempre gratos a Ele. A vontade de Deus é que desenvolvamos um coração de gratidão independente do que esteja acontecendo exteriormente conosco.

E nada nos dá mais alegria do que conduzir uma alma a Cristo, cooperar com o Senhor em sua obra aqui na terra: "Porque de Deus somos cooperadores; lavoura de Deus, edifício de Deus sois vós." (I Co 3:9).

4) Adoração

"Deus é espírito; e importa que os seus adoradores o adorem em espírito e em verdade." (Jo 4:24)

Por meio da adoração aperfeiçoamos nosso relacionamento íntimo com Deus. Poucas vezes ensinamos o povo a adorar a Deus. A adoração deve brotar do nosso espírito para elevar-se a Deus, deve ser consciente e racional (Rm 12:1).

Devemos expressar o nosso amor, gratidão, dependência, submissão, etc. Um ótimo manual é o livro de Salmos. Leia sempre e decore alguns.

I. Fortalece nossa consciência de Deus

Sentimos viva a presença de Deus quando o adoramos em espírito e em verdade. Somos dominados pela convicção de sua existência, estabelece-se uma íntima comunhão do espírito do homem com seu Criador e Redentor.

II. Desenvolve em nós uma atividade correta

Adorar a Deus eleva a nossa alma ao trono da graça, nos ensina a depender da vontade divina, e sentir o seu amor nos desperta a amá-lo e conseqüentemente amar nosso semelhante.

Devemos criar oportunidades seja na escola bíblica ou em outras reuniões para que as crianças, adolescentes e jovens aprendam a adorar a Deus. (cf. Mt 21:16)

Capítulo V

Os agentes da Educação Cristã

Em Efésios 4:11-12 está claro que Cristo quer o aperfeiçoamento dos salvos, a sua maturidade plena e, para isso ele chama homens e mulheres para um trabalho definido na sua obra, capacitando-os através do seu Espírito para fazerem o trabalho que lhes for confiado.

Destacamos a capacitação espiritual, intelectual e física para o ensino, e que Deus chama certas pessoas para um trabalho específico, ao mesmo tempo que chama todos os seus filhos para o trabalho geral e espera que cada um cumpra sua parte na obra.

5.1 – A comissão local de educação

À medida que a igreja cresce, as funções aumentam. O pastor não pode fazer tudo sozinho, por isso deve convidar outras pessoas para o auxiliarem no trabalho, formando uma "**comissão de educação na igreja**". A função desta será de coordenar e supervisionar os trabalhos da escola bíblica e das demais atividades educacionais da igreja.

I) Sua organização

Deve ser composta de pessoas idôneas, espirituais, humildes e que tenham experiência na área de ensino, que procuram conhecer as necessidades e os problemas dos alunos e tenham amor e dedicação total ao ministério do ensino.

O pastor e o superintendente da escola bíblica devem ser membros da comissão. O planejamento de ensino pode ser semestral ou anual. Em cada final de ano deve ser planejado o trabalho do ano seguinte, e periodicamente deve haver reunião para avaliar os trabalhos em andamento.

II) Seus deveres

O primeiro cuidado da comissão é com a escola bíblica:

1) Determinar alvos e objetivos de crescimento numérico e espiritual.

2) Estudar a necessidade da criação de novas classes e departamentos, conforme o crescimento da igreja.

3) Examinar as literaturas a serem usadas de modo a atingir os objetivos almejados.

4) Promover cursos de treinamento de professores.

5) Estudar a possibilidade da igreja criar uma biblioteca que sirva de centro de pesquisas.

5.2 – O CHAMADO PARA A EDUCAÇÃO CRISTÃ

Muitos são chamados por Deus especialmente para o ministério do ensino (Ef 4.11), mas, todos nós que fomos chamados por Deus para a salvação, somos responsáveis diante dEle para cumprir a ordem de *"ensinar a todas as nações"* (cf. Mt 28:19-20).

I) O Exemplo da igreja primitiva

Todos os membros da igreja eram responsáveis pela obra de Deus. Onde quer que houvesse um cristão, era anunciado o Evangelho, mesmo desafiando as perseguições (cf. At 8:4).

Convém notar que os crentes da igreja primitiva eram cheios do Espírito Santo e por Ele impulsionados a servirem a Deus com todas as suas forças. Devemos conservar a plenitude do Espírito Santo (cf. Jo 14:26), Seu propósito é revelar Cristo ao mundo (I Co 2.10-13), após nos dar convicção, nos impulsiona a transmitir aos que nos rodeiam (Jo 15.27).

Jesus espera que de alguma maneira exerçamos influência educadora aos que nos rodeiam, cumprindo a sua ordem (Mt 28:19-20).

Paulo, o grande ensinador, preocupava-se com o crescimento dos novos crentes (Ef 1:16-19). Timóteo e Tito são dois exemplos do cuidado de Paulo, visto a seqüência do ministério do ensino doutrinário (II Tm 2:2).

II) Para que ensinar

1) *Cumprir a ordem de Cristo* – Se Cristo é nosso Senhor devemos no mínimo fazer o que Ele mandou.

2) *Por amor e gratidão a Deus* – Deus nos amou e nos deu Seu Filho, devemos amá-lO e sem cessar semear este amor.

3) *Por amor ao aluno* – Só o amor de Cristo torna o professor capaz de preocupar-se com o aluno e trabalhar para que Cristo seja formado nele.

4) *Pela importância de sua tarefa* – Muitos professores da escola bíblica que ensinam sem nenhuma ambição humana, ficarão surpresos no grande Dia ao receberem o seu galardão das mãos do Senhor, por terem influenciado beneficamente na vida de grandes homens de Deus.

5.3 – CAPACITAÇÃO ESPIRITUAL

A Bíblia nos mostra que entre os dons ministeriais dados à igreja está o de ensinar (Ef 4:11); entendemos então que há o Dom específico para o ministério do ensino. Entretanto, ensinar pode ser um trabalho de toda a igreja, Paulo foi pregador, apóstolo e mestre (cf. II Tm 1:11).

A capacitação para o ensino envolve pelo menos tres ângulos da vida do professor: intelectual, físico e o espiritual. Quatro qualificações são indispensáveis para que o professor cumpra sua missão com sucesso, uma vez capacitado pelo Espírito Santo. São elas:

I) Sensibilidade

Não se ensina a Bíblia como um livro secular. Através da sensibilidade espiritual o professor permite que o Espírito Santo atue no seu espírito, na sua vontade e nos seus sentimentos, de tal forma que o ensino ministrado transmita a vida e a força do Espírito Santo.

II) Submissão

O professor cristão não pode ter a vaidade de ensinar a Bíblia baseado apenas na sua capacidade intelectual, pois o ensino bíblico antes de tudo deve ser inspirado pelo Espírito Santo. Ele deve mergulhar sua mente na unção e no poder do Espírito e então alcançará capacidade espiritual.

A submissão resulta em parte, da sensibilidade à atuação divina. Submeter significa reconhecer que o verdadeiro ensino vem dEle (cf. Jo 14:16), é concebido que Ele ensine a Palavra através de nós.

III) Oração

A oração revela os altos e baixos de nossa vida espiritual e nos habilita pela resposta divina, no exercício de nossas atividades cristãs. Portanto, precisamos chegar pela fé ao trono da graça com inteireza de coração (cf. Hb 4:16; II Co 3:5-6). Ela é o caminho mais curto para ser cheio do Espírito Santo.

Na oração bebemos da fonte da verdadeira capacidade espiritual. O ensino que mata é o ensino sem oração.

IV) Meditação

Meditar significa dispor de tempo para seguidamente refletir na Palavra de Deus (Sl :.2), parar e concentrar a mente sobre determinadas passagens da Bíblia, com o fim de tirar proveito (cf. Dt 17:18-19).

5.4 – CAPACITAÇÃO INTELECTUAL

Para o exercício do ministério do ensino a capacitação intelectual é indispensável, se bem que no plano espiritual ela é secundária. Paulo exortou (aconselhou) Timóteo (cf. II Tm 2.15). A expressão "manejar bem" tem muita relação com o preparo intelectual, quando santificado e dedicado a Deus; é a habilidade de saber empregar as Escrituras, especialmente quanto a suas doutrinas, através de meios, métodos lógicos e práticos.

I) Estudar a Bíblia

O ensinador da Bíblia precisa conhecer a Bíblia, para tal, precisa adotar métodos apropriados de estudo viáveis às exigências de suas atividades ministeriais. Conhecer amplamente as doutrinas cardeais, e seus muitos outros variados aspectos.

Compreender que a Bíblia se compõe de diferentes gêneros de literatura, que devem ser estudados de acordo com o tipo, tempo literário da época em que foram escritos tais livros. Há regras que regem a interpretação da Bíblia, o respeito a elas evitam deslizes na sua veracidade.

II) Ter um método para estudo

É preciso saber o que, por que e como estudar a Bíblia. Conhecer os vários métodos, bem como as regras hermenêuticas e exegéticas para o estudo dela. A interpretação deve ser de acordo com seu sentido literal ou figurado.

A capacidade intelectual do professor cristão depende de sua diligência em estudar a Bíblia de forma sistemática e metódica. É preciso separar as matérias por temas e estuda-las detidamente e com muita oração.

III) Estudo reflexivo e com reverencia

É meditar profundamente na Palavra e buscar evidências claras que possam ajudar no esclarecimento das verdades bíblicas, estudar os assuntos, e só apresenta-los depois de apurada pesquisa e convicção de seu conteúdo. Não se deve emitir pensamentos precipitadamente e desordenadamente, mas refletidos.

A Bíblia é a Palavra de Deus. Por isso, o estudo dela exige reverência diante de Deus.

IV) Pesquisar em outros livros

A Bíblia é o manual, porém outros livros ajudarão no conhecimento dela. A biblioteca do professor deve ter bons livros, tanto livros bíblicos como os seculares, para fortalecer seus conhecimentos gerais.

5.5 – CAPACITAÇÃO FÍSICA

"Se alguém destruir o santuário de Deus, Deus o destruirá; porque o santuário de Deus, que sois vós, é sagrado." (I Co 3:17)

É de vital importância para aquele que ensina cuidar bem do seu corpo físico. Uma má condição física afeta diretamente a sua missão. No Antigo Testamento Deus trata com muito carinho o assunto do cuidado quanto a higiene e conservação física do povo de Israel. A aparência e os hábitos pessoais, contribuem eficazmente na apresentação do trabalho. Vejamos tais cuidados:

I) Aparência Física

O professor / educador cristão, deve conscientizar-se do fato que todos o olham, quaisquer descuido desvia a atenção.

II) Hábitos pessoais

Maus hábitos são maus exemplos, no que tange a higiene, as atitudes corporais, postura e a linguagem. O Cristão tem por obrigação aprender a disciplinar seus hábitos.

III) Alimentação

O professor deve disciplinar seu apetite e evitar comidas indigestas, principalmente antes de ensinar. Deve dar algum tempo de descanso para a digestão, ou então, quando é impossível o descanso, coma alimentos leves.

IV) O exercício físico

O exercício físico contribui para a boa disposição do professor, quanto a sua saúde, do corpo e da mente; o espírito torna-se saudável com uma boa disposição física e mental.

V) Descanso suficiente

Ao criar o homem, Deus colocou em seu interior, leis que regem o corpo, a alma e o espírito. As leis que regem o corpo ensinam a necessidade do descanso pois ele refaz as energias. A melhor forma é dormir o tempo necessário.

Quando sentia-se cansado, Jesus procurava algum lugar para descansar e repousar (cf. Mt 8:24; 26:45). As energias de nosso cérebro, com milhões de células captadoras e transmissoras são renovadas quando dormimos.

Visto que o professor / educador cristão usa mais o cérebro que o resto do corpo, deve cultivar o descanso necessário, e fazê-lo sistematicamente (Jo 9:4).

BIBLIOGRAFIA

HENDRICKS, Howard - *Ensinando para Transformar Vidas* - Editora Betânia, Vida Nova, MG, 1991

GREGORY, John Milton - *As Sete Leis do Ensino* - JUERP - Rio de Janeiro, RJ, 1987

TULER, Marcos. *Abordagens e Práticas da Pedagogia Cristã*. Rio de Janeiro: Editora CPAD, 2008.

FEITOSA, João Alves - *A Solução é Jesus Cristo - Maturidade Cristã* - JUERP - Rio de Janeiro - RJ, 1989

RIBEIRO, C.O. - *A Provisoriedade da Igreja - uma contribuição teológica de Karel Barth, in fragmentos de culturas* - mar/abr 1998, pg. 443, 469, IFITEG

CARVALHO, Antônio Vieira - *Teologia da Educação Cristã*, Editora Eclésia - São Paulo, 2000.

GILBERTO, Antonio. *Manual da Escola Dominical*. Editora CPAD, Rio de Janeiro - RJ, 1998.

PRICE, J.M. - *A Pedagogia de Jesus* - Ed. JUERP, RJ, 1990

ANDRADE, Claudionor de. *Teologia da Educação Cristã*. Rio de Janeiro: Editora CPAD, 2002.

GRUDEM, Wayne - *Teologia Sistemática*, SP, 1999, Ed. Vida Nova

Revista Enfoque Gospel - edição 39 - outubro 2004 - São Cristovam, RJ

Apostila de "Educação Cristã", IBES - Instituto Betel de Ensino Superior, organizada pelo Prof. Sandoval R. de Oliveira, 2005.

Claudemir Pedroso da Silva

CURSO TEOLÓGICO

INTRODUÇÃO A FILOSOFIA

PAE
EDITORA

SUMÁRIO

Capítulo I

INTRODUÇÃO A FILOSOFIA

Filosofia é uma palavra de origem grega (philos = amigo; sophia = sabedoria) e em seu sentido estrito designa um tipo de especulação que se originou e atingiu o apogeu entre os antigos gregos, e que teve continuidade com os povos culturalmente dominados por eles: grosso modo, os povos ocidentais, E claro que, atualmente, nada impede que em qualquer parte do mundo se possa fazer especulação "à moda grega", isto é, filosofia.

A filosofia é um instrumento de reflexão que pode ser utilizado pelo pastor, ou pelo estudante de teologia. Quantos líderes, pastores e professores formadores de opinião tem dificuldades de produzir um pensamento bem estruturado, organizado e objetivo.

1.1 – CONCEITO ANTIGO DA FILOSOFIA

Entre os antigos gregos a filosofia era a ciência universal. Ela abarcava quase todo o conjunto de conhecimentos humanos, como ciências físicas, teóricas como matemática, arte, política, etc.... Na idade média isso começou a mudar, pois as ciências conquistaram sua autonomia da filosofia. Essa separação é hoje um fato consumado.

Portanto, o campo de estudo filosófico não abrange mais todos os campos do conhecimento humano como antigamente. Nos dias atuais a ciência, a filosofia e a teologia tem objetos de estudos bem diferentes. Vejamos:

a) **A ciência** se aquartela na determinação das leis dos fenômenos existentes na natureza. Ela estuda a mecânica do funcionamento da natureza e procura criar teorias e leis que expliquem racionalmente o modo como estes elementos funcionam. A ênfase da ciência esta no como as coisas funcionam.

b) **A filosofia** se concentra nas questões que vão além da realidade natural e física, e por isso ela ultrapassa a dimensão física e natural da realidade alcançando a dimensão das questões de caráter imaterial. A filosofia trata de questões imateriais como os sentimentos, o raciocínio , o pensamento, a questões de valor, as questões éticas, ou ainda de juízo, etc....

c) **A Teologia** cuida das questões referentes ao conhecimento da divindade, assim como de sua relação com o mundo e com os homens. Do grego "theos" (deus, termo usado no mundo antigo para nominar seres com poderes além da capacidade humana) + "logos" (palavra que revela), por extensão "logia" (estudo). A teologia estuda as religiões num contexto histórico, pesquisando e interpretando os fenômenos e as tradições religiosas, os textos sagrados, a doutrina, o dogma e a moral e sua influência nas diversas áreas do conhecimento, especialmente nas ciências humanas, como na Antropologia e na Sociologia.

1.2 - O VALOR DA FILOSOFIA

O valor da Filosofia, na realidade, deve ser buscado, em grande medida, na sua própria incerteza. O homem que não tem umas tintas de filosofia caminha pela vida afora preso a preconceitos derivados do senso comum, das crenças habituais de sua época e do seu país, e das convicções que cresceram no seu espírito sem a cooperação ou o consentimento de uma razão deliberada. Para tal homem, o mundo tende a tornar-se finito, definido, óbvio; para ele, os objetos habituais não levantam problemas e as possibilidades infamiliares são desdenhosamente rejeitadas.

Quando começamos a filosofar, pelo contrário, imediatamente nos damos conta de que até as coisas mais ordinárias conduzem a problemas para os quais somente respostas muito incompletas podem ser dadas. A Filosofia, apesar de incapaz de nos dizer com certeza qual é a verdadeira resposta para as dúvidas que ela própria levanta, é capaz de sugerir numerosas possibilidades que ampliam nossos pensamentos, livrando-os da tirania do hábito.

Desta maneira, embora diminua nosso sentimento de certeza com relação ao que as coisas são, aumenta em muito nosso conhecimento a respeito do que as coisas podem ser; ela remove o dogmatismo um tanto arrogante daqueles que nunca chegaram a empreender viagens nas regiões da dúvida libertadora; e vivifica nosso sentimento de admiração, ao mostrar as coisas familiares num determinado aspecto não familiar.

1.3 – QUESTÕES OBSERVADAS PELA FILOSOFIA

A filosofia nos obriga a pensar em termos de fundamentos. Com *fundamentos* entendemos ser os primeiros princípios ou verdades básicas. A maioria das ideias que moldam nossa vida e aceita (pelo menos no começo) sem muita critica. Não criamos um mundo ou ambiente do zero e depois vivemos nele. Entramos num mundo e numa cultura que já existem e aprendemos a interagir com eles.

A melhor forma de aprender filosofia é refletir sobre questões particulares. As nove questões observadas pela filosofia são:

- O conhecimento do mundo além da nossa mente.
- O conhecimento de outras mentes além da nossa A relação entre mente e cérebro.
- Como a linguagem é possível.
- Se há ou não o livre-arbítrio.
- O fundamento da moral.
- Quais desigualdades são injustas.
- A natureza da morte.
- O significado da vida.

Trata-se apenas de uma seleção, pois há muitas outras questões em filosofia.

1.4 – OS PERÍODOS DA FILOSOFIA

A divisão em períodos históricos, como tudo o mais no campo da Filosofia, é palco de grandes polemicas. No entanto, a fim de deixarmos de lado – pelo menos provisoriamente – esse complicado debate, optamos por apresentar uma versão bastante simplificada a partir da linha do tempo abaixo:

Assim, para fins didáticos, dividimos a História da Filosofia em:

1. Filosofia Antiga (VI a.C – VI d. C)

Composta pela escola pré-socrática (de Tales a Empédocles), pelos filósofos chamados "clássicos" (Sócrates, Platão e os Sofistas), pelo período sistemático representado por Aristóteles e, finalmente, pelo período helênico das escolas epicuristas, estoicas, céticas e cínicas tanto gregas quanto romanas.

2. Filosofia Cristã (I d.C. – XIV d. C.)

Composta pela Patrística (que abrange desde os primeiros escritos cristãos até a filosofia de Santo Agostinho de Hipona) e todo o período medieval ou escolástico, cujo principal representante foi São Tomás de Aquino.

3. Filosofia Moderna (XIV d. C. – XIX d. C)

Iniciada pelos filósofos renascentistas como René Descartes, seguidos pelos iluministas, como Immanuel Kant.

4. Filosofia Contemporânea (a partir do final do séc. XIX d.C)

Marcada pela reflexão dos filósofos como Karl Marx e Friedrich Nietzsche até os dias de hoje. A Filosofia tem, portanto, quase 27 séculos de história. Uma história fascinante, cheia de discussões acaloradas e teorias que pretendem dar conta, senão da totalidade, da maior parte das questões que assolam o espírito humano.

Capítulo II

Os primeiros Filosofos

"Tudo era um caos até que surgiu a mente e pôs ordem nas coisas."

Anaxágoras

'Physis' é um termo que designa, na história da filosofia, os primeiros filósofos gregos anteriores a Sócrates, também denominados fisiólogos por se ocuparem com o conhecimento do mundo natural.

2.1 – TALES DE MILETO (625-558 A.C.)

A água, para este filósofo, por acaso aquele do poço, é o elemento primordial na origem do universo e de tudo que existe. Esteve no Egito e na Babilônia, onde havla uma grande escola de Astronomia. Como vimos anteriormente, foi o primeiro dos filósofos. Para ele, a Terra é um disco que flutua sobre a água.

Tales resolveu problemas de engenharia desviando o curso de um rio. Elaborou um sistema para medir a altura das pirâmides do Egito baseado no movimento das suas sombras.

Desenvolveu técnicas de navegação seguindo as estrelas e criou um instrumento para medir distancias marítimas. Sua maior realização cientifica, porem, foi a previsão exata de um eclipse solar ocorrido em 28 de maio de 585 a.C. Ele não estava brincando.

Os originais escritos por Tales se perderam, mas alguns dos seus pensamentos podem ser reconstruídos a partir de histórias contadas sobre ele por outros escritores antigos, que citam seus textos e fazem referências às suas ideias.

2.2 – ANAXÍMENES DE MILETO (585-529 A.C.)

O ar é o elemento que dá origem a tudo. Para ele, os corpos mais sólidos e flácidos originam-se do movimento de condensação e rarefação. A Terra, segundo este filósofo, é um plano sustentado pelo ar.

2.3 – ANAXIMANDRO DE MILETO (610-546 A.C.)

A água, o ar, a terra e o fogo compunham o universo. Mas havia um elemento fundamental para este filósofo, o ápeiron. Palavra formada pelo prefixo negativo a e pelo substantivo peras (limite, extremidade), ápeiron significa ilimitado, infinito, ou interminável, de onde decorre o quente, o frio, a terra e o ar.

Para Anaximandro, a Terra é um cilindro achatado e os astros são luzes de fogo que se entreveem através dos furos de tubos de névoa do céu.

2.4 – PITÁGORAS (SEGUNDA METADE DO SÉC. VI A.C.)

Um dos grupos mais fascinantes que precedeu Sócrates e Platão foi o de Pitágoras, que claramente influenciou Platão. Os números para este filósofo, também matemático, são entidades constitutivas e ordenadoras da realidade, onde o um (1) é o regente. Misturando elementos religiosos e morais, defende que a salvação do homem está na eliminação dos conflitos em busca da harmonia, onde os números são o caminho.

Examinando a música, este filósofo descobriu que o som varia de acordo com o comprimento da corda. Descobrindo os acordes, afirma que a música (assim como o universo) é uma relação numérica, que soa desagradável quando não atinge a harmonia. (desenho/ notas musicais + números)

A história documenta que a matemática tem sido uma importante serva dos avanços das ciências naturais. Os avanços na teoria matemática ocasionaram varias revoluções como a de Copérnico, a que foi iniciada por Isaac Newton com sua física, e a revolução da ciência nuclear, em nossos dias.

Dois gigantes da filosofia da era pré-socrática foram Heráclito e Parmênides. Algumas pessoas dizem que toda a filosofia nada mais e que notas de rodapé ao pensamento de Platão e Aristóteles; também poderíamos dizer que Platão e Aristóteles foram apenas notas de rodapé ao pensamento de Heráclito e Parmênides.

2.5 – Zenão de Eléia (séc. V a.C.)

Zenão de Eléia era aluno de Parmênides, que se dedicou a responder aos críticos do seu mentor. Este afirmava que o movimento é impossível, e que é uma ilusão de nossos sentidos. Define o espaço como infinito e acredita que os corpos não se movem, pois teriam que atravessar partículas infinitas. Assim, uma flecha partindo do ponto A nunca atingiria o ponto B posto que entre estes há um espaço infinito. Percebe-se, por este raciocínio, o seu idealismo em contradição com a realidade.

2.6 – Demócrito (470-370 a.C.)

O átomo, combinado infinitamente, é o mundo. Átomos é uma palavra composta do prefixo negativo a e do verbo *témno* (cortar, dividir), e por isso significa o não-cortável, o indivisível. Segundo Demócrito, até a alma humana é um composto de átomos leves, lisos e redondos, que se mantêm por meio da respiração, responsável pela troca de átomos situados fora do organismo. A morte é o rompimento dessa troca, quando os átomos da alma se encontram fora e espalhados.

2.7 – Parmênides de Eléia (540-450 a.C.)

Parmênides, contemporâneo mais jovem de Heráclito, fundou a escola eleata de filosofia (nome derivado de Eléia, na Itália, onde ele morava). Afirmava que o ser é imóvel, eterno e infinito. Para ele as coisas não mudam, apenas aumentam em quantidade e repetem-se infinitamente. O movimento só existe no mundo sensível, e a percepção causada pelos nossos sentidos é ilusória.

Para ele, só o mundo inteligível é verdadeiro, pois a certeza surge através de meios lógicos e dedutivos, como fruto da razão. O conhecimento adquirido pelos sentidos é classificado apenas como opinião.

Isso levanta a pergunta filosófica fundamental: por que existe algo em vez do nada? Se existe mesmo alguma coisa, então tem de haver o ser, porque sem ser nada pode ser. Ao mesmo tempo, Parmênides compreendeu o princípio "*ex nihilo, nihil fit*" (que significa "nada vem do nada"). Parmênides considerou corretamente absurda a ideia de que alguma coisa pode vir do nada ou de que o nada pode dar origem a algo.

Realmente, se houve um tempo em que não havia nada, então não haveria nada agora. É importante observar que Parmênides aparentemente não estava atacando apenas a noção absurda da autocriação, mas também qualquer ideia de criação, o que, por implicação, inclui a noção cristã de criação. A noção cristã não passa pelos absurdos da autocriação, mas nem por isso está livre de dificuldades. O impasse também gerou um período de ceticismo, durante o qual algumas pessoas concluíram que a busca filosófica da realidade fundamental é um esforço tolo, destinado ao fracasso.

2.8 – HERÁCLITO DE ÉFESO (536-470 A.C)

Heráclito é às vezes chamado "o pai do existencialismo moderno" por causa do seu ataque ao que é essencial. Seu pensamento é resumido pela frase em grego "panta rhei", que significa "*todas as coisas fluem*" . De acordo com Heráclito, tudo está fluindo sempre e em todo lugar. Introduzindo aqui um conceito filosófico importante, isso significa que todas as coisas encontram-se no estado de vir a ser, em oposição ao estado de ser.

Heráclito afirmava que o ser é múltiplo, porque está constituído de oposições internas. O movimento é fruto da luta dos contrários. Para ele "tudo flui". A mudança ocorre sem cessar, e o que num certo momento existe, antes era diferente e depois também será: "*Nunca nos banhamos duas vezes no mesmo rio, pois na segunda vez o rio já é outro e nós também somos*".

Negando a estática do ser, Heráclito afirma sua dinâmica, e utiliza a imagem do fogo como forma de simbolizar o infinito devir (vir a ser / tornar-se), o fogo eterno e vivo, que ora se acende, ora se apaga.

2.9 – PLATÃO (427 A.C.-347 A.C.)

Discípulo de Sócrates, Platão afirma que as ideias são o próprio objeto do conhecimento intelectual, a realidade metafísica. Para melhor expor sua teoria, utiliza-se de uma alegoria, o mito da caverna, no qual a caverna simboliza o mundo sensível, a prisão, os juízos de valor, onde só se percebem as sombras das coisas. O exterior é o mundo das ideias, do conhecimento racional ou científico. Feito de corpo e alma, o homem pertenceria simultaneamente a esses dois mundos.

A tarefa da Filosofia seria a de libertar o homem da caverna, do mundo das aparências, para o mundo real, das essências. Platão é considerado o iniciador do idealismo.

Platão nasceu em Atenas por volta do ano 428 a.C. Parece ter iniciado seus estudos filosóficos com o sofista Crátilo, discípulo de Heráclito. Aos 18 anos conheceu Sócrates, que foi seu mestre até ser condenado à morte em 399 a.C. Platão partiu, então, para Mégara, ao encontro de outro discípulo de Sócrates, Euclides. De volta a Atenas, iniciou seus ensinamentos filosóficos. A convite de Dionísio o Velho, foi a Siracusa, no sul da Itália, onde se relacionou com os pitagóricos.

A doutrina central de Platão é a distinção de dois mundos: o mundo visível, sensível ou mundo dos reflexos, e o mundo invisível, inteligível ou mundo das ideias. A essa concepção dos dois mundos se ligam as outras partes de seu sistema:

a) **O método é a dialética**, consistindo em que o espírito se eleve do mundo sensível ao mundo verdadeiro, o mundo inteligível, o mundo das ideias; ele se eleva por etapas, passando das simples aparências aos objetos, em seguida dos objetos às ideias abstratas e, enfim, dessas ideias as ideias verdadeiras que são seres reais que existem fora de nosso espírito;

b) **A teoria da reminiscência:** Segundo ele, vivemos no mundo das ideias antes de nossa "encarnação" em nosso corpo atual e contemplamos face a face às ideias em sua pureza; dessa visão, guardamos uma mudança confusa; nós a reencontramos, pelo trabalho da inteligência, a partir dos dados sensíveis, por "reminiscência";

c) **A doutrina da imortalidade da alma**, demonstrada no Fédon.

Das obras de Platão, as mais importantes são: Apologia de Sócrates (discurso que Sócrates poderia ter pronunciado diante de seus juízes; descreve seu itinerário, seu método e sua ação); Hippias Maior (o que é o belo?); Eutifron (o que é a piedade?); Menon (o que é a virtude?)

Capítulo III

A Metafisica, a Lógica e a Dialética

Estas três palavras acompanham os grandes temas da filosofia até os dias de hoje.

3.1 – A Metafísica

A Metafísica (depois da Física) é uma palavra grega surgida no século I a.C., criada por Andrônico de Rodes ao classificar as obras de Aristóteles após as obras de Física. Porém, este "após", a partir do século V da nossa era, é considerado como "além" do mundo sensível. Metafísica é a divisão da filosofia que se ocupa de tudo o que transcende o mundo físico ou natural.

A metafísica investiga o que está por detrás das coisas naturais e físicas, que por vezes considera como meras aparências. O pensamento de Parmênides é considerado fundador da metafísica, ao contrário de outros pensadores que buscavam o princípio (a arkhé) do universo em um dos seus elementos, como água ou ar.

Parmênides, ao afirmar que só o mundo inteligível é verdadeiro, e que a certeza só surge através de meios lógicos e dedutivos, também funda o pensamento lógico. Ao expor que o ser é e que o "não-ser" não é, elabora um dos princípios básicos da lógica: o princípio da não-contradição. O que não é pensável equivale a que não exista.

O Ser, ao contrário, é pensável porque existe, e existe porque é pensável. Nesse sentido, ser e pensar equivalem-se. A metafísica de Parmênides sustenta a lógica do mesmo modo que seu raciocínio lógico fundamenta a sua metafísica.

Desde o próprio sistema aristotélico, no entanto, o objeto da metafísica revela, pelo menos, duas vertentes: a que trata do ser em si e suas determinações do ponto de vista formal, e que recebeu o nome de "ontologia", e a que logo se voltou para "algo" superior e absoluto caminho da teologia.

3.2 – A LÓGICA

O raciocínio que guia o pensamento. Lógica é a ciência que tem por objeto determinar, entre as operações intelectuais orientadas para o conhecimento da verdade, as que são válidas e as que não são. Estuda os processos e as condições de verdade de todo e qualquer raciocínio. O conhecimento só é científico quando, além de universal, é metódico e sistemático, ou seja, lógico.

3.3 – A DIALÉTICA

O conceito de dialética é muito diversificado, assumindo na filosofia diversas aplicações. Entre os pré-socráticos, vamos admitir duas posições dialéticas: de Parmênides e de Heráclito.

Na primeira, dialética é "arte do diálogo", ou seja, quando Parmênides afirma O que é, é e O que não é, não é, está encarando a dialética como um modelo formal de argumentação acerca de proposições. O ser é uno, e resultante da não-contradição.

Na segunda, a dialética um método de compreensão de uma realidade contraditória e, por isso, em movimento. Quando Heráclito pensou o devir, admitiu a mudança como resultado de uma luta de contrários, o ser múltiplo. Podemos consentir que este pensador tenha lançado as bases da lógica dialética, que nos séculos XVIII e XIX de nossa era foi motivo de grandes obras filosóficas escritas pelos alemães Hegel e Marx.

3.4 – ONTOLOGIA E EPISTEMOLOGIA: A QUESTÃO DO SER E DO PENSAMENTO

Diariamente produzimos, consumimos e distribuímos conhecimentos. Às vezes somos pegos de surpresa nesta tarefa tão deliciosa e fascinante que é o conhecer. Estamos certos de alguma coisa e mais tarde percebemos nosso engano. A verdade de hoje pode não ser a de amanhã. O que pensávamos como verdadeiro é abalado por falta de ideia, conceito, teoria, hipótese, preconceito, amor, amizade, crença, confiança, etc..

É abalado por não corresponder à verdade. Conhecer implica à busca da verdade. A verdade é aquilo que corresponde a realidade. Mas o que é verdade? O que é realidade? Ora, a realidade é o que é. Porém, que é ser real? Como se estabelece no pensamento? Afinal, o que estas questões têm em comum com a filosofia?

Veremos que estas perguntas ocupam um lugar especial na filosofia e que se situam na delicada relação entre ser e pensamento, matéria e ideia, sujeito e objeto.

a) **O Ser:** Em português, ser traduz a expressão grega "ta onta" que significa os entes, os seres, as coisas existentes. Como conceito filosófico, expressa a unidade da existência e da essência. O ser denomina todas as coisas materiais que estão fora do pensamento: natureza, realidade, fenômenos naturais, etc.. O ser é de natureza material.

b) **O Pensamento:** A palavra pensamento deriva do verbo latino "pendere", e significa ficar em suspenso. O pensamento exprime nossa capacidade de conhecimento intelectual e abstrato, é a expressão de nossa existência racional. Como categoria filosófica designa a consciência do sujeito. Pode entender-se como: alma, espírito, mente, sentimentos, emoções, conceitos, percepções, etc.. Ao pensamento, de natureza imaterial, opõe-se o ser.

A questão fundamental da filosofia é tratada na relação entre o ser e o pensamento onde delimita-se dois campos de estudos denominados:

1) Ontologia

A Ontologia trata do elemento primordial do mundo na essência das coisas, e aqui trataremos como sinônimo de metafísica; a segunda, do elemento primordial do mundo na essência do conhecimento. Em todas as áreas do conhecimento, experiências cotidianas e manifestações da cultura geral, a ontologia e a epistemologia estão presentes com seus retalhos e sempre darão "muito pano para a manga". Os dois campos estão intimamente ligados e só podemos compreendê-los no entrelaçamento de seus conceitos.

A relação entre o ser e o pensamento no campo ontológico e epistemológico refletem dois aspectos, completamente opostos, em que as diferentes filosofias irão se agrupar: Unidade / Permanência X Multiplicidade / Devir

Temos de um lado as filosofias que priorizam a unidade e imutabilidade do ser que começou com Parmênides; e do outro, as que priorizam a multiplicidade e pluralidade do devir, da transformação das coisas umas nas outras, e que começou com Heráclito.

2) A Epistemologia

A epistemologia (episteme – ciência; provas e demonstrações), que é sinônimo de gnosiologia quando estuda a origem e o valor do conhecimento humano em geral e sinônimo de teoria do conhecimento quando estuda o valor dos sistemas científicos, partindo dos princípios fundadores das ciências físicas e humanas, de seus critérios de verdade e verificação.

Uma questão epistemológica fundamental pode estar expressa da seguinte forma: Qual o alcance e a verdade do conhecimento? O que podemos conhecer? Existe a verdade? Num sentido mais restrito, também de forma crítica e descritiva, a epistemologia estuda o conhecimento científico em particular.

A filósofa brasileira Marilena Chauí em seu livro "Convite à Filosofia" nos lembra que a verdade pode ser entendida na filosofia a partir de três concepções construídas em línguas diferentes: grego, latim e hebraico. Vejamos:

a) Em grego, diz-se *aletheia*, que significa o não-escondido. O verdadeiro está nas próprias coisas e plenamente visível à razão. O falso está escondido nas aparências e nunca é como parece ser. Portanto, aletheia refere-se ao que as coisas são.

b) Em latim, diz-se *veritas* e refere-se ao rigor da afirmação. Diferente da aletheia, aqui a verdade não se refere às coisas e sim ao enunciado, à linguagem. Referimos à veritas para os fatos que foram.

c) Em hebraico, diz-se *emunah*, que é uma palavra de mesma origem que amém, e significa confiança. A verdade agora é fruto da espera e da confiança na palavra dada, no pacto realizado, na profecia, no futuro. Referimos à emunah para coisas e ações que serão.

Capítulo IV

A ÉTICA COMO SISTEMA DE FILOSOFIA

4.1 – INTRODUÇÃO

A conduta ideal do indivíduo. Disciplina crítico-normativa que se dedica ao estudo das regras do comportamento humano relativas à práticas de atos identificados com o bem. A distinção entre ética e moral é (basicamente) a diferença entre teoria e prática, ou pensar e fazer.

Devemos observar a regra do ouro em Mateus 7:12 – *"Portanto, tudo o que vós quereis que os homens vos façam, fazei-lho também vós, porque esta é a lei e os profetas"*. Por que é difícil fazer as coisas certas? É mais fácil fazer o que é errado? Por quê?

Todos os seres humanos (sem exceção) foram criados para o bem; pois Deus nos fez a sua imagem e semelhança; com caráter e conduta semelhantes ao dele próprio (cf. Gn 1:27 e 28). Em I João 4:8 lemos que: *"Aquele que não ama não conhece a Deus, porque Deus é amor"*, porém, infelizmente, a corrupção tem sido uma inclinação para o mal; é a ausência de uma coisa boa e necessária. É a atitude de se afastar de Deus; é a nossa rebeldia que ocasiona o pecado (cf. Rm 3.23).

O cristão é simultaneamente "duas naturezas": a velha e a nova. A primeira natureza com ideias, valores e padrões distorcidos e suscetíveis (que recebe influência) de satanás. Já a nova pessoa tem comportamento que são parecidos com os de Jesus Cristo e suscetíveis a Deus. A nova pessoa tem aversão por coisas que ofendem a Deus e ferem os outros e opõem-se as influências más.

O que Deus faz por nós por meio de Jesus Cristo e do Espírito Santo, nos dá razões para agirmos de acordo com a Sua vontade; temos o desejo de louvar a Deus e ajudar os outros: "*Amarás, pois, ao Senhor teu Deus de todo o teu coração, e de toda a tua alma, e de todo o teu entendimento, e de todas as tuas forças: este é o primeiro mandamento. E o segundo, semelhante a este, é: Amarás o teu próximo como a ti mesmo. Não há outro mandamento maior do que este.*" (Mc 12:30-31).

Em discussões éticas, normas são instrumentos que indicam e medem a correção moral. Há vários tipos de normas. O mais específico são as regras; muito práticas e concretas (ex.: não se embriague). Através das regras vêm os princípios: "coma e beba para a glória de Deus" é uma maneira de expressar o princípio por trás da regra contra a embriaguez.

O supremo propósito da vida é glorificar a Deus. Deus criou os seres humanos, e nos conhece melhor do que nós mesmos. Escrita por homens inspirados pelo poder do Espírito Santo, a Bíblia é a autêntica e fidedigna Palavra de Deus; seu propósito principal é comunicar as boas novas do perdão através do Sangue, Morte e Ressurreição de Cristo, e dar-nos entendimento da vontade de Deus para as nossas vidas.

O desejo de testemunhar nasce diretamente da consideração à Deus. É o anseio de glorificá-lo e ajudar aos outros a notá-Lo e apreciá-Lo. A preocupação com as pessoas e seu bem estar, é a fonte motivadora de testemunho. O amor manifesta-se no respeito aos outros.

4.2 – A FÉ E A RAZÃO

O cristianismo poderia ter se mantido exclusivamente no terreno da fé. Ao contrário da razão, que exige provas e demonstrações, a fé basta a si mesma. Crê suficiente. O cristianismo, porém, não se satisfez com o credo. Entrou no terreno da filosofia. Em contrapartida, a fé cristã assimilou procedimentos racionais.

Esse encontro, marcado por tensões entre a fé e a razão, iniciou-se no Império Romano, que propiciava a mescla de diversos valores culturais, e prolongou-se na idade Média, quando a Igreja se tornaria preponderante. Historicamente, o cristianismo origina-se através de Jesus de Nazaré pela Judéia, então anexada ao Império Romano. Sua mensagem é simples: amar ao próximo, praticar a bondade e desprezar os valores deste mundo, pois a verdadeira morada do homem é o reino dos céus.

Jesus se declarava filho de Deus, enviado ao mundo para redimir o homem dos pecados. Sua crucificação seria, nessa medida, o sacrifício do próprio Deus encarnado para salvar os homens. Após Sua morte e ressurreição, conquistou inúmeros adeptos em várias regiões do Império. Nessa difusão – para a qual concorreu o infatigável trabalho dos apóstolos –, a mensagem de Jesus passou a se expressar em vários idiomas, como o grego e, mais tarde, o latim. O próprio termo "Cristo", incorporado ao nome de Jesus, é de origem grega e significa "ungido".

A difusão do cristianismo trouxe, como era de esperar, um confronto entre a fé e a razão. O apóstolo Paulo (século I) é o primeiro a enfrentar essa questão. Ele estava habilitado para isso: era judeu, mas cidadão romano, educou-se num ambiente imerso na cultura helenística. Por isso, não se intimidou quando, em Atenas, viu-se diante de "filósofos epicureus e estóicos", como narrado no livro Atos 17:22-24: "*Então, Paulo, levantando-se no meio do Areópago, disse: Senhores atenienses! Em tudo vos vejo acentuadamente religiosos; porque, passando e observando os objetos de vosso culto, encontrei também um altar no qual está inscrito: AO DEUS DESCONHECIDO. Pois esse que adorais sem conhecer é precisamente aquele que eu vos anuncio. O Deus que fez o mundo e tudo o que nele existe, sendo ele Senhor do céu e da terra, não habita em santuários feitos por mãos humanas*".

Mas, quando Paulo entrou no terreno cristão, os atenienses não o compreenderam. A ideia de que Deus enviara um homem para julgar o mundo (v. 31), e que, como prova disso, ressuscitara esse mesmo homem entre os mortos, provocou risos. Paulo foi obrigado a retirar-se, embora o relato também afirme que ele conquistou alguns fiéis.

Outra é a atitude do apóstolo na Primeira Carta aos Coríntios 1:20-25, onde em vez de empregar os argumentos dos adversários como havia feito com os atenienses, Paulo parte para o confronto direto: "*Onde está o sábio? Onde está o escriba? Onde o inquiridor deste século? Porventura, não tornou Deus louca a sabedoria do mundo?*" (v. 20). "*Porque a loucura de Deus é mais sábia do que os homens; e a fraqueza de Deus é mais forte do que os homens*". (v. 25). "*mas falamos a sabedoria de Deus em mistério, outrora oculta, a qual Deus preordenou desde a eternidade para a nossa glória*". (I Co 2:7)

Por fim, quando utiliza deliberadamente a palavra "filosofia", não deixa nenhuma margem de dúvida: "*Cuidado que ninguém vos venha a enredar com sua filosofia e vãs sutilezas, conforme a tradição dos homens, conforme os rudimentos do mundo e não segundo Cristo*". (Cl 2:8).

No desejo de buscar converter os gregos, Paulo tem a atitude de conciliar seus valores e de confrontá-los. E de modo geral, o confronto corresponde a períodos em que os cristãos sofrem violenta perseguição, enquanto a conciliação representa os momentos em que o cristianismo é tolerado. É o que fazem os padres apologistas, que, no final do século II, enviam inúmeras apologias (defesa e justificação) do cristianismo ao imperador. Argumentam com valores greco-romanos, afirmando, por exemplo, que Heráclito e Sócrates eram cristãos antes mesmo de Cristo.

Ambas as atitudes são viáveis. Confrontando-os com a ideia cristã do Deus que se fez homem e que se deixou crucificar é um escândalo não só para as religiões pagãs, mas, sobretudo para a filosofia, que havia construído a noção de um deus abstrato, indiferente ao mundo. Para a filosofia, é absurda a ideia de um deus que ama o homem e que se sacrifica por ele. Assim, o cristianismo só pode combater a filosofia.

Por outro lado, porém, a conciliação é possível, pois, segundo o Evangelho de João 1:1 assim se inicia : *"No princípio, era o Verbo, e o Verbo estava com Deus, e o Verbo era Deus."* Há inúmeros outros pontos em comum entre a filosofia e o cristianismo, principalmente no uso de certas palavras - ainda que fosse frequente a adulteração de vocábulos, na tradução da Bíblia do hebraico para o grego.

O esforço dos padres apologistas dirige-se no sentido de tecer, a partir desses pontos de contato, um pensamento que acomode o cristianismo e a tradição filosófica, a fé e a razão.

Ao mesmo tempo, vários filósofos também passaram a incorporar elementos bíblicos na elaboração de seu pensamento. No princípio, era o Verbo, e o Verbo estava com Deus, e o Verbo era Deus. Vejamos abaixo os principais:

1) Clemente de Alexandria (c. 150-215)

Clemente de Alexandria é um dos mais destacado na apologética. Através dele, muitos termos gregos e filosóficos são introduzidos na linguagem cristã. Dentre elas está a palavra *gnosis* que significa conhecimento, e no cristianismo indica perfeição.

Mas isso logo se revelou uma faca de dois gumes: a *gnosis*, incorporada ao cristianismo, deu vasão a uma seita esotérica - o gnosticismo. O gnosticismo logo ultrapassaria os limites do cristianismo, afirmando possuir o conhecimento dos mistérios divinos. A Igreja, cada vez mais institucionalizada, acabaria achando um meio de combater essas pretensões de um conhecimento superior, acima da fé.

2) Santo Agostinho (c. 354-430)

Aurélio Agostinho, bispo de Hipona, nasceu em Tagaste, hoje Souk-Ahras, na Argélia, e é um dos mais importantes iniciadores da tradição platônica no surgimento da filosofia cristã, sendo um dos principais responsáveis pela síntese entre o pensamento filosófico clássico e o cristianismo. Estudou em Cartago, e depois em Roma e Milão, tendo sido professor de retórica. Reconverteu-se ao cristianismo, que fora a religião de sua infância, em 386, após ter passado pelo maniqueísmo e pelo ceticismo.

Regressou então à Africa (388), fundando uma comunidade religiosa. Suas obras mais conhecidas são As Confissões, de caráter autobiográfico, e A cidade de Deus composta entre 412 e 427. Agostinho sofreu grande influência do pensamento grego, sobretudo da tradição platônica, através da escola de Alexandria e do neoplatonismo, com sua interpretação espiritualista de Platão.

Sua filosofia tem como preocupação central a relação entre a fé e a razão, mostrando que sem a fé a razão é incapaz de promover a salvação do homem e de trazer-lhe felicidade. A razão funciona assim como auxiliar da fé, permitindo esclarecer, tornar inteligível, aquilo que a fé revela de forma intuitiva. Este o sentido da célebre fórmula agostiniana *Credo ut intelligam* (Creio para que possa entender).

Na Cidade de Deus, Agostinho interpreta a história da humanidade como conflito entre a Cidade de Deus, inspirada no amor a Deus e nos valores cristãos, e a Cidade Humana, baseada exclusivamente nos fins e interesses mundanos e imediatistas. Ao final do processo histórico, a Cidade de Deus deveria triunfar. Devido a esse tipo de análise, Agostinho é considerado um dos primeiros filósofos da história, um precursor da formulação dos conceitos de historicidade e de tempo histórico.

A influência do pensamento agostiniano foi decisiva na formação e no desenvolvimento da filosofia cristã no período medieval, sobretudo na linha do platonismo. Tanto as Confissões quanto as Retratações – escritas no final de sua vida, fazem dele um precursor de Descartes, de Rousseau e do existencialismo.

3) Santo Tomás de Aquino (c. 1227-1274)

Nasceu na Itália, de família nobre, e entrou cedo na Ordem dos Dominicanos. Percorreu toda a Europa medieval. Depois dos estudos em Nápoles, Paris e Colônia (onde teve por mestre Alberto Magno), ensina em Paris e nos Estados do papa. Morreu quando se dirigia ao Concílio de Lyon. Sua imensa obra compreende duas Sumas: Suma *contra os gentios e Suma teológica*, vários tratados e comentários sobre Aristóteles, a *Bíblia, Boécio etc.*

O pensamento de Tomás de Aquino está profundamente ligado ao de Aristóteles, que ele, por assim dizer, "cristianiza". Seu papel principal foi o de organizar as verdades da religião e de harmonizá-las com a síntese filosófica de Aristóteles, demonstrando que não há ponto de conflito entre fé e razão. Sua teoria do conhecimento pretende ser, ao mesmo tempo, universal (estende-se a todos os conhecimentos) e crítica (pois determina os limites e as condições do conhecimento humano).

Segundo ele, o conhecimento verdadeiro seria uma "adequação da inteligência á coisa". Retomando a física e a metafísica de Aristóteles, estabelece as cinco "vias" que nos conduzem a afirmar racionalmente a existência de Deus: a partir dos "efeitos", afirmamos a causa. Estabelece sua concepção de natureza como ordem do mundo. Deus é a causa de tudo, mas não age diretamente nos fatos da criação.

Tomás de Aquino instaurou um sistema de leis, causas segundas, ordenando cada um dos domínios naturais segundo sua especificidade própria. Ensina ele que, Deus é o primeiro motor imóvel, é a primeira causa eficiente, é o único Ser necessário, é o Ser absoluto, o Ser cuja Providência governa o mundo. Ele busca mostrar que há, em Aristóteles, uma filosofia verdadeiramente autônoma e independente do dogma, mas em harmonia com ele. Assim, Santo Tomás introduz no teísmo cristão o rigor do naturalismo peripatético. Porém, distingue o Estado e a Igreja, o direito e a moral, a filosofia e a teologia, a natureza e o sobrenatural.

"A última felicidade do homem não se encontra nos bens exteriores. nem nos bens do corpo, nem nos da alma: só pode encontrar-se na contemplação da verdade.", diz ele.

Capítulo V

A Filosofia contemporânea

5.1 – Introdução

As Filosofias do século XX trouxeram uma série de desenvolvimentos teóricos contrários em relação ao que se refere a validade do conhecimento através de conceitos e abstrações absolutas. As certezas decorrentes do pensamento clássico foram derrubadas, embora permaneçam como problemas sociais, econômicos e científicos, juntamente com formas novas de conflito e reivindicações concernentes à organização geopolítica e do sistema-mundo contemporâneo. O que é a lógica e o que é a ética? São perguntas que surgem após o século XX. As formas e caminhos para estes empreendimentos são diversos e distintos.

Contudo, suponhamos que seja essencial uma unidade de sentido, diríamos que essas filosofias contestam princípios da ciência moderna (aproximadamente do séc. XVI ao séc. XX), novos estudos na filosofia da ciência, filosofia da matemática e a Epistemologia acrescentaram aparentemente tendências antagônicas na contabilidade da consciência e seus objetos. Os avanços na relatividade, na quântica, na física nuclear e, nas ciências generativas, como a ciência cognitiva, cibernética, genética e na rica produção literária, artística, como no Cinema e na Música, foram uma forma enriquecedora de propagar pensamentos filosóficos.

5.2 – O EXISTENCIALISMO

Existencialismo é uma corrente filosófica surgida entre os séculos XIX e XX, a qual tem por base a afirmação dos ideais de liberdade, responsabilidade e subjetividade do ser humano. Esse, segundo o pensamento filosófico, tem livre arbítrio e deve utilizar a razão para fazer as melhores escolhas. Essa corrente procura analisar o homem como indivíduo, e é ele quem faz sua própria existência.

Percebe-se assim, a preocupação em explicar o sentido das vidas humanas de uma forma subjetiva, ao invés de se preocupar com verdades científicas relativas ao universo, que fora o centro de outras correntes filosóficas.

Jean Paul Sartre – O objetivo de Sartre consiste em desacreditar a ideia de uma necessidade, exterior a nós, que derivaria de uma estabilidade das coisas ou de uma ordem moral objetiva. Os indivíduos já não são tributários de um caráter determinado ou de uma essência definida, donde resultariam todas as suas propriedades e todos os seus atos, nem dos constrangimentos que lhes vêm de fora, isto é, da sociedade ou de Deus. O princípio primeiro da existência concreta dos indivíduos tem que se situar numa opção profunda, absolutamente gratuita, pela qual eles se escolhem absolutamente. A negação ou a não necessidade de Deus permite a liberdade do indivíduo, pois não há nada determinado e desta forma o homem é o único responsável por suas atitudes. Desenvolve a máxima: "o homem e condenado a ser livre".

A partir daí desenvolve a importância da política e da escolha. A escolha é a fonte de liberdade humana.

5.3 – O PRAGMATISMO

O pragmatismo é, antes de tudo, um método, do qual decorre uma teoria da verdade. Apesar de constituir um movimento aberto e antidogmático, e ainda que seus teóricos não tenham elaborado um sistema completo, há traços gerais comuns entre seus defensores. Para os pragmáticos, o conhecimento é concebido como essencialmente modificador da realidade, portanto, a construção da verdade deve corresponder à construção da própria realidade. Conhecimento e ação se convertem em termos equivalentes.

O eixo central da teoria pragmática é a ênfase na utilidade "prática" da filosofia. O pragmatismo foi entendido como uma perspectiva em torno do conceito de verdade que, em seu processo de expansão, atingiu os setores representados pela ética e a religião. A teoria pragmática da verdade sustenta que o critério de verdade está nos efeitos e consequências de uma ideia, em sua eficácia, em seu êxito, no que depende, portanto, da concretização dos resultados que espera obter.

5.4 – O UTILITARISMO

Em teoria moral, o utilitarismo determina que o número de benefícios ou malefícios, que é originado em cada ação, determina diretamente o prazer e a dor para o maior número de indivíduos, como o prazer é identificado ao bem e a dor é identificada ao mal, o utilitarismo sustenta que o fazer bem produz a felicidade e que o fazer mal produz a infelicidade para o maior número de indivíduos.

Embora não seja um princípio do Direito, o princípio da utilidade vai ser usado para justificar a punição de uma ação sempre que ela determina o equilíbrio entre a felicidade e a infelicidade, quando a punição é comparada a esta ação.

5.5 – O POSITIVISMO

O positivismo admite, como fonte única de conhecimento e critério de verdade, a experiência, os fatos positivos, os dados sensíveis. Nenhuma metafísica, portanto, como interpretação, justificação transcendente ou imanente, da experiência. A filosofia é reduzida à metodologia e à sistematização das ciências.

A lei única e suprema, que domina o mundo concebido positivistamente, é a evolução necessária de uma indefectível energia naturalista, como resulta das ciências naturais. Dessas premissas teoréticas decorrem necessariamente as concepções morais hedonistas e utilitárias, que florescem no seio do positivismo.

5.6 – A ÉTICA

Etimologicamente falando, ética vem do grego "ethos", e tem seu correlato no latim "morale", com o mesmo significado: *Conduta, ou relativo aos costumes.* Podemos concluir que etimologicamente ética e moral são palavras sinônimas. Vários pensadores em diferentes épocas abordaram especificamente assuntos sobre a ÉTICA: Os pré-socráticos, Aristóteles, os Estóicos, os pensadores Cristãos (Patrísticos, escolásticos e nominalistas), Kant, Espinoza, Nietzsche, Paul Tillich etc.

A ética, portanto consiste na análise da ação segundo a moral. Tem variados significados de acordo com a época em que se vive. Relaciona-se ética também a vida profissional. A uma espécie de tipo de conduta que deve ser realizado por um profissional. Principais tipos de ética:

1. Ética normativa – Baseia-se em princípios e regras morais fixas. Ética profissional e religiosa na qual impõe obrigação das regras desenvolvidas.

2. Ética Teleológica – Compreende-se por teleologia o alcance de um resultado. Ba-

seia-se em ética imoral (não obedece aos princípios morais) e baseia-se também na ética de que os fins justificam os meios.

3. Ética Situacional - Baseia-se em ética amoral (amoral diferencia-se de imoral, pois amoral representa uma cultura que não possui moral). Baseia-se nas circunstâncias. Tudo é relativo e temporal, tudo é possível, tudo vale.

5.7 – A ESTÉTICA

A estética, como conceito e disciplina filosófica, ou melhor, como um dos objetos de estudos da filosofia, surgiu no final do século XVIII com Alexander Baumgarten, que a definiu como: "a ciência do conhecimento sensitivo". Essa ciência se propõe a investigar as capacidades naturais do conhecimento, suas potências e desenvolvimento, através de práticas perceptivas. Logo, podemos afirmar que além de ser a ciência da arte e do belo, a Estética trata de estilos de vida, no modo singular de ser, ver e de estar no mundo, segundo a arte e seu desenvolvimento. Portanto, analisar a arte é pensar a existência Estética do artista, valendo-se de um modo de vida ou de uma maneira de viver, já que o artista tem um domínio afetivo da arte e a exterioriza através de sua liberdade e do seu processo de percepção.

5.8 – A FENOMENOLOGIA

Compreende-se a fenomenologia como a visão contemporânea da teoria do conhecimento. Tem por objetivo a análise do conhecimento e dos objetos. Um bom começo no estudo da Fenomenologia é a definição da palavra fenômeno. Do grego *phainomenon*, particípio presente de *phainesthai*, parecer.

Fenomenologia é, de fato, uma investigação que busca a essência inerente da aparência. A Fenomenologia nasceu, grosso modo, como um questionamento no modo científico de pensar: uma crítica à metafísica (postura epistemológica que fundamenta a técnica moderna de conhecimento). Ao discutir a questão do sentido do ser, Heidegger demonstra que a Fenomenologia compreende a verdade com um caráter de provisoriedade, mutabilidade e relatividade, radicalmente diferente do entendimento da metafísica que pressupõe a verdade una, estável e absoluta.

Essa é uma das razões por que dizemos que a Fenomenologia é uma postura ou atitude (um modo de compreender o mundo) e não uma teoria (modo de explicar). A Fenomenologia orienta o seu olhar para o fenômeno, ou seja, na relação sujeito-objeto (ser-no-mundo). Isso, em última análise, representa o rompimento do clássico conceito sujeito/objeto.

BIBLIOGRAFIA

CHAUI, Marilena. Convite à Filosofia. São Paulo: Editora Ática, 2011.

_______. Introdução à história da filosofia: dos pré-socráticos a Aristóteles, volume1. 2º edição. São Paulo:Brasiliense, 1994.

SPROUL, R. C. Filosofia para iniciantes. São Paulo: Edições Vida Nova, 2002.

BRIGHTMAN, Edgar Sheffield. Introdução à Filosofia. São Paulo: Imprensa Metodista, 1951.

MONDIN, Battista. Curso de Filosofia (Vol. I e II). São Paulo: Edições Paulinas, 1981.

JANSEY, Túlio. Filosofia e teologia do século XXI. São Paulo: Editora Abba Press, 2003.

THOMAS, J. D. Razão, Ciencia e Fé. São Paulo: Editora Vida Cristã, 1999.

ZILLES, Urbano. Filosofia da Religião. São Paulo: Edições Paulinas, 1991.